Kohlhammer

Wirtschaftsprivatrecht

Grundlagen des Bürgerlichen Rechts
und des Wirtschaftsrechts

von

Prof. Dr. Friedrich Schade, MBA
Universität Sopron

und

Prof. Dr. Eva Feldmann
Fachhochschule Südwestfalen, Hagen

und

Prof. Dr. Daniel Graewe, LL.M.
HSBA Hamburg School of Business Administration

5., überarbeitete Auflage

Verlag W. Kohlhammer

5. Auflage 2022

Alle Rechte vorbehalten
© W. Kohlhammer GmbH, Stuttgart
Gesamtherstellung: W. Kohlhammer GmbH, Stuttgart

Print:
ISBN: 978-3-17-040886-9

E-Book-Formate:
pdf: ISBN 978-3-17-040887-6
epub: ISBN 978-3-17-040888-3

Dieses Werk einschließlich aller seiner Teile ist urheberrechtlich geschützt. Jede Verwendung außerhalb der engen Grenzen des Urheberrechts ist ohne Zustimmung des Verlags unzulässig und strafbar. Das gilt insbesondere für Vervielfältigungen, Übersetzungen, Mikroverfilmungen und für die Einspeicherung und Verarbeitung in elektronischen Systemen.
Für den Inhalt abgedruckter oder verlinkter Websites ist ausschließlich der jeweilige Betreiber verantwortlich. Die W. Kohlhammer GmbH hat keinen Einfluss auf die verknüpften Seiten und übernimmt hierfür keinerlei Haftung.

Vorwort zur 5. Auflage

Nunmehr erscheint das vorliegende Studienbuch „Wirtschaftsprivatrecht" in der 5. Auflage. Seit dieser Auflage zeichnet zusätzlich Prof. Dr. Eva Feldmann, Verantwortung für das am Markt etablierte Lehrbuch.

Das Studienbuch hat eine umfassende Überarbeitung erfahren und befindet sich wieder auf einem aktuellsten Stand. Die jüngsten Rechtsentwicklungen wurden selbstverständlich berücksichtigt. So fanden z. B. das Gesetz zur Regelung des Verkaufs von Sachen mit digitalen Elementen und anderer Aspekte des Kaufvertrags sowie das Gesetz zur Umsetzung der Richtlinie über bestimmte vertragsrechtliche Aspekte der Bereitstellung digitaler Inhalte und digitaler Dienstleistungen bei der Neuauflage Berücksichtigung. Außerdem sind Rechtsprechung und Rechtsliteratur bis Anfang April 2022 eingearbeitet worden. Darüber hinaus wurden zahlreiche Abbildungen aktualisiert und überarbeitet, um die Struktur der Rechtsmaterie besser erfassen zu können.

Die Autoren legen weiterhin großen Wert auf eine kompakte Darstellung. Denn das Studienbuch soll den Studierenden und interessierten Praktikern zwar einen detaillierten, vom Ausmaß her aber überschaubaren Überblick über die wichtigsten Rechtsgebiete des Wirtschaftsprivatrechts vermitteln.

Das umfangreiche Literaturverzeichnis wurde aktualisiert und, wo notwendig, auch erweitert. Die genauen Fundstellen wurden beibehalten.

Hinweisen möchten wir an dieser Stelle auf die Fallsammlung von Schade/Teufer/Graewe, „Fälle zum Wirtschaftsprivatrecht", 3. Auflage 2018, XIII, 116 Seiten, kart., € 24,00, ISBN 978-3-17-032902-7. Die Fallsammlung hat sich für die Studierenden bewährt; stellt sie doch eine sinnvolle Ergänzung zum vorliegenden Studienbuch dar, mit der die Studierenden den Gutachtenstil zum erfolgreichen Bestehen der Rechtsklausuren trainieren können.

Den LeserInnen, insbesondere den Studierenden, sind wir erneut für zahlreiche Hinweise und wertvolle Anregungen dankbar, die in der Neuauflage Berücksichtigung gefunden haben.

Wir freuen uns über weitere Hinweise, Anregungen und Kritik, die zur stetigen Verbesserung des Studienbuches beitragen werden.

Sopron/Hagen/Hamburg, im April 2022
                                                              Friedrich Schade
                                                                   Eva Feldmann
                                                                 Daniel Graewe

Vorwort zur 1. Auflage (2006)

Das Wirtschaftsprivatrecht umfasst die Rechtsgebiete, welche im besonderen Maß Einfluss auf unser wirtschaftliches Handeln haben. Dazu zählen insbesondere das Bürgerliche Recht sowie das Handels- und Gesellschaftsrecht.
Das vorliegende Studienbuch hat es sich zum Ziel gesetzt, Studierenden der Rechts- und Wirtschaftswissenschaften sowie in Bachelor- und Diplomstudiengängen mit privatrechtlichen Lehrinhalten grundlegendes Wissen über das Wirtschaftsprivatrecht zu vermitteln, das sie für ein erfolgreiches Studium benötigen. Praktikern aus dem wirtschaftlichen und rechtlichen Umfeld soll das Buch als Nachschlagewerk zur Lösung typischer wirtschaftsrechtlicher Probleme im beruflichen Alltag dienen.
Dem Bürgerlichen Recht, welches auf alle anderen Rechtsgebiete des Wirtschaftsprivatrechts ausstrahlt, ist eine besondere Stellung in diesem Buch eingeräumt worden. Dabei sind u. a. die Personen des Rechtsverkehrs, der Abschluss von Rechtsgeschäften, die Stellvertretung oder Leistungsstörungen ebenso behandelt worden wie bedeutende Vertragstypen des Wirtschaftsprivatrechts oder das Recht neuer Vertriebsformen, z. B. der Fernabsatz im Rahmen des E-Commerce. Einen weiteren Schwerpunkt bilden das Handels- und Gesellschaftsrecht, wobei einerseits so wichtige Themenbereiche wie z. B. die Erlangung der Kaufmannseigenschaft, Handelsregistereintragung, Grundsätze des Firmenrechts oder Handelsgeschäfte, andererseits das Recht der Personen- und Kapitalgesellschaften ausführlich behandelt werden.
Das Buch dient zum einen der Wissensvermittlung für die Studierenden, andererseits ist es für Berufstätige in den Bereichen Wirtschaft und Recht eine Entscheidungshilfe für die tägliche Praxis. Beispielsfälle und Schaubilder erleichtern den Umgang mit den einzelnen Rechtsgebieten des Wirtschaftsprivatrechts.
Eingearbeitete Rechtsprechung und Schrifttum befinden sich auf dem Stand vom 1. März 2006. Dabei hat der Verfasser besonderen Wert daraufgelegt, den Leserinnen und Lesern ein umfangreiches Literaturverzeichnis und detaillierte Fundstellen zur Verfügung zu stellen. Zum einen mag der Wunsch bestehen, sich anhand weiterer Literatur zusätzlich mit der Rechtsmaterie zu befassen, zum anderen kann die wissenschaftliche oder berufliche Notwendigkeit es erfordern, angegebene Fundstellen, z. B. Urteile der höchstrichterlichen Rechtsprechung, schnell zu finden und ergänzend nachzulesen.
Gerne nehme ich Kritik und Anregungen entgegen sowie Hinweise auf Fehler, die es zukünftig zu vermeiden gilt.

Inhaltsverzeichnis

Vorwort zur 5. Auflage	V
Vorwort zur 1. Auflage (2006)	VII
Abkürzungsverzeichnis	XXIII
Literaturverzeichnis	XXIX
Abbildungsverzeichnis	XXXII
Informative Internetadressen	XXXIII

§ 1	**Einführung in das Wirtschaftsprivatrecht**			1
	1.	Juristische Denk- und Arbeitsweise		1
	2.	Grundraster zur Anspruchsprüfung		2
	3.	Abgrenzung verschiedener Rechtsbereiche		3
	4.	Rechtsweg		4
	5.	Einordnung des Wirtschaftsprivatrechts		4
	6.	Gesetze des Wirtschaftsprivatrechts		6
§ 2	**Grundlagen**			7
	1.	Rechtsbegriffe		7
	2.	Rechtsquellen		9
		a)	Supranationales Recht	9
			aa) Völkerrechtliche Verträge	9
			bb) Europäisches Gemeinschaftsrecht	10
		b)	Deutsches Recht	11
			aa) Grundgesetz	11
			bb) Gesetze und Rechtsverordnungen von Bund und Ländern	11
			cc) Gewohnheitsrecht	12
	3.	Geschichte und Struktur des Bürgerlichen Gesetzbuchs		12
	4.	Grundsatz der Privatautonomie		14
	5.	Rechtssubjekte und Rechtsobjekte		15
	6.	Wirtschaftsprivatrecht und Zivilprozessrecht		18
§ 3	**Personen des Wirtschaftsprivatrechts**			21
	1.	Natürliche Personen		21
	2.	Juristische Personen		22
		a)	Verein als Basis juristischer Personen	23
		b)	Stiftung	25
	3.	Personengesellschaften		25
§ 4	**Sachen und Rechte im Wirtschaftsprivatrecht**			27
	1.	Sachen		27
		a)	Merkmale	27
		b)	Tiere	28
	2.	Arten		28
		a)	Bewegliche und unbewegliche Sachen	28
		b)	Vertretbare und unvertretbare Sachen	29

Inhaltsverzeichnis

		c)	Verbrauchbare und nicht verbrauchbare Sachen.	29
		d)	Teilbare und unteilbare Sachen	30
	3.	Bestandteile		30
		a)	Wesentliche und unwesentliche Bestandteile	30
		b)	Scheinbestandteile	30
	4.	Zubehör		31
	5.	Früchte, Nutzungen und Lasten		31
	6.	Rechte		32
		a)	Objektives und subjektives Recht.	32
		b)	Absolutes und relatives Recht	32
		c)	Gegenrechte	33
		d)	Durchsetzung von Rechten.	33
§ 5	Rechtsgeschäfte.			35
	1.	Arten von Rechtsgeschäften		35
		a)	Einseitige und mehrseitige Rechtsgeschäfte.	35
		b)	Empfangsbedürftige und nicht empfangsbedürftige Rechtsgeschäfte.	35
		c)	Rechtsgeschäfte unter Lebenden und von Todes wegen	36
		d)	Rechtsgeschäfte unter Anwesenden und unter Abwesenden . . .	36
	2.	Verpflichtungs- und Verfügungsgeschäft.		36
	3.	Willenserklärung.		37
		a)	Objektiver Tatbestand.	38
		b)	Subjektiver Tatbestand	38
			aa) Handlungswille	39
			bb) Erklärungsbewusstsein.	39
			cc) Geschäftswille	39
		c)	Wirksamkeit der Willenserklärung	39
			aa) Empfangsbedürftige und nicht empfangsbedürftige Willenserklärung.	39
			bb) Willenserklärungen unter An- und Abwesenden.	40
			cc) Zugang	41
			dd) Verhinderung des Zugangs	41
		d)	Auslegung von Willenserklärungen	42
	4.	Formerfordernisse		42
		a)	Zweck von Formvorschriften.	42
		b)	Arten von Formvorschriften	43
			aa) Vertraglich vereinbarte Form	43
			bb) Gesetzliche Formvorschriften.	43
			cc) Rechtsfolgen	44
	5.	Bedingung und Befristung		45
		a)	Aufschiebende und auflösende Bedingung	45
		b)	Befristung.	46
§ 6	Mängel bei Rechtsgeschäften.			47
	1.	Nichtigkeit und Unwirksamkeit		47
		a)	Nichtigkeit	47
		b)	Teilnichtigkeit	48

		c)	Umdeutung	48
		d)	Unwirksamkeit	48
		e)	Nichtigkeit durch Anfechtung	48
	2.	Mängel bei Personen		48
		a)	Rechtsfähigkeit	48
		b)	Geschäftsfähigkeit	48
			aa) Geschäftsunfähigkeit	49
			bb) Beschränkte Geschäftsfähigkeit	49
			cc) Zustimmungspflichtige Geschäfte	50
			dd) Ausnahmen von der Zustimmungspflicht	50
	3.	Bewusste Nichtigkeit von Willenserklärungen		51
		a)	Geheimer Vorbehalt	51
		b)	Scheingeschäft	52
		c)	Scherzgeschäft	52
	4.	Anfechtung wegen Irrtums		52
		a)	Verschiedene Anfechtungsgründe	52
			aa) Inhaltsirrtum	52
			bb) Erklärungsirrtum	53
			cc) Übermittlungsirrtum	53
			dd) Eigenschaftsirrtum	53
			ee) Rechtsfolgenirrtum	53
			ff) Täuschung oder Drohung	54
		b)	Anfechtungserklärung	54
		c)	Anfechtungsfristen	55
		d)	Rechtsfolgen	55
			aa) Ersatz des Vertrauensschadens	55
			bb) Schadensersatz für den Erklärenden	55
	5.	Unzulässige Rechtsgeschäfte		56
		a)	Gesetzliches Verbot	56
		b)	Sittenwidrige Rechtsgeschäfte; Wucher	56

§ 7 Vertragsschluss ... 58
    1. Vertragsfreiheit ... 58
    2. Vorvertragliche Regelungen ... 58
    3. Vertragsangebot ... 59
    4. Vertragsannahme ... 60
    5. Auslegung ... 62
        a) Willenserklärung ... 62
        b) Vertrag ... 62
    6. Einigungsmangel ... 62
        a) Offener Einigungsmangel ... 62
        b) Versteckter Einigungsmangel ... 63
    7. Widerruf ... 63

§ 8 Stellvertretung ... 64
    1. Wirksame Stellvertretung ... 65
    2. Voraussetzungen der Stellvertretung ... 65
        a) Zulässigkeit der Stellvertretung ... 65

Inhaltsverzeichnis

		b) Geschäftsfähigkeit des Stellvertreters.	66
		c) Eigene Willenserklärung des Vertreters	66
		d) Offenkundigkeit	66
		e) Vertretungsmacht.	67
	3.	Duldungs- und Anscheinsvollmacht.	68
	4.	Wirkung der Stellvertretung	69
	5.	Stellvertretung ohne Vertretungsmacht.	69
	6.	Haftung für Stellvertretung ohne Vertretungsmacht.	70
	7.	Verbot des In-Sich-Geschäfts.	71

§ 9 Vertragliche Schuldverhältnisse 72

	1.	Entstehung von Schuldverhältnissen	73
	2.	Arten.	74
	3.	Leistungspflichten.	75
		a) Hauptpflichten	75
		b) Nebenpflichten	75
		aa) Schutzpflichten	76
		bb) Treu und Glauben	76
		cc) Aufklärungspflichten	76
		dd) Obliegenheiten.	76
	4.	Stückschuld oder Gattungsschuld	76
	5.	Leistung.	77
		a) Leistungsumfang	77
		b) Leistungsort	77
		aa) Holschuld	77
		bb) Bringschuld.	78
		cc) Schickschuld	78
	6.	Leistungszeit.	78
	7.	Leistungsschuldner	79
	8.	Leistung an Dritte.	79
	9.	Arten von Schulden.	79
		a) Geldschuld.	79
		b) Zinsschuld	79
		c) Wahlschuld.	80
		d) Schadensersatzschuld	80
	10.	Mehrheit von Gläubigern und Schuldnern	81
		a) Gläubigermehrheit.	81
		b) Schuldnermehrheit	81
	11.	Schuldverhältnisse unter Einbeziehung Dritter	81
		a) Vertrag zugunsten Dritter	81
		b) Vertrag mit Schutzwirkung zugunsten Dritter	82
	12.	Übertragung von Forderungen	83
		a) Abtretungsvoraussetzungen	83
		b) Rechtsfolgen des Abtretungsvertrags.	83
		c) Schuldnerschutz	83
		d) Spezialfälle der Abtretung.	84
		e) Gesetzliche Forderungsübertragung	85

		f)	Forderungsübertragung kraft gerichtlicher Anordnung	85
	13.	Schuldübernahme oder Schuldbeitritt		85
		a)	Schuldübernahme	85
			aa) Vertrag zwischen Gläubiger und Übernehmer	85
			bb) Vertrag zwischen (Alt-)Schuldner und Übernehmer.	86
		b)	Schuldbeitritt	86
		c)	Vertragsübernahme	86
		d)	Leistungsverweigerung durch den Schuldner.	87
	14.	Vertragsstrafe		87
		a)	Akzessorietät	87
		b)	Verwirkung	87

§ 10 Allgemeine Geschäftsbedingungen. 89
	1.	Sachlicher und persönlicher Anwendungsbereich		89
		a)	Sachlicher Anwendungsbereich	89
		b)	Persönlicher Anwendungsbereich.	90
	2.	Begriff		90
	3.	Wirksame Einbeziehung		90
	4.	Auslegung von AGB		92
		a)	Vorrang der Individualabrede	92
		b)	Auslegungszweifel bei AGB.	92
	5.	Inhaltskontrolle von AGB.		92
		a)	Bedeutung	92
		b)	Klauselverbote ohne Wertungsmöglichkeit	93
		c)	Klauselverbote mit Wertungsmöglichkeit	93
		d)	Generalklausel.	94
	6.	Einschränkung der Inhaltskontrolle.		94
	7.	Unterlassungsklage gegen AGB-Klauseln		95
	8.	Rechtsfolgen.		95

§ 11 Verträge mit besonderen Vertriebsformen 96
	1.	Grundbegriffe		96
		a)	Verbraucher.	96
		b)	Unternehmer.	97
	2.	Allgemeiner Teil des Verbraucherschutzrechts		97
	3.	Außergeschäftsraumverträge		98
	4.	Fernabsatzverträge		99
	5.	Besondere Informations- und Dokumentationspflichten.		100
	6.	Widerrufsrecht		101
		a)	Voraussetzungen	102
		b)	Rechtsfolgen	103
		c)	Auswirkungen auf akzessorische Verträge	104
	7.	Elektronischer Geschäftsverkehr (E-Commerce)		104
	8.	Unabdingbarkeit der Informationspflichten		106

§ 12 Fristen und Termine 107

Inhaltsverzeichnis

§ 13	Verjährung	108
1.	Verjährungsfristen	108
2.	Beginn der Verjährung	108
3.	Hemmung der Verjährung	109
4.	Vertraglich vereinbarte Verjährungsfristen	109
5.	Wirkung der Verjährung	109

§ 14	Schadensersatz	110
1.	Begriff des Schadens	111
2.	Umfang des Schadensersatzes	111
	a) Naturalrestitution	111
	b) Geldersatz	111
3.	Ersatzberechtigte	112
4.	Kausalität	112
5.	Schadensersatzverpflichteter	113
6.	Schadensreduzierung	113

§ 15	Leistungsstörungen	114
1.	Allgemeines und spezielles Leistungsstörungsrecht	115
2.	Rechtsfolgen der Leistungsstörung	116
3.	Sonderregelungen im Leistungsstörungsrecht	116
	a) Vertragliche Gewährleistungsrechte	116
	b) Leistungshindernis bei Vertragsschluss	117
	c) Störung der Geschäftsgrundlage	117
4.	Pflichtverletzung	117
5.	Vertretenmüssen	118
6.	Schadensersatz wegen Pflichtverletzung	119
	a) Schadensersatz statt der Leistung	119
	b) Schadensersatz wegen Verletzung einer Nebenpflicht	119
	c) Schadensersatz bei Ausschluss der Leistungspflicht	120
	d) Sonstige Schadensersatzansprüche	120
	e) Ersatz vergeblicher Aufwendungen	120
	f) Rücktritt	120
7.	Unmöglichkeit	121
	a) Befreiung von der Primärleistungspflicht	121
	aa) Typische Unmöglichkeit	121
	bb) Faktische Unmöglichkeit	122
	cc) Höchstpersönliche Unmöglichkeit	122
	dd) Anfängliche Unmöglichkeit	122
	b) Rechtsfolgen der Unmöglichkeit	123
8.	Schuldnerverzug	124
	a) Voraussetzungen	124
	aa) Fälliger und durchsetzbarer Anspruch	124
	bb) Möglichkeit der Leistung	125
	cc) Mahnung	125
	dd) Zahlungsverzug	126
	ee) Vertretenmüssen	126
	b) Rechtsfolgen	126

Inhaltsverzeichnis

		aa)	Primärleistungspflicht		126
		bb)	Ersatz des Verzugsschadens		126
		cc)	Verzugszinsen		126
		dd)	Schadensersatz statt der Leistung		127
		ee)	Haftungsverschärfung		127
		ff)	Rücktritt		127
	9.	Gläubigerverzug			127
		a)	Bedingungen		127
			aa) Möglichkeit der Leistung		128
			bb) Tatsächliches Angebot des Schuldners		128
			cc) Nichtannahme der geschuldeten Leistung		128
		b)	Rechtsfolgen		129
	10.	Schlechterfüllung			129
		a)	Verletzung von Schutzpflichten beim vertraglichen Schuldverhältnis		129
			aa) Schuldverhältnis		129
			bb) Pflichtverletzung		130
			cc) Vertretenmüssen		130
			dd) Rechtsfolgen		130
		b)	Verletzungen von Schutzpflichten beim vorvertraglichen Schuldverhältnis		130
			aa) Überblick		130
			bb) Vertretenmüssen		132
			cc) Pflichtverletzung		132
			dd) Rechtsfolgen		132
		c)	Verletzung nachvertraglicher Pflichten		132
		d)	Anpassung und Beendigung von Verträgen		132
			aa) Störung der Geschäftsgrundlage		132
			bb) Kündigung von Dauerschuldverhältnissen aus wichtigem Grund		133
§ 16	Beendigung von Schuldverhältnissen				134
	1.	Erfüllung			135
	2.	Aufhebung			136
	3.	Aufrechnung			136
	4.	Hinterlegung			137
	5.	Erlass			137
	6.	Negatives Schuldanerkenntnis			137
	7.	Rücktritt			138
		a)	Vertragliches Rücktrittsrecht		138
		b)	Gesetzliches Rücktrittsrecht		138
	8.	Kündigung			138
	9.	Schuldumwandlung			139
	10.	Vergleich			139
	11.	Widerrufsrecht			139
§ 17	Bedeutende Vertragsarten				141
	1.	Veräußerungsverträge			142

XV

Inhaltsverzeichnis

	a)	Kaufvertrag		142
		aa)	Pflichten der Vertragsparteien	143
		bb)	Form	144
		cc)	Gefahrübergang	144
		dd)	Mängelgewährleistung	144
		ee)	Verjährung der Mängelansprüche	151
		ff)	Haftungsausschluss	151
		gg)	Ansprüche aus Garantie	152
		hh)	Verbrauchsgüterkauf	153
		ii)	Rückgriff des Verkäufers/Unternehmers	154
	b)	Besondere Arten des Kaufs		155
		aa)	Kauf auf Probe	155
		bb)	Wiederkauf	155
		cc)	Vorkauf	155
		dd)	Schiffskauf	156
		ee)	Kauf unter Eigentumsvorbehalt	156
		ff)	Internationaler Kauf	156
	c)	Verträge über digitale Produkte		156
		aa)	Verbrauchervertrag über digitale Produkte	156
		bb)	Verträge zwischen Unternehmern über digitale Produkte	159
	d)	Tausch		159
	e)	Schenkung		160
2.	Gebrauchsüberlassungsverträge			160
	a)	Mietvertrag		160
		aa)	Vorschriften des Mietrechts	161
		bb)	Pflichten von Vermieter und Mieter	161
		cc)	Nebenpflichten	162
		dd)	Rechtsfolgen von Pflichtverletzungen	163
		ee)	Beendigung des Mietverhältnisses	164
		ff)	Fortsetzung des Mietverhältnisses in außerordentlichen Fällen	165
	b)	Pacht		166
	c)	Leihe		166
	d)	Darlehensvertrag		166
		aa)	Sachdarlehen	166
		bb)	Gelddarlehen	167
		cc)	Verbraucherdarlehensvertrag	167
		dd)	Finanzierungshilfen zwischen Unternehmer und Verbraucher	169
		ee)	Factoring	170
		ff)	Teilzahlungsgeschäft	170
		gg)	Ratenlieferungsvertrag	171
3.	Tätigkeitsverträge			171
	a)	Dienstvertrag		172
		aa)	Leistungspflichten	172
		bb)	Nebenpflichten	173
		cc)	Pflichtverletzungen des Dienstverhältnisses	174
		dd)	Beendigung des Dienstvertrags	174

Inhaltsverzeichnis

	b)	Werkvertrag.................................	175
		aa) Leistungspflichten.......................	176
		bb) Rechtsfolgen bei mangelhaftem Werk................	179
		cc) Sicherungsrechte des Unternehmers..................	181
		dd) Verjährung.............................	182
		ee) Beendigung............................	182
	c)	Bauvertrag.................................	182
		aa) Systematik............................	183
		bb) Sicherungsrechte des Unternehmers................	183
	d)	Besondere Arten von Tätigkeitsverträgen..................	184
		aa) Auftrag...............................	184
		bb) Geschäftsbesorgungsvertrag.................	184
		cc) Reisevertrag...........................	184
		dd) Maklervertrag..........................	185
		ee) Verwahrungsvertrag......................	185

§ 18 Sicherheiten... 186
1. Personalsicherheiten..................................... 187
   - a) Bürgschaft.. 187
     - aa) Vertrag............................... 187
     - bb) Rechtsfolgen........................... 187
   - b) Schuldbeitritt und Schuldübernahme...................... 188
   - c) Garantievertrag.. 188
   - d) Patronatserklärung..................................... 188
   - e) Akkreditiv.. 189
2. Realsicherheiten.. 189
   - a) Eigentumsvorbehalt................................... 189
     - aa) Einfacher Eigentumsvorbehalt.................... 190
     - bb) Verlängerter Eigentumsvorbehalt................. 190
     - cc) Erweiterter Eigentumsvorbehalt.................. 190
   - b) Pfandrecht.. 191
     - aa) Pfandrecht an beweglichen Sachen................ 191
     - bb) Pfandrecht an Rechten.......................... 191
   - c) Sicherungsübereignung............................... 191
   - d) Sicherungsabtretung.................................. 192
   - e) Grundpfandrechte..................................... 193
     - aa) Hypothek..................................... 193
     - bb) Grundschuld.................................. 194
     - cc) Rentenschuld................................. 194

§ 19 Gesetzliche Schuldverhältnisse............................. 196
1. Geschäftsführung ohne Auftrag (GoA)...................... 196
   - a) Berechtigte GoA....................................... 197
   - b) Unberechtigte GoA.................................... 198
   - c) Irrtümliche GoA....................................... 198
   - d) Angemaßte GoA....................................... 198
2. Ungerechtfertigte Bereicherung............................ 198
   - a) Grundtatbestände der ungerechtfertigten Bereicherung........ 199

Inhaltsverzeichnis

		b)	Bereicherung durch Leistung.	199
		c)	Bereicherung in sonstiger Weise.	200
			aa) Eingriffskondiktion.	200
			bb) Rückgriffskondiktion	200
			cc) Verwendungskondiktion	200
		d)	Verfügung eines Nichtberechtigten.	200
		e)	Geltendmachung des Bereicherungsanspruchs.	200
		f)	Wegfall der Bereicherung	201
	3.	Unerlaubte Handlungen.		201
		a)	Haftungstatbestand des § 823 I BGB.	202
			aa) Verletzungshandlung.	203
			bb) Haftungsbegründende Kausalität	203
			cc) Rechtswidrigkeit.	203
			dd) Verschulden.	203
			ee) Schaden und haftungsausfüllende Kausalität	204
			ff) Rechtsfolge	204
		b)	Relative Rechte	204
		c)	Verstoß gegen ein Schutzgesetz	205
		d)	Sittenwidrige vorsätzliche Schädigung	205
		e)	Kreditgefährdung.	205
		f)	Haftung für Verrichtungsgehilfen.	205
		g)	Gesamtschuldnerische Haftung	206
		h)	Herstellerhaftung.	206
		i)	Gefährdungshaftung.	207
			aa) Produkthaftung	207
			bb) Straßenverkehrshaftung.	207
			cc) Haftung des Tierhalters	208
			dd) Umwelthaftung	208
		j)	Anspruchskonkurrenz von § 823 BGB und Gefährdungshaftung.	209
§ 20	Sachenrecht			210
	1.	Prinzipien des Sachenrechts		210
	2.	Eigentum.		211
		a)	Eigentumserwerb durch Rechtsgeschäft	211
			aa) Eigentumserwerb an beweglichen Sachen	211
			bb) Berechtigung für den Eigentumsübergang	212
		b)	Eigentumserwerb an Immobilien.	213
		c)	Grundbuch.	214
			aa) Vormerkung.	214
			bb) Berichtigung	215
		d)	Eigentumserwerb durch Gesetz	215
			aa) Verbindung mit einem Grundstück.	215
			bb) Verbindung mit beweglichen Sachen	216
			cc) Vermischung	216
			dd) Verarbeitung	216
			ee) Aneignung.	217
			ff) Ersitzung.	217

Inhaltsverzeichnis

		gg)	Fund	217
	e)	Schutz des Eigentums		217
		aa)	Herausgabeanspruch nach § 985 BGB	217
		bb)	Abwehranspruch nach § 1004 BGB	218
		cc)	Eigentümer-Besitzer-Verhältnis	218
3.	Besitz			218
	a)	Möglichkeiten des Besitzes		219
		aa)	Unmittelbarer Besitz	219
		bb)	Mittelbarer Besitz	219
		cc)	Besitzdiener	219
	b)	Erwerb und Verlust des Besitzes		220
		aa)	Unmittelbarer Besitz	220
		bb)	Mittelbarer Besitz	220
		cc)	Verbotene Eigenmacht	220
	c)	Besitzschutz		220
4.	Beschränkt dingliche Rechte			221

§ 21 Handelsrecht ... 222

1.	Grundbegriffe und Rechtsquellen			223
	a)	Grundbegriffe		223
	b)	Rechtsquellen		223
2.	Kaufleute			224
	a)	Istkaufmann		224
	b)	Freiwillige Kaufmannseigenschaft		225
		aa)	Kannkaufmann	225
		bb)	Kaufmann bei Land- und Forstwirtschaft	226
		cc)	Fiktivkaufmann	226
		dd)	Scheinkaufmann	226
	c)	Handelsgesellschaften		227
		aa)	Personenhandelsgesellschaften	227
		bb)	Kapitalgesellschaften	227
3.	Handelsregister und Unternehmensregister			227
	a)	Funktionen des Handelsregisters		228
	b)	Arten und Wirkungen von Handelsregistereintragungen		229
		aa)	Eintragungspflichtige und eintragungsfähige Tatsachen	229
		bb)	Deklaratorische und konstitutive Wirkung	229
	c)	Publizitätswirkungen des Handelsregisters		230
		aa)	Richtige Eintragung und Publizität	230
		bb)	Negative Publizität	230
		cc)	Positive Publizität	231
		dd)	Gewohnheitsrechtliche Publizitätsgrundsätze	231
4.	Handelsfirma			231
	a)	Grundsätze des Firmenrechts		232
	b)	Firmenschutz		233
5.	Handelsunternehmen			233
	a)	Eintritt in ein Handelsunternehmen		233
	b)	Inhaberwechsel durch Erbfolge		234

Inhaltsverzeichnis

		c)	Rechtsgeschäftlicher Erwerb	234
	6.	Handelsbücher		235
	7.	Hilfspersonen der Kaufleute		236
		a)	Unselbstständige Hilfspersonen	236
			aa) Prokura	237
			bb) Handlungsvollmacht	238
			cc) Vollmacht von Ladenangestellten	238
		b)	Selbständige Hilfspersonen	239
			aa) Handelsvertreter	239
			bb) Handelsmakler	241
			cc) Kommissionär	242
			dd) Kommissionsagent	242
			ee) Vertragshändler	243
			ff) Franchise-Nehmer	243
	8.	Handelsgeschäfte		244
		a)	Allgemeine Regeln für Handelsgeschäfte	244
			aa) Schweigen im Geschäftsverkehr	245
			bb) Kaufmännisches Bestätigungsschreiben	245
		b)	Handelsbrauch	245
		c)	Kaufmännische Sorgfaltspflichten	246
		d)	Abweichende Vergütungsansprüche	246
		e)	Kaufmännisches Zurückbehaltungsrecht	246
		f)	Vertragsstrafe	247
		g)	Bürgschaft des Kaufmanns	247
		h)	Gutglaubensschutz im Handelsrecht	247
	9.	Handelskauf		247
		a)	Überblick	247
		b)	Handelsrechtliche Besonderheiten	248
			aa) Annahmeverzug des Käufers	248
			bb) Bestimmungskauf	248
			cc) Fixhandelskauf	248
			dd) Mängelhaftung beim Handelskauf	249
	10.	Kaufmännischer Zahlungsverkehr		249
		a)	Kontokorrent	250
		b)	Banküberweisung, Dauerauftrag und Lastschrift	251
		c)	Kartenzahlung	252
		d)	Scheck und Wechsel	253
		e)	Akkreditiv	254
	11.	UN-Kaufrecht		254
	12.	Sonstige Handelsgeschäfte		255
		a)	Frachtgeschäft	255
		b)	Speditionsgeschäft	256
		c)	Lagergeschäft	256
§ 22 Gesellschaftsrecht				**258**
	1.	Personengesellschaften		260
		a)	Gesellschaft bürgerlichen Rechts (GbR)	260

Inhaltsverzeichnis

		aa)	Gründung	260
		bb)	Gesellschaftsvermögen	260
		cc)	Gesellschaftsregister und Firmierung	261
		dd)	Gesellschaftszweck	261
		ee)	Geschäftsführung und Vertretung	261
		ff)	Haftung	262
		gg)	Gesellschafterwechsel	263
		hh)	Beendigung	263
		ii)	Umwandlung	264
	b)	Offene Handelsgesellschaft (OHG)		264
		aa)	Gründung	264
		bb)	Gesellschaftsvermögen	265
		cc)	Gesellschaftszweck	266
		dd)	Geschäftsführung und Vertretung	266
		ee)	Haftung	267
		ff)	Gesellschafterwechsel	268
		gg)	Beendigung	268
	c)	Kommanditgesellschaft (KG)		268
		aa)	Gründung	269
		bb)	Gesellschaftsvermögen	269
		cc)	Gesellschaftszweck	269
		dd)	Geschäftsführung und Vertretung	269
		ee)	Haftung	270
		ff)	Gesellschafterwechsel	271
		gg)	Beendigung	271
	d)	Stille Gesellschaft		271
		aa)	Gründung	272
		bb)	Gesellschaftsvermögen	272
		cc)	Gesellschaftszweck	272
		dd)	Geschäftsführung und Vertretung	273
		ee)	Haftung	273
		ff)	Gesellschafterwechsel	273
		gg)	Beendigung	273
	e)	Partnerschaftsgesellschaft		273
		aa)	Gründung	274
		bb)	Geschäftsführung und Vertretung	274
		cc)	Haftung	274
		dd)	Beendigung	274
	f)	Europäische Wirtschaftliche Interessenvereinigung (EWIV)		275
2.	Körperschaften			276
	a)	Aktiengesellschaft (AG)		276
		aa)	Kapitalausstattung und Vermögen	276
		bb)	Gründung	278
		cc)	Organe	279
		dd)	Haftung	282
		ee)	Gesellschafterwechsel	282
		ff)	Beendigung	282

Inhaltsverzeichnis

			gg)	Corporate Governance Kodex...............	282
		b)	Kommanditgesellschaft auf Aktien (KGaA)............		283
		c)	Gesellschaft mit beschränkter Haftung (GmbH)...........		284
			aa)	Kapitalausstattung und Vermögen............	285
			bb)	Gründung........................	285
			cc)	Organe..........................	286
			dd)	Haftung.........................	288
			ee)	Gesellschafterwechsel................	289
			ff)	Beendigung......................	289
		d)	GmbH & Co. KG........................		290
			aa)	Kapitalausstattung und Vermögen............	290
			bb)	Gründung........................	290
			cc)	Organe..........................	291
			dd)	Haftung.........................	291
			ee)	Gesellschafterwechsel................	291
			ff)	Beendigung......................	291
		e)	Eingetragene Genossenschaft (eG)................		292
		f)	Verbundene Unternehmen..................		293
		g)	Europäische Gesellschaft (SE).................		294

§ 23 Insolvenzrecht 295

	1.	Insolvenzverfahren................................		295
		a)	Insolvente Personen bzw. Vermögensmassen...........	295
		b)	Insolvenzgericht........................	296
		c)	Insolvenzgründe........................	296
		d)	Sicherungsmaßnahmen des Insolvenzgerichts........	296
		e)	Insolvenzmasse........................	297
		f)	Gläubiger des Insolvenzverfahrens................	297
		g)	Insolvenzplan..........................	297
		h)	Eigenverwaltung........................	297
		i)	Restschuldbefreiung.....................	297
	2.	Verbraucherinsolvenz............................		298

§ 24 Gewerblicher Rechtsschutz und Wettbewerbsrecht............ 299

	1.	Gewerblicher Rechtsschutz.........................		299
		a)	Patentrecht...........................	300
		b)	Gebrauchsmusterrecht....................	301
		c)	Designrecht...........................	302
		d)	Markenrecht..........................	302
	2.	Arbeitnehmererfindungsrecht........................		303
	3.	Urheberrecht.................................		303
	4.	Wettbewerbsrecht..............................		304
		a)	Recht des unlauteren Wettbewerbs..............	304
		b)	Wettbewerbsbeschränkungen................	305

Stichwortverzeichnis 307

Abkürzungsverzeichnis

a. A.	andere Ansicht
a. a. O.	am angegebenen Ort
ABl.	Amtsblatt
Abs.	Absatz
AcP	Archiv für die civilistische Praxis
ADSp.	Allgemeine Deutsche Spediteurbedingungen
AEUV	Vertrag über die Arbeitsweise der Europäischen Union
AG	Aktiengesellschaft, Amtsgericht
AGB	Allgemeine Geschäftsbedingungen
AGG	Allgemeines Gleichbehandlungsgesetz
a. F.	alte Fassung
AktG	Aktiengesetz
Alt.	Alternative
Anh.	Anhang
Anm.	Anmerkung
AO	Abgabenordnung
AR	Arbeitsrecht
ArbGG	Arbeitsgerichtsgesetz
ArbNErfG	Arbeitnehmererfindungsgesetz
ArbZG	Arbeitszeitgesetz
arg.	argumentativ
arg. e	Argument aus
Art.	Artikel
Artt.	Artikel (Pl.)
AS	Allgemeines Schuldrecht
AT	Allgemeiner Teil
Aufl.	Auflage
BAG	Bundesarbeitsgericht
BauR	Zeitschrift für das gesamte öffentliche und private Baurecht
BB	Betriebsberater (Zeitschrift)
BBiG	Berufsbildungsgesetz
Bd.	Band
Bde.	Bände
Beil.	Beilage
betr.	betreffend
BetrVG	Betriebsverfassungsgesetz
BeurkG	Beurkundungsgesetz
BGB	Bürgerliches Gesetzbuch
BGB-InfoV	BGB-Informationspflichten-Verordnung
BGBl.	Bundesgesetzblatt
BGH	Bundesgerichtshof
BGHZ	Amtliche Sammlung der Entscheidungen des Bundesgerichtshofs in Zivilsachen
BS	Besonderes Schuldrecht
BSG	Bundessozialgericht
BUrlG	Bundesurlaubsgesetz
BVerfG	Bundesverfassungsgericht
BVerfGE	Amtliche Sammlung der Entscheidungen des Bundesverfassungsgerichts
bzw.	beziehungsweise
CD-ROM	Compact Disc Read-Only-Memory
cic	culpa in contrahendo
cif	cost, insurance and freight

Abkürzungsverzeichnis

CISG	Convention on Contracts for the International Sale of Goods
CMR	Übereinkommen über den Beförderungsvertrag im internationalen Straßengüterverkehr
COTIF	Übereinkommen über den internationalen Eisenbahnverkehr
cpc	culpa post contrahendum
DAR	Deutsches Autorenrecht (Zeitschrift)
DB	Der Betrieb (Zeitschrift)
d.b.	das bedeutet
ders.	derselbe
DesignG	Designgesetz
DesignV	Designverordnung
d. h.	das heißt
dies.	dieselben
DPMA	Deutsches Patent- und Markenamt
DrittelbG	Drittelbeteiligungsgesetz
DStR	Deutsches Steuerrecht
DVD	Digital Video Disc
DZWiR	Deutsche Zeitschrift für Wirtschafts- und Insolvenzrecht
ec	electronic cash
EFZG	Entgeltfortzahlungsgesetz
EG	Einführungsgesetz, Europäische Gemeinschaft
eG	eingetragene Genossenschaft
EGBGB	Einführungsgesetz zum Bürgerlichen Gesetzbuch
EGHGB	Einführungsgesetz zum Handelsgesetzbuch
EGV	EG-Vertrag
EGZPO	Einführungsgesetz zur Zivilprozessordnung
EHUG	Gesetz über elektronische Handelsregister und Genossenschaftsregister sowie das Unternehmensregister
Einf.	Einführung
Einl.	Einleitung
E-mail	Electronic mail
EnWG	Energiewirtschaftsgesetz
etc.	ecetera
EU	Europäische Union
EuGH	Europäischer Gerichtshof
EURATOM	Europäische Atomgemeinschaft
EVO	Eisenbahn-Verkehrsordnung
evtl.	eventuell
EWG	Europäische Wirtschaftsgemeinschaft
EWIV	Europäische Wirtschaftliche Interessenvereinigung
EWIV-AG	Ausführungsgesetz zur Europäischen Wirtschaftlichen Interessenvereinigung
EWIV-VO	XVII. Verordnung (EWG) Nr. 2137/85 des Rates der Europäischen Gemeinschaft über die Schaffung einer Europäischen Wirtschaftlichen Interessenvereinigung
EU	Europäische Union
Exk.	Exkurs
f.	folgende
FamFG	Gesetz über das Verfahren in Familiensachen und in Angelegenheiten der freiwilligen Gerichtsbarkeit
FamRZ	Zeitschrift für das gesamte Familienrecht
FernUSG	Fernunterrichtsschutzgesetz
ff.	folgende (Pl.)
fob	free on Board
FS	Festschrift

Abkürzungsverzeichnis

GBO	Grundbuchordnung
GbR	Gesellschaft bürgerlichen Rechts
GebrMG	Gebrauchsmustergesetz
gem.	gemäß
GenG	Genossenschaftsgesetz
GenTG	Gentechnikgesetz
GeschmMG	Geschmacksmustergesetz
GewO	Gewerbeordnung
GG	Grundgesetz
ggf.	gegebenenfalls
GK	Großkommentar
GmbH	Gesellschaft mit beschränkter Haftung
GmbHG	GmbH-Gesetz
GmbHR	GmbH-Rundschau (Zeitschrift)
GoA	Geschäftsführung ohne Auftrag
GR	Gesellschaftsrecht
grds.	grundsätzlich
GRUR	Gewerblicher Rechtsschutz und Urheberrecht (Zeitschrift)
GRUR Int.	Gewerblicher Rechtsschutz und Urheberrecht Internationaler Teil (Zeitschrift)
GVG	Gerichtsverfassungsgesetz
GWB	Gesetz gegen Wettbewerbsbeschränkungen
GWR	Gesellschafts- und Wirtschaftsrecht (Zeitschrift)
HaustürWG	Gesetz über den Widerruf von Haustürgeschäften und ähnlichen Geschäften
HGB	Handelsgesetzbuch
h. M. (H.M.)	herrschende Meinung
HR	Handelsrecht
Hrsg.	Herausgeber
HRV	Handelsregisterverfügung
Hs.	Halbsatz
HSBC	The Hongkong and Shanghai Banking Corporation Limited
i. d. R.	in der Regel
InsO	Insolvenzordnung
IPR	Internationales Privatrecht
i. S. d.	im Sinne der
i. S. v.	im Sinne von
i. V. m.	in Verbindung mit
JA	Juristische Ausbildung (Zeitschrift)
JArbSchG	Jugendarbeitsschutzgesetz
JR	Juristische Rundschau (Zeitschrift)
JuS	Juristische Schulung (Zeitschrift)
JZ	Juristen-Zeitung (Zeitschrift)
Kap.	Kapitel
KFZ	Kraftfahrzeug
KG	Kommanditgesellschaft
KGaA	Kommanditgesellschaft auf Aktien
KR	Kartellrecht
KSchG	Kündigungsschutzgesetz
KUG	Kunsturhebergesetz
LG	Landgericht
LMK	Lindenmaier-Möhring – Kommentierte BGH-Rechtsprechung
LPartG	Lebenspartnerschaftsgesetz
LuftVG	Luftverkehrsgesetz
m.	mit

Abkürzungsverzeichnis

MarkenG	Markengesetz
MarkenVO	Markenverordnung
MDR	Monatsschrift für Deutsches Recht (Zeitschrift)
MDStV	Mediendienste-Staatsvertrag
MHG	Miethöhegesetz
MitbestG	Gesetz über die Mitbestimmung der Arbeitnehmer
MMR	Multi Media und Recht (Zeitschrift)
MoMiG	Gesetz zur Modernisierung des GmbH-Rechts und zur Bekämpfung von Missbräuchen
MüKo	Münchener Kommentar
MuSchG	Mutterschaftsschutzgesetz
m. w. N.	mit weiteren Nachweisen
NachwG	Nachweisgesetz
NJW	Neue Juristische Wochenschrift (Zeitschrift)
NJW-RR	NJW-Rechtsprechungs-Report Zivilrecht
Nr.	Nummer
NZA	Neue Zeitschrift für Arbeitsrecht
NZG	Neue Zeitschrift für Gesellschaftsrecht
NZI	Neue Zeitschrift für das Recht der Insolvenz und Sanierung
NZM	Neue Zeitschrift für Mietrecht
OHG	Offene Handelsgesellschaft
p.a.	per anno
PAngV	Preisangabenverordnung
PartGG	Partnerschaftsgesellschaftsgesetz
PatG	Patentgesetz
PatV	Patentverordnung
PersBefG	Personenbeförderungsgesetz
PIN	Personal Identification Number
PKW	Personenkraftwagen
Pl.	Plural
POS	Point of Sale
PR	Praktikumsrecht
ProdhaftG	Produkthaftungsgesetz
pVV	positive Vertragsverletzung
RBHaftG	Gesetz über die Haftung des Reichs für seine Beamten v. 22.5.1910
RGZ	Amtliche Sammlung der Entscheidungen des Reichsgerichts
RL	Richtlinie
Rn.	Randnummer
Rpfleger	Der Deutsche Rechtspfleger (Zeitschrift)
RpflG	Rechtspflegergesetz
RS, Rspr.	Rechtsprechung
RVG	Rechtsanwaltsvergütungsgesetz
s.	siehe
S.	Seite, Satz (bei Rechtsnormen)
SCE	Societas Cooperativa Europaea
SchG	Scheckgesetz
SchR AT	Schuldrecht, Allgemeiner Teil
SchR BT	Schuldrecht, Besonderer Teil
SE	Societas Europaea
SEBG	SE-Beteiligungsgesetz
SEEG	Gesetz zur Einführung der Verordnung über das Statut der Europäischen Gesellschaft (SE)
sog.	sogenannte/r/s
SR	Sachenrecht
st.	ständige

Abkürzungsverzeichnis

StGB	Strafgesetzbuch
str.	streitig
StuB	Steuern und Bilanzen
StVG	Straßenverkehrsgesetz
SUP	Societas Unius Personae
TDG	Teledienstegesetz
TPG	Transplantationsgesetz
TranspR	Transportrecht
u. a.	unter anderem
Überbl.	Überblick
UG	Unternehmergesellschaft
UGG	Unternehmens-Gründergesellschaft
UKlaG	Unterlassungsklagengesetz
UMAG	Gesetz zur Unternehmensintegrität und Modernisierung des Anfechtungsrechts
UmwG	Umwandlungsgesetz
UmweltHG	Umwelthaftungsgesetz
UN	United Nations
UrhG	Urheberrechtsgesetz
UrhR	Urheberrecht
Urt.	Urteil
usw.	und so weiter
UWG	Gesetz gegen den unlauteren Wettbewerb
v.	von, vom, vor
VerbrKrG	Verbraucherkreditgesetz
VersR	Versicherungsrecht
Verw.	Verweis
vgl.	vergleiche
Vorb.	Vorbemerkung
VVG	Versicherungsvertragsgesetz
WA	Warschauer Abkommen
WEG	Wohnungseigentumsgesetz
WG	Wechselgesetz
WHG	Wasserhaushaltsgesetz
WiB	Wirtschaftsrechtliche Beratung (Zeitschrift, bis 1997)
WM	Wertpapier-Mitteilungen (Zeitschrift)
WRP	Wettbewerb in Recht und Praxis (Zeitschrift)
WuW	Wirtschaft und Wettbewerb (Zeitschrift)
ZAP	Zeitschrift für die Anwaltspraxis
z.	zum
z. B.	zum Beispiel
ZDF	Zweites Deutsches Fernsehen
ZEuP	Zeitschrift für Europäisches Privatrecht
ZGR	Zeitschrift für Unternehmens- und Gesellschaftsrecht
ZGS	Zeitschrift für das gesamte Schuldrecht
ZHR	Zeitschrift für das gesamte Handels- und Wirtschaftsrecht
ZInsO	Zeitschrift für das gesamte Insolvenzrecht
ZIP	Zeitschrift für Wirtschaftsrecht und Insolvenzpraxis
ZMR	Zeitschrift für Miet- und Raumrecht
ZPO	Zivilprozessordnung
ZR	Zivilrecht
z. T.	zum Teil
ZUM	Zeitschrift für Urheber- und Medienrecht/Film und Recht
ZVI	Zeitschrift für Verbraucher- und Privat-Insolvenz
ZZP	Zeitschrift für Zivilprozessrecht

Abkürzungsverzeichnis

€ Euro
§ Paragraf
% Prozent

Literaturverzeichnis

Ann, Patentrecht, 8. Aufl., München 2022
Anders/Gehle, Zivilprozessordnung, 80. Aufl., München 2022
Bähr, Grundzüge des Bürgerlichen Rechts, 12. Aufl., München 2013
Baumbach/Hefermehl/Casper, Wechselgesetz und Scheckgesetz, 24. Aufl., München 2020
Baur/Stürner, Sachenrecht, 18. Aufl., München 2009
Becker, Insolvenzrecht, 3. Aufl., München 2010
Benkard, Patentgesetz, 11. Aufl., München 2015
Beuthien, Genossenschaftsgesetz, 16. Aufl., München 2016
Bitter/Heim, Gesellschaftsrecht, 5. Aufl., München 2020
Boecken, BGB – Allgemeiner Teil, 3. Aufl., Stuttgart 2019
Bork, Allgemeiner Teil des Bürgerlichen Gesetzbuchs, 4. Aufl., Tübingen 2016
Brand, Schadensersatzrecht, 3. Aufl., München 2021
Braun, Insolvenzordnung, 9. Aufl., München 2022
Brehm, Allgemeiner Teil des BGB, 6. Aufl., Stuttgart 2008
Brox/Henssler, Handelsrecht, 23. Aufl., München 2020
Brox/Walker, Allgemeiner Teil des BGB, 44. Aufl., Köln 2021
–, Allgemeines Schuldrecht, 46. Aufl., München 2022
–, Besonderes Schuldrecht, 46. Aufl., München 2022
Bühring/Braitmayer/Haberl, Gebrauchsmustergesetz, 9. Aufl., Köln 2021
Bülow/Artz, Handelsrecht, 7. Aufl., Heidelberg 2015
Busse/Keukenschrijver, Patentgesetz, 9. Aufl., Berlin 2020
Canaris, Handelsrecht, 24. Aufl., München 2006
Conrads/Schade, Internationales Wirtschaftsprivatrecht, 2. Aufl., München 2012
Dauner-Lieb/Langen, BGB Schuldrecht, Band 2, §§ 241–853, 4. Aufl., Baden-Baden 2021
Dreier/Schulze, Urheberrechtsgesetz, 7. Aufl., München 2022
Eckert, Sachenrecht, 4. Aufl., Baden-Baden 2005
Eisenhardt/Wackerbarth, Gesellschaftsrecht, 16. Aufl., Heidelberg 2015
Ekey/Bender/Fuchs-Wissemann, Markenrecht, 4. Aufl., Heidelberg 2019
Emmerich, BGB – Schuldrecht, Besonderer Teil, 16. Aufl., Heidelberg 2022
–, Das Recht der Leistungsstörungen, 6. Aufl., München 2005
Emmerich/Habersack, Konzernrecht, 11. Aufl., München 2020
Emmerich/Lange, Kartellrecht, 15. Aufl., München 2021
Esser/Schmidt, Schuldrecht Band I, Allgemeiner Teil, 7. Aufl., Heidelberg 1993
Flume, Allgemeiner Teil des Bürgerlichen Rechts, 2. Bd., 2. Aufl., Berlin 1975
Führich, Wirtschaftsprivatrecht, 13. Aufl., München 2017
Grüneberg, Bürgerliches Gesetzbuch, 81. Aufl., München 2022
Grunewald, Gesellschaftsrecht, 10. Aufl., Tübingen 2017
Gursky, Schuldrecht, Besonderer Teil, 5. Aufl., Heidelberg 2005
Haarmeyer/Frind, Insolvenzrecht, 5. Aufl., Stuttgart 2018
Haarmeyer/Nordemann, Urheberrecht, Kommentar, 12. Aufl., Stuttgart 2018
Heidel/Hüßtege/Mansel/Noack, BGB Allgemeiner Teil/EGBGB, Band 1, 4. Aufl., Baden-Baden 2021
Herrlein/Kandelhard, Mietrecht, 4. Aufl., Recklinghausen 2010
Hofmann, Handelsrecht, 11. Aufl., Neuwied 2002
Hohmeister, Grundzüge des Wirtschaftsprivatrechts, 2. Aufl., Stuttgart 2003
Hopt, Handelsgesetzbuch, 41. Aufl., München 2022
Hübner, H., Allgemeiner Teil des Bürgerlichen Gesetzbuches, 2. Aufl., Berlin 1996
Hübner, U., Handelsrecht, 5. Aufl., Heidelberg 2008
Jauernig, Bürgerliches Gesetzbuch, Kommentar, 18. Aufl., München 2021
Kaiser, Bürgerliches Recht, 12. Aufl., Heidelberg 2009
Kallwass/Abels, Privatrecht, 24. Aufl., München 2021
Klunzinger, Grundzüge des Handelsrechts, 14. Aufl., München 2011
–, Grundzüge des Gesellschaftsrechts, 16. Aufl., München 2012
Koch, Aktiengesetz, 16. Aufl., München 2022
–, Gesellschaftsrecht, 12. Aufl., München 2021
Köhler, BGB Allgemeiner Teil, 45. Aufl., München 2021

Literaturverzeichnis

Köhler/Bornkamm, Wettbewerbsrecht, 34. Aufl., München 2016
Kraft/Kreutz, Gesellschaftsrecht, 11. Aufl., Neuwied 2000
Kreft, Insolvenzordnung, Kommentar, 7. Aufl., Heidelberg 2014
Larenz, Lehrbuch des Schuldrechts, Erster Band, Allgemeiner Teil, 14. Aufl., München 1987
Lettl, Handelsrecht, 5. Aufl., München 2021
–, Kartellrecht, 5. Aufl., München 2021
Looschelders, Schuldrecht, Allgemeiner Teil, 19. Aufl., Köln 2021
–, Schuldrecht, Besonderer Teil, 16. Aufl., Köln 2021
Loth, Gebrauchsmustergesetz, 2. Aufl., München 2017
Medicus/Lorenz, Schuldrecht I, Allgemeiner Teil, 22. Aufl., München 2021
–, Schuldrecht II, Besonderer Teil, 18. Aufl., München 2018
Medicus/Petersen, Bürgerliches Recht, 28. Aufl. München 2021
Meyer, Wirtschaftsprivatrecht, 8. Aufl., Berlin 2017
Michalski/Heidinger/Leible/J. Schmidt, Kommentar zum Gesetz betreffend die Gesellschaften mit beschränkter Haftung (GmbH-Gesetz), Band 1, §§ 1–34 GmbHG, 3. Aufl., München 2017
Münchener Handbuch d. Gesellschaftsrechts, Band 4, Aktiengesellschaft, 5. Aufl., München 2020
Münchener Kommentar zum Aktiengesetz, Band 8, §§ 278–328, SpruchG, 5. Aufl., München 2020
Münchener Kommentar zum BGB, Band 1, Allgemeiner Teil, §§ 1–240, 9. Aufl., München 2021
–, Band 2, Schuldrecht Allgemeiner Teil I, §§ 241–310, 9. Aufl., München 2022
–, Band 3, Schuldrecht Allgemeiner Teil II, 9. Aufl., München 2022
–, Band 4, Schuldrecht Besonderer Teil I, §§ 433–534, 8. Aufl., München 2019
–, Band 5, Schuldrecht Besonderer Teil II, §§ 535–630h, 8. Aufl., München 2020
–, Band 6, Schuldrecht, Besonderer Teil III, §§ 631–704, 8. Aufl., München 2020
–, Band 7, Schuldrecht, Besonderer Teil IV, §§ 705–853, 8. Aufl., München 2020
–, Band 8, Sachenrecht, §§ 854–1296, 8. Aufl., München 2020
Münchener Kommentar zum HGB, Band 1, Erstes Buch, Handelsstand, §§ 1–104a, 5. Aufl., München 2021
–, Band 2, Zweites Buch, Handelsgesellschaften und stille Gesellschaften, §§ 105–160, 4. Aufl., München 2016
–, Band 3, Zweites Buch, Handelsgesellschaften und stille Gesellschaften, §§ 161–237, 4. Aufl., München 2019
–, Band 5, Viertes Buch, Handelsgeschäfte, §§ 343–406, 5. Aufl., München 2021
Münchener Kommentar zur ZPO, Band 2, §§ 355–945b ZPO, 6. Aufl., München 2020
Müssig, Wirtschaftsprivatrecht, 22. Aufl., Heidelberg 2021
Musielak/Hau, Grundkurs BGB, 17. Aufl., München 2021
Neuner, Allgemeiner Teil des Bürgerlichen Rechts, 12. Aufl., München 2020
Oechsler, Schuldrecht, Besonderer Teil, Vertragsrecht, München 2003
Oetker, Handelsrecht, 8. Aufl., Berlin 2019
Oetker/Maultzsch, Vertragliche Schuldverhältnisse, 5. Aufl., Berlin 2018
Osterrieth, Patentrecht, 6. Aufl., München 2021
Pape/Uhlenbruck/Voigt-Salus, Insolvenzrecht, 2. Aufl., München 2010
Pohlmann, Zivilprozessrecht, 5. Aufl., München 2022
Prütting/Weller, Handels- und Gesellschaftsrecht, 10. Aufl., München 2020
Reischl, Insolvenzrecht, 5. Aufl., Heidelberg 2020
Schack, Urheber- und Urhebervertragsrecht, 10. Aufl., Tübingen 2021
Schade/Feldmann, Arbeitsrecht, 2. Aufl., Stuttgart 2022
Schade, Praktikumsrecht, Stuttgart 2011
Schäfer, Gesellschaftsrecht, 5. Aufl., München 2018
Schilken, Zivilprozessrecht, 7. Aufl., Köln 2014
Schlechtriem, Schuldrecht, Besonderer Teil, 6. Aufl., Tübingen 2008
Schlechtriem/Schmidt-Kessel, Schuldrecht, Allgemeiner Teil, 6. Aufl., Tübingen 2005
Schlechtriem/Schwenzer/Schroeter, Kommentar zum Einheitlichen UN-Kaufrecht – CISG – 7. Aufl., München 2019
K. Schmidt, Handelsrecht, 6. Aufl., Köln 2014
–, Gesellschaftsrecht, 4. Aufl., Köln 2002
Scholz, Kommentar zum GmbH-Gesetz, I. Band, §§ 1–34, 12. Aufl., Köln 2018/2021
Schreiber, Sachenrecht, 7. Aufl., Stuttgart 2018
Schünemann, Wirtschaftsprivatrecht, 6. Aufl., Stuttgart 2011
Soergel, Bürgerliches Gesetzbuch, Kommentar, Band 1, Allgemeiner Teil 1 §§ 1–103, 13. Aufl., Stuttgart 2000

Literaturverzeichnis

–, Kommentar zum Bürgerlichen Gesetzbuch, Band 2, Allgemeiner Teil 2 §§ 104–240, 13. Aufl., Stuttgart 1999
Stadler, Allgemeiner Teil des BGB, 20. Aufl., München 2020
Staub, Kommentar zum HGB, 6./7. Aufl., Bd. I, Berlin 1900
–, Handelsgesetzbuch, Großkommentar, 4. Aufl., Berlin 1995
Staudinger, Kommentar zum Bürgerlichen Gesetzbuch,
–, Buch 1, Allgemeiner Teil, §§ 21–79, Berlin 2005
–, Buch 1, Allgemeiner Teil, §§ 80–89, Berlin 2011
–, Buch 2, Recht der Schuldverhältnisse, §§ 241–243, 15. Aufl., Berlin 2015
–, Buch 2, Recht der Schuldverhältnisse, §§ 244–248, Berlin 2015
–, Buch 2, Recht der Schuldverhältnisse, §§ 249–254, 15. Aufl., Berlin 2017
–, Buch 2, Recht der Schuldverhältnisse, §§ 328–345, 15. Aufl., Berlin 2015
–, Buch 2, Recht der Schuldverhältnisse, §§ 433–487; 15. Aufl., Berlin 2014
–, Buch 3, Sachenrecht, §§ 925–984, Berlin 2011
Steckler/Tekidou-Kühlke, Kompendium Wirtschaftsrecht, 8. Aufl., Ludwigshafen 2016
Tamm/Tonner/Brönneke, Verbraucherrecht, 3. Aufl., Baden-Baden 2020
Vieweg/Lorz, Sachenrecht, 9. Aufl., Köln 2022
Weber, Rechtswörterbuch, 27. Edition, München 2021
Wellenhofer, Sachenrecht, 36. Aufl., München 2021
Westermann/Staudinger, BGB-Sachenrecht, 13. Aufl., Heidelberg 2017
Westermann/Bydlinski/Arnold, BGB-Schuldrecht, Allgemeiner Teil, 9. Aufl., Heidelberg 2020
Windbichler, Gesellschaftsrecht, 24. Aufl., München 2017
Wörlen/Kokemoor, Arbeitsrecht, 13. Aufl., Köln 2019
–, Sachenrecht, 11. Aufl., München 2020
Wörlen/Kokemoor/Lohrer, Handelsrecht mit Gesellschaftsrecht, 14. Aufl., München 2021
Wörlen/Metzler-Müller, BGB AT, 15. Aufl., München 2019
–, Schuldrecht AT, 14. Aufl., München 2020
–, Schuldrecht BT, 14. Aufl., München 2022

Abbildungsverzeichnis

Abb. 1   Rechtsbegriffe
Abb. 2   Einteilung des deutschen Rechtssystems
Abb. 3   Bürgerliches Gesetzbuch BGB
Abb. 4   Altersstufen und ihre rechtliche Bedeutung
Abb. 5   Gerichtsbarkeiten und Instanzen
Abb. 6   Natürliche Person
Abb. 7   Rechtssubjekte
Abb. 8   Unterscheidung von Sachen
Abb. 9   Sachen
Abb. 10   Rechtsobjekte
Abb. 11   Abstraktionsprinzip
Abb. 12   Willenserklärung
Abb. 13   Beachtung der Form
Abb. 14   Wirksamkeitsvoraussetzungen bei Rechtsgeschäften
Abb. 15   Geschäftsfähigkeit
Abb. 16   Nichtigkeit von Willenserklärungen
Abb. 17   Anfechtung
Abb. 18   Zustandekommen von Verträgen
Abb. 19   Stellvertretung
Abb. 20   Arten von Schuldverhältnissen
Abb. 21   Entstehen von Schuldverhältnissen
Abb. 22   Schadensersatz
Abb. 23   Umfang des Schadensersatzes
Abb. 24   Leistungsstörungen
Abb. 25   Unmöglichkeit
Abb. 26   Beendigung von Schuldverhältnissen
Abb. 27   Bedeutende Vertragsarten
Abb. 28   Rechte des Verkäufers bei Mängeln
Abb. 29   Rechte des Mieters bei Mängeln
Abb. 30   Dreistufige Prüfung bei Sachmangel
Abb. 31   Rechte des Bestellers bei Mängeln
Abb. 32   Sicherheiten
Abb. 33   Geschäftsführung ohne Auftrag
Abb. 34   Ungerechtfertigte Bereicherung
Abb. 35   Unerlaubte Handlungen
Abb. 36   Sachenrechte
Abb. 37   Rechtsgeschäftlicher Eigentumserwerb
Abb. 38   Gesetzlicher Eigentumserwerb
Abb. 39   Kaufleute
Abb. 40   Vollmachten für unselbstständige Hilfspersonen
Abb. 41   Selbstständige Absatzvertreter
Abb. 42   Gesellschaftsrechtsformen
Abb. 43   Organe der AG
Abb. 44   GmbH-Gründung

Informative Internetadressen

www.aubi-plus.de
www.beck-online.beck.de/Home
www.bgbl.de
www.bmj.de
www.bundesanzeiger.de
www.bundesarbeitsgericht.de
www.bundesgerichtshof.de
www.bundeskartellamt.de
www.bundesverfassungsgericht.de
www.dejure.org
www.dpma.de
www.europa.eu
www.eur-lex.europa.eu
www.gesetze-im-internet.de
www.handelsregister.de
www.juraforum.de
www.juris.de
www.karriere-jura.de
www.kohlhammer.de
www.recht.de
www.unternehmensregister.de
www.zurecht.de

§ 1 Einführung in das Wirtschaftsprivatrecht

Schrifttum: *Braun,* Einführung in die Rechtswissenschaft, 4. Aufl. 2011; *Bydlinski,* Kriterien und Sinn der Unterscheidung von Privatrecht und öffentlichem Recht, AcP 194 (1994), 319, 322; *Eisenhardt,* Einführung in das Bürgerliche Recht, 7. Aufl. 2018; *Engisch,* Einführung in das juristische Denken, 12. Aufl. 2018; *Herresthal/Weiß,* Fälle zur Methodenlehre, 2020; *Klunzinger,* Einführung in das Bürgerliche Recht, 17. Aufl. 2019; *Kohler-Gehrig,* Einführung in das Recht, 2. Aufl. 2017; *Krebs/Becker,* Entstehung und Abänderbarkeit von Gewohnheitsrecht, JuS 2013, 97; *Kühl/Reichold/Ronellenfitsch,* Einführung in die Rechtswissenschaft, 3. Aufl. 2019; *Larenz/Canaris,* Methodenlehre der Rechtswissenschaft, 4. Aufl. 2008; *Möllers,* Juristische Methodenlehre, 4. Aufl. 2021; *Rüthers/Fischer/Birk,* Rechtstheorie, 12. Aufl. 2022; *Schröder,* Privatrecht und öffentliches Recht, in: FS Gernhuber, 1993, S. 961; *Zippelius,* Einführung in das Recht, 7. Aufl. 2017; *ders.,* Juristische Methodenlehre, 12. Aufl. 2021.

1. Juristische Denk- und Arbeitsweise

Studierende der Rechtswissenschaften aber auch anderer Studiengänge mit juristischen Lehrinhalten müssen lernen, mit dem Recht umzugehen. Dabei ist es nicht entscheidend, Gesetzestexte auswendig zu lernen. Vielmehr ist es erforderlich zu wissen, wo etwas steht, sowie die angesprochenen gesetzlichen Regelungen in der Nacharbeitung der Vorlesung konzentriert zu lesen und deren Sinn und Zusammenhang zu erfassen. Der juristischen Klausur liegt oft ein Sachverhalt zugrunde, welcher im Rahmen eines Gutachtens zu lösen ist. Außerdem können detaillierte Fachfragen zu beantworten sein. Diese zweite Variante der Klausur ist sicherlich für Studierende leichter handhabbar; aber auch die Prüfung und Lösung eines Sachverhalts unter Anwendung der sog. Gutachtentechnik sind mit Fleiß und Ausdauer gut zu erlernen und unter Klausurbedingungen handhabbar. Denn bei einer Falllösung kommt es auf die richtige Subsumtion an: Die Anspruchsgrundlage bildet die Basis für den sog. Obersatz, auch Hypothese genannt, bei dem der Anspruch für den jeweiligen Anspruchsteller abstrakt formuliert wird (*„X könnte einen Anspruch auf Zahlung des Kaufpreises gem. § 433 II BGB gegen Y haben."*). Dann prüft man im Rahmen eines klar gegliederten Aufsatzes den Anspruch im Gutachtenstil (*„Dazu müsste zwischen X und Y ein Kaufvertrag gem. § 433 BGB geschlossen worden sein. Vorliegend [...]."*) und kommt schließlich zu einem Fazit, welches den Anspruch aufgrund der geprüften Rechtsnorm bejaht oder verneint (*„Damit hat X einen Anspruch auf Kaufpreiszahlung gegen Y gem. § 433 II BGB"*).

Diese Gutachtentechnik muss man sich durch das permanente Lösen von Rechtsfällen aneignen. Dabei kommt es nicht darauf an, den Sachverhalt im Wege einer Inhaltsangabe noch einmal zu wiederholen oder Gesetzestexte einfach abzuschreiben. Ein disziplinierter, ökonomischer Aufbau unter Anwendung der 5-W-Fragen (Wer will was von wem woraus?) eröffnet Studierenden die Möglichkeit, die Rechtsfrage und somit den Fall im Gutachtenstil prägnant zu lösen.

Erforderlich ist, dass sich die Studierenden mit dem Kerngebiet des Wirtschaftsprivatrechts, dem Bürgerlichen Recht, vertraut machen. Dazu zählt vor allem intensives Studium des Bürgerlichen Gesetzbuches – nicht aber das Auswendiglernen einzelner Paragrafen! Wer gelernt hat, wo einzelne Normen zu suchen sind und wer verstanden hat, wie einzelne Normen in Beziehung zueinanderstehen, hat gute Chancen, der juristischen Vorlesung zu folgen und Klausuren mit hervorragenden Ergebnissen zu bestehen. Oft sind juristische Sachverhalte absichtlich nicht sehr klar gefasst, damit Studierende den Fall nicht sehr leicht lösen können. Vielfach kommt es – wie auch im täglichen Leben – auf die Auslegung von Willenserklärungen einer Person an. Soll man von dem Willen des Gesetzgebers ausgehen, der im Gesetz einen, wenngleich vielleicht unvollkommenen Ausdruck gefunden hat und sich durch das Studium der Gesetzesmaterialien sowie durch die Betrachtung der sonstigen, in der Vergangenheit liegenden Verhältnisse erforschen lässt oder soll man das Gesetz lediglich aus sich selbst, aus dem gegebenen Wortlaut im Zusammenhang mit anderen Gesetzen und nach seinem Sinn und Zweck für die Gegenwart auslegen?[1] Bundesverfassungsgericht wie Bundesgerichtshof vertreten die Ansicht, Rechtsnormen aus dem Wortlaut der Gesetzesbestimmung und dem Sinnzusammenhang auszulegen.[2]

Die Kenntnis der für die Wirtschaft relevanten Bereiche des Privatrechts ist besonders für Juristen wichtig. Aber auch andere Berufsgruppen wie Betriebswirte, Ingenieure, Wirtschaftsinformatiker sowie wirtschaftsberatende Freiberufler benötigen rechtliches Grundwissen, da auch betriebswirtschaftliches, wirtschaftsberatendes, bzw. ingenieurpraktisches Handeln mit juristischen Voraussetzungen verknüpft ist.[3] Die Rechtsordnung bestimmt auch das Verhalten dieser Berufsgruppen.

2. Grundraster zur Anspruchsprüfung

Ausgangsprunkt zur Prüfung eines Anspruchs im Rahmen einer Falllösung sind die oben bereits angesprochenen W-Fragen: *WER will WAS von WEM WORAUS?* Unter den Fragen „WER" und „WEM" werden die rechtlich relevanten Fragen zu den involvierten Personen geklärt, wie etwa ob eine natürliche oder eine juristische Person handelt, ob eine Stellvertretung vorliegt, die Person vielleicht minderjährig oder beschränkt geschäftsfähig ist. Die Frage nach dem „WAS" bezieht sich auf die Art des Anspruchs, z. B. ob eine Haupt- oder Nebenleistungspflicht (Kaufpreiszahlung, Herstellung eines Werkes, Schadensersatz, Unterlassung etc.) gefordert wird. Am umfangreichsten gestaltet sich dabei in der Regel die Bearbeitung der „WORAUS"-Frage. Hier ist der konkrete rechtliche Anspruch zu thematisieren.

Diese Frage führt dabei in der nächsten Ebene zu einem Grundraster zur Prüfung von Rechtsansprüchen, das sich wie folgt gliedert:

– Ist der Anspruch wirksam entstanden?
Hier ist der gesetzliche (z. B. § 823 I BGB) oder rechtsgeschäftliche (z. B. § 433 II BGB) Entstehungstatbestand zu nennen. Ferner muss bereits hier geprüft werden, ob keine sog. „rechtshindernden Einwendungen" vorliegen (z. B. Geschäftsunfähigkeit gem. § 104 BGB, Nichtigkeit wegen Formmangel gem. § 125 BGB oder Verstoß gegen ein gesetzliches Verbot gem. § 134 BGB), die bereits das Entstehen eines Anspruchs – trotz des Vorliegens eines Rechtsgeschäfts – verhindern.

– Ist der Anspruch übergegangen?
Hier ist zu prüfen, ob der Anspruch von dem bisherigen Anspruchsinhaber auf einen neuen Anspruchsinhaber übergegangen ist, da in der Regel nur dieser befugt ist, den Anspruch geltend zu machen. Hierbei werden ebenfalls Anspruchsübergänge durch Rechtsgeschäft (z. B. aufgrund einer Abtretung gem. § 398 BGB) oder aufgrund Gesetzes (z. B. 86 I VVG) unterschieden.

– Ist der Anspruch erloschen?
Bei der Frage, ob der Anspruch erloschen ist, werden die sog. „rechtsvernichtenden Einwendungen" untersucht; auch hier bestehen Einwendungen aufgrund Rechtsgeschäfts und aufgrund gesetzlicher Anordnung. Im Gegensatz zu den rechtshindernden Einwendungen lassen die rechtsvernichtenden Einwendungen zwar das Entstehen des Anspruchs zu, sorgen aber dafür, dass dieser später entfällt. Zu den wichtigsten Einwendungen dieser Kategorie zählen im Bereich der Rechtsgeschäfte etwa der Wegfall der Geschäftsgrundlage gem. § 313 BGB, der Rücktritt gem. § 346 BGB oder die Kündigung

---

1 Tettinger/Mann, Rn. 228 ff.
2 BVerfG 1, 299, 312; 8, 274, 307; 37, 58, 60; 62, 1, 43, 45; BGHZ 46, 74, 76; dazu Flume, AT II, § 16, 3c; vgl. Wieser, Empirische und normative Auslegung, JZ 1985, 407, 408.
3 Müssig, 1.

von Dauerschuldverhältnissen gem. § 314 I BGB. Die wichtigsten gesetzlichen Einwendungen sind z. B. die Unmöglichkeit gem. § 275 BGB und die Erfüllung gem. § 362 I BGB.

– **Ist der Anspruch noch durchsetzbar?**
Die Durchsetzbarkeit des Anspruchs kann an „rechtshemmenden Einwendungen (Einreden)" scheitern, d. h. obwohl ein Anspruch wirksam entstanden, nicht übergegangen oder erloschen ist, kann dieser dennoch nicht durchgesetzt werden. Dies kann etwa der Fall sein, weil er gem. § 214 BGB verjährt ist, weil ein Zurückbehaltungsrecht gem. § 273 BGB besteht oder weil der andere Vertragsteil seine Leistung noch nicht erbracht hat, § 320 BGB.

Anhand dieses auf den ersten beiden Ebenen (W-Fragen und Anspruchsraster) vergleichsweise einfachen Prüfungsschemas lassen sich auch komplizierte Fälle so lösen, dass die relevanten Probleme gesehen und angesprochen werden, was Voraussetzung für die Erreichung einer hohen Klausurpunktzahl ist. Es versteht sich dabei von selbst, dass die oben genannten Beispiele und Paragrafen dem Studierenden am Anfang der Vorlesung noch nichts sagen. Die jeweils unter den einzelnen Überschriften im Detail zu prüfenden Punkte werden aber im Laufe dieses Buchs schrittweise und in ihrem jeweiligen Sinnzusammenhang erläutert. So kann die zu lernende Rechtsmaterie gut strukturiert und eingeordnet werden.

3. Abgrenzung verschiedener Rechtsbereiche

Unter dem Begriff „Recht" versteht man die verbindliche und staatlich durchsetzbare Ordnung der sozialen Beziehungen. Oberstes Ziel des Rechts ist es, zu versuchen, Gerechtigkeit zu verwirklichen und dadurch zwischen den Menschen einen Rechtsfrieden herzustellen. Die deutsche Rechtsordnung, also die Summe aller Rechtsnormen in der Bundesrepublik Deutschland, lässt sich dabei – je nach eingenommener Sichtweise – in unterschiedliche Rechtsbereiche aufteilen.

Zunächst kann man die Rechtsordnung nach Sachgebieten aufteilen, wobei zunächst Privatrecht und Öffentliches Recht (zu dem auch das Strafrecht gehört) unterschieden werden können. Das Privatrecht regelt die Rechtsbeziehungen zwischen privaten Rechtssubjekten, während das Öffentliche Recht das Verhältnis des Staates mit seinen Untergliederungen gegenüber den Bürgern normiert. Im Privatrecht besteht zwischen den am Rechts- und Wirtschaftsverkehr beteiligten Rechtssubjekten, also den natürlichen Personen (Menschen) sowie den juristischen Personen (Personenvereinigungen und Zweckvermögen), ein Gleichordnungsverhältnis; diese befinden sich auf der gleichen Stufe. Dagegen spricht man im Bereich des Öffentlichen Rechts von einem Über- und Unterordnungsverhältnis, da der Staat dem einzelnen Bürger gegenüber hoheitlich auftritt; man sagt auch, der Bürger ist gegenüber dem hoheitlichen handelnden Staat subordiniert. Während im Privatrecht Absprachen oder Verträge durch gegenseitige Willenserklärungen getroffen werden, kommuniziert der Staat gegenüber dem Bürger i. d. R. im Wege einer hoheitlichen Verfügung, z. B. eines Verwaltungsakts (Baugenehmigung, polizeilicher Platzverweis, Zulassung eines Kraftfahrzeugs etc.). Dies soll allerdings nicht heißen, dass der Staat ausschließlich hoheitlich tätig werden kann. Benötigt z. B. eine Behörde neues Büromaterial und schließt sie einen entsprechenden Kaufvertrag mit einem Lieferanten ab, so handelt sie nicht öffentlich-rechtlich durch Verfügung, sondern privatrechtlich; der so (privatrechtlich) handelnde Staat wird dann auch „Fiskus" genannt. Bei jeder Handlung des Staates ist daher im Sinne der Einordnung in das private oder öffentliche Recht zu fragen, ob hoheitliches oder fiskalisches Handeln vorliegt.

Eine andere Einteilung der Rechtsordnung kann durch die Unterscheidung von materiellem und prozessualem Recht erfolgen. Während sich das materielle Recht um die Frage dreht, ob Ansprüche entstanden sind, sich verändert haben oder untergegangen sind, regelt das prozessuale Recht die Fragen der (gerichtlichen) Geltendmachung von Ansprüchen. Vereinfacht ausgedrückt geht es im materiellen Recht um die Frage des „Recht haben" und im prozessualen Recht um die Frage, wie man „Recht bekommt". Im Bereich des Zivilrechts ist die wichtigste Kodifikation materiellen Rechts das Bürgerliche Gesetzbuch (BGB). Daneben finden sich im Wirtschaftsprivatrecht eine ganze Reihe von weiteren bekannten materiellen Gesetzen, wie etwa das Handelsgesetzbuch (HGB), das Gesetz betreffend die Gesellschaften mit beschränkter Haftung (GmbHG), das Aktiengesetz (AktG), das Gesetz gegen unlauteren Wettbewerb (UWG) oder das Umwandlungsgesetz (UmwG). Die Durchsetzung des Rechts innerhalb der prozessualen Sphäre lässt sich wiederum in zwei Bereiche untergliedern: Das Erkenntnisverfahren und das Vollstreckungsverfahren. Im Erkenntnisverfahren, welches im Regelfall mit der Erhebung der gerichtlichen Klage beginnt und mit dem letztinstanzlichen Urteil endet, wird die Berechtigung des geltend gemachten Anspruchs festgestellt. Im anschließenden Vollstreckungsverfahren geht es um die tatsächliche – und gegebenenfalls mithilfe eines Gerichtsvollziehers zwangsweisen – Verschiebung der Rechtsposition, auf die sich der Anspruch bezieht. Das prozessuale Recht ist dabei in weit weniger Gesetzen geregelt als das materielle Recht. Im Bereich des Privatrechts ist die Zivilprozessordnung (ZPO) maßgeblich, im Bereich des öffentlichen Rechts die Verwaltungsgerichtsordnung (VwGO) und im Bereich des Strafrechts die Strafprozessordnung (StPO).

Neben diesen Einteilungen existieren noch viele weitere Kategorisierungsmöglichkeiten, etwa danach, ob es sich um geschriebenes Recht oder Gewohnheitsrecht handelt, um zwingendes oder um dispositives Recht oder um strenges (d. h. keinem Ermessen zugängliches) Recht, oder billiges Recht (d. h. mit Wertungsspielräumen) handelt.

4. Rechtsweg

Um einen Anspruch durchzusetzen, muss nicht selten der Rechtsweg beschritten werden, denn der Schuldner wird nicht in jedem Fall mit dem Gläubiger einer Meinung sein, was Grund und/oder Höhe des gegen ihn gerichteten Anspruchs betrifft. Vor welchem Gericht der Kläger dann klagen muss und welche Möglichkeiten den Parteien zur Verfügung stehen, sich gegen ein Urteil zur Wehr zu setzen, wird ebenfalls vom Prozessrecht geregelt. Daher ist auch hier die Abgrenzung des Privatrechts gegenüber dem Öffentlichen Recht entscheidend für die Gerichtsbarkeit: Sind ordentliche Gerichte oder die Verwaltungsgerichte für einzelne Rechtsstreitigkeiten zuständig? Insofern ist die Zuordnung der Rechtsstreitigkeit von besonderer Bedeutung. Nach § 13 GVG ist für bürgerliche Rechtsstreitigkeiten der Rechtsweg zu den ordentlichen Gerichten eröffnet, während § 40 I VwGO für öffentlich-rechtliche Streitigkeiten für den Regelfall die Zuständigkeit der Verwaltungsgerichte anordnet.[4] Aber jenseits dieser Abgrenzung sieht die deutsche Rechtsordnung noch weitere Gerichtsbarkeiten für besondere Streitigkeiten vor. Diese sind – neben den ordentlichen (= Zivil-) Gerichten und den Verwaltungsgerichten die Arbeitsgerichte, Sozialgerichte, Finanzgerichte und Verfassungsgerichte.

5. Einordnung des Wirtschaftsprivatrechts

Seit vielen Jahren ist der Begriff des Wirtschaftsprivatrechts im deutschen Recht anerkannt. Das Wirtschaftsprivatrecht umfasst Teilgebiete des Privatrechts. Es bezeichnet die Summe aller privatrechtlichen Rechtsgrundlagen, welche das wirtschaftliche Geschehen und vor allem die Beziehungen der an ihm Beteiligten zueinander regeln, also etwa zwischen Herstellern, Verkäufern, Unternehmern, Verbrauchern, usw.[5] Dazu zählen insbesondere das Bürgerliche Recht, das Handels- und Gesellschaftsrecht sowie das Kapitalmarktrecht und das Wettbewerbsrecht. Im Rahmen der Rechtsdurchsetzung sind das Zivilprozessrecht sowie das Zwangsvollstreckungs- und Insolvenzrecht von großer Be-

---

4 Kaiser, S. 22.
5 Müssig, 2.4.

deutung. Insgesamt werden wirtschaftlich relevante Rechtsgebiete berührt, mit denen sich nicht nur angehende Juristen, sondern gerade auch Studierende in anderen Bachelor- und Master-Studiengängen auseinandersetzen müssen. Außerdem hat das Wirtschaftsprivatrecht große Bedeutung für die in Unternehmen tätigen Entscheider.

Verwandt zum Wirtschaftsprivatrecht, aber dennoch deutlich abzugrenzen, ist das Öffentliche Wirtschaftsrecht, auch Wirtschaftsverwaltungsrecht genannt. Ebenfalls im Rahmen eines Über-/Unterordnungsverhältnisses regelt das Öffentliche Wirtschaftsrecht mit seinen Gesetzen, Richtlinien und Verordnungen die gesamtwirtschaftliche Ordnung, d. h. den öffentlich-rechtlichen Rahmen, in dem Unternehmen und Freiberufler, Landwirtschaft und Handwerk sowie Handel und Verkehr tätig sein können. Eine besonders wichtige Rolle spielt das Wirtschaftsverwaltungsrecht in den Bereichen der sog. regulierten Industrien, die wegen ihrer volkswirtschaftlichen Relevanz unter einer besonderen Kontrolle des Staates stehen. Dazu zählen insbesondere die Sektoren Energie, Gesundheit, Infrastruktur und Finanzwirtschaft.

Das Arbeitsrecht als Sonderrecht für Arbeitnehmer und Arbeitgeber bestimmt im Rahmen des Individualarbeitsrechts das einzelne Arbeitsverhältnis zwischen Arbeitnehmer und Arbeitgeber (beginnend mit der Personalsuche, über den Arbeitsvertrag bis hin zur Kündigung), sowie durch das Kollektivrecht das Tarif- und Mitbestimmungsrecht (Gewerkschaften, Betriebsräte). Trotz der Tatsache, dass das Arbeitsrecht auch zahlreiche öffentlich-rechtliche Vorschriften umfasst (Arbeits- und Gesundheitsschutz, Ausbildung etc.), zählt das Arbeitsrecht zum Privatrecht.[6] Wegen des starken *Schutzcharakters des Arbeitsrechts* für die Arbeitnehmerschaft und der starken Vermengung mit öffentlich-rechtlichen Vorschriften wird das Sonderprivatrecht der Arbeitnehmer nicht dem Wirtschaftsprivatrecht zugeordnet.[7]

Die voranschreitende Internationalisierung unseres deutschen Rechts führt dazu, dass immer mehr Gesetze, Verordnungen oder Richtlinien der Europäischen Union durch unseren nationalen Gesetzgeber in deutsches Recht transformiert werden. Mehr als 80 % der in der Bundesrepublik Deutschland im Jahr 2012 erlassenen Rechtsnormen haben ihren Ursprung in der Europäischen Union. Aus diesem Grund sind der Vertrag über die Arbeitsweise der Europäischen Union (AEUV), EU-Verordnungen sowie EU-Richtlinien für die am Wirtschaftsleben teilnehmenden Persönlichkeiten mehr denn je relevant. Recht häufig verstoßen nationale Beschränkungen z. B. gegen die im AEUV verankerten Freiheiten des Waren- und Dienstleistungsverkehrs (Artt. 34, 56 AEUV).[8] Das führt in den meisten Fällen, insbesondere nach Prüfung und Entscheidung durch den Europäischen Gerichtshof (EuGH), zur Unzulässigkeit der nationalen Rechtsvorschriften. Dazu kommen Rechtsnormen aus dem Internationalen Recht, wenn sich Personen am Wirtschaftsverkehr beteiligen, die über den deutschen bzw. europäischen Rechtsraum hinausgehen. Das Internationale Privatrecht (IPR, auch Kollisionsrecht genannt) eines Staates bestimmt das materielle Privatrecht („Sachrecht"), das bei internationalen Sachverhalten Anwendung findet.[9] Für die Mitgliedstaaten der EU, also auch für Deutschland, gilt seit dem Erlass der Rom I- Verordnung[10] über vertragliche Schuldverhältnisse und der Rom II-Verordnung[11] über außervertragliche Schuldverhältnisse ein vereinheitlichtes IPR der Europäischen Union. Hier spielt insbesondere auch das UN-Kaufrecht (CISG) eine bedeutende Rolle. Das UN-Kaufrecht hat Rechtsnormen über Warenlieferungen im internationalen Geschäftsverkehr kodifiziert.

---

6 Vgl. Wörlen/Kokemoor, AR, Rn. 8.
7 Führich, § 1 Rn. 8.
8 Meyer, § 1 Rn. 25.
9 Meyer, § 1 Rn. 31; vgl. Wörlen/Metzler-Müller, BGB-AT, Rn. 23.
10 Verordnung (EG) Nr. 593/2008, ABl. 4.7.2008, L177/6.
11 Verordnung (EG) Nr. 864/2007, ABl. 31.7.2007, L199/40.

6. Gesetze des Wirtschaftsprivatrechts

4 Kerngebiet des Wirtschaftsprivatrechts ist das Bürgerliche Recht, auch Zivilrecht genannt. Das Bürgerliche Recht kann als Grundlage des Privatrechts bezeichnet werden. Aus dem Bürgerlichen Recht gehen weitere Rechtsgebiete hervor, sog. Sonderrechtsgebiete wie z. B. das Handelsrecht als Sonderprivatrecht der Kaufleute oder das Wirtschaftsrecht, hier vor allem das Gesellschaftsrecht, das Wettbewerbsrecht aber auch das Immaterialgüterrecht (Patente, Lizenzen, Urheberrechte etc.). Wer sich also mit Sonderrechtsgebieten des Privatrechts beschäftigt, muss sich vorher eingehend mit dem Bürgerlichen Recht auseinandersetzen, denn es bestehen zwischen diesen Rechtsgebieten enge Verbindungen und Verweise. Von besonderer Bedeutung sind z. B. das Allgemeine Gleichbehandlungsgesetz (AGG), das Produkthaftungsgesetz (ProdhaftG), das Unterlassungsklagengesetz (UKlaG) sowie das Wohnungseigentumsgesetz (WEG).

§ 2 Grundlagen

Schrifttum: *Franzen*, Privatrechtsangleichung durch die Europäische Gemeinschaft, 1999; *Gottwald*, Die Bewältigung privater Konflikte im gerichtlichen Verfahren, ZZP 95 (1982), 245; *Horn*, Ein Jahrhundert Bürgerliches Gesetzbuch, NJW 2000, 40; *Kissel/Mayer*, GVG, 8. Aufl. 2015; *Klunzinger*, Einführung in das Bürgerliche Recht, 17. Aufl. 2019; *Medicus*, Die Entwicklung des Bürgerlichen Rechts seit 1900, JA 1971, ZR S. 119; *M. Wolf*, Gerichtsverfassungsrecht aller Verfahrenszweige, 6. Aufl. 1987; Motive zu dem Entwurfe eines Bürgerlichen Gesetzbuches für das Deutsche Reich, Bde I-V, 1888; *Pawlowski*, Aufgabe des Zivilprozesses, ZZP 80 (1967), 345; *Raisch*, Zur Abgrenzung von Gewohnheitsrecht und Richterrecht im Zivil- und Handelsrecht, ZHR 150 (1986), 117; *Schapp*, Einführung in das Bürgerliche Recht: Das System des Bürgerlichen Rechts, JA 2003, 125; *Stürner*, Der hundertste Geburtstag des BGB – nationale Kodifikation im Greisenalter?, JZ 1996, 741 ff.; *Wolf/Naujoks*, Anfang und Ende der Rechtsfähigkeit, 1955.

1. Rechtsbegriffe

Wer sich mit dem Wirtschaftsprivatrecht beschäftigt, benötigt einen Überblick über bedeutende Rechtsbegriffe. Erster Begriff ist die im Rechtsverkehr auftretende Person. Die natürliche Person ist der Mensch. Seine Rechtsfähigkeit, also die Fähigkeit grundsätzlich Träger von Rechten und Pflichten zu sein, beginnt gem. § 1 BGB mit der Geburt. Juristische Personen sind Personengemeinschaften oder Sacheinrichtungen, die eine eigene Rechtsfähigkeit besitzen. Man unterscheidet zwischen juristischen Personen des Privatrechts und des Öffentlichen Rechts. Die verschiedenen Arten von Personen werden auch als Rechtssubjekte bezeichnet. Sie nehmen am Rechtsverkehr teil, indem sie Verträge abschließen, Erklärungen abgeben, über Sachen verfügen und dergleichen. Dies unterscheidet sie von den Rechtsobjekten, die Gegenstand von Rechtssubjekten sind, also auf die sich die Handlungen der Rechtssubjekte beziehen.

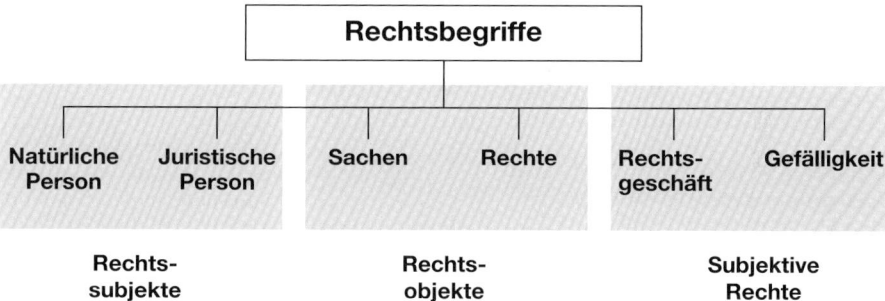

Abb. 1: Rechtsbegriffe

Sachen und Rechte als Rechtsobjekte bilden den Gegensatz zu Personen. Dabei handelt es sich zum einen um bewegliche und unbewegliche körperliche Gegenstände (Sachen), aber auch um unkörperliche Gegenstände, die als Rechte bezeichnet werden. Tiere sind gem. § 90a BGB keine Sachen, werden aber rechtlich wie Sachen behandelt. Rechte werden unterschieden in absolute und relative Rechte. Während absolute Rechte gegenüber jedermann wirken (Eigentum an einer Sache), treffen relative Rechte nur zwischen bestimmten Personen zu, die hierüber die relativen Rechte (vertraglich) begründet haben. Berechtigter können der Eigentümer sowie der Rechtsinhaber sein, die nicht zwangsläufig personengleich sein müssen (Vermieter als Eigentümer der Immobilie und Mieter als Inhaber des Wohnrechts).

Einzelne Sache und Rechte können miteinander verbunden sein und eine wirtschaftliche Einheit bilden. Man spricht dann von Sach- bzw. Rechtsgesamtheiten. Typische Sachgesamtheiten sind etwa ein Warenlager, eine Bibliothek oder das Inventar eines Hotels. Unter Rechtsgesamtheiten sind insbesondere das Vermögen als Summe aller geldwerten Rechte einer Person und das Unternehmen als organisatorische Einheit von sachlichen und personellen Mitteln zur Erreichung eines übergeordneten Zwecks zu verstehen.

Abzugrenzen ist das rechtlich erhebliche Verhalten (Handlungen mit Rechtsbindungswillen) von der reinen Gefälligkeit. Während bei der Gefälligkeit keine Ansprüche entstehen, weil es sich um reine Freundschafts- oder Höflichkeitsakte handelt, zielt das Rechtsgeschäft darauf ab, dass bestimmte Rechtsfolgen herbeigeführt werden sollen; das Merkmal der Unentgeltlichkeit bildet hingegen kein taugliches Abgrenzungskriterium, da zwar die Gefälligkeit ohne Bezahlung geleistet wird, aber auch Rechtsgeschäfte mit Rechtsbindungswillen unentgeltlich erfolgen können (Schenkung). Bei den Rechtsgeschäften wird zwischen ein- und mehrseitigen Geschäften unterschieden. Während bei einseitigen Rechtsgeschäften rechtserhebliche Auswirkungen bereits durch die Erklärung nur einer Person auftreten (Kündigung, Anfechtung, Testamentserrichtung), ergeben sich mehrseitige Rechtsgeschäfte durch übereinstimmende Erklärungen von mindestens zwei Personen (Verträge). Die überwiegende Anzahl von Rechtsgeschäften sind mehrseitige Rechtsgeschäfte. Dabei handelt es sich entweder um Verpflichtungsgeschäfte oder Verfügungsgeschäfte. Diese Unterscheidung wird Abstraktionsprinzip genannt. Während Verpflichtungsgeschäfte schuldrechtliche (= vertragliche) Verpflichtungen begründen (Abschluss z. B. eines Kaufvertrages), haben Verfügungsgeschäfte zur Folge, das durch eine Verfügung auf ein bereits bestehendes Recht unmittelbar eingewirkt wird (Übergabe und Übereignung der Kaufsache).[12] Verfügungen können zur Folge haben, dass ein Recht übertragen, belastet, in seinem Inhalt geändert oder aufgehoben wird.

In einigen seltenen Fällen treten Rechtswirkungen bereits aufgrund des rein äußerlichen Geschehens ohne Rücksicht auf den (erklärten) Willen des Handelnden ein.[13] Derartige Rechtswirkungen nennt man Realakte. Bedeutendste Realakte sind gem. §§ 946 ff. BGB die Verbindung, Vermischung oder Verarbeitung, aber auch der Fund einer verlorenen Sache und die Begründung einer Unterhaltsverpflichtung durch die Zeugung eines Kindes. Die Besonderheit besteht darin, dass eine Rechtsänderung erfolgt, wenn verbundene Gegenstände ohne großen Schaden oder sogar ohne Zerstörung nicht mehr voneinander getrennt werden können. Folge ist, dass der Eigentümer einer Sache nach Verbindung, Vermischung oder Verarbeitung die Rückgabe seiner Sache, also seines Eigentums, nicht mehr verlangen kann. Von Bedeutung sind neben Rechtsgeschäft und Realakt auch rechtsgeschäftsähnliche Handlungen. Dabei handelt es sich um Handlungen, die zwar willentlich vorgenommen werden, die Rechtsfolge jedoch kraft Gesetzes eintritt. So handelt es sich bei einer Mahnung um eine willentlich vorgenommene Handlung, die Rechtsfolge der Mahnung, der Eintritt des Verzugs, tritt jedoch durch Gesetz gem. § 286 I BGB ein, ob der Mahnende die will, oder nicht.

Auch rechtswidriges Tun kann zu rechtlich erheblichem Verhalten führen. Unterschieden wird zwischen der Pflichtverletzung im Rahmen eines vertraglichen Schuldverhältnisses sowie zwischen rechtswidrigem und schuldhaftem Verhalten bei der Verletzung eines fremden Rechtsguts ohne rechtsgeschäftlichen Bezug. Beide Arten von Rechtsverletzungen können zu einem Schadensersatzanspruch führen. Während sich ein Schadensersatzanspruch aus der Pflichtverletzung eines gegenseitigen Schuldverhältnisses,

---

12 Vgl. Medicus/Petersen, § 3 Rn. 37; Brox/Walker, AT, § 5 Rn. 1 f.
13 Vgl. Brox/Walker, AT, § 4 Rn. 24; Brehm, § 5 Rn. 92.

z. B. durch Nichtleistung, verspätete Leistung oder Schlechterfüllung ergeben kann, führt die rechtswidrige und schuldhafte Verletzung fremder Rechtsgüter, losgelöst von einer vertraglichen Bindung, zu einem gesetzlichen Schadensersatzanspruch, z. B. wegen einer unerlaubten Handlung gem. § 823 BGB.

2. Rechtsquellen

Neben den Gesetzen des Wirtschaftsprivatrechts, insbesondere dem Bürgerlichen Gesetzbuch als wichtigster Kodifikation des allgemeinen Privatrechts und dem Handelsgesetzbuch, bilden Grundgesetz, Europarecht und Völkerrecht wichtige Rechtsquellen als Grundlage für das Wirtschaftsprivatrecht. Außerdem können auch sonstige Rechtsquellen wie das Gewohnheitsrecht, die Verkehrssitte oder der Handelsbrauch Einfluss auf das Wirtschaftsprivatrecht ausüben.

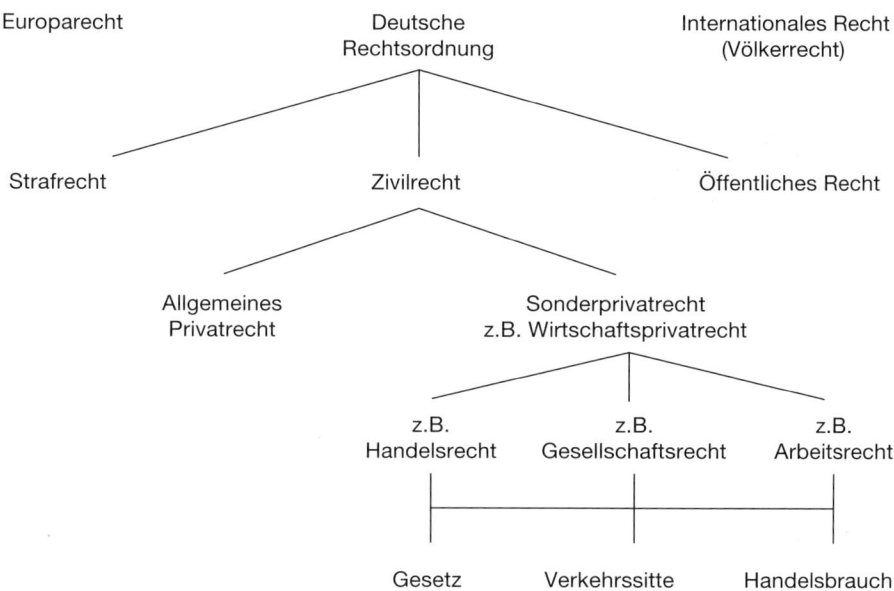

Abb. 2: Einteilung des deutschen Rechtssystems

a) Supranationales Recht. Das supranationale Recht hat eine große Bedeutung und zahlreiche Auswirkungen auf das deutsche Recht. Zum supranationalen Recht zählen allgemeine völkerrechtliche Verträge sowie das Europäische Gemeinschaftsrecht. Supranationales Recht bedeutet, dass eine den beteiligten Staaten übergeordnete staatliche Organisation existiert, die zuvor von den Mitgliedstaaten begründet und mit entsprechenden Kompetenzen ausgestattet worden ist. Diese Organisation erlässt sodann einen Rechtsrahmen. So bedarf es nicht des Abschlusses von Verträgen zwischen den Staaten bei jeder einzelnen Gesetzgebung, sondern die überstaatliche (= supranationale) Organisation kann diese Gesetze mit verbindlicher Wirkung für alle Staaten erlassen.

aa) Völkerrechtliche Verträge. Ein völkerrechtlicher Vertrag ist ein Vertrag zwischen zwei oder mehreren Völkerrechtssubjekten. Er begründet völkerrechtliche Rechte und Pflichten. In Deutschland schließt gemäß Art. 59 I 2 GG der Bundespräsident im Namen des Bundes mit auswärtigen Staaten solche völkerrechtlichen Verträge. Ein völkerrechtlicher Vertrag ist beispielsweise die Europäische Menschenrechtskonvention vom 4.11.1950 (EMRK). Die EMRK besitzt in der Bundesrepublik Deutschland den Rang unmittelbar geltenden einfachen Bundesrechts.

bb) Europäisches Gemeinschaftsrecht. Das Recht der Europäischen Union (EU) lässt sich in primäres, sekundäres und tertiäres Gemeinschaftsrecht unterteilen. Das primäre Gemeinschaftsrecht stützt sich auf die Gründungsverträge und zwar auf den Vertrag über die Gründung der Europäischen Gemeinschaft für Kohle und Stahl von 1951 sowie die Römischen Verträge von 1957 einerseits, andererseits auf den Vertrag zur Gründung der Europäischen Wirtschaftsgemeinschaft (EWG) und des Weiteren auf den Vertrag zur Gründung der Europäischen Atomgemeinschaft (EURATOM).[14] Dazu kommen spätere Änderungs- und Ergänzungsverträge, vor allem der Maastricht-Vertrag von 1992, welcher die Umbenennung der EWG in EG zur Folge hatte. Am 17.12.2009 erfolgte sodann die Verabschiedung des sog. „Lissabon-Vertrages" durch die EU-Mitgliedsstaaten, der den Vertrag zur Arbeitsweise der Europäischen Union (AEUV) begründet hat. Der EU-Vertrag und der AEUV sind heute die zentralen Rechtsquellen des Primärrechts. Die beiden Verträge sind (untechnisch gesprochen) die „Verfassung" der EU und enthalten die Rechtsgrundlagen für den Aufbau und die Zuständigkeiten der EU-Organe sowie die Grundfreiheiten der EU.

Außerdem wird im EU-Vertrag und AEUV der EU als supranationaler Organisation die Kompetenz zu eigener Rechtssetzung verliehen. Dieses von der EU geschaffene Recht wird als Sekundärrecht bezeichnet. Dabei handelt es sich nach Art. 288 AEUV entweder um Verordnungen, um Richtlinien, um Beschlüsse, um (unverbindliche) Empfehlungen oder Stellungnahmen. Dabei haben Verordnungen und Richtlinien den verbindlichsten Charakter gegenüber allen Mitgliedstaaten.

Die Verordnung lässt sich von ihren Rechtswirkungen her mit einem innerstaatlichen Gesetz vergleichen: sie hat allgemein Geltung, ist in allen ihren Teilen verbindlich und gilt unmittelbar in jedem Mitgliedstaat, Art. 288 II AEUV. Damit ist sie unmittelbar geltendes Gemeinschaftsrecht und hat Vorrang vor dem nationalen Recht der jeweiligen EU-Mitgliedsstaaten. Durch Verordnungen besteht für Organe der Europäischen Union die Möglichkeit, die Normen des Primärrechts effektiv zu konkretisieren. Typisches Beispiel dafür ist die Datenschutzgrundverordnung DSGVO (EU-Verordnung 2016/679 des Europäischen Parlaments und des Rates vom 27.4.2016 zum Schutz natürlicher Personen bei der Verarbeitung personenbezogener Daten, zum freien Datenverkehr und zur Aufhebung der Richtlinie 95/46/EG), die den Schutz personenbezogener Daten innerhalb der EU gewährleistet und gleichzeitig den freien Datenverkehr innerhalb des Europäischen Binnenmarktes sichert.

Wichtigste Bedeutung für die Vereinheitlichung des Rechts innerhalb der Europäischen Union haben Richtlinien. Nach Art. 288 III AEUV sind Richtlinien in nationales Recht zu transformieren. Die von Organen der Europäischen Union erlassenen Richtlinien haben somit selbst keine unmittelbare Geltung bzw. Rechtskraft für die einzelnen Mitgliedstaaten. Ihre Verbindlichkeit ergibt sich daraus, dass die einzelnen EU-Mitgliedstaaten innerhalb eines vorgegebenen Zeitraums die Inhalte dieser Richtlinien in nationale Gesetze umzuwandeln und diese dann zu verabschieden haben. Dabei lassen sie den Mitgliedstaaten in zweifacher Hinsicht einen Regelungsspielraum: Sie überlässt zum einen den Mitgliedsstaaten die Wahl der Form und der Mittel. Mithin verpflichtet die Richtlinie die Mitgliedstaaten dazu, alle erforderlichen Maßnahmen zu treffen, um das in der Richtlinie festgelegte Ziel zu verwirklichen. Richtlinien setzen zum anderen nur Mindeststandards, so dass die Mitgliedstaaten bei der Umsetzung von Richtlinien auch

---

14 Vgl. Brehm, § 4 Rn. 81a; dazu auch Stadler, § 2 Rn. 17.

weitergehende Ziele verfolgen und über die Vorgaben hinausgehen können. Die Umsetzung von Richtlinien führt also nicht zwingend zu völlig identischen Rechten in den Mitgliedstaaten. Die Richtlinie ist zunächst nur für die Mitgliedstaaten und erst nach erfolgter Umsetzung auch für den einzelnen Unionsbürger verbindlich. Das bedeutet, dass eine nicht fristgerecht oder nicht ordnungsgemäß umgesetzte Richtlinie keine unmittelbaren Rechtswirkungen auf Rechtsverhältnisse zwischen Privatpersonen entfaltet. Eine unmittelbare Wirkung der Richtlinie kann sich in solchen Fällen nur dann ergeben, wenn sie inhaltlich hinreichend bestimmte Regelungen enthält und inhaltlich unbedingt ist (sog. Self-executing-Richtlinie). Ein typisches Beispiel für eine Richtlinie ist die sog. Warenkaufrichtlinie (EU-Richtlinie 2019/771 des Europäischen Parlaments und des Rates vom 20.5.2019 über bestimmte vertragsrechtliche Aspekte des Warenkaufs, zur Änderung der Verordnung (EU) 2017/2394 und der Richtlinie 2009/22/EG sowie zur Aufhebung der Richtlinie 1999/44/EG). Die Warenkaufrichtlinie dient der Umsetzung einheitlicher Bestimmungen zum Warenkauf sowie der Stärkung der Verbraucherrechte in der EU. Die Umsetzung erfolgte in Deutschland durch das Gesetz zur Regelung des Verkaufs von Sachen mit digitalen Elementen und anderer Aspekte des Kaufvertrags vom 24.6.2021, welches zum 1.1.2022 in Kraft getreten ist.

Schließlich existiert sog. Tertiäres Unionsrecht. Hierunter fallen delegierte Rechtsakte und Durchführungsrechtsakte. Delegierte Rechtsakte gemäß Art. 290 AEUV sind Rechtsakte ohne Gesetzescharakter zur Ergänzung bzw. Änderung nichtwesentlicher Vorschriften. Ist für die Durchführung verbindlicher Unions-Rechtsakte die Schaffung einheitlicher Bedingungen erforderlich, so werden der Kommission bzw. in bestimmten Fällen auch dem Rat Durchführungsbefugnisse übertragen. Dies bezeichnet man als Durchführungsrechtsakte gemäß Art. 291 Abs. 2–4 AEUV.

Der Europäische Rat oder die EU-Kommission erlassen Rechtsakte wie Verordnungen oder Richtlinien, welche zum einen nach Art. 288 S. 2 AEUV unmittelbares Recht in allen Mitgliedsstaaten oder nach Art. 288 S. 3 AEUV durch Transformation der Mitgliedstaaten innerstaatliches Recht werden bzw. innerstaatliches Recht an EU-Gemeinschaftsrecht anpassen. EU-Gemeinschaftsrecht hat grundsätzlich Vorrang vor innerstaatlichem Recht, weil EU-Gemeinschaftsrecht für alle Mitgliedstaaten verbindlich ist, da die einzelnen Mitgliedstaaten ihre Gesetzgebungskompetenzen an die EU transferiert haben. Dazu treten allgemeine Regelungen des Völkerrechts, die nach Art. 25 GG für die Bundesrepublik Deutschland unmittelbar geltendes Recht sind.

b) Deutsches Recht. – aa) Grundgesetz. Das Grundgesetz (GG) trat am 23.5.1949 als Verfassung für die Bundesrepublik Deutschland in Kraft. Obwohl es sich beim Grundgesetz um Staatsrecht und demzufolge um Öffentliches Recht handelt, strahlt das Grundgesetz verstärkt auch auf das Privatrecht aus. Es ist das ranghöchste Gesetz in Deutschland und geht allen übrigen innerstaatlichen Gesetzen vor. Bei Streitigkeiten über Auslegung und Reichweite des Grundgesetzes ist das Bundesverfassungsgericht (BVerfG) zuständig, wobei die häufigste Klageart die Verfassungsbeschwerde darstellt, die von jeder Person erhoben werden kann, die meint, in ihren Grundrechten aus den Artikeln 1 bis 19 verletzt zu sein.

bb) Gesetze und Rechtsverordnungen von Bund und Ländern. Das deutsche Recht kennt unterschiedliche Normentypen. Unmittelbar unter dem Grundgesetz existieren die einfachen Bundesgesetze. Nachfolgend gibt es noch Rechtsverordnungen, Satzungen sowie allgemeine Verwaltungsvorschriften. Gesetze im formellen Sinn sind solche, die vom Gesetzgeber in dem von den Art. 76–82 GG vorgesehenen Verfahren beschlossen wurden. Rechtsverordnungen hingegen werden von der Exekutive aufgrund einer entsprechenden Ermächtigung in einem förmlichen Gesetz erlassen, vgl. Art. 80 I GG. Satzungen wiederum werden von Selbstverwaltungskörperschaften erlassen. Sie sollen die eigenen Angelegenheiten der jeweiligen Körperschaft regeln. Keine Rechtsnormqualität haben hingegen allgemeine Verwaltungsvorschriften, da sie nur innerhalb der Verwaltung Geltung und Wirksamkeit erlangen. Wie bereits angesprochen, handelt es sich bei dem Bürgerlichen Gesetzbuch (BGB) um das zentralste formelle Gesetz des Privatrechts.

9 cc) **Gewohnheitsrecht.** Bevor Recht in Gesetzesform kodifiziert wurde, war das (ungeschriebene) Gewohnheitsrecht die bedeutendste Rechtsquelle. Gewohnheitsrecht bildete sich durch in der Praxis festgestellte Übung, andauernde Anwendung und allgemeine Rechtsüberzeugung über seine Gültigkeit aus. Während das Einführungsgesetz zum BGB gem. Art. 2 unter dem Begriff „Gesetz" jede Art von Rechtsnorm versteht, somit auch das Gewohnheitsrecht, untermauert das Grundgesetz diese These durch Art. 20 III GG. Danach sind die vollziehende Gewalt und die Rechtsprechung an Gesetz und Recht gebunden. Hieraus folgt, dass insbesondere auch das Gewohnheitsrecht „Recht" i. S. d. Art. 20 III GG ist. Heutzutage findet man nur noch sehr wenig Gewohnheitsrecht innerhalb der Rechtsordnung, da im Laufe des letzten Jahrhunderts die gesetzliche Regelungsdichte so zugenommen hat, dass quasi alles ungeschriebene Recht inzwischen in kodifiziertes Recht umgewandelt wurde.

Die Verkehrssitte bildet hingegen keine Rechtsquelle. Hierbei handelt es sich um tatsächliche Vorgänge, welche von den betroffenen Parteien anerkannt sind. Diese tatsächlichen Vorgänge können Vertragsvereinbarungen der Parteien ergänzen, selbst wenn die Parteien von dem tatsächlichen Vorgang keine Kenntnis haben. Im Streitfall ist die Verkehrssitte bei der Abwägung zu berücksichtigen. Im Gegensatz zum Gewohnheitsrecht spielt die Verkehrssitte, insbesondere im (internationalen) Handelsrecht, nach wie vor eine wichtige Rolle.

3. Geschichte und Struktur des Bürgerlichen Gesetzbuchs

10 Das Bürgerliche Gesetzbuch (BGB) vom 18.8.1896 kodifizierte erstmalig einen großen Teil des deutschen Privatrechts im 19. Jahrhundert. Ihm folgte im Jahr 1897 das Handelsgesetzbuch (HGB), welches wir heute als Sonderprivatrecht der Kaufleute bezeichnen. BGB und HGB traten gleichzeitig am 1.1.1900 in Kraft und wurden bis heute vielfach geändert und ergänzt, wenngleich es auch nur sehr wenige größere Reformen gab. Hauptsächliches Ziel der Kodifizierung des Bürgerlichen Rechts zu einem Gesetz im Jahr 1896 war, eine Vereinheitlichung des Bürgerlichen Rechts zu erreichen, das vor der Reichsgründung im Jahr 1871 recht zersplittert war. Das Gesetz zur Modernisierung des Schuldrechts[15] hat zuletzt das BGB mit Inkrafttreten zum Jahresbeginn 2002 stark reformiert.

Das BGB besteht aus fünf Teilen, den sog. Büchern. Der Allgemeine Teil des BGB (§§ 1 bis 240) bildet die Basis, welche für alle weiteren Teile des BGB Geltung hat. Darunter fallen Vorschriften über die Rechts- und Geschäftsfähigkeit von natürlichen und sonstigen Personen, die Wirksamkeit oder Unwirksamkeit von Rechtsgeschäften, Vertretungsregelungen oder Verjährungsvorschriften. Darüber hinaus hat der Gesetzgeber im Allgemeinen Teil Rechtsbegriffe und Regeln dargestellt, die der einheitlichen Gestaltung des gesamten Bürgerlichen Rechts dienen.[16] Diese sind, mathematisch gesprochen, *„vor die Klammer gezogen"* und gelten grundsätzlich auch für die anderen Bücher des BGB ebenso wie für privatrechtliche Nebengesetze. So kommt beispielsweise die Problematik des Irrtums, dessen Auswirkungen und mögliche Rechtsfolgen, die im Allgemeinen Teil des BGB behandelt werden, genauso im Vertragsrecht, im Sachen-, Familien- oder im Erbrecht vor. Nur durch spezialgesetzliche Regelungen können solche allgemeinen Regelungen verdrängt werden.

---

15 Abgedruckt in BGBl. 2001 I Nr. 61, 3138.
16 Vgl. Brox/Walker, AT, § 2 Rn. 19 f.

Geschichte und Struktur des Bürgerlichen Gesetzbuchs

Abb. 3: Bürgerliches Gesetzbuch BGB

Im zweiten Buch des BGB ist das Schuldrecht geregelt. In den §§ 241 bis 853 BGB sind Rechtsnormen über das Schuldverhältnis zwischen Gläubiger und Schuldner festgelegt. Dieses Buch gliedert sich wiederum in einen Allgemeinen und einen Besonderen Teil, wobei der Allgemeine Teil für alle Schuldverhältnisse Geltung beansprucht und der Besondere Teil Regelungen für die am häufigsten genutzten Vertragstypen enthält. Neben Rechtsnormen, die auf private Rechtsverhältnisse anwendbar sind, finden sich außerdem Anspruchsgrundlagen aus gesetzlichen Schuldverhältnissen.

Das dritte Buch des BGB regelt in den §§ 854 bis 1296 das Sachenrecht. Einerseits ist hier die Abgrenzung von Besitz und Eigentum normiert; andererseits befasst sich das Sachenrecht insbesondere mit der Beziehung von Rechtssubjekten zu Rechtsobjekten, deren Erwerb oder Verlust sowie Nutzungsrechten. Basis bildet § 903 BGB, welcher dem Eigentümer einer Sache ein absolutes Herrschaftsrecht zubilligt. Dieses absolute Herrschaftsrecht findet sich zusätzlich wieder im Herausgabeanspruch des Eigentümers nach § 985 BGB. Danach kann der Eigentümer einer Sache grundsätzlich von einem Dritten die Herausgabe seines Eigentums verlangen. Unterschiedlich geregelt ist die Übereignung des Eigentums von beweglichen Sachen nach §§ 929 ff. BGB und unbeweglichen Sachen wie einem Grundstück gem. §§ 873, 925 BGB.

Das Familienrecht ist in den §§ 1297 bis 1921 BGB geregelt, dem vierten Buch des BGB. Das Familienrecht regelt die Rechtsbeziehungen zwischen Personen, die ein Verlöbnis oder die Ehe miteinander eingehen oder sich nach erfolgter Eheschließung wieder scheiden lassen. Weitere wichtige Rechtsnormen im Familienrecht finden sich zur Verwandtschaft und der sich daraus ergebenden Rechtsfolgen sowie zur Vormundschaft, der rechtlichen Betreuung aber auch zur Pflegschaft.

Das fünfte Buch des BGB beinhaltet in den §§ 1922 bis 2385 BGB das Erbrecht. Das Erbrecht, welches als Rechtsgebiet in den letzten Jahrzenten immer mehr an Bedeutung gewonnen hat, regelt die rechtlichen Beziehungen zwischen dem Erblasser und seinen Erben. Neben der gesetzlichen Erbfolge kann jede natürliche Person, soweit sie testierfähig (§ 2229 BGB) ist, ihren letzten Willen zum Übergang von Vermögensgegenständen selbst äußern und dadurch Dritten Vermögenswerte zukommen lassen. Neben verschiedenen gesetzlichen Möglichkeiten, die dem Erblasser zur Verfügung stehen, um Erben Vermögenswerte zuzuwenden, finden sich im Erbrecht u. a. Rechtsnormen zum Pflichtteilsrecht, zum Erbverzicht sowie zu formellen Voraussetzungen, nach denen ein Erbe als solcher legitimiert wird.

4. Grundsatz der Privatautonomie

Das BGB basiert auf den Gedanken des Liberalismus und räumt den Individuen eine starke, vom Staat möglichst wenig beeinflusste Stellung ein.[17] Es geht davon aus, dass der einzelne Mensch seine privaten Lebensverhältnisse in freier Selbstbestimmung und ohne staatliche Hilfe oder Bevormundung gestaltet.[18]

Die Privatautonomie billigt jedem Rechtssubjekt grundsätzlich die von der Rechtsordnung eingeräumte Möglichkeit zu, sich mit einem anderen Rechtssubjekt vertraglich zu *binden oder auch nicht*. Denn aus einem Vertragsabschluss ergeben sich für den jeweiligen Vertragspartner i. d. R. nicht nur Rechte, sondern auch Pflichten. Aus diesem Grund sind die meisten gesetzlichen Regelungen im BGB auch dispositiver Natur; die Vertragsparteien können einvernehmlich auf die Regelungen verzichten, diese abwandeln oder durch eigene Vertragsregelungen ersetzen; zwingend sind hingegen üblicherweise solche Regelungen, die eine schwächere Partei schützen sollen (Mieter vor dem Vermieter, Verbraucher vor dem Unternehmer). Im BGB finden sich keine ausdrücklichen gesetzlichen Regelungen zur Privatautonomie. Der Grundsatz wird vielmehr durch das Grundgesetz anerkannt und durch verschiedene Artikel des Grundgesetzes konkretisiert. Während sich die Vertragsfreiheit aus Art. 2 I GG ergibt, folgt z. B. die Eheschließungsfreiheit aus Art. 6 GG. Art. 14 GG legt die Eigentums- und Testierfreiheit fest.

Soweit es um den Abschluss von Verträgen geht, gewährt die Privatautonomie im Rahmen der Rechtsordnung dem Einzelnen das Recht, frei am Wettbewerb teilzunehmen und selbst die Bedingungen festzusetzen, unter denen er Waren oder Dienstleistungen anbieten oder nachfragen will.[19] Dieser Abschlussfreiheit folgt die Inhaltsfreiheit eines Vertrags. Danach steht es den Vertragsparteien grundsätzlich frei zu vereinbaren, was sie wollen, es sei denn, das Vereinbarte verstößt gegen ein Gesetz (§ 134 BGB). So können zwei Vertragsparteien, die sich über den Verkauf bzw. Kauf einer beweglichen Sache, wie z. B. eines Computers, einig sind, frei darüber entscheiden, wie hoch der Kaufpreis sein soll. Im Fall dieses Kaufvertrags haben die Vertragsparteien wiederum die Freiheit zu entscheiden, ob sie den Vertrag mündlich, schriftlich oder in sonstiger Form abschließen.

Die *Formfreiheit* ist ebenfalls ein bedeutender Bestandteil der Privatautonomie. Danach können Vereinbarungen grundsätzlich auch mündlich in rechtsverbindlicher Form abgeschlossen werden, was den Rechtsverkehr erheblich vereinfacht und beschleunigt. Nur in gesetzlich vorgeschriebenen Fällen haben die Vertragsparteien das Schuldverhältnis schriftlich i. S. d. § 126 BGB zu begründen. Außerdem können die Vertragsparteien selbst bestimmen, ob sie vertragliche Regelungen einer besonderen Form (z. B. der notariellen Beurkundung) unterziehen wollen. Dann sind Absprachen ohne die Einhaltung dieser vereinbarten Form grundsätzlich nichtig, § 125 S. 2 BGB.[20] Hintergrund von gesetzlich angeordneten Formerfordernissen sind die Warn-, Aufklärungs- und Beweisfunktion der schriftlichen Erklärung im Gegensatz zu ihrem mündlichen Pendant.

Der Grundsatz der Vertragsfreiheit ist dann einzuschränken, wenn z. B. Missbrauch vorgebeugt werden muss, oder höherrangige Interessen dem Grundsatz der Privatautonomie entgegenstehen. So ist ein Vertrag, der gegen die guten Sitten (§ 138 I BGB) oder gegen ein gesetzliches Verbot (§ 134 BGB) verstößt, nichtig. Ein solcher Vertrag ist recht-

---

17 Stadler, § 3 Rn. 2.
18 Vgl. Brox/Walker, AT, § 2 Rn. 5.
19 Vgl. Musielak/Hau, § 3 Rn. 128; Brox/Walker, AT, § 2 Rn. 5.
20 Vgl. dazu Jauernig/Mansel, § 125 Rn. 11.

lich unwirksam und entfaltet keine Rechtswirkungen für die Vertragspartner. Andererseits können Vertragspartner wie die Deutsche Bahn AG nach § 8 EVO, Beförderungsunternehmen nach § 22 PersBefG oder Energieversorger gem. § 6 EnWG verpflichtet werden, mit Vertragspartnern Beförderungs- bzw. Energieversorgungsverträge abschließen zu müssen. Dieser Kontrahierungszwang ist dann rechtmäßig, wenn öffentliche Verkehrs- und Versorgungsunternehmen wegen ihres öffentlichen Versorgungsauftrags und im Rahmen einer Monopol- oder einer Oligopolstellung als Vertragspartner im Wirtschaftsverkehr auftreten.[21] Das Gegenteil dazu bilden sog. Abschlussverbote. So dürfen Jugendliche z. B. gem. §§ 22 ff. JArbSchG keine bestimmten gefährlichen oder gesundheitsschädlichen Arbeiten übernehmen.

Weitreichende Einschränkungen hat die Privatautonomie durch das Allgemeine Gleichbehandlungsgesetz erfahren, welches am 18.8.2006 in Kraft getreten ist. Ziel des Gesetzes nach § 1 AGG ist es, *Benachteiligungen* aus Gründen der Rasse oder wegen der ethnischen Herkunft, des Geschlechts, der Religion oder Weltanschauung, einer Behinderung, des Alters und der sexuellen Identität *zu verhindern oder zu beseitigen*. Die Einschränkungen wiegen im Arbeitsrecht, z. B. bei der Einstellung von Arbeitnehmern, nach §§ 2 I Nr. 1, 6 I 2, 7 AGG schwerer als im Bürgerlichen Recht. So dürfen Arbeitgeber grds. nicht frei darüber entscheiden, ob sie nur einen Mann oder eine Frau, einen jungen oder einen älteren Bewerber oder einen deutschen oder einen ausländischen Bewerber einstellen.[22] Gleiches gilt für den Verkauf von Waren und Dienstleistungen gem. § 2 I Nr. 8 AGG; auch diese dürfen nicht nur eingeschränkten Personenkreisen mit z. B. einer bestimmten ethnischen Zugehörigkeit angeboten werden, so z. B. Wohnraum, Speisen und Getränke oder Versicherungen. Im Rahmen der §§ 8 bis 10 AGG lässt das Gesetz Ausnahmen von der grds. Gleichbehandlung zu. Zum Schutz vor Benachteiligungen im Zivilrechtsverkehr gelten die §§ 19 bis 21 AGG. Obwohl der Zweck des AGG durchaus als moralisch integer zu bezeichnen ist, hat das Gesetz an der tatsächlichen Wirtschaftspraxis nicht nur wenig zu ändern vermocht, es hat auch zu bemerkenswerten Auswirkungen geführt. So kann sich ein Arbeitgeber, der Personal einstellen möchte und mittels einer Stellenanzeige einen „jungen dynamischen Verkäufer" sucht, schadensersatzpflichtig machen, weil er damit (angeblich) automatisch Verkäuferinnen und ältere Verkäufer von der Bewerbung ausschließt.

Keine Einschränkung der Vertragsfreiheit bedeutet, dass das BGB bestimmte (häufig verwendete) Vertragstypen explizit ausgestaltet hat, derer sich die Parteien beim Abschluss ihrer Rechtsgeschäfte bedienen können.[23] Während § 311 BGB die Basis für die Vertragsfreiheit normiert, hat der Gesetzgeber konkrete Vertragstypen geschaffen, um den Interessen der Vertragsparteien gerecht zu werden. So sind z. B. Kaufvertrag, Darlehensvertrag, Mietvertrag, Dienstvertrag oder Werkvertrag gesetzlich im BGB geregelt. Dennoch hat der Gesetzgeber durch diese gesetzlichen Vertragsregelungen keine Beschränkungen vorgenommen. Es handelt sich nicht um einen numerus clausus von Vertragsarten, sondern vielmehr um Vertragstypen, die den Vertragsparteien als Grundlage für ihre rechtswirksame Abrede zur Verfügung stehen.

5. Rechtssubjekte und Rechtsobjekte

Gem. § 1 BGB beginnt die Rechtsfähigkeit des Menschen als Rechtssubjekt mit der Vollendung der Geburt. Die Rechtsfähigkeit umfasst die Fähigkeit, Träger von Rechten und Pflichten zu sein. So ist jeder Mensch rechtsfähig ohne Unterschied nach Geschlecht, Rasse, Herkunft, usw.[24] Zwar können Menschen direkt nach der Geburt ihren

---

21 Vgl. Kallwass/Abels, § 10 I.
22 Brox/Walker, AT, § 4 Rn. 7; zu Diskriminierungsschutz und Anti-Diskriminierungsgesetzgebung s. MüKo-BGB/Thüsing, AGG, Einl. AGG, Rn. 51 ff.
23 Vgl. zum Vertragsprinzip: MüKo-BGB/Emmerich, § 311 Rn. 1 ff.
24 Köhler, § 20 Rn. 2.

Willen noch nicht bzw. später eventuell überhaupt nicht selbstständig äußern. In Vertretung können aber gesetzliche Vertreter, z. B. die jeweiligen Eltern oder einen Betreuer (früher auch Vormund genannt), Willenserklärungen für eine solche Person abgeben und entgegennehmen. In Ausnahmefällen erlangt das noch ungeborene Kind zumindest eine beschränkte Rechtsfähigkeit, insbesondere dann, wenn es gem. § 1923 II BGB vor der Geburt schon Erbe werden sollte.[25] Es handelt sich somit um eine *Vorverlagerung der Rechtsfähigkeit*. Voraussetzung ist allerdings, dass das Kind lebend zur Welt kommt und zum Zeitpunkt des Erbfalles bereits gezeugt war.

Die Geschäftsfähigkeit eines Menschen hängt – anders als die Rechtsfähigkeit – von seinem Alter ab. Dabei handelt es sich um die Fähigkeit, aufgrund einer eigenen Willenserklärung selbstständig wirksam Rechte zu erlangen bzw. Verpflichtungen einzugehen, also durch rechtsverbindliche Erklärungen am Rechtsverkehr teilzunehmen. Gem. § 104 Nr. 1 BGB ist ein Kind bis zum 7. Lebensjahr geschäftsunfähig; es kann keine rechtswirksamen Willenserklärungen abgeben. Ab dem 7. Lebensjahr bis einschließlich zum 17. Lebensjahr ist der Minderjährige gem. § 106 BGB beschränkt geschäftsfähig, da seine Persönlichkeit gereift ist und er mehr und mehr die Auswirkungen von rechtserheblichen Erklärungen begreifen kann. Ab der Vollendung des 18. Lebensjahres tritt dann die unbeschränkte Geschäftsfähigkeit ein. Die Altersgrenze von 21 Jahren spielt hingegen nur noch im Strafrecht eine Rolle, da für angeklagte Jugendliche ab der Volljährigkeit bis zum Alter von 21 Jahren das Jugendstrafrecht noch angewendet werden kann, ab einem Alter von 22 Jahren jedoch nicht mehr angewendet werden darf. Als gesetzliche Vertreter treten die Eltern für minderjährige Kinder bzw. für geschäftsunfähige Erwachsene ein Betreuer gem. §§ 1629, 1793 BGB auf.

Die Fähigkeit, einen Gerichtsprozess zu führen, nennt man Prozessfähigkeit. Nur wer grds. voll geschäftsfähig ist, ist auch prozessfähig i. S. v. § 51 ZPO. Sehr ähnlich verhält es sich mit der Deliktsfähigkeit, der Fähigkeit, für schadensstiftende Ereignisse verantwortlich gemacht zu werden. Nach § 828 I BGB ist ein Minderjähriger bis zur Erreichung des 7. Lebensjahres nicht deliktsfähig, demzufolge für einen Schaden, den er einer anderen Person zufügt, nicht verantwortlich. Dasselbe gilt gem. § 827 BGB für nicht volljährige und volljährige Personen, die im Zustand der Bewusstlosigkeit oder in einem die freie Willensbestimmung ausschließenden Zustand krankhafter Störung der Geistestätigkeit (z. B. während eines epileptischen Anfalls) einer anderen Person einen Schaden zufügen. Auch diese Personengruppen sind für den Schaden grundsätzlich nicht verantwortlich. Notwendige Ausnahme ist allerdings, wenn sich jemand durch Alkohol oder Betäubungsmittel (Drogen) in einen vorübergehenden Zustand krankhafter Störung der Geistestätigkeit versetzt. In diesem Zustand ist die Person für einen Schaden in gleicher Weise verantwortlich, als wenn dieser Fahrlässigkeit für ihre Handlung zur Last fällt, § 827 S. 2 BGB, es sei denn, diese Person ist ohne Verschulden in diesen Zustand geraten. Wer mindestens 7 Jahre, aber noch nicht 18 Jahre alt ist, ist für die schadensbegründende Handlung nur verantwortlich, wenn sie die zur Erkenntnis der Verantwortlichkeit erforderliche Einsicht hatte, § 828 III BGB. Eine weitere Ausnahme sieht § 828 II BGB für die Teilnahme am Straßenverkehr vor. Sofern eine Person noch nicht das 10. Lebensjahr vollendet hat, ist sie für den Schaden, den sie bei einem Unfall mit einem Kraftfahrzeug im fließenden Straßenverkehr oder im Bahnverkehr einem anderen zufügt, nicht verantwortlich. Einzige Ausnahme hier besteht darin, wenn die schadensbegründende Handlung vorsätzlich (also mit Wissen oder Wollen) geschieht.

Die Rechtsfähigkeit von natürlichen Personen erlischt mit dem Tod. Verstorbene Personen sind keine rechtsfähigen Personen mehr i. S. v. § 1 BGB und damit auch keine Rechtssubjekte. Der Leichnam ist folglich nur noch ein Rechtsobjekt.

---

25 Soergel/Fahse, § 1 Rn. 16; vgl. MüKo-BGB/Leipold, § 1923 Rn. 19; Brox/Walker AT, § 33 Rn. 5.

Altersstufe	Rechtliche Stufe	Rechtlicher Inhalt
Vollendung der Geburt	Rechtsfähigkeit (§ 1 BGB)	Fähigkeit, Träger von Rechten und Pflichten zu sein
bis zur Vollendung des 7. Lebensjahrs	Geschäftsunfähigkeit (§ 104 Nr. 1 BGB)	Unfähigkeit, wirksame Willenserklärungen abzugeben
	Deliktsunfähigkeit (§ 828 I BGB)	Nichtverantwortlichkeit für unerlaubte Handlungen
von der Vollendung des 7. Lebensjahrs bis zur Vollendung des 10. Lebensjahrs	straßenverkehrsrechtliche Deliktsunfähigkeit (§ 828 II BGB)	Nichtverantwortlichkeit des Minderjährigen für nicht vorsätzlich verursachte Verkehrsunfälle
von der Vollendung des 7. Lebensjahrs bis zur Vollendung des 18. Lebensjahrs	beschränkte Geschäftsfähigkeit (§§ 106 ff.)	rechtsgeschäftliches Handeln in der Regel nur mit Zustimmung des gesetzlichen Vertreters wirksam
	beschränkte Deliktsfähigkeit (§ 838 III BGB)	Schadensverantwortlichkeit bei Vorliegen der zur Erkenntnis der Verantwortlichkeit erforderlichen Einsicht
ab Vollendung des 18. Lebensjahrs	Geschäftsfähigkeit	Fähigkeit, selbstständig im Rechtsverkehr wirksame Willenserklärungen abzugeben
	Deliktsfähigkeit	volle Verantwortlichkeit für schädigende Handlungen

Abb. 4: Altersstufen und ihre rechtliche Bedeutung

Juristische Personen sind Personenvereinigungen oder Sacheinrichtungen, die eine eigene Rechtsfähigkeit besitzen.[26] Unterschieden werden juristische Personen des Privaten Rechts und des Öffentlichen Rechts. Bei juristischen Personen des Privatrechts handelt es sich um rechtsfähige Vereine, privatrechtliche Stiftungen, Kapitalgesellschaften und Genossenschaften.[27] Juristische Personen des Öffentlichen Rechts sind z. B. Körperschaften, Anstalten oder öffentlich-rechtliche Stiftungen.
Juristische Personen sind eigene Rechtspersönlichkeiten und können daher selbst Träger von Rechten und Pflichten sein. Diese Rechtsfortbildung war notwendig geworden, weil im täglichen Wirtschaftsleben nicht nur einzelne Personen im Rechts- und Wirtschaftsverkehr auftreten, sondern große Wirtschaftsunternehmen. Damit erkennt die Rechtsordnung die Tatsache an, dass nicht nur der einzelne Mensch rechtlich und wirtschaftlich handelt, sondern dass er sich gerade für wirtschaftliche Aktivitäten auch mit anderen Personen zusammenschließt oder bestimmte Organisationen schaffen kann, um so gemeinschaftliche Ziele zu verwirklichen.[28] Im Gegensatz zu natürlichen Personen fehlen aber den juristischen Personen „Kopf, Arme und Beine"; eine juristische Person kann daher selbst nicht am Rechtsleben teilnehmen, sondern benötigt natürliche Personen, die als sog. Organe (gesetzliche Vertreter) im Namen der juristischen Person handeln. Dies sind z. B. bei der Gesellschaft mit beschränkter Haftung der Geschäftsführer oder bei der Aktiengesellschaft der Vorstand. Beginnt die Rechtsfähigkeit von natürlichen Personen mit der Geburt und endet sie mit dem Tod, beginnt die Rechtsfähigkeit von juristischen Personen mit der Eintragung in ein öffentliches Register (Vereinsregister, Handelsregister) und endet mit der dortigen Löschung; nur die Stiftung erhält historisch bedingt ihre Rechtsfähigkeit nicht durch Registereintragung, sondern durch Aner-

---

26 Medicus/Petersen, § 3 Rn. 25.
27 Vgl. zu den geplanten Änderungen durch das Gesetz zur Modernisierung des Personengesellschaftsrechts (MoPeG): Fleischer, Ein Rundgang durch den Regierungsentwurf eines Gesetzes zur Modernisierung des Personengesellschaftsrechts, DStR 2021, 430–439.
28 Führich, § 2 Rn. 52.

kennung durch die zuständige Stiftungsbehörde. Die Geschäftsfähigkeit juristischer Personen ergibt sich daraus, dass natürliche Personen stellvertretend als Organe für juristische Personen handeln und daher im Rechts- wie im Wirtschaftsverkehr tätig werden. Dabei handelt es sich üblicherweise neben den schon genannten Geschäftsführern und Vorständen auch um Prokuristen, Handlungsbevollmächtigte oder Ladenangestellte. Im Gegensatz zur natürlichen Person kann eine juristische Person anderen keinen Schaden zufügen; dies kann nur durch Handlungen ihrer für sie handelnden Organe geschehen. Allerdings werden unerlaubte Handlungen von Organen gem. § 31 BGB der juristischen Person zugerechnet (sog. Organhaftung).

6. Wirtschaftsprivatrecht und Zivilprozessrecht

14 Sofern ein Rechtssubjekt der Ansicht ist, ein privatrechtlicher Anspruch, etwa auf Kaufpreiszahlung oder Schadensersatz, sei begründet, oder der Vertragspartner habe andere gesetzliche oder schuldrechtliche Verpflichtung nicht erfüllt, kann ein solcher Anspruch im Rahmen eines Zivilprozesses durch Urteil festgestellt und anschließend durchgesetzt werden, falls eine einvernehmliche Lösung zwischen den Parteien nicht erreicht werden kann.

Die Durchsetzung des Rechts innerhalb der prozessualen Sphäre beginnt mit dem Erkenntnisverfahren. Dieses beginnt wiederum mit der Erhebung der erstinstanzlichen gerichtlichen Klage. Ziel des Erkenntnisverfahrens ist es, die Berechtigung des geltend gemachten Anspruchs festzustellen, mit anderen Worten, es wird auf Antrag des Klägers geprüft, ob das Recht zur Durchsetzung des Anspruchs überhaupt besteht. Das Erkenntnisverfahren endet, ggf. nach Berufungs- und Revisionsinstanz, durch ein letztinstanzliches, rechtskräftiges Urteil.

Im Regelfall steht den Streitparteien gehen ein ergangenes Urteil eine Möglichkeit offen, sich dagegen zu wehren, wenn das Urteil als unzutreffend angesehen wird. Die beiden gängigsten Rechtsbehelfe in diesem Zusammenhang stellen die Berufung (in der Regel von der ersten in die zweite gerichtliche Instanz) und die Revision (in der Regel von der zweiten in die dritte gerichtliche Instanz) dar. Neben der Unterscheidung der beiden Rechtsmittel in Bezug auf die Stufe der Instanz unterscheiden sich diese auch in ihrem Umfang: Während die Berufung dazu führt, dass der gesamte Rechtsstreit noch einmal vor der nächsthöheren Instanz durchgeführt wird, können in der Revision nur noch Rechtsfehler der vorherigen Instanz gerügt werden; es findet aber keine neue Beweisaufnahme (Zeugenaussagen etc.) statt, sondern dies wird als von der Vorinstanz inhaltlich verbindlich festgestellt übernommen.

Dem letztinstanzlichen, rechtskräftigen Urteil hat sich der Beklagte schließlich zu unterwerfen und die festgestellte Schuld zu begleichen. Ansonsten tritt an die freiwillige Begleichung der Schuld die Zwangsvollstreckung im Rahmen des Vollstreckungsverfahrens. Dadurch wird der Gläubiger eines Anspruchs in die Lage versetzt, seine Forderung durch staatliche Organe, z. B. durch den Gerichtsvollzieher oder das Vollstreckungsgericht, zwangsweise durchzusetzen.[29]

Wichtigstes Gesetz zur Regelung von Klagen und Vollstreckung im Rahmen des gerichtlichen Verfahrens ist die Zivilprozessordnung (ZPO). In der ZPO ist geregelt, wie ein Zivilgerichtsverfahren (Erkenntnis- und Vollstreckungsverfahren) abläuft und mit welchen Mitteln ein rechtskräftiges Urteil vollstreckt werden kann.

Das Gerichtsverfassungsgesetz (GVG) regelt hingegen die Zuständigkeit der Gerichte. Nach §§ 23, 23a, 71 I GVG sind Amtsgerichte (AG) für alle Streitigkeiten bis zu einem Streitwert von € 5000,– zuständig. Unabhängig von der Höhe des Streitwerts werden vor Amtsgerichten bestimmte Mietstreitigkeiten über Wohnraum und Streitigkeiten über gesetzliche Unterhaltspflichten aufgrund Ehe oder Verwandtschaft verhandelt.[30] Außer-

---

29 Vgl. Schilken, § 1 Rn. 8.
30 Vgl. Pohlmann, § 5 Rn. 213.

dem sind die Familiengerichte den Amtsgerichten zugewiesen. Die Prozessparteien stehen einem Einzelrichter gegenüber. Anwaltszwang besteht nicht, vgl. § 78 ZPO.
Landgerichte (LG) sind in erster Instanz für alle Streitigkeiten zuständig, die von Beginn an einen Streitwert von € 5000,– überschreiten, §§ 23 Nr. 1, 71 I GVG. Dazu kommt die Zuständigkeit gem. § 71 II Nr. 2 GVG, § 3 I RBHaftG über Streitigkeiten aus Amtspflichtverletzungen unabhängig von ihrem Streitwert. Außerdem sind Landgerichte Berufungsinstanzen für die Berufung bzw. Beschwerde gegen Urteile oder Beschlüsse von Amtsgerichten nach § 72 GVG. Zusätzlich zu einem auch beim Landgericht entscheidenden Einzelrichter bestehen Landgerichtskammern, die mit drei Richtern besetzt sind, einem Vorsitzenden Richter und zwei Beisitzern. Den Landgerichten sind die Kammern für Handelssachen (KfH) zugeordnet, welche aus einem Vorsitzenden Richter und zwei Beisitzern bestehen, wobei letztere als ehrenamtliche Richter i. d. R. aus kaufmännischen Berufen stammen und damit über eine besondere Fachexpertise im Bereich des Handelsrechts verfügen.
Die Oberlandesgerichte (OLG) bilden die zweite Instanz und sind für die Berufung bzw. Beschwerden gegen Entscheidungen von Landgerichten oder Familiengerichten § 119 GVG zuständig. Die Senate der Oberlandesgerichte sind mit jeweils drei Richtern (Strafsenate: fünf Richter) besetzt, einem Vorsitzenden Richter sowie zwei weiteren Berufsrichtern.
Die letzte Instanz bildet der Bundesgerichtshof (BGH), der als Revisionsinstanz nach § 133 GVG gegen Urteile des Oberlandesgerichts zuständig ist. Die dortigen Senate (die jeweils nur für bestimmte Rechtsgebiete zuständig sind) bestehen aus jeweils fünf Berufsrichtern, unter ihnen einem Vorsitzenden Richter. Vor dem BGH können nach §§ 542, 545 ZPO nur in der Berufungsinstanz erlassene Endurteile überprüft und Gesetzesverletzungen vorinstanzlicher Gerichte vorgetragen werden. Sollte der BGH die Revision nicht zulassen, besteht die Möglichkeit, nach § 544 ZPO eine Nichtzulassungsbeschwerde zu erheben. Voraussetzung gem. § 26 Nr. 8 EGZPO ist allerdings, dass der Wert der mit der Revision geltend zu machenden Beschwer einen Betrag von € 20.000,– übersteigt.
Neben den ordentlichen Gerichten existieren auch private Schiedsgerichte. Haben die Parteien bei Abschluss eines Vertrags – oder nachträglich – eine Schiedsvereinbarung i. S. v. § 1029 ZPO bei einem Rechtsstreit vereinbart, kann ein privater Schiedsrichter eine verbindliche Entscheidung treffen, wie sich die streitenden Parteien zu verhalten haben. Vorteile von Schiedsverfahren sind die Schnelligkeit einer Entscheidungsfindung im Gegensatz zu den staatlichen Gerichten, in der Regel eine bessere Fachexpertise der Schiedsrichter in Bezug auf die streitgegenständliche Branche und die Möglichkeit der Geheimhaltung des Schiedsverfahrens (staatliche Verfahren müssen zwingend der Öffentlichkeit zugänglich sein). Nachteile von Schiedsverfahren sind die in der Regel höheren Kosten und das Fehlen einer Revisionsmöglichkeit gegen einen Schiedsspruch.
Bei Ansprüchen auf Zahlung, die nicht von einem Gegenanspruch abhängig sind, kann das gerichtliche Mahnverfahren gem. §§ 688 ff. ZPO einer Klage vorgezogen werden. Das Mahnverfahren ist ein sehr einfaches Verfahren, denn der Anspruchsteller beantragt bei Gericht lediglich die Zustellung eines Mahnbescheides, dessen materielle Rechtmäßigkeit vom Gericht nicht überprüft wird.[31] Erst wenn der Anspruchsgegner dem Mahnverfahren innerhalb einer Frist von zwei Wochen widerspricht, kann sich aus dem Mahnverfahren ein gerichtlicher Prozess entwickeln. Widerspricht der Mahnbescheidsgegner nicht, erhält der beantragende Gläubiger einen Vollstreckungsbescheid, aus dem er gegenüber dem Vertragspartner vollstrecken kann. Auch gegen den Vollstreckungsbescheid kann der Vollstreckungsgegner Einspruch erheben. Tut er dies nicht, ist die endgültige Vollstreckung zulässig. Weil das Mahnverfahren weder langwierige Verhandlun-

---

31 Vgl. Schilken, § 22 Rn. 777.

gen noch Beweisaufnahme kennt, ist es einfacher, kürzer und kostengünstiger als das streitige Verfahren.[32] Widerspricht der Mahnbescheidsgegner dem Mahnbescheid oder erhebt er Einspruch gegenüber dem Vollstreckungsbescheid, kommt das normale Gerichtsverfahren zur Anwendung.

Sofern der Kläger im Gerichts- oder Schiedsverfahren bzw. im Rahmen eines Mahnverfahrens einen vollstreckbaren Titel erlangt hat, kann er daraus vollstrecken lassen. Dabei handelt es sich in der Regel um Geldforderungen. Sind auf der Seite des Anspruchsgegners keine liquiden Mittel vorhanden, kann im Rahmen der Zwangsversteigerung auch eine Sachpfändung vorgenommen werden, bei der bewegliche oder unbewegliche Gegenstände nach Pfändung im Wege der §§ 808, 866 ZPO versteigert werden. Der Versteigerungserlös hat die Forderung des Gläubigers zu decken. Insofern umfasst die Sachpfändung einen geschätzten Wert aus dem der Gläubiger befriedigt wird.[33] Nicht pfändbar sind nach § 811 ZPO Gegenstände, die der Schuldner zum täglichen Leben und für seine Erwerbstätigkeit benötigt.

Ordentliche Gerichte (Zivilgerichte)	Arbeitsgerichte	Sozialgerichte	Finanzgerichte	Verwaltungsgerichte	Verfassungsgerichte
Bundesgerichtshof (BGH) (Karlsruhe)	Bundesarbeitsgericht (BAG) (Erfurt)	Bundessozialgericht (BSG) (Kassel)	Bundesfinanzgerichtshof (BFH) (München)	Oberverwaltungsgericht (OVG)/Verwaltungsgerichtshof (VGH)	Bundesverfassungsgericht (BVerfG) (Karlsruhe) betr. Grundgesetze
Oberlandesgericht (OLG)	Landesarbeitsgericht (LAG)	Landessozialgericht (LSG)	Finanzgericht (FG)	Verwaltungsgericht (VG)	
Amtsgericht (AG), wenn Streitwert <EUR 5.000 Landgericht (LG), wenn Streitwert >EUR 5.000	Arbeitsgericht (ArbG)	Sozialgericht (SG)			Landesverfassungsgericht (LVerfG/ Staatsgerichtshof (StGH) betr. Landesverfassungen

Abb. 5: Gerichtsbarkeiten und Instanzen

---

32 Vgl. Pohlmann, § 15 Rn. 819.
33 Vgl. MüKo-ZPO/Gruber, § 813 Rn. 1, 3.

§ 3 Personen des Wirtschaftsprivatrechts

Schrifttum: *Eichler,* System des Personenrechts, 1989; *Hähnchen,* Der werdende Mensch – Die Stellung des Nasciturus im Recht, JURA 2008, 161; *Lehmann,* Der Begriff der Rechtsfähigkeit, AcP 207 (2007), 225; *Lorenz,* Grundwissen Zivilrecht: Rechts- und Geschäftsfähigkeit, JuS 2010, 11; *Pawlowski,* Rechtsfähigkeit im Alter?, JZ 2004, 13; *Raiser,* Das Unternehmen als Organisation, 1969; *Saerbeck,* Beginn und Ende des Lebens als Rechsbegriffe, 1974; *Serick,* Rechtsform und Realität juristischer Personen, 1955; *Schwierkus,* Der rechtsfähige ideele und wirtschaftliche Verein (§§ 21, 22 BGB), 1981.

Personen des Wirtschaftsprivatrechts sind Rechtssubjekte, die Träger von Rechten und Pflichten sein können. Personen des Rechtsverkehrs können nach Titel 1 vor § 1 BGB bzw. Titel 2 vor § 21 BGB natürliche Personen oder juristische Personen sein. **15**

1. Natürliche Personen

Der 1. Titel des Bürgerlichen Gesetzbuchs vor § 1 BGB weist darauf hin, dass das BGB den Menschen als natürliche Person zuallererst als Rechtssubjekt anerkennt. § 1 BGB besagt, dass die Rechtsfähigkeit des Menschen mit der Vollendung der Geburt beginnt. Folglich kann jeder Mensch erst grundsätzlich ab Geburt Träger von Rechten und Pflichten sein. Nach Art. 3 GG sind alle Menschen vor dem Gesetz gleich. **16**

Abb. 6: Natürliche Person

Das BGB unterscheidet zwischen der Tatsache, dass eine natürliche Person einerseits ab Geburt nach § 1 BGB automatisch rechtsfähig ist, andererseits durch Handeln oder Unterlassen im Rechtsverkehr rechtsgeschäftlich auftreten kann, woraus sich z. B. vertragliche Rechte oder Verpflichtungen ergeben können. Dafür notwendig ist nach § 106 BGB mindestens eine beschränkte Geschäftsfähigkeit, um eine wirksame Rechtsfolge auslösen zu können. Darüber hinaus können Verletzungshandlungen bei Deliktsfähigkeit der Person zu Schadensersatzansprüchen führen. Neben der Tatsache, ab Geburt durch die Rechtsfähigkeit Träger von Rechten und Pflichten zu sein, bestimmt somit das Handeln eines Menschen, inwieweit er sich rechtswirksam binden möchte bzw. für sein Verhalten einstehen muss. Die Fähigkeit des Menschen, durch sein Handeln Rechtsfolgen auslösen zu können, umfasst die gesetzlich normierten Voraussetzungen der Geschäftsfähigkeit und der Deliktsfähigkeit.

Bedeutend für eine natürliche Person ist ihr Wohnsitz. Wer nach § 7 I BGB sich an einem Ort ständig niederlässt, begründet an diesem Ort seinen Wohnsitz. Der Wohnsitz ist deshalb so bedeutend, weil die natürliche Person von diesem Ort aus rechtsgeschäftliche Handlungen vornimmt und der Wohnort räumlich gesehen zu einem Gerichtsort gehört, vor dem sie klagen bzw. verklagt werden kann, § 13 ZPO.
Weiteres bedeutendes Recht einer natürlichen Person ist ihr Namensrecht nach § 12 BGB. Der Name bildet das äußere Merkmal einer Person, sich von einer anderen Person unterscheiden zu können. Dieses Persönlichkeitsrecht schützt den Namen einer Person dahingehend, dass der Berechtigte, wenn das Recht zum Gebrauch seines Namens von einem anderen bestritten wird oder das Interesse des Berechtigten dadurch verletzt wird, weil ein anderer unbefugt den gleichen Namen gebraucht, von dem anderen Beseitigung der Beeinträchtigung verlangen kann, § 1004 BGB analog. Letztendlich kann er sogar auf Unterlassung dieser Beeinträchtigung klagen. Diesen Namensschutz genießen nicht nur bürgerliche Namen, sondern auch Künstlernamen. Das Namensrecht geht allerdings noch weiter und schützt darüber hinaus die Bezeichnung von juristischen, privaten und öffentlich-rechtlichen Personen, politischen Parteien, sogar Abkürzungen mit Verkehrsgeltung (TÜV) sowie Geschäftsbezeichnungen mit Namenscharakter (z. B. die Bezeichnung eines Hotels oder der Domain-Name als Internet-Adresse).[34] Dadurch wird für natürliche und juristische Personen das gleiche Schutzlevel hergestellt. Neben diesem Namensschutz aus § 12 BGB existiert auch noch ein öffentlich-rechtlicher Namensschutz im Geschäftsverkehr. Gem. § 37 II HGB kann ein Berechtigter Schadensersatz und Unterlassung verlangen, wenn ein anderer den Namen der juristischen Person des Berechtigten unbefugt gebraucht. Darüber hinaus können bestimmte Bezeichnungen auch markenrechtlich geschützt werden, was die Möglichkeit eines Unterlassungsanspruchs gem. § 15 MarkenG begründen kann. Das Namensrecht erlischt mit dem Tod des menschlichen Namensträgers bzw. mit der rechtlichen Auflösung der juristischen Person.[35]
Das allgemeine Persönlichkeitsrecht ist im BGB nicht geregelt; es wird unter das Tatbestandsmerkmal „sonstiges Recht" in § 823 I BGB subsumiert. Unter dem allgemeinen Persönlichkeitsrecht gem. Art. 2 GG versteht man das Recht des Einzelnen auf Achtung und Entfaltung seiner Persönlichkeit.[36] Die umfangreiche Rechtsprechung zum allgemeinen Persönlichkeitsrecht hat herausgearbeitet, dass Ehrverletzungen, die unbefugte Kommerzialisierung von Namen oder insbesondere Fotos bzw. die unerlaubte Preisgabe von privaten Informationen das allgemeine Persönlichkeitsrecht verletzen.[37] So haben prominente Personen unter Umständen ein Recht darauf, den Abdruck von Fotos zu untersagen, auf denen sie abgebildet sind. Grenzen werden diesen Unterlassungsansprüchen dann aber durch den Umstand gesetzt, dass es sich in der Regel um sog. Personen der Zeitgeschichte handelt, über die journalistisch – auch mit Bildern – berichtet werden darf; Eingriffe in die Privatsphäre durch veröffentlichte Text- oder Fotobeiträge können daher ausnahmsweise zulässig sein und müssen geduldet werden. Eingriffe in die Intimsphäre sind hingegen stets unzulässig.

2. Juristische Personen

17 Juristische Personen sind Personengemeinschaften, die von natürlichen Personen errichtet worden und unter bestimmten Voraussetzungen rechtsfähig sind. Sie sind durch einen privatrechtlichen Akt geschaffene, auf Dauer oder zu einem vorübergehenden Zweck angelegte Personenvereinigungen oder Organisationen, die als von der Summe

---

34 Führich, § 2 Rn. 49; s. dazu BGHZ 149, 191, 198 f.; 155, 273, 276; 169, 193, 195.
35 BGH NJW 2007, 684, 685.
36 Brox/Walker, AT, § 33 Rn. 20.
37 BVerfG NJW 1992, 2073, 2074; 2004, 590, 591; BGH NJW 2000, 1036, 1038 f.; 2002, 1192, 1193; BAG NJW 1990, 2272 f.; OLG Hamm, NJW 2002, 609, 610.

ihrer jeweiligen Mitglieder und Sachwalter („Organe") unterschiedene Einheit selbst Rechte und Pflichten haben können, durch zurechenbare Handlungen ihrer Organe Rechte erwerben und Verbindlichkeit eingehen und dadurch als selbstständige Rechtssubjekte am Rechtsverkehr teilnehmen können.[38] Die Rechtsordnung erkennt aufgrund unserer komplexen Wirtschaftsordnung die Tatsache an, dass nicht mehr nur eine Einzelperson als Träger von Rechten und Pflichten im Wirtschaftsverkehr auftreten kann. Sie lässt Wirtschaftsgebilde zu, die im Rechtsverkehr rechtswirksam auftreten können. Erforderlich ist nach der Errichtung der juristischen Person auch die Herstellung ihrer Rechtsfähigkeit. Diese geschieht im Gegensatz zu natürlichen Personen bei Vollendung der Geburt nicht mit der Gründung bzw. der Aufstellung eines Gesellschaftsvertrages oder einer Satzung für die juristische Person, sondern erst mit deren Eintragung in ein dafür vorgesehenes öffentliches Register, je nach Typ der juristischen Person. So gibt es z. B. für Vereine, Kapitalgesellschaften oder Genossenschaften unterschiedliche Register. Die Personengemeinschaften werden unterschieden in juristische Personen des öffentlichen Rechts, wie z. B. Bund und Länder als Gebietskörperschaften, Bundesbank und ZDF als öffentlich-rechtliche Anstalten oder die Stiftung preußischer Kulturbesitz als öffentlich-rechtliche Stiftung und zum anderen juristische Personen des Privatrechts wie rechtsfähige Vereine, Stiftungen des Privatrechts, außerdem Kapitalgesellschaften und Genossenschaften. Die Rechtsfähigkeit von juristischen Personen erlischt, wenn die Löschung aus dem jeweiligen Register erfolgt ist.

a) **Verein als Basis juristischer Personen.** Basis für die juristischen Personen bildet der rechtsfähige Verein mit seinen rechtlichen Regelungen nach §§ 21 ff. BGB, insbesondere der eingetragene Idealverein (e.V.). Ein solcher Verein ist im Gegensatz zum wirtschaftlichen Verein nicht auf einen wirtschaftlichen Geschäftsbetrieb ausgerichtet. Vereinsziele des Idealvereins können kulturelle, politische, wissenschaftliche, sportliche oder wohltätige Zwecke sein. Rechtsfähigkeit erlangt ein solcher Verein durch Eintragung in das Vereinsregister des zuständigen Amtsgerichts nach § 21 BGB. Seinen Sitz hat der Verein nach § 24 BGB an dem Ort, an dem der Verein geführt wird. Der wirtschaftliche Verein erlangt seine Rechtsfähigkeit gem. § 22 BGB durch Hoheitsakt, der staatlichen Verleihung.[39] Weitere sog. juristische Personen sind die Aktiengesellschaft (AG), die Kommanditgesellschaft auf Aktien (KGaA), die Gesellschaft mit beschränkter Haftung (GmbH) und die eingetragene Genossenschaft (eG). Auch diese Körperschaften erlangen Rechtsfähigkeit erst durch Eintragung ins Handels- bzw. Genossenschaftsregister. Von der Rechtsfähigkeit zu unterscheiden ist jedoch der Umstand ihrer bloßen rechtlichen Existenz; haben etwa zwei Gesellschafter den Gesellschaftsvertrag einer GmbH abgeschlossen, ist diese aber noch nicht im Handelsregister eingetragen, existiert die Gesellschaft schon als sog. „Vor-GmbH".

Die Gründung eines rechtsfähigen Vereins erfolgt nach § 56 BGB durch mindestens sieben Mitglieder, die einen Gründungsvertrag abschließen. Nach § 25 BGB ist es für einen eingetragenen Verein notwendig, dass die Mitglieder eine Vereinssatzung aufstellen. Diese muss als Mindesterfordernisse nach § 57 I BGB den Zweck, den Namen und den Sitz des Vereins enthalten und ergeben, dass der Verein eingetragen werden soll. Nach § 57 II BGB ist erforderlich, dass sich der Vereinsname von den Namen der an demselben Ort oder in derselben Gemeinde bereits bestehenden eingetragenen Vereine deutlich unterscheidet.

Notwendige Organe des Vereins sind die Mitgliederversammlung und der Vorstand. Weitere Organe, wie z. B. ein Aufsichtsrat oder der sog. Besondere Vertreter gem. § 30 BGB, sind möglich. Der Vorstand vertritt nach § 26 I 2 BGB den Verein gerichtlich und

---

38 Vgl. Larenz/Wolf, § 9 Rn. 1.
39 Z. B. Fußball-Bundesliga-Vereine, die Creditreformvereine oder die Verwertungsgesellschaft VG Wort. Siehe zur Abgrenzung: Schockenhoff, Der wirtschaftlich tätige Idealverein, NZG 2017, 931 ff.

außergerichtlich; er hat die Stellung eines gesetzlichen Vertreters. Anwendbar sind die §§ 164 ff. BGB. Soll die Vertretungsmacht des Vorstands begrenzt werden, so z. B. bei Zahlungsverpflichtungen nach einer vorher festgelegten Höhe, kann die Vertretungsmacht aufgrund der Satzung durch Mitwirkung von Dritten beschränkt werden. Als Vertreter des Vereins ist der Vorstand auch berechtigt, rechtsgeschäftliche Willenserklärungen in Empfang zu nehmen, vgl. § 26 II BGB. Der Wille der Mitglieder (Mitgliederversammlung) ist für die Verwaltung des Vereins entscheidend.[40]

Aufgrund seiner eigenen Rechtsfähigkeit als juristische Person haftet der Verein nach § 31 BGB für Schäden, die der Vorstand, ein Mitglied des Vorstands oder ein anderer verfassungsmäßig berufener Vertreter (vgl. §§ 29, 30 BGB) begangen hat. Dieser Haftungsgrundsatz nach § 31 BGB gilt nach herrschender Meinung für alle juristischen Personen und für Personengesellschaften wie GbR, OHG oder KG analog.[41] Der Verein haftet mit seinem Vereinsvermögen, eine Haftung der Vereinsmitglieder ist grundsätzlich ausgeschlossen.[42]

19 Zu unterscheiden ist außerdem der *eingetragene Verein* vom *nicht* eingetragenen Verein nach § 54 BGB. Der Verweis in § 54 BGB, dass auf den nicht eingetragenen Verein die Vorschriften über die Gesellschaft bürgerlichen Rechts nach §§ 705 ff. BGB Anwendung finden, ist jedoch rechtspolitisch verfehlt, weil die Rechtsprechung das Vereinsrecht nach §§ 21 ff. BGB auf den nicht eingetragenen Verein analog anwendet mit Ausnahme der Bestimmungen über die Rechtsfähigkeit.[43] Auch der nicht rechtsfähige Verein kann nach wirtschaftlichen Maßstäben handeln und Vermögen bilden. Nachdem der BGH die Gesellschaft bürgerlichen Rechts als (teil-)rechtsfähig ansieht, wenn sie Rechte und Pflichten bei einer Teilnahme im Rechtsverkehr begründet[44], vertritt mittlerweile auch die Rechtsliteratur die Meinung, dass diese Ansicht auch für den nicht eingetragenen Verein gelten soll.[45] Die Mehrheit der Rechtsliteratur geht davon aus, dass aufgrund der Rechtsfähigkeit die Vereinsmitglieder selbst nicht persönlich haften, da der nicht eingetragene Verein Träger von Rechten und Pflichten sein kann. Umgekehrt steht den Vereinsmitgliedern als Gesamtgläubigern das Vereinsvermögen zu. Nach § 54 S. 2 BGB haftet das Vereinsmitglied, welches im Namen eines nicht rechtsfähigen Vereins im Rechtsverkehr auftritt, einem Dritten gegenüber persönlich; handeln mehrere Vereinsmitglieder eines nicht rechtsfähigen Vereins, so haften sie als Gesamtschuldner gem. § 421 BGB.

Jeder Tätigkeit als Organ einer juristischen Person wohnt eine gewisse Haftungsgefahr für Falschverhalten inne, denn Fehler können jedem Menschen unterlaufen. Um dennoch die Tätigkeit als Organmitglied in Vereinen attraktiv zu gestalten, sieht das BGB für ehrenamtliche Vorstandsmitglieder in § 31a BGB eine *Haftungsbeschränkung* vor. Danach haftet ein Vorstand, der unentgeltlich tätig ist oder der für seine Tätigkeit eine Vergütung erhält, die € 840,– jährlich nicht übersteigt, dem Verein für einen in Wahrnehmung seiner Vorstandspflichten verursachten Schaden nur bei Vorliegen von Vorsatz und grober Fahrlässigkeit. Von dieser Haftungsbegrenzung sind außenstehende Dritte nicht umfasst. Allerdings kann ein Vorstand, der einem außenstehenden Dritten zum Ersatz eines in Wahrnehmung seiner Vorstandspflichten verursachten Schadens verpflichtet ist, nach § 31a II 1 BGB vom Verein die Befreiung von der Haftung verlangen, wenn der Schaden weder vorsätzlich noch grob fahrlässig verursacht wurde.

---

40 Brox/Walker, AT, § 34 Rn. 21.
41 Vgl. Jauernig/Mansel, § 31 Rn. 1.
42 Vgl. BGHZ 175, 12, 19 zur Durchgriffshaftung gegenüber dem Vereinsvorstand.
43 Vgl. Brox/Walker, AT, § 34 Rn. 49 ff.
44 Vgl. BGH NJW 2001, 1056, 1058.
45 Vgl. Heidel/Hüßtege/Mansel/Noack/Eckardt, § 54 Rn. 3.

Die Parteifähigkeit des nicht eingetragenen Vereins ergibt sich aus dem mit Wirkung vom 30.9.2009 neu gefassten § 50 II ZPO. Somit kann ein nicht eingetragener Verein persönlich klagen oder verklagt werden, d. h. Partei eines Gerichtsverfahrens sein.

b) Stiftung. Bei der juristischen Person der Stiftung handelt es sich um ein einzigartiges Rechtskonstrukt im deutschen Recht. Denn es handelt sich um keine Personenvereinigung, sondern um eine rechtlich selbstständige Vermögenseinheit, welche für einen bestimmten Zweck eingesetzt werden soll (verselbstständigtes Zweckvermögen ohne Mitglieder).[46] Voraussetzung für die Entstehung einer rechtsfähigen Stiftung sind nach § 80 I BGB das Stiftungsgeschäft und die Anerkennung durch die zuständige Behörde des Landes, in dem die Stiftung ihren Sitz haben soll. Das Stiftungsgeschäft wird durch § 81 I BGB konkretisiert. Zum einen bedarf es der Schriftform, zum anderen muss es die verbindliche Erklärung des Stifters enthalten, ein Vermögen zur Erfüllung eines von ihm vorgegebenen Zwecks zu widmen. Zwar ist – im Gegensatz zur GmbH (€ 25.000,-) und zur Aktiengesellschaft (€ 50.000,-) – gesetzlich kein Mindestkapital vorgesehen. Allerdings ist es gelebte Verwaltungspraxis der Stiftungsbehörden, dass eine Stiftung mindestens über einen Vermögensgrundstock in Höhe von € 50.000,- verfügen muss, um von der Stiftungsbehörde anerkannt zu werden.

Erforderlich ist eine Stiftungssatzung mit Regelungen über den Namen, den Sitz, den Zweck, das Vermögen sowie die Bildung des Vorstands der Stiftung. Ist die staatliche Anerkennung durch das Bundesland, in dem die Stiftung ihren Sitz hat, erfolgt, ist die Stiftung als juristische Person rechtsfähig. Die staatliche Anerkennung dient der Kontrolle für die Errichtung und den Zweck der Stiftung. Nach § 86 BGB sind zum Teil Vorschriften des Vereinsrechts auf die Stiftung anwendbar. Ist die Stiftung anerkannt, so darf sie zur Verfolgung ihrer satzungsmäßigen Zwecke in der Regel nur die Zinsen verwenden, die sie aus der Anlage ihres Grundstockvermögens erzielt, wobei das Grundstockvermögen als solches unangetastet bleiben muss, wenn es sich nicht von vornherein um eine sog. Verbrauchsstiftung handelt.

3. Personengesellschaften

Nach § 14 II BGB können auch Personengesellschaften Rechte erwerben und Verbindlichkeiten eingehen. Sie sind rechtsfähig, wenn sie als Außengesellschaften tätig sind.[47] Personengesellschaften sind u. a. die Gesellschaft bürgerlichen Rechts (GbR oder BGB-Gesellschaft) nach §§ 705 ff. BGB, die Offene Handelsgesellschaft (OHG) nach §§ 105 ff. HGB, die Kommanditgesellschaft (KG) nach §§ 161 ff. HGB, aber auch die die Wohnungseigentümergemeinschaft (WEG). Basis der Personengesellschaften bildet die GbR. Durch das Gesetz zur Modernisierung des Personengesellschaftsrecht (MoPeG) vom 10.8.2021, welches zum 1.1.2024 in Kraft tritt, wird das Personengesellschaftsrecht eine Umgestaltung erhalten. Insbesondere wird es gemäß § 705 II BGB n. F. eine gesetzlich normierte Zweiteilung zwischen rechtsfähiger und nicht rechtsfähiger GbR geben. Die GbR nimmt eine Rolle als Grundform aller rechtsfähigen Personengesellschaften ein, wobei allerdings die grundsätzliche Aufteilung zwischen juristischen Personen und rechtsfähigen Personengesellschaften erhalten bleibt.[48]

Eine Sonderstellung nimmt die Erbengemeinschaft ein, die nur aufgrund testamentarischer Anordnung oder gesetzlicher Erbfolge entstehen kann. Hierdurch wird eine Gruppe von Personen bezeichnet, der gemeinschaftlich der Nachlass eines Verstorbenen anfällt, § 2032 BGB. Die einzelnen Personen werden als Miterben bezeichnet. Die Mitglieder der Erbengemeinschaft erwerben an den einzelnen Nachlassgegenständen kein

---

46 Vgl. Staudinger/Hüttemann/Rawert, vor §§ 80 ff. Rn. 1.
47 BGHZ 146, 341, 343, 346; BGH NJW 2001, 1056, 1058.
48 BMJV, Regierungsentwurf eines Gesetzes zur Modernisierung des Personengesellschaftsrechts v. 20.1.2021, S. 118, 119.

Eigentum nach Bruchteilen (also etwa ein Viertel von jedem Erbgegenstand, wenn die Erbengemeinschaft vier Personen umfasst), sondern sind nur gemeinschaftlich („zur gesamten Hand") am gesamten ungeteilten Nachlass beteiligt (Gesamthandsgemeinschaft) . Die Erbengemeinschaft ist nicht rechtsfähig und unterscheidet sich von allen übrigen juristischen Personen dadurch, dass die Mitglieder keinen gemeinsamen Zweck verfolgen müssen, was jedoch normalerweise Grundvoraussetzung einer juristischen Person ist.

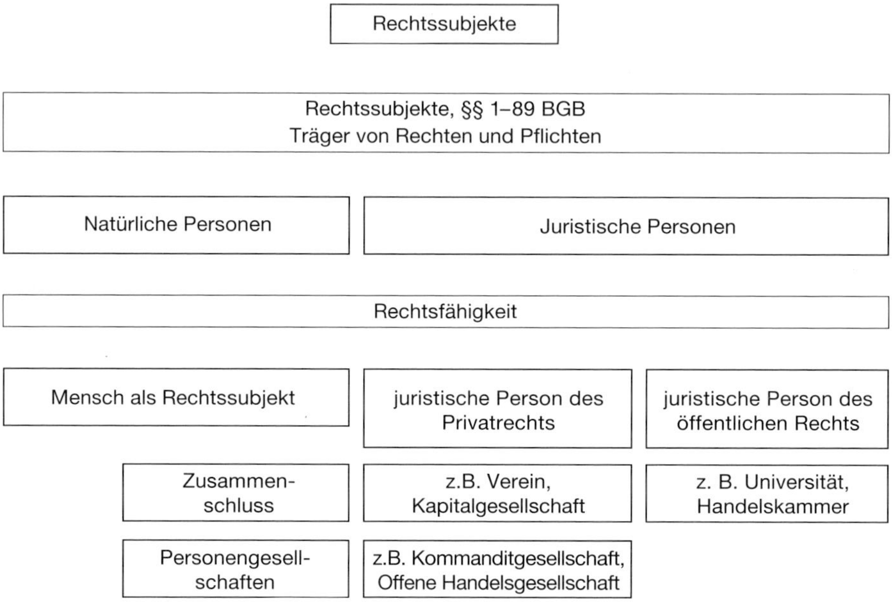

```
                         Rechtssubjekte

              Rechtssubjekte, §§ 1–89 BGB
              Träger von Rechten und Pflichten

     Natürliche Personen            Juristische Personen

                         Rechtsfähigkeit

 Mensch als Rechtssubjekt   juristische Person des   juristische Person des
                                 Privatrechts           öffentlichen Rechts

          Zusammen-         z.B. Verein,              z. B. Universität,
           schluss          Kapitalgesellschaft       Handelskammer

        Personengesell-     z.B. Kommanditgesellschaft,
          schaften          Offene Handelsgesellschaft
```

Abb. 7: Rechtssubjekte

§ 4 Sachen und Rechte im Wirtschaftsprivatrecht

Schrifttum: *Bydlinski*, Der Sachbegriff im elektronischen Zeitalter – zeitlos oder anpassungsbedürftig?, AcP 198 (1998), 287; *Michaelis*, Voraussetzungen und Auswirkungen der Bestandteilseigenschaft, in: FS Nipperdey, 1965, Bd. I, S. 553; *Petersen*, Personen und Sachen, JURA 2007, 763; *Redeker*, Software – Ein besonderes Gut, NJW 2008, 2684; *Siebert*, Zubehör des Unternehmens und Zubehör des Grundstücks, in: FS Giesecke, 1958, S. 59.

Sachen und Rechte bilden als Rechtsobjekte den Gegensatz zu den natürlichen und juristischen Personen als Rechtssubjekte. Für Sachen und Rechte verwendet der Gesetzgeber den Oberbegriff „Gegenstände", vgl. § 90 BGB. Rechtsobjekte sind Personen grundsätzlich zugeordnet. Sie werden von einer Person beherrscht, d. h., die Person kann grundsätzlich auf das Rechtsobjekt nach ihrem Belieben einwirken, es sei denn, dass gesetzliche Regelungen dem entgegenstehen. 22

Besondere Bedeutung kommt Sachen und Rechten im Wirtschaftsverkehr gerade dann zu, wenn sie als Sicherheit verwendet werden, so z. B. dem Pfandrecht bei beweglichen Sachen sowie der Hypothek, der Grund- oder der Rentenschuld bei Grundstücken. Auch Rechte, wie z. B. Forderungen, können verpfändet werden, §§ 1273, 1274 BGB.

1. Sachen

a) Merkmale. Nach § 90 BGB sind Sachen körperliche Gegenstände, also Dinge, die angefasst werden können. Nach allgemeiner Rechtsauffassung fallen z. B. Elektrizität, Wärme oder Licht nicht darunter, weil sie nicht dauerhaft gespeichert werden können.[49] Auch Computerdaten, Software, E-Books oder auch Hörbücher werden nicht als Sachen angesehen,[50] wohl aber ihre Verkörperung auf Datenträgern,[51] aber auch auf Cloud-Servern, in Smartphones etc. Dasselbe gilt auch für virtuelle Gegenstände sowie Kryptowährungen, die mangels Körperlichkeit keine Sachen im Sinne des § 90 BGB sind.[52] Auch die Luft oder das Meer sind keine Sachen. Ist grundsätzlich Herrschaftsmacht für die Sache als Rechtsobjekt erforderlich, genügt es, dass die Sache beherrscht werden kann. Beherrschbarkeit ist also die geringste Voraussetzung dafür, dass es sich um eine Sache handelt. Als Sache wird ein einzelner Gegenstand angesehen. Sacheinheiten wie z. B. ein Sack Kartoffeln, ein Pfund gemahlener Kaffee oder ein Beutel Wäscheklammern sind ebenfalls eine Sache i. S. v. § 90 BGB. Dagegen fallen Sachgesamtheiten wie z. B. ein Unternehmen, eine Viehherde, eine Münzsammlung oder ein Wertpapierdepot mit verschiedenen Aktien, nicht unter den Sachbegriff, weil jede einzelne Sache dieser Sachgesamtheit wirtschaftlich bedeutend und daher grundsätzlich einzeln übereignet werden muss.[53] Die Summe aller geldwerten Sachen und Rechte einer Person bildet ihr Vermögen. Rechtlich gesehen dient das Vermögen als Haftungsgrundlage für den Gläubiger, denn der Schuldner haftet grundsätzlich mit seinem gesamten Vermögen. Als 23

---

49 Vgl. MüKo-BGB/Stresemann, § 90 Rn. 24.
50 Vgl. Redeker, Wer ist Eigentümer von Goethes Werther?, NJW 1992, 1739; Börding/Jülicher/Röttgen/v. Schönfeld, Neue Herausforderungen der Digitalisierung für das deutsche Zivilrecht, CR 2017, 134; OLG Hamburg MMR 2015, 740, 741; LG Bielefeld GRUR-RR 2013, 281, 282; a. A. König, Software (Computerprogramme) als Sache und deren Erwerb als Sachkauf, NJW 1993, 3121.
51 Gefestigte Rspr., s. dazu BGHZ 102, 135, 144; BGH NJW 1993, 2436, 2437; 2000, 1415; 2007, 2394; OLG Stuttgart NJW 1989, 2635, 2636; OLG Karlsruhe NJW 1992, 1773; Müller-Hengstenberg/Kirn, Vertragscharakter des Application Service Providing-Vertrags, NJW 2007, 2370.
52 Vgl. hierzu: Deuber/Jahromi, Liechtensteiner Blockchain-Gesetzgebung: Vorbild für Deutschland?, MMR 2020, 576; Hillemann, Bitcoin und andere Kryptowährungen – Eigentum i. S. d. Art. 14 GG?, CR 2019, 830.
53 Vgl. RGZ 53, 218, 220; RGZ 87, 43, 45 f.; Stadler, § 11 Rn. 2a.

bloße Gesamtheit von Gegenständen ist das Vermögen als solches aber kein eigenes Rechtsobjekt; diese Eigenschaft kommt nur den einzelnen Vermögenspositionen zu. Daher kann rechtlich auch nicht das Vermögen übertragen werden, sondern nur dessen einzelne Positionen. Auch das Unternehmen ist keine Sache, sondern eine Sachgesamtheit. Definiert wird das Unternehmen als organisatorische Einheit von personellen und sachlichen Mitteln zur Erreichung eines übergeordneten (wirtschaftlichen) Zwecks.

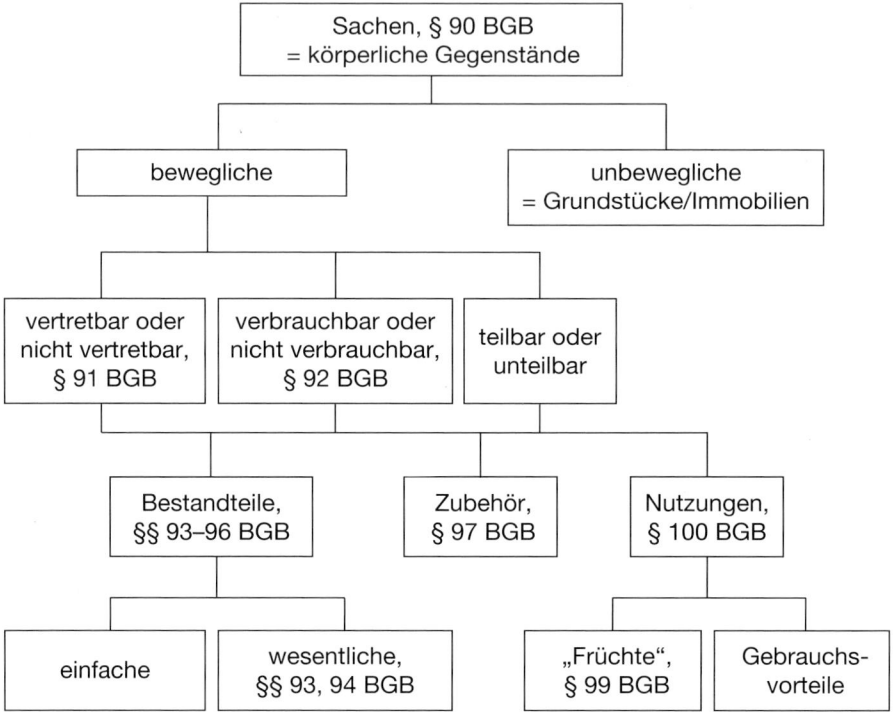

Abb. 8: Unterscheidung von Sachen

24 **b) Tiere.** Seit dem Jahr 1990, als § 90a neu in das BGB eingefügt wurde, sind Tiere rechtlich keine Sachen mehr i. S. v. § 90 BGB. Nach § 90a S. 3 BGB sind aber auf Tiere die für Sachen geltenden Vorschriften entsprechend anzuwenden, es sei denn, es ist etwas anderes bestimmt. Damit wollte der Gesetzgeber der Verantwortung des Menschen für das Tier als Mitgeschöpf (§ 1 TierSchG) Rechnung tragen.

2. Arten

25 **a) Bewegliche und unbewegliche Sachen.** Bewegliche Sachen sind alle Gegenstände außer Immobilien. Die Herrschaftsmacht wird insbesondere bei der Übereignung (= Übertragung der rechtlichen Herrschaftsmacht) nur durch die Einigung und Übergabe des Gegenstands ausgeübt.

26 Der gesamte Körper eines *lebenden Menschen* ist keine Sache, dagegen werden endgültig abgetrennte Körperteile, z. B. Haare oder Organe, die für eine Organspende im Rahmen des Transplantationsgesetzes (TPG) zur Verfügung gestellt werden, als Sachen angesehen. Ausnahme davon bildet eine Verwertung durch den Spender selbst, z. B. die Eigen-

blutspende.⁵⁴ Das TPG lässt Organverfügungen zu Lebzeiten bzw. nach Todeseintritt zu.

Abb. 9: Sachen

Die *menschliche Leiche* wird zwar als herrenlose, d. h. niemandem gehörende Sache angesehen, sie ist aber nach h. M. dem Rechtsverkehr mit Ausnahme bei rechtsgültigen Anatomieverträgen entzogen, so dass die Sacheigenschaft in ihrer wichtigsten Funktion nicht zum Tragen kommt.⁵⁵

Unbewegliche Sachen, sog. Immobilien, sind die durch die Vermessung abgegrenzten Teile der Erdoberfläche, die im Grundbuch als selbstständige Grundstücke nach § 3 GBO inklusive ihrer Bestandteile eingetragen sind. Unbewegliche Sachen werden durch Einigung und Eintragung übereignet, bei großen Schiffen trotz ihrer Beweglichkeit zusätzlich durch die Eintragung in ein Binnenschiffs- bzw. Seeschiffsregister; für nicht eingetragene Seeschiffe gilt die Sondervorschrift des § 929a BGB, wonach eine Übergabe nicht erforderlich ist, soweit die Kaufvertragsparteien darüber einig sind, dass das Eigentum sofort übergehen soll.

27

b) **Vertretbare und unvertretbare Sachen.** Nach § 91 BGB sind vertretbare Sachen im Sinne des Gesetzes bewegliche Sachen, die im Verkehr nach Zahl, Maß oder Gewicht bestimmt zu werden pflegen (Geld, Rohstoffe, industrielle Massenprodukte etc.). Alle anderen Gegenstände sind individuell bestimmte Sachen, sog. unvertretbare Sachen, z. B. Grundstücke und Eigentumswohnungen, Kunstwerke, oder Sonderanfertigungen wie das Modellkleid oder die Einbauküche.⁵⁶ Diese werden nicht nach ihrer bloßen Anzahl bestimmt, sondern anhand individueller Kriterien.

28

c) **Verbrauchbare und nicht verbrauchbare Sachen.** Gem. § 92 BGB sind verbrauchbare Sachen bewegliche Sachen, deren bestimmungsmäßiger Gebrauch in dem Verbrauch oder in der Veräußerung besteht, so z. B. Nahrungsmittel und Brennstoffe, Wasch- oder Spülmittel. Die allmähliche Abnutzung als Folge des Gebrauchs macht eine Sache nicht verbrauchbar, sie ist lediglich eine – regelmäßig unerwünschte – Nebenwirkung des Gebrauchs.⁵⁷ Daher zählen z. B. Bücher, Autos oder elektronische Geräte nicht zu den verbrauchbaren Sachen. Auch bewegliche Sachen, die zu einer Sachgesamtheit, z. B. einem Warenlager eines Produzenten, gehören, dessen bestimmungsgemäßer Gebrauch in der Veräußerung liegt, sind gem. § 92 II BGB ebenfalls verbrauchbare Sachen, auch wenn diese beim Verbraucher nicht zum Verbrauch bestimmt sind.

29

---

54 Vgl. Stadler, § 11 Rn. 4.
55 Stadler, § 11 Rn. 4; s. dazu auch BGH NJW 1994, 127 f.
56 BGH NJW-RR 1990, 787, 788; BGH NJW 1995, 587, 588.
57 MüKo-BGB/Stresemann, § 92 Rn. 3.

30 d) **Teilbare und unteilbare Sachen.** Teilbare Sachen sind alle Gegenstände, die sich nach § 752 BGB ohne Verminderung des Wertes in gleichartige, den Anteilen der Teilhaber entsprechende Teile zerlegen lassen, so z. B. bei Geld, Wertpapieren oder Rohstoffen. Als unteilbare Sachen werden i. d. R. bebaute Grundstücke angesehen,[58] des Weiteren Unternehmen sowie Kunstwerke und Sammlungen.[59]

3. Bestandteile

31 a) **Wesentliche und unwesentliche Bestandteile.** In den meisten Fällen verfügt eine Sache über mehrere Bestandteile. Zu unterscheiden ist zwischen wesentlichen und unwesentlichen Bestandteilen, weil für wesentliche Bestandteile besondere Regeln gelten. Bestandteile einer Sache, die voneinander nicht getrennt werden können, ohne dass der eine oder der andere zerstört oder in seinem Wesen verändert wird (wesentliche Bestandteile), können nach § 93 BGB nicht Gegenstand besonderer Rechte sein. Erforderlich ist nicht unbedingt, dass dem wesentlichen Bestandteil eine wichtige Funktion der Sachgesamtheit zukommt, oder dass durch die Trennung die Sachgesamtheit ihre Funktionsfähigkeit (teilweise) einbüßt. Wesentlich bedeutet, dass eine Trennung zur Zerstörung der einzelnen oder gesamten Sache bzw. zur Wesensveränderung führt.[60] Während die Heizungsanlage, die Fenster oder das Dach wesentliche Bestandteile eines Hauses sind, sind Türen oder eine Einbauküche, aber auch der Motor eines Kraftfahrzeugs sowie einzelne Bestandteile eines Bettes wie Matratze oder Lattenrost keine wesentlichen Bestandteile einer Sache.

Für wesentliche Bestandteile eines Grundstücks hat der Gesetzgeber § 94 BGB geschaffen. Nach § 94 I BGB gehören zu den wesentlichen Bestandteilen eines Grundstücks die mit dem Grund und Boden fest verbundenen Sachen, insbesondere Gebäude sowie die Erzeugnisse des Grundstücks, solange sie mit dem Boden zusammenhängen. Auch Samen und Pflanzen werden wesentliche Bestandteile des Grundstücks, wenn sie fest mit dem Boden des Grundstücks verbunden sind.

Wesentliche Bestandteile können nicht Gegenstand besonderer Rechte sein; sie sind sonderrechtsunfähig. Dies erläutern die §§ 946 ff. BGB. Wird eine Sache mit einem beweglichen Gegenstand oder einem Grundstück verbunden oder mehrere bewegliche Sachen untrennbar miteinander vermischt oder vermengt, erlöschen die Rechte an der einzelnen Sache, die mit einer anderen Sache bzw. mit einem Grundstück verbunden bzw. vermischt wurde, vgl. § 949 BGB. Dasselbe gilt grundsätzlich für die Verarbeitung nach § 950 BGB. Es kann daher nur ein einheitliches Eigentum an der Gesamtsache bestehen.

32 Dagegen sind unwesentliche Bestandteile sonderrechtsfähig, d. h. die Rechtsposition des bisherigen Eigentümers ändert sich durch die Verbindung mit einer anderen beweglichen Sache oder einem Grundstück nicht (der Eigentümer eines Autoradios bleibt dies auch dann, wenn das Radio in ein fremdes Fahrzeug eingebaut wird). Dasselbe gilt für Scheinbestandteile (dazu sogleich). Aus einem Miet- oder Pachtverhältnis können sich zudem Anhaltspunkte ergeben, nach dem der Mieter oder Pächter, die vorübergehend Gegenstände mit dem Miet- oder Pachtraum verbinden, diese nur vorübergehend mit der Hauptsache verbinden, so dass sie sonderrechtsfähig bleiben.

33 b) **Scheinbestandteile.** Sind Sachen nur zu einem vorübergehenden Zweck mit dem Grundstück verbunden, so sind sie nach § 95 I 1 BGB keine wesentlichen Bestandteile des Grundstücks. Dasselbe gilt für Sachen, die nur zu einem vorübergehenden Zweck in ein Gebäude eingefügt sind, z. B. Bilder oder Lampen, die im Clubhaus eines Vereins

---

58 OLG Hamm NJW-RR 1992, 665, 666; vgl. Grüneberg/Sprau, § 752 Rn. 3.
59 Vgl. MüKo-BGB/K. Schmidt, § 752 Rn. 29.
60 Vgl. BGHZ 18, 226, 229; 20, 159, 163.

speziell für eine Feier aufgehängt werden oder mitgebrachte Duschvorhänge aus Hygienegründen, die nach dem Ferienaufenthalt aus dem Ferienhaus wieder mitgenommen werden. Bei diesen Bestandteilen handelt es sich um sog. Scheinbestandteile.

4. Zubehör

34 Zubehör sind nach § 97 I BGB bewegliche Sachen, die, ohne Bestandteil der Hauptsache zu sein, dem wirtschaftlichen Zweck der Hauptsache zu dienen bestimmt sind und zu ihr in einem räumlichen Verhältnis stehen. Beim PKW sind z. B. Radio, Navigationsgerät oder Warndreieck Zubehör, auch der Schlüssel zu einem Schrank stellt rechtlich Zubehör dar. Der BGH hat bei Kirchen Läutwerke und Glocken als Zubehör angesehen.[61] Bei landwirtschaftlichen Betrieben gehören neben dem Maschinenpark auch das Nutzvieh und die landwirtschaftlichen Erzeugnisse zum Zubehör. Da das Zubehör kein wesentlicher Bestandteil der Hauptsache ist, ist es sonderrechtsfähig. In vielen Fällen folgt aus der wirtschaftlichen Unterstützung der Hauptsache dieselbe Rechtslage, so dass sich z. B. Sicherungsmöglichkeiten wie Hypothek oder Grundschuld am Grundstück mit seinen wesentlichen Bestandteilen auch auf das Zubehör beziehen, §§ 1120 ff. BGB. Eine Zwangsvollstreckung in das Grundstück nach § 865 II 1 ZPO umfasst dann auch das Zubehör, das dem Grundstückseigentümer gehört.[62]

Verpflichtet sich jemand zum Verkauf oder Belastung einer Sache, so erstreckt sich diese Verpflichtung im Zweifel auch auf das Zubehör der Sache, § 311c BGB. Folglich geht mit der Übertragung des Eigentums auch das Zubehör nach § 926 I, II BGB mit über, wenn der Eigentümer auch gleichzeitig der Eigentümer des Zubehörs ist, so z. B. der hoteleigene Shuttlebus beim Verkauf der Hotelimmobilie oder der Verbandkasten beim Auto. Eines besonderen Übereignungsakts bedarf es dann dafür nicht.

5. Früchte, Nutzungen und Lasten

35 Nutzungen sind Früchte einer Sache oder eines Rechts, sowie Vorteile durch den Gebrauch der Sache. Früchte werden nach § 99 I, II BGB unterschieden in Sach- und Rechtsfrüchte. Sachfrüchte sind Erzeugnisse einer Sache oder die sonstige Ausbeute, welche aus der Sache ihrer Bestimmung gemäß gewonnen werden. Darunter fallen Obst und Gemüse bei Pflanzen, Jungtiere oder Eier bei Tieren, aber der Sandabbau aus einer Sandgrube oder das Gold aus einer Goldmine. Diese Art von Früchten sind unmittelbare Früchte. Nach § 99 III BGB sind Früchte auch die Erträge, welche eine Sache oder ein Recht vermöge eines Rechtsverhältnisses gewährt: Während dem Pächter eines Getreidefelds als unmittelbares Recht das Getreide zusteht, sind mittelbare Früchte eines Rechts die Erträge, die dem Berechtigten aus einem Rechtsverhältnis zustehen, dessen Recht ein anderer ausübt, so z. B. der Mietzins aufgrund der Untervermietung einer Wohnung, oder Lizenzgebühren aus einem Patentrecht.

36 Nutzungen sind gem. § 100 BGB die Früchte einer Sache oder eines Rechts sowie die Vorteile, welche der Gebrauch der Sache oder des Rechts gewährt.

37 Lasten einer Sache oder eines Rechts sind nach § 103 BGB der Aufwand, eine Verpflichtung bis zu einer bestimmten Zeit oder von einer bestimmten Zeit an zu tragen, evtl. auch über eine gewisse Dauer, wie z. B. Hypotheken- oder Grundschuldzinsen.

---

61 BGH NJW 1984, 2277, 2278; BGH NJW 2009, 1078, 1079.
62 MüKo-ZPO/Dörndorfer, § 865 Rn. 20: Anders/Gehle, § 865 Rn. 1 ff.

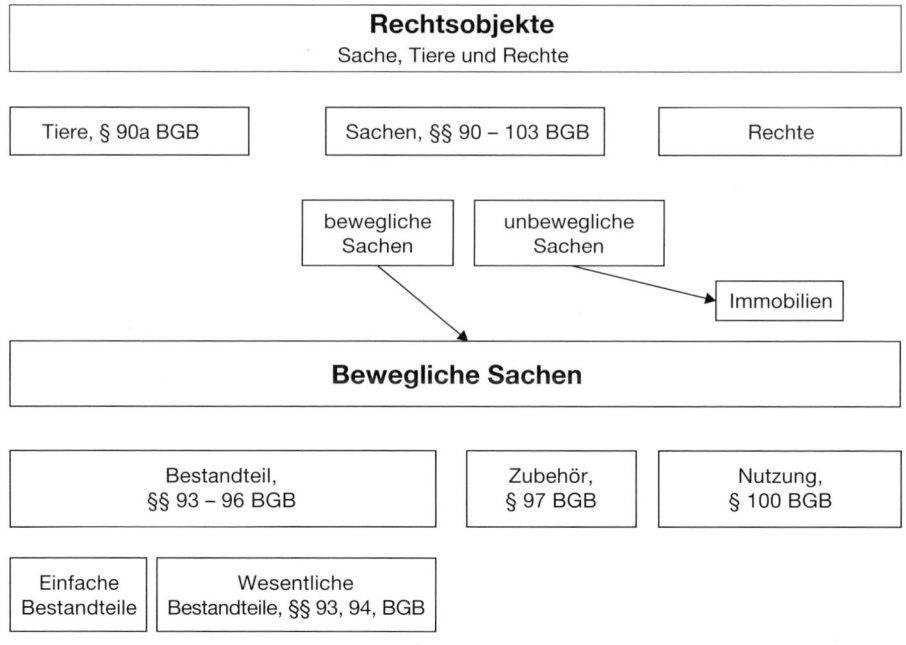

Abb. 10: Rechtsobjekte

6. Rechte

38 Rechte sind unkörperliche Gegenstände. Unterschieden wird zwischen subjektivem und objektivem Recht sowie zwischen absolutem und relativem Recht. Diesen Rechten stehen Gegenrechte gegenüber. Wie im Fall der Sachgesamtheiten gibt es auch Rechtsgesamtheiten. Die Durchsetzung der Rechte findet vor den ordentlichen Gerichten statt.

39 **a) Objektives und subjektives Recht.** Objektives Recht ist die Summe der Vielzahl von Gesetzen, Verordnungen, Satzungen und Gewohnheitsrecht, die für jede Person, ob natürliche oder juristische Person, gelten. Unter einem subjektiven Recht versteht man die einem Rechtssubjekt von der Rechtsordnung verliehene Rechtsmacht. Es besteht gegenüber anderen Rechtssubjekten oder Rechtsobjekten. Ein subjektives Recht kann sich aus dem objektiven Recht ableiten, so z. B. bei Abschluss eines Mietvertrags nach § 535 BGB, welcher das Mietvertragsverhältnis zwischen Vermieter und Mieter objektiv regelt, den Parteien aber subjektive Rechte wie einerseits die Überlassung des Wohnraums, andererseits die Zahlung des Mietzinses gewährt. Dabei umfasst das subjektive Recht nicht nur den einzelnen Anspruch. Das vertraglich vereinbarte Mietverhältnis gibt Vermieter wie Mieter umfangreiche Rechte, vgl. §§ 535 ff. BGB.

40 **b) Absolutes und relatives Recht.** Es besteht, bezogen auf ihre Außenwirkung (Adressatenkreis), ein bedeutender Unterschied zwischen einem absoluten und einem relativen Recht. Absolute Rechte wirken gegenüber jedermann.[63] Derartige Rechte schützen den Rechteinhaber grundsätzlich vor jedem Eingriff. In § 823 I BGB zählt das Gesetz absolute Rechte auf, wie z. B. das Leben, den Körper, die Gesundheit, die Freiheit oder das Eigentum. Unter den Begriff „sonstiges Recht" fallen z. B. das Persönlichkeits- oder das

---

63 Köhler, § 17 Rn. 7; vgl. Brox/Walker, AT, § 28 Rn. 24.

Namensrecht (§ 12 BGB) aber auch Immaterialgüterrechte wie z. B. das Patent-, Marken- oder Urheberrecht.

Absolute Rechte sind einerseits das *Allgemeine Persönlichkeitsrecht*, welches die Integrität der einzelnen Person schützen soll. Dazu zählt z. B. das *Recht einer Person am eigenen Bild* nach §§ 22 ff. KUG; danach darf grds. niemand das Bild einer Person ohne Einwilligung der abgebildeten Person verbreiten oder öffentlich zur Schau stellen, wobei § 23 I Nr. 1 KUG eine Ausnahme bei Bildnissen aus dem Bereich der Zeitgeschichte normiert.[64] Andererseits zählen dazu persönliche Familienrechte wie das elterliche Sorgerecht nach §§ 1626 ff. BGB, aber insbesondere auch typische Herrschaftsrechte an Sachen wie das Eigentumsrecht, § 903 BGB, oder das Pfandrecht, § 1204 BGB, sowie Herrschaftsrechte an Immaterialgütern wie z. B. Patent- und Markenrechte.

Relative Rechte bestehen dagegen nur zwischen bestimmten Personen innerhalb von vertraglichen oder gesetzlichen Schuldverhältnissen. Ein relatives Recht ergibt sich aus dem Anspruch des Gläubigers gegenüber dem Schuldner, welcher zur Erfüllung seines Anspruchs vom Schuldner ein Handeln oder Unterlassen zur Leistungspflichterfüllung verlangen kann.[65] Relative Rechte können nur von den Personen verletzt werden, welche am Schuldverhältnis beteiligt sind.

41

c) **Gegenrechte.** Gegenrechte verhindern oder verzögern die Durchsetzung subjektiver Rechte. Gegenrechte bilden somit für den Schuldner Ansprüche, die ihm obliegende Leistungspflicht aus einem Schuldverhältnis zu verweigern oder später zu erfüllen. Das Leistungsverweigerungsrecht kann aufgrund einer *Einrede* entstehen, so z. B. der Einrede wegen Verjährung nach §§ 194 ff. BGB. Folge ist, dass der Anspruch zwar weiterbesteht, aber aufgrund eines besonderen Zeitablaufs nicht mehr durchsetzbar ist. Eine aufschiebende Einrede ist das Zurückbehaltungsrecht nach § 273 BGB, das dem Schuldner dann zusteht, wenn der Gläubiger aus demselben rechtlichen Verhältnis bisher seine Leistungspflichten nicht erfüllt hat.

42

Einwendungen sind geeignet, einen gegnerischen Anspruch zu beseitigen, so z. B. bei nichtigen Rechtsgeschäften mangels Geschäftsfähigkeit nach §§ 105 ff. BGB, beim Verstoß gegen ein gesetzliches Verbot nach § 134 BGB bzw. bei einem sittenwidrigen Rechtsgeschäft nach § 138 BGB.[66] Dabei handelt es sich um *rechtshindernde Einwendungen*. *Rechtsvernichtende Einwendungen* stehen dem Schuldner zu, wenn er z. B. von einem Vertrag zurückgetreten, diesen widerrufen bzw. den Vertrag erfüllt hat.

43

Im Gegensatz zu den Einwendungen zerstört eine Einrede den Anspruch nicht. Sie stellt ein subjektives Recht dar, um die Durchsetzung eines Anspruchs gegen den Schuldner zu hindern. Der Anspruch ist nicht durchsetzbar und damit gescheitert. Während die Einwendungen von Amts wegen zu berücksichtigen sind, werden Einreden im Prozess nur berücksichtigt, wenn sich der Berechtigte, zu dessen Gunsten die Einrede gegeben ist, ausdrücklich darauf beruft. Ein Indiz für das Vorliegen einer Einrede ist in der Regel bereits die Formulierung des Tatbestands: Im Gesetz heißt es dann, der Verpflichtete „*kann … verweigern*" oder „*ist berechtigt, … zu verweigern*".

Neben materiellen Einreden oder Einwendungen bestehen für den Schuldner als Beklagtem vor Gericht *prozessuale Einreden*, z. B. prozesshindernde Einreden wie die Rüge der Unzuständigkeit des Gerichts sowie prozessuale materielle Einreden.[67]

d) **Durchsetzung von Rechten.** Schutz und Durchsetzung subjektiver Rechte obliegt den Gerichten. Art. 19 IV GG ermöglicht einem Anspruchsberechtigten, sein Recht vor

44

---

64 S. dazu BGH NJW 2007, 1977, 1978 ff.
65 Vgl. Brehm, § 20 Rn. 612.
66 Vgl. Müssig, 4.2.5.2.
67 Vgl. Müssig, 4.2.5.3.

Gericht durchzusetzen. Eine eigenmächtige Rechtsdurchsetzung kann dagegen nur in besonderen Ausnahmefällen, in sog. Notsituationen, gerechtfertigt sein.

Dies ist z. B. im Rahmen der Notwehr gem. § 227 BGB der Fall. Ähnlich wie im Strafrecht schließt auch beim zivilrechtlichen Notstand die Verletzung fremder geschützter Rechtspositionen die Rechtswidrigkeit aus, sodass keine Ansprüche gegen den Verletzter geltend gemacht werden können.

Darüber hinaus kennt das Gesetz noch den Notstand. Dieser existiert in der Form des Defensivnotstands (Verteidigungsnotstand) gem. § 228 BGB und in Form des Aggressivnotstands (Angriffsnotstand) gem. § 904 BGB. Der Defensivnotstand ist dadurch charakterisiert, dass die Gefahr von derjenigen Sache ausgeht, die auch beschädigt oder zerstört wird (Töten eines Kampfhundes, der einen angreift). Beim Aggressivnotstand wird eine Sache verletzt, von der die Gefahr nicht ausgeht (Beschädigung eines Holzzauns, um mit der Holzlatte einen angreifenden Kampfhund zu töten). In beiden Fällen muss aber die Tathandlung erforderlich, geboten und verhältnismäßig gewesen sein, da ansonsten Schadensersatzansprüche bestehen.

Schließlich kennt das Gesetz auch noch die Selbsthilfe nach § 229 BGB. Darunter ist die Durchsetzung oder Sicherung eines Anspruchs durch privaten Zwang (Wegnahme einer Sache, Beschädigung oder Zerstörung einer Sache, Festhalten einer Person etc.) zu verstehen. Hierzu muss der Anwendende aber nicht nur Inhaber des entsprechenden Anspruchs sein, sondern es muss auch sofortiges Eingreifen erforderlich sein, weil sonst die Anspruchsdurchsetzung wesentlich erschwert werden würde. Schließlich darf auch staatliche Hilfe nicht rechtzeitig zu erlangen sein.

§ 5 Rechtsgeschäfte

Schrifttum: *Boemke/Schönfelder,* Wirksamwerden von Willenserklärungen gegenüber nicht voll Geschäftsfähigen (§ 131 BGB), JuS 2013, 7; *Böse/Jutzi,* Vertragsschluss durch Auktionsabbruch bei eBay, MDR 2015, 677; *Bydlinski,* Erklärungsbewußtsein und Rechtsgeschäft, JZ 1975, 1; *Canaris,* Die Vertrauenshaftung im deutschen Privatrecht, 1971; *Effer-Uhe,* Erklärungen autonomer Softwareagenten in der Rechtsgeschäftslehre, RDi 2021, 169; *Finkenauer,* Ergänzende Auslegung bei Individualabreden AcP 213 (2013), 619; *Grigoleit,* Abstraktion und Willensmängel – Die Anfechtbarkeit des Verfügungsgeschäfts, AcP 199 (1999), 379; *Lange,* Die Willenserklärung, JA 2007, 687 und 766; *Leenen,* Willenserklärung und Rechtsgeschäft, JURA 2007, 721; *Leßmann,* Die willentliche Gestaltung von Rechtsgeschäften im BGB, JA 1983, 571; *Melullis,* Zum Regelungsbedarf bei der elektronischen Willenserklärung, MDR 1994, 109; *Paulus,* Die Abgrenzung zwischen Rechtsgeschäft und Gefälligkeit am Beispiel der Tischreservierung, JuS 2015, 496; *Paulus/Matzke,* Smart Contracts und das BGB – Viel Lärm um nichts?, ZfPW 2018, 431; *Pawlowski,* Wie kommt es zum Vertrag?, in: FS Großfeld, 1999, 829; *Petersen,* Die Auslegung von Rechtsgeschäften, JURA 2004, 536; *Schmitt,* Der Begriff der lediglich vorteilhaften Willenserklärung i.S. des § 107 BGB, NJW 2005, 1090; *Schwerdtner,* Schweigen im Rechtsverkehr, JURA 1988, 443; *Strack,* Hintergründe des Abstraktionsprinzips, Jura 2011, 5; *Thüsing/von Hoff,* Vertragsschluss als Folgenbeseitigung, Kontraktierungszwang im Zivilrechtlichen Teil des Allgemeinen Gleichbehandlungsgesetzes NJW 2007, 21; *Voigt/Herrmann/Danz,* Die elektronische Signatur und ihre Einsatzmöglichkeiten für digitale Vertragsschlüsse, NJW 2020, 2991; *Wendt/Schäfer,* Kontrahierungszwang nach § 21 I 1 AGG?, JuS 2009, 206.

Unter einem Rechtsgeschäft versteht man einen Tatbestand, der aus einer oder mehreren Willenserklärungen besteht, die entweder für sich allein oder zusammen mit weiteren Tatbestandserfordernissen die Herbeiführung eines rechtlich gewollten Erfolges bezwecken.[68] **45**

1. Arten von Rechtsgeschäften

a) Einseitige und mehrseitige Rechtsgeschäfte. Rechtsgeschäfte werden eingeteilt in einseitige und mehrseitige Rechtsgeschäfte. Es kommt dabei auf die Anzahl der Willenserklärungen an, die erforderlich sind, um eine wirksame Rechtsfolge auszulösen. Für ein einseitiges Rechtsgeschäft ist bereits das Vorliegen nur einer einzigen Willenserklärung ausreichend, nach deren Abgabe die Rechtsfolge eintreten kann, so z.B. durch Testament, in dem der zukünftige Erblasser bestimmt, wie sein Vermögen verteilt werden soll, oder durch Kündigung eines Miet- bzw. Arbeitsverhältnisses, bei der eine Willenserklärung ausreicht, um das Vertragsverhältnis zu beenden, oder per Anfechtung, mit der durch eine Willenserklärung das Rechtsgeschäft von Anfang an nichtig wird. **46**

Mehrseitige Willenserklärungen liegen dann vor, wenn die Herbeiführung einer Rechtsfolge von mehreren Willenserklärungen abhängt. Die erstrebte Rechtsfolge kann nur herbeigeführt werden, wenn sich alle Beteiligten darüber bindend einig sind und dies durch aufeinander bezogene Willenserklärungen kundgetan haben: Hier liegt dann ein mehrseitiges (i. d. R. zweiseitiges) Rechtsgeschäft vor.[69] Der häufigste Fall eines mehrseitigen Rechtsgeschäfts ist der Vertrag. Dieser kommt dann zustande, wenn mindestens zwei Parteien sich deckende Willenserklärungen abgeben. **47**

b) Empfangsbedürftige und nicht empfangsbedürftige Rechtsgeschäfte. Empfangsbedürftige Rechtsgeschäfte liegen vor, wenn die Wirksamkeit erst bei Zugang einer Willenserklärung eintritt, so z.B. bei einseitigen Willenserklärungen wie der Kündigung oder der Anfechtung, wenn der Erklärungsempfänger die Information vom Erklärenden **47a**

---

68 Klunzinger, S. 91.
69 Bähr, § 5 II 1.

erhalten hat, oder bei mehrseitigen Rechtsgeschäften wie dem Vertrag. Die Empfangsbedürftigkeit ergibt sich daraus, dass das Rechtsgeschäft eine bestehende Rechtslage verändern möchte und daher der andere Teil des Rechtsgeschäfts zumindest die Möglichkeit haben muss, davon Kenntnis zu nehmen. Der weit überwiegende Teil aller Rechtsgeschäfte ist empfangsbedürftig. Dagegen genügt eine nicht empfangsnotwendige Willenserklärung, z. B. bei Errichtung eines Testaments nach § 2247 BGB, wenn der durch die Willenserklärung bezweckte rechtliche Erfolg auch ohne Kenntnisnahme des Empfängers zu einem späteren Zeitpunkt eintreten soll.

47b c) **Rechtsgeschäfte unter Lebenden und von Todes wegen.** Rechtsgeschäfte werden normalerweise zwischen lebenden Personen geschlossen. Es gibt aber auch Rechtsgeschäfte, die erst mit dem Tode einer Person (§ 1922 I BGB) wirksam werden, etwa das Testament oder der Erbvertrag. Solche Rechtsgeschäfte nennt man „von Todes wegen". Dazu zählt z. B. auch die Erteilung einer postmortalen Vollmacht, also einer Vollmacht, die erst nach dem Tode einer Person wirksam werden soll, etwa um das reibungslose Fortbestehen einer Gesellschaft zu sichern.

47c d) **Rechtsgeschäfte unter Anwesenden und unter Abwesenden.** Ein Rechtsgeschäft kann unter Anwesenden abgeschlossen werden, dann sind alle Vertragsparteien bei Vertragsschluss anwesend (körperlich, aber auch telefonisch oder per Videokonferenz, aber auch Übergabe eines Schriftstückes an einen Anwesenden). Ist einer der Vertragsparteien bei Vertragsschluss nicht anwesend, so muss die Willenserklärung diesem erst übermittelt werden, wenn es sich nicht um ein nicht-empfangsbedürftiges Rechtsgeschäft handelt.

2. Verpflichtungs- und Verfügungsgeschäft

48 Das BGB unterscheidet streng zwischen dem schuldrechtlichen Verpflichtungsgeschäft und dem dinglichen Verfügungsgeschäft (Abstraktionsprinzip). Durch ein Verpflichtungsgeschäft entsteht ein vertragliches Schuldverhältnis, z. B. ein Kaufvertrag nach § 433 BGB. Aus diesem Kaufvertrag ergeben sich für die Vertragsparteien, Verkäufer und Käufer, schuldrechtliche Verpflichtungen; so für den Verkäufer die Verpflichtung, dem Käufer die Sache zu übergeben und das Eigentum an einer Sache zu verschaffen, für den Käufer die Pflicht, dem Verkäufer den Kaufpreis zu bezahlen und die gekaufte Sache abzunehmen. Diese Leistungspflichten führen aber nur zu einer Verpflichtung der Parteien, dies zu tun, jedoch noch nicht zu einer tatsächlichen Rechtsänderung. Die Rechtsänderung bewirkt erst das Verfügungsgeschäft, welches die Übertragung, Änderung, Belastung oder die Aufhebung eines Rechts zur Folge haben kann, so z. B. bei der Einigung und Übergabe einer beweglichen Sache nach §§ 929 ff. BGB oder der Einigung und Eintragung beim Grundstücksverkauf nach §§ 873, 925 BGB.[70] Das Verpflichtungsgeschäft bildet in der Regel den rechtlichen Grund für die Vornahme des Verfügungsgeschäfts (Übereignung und Übergabe einer Kaufsache aufgrund des vorherigen Abschlusses eines Kaufvertrags).

Das schuldrechtliche Verpflichtungsgeschäft ergibt sich aufgrund eines Vertrags, entweder eines gesetzlich ungeregelten Vertrags nach § 311 BGB (sog. atypischer Vertrag) oder eines im BGB normierten Vertrags (sog. (ideal-) typischer Vertrag), z. B. eines Kaufvertrags nach § 433 BGB. Ein Verpflichtungsgeschäft begründet Verbindlichkeiten, das Verfügungsgeschäft soll Rechtsänderungen herbeiführen. Trotz des wirtschaftlichen Zusammenhangs der verschiedenen Rechtsgeschäfte, z. B. bei einem vollendeten Kaufvertrag einerseits das Verpflichtungsgeschäft (Kauf der Kaufsache gegen Kaufpreiszahlung), andererseits zwei Verfügungsgeschäfte (Übergang Geld und Übergang Kaufsache), bestehen diese Rechtsgeschäfte völlig unabhängig voneinander, insoweit wird auch vom Tren-

---

70 Vgl. Brox/Walker, AT, § 5 Rn. 2 f.

nungsprinzip gesprochen.[71] Im Rahmen des Abstraktionsprinzips ist dann die Frage der Wirksamkeit der jeweiligen Rechtsgeschäfte jeweils eigenständig zu beurteilen.[72] Aufgrund des Abstraktionsprinzips kann somit das Verfügungsgeschäft, z. B. die Einigung und Übergabe einer beweglichen Sache, wirksam sein, während das Verpflichtungsgeschäft, die schuldrechtlichen Vereinbarungen zwischen zwei Vertragsparteien, unwirksam ist, z. B. weil eine Partei nach § 104 BGB geschäftsunfähig ist. Umgekehrt kann auch das Verpflichtungsgeschäft wirksam, aber das Verfügungsgeschäft unwirksam sein. Ist das Verpflichtungsgeschäft unwirksam, kann der Vertragspartner, der die Verfügung bewusst vorgenommen hat, nur im Wege einer ungerechtfertigten Bereicherung nach § 812 BGB die Herausgabe der bereits übereigneten Sache verlangen (weil kein Rechtsgrund mehr für die Vermögensverschiebung vorliegt). In einigen Ausnahmefällen kann jedoch die Unwirksamkeit eines der beiden Geschäfte auf den jeweils anderen Teil durchschlagen. Möglich ist aber auch, dass beide Geschäfte an demselben Mangel leiden und folglich beide Geschäfte wegen desselben Mangels unwirksam sind, etwa wenn ein Minderjähriger einen Tauschvertrag abschließt und sogleich erfüllt.

Abb. 11: Abstraktionsprinzip

3. Willenserklärung

Die Willenserklärung ist eine Entäußerung des Willens durch eine natürliche Person oder den Vertreter einer juristischen Person, die auf die Herbeiführung eines rechtlichen Erfolges gerichtet ist. Sie ist eine notwendige Voraussetzung für jedes Rechtsgeschäft. Allerdings kann, wie z. B. beim Verfügungsgeschäft nach § 929 BGB, in Verbindung mit der Willenserklärung auch eine tatsächliche Handlung – wie die Übergabe – zur Wirksamkeit eines Rechtsgeschäfts, hier des dinglichen Rechtsgeschäfts, notwendig sein. Voraussetzung für die Willenserklärung sind zwei Tatbestandsmerkmale: Der objektive und der subjektive Tatbestand.

---

71 Vgl. Brox/Walker, AT, § 5 Rn. 15.
72 Vgl. BGH NJW 1967, 1128, 1130; Wörlen/Metzler-Müller, AT, Rn. 274.

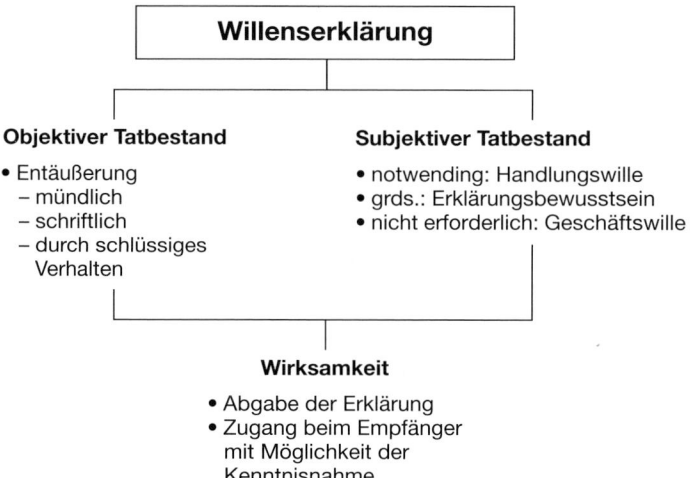

Abb. 12: Willenserklärung

50 **a) Objektiver Tatbestand.** Die äußerlich wahrnehmbare Äußerung der Willenserklärung, die dazu führt, dass die Willenserklärung außerhalb des Machtbereichs des Erklärenden gerät, verwirklicht den objektiven Tatbestand. Die Entäußerung kann mündlich, schriftlich oder durch schlüssiges Verhalten (= konkludent) erfolgen, wenn auf einen dahinterstehenden rechtlich erheblichen Willen geschlossen werden kann. Immer erkennbar sein muss der vom Erklärenden abgegebene Erklärungsinhalt. Schlüssiges Verhalten liegt z. B. vor beim Einsteigen in ein öffentliches Verkehrsmittel, so dass ein Beförderungsvertrag zustande kommt, oder durch Einkäufe im Internet per Mausklick etc.

Keine Willenserklärung wird hingegen abgegeben durch Schweigen, d. h., wenn eine Äußerung gerade nicht mündlich, schriftlich oder durch schlüssiges Verhalten vorliegt; man sagt auch, Schweigen sei ein rechtliches Nullum. Ausnahmen bilden jedoch z. B. folgende gesetzliche Tatbestände:
- Verweigerung einer nachträglichen Genehmigung eines Rechtsgeschäfts von einem beschränkt Geschäftsfähigen durch den gesetzlichen Vertreter, § 108 II 2 BGB;
- Verweigerung einer nachträglichen Genehmigung eines Vertragsschlusses von einem Vertreter ohne Vertretungsmacht durch den Vertretenen, § 177 II 2 BGB;
- Zustandekommen eines Vertrags ohne Zugang der Annahmeerklärung, wenn eine solche Erklärung nach der Verkehrssitte nicht zu erwarten ist, § 151 S. 1, 1. Alt. BGB;
- Zustandekommen eines Vertrags ohne Zugang der Annahmeerklärung, wenn der Antragende auf sie verzichtet hat, § 151 S. 1, 2. Alt. BGB;
- Verweigerung der nachträglichen Genehmigung einer Schuldübernahme durch den Gläubiger, § 415 II 2 BGB;
- Zuwendung an den Beschenkten ohne dessen Willen, der nach einer gewissen Frist keine Erklärung zur Annahme abgibt, § 516 II BGB;
- Stillschweigende Verlängerung des Mietverhältnisses, wenn der Mieter nach Ablauf der Mietzeit den Gebrauch der Mietsache fortsetzt, § 545 S. 1 BGB;
- Schweigen als Vertragsannahme unter Kaufleuten, § 362 HGB.

51 **b) Subjektiver Tatbestand.** Die Entäußerung des Willens muss von einem inneren Willen, dem subjektiven Tatbestand, getragen sein. Innerer Wille und die Äußerung des

Willens müssen übereinstimmen. Der subjektive Tatbestand umfasst den Handlungswillen, das Erklärungsbewusstsein und den Geschäftswillen des Erklärenden.

aa) Handlungswille. Der Handlungswille setzt bei der Abgabe der Willenserklärung voraus, dass sich der Erklärende bewusst ist, überhaupt eine Willensäußerung abzugeben. Sein Handeln bei der Abgabe der Willenserklärung, ob in mündlicher oder schriftlicher Form bzw. durch schlüssiges Verhalten, ist ihm nicht nur bewusst. Er will diese Entäußerung vornehmen. Daran mangelt es aber z. B. wenn die äußerlich erkennbare Handlung auf einem Reflex (Heben des Arms bei einer Auktion, um eine Biene zu verscheuchen) oder auf Zwang beruht.

52

bb) Erklärungsbewusstsein. Der Erklärende muss die Willenserklärung grds. mit Erklärungsbewusstsein vorgenommen haben. Das Erklärungsbewusstsein umfasst den Willen des Erklärenden, eine rechtlich erhebliche Erklärung, die eine Rechtsfolge auslösen kann, abzugeben.[73] Das Erklärungsbewusstsein fehlt demjenigen, der bloß eine persönliche Meinung zur aktuellen politischen Lage äußert, oder einem Prominenten, der um ein Autogramm gebeten wird, aber in Wahrheit einen Vertrag vorgehalten bekommt. Das subjektive Tatbestandsmerkmal des Erklärungsbewusstseins erfordert daher beim Erklärenden mehr als nur eine Äußerung ohne rechtlichen Gehalt.
Erklärungsbewusstsein setzt Rechtsbindungswillen voraus. Der Erklärungsempfänger soll bei einer Erklärung mit Erklärungsbewusstsein dahingehend geschützt werden, dass er auf den Rechtsbindungswillen des Erklärenden vertrauen kann. Ein Erklärungsbewusstsein wird auch dann bejaht, wenn der Erklärende bei gebotener Sorgfalt hätte erkennen können, dass er eine rechtswirksame Willenserklärung abgeben will, und der Empfänger das Handeln auch tatsächlich als Willenserklärung aufgefasst hat.[74] Das Erklärungsbewusstsein ist kein notwendiger Bestandteil einer Willenserklärung.[75] Denn aus der Sicht des Erklärungsempfängers handelt es sich bei einer Erklärung ohne Erklärungsbewusstsein weiterhin um eine Willenserklärung. Will der Erklärende mangels Bewusstsein nicht an seiner Erklärung festhalten, so kann er diese durch Anfechtung nach § 119 I BGB vernichten.[76]

53

cc) Geschäftswille. Die Willenserklärung muss grds. vom Geschäftswillen getragen sein, d. h. der Erklärende muss das Bewusstsein haben, dass er dieses konkrete Geschäft abschließen möchte.[77] Der Erklärende muss genau das erklärt haben, was er äußern wollte (Abschluss eines Kaufvertrages über fünf Waschmaschinen und nicht nur über eine einzige). Ist dem Erklärenden die Tragweite seines Geschäftswillens nicht bewusst und äußert er dennoch eine Willenserklärung, ist diese grundsätzlich gültig, denn der Geschäftswille ist nicht notwendiger Bestandteil einer wirksamen Willenserklärung. Er kann die entäußerte Willenserklärung dann ebenfalls nur durch eine Anfechtung, z. B. nach § 119 I BGB, vernichten.

54

c) Wirksamkeit der Willenserklärung. Voraussetzungen einer wirksamen Willenserklärung sind, dass die Erklärung abgegeben wurde und dass sie auch zugegangen ist.

55

aa) Empfangsbedürftige und nicht empfangsbedürftige Willenserklärung. Eine empfangsbedürftige Willenserklärung liegt vor, wenn der Erklärende die Willenserklärung äußern und diese dem Erklärungsempfänger zugehen muss. Die Willenserklärung muss mit Wissen und Willen des Erklärenden in einer Weise „auf den Weg gebracht werden", dass sie ohne sein weiteres Zutun unter normalen Umständen zum Empfänger

56

---

73 Vgl. Brox/Walker, AT, § 4 Rn. 17.
74 Vgl. BGH NJW 1995, 953; BGHZ 109, 171, 177; Stadler, § 17 Rn. 9.
75 Brox/Walker, AT, § 4 Rn. 17; vgl. BGHZ 91, 324, 328 f.; 109, 171, 177.
76 Vgl. BGHZ 91, 324, 329; BGH NJW 2010, 861, 862.
77 Vgl. Brehm, § 6 Rn. 135.

gelangt.⁷⁸ Das geschieht z. B. bei dem Versand einer E-Mail oder dem Einwurf eines frankierten Briefs in den Briefkasten. Eine mündliche Willenserklärung gegenüber einem Anwesenden wird wirksam, wenn dieser die Erklärung vernommen hat. Dagegen wird eine schriftliche Willenserklärung gegenüber einem Anwesenden wirksam, wenn dem Erklärungsempfänger das Schriftstück ausgehändigt worden ist. Handelt es sich um eine Willenserklärung gegenüber Abwesenden, wird die Willenserklärung erst dann wirksam, wenn sie derart in den Machtbereich des Erklärungsempfängers gelangt, dass er unter normalen Umständen die Möglichkeit der Kenntnisnahme von der Erklärung hat.⁷⁹

Die empfangsbedürftige Willenserklärung kann, insbesondere in schriftlicher Form, von einem Empfangsboten, so z. B. von Hausangestellten, entgegen genommen werden.⁸⁰ Empfangsbote kann nur eine Person sein, die vom Erklärungsempfänger als Empfänger von Erklärungen bestimmt oder vom Rechtsverkehr als solche angesehen ist, so z. B. die im Haus lebende ältere Generation, Ehegatten, Lebenspartner, Kinder ab etwa 12 Jahren, abhängig von ihrer Reife und Zuverlässigkeit, Hausangestellte, nicht aber die Putzhilfe, der Gärtner oder der Fahrer des Erklärungsempfängers. Ein Schriftstück gelangt ebenfalls in den Herrschaftsbereich des Empfängers, wenn es im Postfach eingelegt, in den Hausbriefkasten eingeworfen, unter der Tür durchgeschoben⁸¹, auf den Schreibtisch gelegt oder die Fernkopie auf dem Faxgerät des Empfängers ausgedruckt oder abgespeichert wurde.⁸² Eine E-Mail gilt als zugegangen, wenn sie abrufbereit auf dem Mailserver des Empfängers eingegangen ist. Dagegen befindet sich ein Einschreiben, das dem Erklärungsempfänger zu übergeben ist und noch bei der Post liegt, trotz einer Benachrichtigung des Postboten, weiterhin im Machtbereich der Post.⁸³

Bei nicht empfangsbedürftigen Willenserklärungen werden diese, z. B. im Rahmen der Testamentserrichtung, mit der Abgabe der Willenserklärung wirksam. Hat demzufolge der Errichter eines Testaments die in § 2247 BGB aufgeführten Formerfordernisse eingehalten, gilt die einseitige, nicht empfangsbedürftige Willenserklärung als rechtswirksam abgegeben. Eine rechtswirksame Anfechtung nach §§ 2078 ff. BGB kann allerdings zur Nichtigkeit des Testaments führen.

57 **bb) Willenserklärungen unter An- und Abwesenden.** Die Willenserklärung unter Anwesenden ist im Gesetz nicht geregelt. Während eine mündliche Erklärung zugegangen ist, wenn der Erklärungsempfänger die Erklärung wahrgenommen hat, ist der Zugang einer schriftlichen Erklärung erfolgt, wenn diese dem Erklärungsempfänger ausgehändigt worden ist. Die Erklärung muss in beiden Fällen in den Machtbereich des Empfängers gekommen sein, entweder verständlich und gut hörbar oder durch Übergabe eines Schriftstücks.

Die Willenserklärung unter Abwesenden ist in § 130 BGB geregelt. Auch hier muss der Zugang in den Machtbereich des Empfängers erfolgt sein, damit die Willenserklärung wirksam wird. Erforderlich ist bei einer Willenserklärung unter Abwesenden, dass der Erklärungsempfänger unter normalen Umständen Kenntnis von der Willenserklärung erlangen kann.⁸⁴ Dies wird durch § 312i I 2 BGB bestätigt, wobei dieser nur im elektronischen Geschäftsverkehr gilt.⁸⁵ Außerdem kann die Abgabe an einen Empfangsboten für den wirksamen Zugang einer Willenserklärung genügen, so z. B. gegenüber dem

---
78 Musielak/Hau, § 2 Rn. 88.
79 BGH NJW 1979, 2032, 2033.
80 Vgl. Köhler, § 6 Rn. 16.
81 A.A. Boecken, Rn. 221, für den die Willenserklärung nicht in verkehrsüblicher Art und Weise zugegangen ist.
82 Stadler, § 17 Rn. 46.
83 Vgl. BGHZ 137, 205, 208; BAG NJW 1997, 146, 147.
84 BGHZ 67, 271, 275; BAG NJW 1993, 1093, 1094.
85 Stadler, § 17 Rn. 43.

Ehepartner oder einem Angehörigen. Ist die Willenserklärung gegenüber einem Empfangsboten geäußert worden, gelangt sie erst dann in den Machtbereich des Erklärungsempfängers, wenn der Empfangsbote die Erklärung weitergeleitet hat.[86] Die Übermittlung des Empfangsboten an den Erklärungsempfänger ist erforderlich. Liegt der mangelnde oder verspätete Zugang der Willenserklärung beim Empfangsboten, hat der Erklärungsempfänger den Nichterhalt oder die Verspätung zu vertreten. Keinen Einfluss auf die Willenserklärung hat der eintretende Tod oder die Geschäftsunfähigkeit des Erklärenden nach Abgabe seiner Willenserklärung, § 130 II BGB.

cc) Zugang. Die Willenserklärung erlangt Wirksamkeit mit Zugang beim Empfänger. **58**
Zugegangen ist die Willenserklärung, wenn sie so in den Machtbereich des Empfängers gelangt ist, dass dieser unter gewöhnlichen Umständen die Möglichkeit hat, vom Inhalt der Erklärung Kenntnis zu nehmen und man dies nach den allgemeinen Gepflogenheiten auch von ihm erwarten konnte.[87] Ist der Zugang erfolgt, ist der Erklärende an seine Erklärung gebunden, es sei denn, er kann seine Erklärung widerrufen, so z. B. nach § 130 I 2 BGB (Widerruf bevor der Zugang erfolgt ist).

dd) Verhinderung des Zugangs. Der Erklärungsempfänger kann versuchen, den Zugang der Willenserklärung zu verhindern, wenn er davon ausgeht, dass ihn nachteilige Rechtsfolgen treffen werden. So kann er Vorkehrungen zur Verhinderung des Zugangs von Willenserklärungen treffen, z. B. seinen Telefon-/Internetanschluss abmelden, seinen Briefkasten abschrauben, das Postfach abmelden, seinen Geschäftssitz verlegen, ein Einschreiben bei der Post nicht abholen etc. Dadurch kann er dafür sorgen, dass Willenserklärungen nicht mehr in seinen Machtbereich gelangen. Beruft er sich aufgrund derartiger Vorkehrungen z. B. auf den nicht termingerechten Eingang von Willenserklärungen, verstößt er gegen das Gebot von Treu und Glauben nach § 242 BGB.[88] Er hat demzufolge für einen ungestörten üblichen Zugang von Willenserklärungen zu sorgen. Im Fall einer vorsätzlichen Annahmeverweigerung tritt eine gebotene Fiktion des Zugangs der Willenserklärung ein.[89] Verweigert der Erklärungsempfänger die Willenserklärung zu Recht, so z. B. weil ein Brief unterfrankiert ist, ist die Willenserklärung nicht zugegangen. Grundsätzlich aber haben Privat- wie Geschäftspersonen dafür zu sorgen, dass der ungehinderte Zugang von Willenserklärungen möglich ist. **59**

Eine Willenserklärung wird außerdem nicht wirksam nach § 130 I 2 BGB, wenn dem Erklärungsempfänger vorher oder gleichzeitig ein Widerruf zugeht. So wird etwa die postalisch aufgegebene Bestellung vorher per E-Mail widerrufen. Diese Art des Widerrufs ist zu unterscheiden von den gesetzlichen Widerrufsrechten bei Verträgen zwischen Unternehmer und Verbraucher, welche der Verbraucher ausüben kann, so z. B. bei **60**
– Außergeschäftsraumverträgen, § 312b BGB;
– Fernabsatzgeschäften, § 312c BGB;
– Verträgen im elektronischen Geschäftsverkehr, § 312i BGB;
– Ratenlieferungsverträgen mit Verbrauchern, § 510 BGB;
– Existenzgründungsdarlehensverträgen, § 513 BGB.
Während der Widerruf gem. § 130 I 2 BGB die Willenserklärung unwirksam macht, noch bevor diese zugegangen ist, ein Vertrag also noch gar nicht geschlossen worden ist, ermöglichen die oben genannten Widerrufsrechte, sich von einem bereits geschlossenen Vertrag zu lösen. Dies bedeutet eine Abkehr von dem allgemeinen Rechtsprinzip, dass Verträge einzuhalten sind (*pacta sunt servanda*), weswegen für jeden Einzelfall eine ausdrückliche gesetzliche Regelung geschaffen werden musste.

---

[86] BGH NJW 1965, 965, 966; BSG NJW 2005, 1093, 1094; vgl. MüKo-BGB/Einsele, § 130 Rn. 25.
[87] BGHZ 67, 271, 275; BGH NJW 1980, 990; 2004, 1320 f.
[88] BGH NJW 1998, 976, 977.
[89] Vgl. Brox/Walker, AT, § 7 Rn. 22.

61 d) **Auslegung von Willenserklärungen.** Da Vertragsparteien ihre Erklärungen nicht immer eindeutig abgeben, sind Willenserklärungen des Öfteren auszulegen, um zu ermitteln, was genau mit ihnen bezweckt werden sollte. Nach §§ 133, 157 BGB ist bei der Auslegung einer Willenserklärung der wirkliche Wille zu erforschen und nicht am buchstäblichen Sinn des Ausdrucks zu haften. Verträge sind so auszulegen, wie Treu und Glauben mit Rücksicht auf die Verkehrssitte es erfordern. Empfangsbedürftige Willenserklärungen sind vom Horizont des Empfängers her auszulegen, d. h., wie der Erklärungsempfänger die Willenserklärung verstehen konnte.[90] Dabei wird nicht auf das subjektive Empfinden des Empfängers abgestellt, sondern auf einen objektiven Dritten, nach dessen Einschätzung die Erklärung zu verstehen gewesen ist.[91]

Die Auslegung kann so weit gehen, dass insbesondere unwirksame Willenserklärungen der Vertragsparteien umgedeutet werden können. Nach § 140 BGB kann eine Umdeutung stattfinden, wenn ein nichtiges Rechtsgeschäft den Erfordernissen eines anderen Rechtsgeschäfts entspricht. Dann soll letzteres gelten, wenn anzunehmen ist, dass dessen Geltung bei Kenntnis der Nichtigkeit gewollt sein würde. Die Änderung einer unwirksamen außerordentlichen Kündigung in eine ordentliche Kündigung ist ein typisches Beispiel für eine Umdeutung.[92] Bei der Auslegung ist ausschließlich auf den Willen des Erklärenden zum Zeitpunkt der Abgabe der Willenserklärung abzustellen. Es ist daher unbeachtlich, wenn sich der Wille des Erklärenden in der Zwischenzeit geändert hat.

4. Formerfordernisse

62 Grundsätzlich werden Willenserklärungen formfrei abgegeben, wie Verträge auch formfrei geschlossen werden. Geschäfte des täglichen Lebens werden grundsätzlich formfrei vereinbart, in der Regel also mündlich. Aber auch für den Kauf hochwertiger Gegenstände, so z. B. einer teuren Armbanduhr, sieht das Gesetz keine besondere Form vor. Daneben können Vertragsparteien entweder frei entscheiden, ob die zum Abschluss eines Vertrags notwendigen Willenserklärungen mit besonderer Form abzugeben sind, oder das Gesetz legt zwingend Formvorschriften fest.

63 a) **Zweck von Formvorschriften.** Gewillkürte Formvereinbarungen und gesetzliche Formvorschriften erfüllen oft besondere Zwecke, die für die Vertragsparteien oder die Allgemeinheit wichtig sind. Sie beinhalten in der Regel folgende Funktionen:
– Beweisfunktion: Die genaue Formulierung von Willenserklärungen führt zur Rechtssicherheit der Vertragsparteien;
– Warnfunktion: Die besondere rechtliche Bedeutung des Rechtsgeschäfts soll durch die notwendige Form vor Übereilung schützen;
– Aufklärungsfunktion: Der Notar hat bei der Beurkundung eines Vertrags auf mögliche Gefahren, Rechtsmängel oder Irrtümer des Rechtsgeschäfts hinzuweisen;
– Kontrollfunktion: Zum Schutz der Vertragsparteien, aber auch der Allgemeinheit, ist eine entsprechende Form beim Abschluss von Rechtsgeschäften vorzunehmen, wodurch später Kontrollmöglichkeiten bestehen.

Ob ein Rechtsgeschäft einer besonderen gesetzlichen Form unterliegt, richtet sich nicht nach dem Wert oder der Bedeutung des Rechtsgeschäfts an sich. So können Kunstwerke im Wert von Millionen Euro mit einem Fingerzeig gekauft werden, der Kauf eines abgelegenen Quadratmeters Wiese hingegen bedarf des strengsten Formerfordernisses, der notariellen Beurkundung. Sind Formvorschriften vertraglich vereinbart oder gesetzlich vorgeschrieben und wird die Form von einer oder beiden Vertragsparteien nicht eingehalten, so ist das Rechtsgeschäft nach § 125 BGB grundsätzlich nichtig.

---

90 Vgl. BGHZ, 124, 64, 67; Stadler, § 18 Rn. 8.
91 Vgl. BGHZ 103, 275, 280; dazu Köhler, § 9 Rn. 7.
92 Vgl. BGH NJW 1982, 2603 f.; BAG NJW 1979, 76, 77 ff.; BAG NJW 1988, 581 f.

b) Arten von Formvorschriften. – aa) Vertraglich vereinbarte Form. Nach dem **64** Grundsatz der Privatautonomie können Vertragspartner Verträge entweder formfrei abschließen oder eine besondere Form vereinbaren. Dabei können sie sich an die in §§ 126 ff. BGB per Gesetz vorgeschriebenen Arten der Form halten oder nach § 127 BGB Formen vereinbaren, die das Gesetz nicht ausdrücklich erwähnt. Vereinbaren die Vertragsparteien z. B. elektronische Form i. S. v. § 126a BGB, können sie sich entweder an die strengen Voraussetzungen des § 126a I BGB halten; sie können aber auch gem. § 127 III 1 BGB eine leichtere Variante nach Absprache wählen. Halten die Vertragsparteien die Form nicht ein, so ist nach § 125 S. 2 BGB das Rechtsgeschäft im Zweifel nichtig.

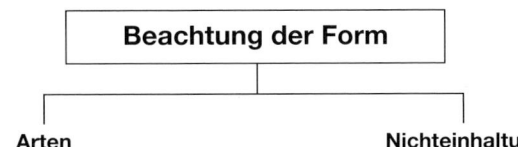

Beachtung der Form

Arten
- Gesetzliche Schriftform: § 126 BGB
- Elektronische Form: § 126a BGB
- Textform: § 126b BGB
- Vereinbarte Form: § 127 BGB
- Notarielle Beurkundung: § 128 BGB
- Öffentliche Beglaubigung: § 129 BGB

Nichteinhaltung
- Rechtsgeschäft von Anfang an nichtig, § 125 BGB
- Evtl. Heilung, z.B. §§ 311b I 2, 518 II BGB

Abb. 13: Beachtung der Form

bb) Gesetzliche Formvorschriften. §§ 126 bis 129 BGB regeln mit der Ausnahme des **65** § 127 BGB gesetzlich vorgeschriebene Formen bei Rechtsgeschäften. So ist nach § 126 BGB die Urkunde vom Aussteller eigenhändig durch Namensunterschrift oder mittels notariell beglaubigtem Handzeichen (bei Analphabeten) zu unterzeichnen, wenn durch das Gesetz schriftliche Form vorgeschrieben ist. Die Schriftform dient der Beweissicherung des vereinbarten Vertragsinhaltes bei komplexen Leistungspflichten. Weiterhin ist sie aus Gründen des Verbraucherschutzes erforderlich (Fernabsatzgeschäfte, Verbraucherdarlehen etc.). Wesentliches Merkmal der Schriftform ist die Formulierung „eigenhändig durch Namensunterschrift". Die Unterschrift gewährleistet hierbei die Echtheit und ermöglicht eine Zurechnung des Erklärungsinhalts. Elektronisch generierte und übermittelte Willenserklärungen genügen hingegen dem Schriftformerfordernis gemäß §§ 125, 126 BGB nicht, denn diese muss eigenhändig auf dem Original des Vertrages erfolgen. Die eingescannte Unterschrift wahrt aus diesem Grund nicht die Schriftform, da es sich nicht um eine eigenhändige Unterschrift auf dem Originaldokument handelt.
Zweck der elektronischen Form gemäß § 126a BGB ist es gerade im elektronischen Geschäftsverkehr, die Schriftform zu ersetzen, da hier eine eigenhändige Unterschrift kaum möglich ist. Sie kann gemäß § 126 III BGB die Schriftform ersetzen, wenn der Erklärungsempfänger damit einverstanden ist. Dies gilt allerdings nicht, wenn das Gesetz vorsieht, dass der Vertragsabschluss in elektronischer Form ausgeschlossen ist, wie beispielsweise bei Teilzahlungsgeschäften zwischen einem Unternehmer und einem Verbraucher, vgl. § 507 BGB mit Verweis auf § 492 Abs. 1 BGB. Erforderlich ist zur Einhaltung der elektronischen Form, dass der Aussteller der Erklärung dieser seinen Namen hinzufügt und das elektronische Dokument mit einer qualifizierten elektronischen Signatur versieht. Bei einem Vertrag müssen die Parteien jeweils ein gleichlautendes Dokument in der bezeichneten Weise elektronisch signieren, § 126a BGB. Allein ein elektronischer Kommunikationsweg, wie z. B. E-Mails, E-Postbriefe oder DE-Mails genügt daher nicht der elektronischen Form gemäß § 126a BGB. Wesentliches Merkmal der elektroni-

schen Form ist also die qualifizierte elektronische Signatur. Rechtsgrundlage der qualifizierten elektronischen Signatur ist die Verordnung über elektronische Identifizierung und Vertrauensdienste (eIDAS-VO) sowie das Vertrauensdienstegesetz (VDG). Ziel der Regelungen ist es, einen Standard für die Datensicherheit festzulegen. Die Verwendung der elektronischen Signatur dient dem Zweck, die unverfälschte Datenübertragung zu gewährleisten und den Absender zu identifizieren. Für den Vertragsabschluss im Internet bedeutet dies, dass das elektronische Signaturverfahren einen internationalen Sicherheitsstandard bietet. Es gewährleistet die Identität des Absenders und die unveränderte Übertragung des Dokuments. Der Empfänger ist daher sicher, dass die Daten bei dem Transport nicht gefälscht wurden und dass der Absender auch derjenige ist, als der er sich ausgibt. Elektronische Signatur im Sinne dieser Regelungen bedeutet, dass der Aussteller die Erklärung mit seinem Namen und das elektronische Dokument mit einer den Anforderungen der eIDAS-VO genügenden elektronischen Signatur versehen muss. Eine qualifizierte elektronische Signatur muss dabei auf dem Zertifikat (Art. 3 Nr. 15 eIDAS) eines qualifizierten Vertrauensdiensteanbieters (Art. 3 Nr. 17 eIDAS-VO) beruhen und von einer sicheren Signaturerstellungseinheit (Art. 3 Nr. 23 eIDAS-VO) erstellt werden.

Ist durch Gesetz Textform nach § 126b BGB vorgeschrieben, so muss eine lesbare Erklärung, in der die Person des Erklärenden genannt ist, auf einem dauerhaften Datenträger abgegeben werden. Die Erklärung bedarf, im Unterschied zur Schriftform, nicht der Unterschrift, die Person des Erklärenden muss aber genannt werden. Eine E-Mail genügt für die Einhaltung der Textform daher aus, wenn der Erklärende genannt ist und dessen Unterschrift eingescannt oder anders kenntlich gemacht wurde. Informationen auf einer Website genügen nicht. Hier muss durch Programmierung gewährleistet sein, dass der Empfänger die Information dauerhaft speichert, z. B. durch einen technischen Downloadzwang. Das BGB enthält zahlreiche Vorschriften, welche die Textform vorsehen, so z. B. manche Informationen der Unternehmer gegenüber Verbrauchern bei besonderen Vertriebsformen, z. B. gemäß Art. 246 § 2 EGBGB.

Ist durch Gesetz notarielle Beurkundung eines Vertrags vorgeschrieben, die strengste Form für eine oder mehrere Willenserklärungen, so genügt es, wenn zunächst der Antrag und sodann die Annahme des Antrags von einem Notar beurkundet wird, § 128 BGB. Das Beurkundungsgesetz (BeurkG) sieht dabei vor, dass die Parteien von dem Notar über die abzugebenden Erklärungen beraten, diese sodann niedergeschrieben und anschließend von dem Notar den Beteiligten laut vorgelesen werden. Anschließend muss die Niederschrift von den Beteiligten genehmigt und durch Namensunterschrift unterzeichnet werden. Diese Formvorschrift ist beispielsweise gesetzlich für alle Immobilienübertragungen, Erbverträge, Eheverträge oder Übertragungen von GmbH-Geschäftsanteilen zwingend vorgeschrieben.

Ist durch Gesetz für eine Erklärung öffentliche Beglaubigung vorgeschrieben, so muss die Erklärung schriftlich abgefasst und die Unterschrift des Erklärenden, die er in Anwesenheit des Notars vollzieht, von diesem beglaubigt werden, § 129 I 1 BGB. Im Gegensatz zur notariellen Beurkundung beschränkt sich die öffentliche Beglaubigung nur auf die Prüfung der Identität des Unterzeichnenden, der sich vorher bei dem Notar ausweisen muss. Es wird also sichergestellt, dass derjenige, der die Erklärung unterzeichnet, auch wirklich diese Person ist. Eine inhaltliche Kontrolle oder Aufklärung über die Rechtsfolgen der Erklärung nimmt der Notar, anders als bei der Beurkundung, nicht vor.

66 cc) **Rechtsfolgen.** Fehlt die gesetzlich vorgeschriebene Form bei Abschluss eines Rechtsgeschäfts, so ist das Rechtsgeschäft nach § 125 BGB grundsätzlich nichtig. Ausnahmen sind von der Rechtsprechung dahingehend anerkannt worden, wenn die Nichtigkeit zu unerträglichen Ergebnissen führt und somit gegen das Prinzip von Treu und Glauben

nach § 242 BGB verstößt;[93] ebenso, wenn die Vertragsparteien aus grob fahrlässiger Unkenntnis die notwendige Form bei Abschluss des Rechtsgeschäfts nicht beachtet hatten.[94] Ebenfalls unschädlich sind Verstöße gegen eine vereinbarte Form, wenn diese nicht Wirksamkeitsvoraussetzung sein, sondern lediglich zur Beweissicherung dienen sollte. Anderes gilt, wenn die Vertragsparteien absichtlich die Form nicht eingehalten haben. Dies ist in der Praxis auch gar nicht so ungewöhnlich, wenn man bedenkt, dass eine notarielle Beurkundung z. B. eines Immobilienkaufs, sehr schnell einen mittleren fünfstelligen Betrag an Kosten erreichen kann. Dann mangelt es an der Wirksamkeit des Rechtsgeschäfts. Ebenso wie die Parteien ein gewillkürtes Formerfordernis vereinbaren können, können sie dieses auch wieder einvernehmlich – ausdrücklich oder konkludent – aufheben.
An sich sind Verstöße gegen ein Formerfordernis unheilbar. Das Gesetz sieht aber, z. B. in §§ 311b I 2, 518 II BGB oder § 766 S. 3 BGB, die Heilung von Formverstößen vor. Die praktisch bedeutendste Heilungsmöglichkeit ist die Erfüllung. Wird die vertragliche Leistungspflicht erfüllt, so soll das wegen Formverstoß im Grunde unwirksame Rechtsgeschäft wirksam werden.

5. Bedingung und Befristung

Sind an einen Vertrag Bedingungen geknüpft oder hängt die Wirksamkeit eines Rechtsgeschäfts von einem Zeitablauf bzw. einem zukünftigen (ungewissen) Ereignis ab, treten Rechtsfolgen eines Vertrags erst zukünftig endgültig ein. Damit können die Parteien flexibel auf zukünftige Ereignisse reagieren. Käufer und Verkäufer können demzufolge vereinbaren, dass die Kaufpreiszahlung entweder erheblich später zu einem bestimmten Termin oder erst nach Eintritt einer Bedingung erfolgen soll.
Bei bestimmten Rechtsgeschäften können keine Bedingungen vereinbart werden, so z. B. bei der Auflassung nach § 925 II BGB, bei Erklärungen zur Eheschließung nach § 1311 S. 2 BGB, zur Eingehung einer Lebenspartnerschaft gem. § 1 I 2 LPartG oder bei der Annahme bzw. Ausschlagung einer Erbschaft, § 1947 BGB.[95] Auch Gestaltungsrechte wie die Anfechtung, die Kündigung oder der Rücktritt können nicht mit einer Bedingung versehen werden. Diese sog. Bedingungsfeindlichkeit hat ihren Sinn in der Rechtssicherheit des Erklärungsempfängers, der darauf vertraut, dass die vorgenommene Erklärung ohne Einschränkungen gültig ist.

a) **Aufschiebende und auflösende Bedingung.** Nach § 158 I BGB tritt die von einer Bedingung abhängig gemachte Wirkung mit dem Eintritt der Bedingung ein, wenn ein Rechtsgeschäft unter einer aufschiebenden Bedingung vorgenommen wird. Der Eintritt einer zukünftigen Bedingung ist dabei stets ungewiss. Der Grundstückskaufvertrag soll z. B. nur dann gültig sein, wenn auch die von den Vorstellungen des Käufers abhängige Baugenehmigung erteilt wird. Auch der Kauf auf Probe nach § 454 BGB oder der Eigentumsvorbehalt nach § 449 BGB sehen die aufschiebende Bedingung dafür vor, dass beim Kauf auf Probe erst die Billigung des gekauften Gegenstands durch den Käufer vorliegen muss, während sich der Verkäufer beim Eigentumsvorbehalt das Eigentum bis zur vollständigen Zahlung des Kaufpreises vorbehalten hat.
Nach § 158 II BGB kann ein Rechtsgeschäft auch unter einer auflösenden Bedingung vorgenommen werden. Dann endet mit dem Eintritt der Bedingung die Wirkung des Rechtsgeschäfts; mit diesem Zeitpunkt tritt der frühere Rechtszustand wieder ein. Typischer Fall ist die Sicherungsübereignung eines Gegenstandes an den Gläubiger, die erlischt, wenn der Schuldner seine Verbindlichkeit gegenüber dem Gläubiger erfüllt hat, oder die Erbeinsetzung des überlebenden Ehegatten mit Wiederverheiratungsklausel.

---

93 BGH NJW 1987, 1069, 1070; 1996, 1960; 1996, 2503, 2504; 2008, 2181, 2182.
94 Vgl. Grüneberg/Ellenberger, § 125 Rn. 22.
95 Vgl. MüKo-BGB/Westermann, § 158 Rn. 27.

Wird der Eintritt einer Bedingung von einer Partei treuwidrig verhindert, so gilt gem. § 162 I BGB die Bedingung als eingetreten (Fiktion). Gleiches gilt, wenn der Eintritt einer Bedingung entsprechend herbeigeführt wird. Dann gilt der Bedingungseintritt gem. § 162 II als nicht erfolgt.

b) Befristung. Nach § 163 BGB kann für die Wirkung eines Rechtsgeschäfts bei dessen Vornahme ein Anfangs- oder ein Endtermin bestimmt und das Geschäft damit zeitlich begrenzt werden. Im Gegensatz zur Bedingung handelt es sich bei der Befristung um ein zukünftiges, gewisses Ereignis. Dabei macht der *Anfangstermin* das Wirksamwerden des Rechtsgeschäfts vom Eintritt eines zukünftigen gewissen Ereignisses abhängig, während der *Endtermin* das Ende der Wirkung des Rechtsgeschäfts vom Eintritt eines zulässigen, gewissen Ereignisses bestimmt.[96] §§ 186 ff. BGB bilden die Grundlage für die Berechnung von Fristen und Terminen.

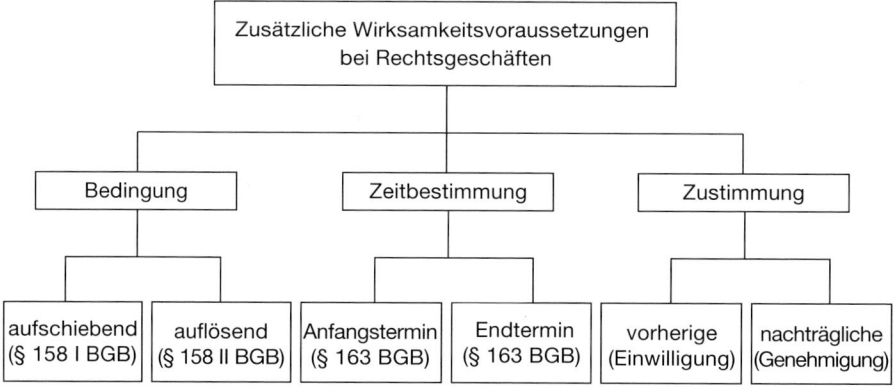

Abb. 14: Wirksamkeitsvoraussetzungen bei Rechtsgeschäften

---

96 Vgl. Brox/Walker, AT, § 21 Rn. 4.

§ 6 Mängel bei Rechtsgeschäften

Schrifttum: *Amm*, Rechtsgeschäft, Gesetzesverstoß und § 134 BGB, 1982; *Cahn*, Zum Begriff der Nichtigkeit im Bürgerlichen Recht, JZ 1997, 8; *Coester-Waltjen*, Überblick über die Probleme der Geschäftsfähigkeit, JURA 1994, 331; *dies.*, Die fehlerhafte Willenserklärung, JURA 1990, 362; *Ciupka*, Die Irrtumsgründe des § 119 BGB, JuS 2009, 887; *Derleder/Thielbar*, Handys, Klingeltöne und Minderjährigenschutz, NJW 2006, 3233; *Jung*, Wucherähnliches Rechtsgeschäft – Tatbestand und Beweis, ZGS 2005, 95; *Keller/Purnhagen*, Fernsehkauf einer Minderjährigen ohne Einwilligung der Eltern, JA 2006, 844; *Kocher*, Irrtumsanfechtung: Anfechtung bei falscher Kaufpreisauszeichnung im Internet, JA 2006, 144; *Löhning*, Irrtumsanfechtung nach der Schuldrechtsmodernisierung, JA 2003, 516; *Lorenz*, Grundwissen – Zivilrecht: Rechts- und Geschäftsfähigkeit, JuS 2010, 11; *J.A. Meyer*, Der Rechtsirrtum und seine Folgen im bürgerlichen Recht, 1989; *Musielak*, Die Aufrechterhaltung einer Willenserklärung wegen Irrtums, JuS 2014, 491, 583; *ders.*, Der Irrtum über die Rechtsfolgen einer Willenserklärung, JZ 2014, 64; *Petersen*, Die Geschäftsfähigkeit, JURA 2003, 97; *K. Schmidt*, Grenzen des Minderjährigenschutzes im Handels- und Gesellschaftsrecht, JuS 1990, 517; *Staudinger/Steinrötter*, Minderjährige im Zivilrecht, JuS 2012, 97; *Timme*, Die Schenkung eines Tiers an einen beschränkt Geschäftsfähigen, JA 2010, 848.

Mängel bei Rechtsgeschäften können zur Folge haben, dass die von den Vertragsparteien beabsichtigten Rechtsfolgen nicht eintreten. Das BGB unterscheidet drei Haupttypen von Mängeln bei Rechtsgeschäften: fehlerhafte Willenserklärung, Formfehler sowie Inhaltsmängel. Außerdem können Mängel in der Person dazu führen, dass Rechtsfolgen gar nicht oder nur mit Hilfe Dritter eintreten. **70**

1. Nichtigkeit und Unwirksamkeit

Wenn Rechtsgeschäfte gegen wesentliche Grundsätze der Rechtsordnung verstoßen, kann sich daraus die Folge ergeben, dass sie entweder nichtig, teilnichtig, anfechtbar bzw. vollständig oder schwebend unwirksam sind. Vertragliche Vereinbarungen können z. B. keine Rechtsfolge auslösen, weil eine Vertragspartei geschäftsunfähig war. Auch der Verstoß gegen ein gesetzliches Verbot führt zur Nichtigkeit. **71**

a) Nichtigkeit. Nichtig ist ein Rechtsgeschäft, wenn es überhaupt keine Rechtsfolgen bewirkt. Zwar können im Rahmen der Privatautonomie Willenserklärungen abgegeben werden, die Erklärender und Erklärungsempfänger auch so abgeben wollen. Erkennt das Gesetz den Willen der sich Äußernden aber nicht an, „bestraft" es die Parteien grds. mit der Nichtigkeit des Rechtsgeschäfts.[97] Die Nichtigkeit besteht von Anfang an (ex tunc) und wirkt gegenüber jedermann. Folgende Regelungen hat das Gesetz getroffen, nach dem Rechtsgeschäfte nichtig sind: **72**
- Geschäftsunfähigkeit, § 105 I, II BGB;
- Formverstoß, § 125 BGB, wonach ein Mangel der durch Gesetz beim Rechtsgeschäft vorgeschriebenen Form zur Nichtigkeit führt;
- Gesetzesverstoß, § 134 BGB;
- Sittenwidrigkeit, § 138 I BGB, wonach derjenige gegen die guten Sitten verstößt, der dem Anstandsgefühl aller billig und gerecht Denkenden zuwider handelt;
- Wucher, § 138 II BGB, wenn sich jemand, z. B. unter Ausbeutung der Zwangslage, für eine Leistung Vermögensvorteile versprechen oder gewähren lässt, die in einem auffälligen Missverhältnis zur Leistung stehen.[98]

Der Mangel, der zur Nichtigkeit des Rechtsgeschäfts führte, kann nach § 141 BGB nur aufgehoben werden, wenn das Rechtsgeschäft unter Ausschluss des Mangels vorgenommen wird, z. B. der gesetzlich vorgeschriebenen Form entspricht.

---

97 Vgl. Bähr, § 7 II 3.
98 Vgl. dazu ausführlich Müssig, 6.8.1.1.

73 **b) Teilnichtigkeit.** Ist ein Teil eines Rechtsgeschäfts nichtig, so ist nach § 139 BGB das ganze Rechtsgeschäft nichtig, wenn nicht anzunehmen ist, dass es auch ohne den nichtigen Teil vorgenommen sein würde. Wollen die Beteiligten die vollständige Nichtigkeit des Rechtsgeschäfts vermeiden und wirkt sich der nichtige Teil nicht auf das gesamte Rechtsgeschäft aus, können die Beteiligten die rechtmäßigen Teile des Rechtsgeschäfts weiter gelten lassen, so z. B. bei umfangreichen Gesellschaftsverträgen oder bei Arbeitsverträgen, bei denen z. B. ein zu geringer Urlaubsanspruch vereinbart wurde.[99]

74 **c) Umdeutung.** Entspricht ein nichtiges Rechtsgeschäft den Erfordernissen eines anderen Rechtsgeschäfts, so gilt nach § 140 BGB das letztere, wenn anzunehmen ist, dass dessen Geltung bei Kenntnis der Nichtigkeit gewollt sein würde. Das Gericht deutet in einem Arbeitsprozess z. B. die nichtige außerordentliche Kündigung in eine ordentliche Kündigung um.[100]

75 **d) Unwirksamkeit.** Die Unwirksamkeit von Rechtsgeschäften betrifft nur einzelne Personen. Verstößt das Rechtsgeschäft z. B. gegen ein relatives Recht wie die Unübertragbarkeit eines Vorkaufrechts nach § 473 BGB bzw. ein behördliches oder gerichtliches Verfügungsverbot nach § 829 ZPO, so gilt die Unwirksamkeit nur gegenüber einer bestimmten Person. Die schwächste Form der Unwirksamkeit ist die schwebende Unwirksamkeit. Kann eine fehlende Wirksamkeitsvoraussetzung für das Rechtsgeschäft noch nachgeholt werden, wird das schwebend unwirksame Rechtsgeschäft doch noch von Anfang an wirksam; ansonsten ist das Rechtsgeschäft unwirksam.

76 **e) Nichtigkeit durch Anfechtung.** Wird ein Rechtsgeschäft aufgrund einer Erklärung, § 143 I BGB, angefochten, so ist es nach § 142 I BGB als von Anfang an nichtig anzusehen. Voraussetzungen für die Vernichtung eines Rechtsgeschäfts durch Anfechtung sind ein stichhaltiger Anfechtungsgrund, wie z. B. die aufgeführten gesetzlichen Möglichkeiten nach §§ 119 ff. BGB, sowie eine fristgemäße Anfechtungserklärung nach § 143 BGB i. V. m. §§ 121 I oder 124 I BGB.

2. Mängel bei Personen

77 **a) Rechtsfähigkeit.** Nach § 1 BGB besitzt jeder Mensch mit Vollendung der Geburt die Rechtsfähigkeit, d. h. er verfügt über die Fähigkeit, Träger von Rechten und Pflichten zu sein. Folglich besitzt das Kind grds. vor der Geburt noch keine Rechtsfähigkeit; dies ist z. B. wichtig für die zivilrechtliche Beurteilung einer Abtreibung. Ebenso besitzen juristische Personen, d. h. von der Rechtsordnung anerkannte Personenvereinigungen, wie z. B. im privaten Bereich die Aktiengesellschaft oder die Gesellschaft mit beschränkter Haftung, im öffentlichen Bereich der Bund, die Länder oder die Gemeinden als sog. Gebietskörperschaften, eine eigene Rechtsfähigkeit. Diese Rechtsfähigkeit bei einer juristischen Person des privaten Rechts, z. B. der GmbH, kann in der Phase der Gründung der Gesellschaft noch fehlen.

78 **b) Geschäftsfähigkeit.** Die Fähigkeit, Rechtsgeschäfte wirksam vorzunehmen wird als Geschäftsfähigkeit bezeichnet. Sie steht solchen natürlichen Personen zu, bei denen davon auszugehen ist, dass sie das dafür erforderliche Einsichts- und Urteilsvermögen besitzen.[101] Fehlt dieses Einsichts- und Urteilsvermögen, weil der Gesetzgeber dafür in den §§ 104 ff. BGB z. B. ein gewisses Alter voraussetzt, oder weil Personen als geistig kranke Menschen keine wirksamen Rechtsgeschäfte vornehmen können, sind die abgegebenen Willenserklärungen nichtig.

---

99 Vgl. die zahlreichen Beispiele bei MüKo-BGB/Busche, § 139 Rn. 3 ff.
100 Vgl. BGH NJW 1982, 2603 f.; BAG NJW 1979, 76, 77 ff.; 1988, 581 f.; dazu Schade/Feldmann, Rn. 360.
101 Musielak/Hau, § 5 Rn. 317.

	Geschäftsfähigkeit	
Unbeschränkte Geschäftsfähigkeit	**Beschränkte Geschäftsfähigkeit**	**Geschäftsunfähigkeit**
• Wer wirksame Willenserklärungen abgeben und sich rechtsgeschäftlich binden kann • Grds. ab der Vollendung des 18. Lebensjahres, §§ 2, 106 BGB	• Wer das 7. Lebensjahr vollendet hat, § 106 BGB • Grds. Einwilligung oder Genehmigung des Vertreters für wirksame Willenserklärung erforderlich, §§ 107, 108 BGB • Ausnahmen: §§ 110, 112, 113 BGB	• Wer keine wirksame Willenserklärung abgeben kann, §§ 104, 105 BGB • Ausnahme: § 105a BGB

Abb. 15: Geschäftsfähigkeit

aa) Geschäftsunfähigkeit. Nach § 105 I BGB ist die Willenserklärung eines Geschäftsunfähigen nichtig. Geschäftsunfähig ist nach § 104 Nr. 1 BGB, wer nicht das 7. Lebensjahr vollendet hat oder wer sich gem. § 104 Nr. 2 BGB – unabhängig von seinem Alter – in einem die freie Willensbestimmung ausschließenden Zustand krankhafter Störung der Geistestätigkeit befindet, sofern nicht der Zustand seiner Natur nach ein vorübergehender ist; dies gilt bei vorübergehenden Zuständen freilich nur während der Zustand anhält, nicht aber bei „lichten Augenblicken". Folglich kann der Geschäftsunfähige keine wirksamen Rechtsgeschäfte abschließen. Weder kann er wirksame Willenserklärungen abgeben, noch kann er sie wirksam empfangen.[102] Empfangene Willenserklärungen werden daher erst dann gegenüber einem Geschäftsunfähigen wirksam, wenn sie nach § 131 I BGB dem gesetzlichen Vertreter zugehen (bei Minderjährigen in der Regel die Eltern gem. § 1629; bei z. B. geistig Behinderten der gerichtlich bestellte Betreuer gem. §§ 1896, 1902 BGB, früher „Vormund" genannt). Einzige Ausnahme bildet § 105a BGB. Tätigt ein volljähriger Geschäftsunfähiger ein Geschäft des täglichen Lebens, das mit *geringwertigen Mitteln sofort und vollständig* bewirkt werden kann, so gilt der von ihm geschlossene Vertrag in Ansehung von Leistung und, soweit vereinbart, Gegenleistung als wirksam, sobald Leistung und Gegenleistung bewirkt sind. Beispiele für derartige Geschäfte sind u. a. zum alsbaldigen Verbrauch bestimmte Nahrungs- und Genussmittel, kosmetische Artikel, Presseerzeugnisse sowie die Inanspruchnahme von einfachen Dienstleistungen wie Fahrten mit öffentlichen Verkehrsmitteln, dem Friseurtermin oder dem Kinobesuch.[103] Ausgeschlossen ist die Anwendung des § 105a BGB bei einer erheblichen Gefahr für die Person oder das Vermögen des Geschäftsunfähigen.

bb) Beschränkte Geschäftsfähigkeit. Beschränkt geschäftsfähig ist nach § 106 BGB ein Minderjähriger, der das 7. Lebensjahr vollendet hat, bis zur Vollendung des 18. Lebensjahres. Für rechtliche Handlungen eines beschränkt Geschäftsfähigen gelten die §§ 107 ff. BGB. Erzielt der Minderjährige durch seine Willenserklärung ausschließlich einen rechtlichen Vorteil, wodurch sich seine Rechtsstellung ohne irgendwelche Nachteile verbessert, kann er derartige rechtsverbindliche Erklärungen selbstständig wirksam abgeben oder empfangen; bei Grundstücksgeschäften kann das auch ausnahmsweise dann gelten, wenn der erlangte Vorteil sehr groß ist (Wert der Immobilie) und die damit verbundenen rechtlichen Nachteile (Grundsteuer, Abfallgebühren etc.) sehr gering.

---

102 Vgl. MüKo-BGB/Einsele, § 131 Rn. 1.
103 Vgl. Jaurnig/Mansel, § 105a Rn. 4.

80a cc) **Zustimmungspflichtige Geschäfte.** Will ein beschränkt Geschäftsfähiger Rechtsgeschäfte eingehen, die nicht lediglich rechtlich vorteilhaft sind, so benötigt er die Zustimmung seines gesetzlichen Vertreters. Handelt es sich um ein einseitiges Rechtsgeschäft, so bedarf es der Einwilligung nach §§ 107, 111 S. 1, 2 BGB (= Zustimmung vor Vertragsschluss), d. h. die Zustimmung, das Geschäft abschließen zu dürfen. Liegt diese nicht vor, ist das Geschäft gem. § 111 BGB unwirksam. So ist die Schenkung nach § 516 BGB für den beschränkt Geschäftsfähigen dann von Vorteil, wenn diese ausschließlich seine Rechtsposition verbessert. Davon kann nicht ausgegangen werden, wenn die Schenkung mit einer persönlichen Verpflichtung, z. B. nach § 525 BGB mit einer Auflage verbunden ist.

Auch wenn der Wortlaut des § 107 BGB davon ausgeht, dass der beschränkt Geschäftsfähige ohne Einwilligung nur tätig werden kann, wenn er einen rechtlichen Vorteil erlangt, so billigt ihm die h. M. in der Rechtsliteratur auch zu, rechtlich neutrale Geschäfte abzuschließen.[104] Ein Rechtsgeschäft ist für eine Vertragspartei rechtlich neutral, wenn sie ihr weder einen rechtlichen Vorteil noch einen Nachteil bringt. Rechtlich neutral ist z. B. das Tätigwerden des bevollmächtigten beschränkt geschäftsfähigen Stellvertreters nach § 165 BGB. Die Wirksamkeit einer von oder gegenüber einem Vertreter abgegebenen Willenserklärung wird nicht dadurch beeinträchtigt, dass der Vertreter in der Geschäftsfähigkeit beschränkt ist. Ebenfalls als neutral ist die Bestimmung einer Leistung durch den beschränkt Geschäftsfähigen nach § 317 BGB anzusehen, für die auch keine Einwilligung erforderlich ist.

Schließt der Minderjährige nach § 108 I BGB einen Vertrag ohne die erforderliche Einwilligung des gesetzlichen Vertreters, so hängt die Wirksamkeit des Vertrags grds. von der Genehmigung des Vertreters ab. Das Gesetz unterscheidet hier zwischen der schon oben angesprochenen Einwilligung (vor Vertragsabschluss, §§ 182, 183 BGB), und der hier notwendigen Genehmigung (nach Vertragsabschluss, §§ 182, 184 BGB). So lange die Möglichkeit für den gesetzlichen Vertreter besteht, das Rechtsgeschäft noch zu genehmigen, so ist es vorläufig schwebend unwirksam, §§ 108, 109 BGB.

Dieser Schwebezustand ist für die Vertragspartei, die auf die rechtswirksame Willenserklärung der anderen Partei vertraut hatte, unbillig. § 109 BGB verschafft dieser Vertragspartei daher die Möglichkeit, einerseits den Vertrag vor Genehmigung des gesetzlichen Vertreters zu widerrufen. Dieser Widerruf kann nach § 109 I 2 BGB auch dem Minderjährigen gegenüber erklärt werden. Er kann den gesetzlichen Vertreter nach § 108 II BGB andererseits auch zur Erklärung über die Genehmigung auffordern, wofür der Vertreter zwei Wochen Zeit hat. Der Vertreter kann dann nachträglich noch seine Genehmigung erteilen, das Rechtsgeschäft ausdrücklich ablehnen oder die Aufforderung zur Genehmigung unbeantwortet lassen. Die ausdrückliche Ablehnung bzw. das Unbeantwortet lassen der Aufforderung gilt als Verweigerung zur Zustimmung, § 108 II BGB.

81 dd) **Ausnahmen von der Zustimmungspflicht.** § 110 BGB ist der sog. *Taschengeldparagraf*. Eltern überlassen ihren Kindern in der Regel finanzielle Mittel zur eigenen Verfügung. Diese Mittel können beschränkt Geschäftsfähige ohne Einwilligung oder Genehmigung einsetzen, auch wenn ihnen dadurch nicht nur ein rechtlicher Vorteil zukommt. Denn nach § 110 BGB gilt ein von dem Minderjährigen ohne Zustimmung des gesetzlichen Vertreters geschlossener Vertrag als von Anfang an wirksam, wenn der Minderjährige die vertragsmäßige Leistung vollständig und sofort mit Mitteln bewirkt, die ihm zu diesem Zweck oder zu freier Verfügung von dem Vertreter oder mit dessen Zustimmung von einem Dritten überlassen worden sind; in der Überlassung des Taschengelds wird insofern schon das Einverständnis hineininterpretiert. Voraussetzung ist, dass der Umfang des Geschäfts mit Mitteln bewirkt wird, die das Geschäft sofort und vollständig abwickeln. § 110 BGB billigt somit beschränkt geschäftsfähigen Minderjährigen schon

---

[104] Vgl. Brox/Walker, AT, § 12 Rn. 23; H. Hübner, § 33 Rn. 712; Köhler, § 10 Rn. 20.

vor Erreichen des 18. Lebensjahres in begrenztem Umfang volle Geschäftsfähigkeit zu. Der gesetzliche Vertreter kann die Mittel grundsätzlich zur freien Verfügung überlassen, aber bestimmte Rechtsgeschäfte (z. B. Kauf von Zigaretten oder von Alkohol) ausschließen.[105] Auch der Kauf eines Lotterieloses wird von § 110 BGB umfasst.[106] Allerdings geht die Einwilligung des gesetzlichen Vertreters nicht so weit, dass der Minderjährige über den möglichen Lotteriegewinn frei verfügen darf.[107]

Schließt der Minderjährige einen Vertrag ab, in dem er Angespartes für eine Anzahlung verwendet und sich darüber hinaus zu einem Abzahlungsgeschäft verpflichtet, wird ein solches Rechtsgeschäft von § 110 BGB nicht umfasst.[108] Es handelt sich somit erneut um ein schwebend unwirksames Rechtsgeschäft, welches der gesetzliche Vertreter im Nachhinein noch genehmigen kann.

Einen noch weiteren rechtsgeschäftlichen Handlungsspielraum für beschränkt Geschäftsfähige bieten die §§ 112, 113 BGB. Ermächtigt der gesetzliche Vertreter mit Genehmigung des Vormundschaftsgerichts den Minderjährigen zum selbstständigen Betrieb eines Erwerbsgeschäfts, d. h., der Minderjährige wird schon vor dem 18. Lebensjahr unternehmerisch tätig, so ist der Minderjährige für solche Rechtsgeschäfte unbeschränkt geschäftsfähig, welche der Geschäftsbetrieb mit sich bringt. Dasselbe gilt nach § 113 I BGB, wenn der gesetzliche Vertreter den Minderjährigen ermächtigt, ein Dienst- oder Arbeitsverhältnis aufzunehmen; dann ist der Minderjährige für solche Rechtsgeschäfte unbeschränkt geschäftsfähig, welche die Eingehung oder Aufhebung eines Beschäftigungsverhältnisses der gestatteten Art oder die Erfüllung der sich aus einem solchen Verhältnis ergebenden Verpflichtungen betreffen. Schwebend unwirksam sind nach §§ 112 I 2, 113 I 2 BGB Verträge, zu denen der gesetzliche Vertreter der Genehmigung des Familiengerichts bedarf.

3. Bewusste Nichtigkeit von Willenserklärungen

Abb. 16: Nichtigkeit von Willenserklärungen

a) Geheimer Vorbehalt. Ein geheimer Vorbehalt nach § 116 BGB liegt vor, wenn sich der Erklärende insgeheim vorbehält, das Erklärte nicht zu wollen. Folge ist, dass sich der Erklärende selbst dem Mangel seiner Ernstlichkeit bei Abgabe der Erklärung bewusst ist und die Rechtsfolge nicht eintreten soll. Der einseitige Vorbehalt gem. § 116 S. 1 BGB ist unbeachtlich, die abgegebene Erklärung also gültig. Andernfalls ließe sich keine Sicherheit im Rechtsverkehr erzielen, wenn es ausreichend sein würde, dass der Erklärende für sich insgeheim denkt, er gebe eine Erklärung mit einem Vorbehalt ab, mit der Folge, er sei an seine Erklärung später nicht mehr gebunden. Anders hingegen der erkannte Vorbehalt nach § 116 S. 2 BGB, bei dem sowohl der Erklärende als auch der Erklärungsempfänger sich darüber bewusst sind, dass es sich um eine nicht ernstlich

---

105 Brox/Walker, AT, § 12 Rn. 26.
106 Vgl. RGZ 74, 234, 235 f.
107 Vgl. Stadler, § 23 Rn. 24.
108 Vgl. MüKo-BGB/Spickhoff, § 110 Rn. 15; Soergel/Hefermehl, § 110 Rn. 2.

gemeinte Willenserklärung handeln soll. In diesem Fällen besteht keine Schutzwürdigkeit und die Parteien sind an die Erklärung nicht gebunden.

84 **b) Scheingeschäft.** Wird eine Willenserklärung, die einem anderen gegenüber abzugeben ist, mit dessen Einverständnis nur zum Schein abgegeben (sog. Simulationsgeschäft), so ist sie nichtig, § 117 I BGB. Erklärender wie Erklärungsempfänger sind sich von Anfang an darüber einig, dass das Rechtsgeschäft keine Rechtsfolge entfalten soll. Oft wird durch ein solches Scheingeschäft ein anderes Rechtsgeschäft verdeckt, so z. B. der Kaufpreis für ein Grundstück vor einem Notar absichtlich niedriger angegeben, um Notarkosten zu sparen, die sich nach dem Kaufpreis richten; die angemessene Kaufpreiszahlung findet dennoch statt. Gem. § 117 II BGB finden in diesem Fall die für das verdeckte Rechtsgeschäft geltenden Vorschriften Anwendung. Das heißt, es gilt das von den Parteien wirklich Gewollte. Voraussetzung hierfür ist allerdings, dass auch die für dieses Geschäft erforderlichen übrigen Vorschriften eingehalten werden, wie etwa Formvorschriften (was bei einem Immobilienkauf mangels notarieller Beurkundung des wirklich gewollten Geschäfts regelmäßig nicht der Fall ist).

85 **c) Scherzgeschäft.** Eine nicht ernstlich gemeinte Willenserklärung, die in der Erwartung abgebeben wird, der Mangel der Ernstlichkeit werde nicht verkannt werden, ist nach § 118 BGB nichtig. Wie beim geheimen Vorbehalt nach § 116 BGB fehlt dem Erklärenden auch beim Scherzgeschäft bei Abgabe seiner Willenserklärung die Ernstlichkeit. Der Unterschied ist, dass der Erklärungsempfänger den Mangel der Ernstlichkeit erkennt. Zwar ist die Erklärung unwirksam, auch wenn der Erklärungsempfänger auf die Erklärung vertraut. Der Erklärungsempfänger kann dann aber nach § 122 BGB einen Anspruch auf Ersatz des Vertrauensschadens geltend machen, es sei denn, er kannte den Mangel der Ernstlichkeit bzw. er kannte diesen Mangel infolge von Fahrlässigkeit nicht, § 122 II BGB.

4. Anfechtung wegen Irrtums

86 Nicht alle Willensmängel führen zur Nichtigkeit der Willenserklärung. Stellt der Erklärende fest, dass ihm bei Abgabe der Willenserklärung ein Irrtum unterlaufen ist, so kann er die Rechtsfolge der rechtsgeschäftlichen Erklärung dann durch Anfechtung entweder vorab verhindern oder im Nachhinein vernichten. Ein Irrtum liegt vor, wenn beim Erklärenden *unbewusst* Wille und Erklärung auseinanderfallen. Ebenso kann eine Person ihre abgegebene Erklärung anfechten, wenn sie bei Abgabe der Willenserklärung entweder arglistig getäuscht oder widerrechtlich bedroht wurde.
Voraussetzungen der Anfechtung sind:
– Vorliegen einer rechtsgeschäftlichen Willenserklärung;
– Vorliegen eines Anfechtungsgrunds, §§ 119 ff. BGB;
  – Inhaltsirrtum, § 119 I 1. Alt. BGB;
  – Erklärungsirrtum, § 119 I 2. Alt. BGB bzw. § 120 BGB;
  – Eigenschaftsirrtum, § 119 II BGB;
  – Arglistige Täuschung oder widerrechtliche Drohung, § 123 BGB;
– Vorliegen einer Anfechtungserklärung, § 143 BGB;
– Einhaltung der Anfechtungsfrist, entweder § 121 BGB oder § 124 BGB.
Nur unter den genannten Voraussetzungen ist eine Willenserklärung anfechtbar. Wird ein anfechtbares Rechtsgeschäft angefochten, so ist es nach § 142 I BGB von Anfang an als nichtig anzusehen. Folge ist, dass das Rechtsgeschäft, z. B. ein Werkvertrag, so angesehen wird, als ob er nie abgeschlossen worden wäre. Vertragliche Pflichten existieren daher nicht.

87 **a) Verschiedene Anfechtungsgründe. – aa) Inhaltsirrtum.** Nach § 119 I 1. Alt. BGB kann jemand, der bei Abgabe einer Willenserklärung über deren Inhalt im Irrtum war, die Erklärung anfechten, wenn anzunehmen ist, dass er sie bei Kenntnis der Sachlage und bei verständiger Würdigung des Falles nicht abgegeben haben würde. Der Erklärende gibt zwar eine Willenserklärung ab, er irrt sich allerdings über die Bedeutung seiner Erklärung („er weiß, was er sagt, aber nicht, was er damit sagt"). Der klassische Konzertliebhaber bestellt z. B. Konzertkarten in der Annahme, es handelt sich um ein Klavierkonzert. Dabei handelt es sich um ein Orgelkonzert, das er aber nicht besuchen möchte, weil ihm Orgelmusik nicht gefällt. Er möchte die Bestellung wegen eines Inhaltsirrtums rückgängig machen. Inhaltsirrtümer sind auch bei der falschen Benutzung von Maßen, Gewichten und Typenbezeichnungen gegeben.

bb) Erklärungsirrtum. Beim Erklärungsirrtum nach § 119 I 2. Alt. BGB will der Erklärende die Erklärung deshalb anfechten, weil er eine Erklärung dieses Inhalts überhaupt nicht abgeben wollte („er erklärt nicht das, was er erklären wollte"). Typischerweise sind dies Fehler bei der Erklärungshandlung (versprochen, verschrieben, vertippt oder vergriffen).[109]

cc) Übermittlungsirrtum. Ein Übermittlungsirrtum kann nach § 120 BGB unter der gleichen Voraussetzung angefochten werden, wie nach § 119 eine irrtümlich abgegebene Willenserklärung. Auch hier handelt es sich um einen Erklärungsirrtum, wenn die zur Übermittlung verwendete Person oder Einrichtung die Willenserklärung unbewusst unrichtig übermittelt. Dies gilt allerdings nur, soweit es sich bei der zur Übermittlung eingeschalteten Person um einen Boten handelt, nicht jedoch um einen Vertreter. So liegt beispielsweise ein Übermittlungsirrtum bei einem fehlerhaften Datentransfer vor. In einem solchen Fall führt ein fehlerhaft operierender Softwarealgorithmus zu einer falschen programminternen Übermittlung richtig eingegebener Daten.

dd) Eigenschaftsirrtum. Angefochten werden kann ein Rechtsgeschäft nach § 119 II BGB, wenn sich der Erklärende über solche Eigenschaften der Person oder der Sache irrt, die im Verkehr als wesentlich angesehen werden (z. B. die Kreditwürdigkeit einer Person, die beruflichen Fähigkeiten eines Mitarbeiters oder die Bebaubarkeit eines Grundstücks[110]). Unter Eigenschaften werden alle dauerhaften, wertbildenden Faktoren der Person oder Sache angesehen. Der Wert oder der Preis einer Sache wird im Verkehr nicht als wesentlich angesehen.[111] Es handelt sich dabei um einen beachtlichen Motivirrtum, der dem Inhaltsirrtum gleichgestellt ist.[112]
Streng abzugrenzen davon ist der unbeachtliche Motivirrtum, der dann vorliegt, wenn die Grundlage zur Willensbildung unbeachtlich war, so z. B. der Kauf von Sondermünzen in der Hoffnung, der Wert würde weit über den Nominalwert der Münzen steigen oder der Kauf eines originellen Schmuckstücks in der Hoffnung, es sei preiswert. Solche enttäuschten Erwartungen über erhoffte Geschehensabläufe sind grundsätzlich als Irrtum unbeachtlich.

ee) Rechtsfolgenirrtum. Um einen Rechtsfolgenirrtum handelt es sich, wenn der Erklärende über die Rechtsfolgen seiner Erklärung irrt (z. B. Ablehnung der Regelungen zum Unterhalt in einem Ehevertrag, in der irrigen Annahme, es würden dann keine Unterhaltsverpflichtungen entstehen). Hierbei kann es je nach Einzelfall entweder um einen Inhaltsirrtum handeln (wenn das Rechtsgeschäft nicht die erstrebten, sondern wesentlich andere Rechtsfolgen erzeugt), oder um einen unbeachtlichen Motivirrtum (wenn das Rechtsgeschäft neben den intendierten auch noch unerwünschte Nebenfolgen mit sich bringt).

---

109 Vgl. RGZ 66, 427, 428; BGH NJW 2005, 976, 977.
110 Vgl. RGZ 66, 385, 387; BGHZ 34, 32, 41; BGH NJW 1979, 160, 161.
111 Vgl. BGHZ 16, 54, 57; MüKo-BGB/Armbrüster, § 119 Rn. 143.
112 Vgl. Larenz/Wolf, § 119 Rn. 102; H. Hübner, § 36 Rn. 786.

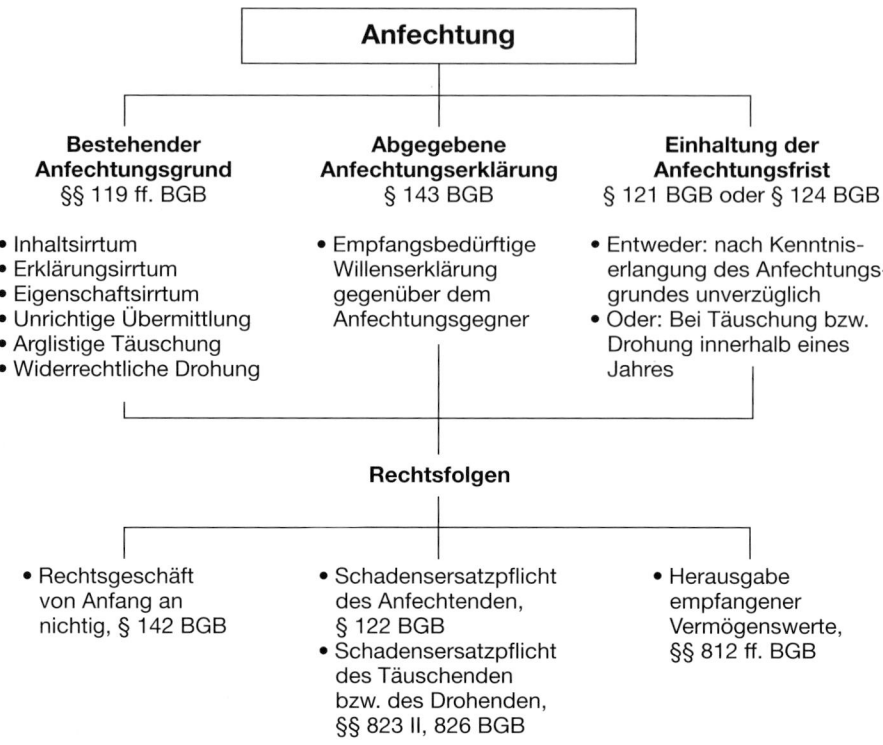

Abb. 17: Anfechtung

90 ff) **Täuschung oder Drohung.** Wer zur Abgabe einer Willenserklärung durch arglistige Täuschung oder widerrechtlich durch Drohung bestimmt worden ist, kann die Erklärung anfechten, § 123 I 1. Fall. Die Täuschungshandlung, die durch aktives Tun oder Unterlassen begangen werden kann und beim Getäuschten einen Irrtum hervorruft, muss mindestens durch bedingten Vorsatz begangen worden sein, da die Täuschung arglistig erfolgen muss.[113] Dasselbe gilt nach § 123 II BGB, wenn ein Dritter die Täuschungshandlung verübt hat und der zu Täuschende die Täuschung nicht kannte oder kennen musste. Auch Schweigen kann eine arglistige Täuschung sein, wenn eine Pflicht zur Offenlegung und Aufklärung gem. § 242 BGB besteht (Gebrauchtwagenverkäufer, der nicht über einen vorherigen Unfall des zu kaufenden Autos aufklärt)[114]. Oder einfach „Angaben ins Blaue hinein" getätigt werden.

Droht ein Vertragspartner und entschließt sich daraufhin der andere Vertragspartner zu einer Abgabe einer rechtsgeschäftlichen Willenserklärung, liegen die Voraussetzungen des § 123 I 2. Alt. BGB vor. Dabei ist die Drohung das in Aussicht stellen eines zukünftigen Übels, auf das der Drohende Einfluss zu haben vorgibt. Voraussetzung ist, dass die Drohung widerrechtlich und ursächlich für das Verhalten des Bedrohten sein muss. Der Drohende muss mindestens mit bedingtem Vorsatz gehandelt haben.

91 b) **Anfechtungserklärung.** Nach § 143 I BGB erfolgt die Anfechtung durch Erklärung gegenüber dem Anfechtungsgegner (*„Ich fechte meine Erklärung an."*). Erst mit der An-

---

113 Vgl. BGH NJW 2006, 2839, 2840 m. w. N.
114 Vgl. Führich, § 5 Rn. 194.

fechtungserklärung führt der Anfechtende die Nichtigkeit seiner Willenserklärung herbei. Denn nur der Irrtum selbst bzw. die Beeinträchtigung der freien Willensbildung bewirken nicht die Unwirksamkeit der Erklärung. Anfechtungsgegner ist bei einem Vertrag der andere Teil, im Fall des § 123 II 2 BGB derjenige, welcher aus dem Vertrag unmittelbar ein Recht erworben hat.

Die Anfechtungserklärung ist formfrei möglich und braucht selbst keinen Grund zu beinhalten. Selbst das Wort „Anfechtung" braucht nicht erwähnt zu werden, wenn aus der Erklärung eindeutig hervorgeht, dass sich der Erklärende an seine Willenserklärung nicht mehr gebunden fühlen will. Auch durch schlüssiges Verhalten kann die Anfechtung erklärt werden (Zurücksenden von über das Internet gekauften Waren an den Verkäufer). Die Anfechtungserklärung muss dem anderen Teil aber zugehen (empfangsbedürftige Willenserklärung).

c) Anfechtungsfristen. Die Anfechtung muss in den Fällen der §§ 119, 120 BGB, d. h. beim Inhalts-, Erklärungs- und Eigenschaftsirrtum sowie bei falscher Übermittlung einer Willenserklärung, ohne schuldhaftes Zögern, also unverzüglich (≠ sofort) erfolgen, nachdem der Anfechtungsberechtigte vom Anfechtungsgrund Kenntnis erlangt hat, § 121 I 1 BGB. Die genaue Bestimmung der Frist richtet sich nach den Umständen des Einzelfalls; insbesondere ist dem Anfechtungsberechtigten eine angemessene Überlegungszeit sowie Zeit für eine rechtliche Beratung zuzubilligen.[115]

Wer eine Willenserklärung anficht, die er durch arglistige Täuschung oder widerrechtliche Drohung abgegeben hat, muss nach § 124 I BGB die Jahresfrist beachten. Die Frist beginnt im Fall der arglistigen Täuschung mit dem Zeitpunkt, in welchem der Anfechtungsberechtigte die Täuschung entdeckt, im Falle der Drohung mit dem Zeitpunkt, in welchem die Zwangslage aufhört, § 124 II BGB. Ausgeschlossen ist die Anfechtung insgesamt, wenn seit der Abgabe der Willenserklärung zehn Jahre verstrichen sind, § 124 III BGB.

d) Rechtsfolgen. Wird ein anfechtbares Rechtsgeschäft angefochten, so ist es als von Anfang an nichtig anzusehen, § 142 I BGB. Darüber hinaus kann sich auch eine Schadensersatzpflicht ergeben.

aa) Ersatz des Vertrauensschadens. Ist eine Willenserklärung aufgrund der §§ 119, 120 BGB angefochten, hat der Erklärende, wenn die Erklärung einem anderen gegenüber abzugeben war, diesem nach § 122 BGB, andernfalls jedem Dritten den Schaden zu ersetzen, den der andere oder der Dritte dadurch erleidet, dass er auf die Gültigkeit der Erklärung vertraut, jedoch nicht über den Betrag des Interesses hinaus, welches der andere oder der Dritte an der Gültigkeit der Erklärung hat. Grundlage für den Ersatz des Vertrauensschadens, des sog. *negativen Interesses*, ist, dass der Erklärungsempfänger, welcher der Willenserklärung des Erklärenden vertraut hat, so zu stellen ist, als wenn er zu keinem Zeitpunkt mit dem Erklärenden ein Rechtsgeschäft abgeschlossen hat. Nach § 249 I BGB umfasst der Vertrauensschaden den Zustand, der bestehen würde, wenn der zum Ersatz verpflichtende Umstand nicht eingetreten wäre (z. B. nutzlos aufgewendete Kosten). Nach § 122 II BGB entfällt die Schadensersatzpflicht, wenn der Anfechtungsgegner den Grund der Nichtigkeit oder der Anfechtbarkeit kannte oder infolge von Fahrlässigkeit nicht kannte.

bb) Schadensersatz für den Erklärenden. Die Schadensersatzpflicht nach § 122 BGB tritt nicht ein, wenn der Anfechtende durch Täuschung oder Drohung zu einer Willenserklärung veranlasst wurde. Denn der Erklärungsempfänger ist nicht schutzwürdig, weil gerade er durch eine Täuschungs- oder Drohungshandlung dafür gesorgt hat, dass der Anfechtende die Willenserklärung in seinem Sinn abgibt. Im Gegenteil: Dem Anfech-

---

[115] Stadler, § 25 Rn. 21.

tenden stehen gegenüber dem Anfechtungsgegner evtl. Schadensersatzansprüche aus § 823 II BGB i. V. m. § 263 StGB oder nach § 826 BGB bzw. Ansprüche aus § 812 BGB zu.[116]

5. Unzulässige Rechtsgeschäfte

95 **a) Gesetzliches Verbot.** Ein Rechtsgeschäft, das gegen ein gesetzliches Verbot verstößt, ist nichtig, wenn sich nicht aus dem Gesetz ein anderes ergibt. § 134 BGB stellt demzufolge zwei Voraussetzungen auf, nach denen ein Rechtsgeschäft nichtig sein kann: Es muss ein Verbotsgesetz vorliegen, und gegen dieses Verbotsgesetz müssen die Vertragsparteien verstoßen haben. Unter ein gesetzliches Verbot fallen nicht nur Gesetze selbst, sondern z. B. auch Rechtsverordnungen oder Gewohnheitsrecht; Verbote können sich auch aus dem Recht der Europäischen Union ergeben.[117]

Der Verstoß gegen ein Verbotsgesetz muss allerdings nicht grundsätzlich die Nichtigkeit des Rechtsgeschäfts zur Folge haben, denn z. B. der Verstoß gegen das Ladenschlussgesetz bzw. gegen die Sperrzeit für Gaststätten oder Restaurants führt nicht dazu, dass abgeschlossene Verträge, wie der Verkauf von Waren oder Getränken außerhalb der gesetzlichen Öffnungszeiten, nichtig sind. Andererseits können Rechtsgeschäfte nichtig sein, die eine Partei dadurch bewirkt, dass sie betrügerisch i. S. v. § 263 StGB handelt. Es kommt also darauf an, ob sich das Verbotsgesetz gegen das Verhalten von Personen oder gegen die Vornahme von Rechtsgeschäften richtet.[118]

96 **b) Sittenwidrige Rechtsgeschäfte; Wucher.** Ein Rechtsgeschäft ist nach § 138 I BGB ebenfalls nichtig, wenn es gegen die guten Sitten verstößt. Hierbei handelt es sich um eine Generalklausel, die von der rechtswissenschaftlichen Literatur und der Rechtsprechung mit Inhalt zu füllen ist. Erst dadurch weiß man, was der konkrete Inhalt der guten Sitten eigentlich zu bedeuten hat. Nach höchstrichterlicher Rechtsprechung liegt ein Verstoß gegen die guten Sitten vor, wenn dadurch das Rechts- und Anstandsgefühl aller billig und gerecht Denkenden verletzt wird.[119] Auch diese Definition ist noch ziemlich abstrakt, gibt aber schon einen Anhaltspunkt, dass § 138 BGB mit Wertmaßstäben zu füllen ist, die dem grundgesetzlichen und sozialmoralischen Werten entsprechen. Für die Beurteilung der Sittenwidrigkeit ist daher entscheidend, ob das Rechtsgeschäft nach seinem aus Inhalt, Beweggrund und Zweck zu entnehmenden Gesamtcharakter mit den grundlegenden Wertungen der Rechts- und Sittenordnung unvereinbar ist.[120] Neben dem tatsächlichen Sittenverstoß ist erforderlich, dass derjenige, der gegen die guten Sitten verstößt, den Verstoß beabsichtigt und sein widerrechtliches Verhalten kennt.

Um die Anwendung der Vorschrift zu vereinfachen, hat sich im Laufe der Zeit die Arbeit mit Fallgruppen bewährt. Danach verstoßen z. B. die folgenden Handlungen gegen die guten Sitten: Missbrauch einer (wirtschaftlichen) Machtstellung, Benachteiligung von Gläubigern, Schmiergeldverträge, Verstöße gegen Standespflichten, Steuerhinterziehung oder die Verleitung zum Vertragsbruch, oder Rechtsgeschäfte, wenn sie gegen Ehe- oder Familienrecht verstoßen[121].

97 Während üblicherweise beide Vertragsparteien sittenwidrig handeln, reicht für die Verwirklichung des Tatbestands nach § 138 II BGB auch eine einseitige Erklärung aus, z. B. beim sog. Wucher, bei dem jemand einem anderen ein Darlehen gegen einen überhöhten Zins verspricht, welcher sonst nicht mehr kreditwürdig ist, und dadurch dessen

---

116 Vgl. dazu BGHZ 152, 233, 244 f.; vgl. Wörlen/Metzler-Müller, AT, Rn. 248.
117 Vgl. MüKo-BGB/Armbrüster, § 134 Rn. 41.
118 Vgl. Köhler, § 13 Rn. 12.
119 RGZ 48, 114, 124; 80, 219, 221; BGHZ 10, 228, 232; 69, 295, 297.
120 BGH NJW 2008, 982, 983; 2008, 2026, 2027.
121 Vgl. MüKo-BGB/Armbrüster, § 138 Rn. 70 ff.

Zwangslage ausnutzt. Objektiv muss also ein Missverhältnis zwischen Leistung und Gegenleistung vorliegen und subjektiv muss der eine Vertragsteil die Unerfahrenheit, Zwangslage, Willensschwäche etc. des anderen Vertragsteils ausgenutzt haben. Von einem objektiven Missverhältnis ist in der Regel dann auszugehen, wenn der vereinbarte Zins den Marktzins relativ um 100 % oder absolut um mehr als 12 % übersteigt. Der Wucher bildet dabei ein Beispiel des Durchschlagens der Fehlerhaftigkeit der Verpflichtungs- auf das Verfügungsgeschäft, die sonst aufgrund des Abstraktionsprinzips strikt zu trennen sind.

§ 7 Vertragsschluss

Schrifttum: *Coester-Waltjen*, Die Grundsätze der Vertragsfreiheit, JURA 2006, 436; *Deutschmann*, Der Vertragsschluss im Rahmen von Internetauktionsverfahren, NJ 2020, 528; *Duden*, Verbraucherschutz und Vertragsschluss im Internet der Dinge, ZRP 2020, 102; *Fritsche*, Der Abschluss von Verträgen, JA 2006, 674; *Honsell/Holz-Dahrenstaedt*, Grundprobleme des Vertragsschlusses, JuS 1986, 969; *Kramer*, Grundfragen der vertraglichen Einigung, 1972; *Paulus/Matzke*, Smart Contracts und das BGB – Viel Lärm um nichts?, ZfPW 2018, 431; *Pawlowski*, Wie kommt es zum Vertrag?, in: FS Großfeld, 1999, 829; *Voigt/Herrmann/Danz*, Die elektronische Signatur und ihre Einsatzmöglichkeiten für digitale Vertragsschlüsse, NJW 2020, 2991; *Volp/Schimmel*, § 149 BGB – Eine klare und einfache Regelung?, JuS 2007, 899.

98 Ein Vertrag ist ein mehrseitiges Rechtsgeschäft. Diesem Rechtsgeschäft liegen mindestens zwei Willenserklärungen von Personen zugrunde, die eine Rechtsfolge herbeiführen wollen. Dabei müssen die Willenserklärungen inhaltlich übereinstimmen. Ein Vertragspartner macht durch seine Willenserklärung ein Angebot, die Annahme ist die Willenserklärung der anderen Vertragspartei. Beide Vertragsparteien müssen sich über die wesentlichen Vertragsbestandteile geeinigt haben, so z. B. beim Kaufvertrag nach § 433 BGB über den Kaufgegenstand und den Kaufpreis.

1. Vertragsfreiheit

99 Im Privatrecht gilt der Grundsatz der Privatautonomie. Die Privatautonomie gibt Vertragspartnern grundsätzlich die Freiheit, einen Vertrag mit derjenigen Person abzuschließen, die man sich selbst aussucht und mit dem Inhalt, den man sich vorstellt. Geschützt ist darüber hinaus auch die negative Vertragsfreiheit, also das Recht, mit bestimmten Rechtssubjekten gerade keinen Vertrag abzuschließen. Ausnahmen liegen dann vor, wenn man z. B. im Rahmen des Kontrahierungszwangs mit einem Vertragspartner einen Vertrag abschließen muss, so z. B. die Deutsche Bahn AG aufgrund ihrer Monopolstellung einen Beförderungsvertrag mit Reisenden. Andere Rechtsnormen führen bei der rechtswidrigen Weigerung eines Vertragsschlusses hingegen nur zu Schadensersatzansprüchen, etwas bei Verstößen gegen das AGG. Außerdem darf der vertragliche Inhalt nicht unwirksam sein. Abschlussfreiheit, Inhaltsfreiheit und Formfreiheit bilden die Bestandteile der Vertragsfreiheit. Einschränkungen der Privatautonomie können sich aber z. B. aus dem Gesetz ergeben.

2. Vorvertragliche Regelungen

100 Auch vor Vertragsabschluss können zwischen den Vertragsparteien Vereinbarungen getroffen werden, die im Einzelfall sogar schon rechtlich bindend sein können. Dazu zählen Vorverhandlungen, in denen die Vertragsparteien Vorstellungen und Wünsche für den Vertragsabschluss äußern. Eine rechtliche Bindung ist von beiden Parteien aber bewusst noch nicht vorgesehen, weil sich die Parteien i. S. v. § 154 I BGB nicht über wesentliche Vertragspunkte geeinigt haben.[122]

Eine aus dem anglo-amerikanischen Recht stammende und insbesondere im internationalen Bereich verwendete vorvertragliche Fixierung der Verhandlungspositionen ihres Verfassers ist der *letter of intent*, der in der Regel rechtlich noch nicht verbindlich ist.[123] Dieser hat in erster Regel verhandlungspsychologische Wirkungen und wird oftmals benötigt, um bei den handelnden juristischen Personen interne Koordinierungsprozesse auszulösen. In einem solchen *letter of intent* werden in der Regel die Eckpunkte der geplanten Transaktion festgehalten, so etwa ein Zeitschema, die ungefähren Inhalte des

---

122 Vgl. Führich, § 4 Rn. 145.
123 Vgl. Müssig, 6.6.7.

Kaufvertrages (Garantien, Umfang der Kaufsache, Kaufpreiszahlungsmodalitäten etc.) und der Umfang der vorherigen Prüfung des Kaufgegenstands, der sog. *due diligence*.
Ein – im Gegensatz zum *letter of intent* rechtlich bindender – Vorvertrag besteht hingegen, wenn sich mindestens zwei Vertragsparteien verpflichten, einen Hauptvertrag abzuschließen. Ein Vorvertrag kann dann sinnvoll sein, wenn eine Einigung über hauptvertragliche Pflichten noch nicht möglich ist, so z. B. über den Kauf eines Grundstücks, bei dem die Voraussetzung „Bauland" noch nicht vorliegt, oder wenn etwa nur ein Teil eines Unternehmens erworben werden soll, der erst noch vom Restunternehmen rechtlich separiert werden muss. Aus dem Vorvertrag entsteht die Pflicht für beide Vertragspartner, den Hauptvertrag abzuschließen. Die Zulässigkeit eines Vorvertrags ergibt sich aus dem Grundsatz der Vertragsfreiheit, § 311 BGB. Ein Optionsvertrag entsteht, wenn die eine Vertragspartei der anderen Vertragspartei durch eine Abrede das Recht einräumt, durch eine einseitige Erklärung einen Hauptvertrag wirksam werden zu lassen. Üblich sind derartige Abreden insbesondere im Wertpapierbereich, die dem Erwerber das Recht einräumen, Wertpapiere zu einem bestimmten, vorher vereinbarten Kurs zu kaufen oder zu verkaufen. Hierbei werden im Wesentlichen sog. Put Optionen (Verkaufsoptionen) und Call Optionen (Kaufoptionen) unterschieden. Während der Optionsinhaber einer Put Option den Vermögensgegenstand durch Ausübung der Option auf den anderen Vertragsteil übertragen kann (entweder nur in Form nur des Verpflichtungs- oder aber auch zusätzlich in Form des Verfügungsgeschäfts), ist der Inhaber einer Call Option berechtigt, sich den Optionsgegenstand von dem anderen Teil entsprechend übertragen zu lassen.
Von den ausdrücklich vereinbarten vorvertraglichen Regelungen zu unterscheiden sind die durch gesetzliche Anordnung entstehenden vorvertraglichen Schuldverhältnisse. Diese entstehen kraft Gesetzes, wenn Vertragsverhandlungen aufgenommen werden (§ 311 II Nr. 1 BGB), wenn Verträge angebahnt werden (§ 311 II Nr. 2 BGB) und bei ähnlichen geschäftlichen Kontakten (§ 311 II Nr. 3 BGB). Diese vorvertraglichen Schuldverhältnisse bewirken das Entstehen von Schutzpflichten, die von den Parteien zu beachten sind. Eine Verletzung kann zu Schadensersatzansprüchen aus §§ 280 I, 241 II, 311 II BGB führen.

3. Vertragsangebot

Ein Vertrag kommt durch zwei inhaltlich übereinstimmende Willenserklärungen zustande, wobei eine Willenserklärung das Vertragsangebot enthalten muss. Diejenige Person, die das Vertragsangebot macht, möchte sich durch ihre Willenserklärung rechtlich mit dem Abschluss eines Rechtsgeschäfts binden, § 145 BGB. Das Vertragsangebot muss inhaltlich so bestimmt sein, dass derjenige, der das Vertragsangebot annehmen will, dies durch bloßes Einverständnis tun kann. Ein einfaches „Ja" oder ein schlüssiges Verhalten, so z. B. ein Kopfnicken, muss als Einverständniserklärung ausreichen.[124] Das Angebot hat demzufolge alle wesentlichen Vertragsbestandteile zu enthalten, beim Kaufvertrag nach § 433 BGB mindestens den Kaufgegenstand und den Kaufpreis. Gem. §§ 315 ff. BGB müssen die wesentlichen Vertragsbestandteile wenigstens – durch Zuhilfenahme von äußeren Umständen – bestimmbar sein.
Das Vertragsangebot wird erst wirksam, wenn es dem Vertragspartner zugegangen ist, § 130 I 1 BGB. Der Vertragspartner muss Kenntnis vom Vertragsangebot erhalten haben. Die Bindung an das Vertragsangebot erlischt nach § 146 BGB, wenn die andere Vertragspartei das Vertragsangebot ablehnt oder sich dazu nicht rechtzeitig äußert, §§ 147 ff. BGB.

Zu unterscheiden ist das konkrete Vertragsangebot von der unverbindlichen Einladung an den Vertragspartner, selbst ein Vertragsangebot abzugeben, der sog. *invitatio ad offe-*

---

[124] Vgl. BAG NJW 2006, 1832, 1833; Jauernig/Mansel, § 145 Rn. 1.

rendum. Nach allgemeiner Rechtsauffassung besteht in der Zusendung von Katalogen, Warenprospekten oder Preislisten kein bindendes Vertragsangebot.[125] Dasselbe gilt für preislich ausgezeichnete Warenauslagen in Schaufenstern, Waren in Selbstbedienungsläden sowie bei Speisen- und Getränkekarten in Restaurants oder Gaststätten oder bei Angeboten im Internet.[126] In Zweifelsfällen ist durch Auslegung der Erklärung zu ermitteln, ob derjenige, der eine Willenserklärung abgegeben hat, schon ein rechtlich bindendes Angebot ausgesprochen hat oder ob es sich eben doch nur um eine Einladung an einen unbestimmten Personenkreis handelt, welcher ein Angebot abgeben soll. Natürlich ist es auch möglich, ein rechtlich bindendes Angebot an einen unbekannten Personenkreis zu richten (Offerte *ad incertas personas*). Für die Wirksamkeit des Vertragsangebots oder der Vertragsannahme ist es nach § 130 II BGB ohne Einfluss, wenn der Erklärende nach der Abgabe seiner Willenserklärung stirbt oder geschäftsunfähig wird. Auch durch die Lieferung unbestellter Sachen oder durch die Erbringung unbestellter sonstiger Leistungen durch einen Unternehmer (§ 14 BGB) an einen Verbraucher (§ 13 BGB) wird ein Anspruch gegen diesen nach § 241a BGB nicht begründet.

102a Das (verbindliche) Angebot erlischt in zwei Fällen: Gem. § 146 BGB, wenn derjenige, dem das Angebot gemacht wurde, es ablehnt. Auch die Ablehnung ist eine empfangsbedürftige Willenserklärung. Aber auch wenn das Angebot nicht fristgerecht angenommen wurde, erlischt es, §§ 146 ff. BGB. Gem. § 147 BGB kann das einem Anwesenden gemachte Angebot z. B. nur sofort angenommen werden. Schließlich gilt die Annahme eines Angebots mit Änderungen (Erweiterungen, Einschränkungen etc.) nicht als Annahme, sondern als erneutes (Gegen-) Angebot, § 150 II BGB.

4. Vertragsannahme

103 Für einen Vertrag sind zwei Willenserklärungen erforderlich. Neben dem Vertragsangebot muss die Vertragsannahme erklärt werden, damit das Rechtsgeschäft gültig ist und die von den Vertragsparteien angestrebte Rechtsfolge bzw. auch mehrere Rechtsfolgen eintreten können. Wer sich mit einem Vertragsangebot rechtlich bindet, hat das Recht, kurzfristig zu erfahren, ob sein Vertragsangebot auch angenommen wird. Nach § 147 I BGB kann ein Vertragsangebot bei Anwesenheit der Parteien nur sofort angenommen werden. Die Übermittlung des Vertragsangebots per Telefon oder sonstiger gleichwertiger technischer Vorrichtung gilt als Angebot unter Anwesenden. Es handelt sich also auch bei der Annahme um eine empfangsbedürftige Willenserklärung. Hiervon zu unterscheiden ist aber die Möglichkeit, auf den Zugang der Erklärung zu verzichten, § 151 BGB. Dies entbindet den annehmenden zwar von der Pflicht, seine Willenserklärung dem Antragenden zugehen zu lassen, aber nicht davon, die Annahme überhaupt zu erklären.

104 Nach § 147 II BGB kann ein Vertragsangebot von einem Abwesenden nur bis zu einem Zeitpunkt angenommen werden, in welchem der Antragende den Eingang der Antwort unter regelmäßigen Umständen erwarten darf. Es kommt also auf den konkreten Fall und die allgemeinen Umstände an. So sind an die Vertragsannahme kürzere Fristen gebunden, wenn das Vertragsangebot per E-Mail oder per Telefax übermittelt wurde, als wenn das Vertragsangebot durch normale Geschäftspost in den Machtbereich des Empfängers gelangt. Dem Antragenden steht es zudem frei, sein Angebot nach § 147 II BGB mit einer Annahmefrist zu versehen, binnen welcher das Angebot nach § 148 BGB noch wirksam angenommen werden kann. Bei Annahmeerklärungen, die zwar fristgerecht abgeschickt worden sind, aber verspätet beim Empfänger ankommen, gilt § 149 BGB.

---

125 Vgl. MüKo-BGB/Busche, § 145 Rn. 11; vgl. Wörlen/Metzler-Müller, AT, Rn. 158 f., 330 f.
126 Vgl. Larenz/Wolf, § 29 Rn. 20; dazu BGH NJW 1980, 1388, 1389.

Mit der Annahme des Vertragsangebots stimmt die andere Vertragspartei dem Angebot unter den Voraussetzungen zu, die der Anbieter geäußert hatte. Die Vertragsannahme kann ausdrücklich oder durch schlüssiges Verhalten erfolgen.

Ein Angebot kann sowohl ausdrücklich als auch stillschweigend (konkludent) angenommen werden. Schweigen als Vertragsannahme führt aber grundsätzlich nicht zum Vertragsabschluss, denn Schweigen hat rechtlichen gar keinen Erklärungsinhalt, also weder einen positiven (*„ja"*) noch einen negativen (*„nein"*). Eine Ausnahme bildet § 151 BGB. Danach kommt der Vertrag durch die Annahme des Antrags zustande, ohne dass die Annahme dem Antragenden gegenüber erklärt zu werden braucht, wenn eine solche Erklärung nach der Verkehrssitte nicht zu erwarten ist oder der Antragende auf den Zugang verzichtet hat. Dann kommt nach § 151 BGB ausnahmsweise durch Schweigen ein Vertragsschluss zustande. Voraussetzungen des § 151 BGB sind, dass entweder die Annahmeerklärung nicht zu erwarten war oder derjenige, der das Vertragsangebot gemacht hat, auf die Vertragsannahmeerklärung verzichtet hat. Es können also unverbindliche Geschäftshandlungen einer Vertragspartei dazu führen, dass eine andere Vertragspartei das Vertragsangebot unterbreitet, worauf die erste Vertragspartei nicht antwortet, so z. B. beim Versandhandel, in dem die Katalogzusendung als eine reine Einladung zur Abgabe eines Vertragsangebots anzusehen ist. Ein Vertrag im elektronischen Geschäftsverkehr kommt häufig durch die Absendung der Bestellung (Angebot) und die Lieferung der Ware oder Erbringung der Dienstleistung (konkludente Annahme) zustande. Eine E-Mail des Verkäufers bestätigt oftmals nur den Eingang der Bestellung, d. h. den Zugang des Vertragsangebots. Hierzu ist der Unternehmer im elektronischen Geschäftsverkehr gemäß § 312i I Nr. 3 BGB verpflichtet. Diese bloße Eingangsbestätigung ist noch keine Annahme.

Eine Besonderheit gilt für Versteigerungen: nach § 156 S. 1 BGB kommt der Vertrag erst durch den Zuschlag zustande. Vertragsschlüsse bei Online-Auktionshäusern sind allerdings keine Auktionen i. S. d. § 156 BGB, sondern Kaufverträge i. S. d. § 433 BGB.[127] Das Angebot erfolgt durch die Freischaltung der Angebotsseite, die Annahme durch das erfolgreiche Gebot. Eine Ausnahme soll nur bei einem krassen Missverhältnis zwischen Marktwert und erzieltem Kaufpreis bestehen.

Antragender	Annehmender	Rechtsfolge
rechtsverbindliches Angebot	vorbehaltlose Annahme	Vertrag kommt bei kongruenten Willenserklärungen zustande
Aufforderung zur Abgabe eines Angebots (invitatio ad offerendum)	„Annahme"	„Annahme" stellt rechtlich Angebot dar; Rechtsfolge hängt von anderer Partei ab (Annahme, Ablehnung)
unverbindliches Angebot	Annahme	Antragender kann Vertragsschluss widersprechen
Angebot	verspätete Annahme	Annahme gilt rechtlich als neues Angebot
Angebot	geänderte Annahme	Ablehnung des ursp. Angebots und neues Angebot
Angebot	Schweigen	kein Rechtsgeschäft; nur in Ausnahmefällen rechtlich als Erklärung zu sehen

Abb. 18: Zustandekommen von Verträgen

---

127 BGH NJW 2005, 53, 54.

5. Auslegung

106 **a) Willenserklärung.** § 133 BGB regelt die Auslegung einer Willenserklärung. Danach ist der wirkliche Wille zu erforschen und nicht an dem buchstäblichen Sinn des Ausdrucks zu haften. Zu unterscheiden sind die empfangsbedürftige und die nicht empfangsbedürftige Willenserklärung. Für die nicht empfangsbedürftige Willenserklärung gilt allein § 133 BGB, weil bei der Auslegung einzig auf den Willen des Erklärenden abzustellen ist, ausnahmsweise auf seinen mutmaßlichen Willen. Anders ist es bei empfangsbedürftigen Willenserklärungen, die sich an einen bestimmten Empfänger richten und erst mit Zugang wirksam werden.[128] Bei der Auslegung dieser Willenserklärungen kommt es neben dem Wollen des Erklärenden insbesondere darauf an, wie der Erklärungsempfänger die Willenserklärung verstanden hatte. Daher sind empfangsbedürftige Willenserklärungen nach §§ 133, 157 BGB so auszulegen, wie Treu und Glauben mit Rücksicht auf die Verkehrssitte es erfordern.[129] Schutzwürdig ist der Erklärungsempfänger dann nicht, wenn er trotz der vom Willen des Erklärenden abweichenden Erklärung richtig erkennt, was der Erklärende gewollt hat.[130] Denn wenn der Erklärungsempfänger weiß, was der Erklärende will, vertraut er nicht auf das Erklärte, so dass entgegen dem Wortlaut das vom Erklärenden Gewollte gilt.[131]

107 **b) Vertrag.** Auch bei einem Vertrag kann es zu einer Auslegung kommen. Die erläuternde Auslegung nach § 133 BGB verfolgt den Zweck, die maßgebliche Bedeutung eines Vertrags festzustellen.[132] Dabei muss jede erläuternde Auslegung vom Wortlaut der Vereinbarung ausgehen.[133] Ergibt sich im Vertrag eine Lücke, weil Fragen oder offene Punkte auftauchen, an welche die Parteien bei Vertragsschluss nicht gedacht haben, greift die sog. *ergänzende Vertragsauslegung* ein.[134] Dann gilt wiederum § 157 BGB, wonach der hypothetische Wille der Vertragsparteien zu erforschen ist und die Vertragslücke durch eine ergänzende Auslegung nach Treu und Glauben mit Rücksicht auf die Verkehrssitte zu schließen ist.

6. Einigungsmangel

108 Ein Vertrag kommt zustande, wenn sich die Vertragsparteien geeinigt haben, d. h. Vertragsangebot und Vertragsannahme als Willenserklärungen übereinstimmen. Dennoch können bei vielen dieser vermeintlichen Übereinstimmungen noch Einigungsmängel (sog. Dissens) vorliegen.

109 **a) Offener Einigungsmangel.** Nach § 154 I BGB liegt ein offener Einigungsmangel vor, solange sich die Parteien nicht über alle Punkte eines Vertrags geeinigt haben, über die nach der Erklärung auch nur einer Partei eine Vereinbarung getroffen werden soll. Rechtsfolge ist, dass im Zweifel der Vertrag nicht geschlossen wurde. Beim offenen Dissens ist den Vertragsparteien bewusst, dass sie sich nicht geeinigt haben; insbesondere dann nicht, wenn es sich um eine Hauptleistungspflicht handelt. Ist dagegen lediglich keine Einigung über vertragliche Nebenabreden erzielt worden, kommt es auf den Willen der Parteien an, ob der Vertrag erst dann geschlossen sein soll, wenn auch über den letzten der noch offen gebliebenen Nebenpunkte eine Einigung erreicht worden ist, oder ob der Vertrag trotz der noch ausstehenden Einigung über diese Nebenpunkte bereits jetzt als geschlossen anzusehen ist.[135] Solche Nebenpunkte, auch Nebenpflichten

---

128 Vgl. Jauernig/Mansel, § 133 Rn. 7; BGHZ 36, 30, 33.
129 BGH NJW 1981, 2295, 2296; 1990, 3206, 3207; 1992, 1446 f.; BAG NJW 1994, 3372, 3373.
130 Brox/Walker, AT, § 6 Rn. 10.
131 Vgl. RGZ 99, 143, 148; BGH NJW 1984, 721, 722; 2008, 1658, 1659.
132 Vgl. Stadler, § 18 Rn. 5.
133 BGH NJW 2001, 144, 145; 2001, 2535.
134 Jauernig/Mansel, § 157 Rn. 2 ff.
135 Vgl. Musielak/Hau, § 3 Rn. 172.

genannt, können eine derart hohe Bedeutung haben, so z. B. die Leistungszeit oder der Leistungsort, dass der Gesamtvertrag von dieser Einigung abhängen kann. Im Zweifel liegt auch bei mangelnder Einigung über Nebenpflichten noch kein Vertragsabschluss vor.[136]

b) Versteckter Einigungsmangel. Haben sich die Vertragsparteien nach § 155 BGB bei einem Vertrag, den sie als geschlossen ansehen, über einen Punkt, über den eine Vereinbarung getroffen werden sollte, in Wirklichkeit nicht geeinigt, so gilt das Vereinbarte, sofern anzunehmen ist, dass der Vertrag auch ohne eine Bestimmung über diesen Punkt geschlossen sein würde. Beim versteckten Einigungsmangel meinen die Parteien also, Vertragsangebot und Vertragsannahme seien als Willenserklärungen deckungsgleich. Im Zeitpunkt der Abgabe der Willenserklärungen waren sie sich über einen Einigungsmangel nicht bewusst. Dies kann etwa dann der Fall sein, wenn der Vertragsinhalt mehrdeutig ist, oder aber die Parteien unterschiedliche Vorstellungen über die Regelung haben. Bezieht sich der Einigungsmangel auf einen wesentlichen Vertragsbestandteil, liegt kein Vertragsabschluss vor. Bei fehlender Einigung über Nebenpunkte soll auf den hypothetischen Parteiwillen abgestellt werden, ob ein Vertragsabschluss zustande kommt.[137] Dann ist durch Auslegung zu ermitteln, ob der Vertrag auch ohne die Einigung über sog. Nebenpflichten zustande gekommen ist.

7. Widerruf

Nach § 130 I 2 BGB wird eine Willenserklärung, ob Vertragsangebot oder Vertragsannahme, nicht wirksam, wenn dem anderen vorher oder gleichzeitig ein Widerruf zugeht. Die Vertragspartei, die das Vertragsangebot unterbreitet, kann demzufolge vom Angebot Abstand nehmen, wenn der Widerruf der anderen Partei vorher oder gleichzeitig zugeht; dasselbe gilt für die Vertragsannahme. Bei Gleichzeitigkeit des Zugangs von Angebots- oder Annahmeerklärung und deren Widerruf gilt, zu welchem Zeitpunkt der Erklärungsempfänger Kenntnis von der jeweiligen Erklärung haben konnte. Gleichzeitig bedeutet im wahrsten Sinne des Wortes zur selben Zeit. Nicht zu verwechseln ist dieser Widerruf i. S. d. § 130 I 2 BGB mit dem Verbraucherwiderruf gemäß §§ 355 ff. BGB, bei denen dieser sich z. B. aufgrund der besonderen Vertriebssituation auch nach Vertragsschluss vom Vertrag lösen kann.

---

136 Vgl. MüKo-BGB/Busche, § 154 Rn. 4; H. Hübner, § 40 Rn. 1020.
137 MüKo-BGB/Busche, § 155 Rn. 14; vgl. Soergel/Wolf, § 155 Rn. 18.

§ 8 Stellvertretung

Schrifttum: *Bettermann*, Vom stellvertretenden Handeln, 1964; *Beuthien*, Zur Theorie der Stellvertretung im Bürgerlichen Recht, in: FS Medicus, 1999; *Chiusi*, Geschäftsfähigkeit im Recht der Stellvertretung, JURA 2005, 532; *Giesen/Hegermann*, Die Stellvertretung, JURA 1991, 357; *Joussen*, Abgabe und Zugang von Willenserklärungen unter Einschaltung einer Hilfsperson, JURA 2003, 577; *Klinck*, Stellvertretung im Besitzerwerb, AcP 205 (2005), 487; *Paulus*, Stellvertretung und unternehmensbezogenes Geschäft, JuS 2017, 301; *Petersen*, Stellvertretung und Botenschaft, Jura 2009, 904; *ders.*, Das Offenkundigkeitsprinzip bei der Stellvertretung, Jura 2010, 187; *Specht/Herold*, Roboter als Vertragspartner?, MMR 2018, 40; *R. Weber*, Das Handeln unter fremden Namen, JA 1996, 426.

112 Grundsätzlich handelt im Rechtsverkehr jede Person für sich, d. h. jeden treffen die Rechtsfolgen seines Handelns daher normalerweise selbst. Daneben besteht jedoch das unabweisbare Bedürfnis, Dritte als Vertreter einzusetzen, die rechtsgeschäftlich „anstelle" des Vertretenen handeln und ihn so berechtigen und verpflichten.[138] Gerade in der modernen Wirtschaft ist es für eine einzelne Person unmöglich, alle rechtswirksamen Entscheidungen, z. B. für ein Unternehmen, selbst zu treffen. Hier schaffen Bürgerliches Gesetzbuch und Handelsgesetzbuch die Möglichkeit, dass Stellvertreter den Geschäftsherrn vertreten können.

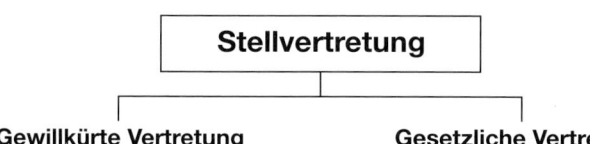

Stellvertretung

Gewillkürte Vertretung	Gesetzliche Vertretung
• Voraussetzungen: – Rechtsgeschäftliches Handeln – Zumindest beschränkte Geschäftsfähigkeit des Vertreters, § 165 BGB – Eigene Willenserklärung des Vertreters – Handeln im fremden Namen – Vertretungsmacht • Im Handelsrecht: – Prokura, § 48 HGB – Handlungsvollmacht, § 54 HGB – Vollmacht von Ladenangestellten, § 56 HGB	• Eltern, § 1629 BGB • Ehegatten, § 1357 BGB • Vormund, § 1773 BGB • Ergänzungspfleger, § 1909 BGB • Vereinsvorstand, § 26 II BGB • Vorstand der AG, § 78 AktG • Geschäftsführer der GmbH, § 35 GmbH

Abb. 19: Stellvertretung

Unterschieden wird zwischen der durch rechtliche Vereinbarung gewillkürten und der gesetzlichen Stellvertretung. Bei der gewillkürten Stellvertretung erfolgt die Erteilung einer Vollmacht nach § 167 BGB durch Erklärung gegenüber dem zu Bevollmächtigenden (Innenvollmacht) oder dem Dritten (Außenvollmacht), dem gegenüber die Vertretung stattfinden soll. Obwohl eine Person (als Vertreter) handelt, treffen die Rechtsfolgen die andere Person (den Vertretenen), wie wenn diese Person selbst

---

138 Stadler, § 29 Rn. 1.

rechtsgeschäftlich gehandelt hätte.[139] Die gewillkürte Stellvertretung ist in den §§ 164 ff. BGB geregelt. Erforderlich ist also ein Drei-Personen-Verhältnis: Stellvertreter – Vertretener – Dritter.

Gesetzliche Stellvertretung, z. B. nach § 1629 I BGB, wonach die elterliche Sorge die Vertretung des Kindes umfasst und die Eltern das Kind gemeinschaftlich vertreten, liegt dann vor, wenn das Gesetz Handeln in Vertretung für eine Person vorsieht. Gesetzliche Stellvertretung ergibt sich z. B. auch bei der Vertretung von juristischen Personen im Außenverhältnis durch Organe bei dem Verein nach § 26 II BGB, der Aktiengesellschaft nach § 78 AktG oder der Gesellschaft mit beschränkter Haftung nach § 35 GmbHG in Verbindung mit dem jeweiligen Gesellschaftsvertrag, der bei Verein und Aktiengesellschaft auch Satzung genannt wird.

§ 164 BGB legt die Grundsätze wirksamer Stellvertretung fest. Danach wirkt eine Willenserklärung unmittelbar für und gegen den Vertretenen, wenn jemand eine Erklärung innerhalb der ihm zustehenden Vertretungsmacht im Namen des Vertretenen mit Rechtsbindungswillen abgibt. Daher sind mittelbare verdeckte Stellvertreter wie Kommissionär, Treuhänder oder gesetzliche Vermögensverwalter keine Stellvertreter i. S. d. §§ 164 ff. BGB.[140] Sie handeln zwar für dritte Personen und auch auf deren Rechnung, aber im eigenen Namen unter Wahrnehmung eigener Interessen. Es handelt sich deshalb um keine Stellvertretung i. S. v. §§ 164 ff. BGB, weil der mittelbare Stellvertreter aus dem abgeschlossenen Rechtsgeschäft selbst berechtigt und verpflichtet wird; verschiedene Fälle dieser Art der indirekten Stellvertretung sind jedoch gesetzlich im HGB geregelt. Daher ist die Bank als Kommissionär tätig, wenn sie Aktien für einen Wertpapierdepotkunden kauft. Sie ist Treuhänder eines Vermögensgegenstandes, den sie als Sicherheit für ein Darlehen übertragen bekommt. Gesetzliche Vermögensverwalter können Testamentsvollstrecker, Nachlass- oder Insolvenzverwalter sein. Eine passive Stellvertretung ergibt sich aus § 164 III BGB, wenn eine gegenüber einem anderen abzugebende Willenserklärung dessen Vertreter gegenüber erfolgt.

1. Wirksame Stellvertretung

Von einer wirksamen Stellvertretung i. S. d. §§ 164 ff. BGB spricht man nur dann, wenn der Vertreter für den Vertretenen eine Willenserklärung abgibt: D. h., der Vertreter muss durch sein eigenes Handeln den vollen subjektiven und objektiven Tatbestand einer Willenserklärung vollziehen.[141] Er muss somit den Entschluss zur Abgabe der Willenserklärung selbst fassen, selbst Geschäftswillen haben *und* mit eigenem Handlungswillen und Erklärungsbewusstsein die Kundgabe seiner Willenserklärung bewirken.[142] Ein Bote dagegen übermittelt nur eine vom Geschäftsherrn vorformulierte Erklärung, auf die er keinerlei Einfluss hat, d. h., der Bote verhält sich exakt nach den Vorgaben des Geschäftsherrn und gibt statt einer eigenen nur eine fremde Willenserklärung ab, mit der er sich selbst rechtlich in keiner Weise bindet. Daher kann, im Gegensatz zum Vertreter (der eine eigene Willenserklärung abgibt) der Bote auch geschäftsunfähig sein; er muss es lediglich schaffen, die fremde Willenserklärung zu überbringen (*„Auch ein Kindlein noch so klein, kann es doch schon Bote sein."*).

2. Voraussetzungen der Stellvertretung

a) **Zulässigkeit der Stellvertretung.** Grundsätzlich ist es im Rechtsverkehr in den Bereich des Schuld- und Sachenrechts möglich, dass ein Dritter als Stellvertreter nach §§ 164 ff. BGB rechtsgeschäftliche Willenserklärungen für den Geschäftsherrn abgibt. Nur in besonderen Ausnahmen, bei höchstpersönlichen Rechtsgeschäften (etwa im Erb-

---

139 Brox/Walker, AT, § 24 Rn. 18.
140 Vgl. Führich, § 6 Rn. 219; Köhler, § 11 Rn. 8 ff.
141 Bähr, § 5 IV 2a.
142 Bähr, § 5 IV 2a.

und Familienrecht), ist Stellvertretung nicht zulässig. So kann der Erblasser seinen letzten Willen nur persönlich abfassen, § 2064 BGB, der Eheschließende seinen Wunsch als rechtswirksame Erklärung zur Heirat nur persönlich vor dem Standesbeamten erklären, § 1311 BGB.

115 **b) Geschäftsfähigkeit des Stellvertreters.** Da der Vertreter eine eigene Willenserklärung abgibt, also selbst rechtsgeschäftlich handelt, ist die von ihm oder ihm gegenüber abgegebene Willenserklärung nichtig, wenn er i. S. v. § 104 BGB geschäftsunfähig ist.[143] Nach § 165 BGB ist die Wirksamkeit einer von oder gegenüber einem Vertreter abgegebenen Willenserklärung aber nicht dadurch beeinträchtigt, dass der Vertreter in der Geschäftsfähigkeit beschränkt ist. Grund ist, dass die rechtsgeschäftlich abgegebene Willenserklärung nicht den beschränkt Geschäftsfähigen trifft, sondern den quasi hinter ihm stehenden Vertretenen. Erforderlich ist, dass der beschränkt Geschäftsfähige die Willenserklärung im Rahmen der vom Vertretenen ausgesprochenen Vollmacht nach § 167 BGB abgegeben hat. Handelt der beschränkt Geschäftsfähige außerhalb der Vertretungsmacht, wird er durch § 179 III 2 BGB geschützt.

116 **c) Eigene Willenserklärung des Vertreters.** Der Vertreter muss eine eigene Willenserklärung abgeben, welche den Vertretenen rechtlich binden soll. Kennzeichnend ist, dass der Stellvertreter bei der Abgabe der Willenserklärung eine eigene Formulierung verwendet und der Geschäftsherr dem Vertreter Entscheidungsfreiheiten lässt. Wirksame Stellvertretung liegt aber auch dann vor, falls dem Vertreter die Einzelheiten der abzugebenden Erklärung durch den Geschäftsherrn genau vorgegeben sind, wenn aber das äußere Auftreten aufgrund einer selbstständig formulierten Erklärung auf eine gewisse Entscheidungsfreiheit des Handelnden schließen lässt.[144]
Besondere Bedeutung enthält die eigene Willenserklärung des Stellvertreters dann, wenn das Rechtsgeschäft durch Anfechtung rückwirkend vernichtet werden soll. In diesem Fall ist es der Stellvertreter, der sich z. B. geirrt hat und seine wirksame Willenserklärung anfechten möchte. Der Bote, der nur eine vorformulierte Erklärung des Geschäftsherrn überbringt, kann sich mangels eigener Willenserklärung nicht irren. Anfechten kann das Rechtsgeschäft dann nur der Geschäftsherr, der sich bei der Abgabe der Willenserklärung und der Bitte an den Boten, diese weiterzuleiten, im Irrtum befand.

117 **d) Offenkundigkeit.** § 164 BGB regelt, dass der Vertreter eine Willenserklärung im Namen des Vertretenen abzugeben hat. Da eine solche Willenserklärung unmittelbar für und gegen den Vertretenen wirkt, handelt der Vertreter für fremde Rechnung. Nur dann entsteht die vom Gesetz geforderte Offenkundigkeit. Das bedeutet, der Vertreter muss dem Geschäftspartner deutlich erkennbar machen, dass er nicht für sich selbst handelt, sondern ein Fremdgeschäft für jemand anderen abschließen will.[145] Tritt i. S. v. § 164 II BGB der Wille, in fremdem Namen zu handeln, nicht erkennbar hervor, so kommt der Mangel des Willens, im eigenen Namen zu handeln, nicht in Betracht. In einem solchen Fall liegt ein typisches Eigengeschäft des Vertreters vor, aus dem er persönlich berechtigt und verpflichtet wird. Außerdem ist ihm die Anfechtung des Rechtsgeschäfts wegen dieses Willensmangels versagt.

118 Ausnahmen vom Offenkundigkeitsprinzip bestehen in sehr engen Grenzen. Eine Ausnahme bilden die Bargeschäfte des täglichen Lebens, bei denen der Vertreter zwar im Namen eines anderen auftritt, für den Vertragspartner aber nicht erkennbar ist, wer der Vertretene ist. Eine Durchbrechung des Offenkundigkeitsprinzips liegt hier nicht vor, weil der Vertragspartner des Vertreters weiß, dass der Vertreter nicht für sich selbst han-

---

143 Brox/Walker, AT, § 24 Rn. 19.
144 Vgl. Stadler, § 30 Rn. 2; Brox/Walker, AT, § 24 Rn. 3.
145 Führich, § 6 Rn. 223.

delt, dem Vertragspartner aber egal ist, wer der Vertretene ist. Bei einem Bargeschäft des täglichen Lebens teilt der Vertreter allerdings dem Geschäftspartner meistens nicht mit, dass er für einen Dritten handelt. Dann ist das Offenkundigkeitsprinzip nicht mehr gewahrt. Bargeschäfte des täglichen Lebens werden allerdings sofort abgewickelt. Deshalb besteht für den Geschäftspartner des Vertreters kein großes Interesse zu erfahren, ob der Vertragspartner als Vertreter eines Dritten oder für sich selbst handelt. Diese Ausnahme des Offenkundigkeitsprinzips wird von Rechtsprechung und Rechtsliteratur als möglich angesehen.[146]

Eine zweite Ausnahme bilden nach § 1357 BGB die Geschäfte zur Deckung des Lebensbedarfs bei Ehegatten. Nach § 1357 I 1 BGB ist jeder Ehegatte berechtigt, Geschäfte zur angemessenen Deckung des Lebensbedarfs der Familie mit Wirkung auch für den anderen Ehegatten abzuschließen. § 1357 II BGB normiert, dass durch solche Geschäfte beide Ehegatten berechtigt und verpflichtet werden. Auch hier handelt es sich um eine Ausnahme des Offenkundigkeitsprinzips, da der Vertragspartner eines Ehegatten nicht weiß oder auch nicht wissen möchte, ob nur der eine Teil der Eheleute aus dem Vertrag verpflichtet wird oder beide Ehegatten.[147]

Zu unterscheiden ist das Handeln im eigenen Namen vom Handeln *unter* fremdem Namen. Nutzt der Erklärende einen anderen Namen als den eigenen, wird dem Vertragspartner nicht bewusst, dass der Erklärende als Vertreter auftritt; der Vertreter tritt also selbst als Vertretener auf (Buchung eines Hotelzimmers auf den Namen „*Hans Müller*" um unerkannt zu bleiben). Hier muss sich der Erklärende seine Erklärung als Vertragspartner zurechnen lassen, es sei denn, eine der beiden Ausnahmen des Offenkundigkeitsprinzips liegt vor, nach denen es dem Dritten nicht darauf ankommt, mit wem er den Vertrag schließt (sog. Eigengeschäft unter fremdem Namen). Ist der Vertragspartner aber gerade daran interessiert, mit der Person, dessen Name der Erklärende vorgibt, ein Rechtsgeschäft abzuschließen, z.B. weil er weiß, dass diese Person sehr zahlungskräftig ist, handelt es sich um eine Identitätstäuschung und damit um ein sog. Fremdgeschäft.[148] Ein Vertrag liegt hier weder mit dem Erklärenden noch mit dem Namensträger vor. Dann gelten die §§ 164 ff. BGB, vor allen Dingen §§ 177 ff. BGB analog.[149] Der Namensträger kann nachträglich den Vertrag genehmigen. Dann hat er für alle Rechte und Pflichten des Vertrags einzustehen. Genehmigt er nicht, haftet der Erklärende als Vertreter ohne Vertretungsmacht analog § 179 BGB.[150]

e) **Vertretungsmacht.** Eine erteilte Vollmacht nach § 167 BGB schützt den Vollmachtgeber darin, dass der Vertreter die Vollmacht des Vertretenen nicht überschreiten darf. Denn nach § 164 I 1 BGB soll der Vertreter innerhalb der ihm zustehenden Vertretungsmacht handeln. Der Umfang der Vertretungsmacht ergibt sich entweder aus Gesetz oder aus der einseitigen Willenserklärung, mit welcher der Vertretene den Umfang der Vertretungsmacht absteckt. Bei der rechtsgeschäftlichen Vollmacht wird unterschieden zwischen der bloßen Innenvollmacht und der Außenvollmacht. Es kommt also darauf an, ob der Vertretene nur dem Vertreter gegenüber erklärt, dass dieser zum Abschluss eines Rechtsgeschäfts bevollmächtigt ist, oder ob der Vertretene einen externen Geschäftspartner oder durch Bekanntmachung im Handelsregister mit einer sog. Außenvollmacht informiert, in welchem Rahmen sein Vertreter rechtsgeschäftlich handeln kann.

---

146 RGZ 100, 190, 192; BGHZ 114, 74, 79; BGH NJW 1955, 590, 591; 1991, 2283, 2285; Jauernig/Mansel, § 164 Rn. 5.
147 Vgl. Brehm, § 15 Rn. 430.
148 Vgl. Stadler, § 30 Rn. 9.
149 BGH Beck RS 2011, 1449 (Urt. v. 11.5.2011, VIII ZR 289/09), Rn. 12.
150 Vgl. BGHZ 45, 193, 195; 111, 334, 338.

Nach § 167 II BGB kann die Vollmacht formlos – also auch mündlich – erteilt werden. Sie bedarf insbesondere nicht derjenigen Form, welche für das Rechtsgeschäft bestimmt ist, auf das sich die Vollmacht bezieht. Die Vollmacht erlischt nach § 168 S. 1 BGB, wenn das Rechtsverhältnis, das ihr zugrunde liegt, beendet ist. Sie kann außerdem nach § 168 S. 2 BGB widerrufen werden, auch wenn das Rechtsverhältnis fortdauert. Hat der Vertretene eine Außenvollmacht erteilt, so ist die Vollmacht gegenüber dem Vertragspartner solange gültig, bis der Vertretene dem Geschäftspartner nach § 170 BGB das Erlöschen der Vollmacht anzeigt. Hat der Vertretene dem Bevollmächtigten eine Vollmachtsurkunde überreicht, bleibt die Vollmacht nach § 172 BGB solange bestehen, bis die Vollmachtsurkunde dem Vollmachtgeber zurückgegeben oder nach § 176 I BGB für kraftlos erklärt wird. Die Vollmacht kann z. B. durch Zweckerfüllung (Vollmacht für ein bestimmtes vorzunehmendes Rechtsgeschäft) Zeitablauf (Befristung) wie durch Tod des Vertreters erlöschen; die sog. transmortale Vollmacht gilt jedoch auch über den Tod des Vollmachtgebers hinaus; die postmortale Vollmacht ist erst nach dessen Tod wirksam. Die Rechtsnachfolger des Verstorbenen können die Vollmacht widerrufen.[151]

Der Umfang der Vollmacht kann im Übrigen durch den Vollmachtgeber frei bestimmt werden. Sonderformen der Vollmacht sind z. B. Prokura nach § 48 HGB und Handlungsvollmacht gem. § 56 HGB innerhalb des Rechts der Kaufleute, dem Handelsrecht. Diese sind gesetzlich normiert, da so jeder am Rechtsverkehr Beteiligte sofort weiß, welchen Umfang die eingeräumte Vollmacht besitzt (bei der Prokura etwa alle Geschäfte außer Grundstücks- und sog. Grundlagengeschäfte des Handelsgeschäfts).

3. Duldungs- und Anscheinsvollmacht

121 Unter bestimmten Umständen kann es angezeigt sein, dass der Schutz des Rechtsverkehrs vorgeht, wenn dieser auf die Erteilung einer Vollmacht vertraut hat, diese aber in Wahrheit nicht bestand. Eine Duldungsvollmacht liegt vor, wenn der Geschäftsherr das Handeln eines anderen, nicht zur Vertretung Befugten kennt und duldet, falls der Geschäftspartner aufgrund dieser Duldung nach Treu und Glauben auf das Bestehen einer Vollmacht schließen kann und darf; er lässt also wissentlich zu, dass ein anderer für ihn als Vertreter handelt, obwohl er keine Vollmacht besitzt.[152] Voraussetzung ist, dass der Vertretene dem Vertreter weder ausdrücklich noch konkludent eine Vollmacht zum Abschluss eines Geschäfts erteilt hat. Erforderlich ist aber ein positives Verhalten des Vertretenen, was dazu führt, dass er das Verhalten des Vertreters duldet und somit gegenüber dem Geschäftspartner den Rechtsschein erweckt, dass er nicht nur das Handeln des Vertreters kennt, sondern es auch billigt.[153] Weitere Voraussetzung ist, dass der Geschäftspartner auf die vermeintliche Vollmacht des Vertreters vertraut, er also gutgläubig ist bzw. keine Kenntnis vom Fehlen der Vollmacht hat.

122 Von einer Anscheinsvollmacht spricht man, wenn der Geschäftsherr das Auftreten des Dritten zwar nicht kannte, es aber bei pflichtgemäßer Sorgfalt hätte kennen müssen und der Geschäftspartner nach Treu und Glauben annehmen durfte, der Geschäftsherr dulde und billige das Verhalten des Vertreters.[154] Auch in dieser Situation fehlt es an einer wirksamen Bevollmächtigung. Der Vertretene muss sich aber sein Verhalten dahingehend zurechnen lassen, dass er den Rechtsschein gegenüber dem Geschäftspartner setzt, er kenne das Auftreten des Vertreters und billige es. Voraussetzung für die Anscheinsvollmacht ist u. a., dass der vermeintliche Vertreter öfter für den Vertretenen auftritt. Ebenso erforderlich ist bei der Anscheinsvollmacht die Gutgläubigkeit des Ge-

---

151 Vgl. MüKo-BGB/Schubert, § 168 Rn. 15; Jauernig/Stürner, Vorb. v. §§ 2197–2228, Rn. 2.
152 Vgl. BGH NJW 1956, 460; 1988, 1199; 1997, 312, 314; 2002, 2325; 2007, 987, 988; 2011, 2421, 2422; BGH NJW-RR 2004, 1275, 1277.
153 Larenz/Wolf, § 48 Rn. 22.
154 Vgl. BGH NJW 1991, 1225 f.; 1990, 827, 828; 2007, 987, 989; 2011, 2421, 2422; BGH NJW-RR 1988, 1299.

schäftspartners, der wiederum keine Kenntnis über die mangelnde Vertretungsmacht besitzen darf.

Duldungs- wie Anscheinsvollmacht liegen dann vor, wenn gerade *keine rechtsgeschäftliche Erklärung des Vertretenen gegenüber dem Vertreter* i. S. v. § 167 BGB vorliegt. Der Rechtsverkehr geht von einem fiktiven Bestehen einer wirksamen rechtsgeschäftlichen Vertretungsmacht aufgrund des zurechenbaren Verhaltens des Vertretenen aus, so dass eben wegen des äußeren Erscheinungsbildes, gleichwohl eine rechtliche Bindung des Vertretenen, nicht etwa unmittelbar des (Schein-)Vertreters erfolgt.[155]

4. Wirkung der Stellvertretung

Hat der Vertreter nach § 164 I, III BGB ein Rechtsgeschäft für den Vertretenen abgeschlossen und im Rahmen seiner Vertretungsmacht gehandelt, ist der Vertretene Vertragspartner des Dritten geworden und nicht der Vertreter. Ihm obliegen alle Rechte und Pflichten aus dem Rechtsgeschäft. Hat sich der Vertreter an den Umfang der Vollmacht gehalten, treffen ihn selbst keine Rechtsfolgen des Geschäfts.
Etwas anderes gilt, falls sich der Vertreter geirrt hat oder bei Geschäftsabschluss bösgläubig war. Nach § 166 I BGB kommt, soweit die rechtlichen Folgen einer Willenserklärung durch Willensmängel oder durch die Kenntnis oder das Kennenmüssen gewisser Umstände beeinflusst werden, nicht die Person des Vertretenen, sondern die des Vertreters in Betracht. Um einem Missbrauch vorzubeugen, hat der Gesetzgeber in § 166 II BGB festgelegt, dass sich der Vertretene, wenn ein Vertreter im Rahmen einer Vollmacht nach bestimmten Weisungen des Vollmachtgebers gehandelt hat, in Ansehung solcher Umstände, die er selbst kannte, nicht auf die Unkenntnis des Vertreters berufen kann. Der BGH hat den Begriff der Weisung weit ausgelegt; es genügt vielmehr, wenn der Geschäftsherr den Vertreter zu dem Geschäft veranlasst hat.[156]

5. Stellvertretung ohne Vertretungsmacht

Schließt jemand ohne Vertretungsmacht im Namen eines anderen einen Vertrag, so hängt die Wirksamkeit des Vertrags für und gegen den Vertretenen von dessen Genehmigung ab, § 177 I BGB. Aus § 177 I BGB ergibt sich, dass der Vertrag zunächst schwebend unwirksam ist. Schwebende Unwirksamkeit eines Vertrags führt dazu, dass der Geschäftspartner nicht darauf vertrauen kann, mit dem Vertretenen einen Vertrag abgeschlossen zu haben. Es obliegt vielmehr der Entscheidung des Vertretenen, den Vertrag nachträglich zu genehmigen.
Nach § 184 I BGB wirkt die nachträgliche Genehmigung auf den Zeitpunkt der Vornahme des Rechtsgeschäfts zurück, soweit nicht ein anderes bestimmt ist. §§ 184 f. BGB regeln die nachträgliche Zustimmung (Genehmigung). Der Vertretene kann das Handeln des Vertreters genehmigen oder verweigern. Genehmigt er den Vertrag, treffen ihn alle Rechte und Pflichten aus dem Rechtsgeschäft. Verweigert er die Zustimmung zum Rechtsgeschäft, wird der Vertrag endgültig unwirksam.
Da das Rechtsgeschäft bis zur Genehmigung des Vertretenen schwebend unwirksam ist, kann der Geschäftspartner das Geschäft bis zur Genehmigung des Vertretenen nach § 178 S. 1 BGB widerrufen, es sei denn, er kannte den Mangel der Vertretungsmacht beim Vertreter im Zeitpunkt des Vertragsabschlusses. Den Widerruf des Rechtsgeschäfts kann der Geschäftspartner nach § 178 S. 2 BGB auch dem Vertreter gegenüber erklären, aber auch hier wieder nur vor Genehmigung des Vertretenen. Hat der Geschäftspartner rechtzeitig widerrufen, ist der Vertrag unwirksam. Will der Geschäftspartner am Vertrag festhalten, jedoch zügig wissen, woran er ist, kann er nach § 177 II BGB den Vertretenen zur Erklärung über die Genehmigung auffordern. Die Genehmigung des Vertrags durch

---

155 Hohmeister, S. 34.
156 BGHZ 38, 65, 68; 50, 364, 368; BAG NJW 1997, 1941, 1942; BayObLG NJW-RR 1989, 910.

den Vertretenen kann jetzt nur noch gegenüber dem Geschäftspartner erfolgen. Sie kann nach § 177 II 2 BGB nur bis zum Ablauf von zwei Wochen nach dem Empfang der Aufforderung erklärt werden. Unterlässt der Vertretene die Genehmigungserklärung innerhalb dieser Frist, gilt sie als verweigert. Die Aufforderung des Geschäftspartners gegenüber dem Vertretenen, eine Genehmigung des Rechtsgeschäfts zu erklären, führt zur Unwirksamkeit der von dem Vertretenen gegenüber dem Vertreter erklärten Genehmigung oder Verweigerung der Genehmigung.[157] Man erkennt unschwer die Parallel zu dem bereits dargestellten Minderjährigenrecht.

Bei einem einseitigen Rechtsgeschäft ist Vertretung ohne Vertretungsmacht nach § 180 S. 1 BGB unzulässig. Da bei solchen Rechtsgeschäften ein Schwebezustand für den Erklärungsempfänger vermieden werden soll. Die Kündigungserklärung eines Mietverhältnisses durch einen Dritten, welcher nicht Vertragspartei ist, ist somit ungültig.

6. Haftung für Stellvertretung ohne Vertretungsmacht

126 Wer als Vertreter einen Vertrag geschlossen hat, ist gem. § 179 I BGB dem Vertragspartner, sofern er nicht seine Vertretungsmacht nachweist, nach dessen Wahl zur Erfüllung oder zum Schadensersatz verpflichtet, wenn der Vertretene die Genehmigung des Vertrags verweigert. Der Geschäftspartner, der die mangelnde Vertretungsmacht des Vertreters nicht kennt, ist schutzwürdig.[158] Aus diesem Grund stellt ihn § 179 BGB so, als wenn der Vertrag mit dem Vertreter zustande gekommen wäre. Diese Einstandspflicht des Vertreters ohne Vertretungsmacht steht im scheinbaren Gegensatz dazu, dass er als Vertreter aus einem Rechtsgeschäft für den Vertretenen nicht selbst verpflichtet wird. Die Vorschrift des § 179 I BGB sieht eine *Garantiehaftung* des Vertreters ohne nachgewiesene Vertretungsmacht vor.[159] Der Vertreter ohne Vertretungsmacht haftet *verschuldensunabhängig*, da sein Auftreten im Rechtsverkehr den Anschein erweckt, er besäße zum Abschluss des Rechtsgeschäfts die notwendige Vollmacht.[160] Deshalb kann der Geschäftspartner vom Vertreter Erfüllung des Rechtsgeschäfts und/oder ggf. Schadensersatz verlangen. Wählt der Geschäftspartner den Schadensersatzanspruch, so ist der Vertreter zum Ersatz des Erfüllungsinteresses verpflichtet, d. h. der Geschäftspartner wird so gestellt, wie er bei Abschluss eines wirksamen Vertrags und dessen gehöriger Erfüllung gestanden hätte (Nichterfüllungsschaden).[161] Der Anspruch, der auf Geldersatz gerichtet ist, umfasst auch den entgangenen Gewinn.

Hat der Vertreter den Mangel der Vertretungsmacht selbst nicht gekannt, ist er gem. § 179 II BGB nur zum Ersatz desjenigen Schadens verpflichtet, welchen der andere Teil dadurch erleidet, dass er auf die Vertretungsmacht vertraut, jedoch nicht über den Betrag des Interesses hinaus, welches der andere Teil an der Wirksamkeit des Vertrags hat. Der Vertreter hat demzufolge nur den Vertrauensschaden zu ersetzen. Die Haftung des Vertreters ist also in diesen Fällen beschränkt.

Nach § 179 III BGB besteht keine Schadensersatzpflicht für den Vertreter ohne Vertretungsmacht, wenn der Geschäftspartner die fehlende Vertretungsmacht kannte oder kennen musste. In einem solchen Fall kann der Geschäftspartner nicht von einem wirksamen Rechtsgeschäft ausgehen. Außerdem haftet ein Vertreter ohne Vertretungsmacht nach § 179 III 2 BGB dann nicht, wenn er zum Zeitpunkt des Vertragsabschlusses beschränkt geschäftsfähig war, es sei denn, dass er mit Zustimmung seines gesetzlichen Vertreters gehandelt hat.

---

157 Vgl. dazu MüKo-BGB/Schubert, § 177 Rn. 30.
158 Vgl. BGHZ 39, 45, 51; 76, 269; BGH NJW-RR 2005, 268 f.
159 Vgl. Brox/Walker, AT, § 27 Rn. 9.
160 Vgl. BGH NJW-RR 2005, 268, 269; NJW 2000, 1407, 1408.
161 Stadler, § 32 Rn. 7.

7. Verbot des In-Sich-Geschäfts

126a Der § 181 BGB schränkt die Möglichkeit ein, dass der Vertreter im Namen des Vertretenen mit sich im eigenen Namen oder als Vertreter eines Dritten ein Rechtsgeschäft tätigt (Selbstkontrahieren) . Dies wäre z. B. dann der Fall, wenn eine Person auf der einen Seite als Geschäftsführer einer GmbH handelt und seinen Dienstwagen an sich selbst als Privatperson veräußert. Hierbei wird das Missbrauchspotential schon deutlich (er könnte den neuen E-Klasse Dienstwagen ja z. B. für nur einen Euro verkaufen), weswegen das Gesetz diese Möglichkeit grundsätzlich wegen der innewohnenden Interessenkollision einschränkt. Ein solches Rechtsgeschäft ist aber nicht etwa nichtig, sondern ebenfalls schwebend unwirksam und kann gem. § 177 BGB von dem Vertretenen genehmigt werden. Von diesem Verbot gibt es jedoch auch Ausnahmen. So z. B., wenn das Selbstkontrahieren vorher ausdrücklich von dem Vertretenen erlaubt wurde (Zustimmung), oder wenn das Rechtsgeschäft ausschließlich in der Erfüllung einer schon vorher bestehenden Verbindlichkeit besteht. Also der Geschäftsführer sich lediglich bereits entstandene berufliche Fahrtkosten auf sein Privatkonto überweist. Im Bereich des Gesellschaftsrecht ist es möglich, z. B. den Geschäftsführer einer GmbH oder dessen Prokuristen durch eine Regelung im Gesellschaftsvertrag oder durch einen Beschluss der Gesellschafter von Teilen des § 181 BGB oder von der gesamten Regelung zu befreien; das Verbot des Selbstkontrahierens zählt insoweit zum dispositiven Recht.

§ 9 Vertragliche Schuldverhältnisse

Schrifttum: *Armbrüster*, Grundfälle zum Zessionsrecht, JuS 2000, 450; *Baumann*, Zur Form von Schuldbeitritt und Schuldanerkenntnis, ZBB 1993, 171; *Bernhard*, Holschuld, Schickschuld, Bringschuld – Auswirkungen auf Gerichtsstand, Konkretisierung und Gefahrübergang, JuS 2011, 9; *Beyer*, Der Vertrag zugunsten Dritter, 1995; *Bötticher*, Wesen und Arten der Vertragsstrafe sowie deren Kontrolle, ZfA 1970, 3; *Brockmann/Künnen*, Vertrag mit Schutzwirkung für Dritte und Drittschadensliquidation, JA 2019, 729; *Coester-Waltjen*, Der Dritte und das Schuldverhältnis, JURA 1999, 656; *Ernst*, Das TV-Zuschauerquiz im BGB zwischen Auslobung und Spiel, NJW 2006, 186; *Esser*, § 242 und die Privatautonomie, JZ 1956, 555; *Gernhuber*, § 242 BGB – Funktionen und Tatbestände, JuS 1983, 764; *ders.*, Das Schuldverhältnis, 1989; *Großfeld*, Die Privatstrafe, 1961; *Gruber*, Das drohende Ende der Stückschuld, JZ 2005, 707; *Hennemann/Nemeczek*, Die Formbedürftigkeit von Vertragsänderungen, ZGS 2011, 157; *Hennrichs*, Gedanken zum Schuldner- und Gläubigerschutz bei der Abtretung, WM 1992, 85; *Jahnke*, Die Durchsetzung von Gattungsschulden, ZZP 93 (1980), 43; *Kähler*, Zur Entmythisierung der Geldschuld, AcP 206 (2006), 805; *Köhler*, Vereinbarung und Verwirkung der Vertragsstrafe, in: FS Gernhuber, 1993, S. 207; *Kuchinke*, Der Vertrag zugunsten Dritter, 2000; *Lange/Kretschmann*, Klausurrelevante Probleme der Abtretung, JA 2020, 569; *Lessmann*, Grundprobleme der Gattungsschuld, JA 1982, 280; *Nodushani*, Die „verdeckte" Vertragsstrafe Zur Abgrenzung von Schadensersatzpauschale und Vertragsstrafe, ZGS 2005, 330; *Ostendorf*, Vertragsstrafe und pauschalierter Schadensersatz als Instrumente der Vertragsgestaltung, JuS 2015, 977; *Pieper*, Vertragsübernahme und Vertragsbeitritt 1963; *Pauly*, Aktuelle Entwicklungen zur Wirksamkeit einer Vertragsstrafe, MDR 2005, 781; *Rahbari*, Der Anwendungsbereich des Vertrags zugunsten Dritter gem. §§ 328 ff. BGB, ZGS 2010, 172; *K. Schmidt*, Geld und Geldschuld im Privatrecht, JuS 1984, 737; *Selb*, Mehrheiten von Gläubigern und Schuldnern, 1984; *Wagenmann*, Die gestörte Vertragsübernahme, AcP 2005, 547; *Walker*, Die Vertragsstrafe im Arbeitsvertrag des Sportlers am Beispiel des Lizenzfussballspielers, in: FS Röhricht, 2005, 1277; *H.P. Westermann*, Gefahr und Gefahrübergang im Schuldrecht, JA 1978, 481, 551.

127 Ein Blick in das Inhaltsverzeichnis des BGB zeigt, dass das Recht der Schuldverhältnisse in den §§ 241 bis 853 im zweiten Buch des Bürgerlichen Gesetzbuchs geregelt ist. Unterschieden wird zwischen Allgemeinem Schuldrecht, das die Abschnitte 1 bis 7 umfasst, sowie dem Besonderen Schuldrecht in Abschnitt 8, welches die besonderen und häufig vorkommenden Schuldverhältnisse regelt.

Ein Schuldverhältnis besteht dann zwischen mindestens zwei Personen, wenn diese aufgrund eines Rechtsgeschäfts oder durch Gesetz Rechtsbeziehungen begründen. Folge daraus sind Leistungspflichten der jeweiligen Parteien. Aus einem Schuldverhältnis entstehen relative Rechte, d. h. nur bestimmte Personen werden aus einem Schuldverhältnis berechtigt oder verpflichtet.[162] Dagegen bestehen absolute Rechte, sog. Herrschaftsrechte, wie z. B. das Eigentums-, Pfand- oder Patentrecht, die gegenüber jedermann gelten. Aufgrund eines vertraglichen Schuldverhältnisses ist der Gläubiger nach § 241 I BGB berechtigt, von dem Schuldner eine Leistung zu fordern. Der Verkäufer ist z. B. bei einem Kaufvertrag Gläubiger des Kaufpreiszahlungsanspruchs, der Käufer Gläubiger des Übereignungsanspruchs in Bezug auf den Kaufgegenstand. In einem gegenseitigen Schuldverhältnis ist demzufolge jede Partei – in Abhängigkeit der Betrachtungsposition des Anspruchs – Gläubiger und Schuldner in einer Person.

Das Gesetz vertritt in manchen Fällen die Sichtweise des Gläubigers, so z. B. in § 241 BGB, wonach der Gläubiger berechtigt ist, von dem Schuldner eine Leistung zu fordern. Nach § 242 BGB ist der Schuldner verpflichtet, die Leistung so zu bewirken, wie Treu und Glauben mit Rücksicht auf die Verkehrssitte es erfordern. Die rechtlichen Regelungen sind demzufolge manchmal aus der Sicht des Gläubigers, manchmal aus der Sicht des Schuldners formuliert worden. Daher spielt die Sichtweise der Formulierung grundsätzlich keine Rolle. Ein vertragliches Schuldverhältnis entsteht in der Regel nur zwi-

---

162 Vgl. Schlechtriem/Schmidt-Kessel, 1. Teil Rn. 18.

Entstehung von Schuldverhältnissen

schen zwei oder mehreren bestimmten Personen. Weitere Personen sind an dem Schuldverhältnis nicht beteiligt; sie treffen weder die Vor- noch die Nachteile des Schuldverhältnisses. Zusätzliche schuldrechtliche Regelungen finden sich außerhalb des BGB auch im Handelsgesetzbuch sowie in verschiedenen Gesetzen des Gesellschaftsrechts.

Schuldverhältnisse können durch Rechtsgeschäft oder kraft Gesetzes entstehen. Gesetzliche Schuldverhältnisse sind u. a.
- Geschäftsführung ohne Auftrag, §§ 677 ff. BGB;
- Ungerechtfertigte Bereicherung, §§ 812 ff. BGB;
- Unerlaubte Handlung, §§ 823 ff. BGB.

Gesetzliche Schuldverhältnisse entstehen gerade nicht durch die Vereinbarungen von Vertragsparteien, sondern durch die Verwirklichung bestimmter gesetzlicher Tatbestandsmerkmale. Weitere gesetzliche Schuldverhältnisse finden sich im Familienrecht, §§ 1601 ff. BGB, sowie im Erbrecht, §§ 1922 ff., 2303 ff. BGB.

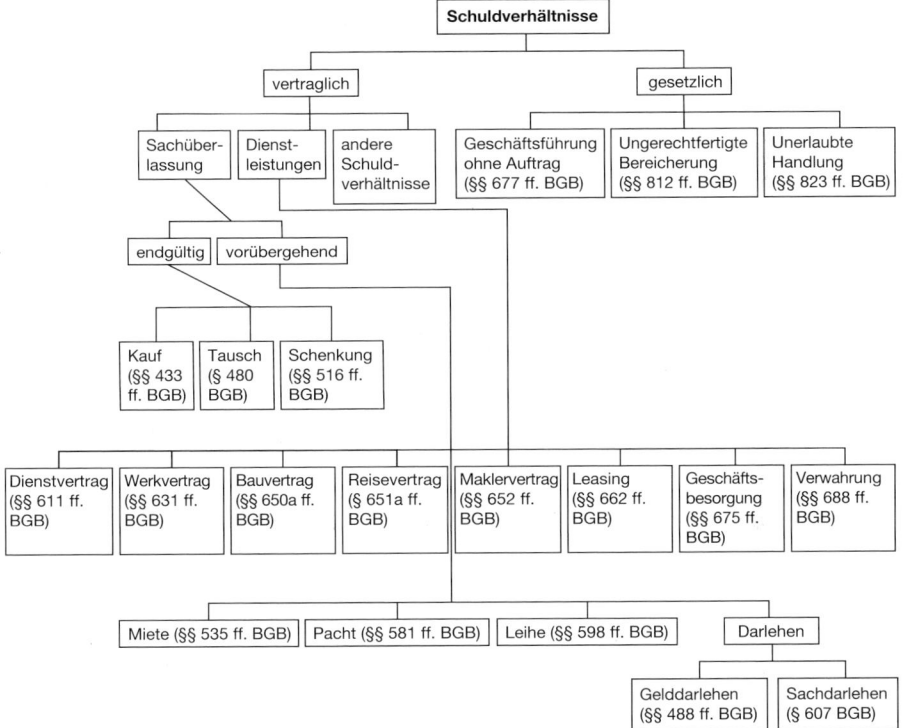

Abb. 20: Arten von Schuldverhältnissen

1. Entstehung von Schuldverhältnissen

Kraft eines Schuldverhältnisses ist der Gläubiger berechtigt, von dem Schuldner eine Leistung zu fordern, § 241 I 1 BGB. Verpflichten sich also zwei Personen, gegenseitig Leistungen zu erbringen, so begründen sie ein vertragliches Schuldverhältnis. Nach § 311 I BGB ist der Vertrag die Basis zur Begründung eines Schuldverhältnisses durch Rechtsgeschäft. Folge ist, dass das Schuldverhältnis durch mindestens zwei rechtsverbindliche und übereinstimmende Willenserklärungen entsteht. Ausnahmen bilden ein-

seitige Rechtsgeschäfte, wie z. B. die Auslobung, § 657 BGB, oder das Vermächtnis nach § 2147 BGB.
Der Normalfall sind gegenseitige, sog. synallagmatische Verträge, welche für beide Parteien Rechte und Pflichten begründen. Neben den gegenseitigen Verträgen gibt es die unvollkommen zweiseitigen Verträge und die einseitig verpflichtenden Verträge. Bei unvollkommen zweiseitigen Verträgen, wie z. B. der Leihe nach § 598 BGB oder dem Auftrag, § 662 BGB, stehen die Leistungspflichten der beiden Parteien in keinem gleichwertigen Verhältnis zueinander. So hat nach § 598 BGB der Verleiher dem Entleiher die Sache zum vertragsgemäßen Gebrauch zu überlassen. Er erhält vom Entleiher aber kein Nutzungsentgelt für die Sache, sondern hat nach § 604 I BGB nur das Recht, die geliehene Sache nach Ablauf der für die Leihe bestimmten Zeit zurückzuempfangen. Ähnliches gilt für den Auftrag nach § 662 BGB. Hier ist es der Beauftragte, der eine Leistung erbringt, für diese aber nicht entlohnt wird. Bei einseitig verpflichtenden Verträgen, wie z. B. der Schenkung nach § 516 BGB, geht nur eine Partei die Verpflichtung ein; die andere Partei zieht aus dem einseitig verpflichtenden Vertrag nur Vorteile.
Grundlage für den Abschluss von vertraglichen Schuldverhältnissen bildet die Privatautonomie, welche es ermöglicht, dass Personen grundsätzlich die Freiheit haben, Rechtsgeschäfte mit Vertragspartnern abschließen zu können, und zwar mit wem sie wollen und mit dem Inhalt, den sie wollen. Das Mittel zur Verwirklichung der Privatautonomie ist also das Rechtsgeschäft, welches aus einer oder mehreren Willenserklärungen besteht; mit Hilfe der Begriffe Rechtsgeschäft, Willenserklärung und Vertrag lassen sich alle rechtlichen Willensakte, wie etwa der Kauf, die Kündigung oder das Testament, analysieren und verstehen.[163]

2. Arten

129 Schuldverhältnisse unterscheiden sich zum einen durch ihre Entstehung. Während bei gesetzlichen Schuldverhältnissen Tatbestandsmerkmale einer gesetzlichen Regelung verwirklicht werden, entstehen vertragliche Schuldverhältnisse durch Willensäußerungen, die eine Rechtsfolge herbeiführen sollen. Ein zweites Unterscheidungsmerkmal bildet die zeitliche Dauer des Rechtsgeschäfts. Während sich Vertragsparteien bei einem Rechtsgeschäft Leistungen versprechen und der Vertrag durch die Erbringung der Leistungspflichten erfüllt wird, sind Dauerschuldverhältnisse, wie z. B. der Mietvertrag nach § 535 BGB, der Arbeitsvertrag nach § 611 BGB oder das Darlehen nach § 488 BGB, für einen längeren Zeitraum, z. T. auch unbefristet, wirksam. Eine besondere Unterscheidung zwischen einfachen Schuldverhältnissen und Dauerschuldverhältnissen ergibt sich durch die unterschiedlichen Rechtsfolgen, wenn sich eine Vertragspartei nicht vertragskonform verhält. Denn während bei einfachen Schuldverhältnissen auch für die Vergangenheit Rechtsfolgen verändert werden können, können bei Dauerschuldverhältnissen Änderungen nur für die Zukunft festgelegt werden (z. B. die Beendigung durch Kündigung).

---

163   Führich, § 8 Rn. 259.

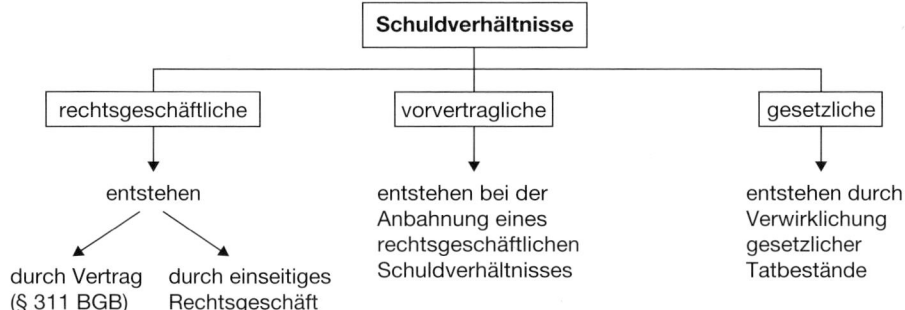

Abb. 21: Entstehung von Schuldverhältnissen

3. Leistungspflichten

Innerhalb eines Schuldverhältnisses können unterschiedliche Leistungspflichten entstehen, denn nach § 241 I 1 BGB kann der Gläubiger „eine Leistung fordern". Dabei handelt es sich um den Vertragsinhalt. Voraussetzung ist, dass der Vertragsinhalt bestimmt ist, d. h., dass sich nach objektiver Würdigung die Leistungspflichten konkretisieren lassen. Dabei genügt es, dass die Leistungspflichten bestimmbar sind. Bestimmbar sind Leistungspflichten dann, wenn sich die einzelnen Vertragsbestandteile – ggf. auch unter Zuhilfenahme außervertraglicher Umstände – ermitteln lassen, so z. B. beim Bestimmungskauf nach § 375 HGB oder bei fehlender Vereinbarung über die Höhe der Vergütung bei Dienst-, Werk- und Maklerverträgen i. S. v. §§ 612 II, 632 II, 653 II BGB. Nach §§ 315 ff. BGB kann die Bestimmung der Leistung einer Vertragspartei oder einem Dritten übertragen werden.

a) **Hauptpflichten.** Innerhalb eines Schuldverhältnisses ergeben sich eine Vielzahl von Leistungspflichten. Von besonderer Bedeutung sind die Hauptpflichten, die zu Ansprüchen auf diejenigen Leistungen führen, deren Sicherstellung nach den Vorstellungen der Vertragsparteien der eigentliche wirtschaftliche Zweck für die Eingehung des Schuldverhältnisses gewesen war.[164] An der Erfüllung dieser Pflichten haben die Vertragsparteien das größte Interesse. Ohne eine Einigung über Hauptpflichten eines Vertrags, so z. B. beim Kaufvertrag über den zu übergebenden Kaufgegenstand bzw. die Kaufpreiszahlung in bestimmter Höhe, kommt kein Vertrag zustande. Dieser Grundsatz gilt für einseitige, unvollkommen zweiseitige sowie gegenseitige vertragliche Schuldverhältnisse. In vielen Fällen ergeben sich vertragliche Hauptleistungspflichten aus dem Gesetz, so z. B. in §§ 433, 535, 611 oder 631 BGB, müssen aber im Vertrag konkretisiert werden.

b) **Nebenpflichten.** Aus dem Vertragsschluss können sich auch umfangreiche Nebenpflichten ergeben. Nebenpflichten haben die Aufgabe, die Vorbereitung, Durchführung oder die Sicherung der Hauptleistung zu unterstützen und sicherzustellen.[165] Nebenpflichten sind wie die Hauptpflichten primäre Leistungspflichten. Erst durch sog. Störungen der vertraglichen Schuldverhältnisse können diese Primärleistungspflichten durch Sekundärleistungspflichten, wie z. B. Schadensersatz, ersetzt werden. Daher dürfen die Begriffe Primär- und Sekundärpflichten bzw. Haupt- und Nebenleistungspflichten nicht verwechselt werden.

---

164 Vgl. Bähr, § 8 II 1a.
165 Vgl. Müssig, 8.3.2.

133 aa) **Schutzpflichten.** Nach § 241 II BGB verpflichtet das Schuldverhältnis jede Vertragspartei zur Rücksicht auf die Rechte, Rechtsgüter und Interessen des anderen Teils. Typische Schutzpflichten sind Sorgfalts-, Aufklärungs-, Obhuts-, Fürsorge- oder Rücksichtnahmepflichten. Diese Pflichten sind anders als die vorherigen Leistungspflichten nicht selbstständig einklagbar; denn der Begünstigte hat keinen Anspruch auf ihre Beachtung.[166] Bei der Verletzung von Schutzpflichten können aber Schadensersatzansprüche oder das Recht zum Rücktritt entstehen.

134 bb) **Treu und Glauben.** Nach § 242 BGB ist der Schuldner verpflichtet, die Leistung so zu bewirken, wie Treu und Glauben mit Rücksicht auf die Verkehrssitte es erfordern. In § 242 BGB hat der Gesetzgeber einen wichtigen Grundsatz formuliert, der für das gesamte Wirtschaftsprivatrecht Gültigkeit hat. Daraus ergibt sich, dass nicht nur die Leistung so zu bewirken ist, dass sie den Vorstellungen der Vertragsparteien entsprechen, sondern dass jedem die Verpflichtung obliegt, den Vertrag wie vereinbart zu erfüllen.[167] Die Vertragsparteien müssen alles tun, was den Vertragszweck fördern und haben alles zu unterlassen, was den Leistungserfolg beeinträchtigt.

134a cc) **Aufklärungspflichten.** Den Parteien obliegen darüber hinaus auch alle für das Schuldverhältnis wesentlichen und über die Primärleistungspflichten hinausgehenden Anzeige-, Hinweis- und Offenbarungspflichten. Dies spielt insbesondere bei ärztlichen Heileingriffen eine herausragende Rolle; hier müssen die Patienten über die volle Tragweite des Eingriffs informiert werden.

134b dd) **Obliegenheiten.** Von den Leistungspflichten zu unterscheiden sind die sog. Obliegenheiten. Hierunter versteht man Gebote, deren Nichterfüllung zwar zu rechtlichen Nachteilen führt, auf die allerdings kein Anspruch besteht. Die Erfüllung von Obliegenheiten liegt daher im eigenen Interesse des Betroffenen, weil ihm sonst Nachteile drohen. So muss z. B. im Handelsrecht der Käufer gem. § 377 I HGB die gekaufte Ware unverzüglich nach Wareneingang untersuchen und rügen, da er sonst seine Mängelrechte verliert, § 377 II HGB.

4. Stückschuld oder Gattungsschuld

135 Haben sich die Vertragsparteien darauf geeinigt, eine ganz bestimmte Sache zu übereignen, handelt es sich um eine individuelle Stückschuld. Beispiele sind der Oldtimer, der Maßanzug, die Jagdwaffe mit Maßschäftung oder ein bestimmtes Grundstück. Die Leistungspflicht erfasst also nur diesen konkreten Gegenstand. Soll eine Sache bzw. Leistung nur nach allgemeintypischen Gattungsmerkmalen geschuldet werden, handelt es sich um eine Gattungsschuld. Allgemeintypische Merkmale können die Beschaffenheit, der Typ, das Muster oder die Sorte sein. Der Gläubiger legt dabei nicht Wert auf das individuelle, konkrete Stück, sondern auf eine bestimmte Maß- oder Mengen- bzw. Recheneinheit des Leistungsgegenstandes.[168] Dabei kann es sich um den Kauf von zwei Kisten Weißwein, fünf Paar schwarzen Socken, einem neuen VW Golf oder einem Zentner Zement handeln. Eine Gattungsschuld liegt auch vor, wenn es sich um eine sog. Vorratsschuld handelt. In diesem Fall entnimmt der Schuldner den geschuldeten Leistungsgegenstand aus einer beschränkten Menge und übereignet ihn an den Vertragspartner.

Die Gattungsschuld birgt für den Schuldner ein höheres Beschaffungsrisiko als bei der Stückschuld. Kann der Schuldner eine Stückschuld nicht mehr liefern, wird er von der Leistungspflicht frei (Unmöglichkeit), muss aber ggf. Schadensersatz leisten. Kann er aber aus der Gattung nicht mehr liefern, wird er von seiner Verpflichtung zur Lieferung

---

166 Vgl. Brox/Walker, AS, § 2 Rn. 11.
167 Vgl. dazu MüKo-BGB/Schubert, § 242 Rn. 2.
168 Müssig, 8.3.4.

nicht frei, solange Gegenstände der Gattung noch – irgendwo – existieren, § 276 I 1 BGB. Der Verbrauch des eigenen Vorrats führt nicht zum Erlöschen der Gattungsschuld. Erst wenn niemand mehr aus der Gattung eine Leistungspflicht erfüllen kann, wird der Schuldner von seiner Leistung frei.[169] Aus der Gattung hat der Schuldner nach § 243 I BGB eine Sache von mittlerer Art und Güte zu leisten. Dieselbe Bestimmung findet sich in § 360 HGB für den Handelskauf. Geschuldet ist also ein qualitativer Durchschnitt, der aber vom Verkäufer auszuwählen ist.[170]

Hat der Schuldner aus einem Vorrat einen bestimmten Gegenstand ausgewählt, wandelt sich die Gattungsschuld in eine Stückschuld. Diese Konkretisierung ergibt sich aus § 243 II BGB, nachdem sich das Schuldverhältnis auf eine spezielle Sache beschränkt, wenn der Schuldner das zur Leistung einer solchen Sache seinerseits Erforderliche getan hat. Hier spielen der Leistungs- oder Erfüllungsort eine entscheidende Rolle. Erfüllt z. B. der Versandhandel den Auftrag eines Käufers, tritt Konkretisierung ein, wenn er den Kaufgegenstand dem Transportunternehmen übergibt.[171]

Ist zweifelhaft, ob es sich bei der Schuld um eine Stück- oder Gattungsschuld handelt, ist durch Auslegung zu bestimmen, welche Vereinbarung die Vertragsparteien vornehmen wollten. Je stärker sich die Gattungsschuld durch Einzelmerkmale konkretisieren lässt, je eher handelt es sich um eine Stückschuld.[172]

5. Leistung

a) Leistungsumfang. Der Leistungsumfang bestimmt sich grundsätzlich nach den vertraglichen Vereinbarungen. Nach § 266 BGB ist der Schuldner zu Teilleistungen nicht berechtigt. Das gilt grundsätzlich für alle Veräußerungs- oder Tätigkeitsverträge, z. B. den Kauf- oder den Werkvertrag. Im Rahmen einer Individualabrede sind vertragliche Vereinbarungen über Teilleistungen aber dann möglich, wenn sich beide Vertragsparteien darüber einig sind, so z. B. beim Darlehensvertrag nach §§ 488 ff. BGB, bei dem Teilzahlungen vereinbart wurden oder bei der Vereinbarung über Ratenzahlungen. Sind derartige Teilleistungen zwischen den Vertragsparteien nicht vereinbart worden und ist der Schuldner nicht in der Lage, seine Leistungspflicht vollständig zu erfüllen, kommt er gem. § 286 BGB grundsätzlich nach Mahnung in Verzug.

b) Leistungsort. Ob Stückschuld oder Gattungsschuld, die Leistung des Schuldners hat am richtigen Ort zu erfolgen, §§ 269, 270 BGB. Der Leistungsort ist gleichzeitig der Erfüllungsort. Grundsätzlich werden die Vertragspartner einen Leistungs- bzw. Erfüllungsort vereinbaren. Der Leistungs- bzw. Erfüllungsort ergibt sich daraus, wo der Schuldner die Leistung vorzunehmen hat. Davon zu unterscheiden ist der sog. Erfolgsort. Am Erfolgsort tritt der Leistungserfolg gegenüber dem Gläubiger ein. Leistungs- und Erfolgsort können identisch sein, müssen es aber nicht. Zur Bestimmung von Leistungsort und Erfolgsort kommen folgende Arten der Leistungsmerkmale in Betracht: die Holschuld, die Bringschuld oder die Schickschuld.

aa) Holschuld. Überwiegend hat der Schuldner seine Leistungspflicht an seinem Wohn- bzw. Geschäftssitz zu erfüllen, insbesondere dann, wenn ein Ort für die Leistung weder bestimmt noch aus den Umständen, insbesondere aus der Natur des Schuldverhältnisses, zu entnehmen ist, vgl. § 269 I BGB. Der Gläubiger muss sich also bspw. bei einem Kaufvertrag die ihm zu übereignende Sache bei dem Schuldner abholen. Leistung- und Erfolgsort sind somit gleich. Wichtige Ausnahme ist die Geldschuld nach § 270 I BGB: Geld hat der Schuldner im Zweifel auf seine Gefahr und seine Kosten dem Gläubiger

---

169 MüKo-BGB/Emmerich, § 243 Rn. 15.
170 Müssig, 8.3.4.
171 Vgl. BGH NJW 2003, 3341, 3342.
172 Vgl. Musielak/Hau, § 4 Rn. 211.

an dessen Wohnsitz zu übermitteln. Die Geldschuld kann demzufolge grundsätzlich keine Holschuld sein, es sei denn, die Vertragsparteien vereinbaren etwas anderes.

139 bb) **Bringschuld.** Bei der Bringschuld ist der Leistungs- bzw. der Erfüllungsort und der Erfolgsort der Wohn- oder Geschäftssitz des Gläubigers. Haben Gläubiger und Schuldner Bringschuld vereinbart, trägt der Schuldner die Übereignungsgefahr bis zur vollständigen Übergabe an den Gläubiger.

140 cc) **Schickschuld.** Sind sich die Vertragsparteien einig, dass die geschuldete Sache an den Gläubiger verschickt werden soll, liegt eine sog. Schickschuld vor. Leistungsort ist hier der Wohnsitz des Schuldners, Erfolgsort der Wohnsitz des Gläubigers. Leistungs- und Erfolgsort fallen also auseinander.[173] Schickschulden entstehen typischerweise beim Onlinekauf von Sachen. Hat der Schuldner die geschuldete Sache nach § 447 BGB an eine Transportperson, z. B. an einen Spediteur oder Frachtführer übergeben, geht die Transportgefahr auf den Käufer über, wenn der Schuldner die geschuldete Sache ordnungsgemäß an den Transporteur übergeben hat. Ausnahme hierzu bildet Verbrauchsgüterkauf nach § 474 BGB.

141 Den Schuldner treffen somit differenzierte Pflichten je nach Leistungsort. Liegt eine Holschuld vor, hat der Schuldner alles Erforderliche getan, wenn er die Sache aus der Gattung aussondert und sie für den Gläubiger bereitstellt. Wichtig ist, dass der Gläubiger Kenntnis erlangt, dass die Sache für ihn bereitsteht.[174] Bei der Bringschuld hat der Schuldner die Sache nicht nur auszusondern, sondern auch an den Wohnsitz des Gläubigers in eigener Verantwortung zu liefern. Bei der Schickschuld hat der Schuldner die Sache auszusondern und ordnungsgemäß an eine Transportperson zum Versand zu übergeben. Die Rechtsfolgen über die Vereinbarung des jeweiligen Leistungsortes sind deshalb so bedeutsam, weil der Zeitpunkt des Gefahrübergangs unterschiedlich und der Zustand der geschuldeten Sache am Leistungsort bedeutsam ist.[175]

6. Leistungszeit

142 Der Schuldner muss die Leistung zum richtigen Zeitpunkt erbringen. Die Leistungszeit kann durch die Vertragsparteien individuell vereinbart werden. Ist nach § 271 I BGB eine Zeit für die Leistung weder bestimmt noch aus den Umständen zu entnehmen, so kann der Gläubiger die Leistung sofort verlangen, der Schuldner sie sofort bewirken. Haben die Vertragsparteien eine Zeit bestimmt, ist nach § 271 II BGB im Zweifel anzunehmen, dass der Gläubiger die Leistung nicht vor dieser Zeit verlangen, der Schuldner sie aber vorher bewirken kann. In diesem Zusammenhang sind Fälligkeit der Leistung und Erfüllbarkeit der Leistung zu unterscheiden. Fällig ist eine Leistung, die der Schuldner zum jeweiligen Zeitpunkt erfüllen muss. Erfüllbarkeit hingegen liegt vor bei einem Zeitpunkt, ab dem der Schuldner die Leistung bewirken darf.

143 In den meisten Situationen fallen der Zeitpunkt der Fälligkeit und Erfüllbarkeit zusammen. Denn die Vertragsparteien haben i. d. R. einen festen Termin vereinbart, wann der Schuldner die Leistung zu bewirken hat. Ist dabei der Zeitpunkt so entscheidend, dass der Gläubiger nach Zeitablauf den geschuldeten Gegenstand nicht mehr gebrauchen kann, handelt es sich um ein sog. Fixgeschäft, z. B. bei der Maßanfertigung eines Anzugs zur kirchlichen Hochzeit.
Eine weitere Steigerung ist das absolute Fixgeschäft. Ein absolutes Fixgeschäft liegt vor, wenn bei Nichteinhaltung der Leistungszeit die Leistungserfüllung unmöglich wird und der Gläubiger Schadensersatz nach §§ 275 IV i. V. m. 280 I, III, 283 BGB geltend

---

173 Looschelders, SchR AT, § 12 Rn. 15.
174 Vgl. Musielak/Hau, § 4 Rn. 220.
175 Vgl. Führich, § 8 Rn. 270.

machen kann. Um ein absolutes Fixgeschäft handelt es sich z. B. bei der Bestellung eines kalt/warmen Buffets von einem Caterer zu einer Geburtstagsfeier für 50 Personen. Wird es einen Tag zu spät geliefert, ist die Leistungserbringung zu dem bestimmten Zweck, hier der Bewirtung der feiernden Gäste, unmöglich. Ist dagegen die verspätete Leistung noch nachholbar, handelt es sich um ein relatives Fixgeschäft.[176] Hat der Gläubiger an der Leistungserfüllung kein Interesse mehr, kann er nach § 323 I, II Nr. 2 BGB vom Vertrag zurücktreten. Die Festlegung der Leistungszeit durch die Vertragsparteien hat besondere Auswirkungen auf die Fälligkeit des Anspruchs und bei Nichtleistung zu einem bestimmten Zeitpunkt auf den Eintritt der Unmöglichkeit bzw. des Verzugs nach Mahnung.

7. Leistungsschuldner

Nach § 267 I BGB kann auch ein Dritter die Leistungspflicht erfüllen, wenn der Schuldner nicht in eigener Person zu leisten hat. Eine höchstpersönliche Leistungspflicht des Schuldners ergibt sich u. a. aus §§ 613, 664, 691, 713 BGB. Außerdem können die Vertragsparteien vereinbaren, dass der Schuldner die Leistung nur höchstpersönlich zu erbringen hat. Der Gläubiger kann nach § 267 II BGB die Leistung ablehnen, wenn der Schuldner der Leistungserfüllung durch einen Dritten widerspricht.

8. Leistung an Dritte

Grundsätzlich erfüllt der Schuldner seine Leistungspflicht, wenn er an den Gläubiger leistet. Dann erlischt nach § 362 I BGB das Schuldverhältnis. Nach §§ 362 II, 185 BGB kann der Schuldner seine Leistungspflicht auch gegenüber einem Dritten erbringen, wenn der Gläubiger damit einverstanden ist. Dann erlischt ebenfalls das Schuldverhältnis zwischen Gläubiger und Schuldner.

9. Arten von Schulden

a) **Geldschuld.** Nach § 270 I BGB hat der Schuldner im Zweifel Geld auf seine Gefahr und seine Kosten dem Gläubiger an dessen Wohnsitz zu übermitteln. Die Geldschuld ist eine Schickschuld. Es handelt sich um eine besondere Art der Gattungsschuld,[177] denn es werden keine speziellen Münzen bzw. Scheine, ob Euro oder Fremdwährung, geschuldet. Geld ist ebenfalls eine Ware, welche gekauft und verkauft werden kann. Es wird i. d. R. als Tauschmittel eingesetzt, das als gesetzliches Zahlungsmittel anerkannt ist. Der Schuldner einer Geldschuld kann diese dadurch erfüllen, dass er Banknoten oder Münzgeld mit entsprechendem Nennwert an den Gläubiger übereignet; der Gläubiger muss die Übereignung dieser Geldzeichen als Erfüllung annehmen. Geld dient als Wertmesser für Güter und Leistungen; es verkörpert einen Vermögenswert, mit dem Preise beglichen werden können.[178]

Eine bedeutende Unterscheidung, auch im Hinblick auf die Erfüllung einer Geldschuld, ist der Unterschied zwischen Bargeld und Buchgeld. Während sich Bargeld in Münzen und Banknoten ausdrückt, ist Buchgeld die Forderung gegenüber einer Bank im Rahmen eines sog. Kontokorrentvertrags zwischen Kontoinhaber und Bankinstitut, wonach dem Bankkunden bei Guthaben auf seinem Konto eine Buchgeldforderung gegenüber der Bank zusteht. Überweisung, Scheck oder Lastschrift sind Möglichkeiten des bargeldlosen Zahlungsverkehrs, mit denen der Schuldner einer Geldschuld seine Leistung gegenüber dem Gläubiger erfüllen kann.

b) **Zinsschuld.** Neben der Erfüllung einer Geldschuld kann der Schuldner auch verpflichtet sein, Zinsen zu bezahlen. Das BGB kennt jedoch keine allgemeine Zinsver-

---

176 MüKo-BGB/Ernst, § 286 Rn. 43.
177 Vgl. BGHZ 83, 293, 300; Staudinger/K. Schmidt, Vor § 244 Rn. A25; a. A. Bähr, § 9 III 1e; zum Streitstand: Looschelders, SchR AT, § 13 Rn. 32.
178 Vgl. MüKo-BGB/Grundmann, §§ 244, 245 Rn. 1 ff.; Jauernig/Berger, §§ 244, 245 Rn. 2.

pflichtung, die Zinszahlungspflicht muss daher vereinbart werden, es sei denn, das Gesetz sieht eine Zinszahlung im Ausnahmefall ausdrücklich vor (§ 288 BGB Verzug, Zinspflicht unter Kaufleuten, § 353 HGB). Zinsen können zum einen die Vergütung für die Geldüberlassung sein, so z. B. bei einem Darlehen nach §§ 488 ff. BGB; es kann sich bei Zinsen aber auch um eine Zusatzvergütung handeln, wenn z. B. der Ersatz von Aufwendungen nach § 256 S. 1 BGB zusätzlich zu verzinsen ist. Weitere Beispiele finden sich in §§ 288, 291 BGB oder § 353 HGB. Die Höhe der Zinsschuld ergibt sich entweder aus gesetzlichen Vorschriften, so z. B. nach §§ 246, 247 BGB, bzw. aus vertraglicher Vereinbarung, § 488 BGB. Das BGB geht nach § 246 BGB von 4 % gesetzlichem Zinssatz aus, das HGB von 5 % gem. § 352 HGB.

Verzugszinsen sind nach § 288 I 1 BGB erst zu zahlen, wenn sich der Schuldner mit der Leistung in Verzug befindet; dagegen sieht § 353 S. 1 HGB vor, dass Kaufleute schon bei Fälligkeit der Forderung zur Zinszahlung verpflichtet sind. Nach § 288 I BGB ist eine Geldschuld während des Verzugs zu verzinsen, und zwar p.a. mit 5 Prozentpunkten über dem Basiszins gem. § 247 BGB. Dies gilt für den Verbraucher einer Geldschuld. Sind an einem vertraglichen Rechtsgeschäft nur Kaufleute beteiligt, so beträgt der Zinssatz für Entgeltforderungen 8 Prozentpunkte über dem Basiszinssatz, § 288 II BGB. Hierbei ist zu beachten, dass es sich ausdrücklich nicht um Hundertstel handelt (Prozent), sondern um Prozentpunkte, also die Differenz von Prozentzahlen. Die Vertragsparteien können auch einen höheren Zins vereinbaren; zu beachten ist allerdings § 138 II BGB. Eine im Voraus getroffene Vereinbarung, dass fällige Zinsen ebenfalls verzinst werden, ist nach 248 I BGB nichtig. Dadurch soll der Schuldner vor unüberschaubaren Belastungen geschützt werden.[179]

148 c) **Wahlschuld.** Haben Gläubiger und Schuldner vereinbart, dass von mehreren Leistungen nur die eine oder andere zu bewirken ist, so kann der Schuldner auswählen, welche Leistungspflicht er zu erfüllen hat, § 262 BGB. Hat sich der Schuldner z. B. verpflichtet, aus mehreren Gegenständen einen Gegenstand zu übereignen, so trifft er die Wahl für die Erfüllung des Anspruchs.

149 d) **Schadensersatzschuld.** Erfüllt der Schuldner seine Primärleistungspflicht nicht, kann er zum Schadensersatz verpflichtet sein. Erforderlich ist grundsätzlich, dass der Gläubiger einen Vermögensschaden erlitten hat. Unter einem Schaden i. S. d. §§ 249 ff. BGB ist jede unfreiwillige Einbuße an einer geldwerten Vermögensposition zu verstehen. Immaterielle Schäden werden nur in Ausnahmefällen beglichen, so z. B. Schmerzensgeld nach § 253 II BGB oder Entschädigung wegen nutzlos aufgewendeter Urlaubszeit nach § 651n II BGB. Das Allgemeine Schuldrecht regelt in den §§ 249 ff. BGB umfassend Art und Höhe der Schadensersatzansprüche für alle Schuldverhältnisse. Grundsätzlich gilt dabei das Prinzip der Naturalrestitution; zunächst muss der zum Schadensersatz Verpflichtete versuchen, den Zustand wiederherzustellen, wie er sich ohne das Schadensereignis dargestellt hat. Ist ihm dies nicht möglich, so haftet er mit Geldersatz.

Der Übergang von primären zu sekundären Leistungspflichten macht deutlich, dass der Schuldner nicht allein das von ihm unmittelbar als Haupt- und ggf. auch als Nebenleistung versprochene Tun oder Unterlassen schuldet, sondern dass er darüber hinaus allgemein für die korrekte Erfüllung der von ihm übernommenen Verpflichtung haftet.[180] Die Pflicht zum Schadensersatz folgt aus der Nichterfüllung der Leistung. Zu beachten ist, dass sich in manchen Fällen eine Sekundärleistungspflicht für einen Dritten ergibt, der für eine Primärleistungspflicht nicht einzustehen hat, so z. B. für den Bürgen, welcher nach § 765 I BGB für die Erfüllung einer fremden Schuld einzustehen hat.

---

179 Vgl. Looschelders, SchR AT, § 13 Rn. 41.
180 Vgl. Bähr, § 8 II 1b.

10. Mehrheit von Gläubigern und Schuldnern

Häufig entstehen vertragliche Schuldverhältnisse, an denen mehr als zwei Vertragsparteien beteiligt sind. Das kann sowohl auf der Gläubiger- als auch auf der Schuldnerseite geschehen. Fallkonstellationen können sein, dass mehrere Gläubiger einem Schuldner, mehrere Schuldner einem Gläubiger oder mehrere Gläubiger mehreren Schuldnern aufgrund eines Rechtsgeschäfts gegenüberstehen. Insbesondere im Gesellschaftsrecht im Rahmen der Personengesellschaften, z. B. bei der Gesellschaft bürgerlichen Rechts, können sog. Mehrfachbeteiligungen von Anfang an gegeben sein. Mit den §§ 420 ff. BGB hat das Bürgerliche Gesetzbuch für Mehrfachbeteiligungen rechtliche Regelungen geschaffen.

a) **Gläubigermehrheit.** Das Gesetz unterscheidet zwischen drei Arten von Gläubigerschaft: Teilgläubigerschaft liegt nach § 420 BGB vor, wenn jeder Gläubiger nur zu einem gleichen Anteil berechtigt ist. Gesamtgläubigerschaft besteht nach § 428 BGB, wenn jeder einzelne Gläubiger die ganze Leistung fordern kann, wobei der Schuldner aber nur einmal leisten muss. Gesamthandsgläubigerschaft ist nach § 432 BGB gegeben, wenn ein Gläubiger die unteilbare Leistung nur für alle Gläubiger fordern kann; auch hier braucht der Schuldner nur einmal zu leisten.

b) **Schuldnermehrheit.** Für mehrere Schuldner hat das Bürgerliche Gesetzbuch verschiedene Fallkonstellationen aufgestellt: Hat jeder Schuldner nur zu einem Teil für die Erfüllung der Verbindlichkeit einzustehen, besteht Teilschuldnerschaft nach § 420 BGB. Es kann auch Gesamtschuldnerschaft nach § 421 BGB vorkommen, wonach jeder einzelne Schuldner die Leistung im Ganzen zu erbringen hat, vgl. §§ 427, 431 BGB. Eine Ausgleichspflicht existiert nach § 426 BGB, wenn der Schuldner, der die Leistungspflicht vollständig erfüllt, von seinen Mitschuldnern anteilig Ausgleich der von ihm vorgenommenen Leistungserfüllung verlangen kann.[181] Schuldnermehrheit bedeutet demzufolge, dass alle Schuldner anteilig die Leistungspflicht gegenüber dem Gläubiger zu erfüllen haben; übernimmt ein einzelner Schuldner die gesamte Leistungspflichterfüllung, steht ihm ein Ausgleichsanspruch gegenüber den übrigen Schuldnern nach § 426 BGB zu.

11. Schuldverhältnisse unter Einbeziehung Dritter

Auch mehr als nur zwei Personen können an einem vertraglichen Schuldverhältnis beteiligt sein. So kann der Schuldner z. B. mit befreiender Wirkung an einen Dritten leisten, wenn der Gläubiger mit dieser Leistungserfüllung einverstanden ist. Zusätzlich können vertragliche Schuldverhältnisse dahingehend gestaltet werden, dass entweder die Leistungspflichterfüllung zugunsten eines Dritten erfolgen soll oder aus einem Schuldverhältnis Pflichten entstehen, von denen ein Dritter betroffen ist.

a) **Vertrag zugunsten Dritter.** Wenn die Vertragsparteien ein Schuldverhältnis eingehen, in dem sie vereinbaren, dass eine dritte Person einen eigenen Anspruch gegenüber einer Vertragspartei erwirbt, so handelt es sich um den typischen Fall eines Vertrags zugunsten Dritter nach § 328 I BGB. Durch Vertrag kann eine Leistung an einen Dritten mit der Wirkung bedungen werden, dass der Dritte unmittelbar das Recht erwirkt, die Leistung zu fordern. Mit einer derartigen Abrede entsteht ein echter Vertrag zugunsten Dritter. Denn der Dritte kann sein Recht gegenüber dem Vertragsschuldner selbstständig und unabhängig vom Schuldner geltend machen. Beispiele sind der Schenkungsvertrag, der Pauschalreisevertrag, der Lebensversicherungsvertrag des Ehemanns zugunsten seiner Ehefrau und als einseitige Willenserklärung das Vermächtnis des Erblassers, welches der Erbe gegenüber einer dritten Person zu erfüllen hat.[182]

---

[181] Vgl. Müssig, 8.7.
[182] Vgl. dazu die umfangreichen Fallgruppen bei MüKo-BGB/Gottwald, § 328 Rn. 36–87.

Davon unterscheidet sich der unechte Vertrag zugunsten Dritter, nach dem der Dritte keinen direkten Anspruch gegenüber dem Schuldner hat. § 328 II BGB regelt den unechten Vertrag zugunsten Dritter, wonach in Ermangelung einer besonderen Bestimmung aus den Umständen, insbesondere aus dem Zweck des Vertrags, zu entnehmen ist, ob der Dritte das Recht erwerben, ob das Recht des Dritten sofort oder nur unter gewissen Voraussetzungen entstehen und ob dem Vertragschließenden die Befugnis vorbehalten sein soll, das Recht des Dritten ohne dessen Zustimmung aufzuheben oder zu ändern. Mit anderen Worten, bei diesem Vertrag besteht die Verpflichtung des Schuldners zur Leistung nicht gegenüber dem Dritten, sondern nur gegenüber seinem Vertragspartner. Schließt der Großvater für seinen Enkel eine Ausbildungsversicherung ab, handelt es sich um einen echten Vertrag zugunsten Dritter i. S. v. § 328 I BGB. Dagegen bildet die Vereinbarung zwischen Armaturenhersteller und Großhändler, Badezimmerarmaturen direkt ab Werk an den Kunden auszuliefern, nur eine einfache Abrede, die einen unechten Vertrag zugunsten Dritter darstellt.

Der Vertrag, das sog. Grund- oder Deckungsverhältnis, besteht zwischen den Vertragsparteien, Gläubiger und Schuldner. Das Verhältnis zwischen Gläubiger und dem Dritten, der als Begünstigter des Vertrags gilt, wird als Valuta- bzw. Zuwendungsverhältnis bezeichnet.[183] Der Gläubiger aus dem Schuldverhältnis will dem Dritten etwas zuwenden, und zwar zu dessen Gunsten. Ein Vertrag zu Lasten eines Dritten ist dagegen grundsätzlich nichtig, wenn der Dritte dem nicht zustimmt. Zwischen dem Dritten und dem Versprechenden besteht das sog. Vollzugs- oder Drittverhältnis; dies ist kein vertragliches Rechtsverhältnis, sondern eröffnet dem Dritten nur ein aus dem Vertrag zugunsten Dritter abgespaltenes Forderungsrecht mit korrespondierender Verpflichtung des Versprechenden.[184] Beispiele sind Buchgeldzahlungen per Überweisung, Scheck, Wechsel oder die Bezahlung mittels Kreditkarte.

155 **b) Vertrag mit Schutzwirkung zugunsten Dritter.** Beim Vertrag mit Schutzwirkung zugunsten Dritter hat der begünstigende Dritte keinen Anspruch auf eine Hauptleistungspflicht; diese hat nur der Gläubiger als Vertragspartner. Ihm stehen aus dem vertraglichen Schuldverhältnis aber schuldrechtliche Nebenrechte wie z. B. die Einhaltung von Schutz-, Sorgfalts- oder Obhutspflichten zu, da der Dritte in den Schutzbereich des Schuldverhältnisses zwischen Gläubiger und Schuldner einbezogen wurde. Der Vertrag mit Schutzwirkung zugunsten Dritter war im BGB nicht geregelt. Im Ergebnis war das (vor-) vertragliche Schuldverhältnis mit Schutzwirkung für Dritte schon vor der Schuldrechtsreform gewohnheitsrechtlich anerkannt und findet seit dem 1.1.2002 in § 311 III 1 BGB eine gesetzliche Grundlage.[185] Danach ist es möglich, den Dritten zu begünstigen, wenn er in der Nähe eines Vertragsverhältnisses steht, was insbesondere bei familien- und arbeitsrechtlichen Beziehungen der Fall ist. Voraussetzungen für die Vertragsnähe des Dritten sind zum einen die bewusste Leistungsnähe des Dritten, die dadurch entsteht, dass der Dritte von der Gefahr der Nichterfüllung des Vertrags betroffen wird, zum anderen ein bedeutendes Schutzinteresse, dass gegenüber dem Dritten auch die Nebenpflichten aus dem vertraglichen Schuldverhältnis bestehen.[186] Darüber hinaus die Erkennbarkeit der Haftungsausweitung für den Schuldner und die Schutzbedürftigkeit des Dritten. So hat z. B. der Vermieter nicht nur gegenüber dem Mieter, sondern auch gegenüber dessen Familie bzw. dessen Gästen Sorgfaltspflichten zu erfüllen. Dem Dritten steht somit ein Sekundäranspruch auf Schadensersatz nach §§ 280 I, 241 II, 311 III 1 BGB zu, wenn der Schuldner seine Nebenpflichten nicht erfüllt.

---

183 BGHZ 91, 288, 290; Staudinger/Jagmann, Vor § 328 Rn. 30; MüKo-BGB/Gottwald, § 328 Rn. 29; Schlechtriem/Schmidt-Kessel, 5. Teil, Rn. 731; Wörlen/Metzler-Müller, SchR AT, Rn. 417.
184 Müssig, S. 8.6.3; vgl. Looschelders, SchR AT, § 51 Rn. 14; s. dazu auch BGHZ 9, 316, 318.
185 Vgl. Eckebrecht, Vertrag mit Schutzwirkung für Dritte – Die Auswirkungen der Schuldrechtsreform, MDR 2002, 425, 427.
186 Vgl. Westermann/Bydlinski/Weber, § 16 Rn. 10 f.

12. Übertragung von Forderungen

156 Können neben einem Gläubiger auch mehrere Gläubiger aus einer Forderung anspruchsberechtigt sein, so kann auch ein Gläubigerwechsel dazu führen, dass ein völlig neuer Gläubiger gegenüber dem Schuldner anspruchsberechtigt ist. Nach § 398 BGB kann eine Forderung von dem Gläubiger durch Vertrag auf einen anderen übertragen werden. Dieser Vorgang wird als Abtretung bezeichnet. Mit dem Abschluss des Abtretungsvertrags tritt der neue Gläubiger an die Stelle des bisherigen Gläubigers. Die Übertragung einer Forderung kann auch kraft Gesetzes erfolgen, § 412 BGB. Sie ist z. B. vorgesehen bei der Gesamtschuld nach § 426 II BGB oder bei der Bürgschaft nach § 774 BGB.

Der Abtretungsvertrag kann grds. formfrei geschlossen werden. Zedent, d. h. der Altgläubiger, und der Zessionar als Neugläubiger müssen sich über den Wechsel der Forderung einig sein, damit der Zessionar vollständig die Rechtsstellung des ehemaligen Gläubigers erhält. Der Schuldner ist am Abtretungsvertrag nicht beteiligt, hat also auch kein Mitspracherecht. Um ihn zu schützen, sind aber in §§ 404 ff. BGB mehrere Regelungen getroffen worden, damit die Rechtsposition des Schuldners nicht beeinträchtigt wird.

157 a) **Abtretungsvoraussetzungen.** Folgende Voraussetzungen müssen vorliegen, damit eine rechtsgeschäftliche Vereinbarung über die Abtretung nach § 398 BGB wirksam ist:
– Übereinstimmende Willenserklärungen von Zedent und Zessionar zur Übertragung der Forderung;
– Bestand der Forderung gegenüber dem Zedenten im Zeitpunkt der Übertragung; einen gutgläubigen Erwerb von einem Nichtberechtigten gibt es im Gegensatz zum Eigentumserwerb an beweglichen Sachen oder Grundstücken bei der Forderungsabtretung bis auf wenige Ausnahmen, z. B. nach § 2366 BGB, grundsätzlich nicht;[187]
– Bestimmtheit bzw. Bestimmbarkeit der Forderung, so dass Klarheit besteht, welche Forderung vom Alt- an den Neugläubiger zu übertragen ist, zumindest im Zeitpunkt des Forderungsübergangs;
– Übertragbarkeit der Forderung; die Zession darf nach § 399 BGB nicht vertraglich ausgeschlossen sein. Ebenso kann nach § 400 BGB eine Forderung nicht abgetreten werden, soweit sie der Pfändung nicht unterworfen ist.

158 b) **Rechtsfolgen des Abtretungsvertrags.** Haben Zedent und Zessionar einen wirksamen Abtretungsvertrag geschlossen, tritt nach § 398 S. 2 BGB der neue Gläubiger an die Stelle des bisherigen Gläubigers. Bestehen bleiben nach § 404 BGB alle Einwendungen des Schuldners auch gegenüber dem neuen Gläubiger, die zur Zeit der Abtretung der Forderung gegen den bisherigen Gläubiger begründet waren. Zur Wirksamkeit des Abtretungsvertrags kann es deshalb erforderlich sein, dass dem Zessionar begründete Einwendungen und Einreden des Schuldners vorab bekannt sind. Neben der Primärforderung gegenüber dem Schuldner gehen auf den neuen Gläubiger auch Neben- und Vorzugsrechte nach § 401 I BGB über, so z. B. die Hypotheken, Schiffshypotheken oder Pfandrechte, die für die Forderung bestehen, sowie die Rechte aus einer für die Forderung bestellten Bürgschaft. Außerdem kann der neue Gläubiger ein mit der Forderung im Fall der Zwangsvollstreckung oder des Insolvenzverfahrens verbundenes Vorzugsrecht nach § 401 II BGB geltend machen.

159 c) **Schuldnerschutz.** Der Abtretungsvertrag nach § 398 BGB wird zwischen dem Altgläubiger und dem Neugläubiger geschlossen. Der Schuldner ist weder an der Abtretung beteiligt, noch muss er über die Abtretung in Kenntnis gesetzt werden. Daraus ergibt sich eine besondere Schutzbedürftigkeit für den Schuldner. Denn die Abtretung

---

[187] Vgl. MüKo-BGB/Roth/Kieninger, § 398 Rn. 29.

darf keinerlei rechtliche Nachteile für den Schuldner mit sich bringen.[188] Nach § 407 I BGB muss der neue Gläubiger eine Leistung, die der Schuldner nach der Abtretung an den bisherigen Gläubiger bewirkt, sowie jedes Rechtsgeschäft, das nach der Abtretung zwischen dem Schuldner und dem bisherigen Gläubiger in Ansehung der Forderung vorgenommen wird, gegen sich gelten lassen, es sei denn, dass der Schuldner die Abtretung bei der Leistung oder der Vornahme des Rechtsgeschäfts kennt. § 407 BGB setzt also voraus, dass der Schuldner seine Leistungspflicht erfüllt, wenn er in Unkenntnis der Abtretung noch an den alten Gläubiger leistet. § 408 BGB erweitert diesen Schuldnerschutz für den Fall einer mehrfachen Abtretung. Besteht zum Zeitpunkt der Abtretung für den Schuldner eine Aufrechnungsmöglichkeit gegenüber dem Zedenten, so gilt nach § 406 BGB dieses Aufrechnungsrecht auch gegenüber dem Zessionar. Erforderlich ist, dass im Zeitpunkt der Abtretung der Schuldner eine fällige Gegenforderung gegen den Zedenten hat.

Hat der Gläubiger nach § 409 I BGB dem Schuldner angezeigt, dass er die Forderung abgetreten hat, so muss er dem Schuldner gegenüber die angezeigte Abtretung gegen sich gelten lassen, auch wenn sie nicht erfolgt oder nicht wirksam ist. Eine bestimmte Form wird für die Abtretungsanzeige nicht vorausgesetzt. Nach § 409 I 2 BGB kann die Abtretungsanzeige in Form einer Urkunde erfolgen, die dem Schuldner vorzulegen ist. Ist die Urkunde dem Schuldner nicht ausgehändigt worden, wird er so gestellt, als ob die Abtretungsanzeige nicht erfolgt ist.

160 **d) Spezialfälle der Abtretung.** Folgende Spezialfälle der Abtretung nach §§ 398 ff. BGB sind von besonderer Bedeutung:[189]

- Offene Zession: Der Gläubiger informiert den Schuldner über die Abtretung der Forderung.
- Stille Zession: Keine Offenlegung der Abtretung; der Altgläubiger bleibt berechtigt, die Forderung geltend zu machen. Diese Art der Zession ist bei Banken verbreitet, die Kreditverträge mit ihren Kunden an Dritte weiterverkaufen, um sie am Kapitalmarkt in handelbare Derivate umzuwandeln, was mit ein Auslöser für die Finanzkrise ab dem Jahr 2007 war.
- Sicherungsabtretung: Im Rahmen einer Darlehensverpflichtung tritt der Kreditnehmer zur Besicherung der Darlehenssumme eine Forderung an den Kreditgeber ab, welche der Kreditgeber verwerten darf, wenn der Kreditnehmer das Darlehen nicht zurückzahlt.
- Globalzession: Insbesondere bei einer Darlehensverpflichtung tritt der Kreditnehmer gegenüber dem Kreditgeber sämtliche, auch zukünftige Forderungen zur Besicherung des Darlehens an den Kreditgeber ab.
- Inkassozession: Der Gläubiger einer Forderung tritt diese zum Einzug an eine Inkassostelle ab. Diese wird im Gegensatz zu der Bank, welche die Einzugsermächtigung vornehmen soll, neuer Gläubiger der Forderung. Die Inkassostelle wird treuhänderisch für den Altgläubiger tätig, z.B. beim Einzug von Honoraren bei Freiberuflern wie Ärzten oder Zahnärzten.
- Mantelzession: Der Altgläubiger tritt Forderungen in bestimmter oder variabler Höhe an den Zessionar ab und verpflichtet sich diesem gegenüber zur Einreichung von Aufstellungen über abgetretene Forderungen.
- Factoring: Im Rahmen eines Forderungsankaufvertrags überträgt der Gläubiger die Forderung gegen eine Provisionszahlung und evtl. Sicherheitszahlung wegen Bonitätsrisikos an den Factor. Beim echten Factoring übernimmt der Factor das Forderungsausfallrisiko, auch Delkredererisiko genannt. Beim unechten Factoring trägt der Altgläubiger trotz Verkauf der Forderung weiterhin das Forderungsausfallrisiko.

---

188 Vgl. Westermann/Bydlinski/Weber, § 17 Rn. 18.
189 Vgl. dazu die ausführlichen Fallgruppen bei Musielak/Hau, § 10 Rn. 1306 ff. und bei Müssig, 8.8.4.

e) Gesetzliche Forderungsübertragung. § 412 BGB sieht vor, dass auf die Übertragung einer Forderung kraft Gesetzes (*cessio legis*) die rechtlichen Regelungen über die Übertragung einer Forderung durch Vertrag nach §§ 398 ff. BGB Anwendung finden. Das gilt z. B. nach § 268 III BGB beim Ablösungsrecht eines Dritten, gem. § 426 II BGB beim Forderungsübergang auf den Gesamtschuldner gegenüber den anderen Schuldnern der Forderung oder nach § 774 I 1 BGB, wonach die Forderung automatisch auf den Bürgen nach Befriedigung des Gläubigers übergeht, die er gegenüber dem Schuldner geltend machen kann.

161

f) Forderungsübertragung kraft gerichtlicher Anordnung. Auch durch gerichtliche Entscheidung kann nach §§ 829, 835, 836 ZPO eine Forderung auf einen neuen Gläubiger übergehen, und zwar im Rahmen der Pfändung bzw. Überweisung. Typischer Fall ist die Lohn- und Gehaltspfändung nach §§ 850 ff. ZPO.

162

13. Schuldübernahme oder Schuldbeitritt

Das Gesetz sieht die Möglichkeit vor, den Schuldner auszuwechseln oder zu ergänzen. Dies geschieht durch die Schuldübernahme bzw. den Schuldbeitritt gem. §§ 414 ff. BGB.

162a

a) Schuldübernahme. Nach § 414 BGB kann eine Schuld von einem Dritten durch Vertrag mit dem Gläubiger in der Weise übernommen werden, dass der Dritte an die Stelle des bisherigen Schuldners tritt. Mit der Schuldübernahme findet ein Schuldnerwechsel statt. Die befreiende Schuldübernahme ist Gegenstück zur Abtretung.[190] Bedeutender Unterschied ist allerdings, dass es bei der Abtretung der Forderung auf einen neuen Gläubiger dem Schuldner i.d.R. egal ist, wem gegenüber er seine Leistungspflicht zu erfüllen hat. Demgegenüber kann es dem Gläubiger bei einem Schuldnerwechsel schon aus mehreren Gründen nicht gleichgültig sein, wer der Schuldner seiner Forderung ist, denn der Gläubiger ist besonders daran interessiert, dass der Schuldner finanziell leistungsfähig ist, um sicherzustellen, dass die Schuld beglichen wird. Daher setzt die Schuldübernahme die Beteiligung des Gläubigers voraus. Die Schuldübernahme lässt Inhalt und Umfang der Forderung des Gläubigers unverändert. Der Gesetzgeber sieht zwei Möglichkeiten vor, nach denen eine befreiende Schuldübernahme vertraglich vereinbart werden kann.

163

aa) Vertrag zwischen Gläubiger und Übernehmer. Nach § 414 BGB kann eine Schuld von einem Dritten durch Vertrag mit dem Gläubiger in der Weise übernommen werden, dass der Dritte an die Stelle des bisherigen Schuldners tritt. Hier schließen der Gläubiger und der neue Schuldner einen Vertrag mit dem Inhalt, dass dieser die Schuld des ehemaligen Schuldners übernimmt und sich zur Erfüllung dieser Schuld verpflichtet. Kommt der Vertrag zustande, bestätigt der Gläubiger automatisch, dass der ehemalige Schuldner aus seiner Leistungspflicht entlassen wird. Aus dem bestehenden Schuldvertrag gehen alle Rechte und Pflichten vom ehemaligen Schuldner auf den Dritten über und der alte Schuldner wird von seiner Leistungspflicht befreit.[191] Der Schuldübernahmevertrag kann grundsätzlich formfrei geschlossen werden. Schreibt das Gesetz eine besondere Form vor, so z. B. bei der Grundstücksübereignung nach § 311b I BGB, gilt diese Form auch für den ganzen Schuldübernahmevertrag. Während bei der Abtretung die Einbeziehung des Schuldners in die vertraglichen Vereinbarungen zwischen Alt- und Neugläubiger nicht erforderlich ist, hängt das Zustandekommen des Schuldübernahmevertrags ebenfalls nicht von der Einbeziehung des früheren Schuldners ab. Der Vertrag kommt nur zwischen dem Gläubiger und dem Neuschuldner zustande. Streitig ist, ob der Altschuldner die Schuldübernahme durch einen Dritten nach § 333 BGB zurückweisen

164

---

190 Grüneberg/Grüneberg, Überbl v § 414 Rn. 1.
191 Vgl. BGH NJW 1985, 2528, 2530.

kann.[192] Gemäß § 417 I BGB kann der Übernehmer der Schuld dem Gläubiger die Einwendungen entgegenhalten, welche sich aus dem Rechtsverhältnis zwischen dem Gläubiger und dem bisherigen Schuldner ergeben.

165 **bb) Vertrag zwischen (Alt-)Schuldner und Übernehmer.** Nach § 415 I 1 BGB kann die Schuldübernahme auch zwischen dem Neuschuldner und dem Altschuldner vertraglich vereinbart werden. Dies ist die in der Praxis häufigste Form des Schuldnerwechsels. Erforderlich für die Wirksamkeit des Schuldübernahmevertrags ist hier allerdings die Genehmigung des Gläubigers der Forderung. Die Genehmigung kann erst erfolgen, wenn der frühere Schuldner oder der neue Schuldner dem Gläubiger die Schuldübernahme mitgeteilt hat.[193] Möglich ist auch eine vorherige Zustimmung i. S. v. § 183 BGB.[194] Verweigert der Gläubiger die Genehmigung, so gilt die Schuldübernahme nach § 415 II 1 BGB als nicht erfolgt. Gleiches gilt, wenn der frühere oder der neue Schuldner den Gläubiger unter Bestimmung einer Frist zur Erklärung über die Genehmigung auffordern und der Gläubiger diese Frist verstreichen lässt; dann gilt die Schuldübernahme ebenfalls als verweigert, § 415 II 2 BGB.

166 **b) Schuldbeitritt.** Der Schuldbeitritt ist im Gesetz nicht geregelt. Im Rahmen einer vertraglichen Vereinbarung verpflichtet sich ein Dritter, die bestehende Schuld mitzuübernehmen. Die Pflicht des ehemaligen Schuldners, die Leistung zu bewirken, wird dadurch weder aufgehoben noch eingeschränkt. Der Gläubiger erhält durch den Schuldbeitritt einen weiteren Schuldner, auf den er zusätzlich zurückgreifen kann und der verpflichtet ist, die gesamte Leistung zu erbringen.[195] Beide sind Gesamtschuldner nach § 421 BGB. Der Gläubiger hat somit die Wahl, ob beide Schuldner gemeinsam oder nur einer von ihnen die Leistung zu bewirken hat.

Der Schuldbeitrittsvertrag kann entweder zwischen dem Schuldner und dem Beitretenden oder dem Beitretenden und dem Gläubiger geschlossen werden. Im Gegensatz zum Schuldübernahmevertrag nach § 415 BGB, bei dem die Wirksamkeit von der Zustimmung des Gläubigers abhängt, bedarf es einer solchen Zustimmung beim Schuldbeitrittsvertrag zwischen Schuldner und Beitretendem durch den Gläubiger nicht.[196] Zum einen wird die Rechtsposition des Gläubigers durch einen weiteren Schuldner nur gestärkt, da ja die Leistungspflicht des Altschuldners vollständig weiterbesteht; zum anderen bleibt es ihm nach § 421 BGB unbenommen, sich einzig und allein an den leistungsfähigeren Schuldner, so z. B. nur an den Altschuldner zu halten. Der Schuldbeitritt kann auch für zukünftige Verbindlichkeiten, die hinreichend bestimmt sein müssen, vereinbart werden.[197]

167 **c) Vertragsübernahme.** Bei der Vertragsübernahme scheidet eine Vertragspartei aus dem Vertragsverhältnis aus; an deren Stelle tritt eine dritte Person mit allen Rechten und Pflichten der ausgeschiedenen Vertragspartei. Diese Auswechslung einer Vertragspartei ist im Gesetz nicht allgemein geregelt, sondern einigen Sonderfällen vorbehalten (was aber nicht heißen soll, dass eine Vertragsübernahme nicht einvernehmlich zwischen den Parteien vereinbart werden kann; dazu sogleich). Zum einen ergibt sich die Vertragsübernahme aus Gesetz, so z. B. nach §§ 566 I, 581 II oder 613a I BGB. Zweite Möglichkeit ist die rechtsgeschäftliche Vereinbarung der Vertragsübernahme. Erforderlich ist dann, dass bei einer solchen Vertragsübernahme alle Vertragsparteien, ob alt oder neu, die Vertragsübernahme wirksam vereinbaren. Die Genehmigung einer vertrag-

---

192 Dafür Larenz, I § 35 I a; a. A. MüKo-BGB/Heinemeyer, § 414 Rn. 6.
193 BGH WM 1959, 16, 20; 1966, 577, 579; BGH NJW 1983, 678, 679.
194 Vgl. BGH NJW-RR 1996, 193, 194.
195 Looschelders, SchR AT, § 53 Rn. 24.
196 Westermann/Bydlinski/Weber, § 18 Rn. 15.
197 Vgl. BGH NJW 1996, 2865, 2866; 1997, 452, 453.

lichen Vereinbarung zwischen dem ausscheidenden Vertragspartner und dem Vertragsübernehmer durch den anderen Vertragspartner genügt.[198] Auf die Vertragsübernahme finden dann die Vorschriften der §§ 398 ff. und 414 ff. BGB entsprechende Anwendung.

d) Leistungsverweigerung durch den Schuldner. Hat der Schuldner nach § 273 I BGB aus demselben rechtlichen Verhältnis, aus dem seine Verpflichtung beruht, einen fälligen Anspruch gegen den Gläubiger, so kann er, sofern sich nicht aus dem Schuldverhältnis etwas anderes ergibt, die geschuldete Leistung verweigern, bis die ihm gebührende Leistung bewirkt wird (Zurückbehaltungsrecht). Dieses Leistungsverweigerungsrecht kann der Schuldner nur ausüben, wenn es nicht vertraglich oder gesetzlich ausgeschlossen ist. Ein typisches gesetzliches Leistungsverweigerungsrecht ist die Einrede des nicht erfüllten Vertrags nach § 320 BGB. Danach kann der Schuldner, der aus einem gegenseitigen Vertrag verpflichtet ist, die ihm obliegende Leistung bis zur Bewirkung der Gegenleistung verweigern. Diese Einrede steht ihm nur dann nicht zu, wenn er nach § 320 I 1 BGB vorzuleisten verpflichtet ist, es sei denn gem. § 321 I BGB, wenn nach Abschluss des Vertrags erkennbar wird, dass sein Anspruch auf die Gegenleistung durch mangelnde Leistungsfähigkeit des anderen Teils gefährdet wird. **168**

14. Vertragsstrafe

Die §§ 339 ff. BGB sehen bei einem Strafversprechen durch vertragliche Vereinbarung eine Strafe für den Fall vor, dass der Schuldner seine Leistungspflicht nicht bzw. nicht in gehöriger Weise erfüllt, insbesondere nicht zu der bestimmten Zeit. Normalerweise handelt es sich um eine Geldstrafe. Wird als Strafe eine andere Leistung als die Zahlung einer Geldsumme versprochen, so finden die Vorschriften der §§ 339 bis 341 BGB ebenfalls Anwendung, § 342 BGB. Das Strafversprechen des Schuldners bezweckt, dass dieser seine Leistungspflicht ordnungsgemäß erfüllt. Die Strafe, auch Konventionalstrafe genannt, begleitet als sog. Druckmittel die vertraglichen Absprachen zwischen Gläubiger und Schuldner, um die Vertragserfüllung abzusichern.[199] In Branchen wie der Bau- oder der Gütertransportbranche sind Vertragsstrafen grundsätzlich üblich. **169**

a) Akzessorietät. Zwischen vertraglichem Rechtsgeschäft und der Vertragsstrafe besteht Akzessorietät.[200] Nur wenn der Schuldner seine Leistungspflicht aus dem Vertrag nicht oder nicht in der gehörigen Weise erfüllt, besteht bei einem Strafversprechen der Anspruch des Gläubigers auf die Strafzahlung. Folge ist, dass ein Strafversprechen nicht besteht, wenn der Schuldner seine Leistungspflicht ordnungsgemäß erfüllt hat oder das Rechtsgeschäft von vornherein nichtig war, so z. B. nach §§ 116 ff., 119 ff., 134, 138 BGB. **170**

b) Verwirkung. Nach § 339 S. 1 BGB ist die Vertragsstrafe verwirkt, wenn der Schuldner dem Gläubiger die Zahlung einer Geldsumme als Strafe verspricht für den Fall, dass er seine Verbindlichkeit nicht oder nicht in gehöriger Weise erfüllt, und er eine Pflicht verletzt. Die Verwirkung der Vertragsstrafe setzt demzufolge voraus, dass einerseits eine vertragliche Vereinbarung zwischen Gläubiger und Schuldner vorliegt, aus der sich das Strafversprechen ergibt, andererseits für den Schuldner eine Hauptleistungspflicht aus einem wirksamen Rechtsgeschäft besteht und diese Hauptleistungspflicht widerrechtlich und schuldhaft verletzt wird. Eine Verletzung liegt vor, wenn der Schuldner die Hauptleistungspflicht nicht erfüllt, sich im Verzug mit der Hauptleistungspflicht befindet oder die Strafe nach § 339 S. 2 BGB durch Unterlassen verwirkt. **171**

---

198 Vgl. BGHZ 95, 88, 94 f.; BGH NJW 1998, 531, 532; Lange, Rechtsgeschäftliche Vertragsübernahme und Insolvenz, ZIP 1999, 1373, 1375.
199 Vgl. BGHZ 105, 24, 27 f.; Führich, § 8 Rn. 284; Looschelders, SchR AT, § 38 Rn. 1.
200 Vgl. MüKo-BGB/Gottwald, § 339 Rn. 14; Staudinger/Rieble, § 339 Rn. 108.

171

Ist die Strafe verwirkt, besteht Zahlungs- oder Leistungspflicht des Schuldners aus der mit dem Gläubiger vereinbarten Strafe. Wenn nach § 343 I BGB eine verwirkte Strafe unverhältnismäßig hoch ist, kann sie auf Antrag des Schuldners durch Urteil auf den angemessenen Betrag herabgesetzt werden. Diese Schutzfunktion des § 343 BGB kann durch die Vertragspartner nicht aufgehoben werden.[201] Zwischen Kaufleuten lässt das Handelsrecht nach § 348 HGB eine Herabsetzung der Vertragsstrafe nicht zu.

---

201 Vgl. Staudinger/Rieble, Vor §§ 339 ff. Rn. 71.

§ 10 Allgemeine Geschäftsbedingungen

Schrifttum: *Bomsdorf/Finkelmeier*, Allgemeine Geschäftsbedingungen im internationalen Handel, RiW 2021, 350; *Gottschalk*, Neues zur Abgrenzung zwischen AGB und Individualabrede, NJW 2005, 2493; *Hansen*, AGB-Inhaltskontrolle von Geschäftsbedingungen im B2C-eCommerce, ZGS 2006, 14; *Fehl*, Systematik des Rechts der AGB, 1979; *Locher*, Recht der AGB, 3. Aufl. 1997; *Schinkels*, Konditionenverschlechterung durch modifizierende Verlängerungsklauseln bei Dauerschuldverhältnissen, NJW 2015, 1473; *Schmidt*, Einbeziehung von AGB im Verbraucherverkehr, NJW 2011, 1633; *ders.*, Einbeziehung von AGB im unternehmerischen Geschäftsverkehr, NJW 2011, 3329; *Tettinger*, Zu den Freizeichnungsmöglichkeiten des Verkäufers einer mangelhaften Sache, AcP 205 (2005), 1; *Ulmer/Brandner/Hensen*, AGB-Recht, 13. Aufl. 2022; *Wackerbarth*, Unternehmer, Verbraucher und die Inhaltskontrolle vorformulierter Verträge, AcP 200 (2000), 45; *Weise*, „Aushandeln" von Allgemeinen Geschäftsbedingungen, NJW-Spezial 2019, 684; *Wendland*, Das Recht der Allgemeinen Geschäftsbedingungen in der Fallbearbeitung, JURA 2018, 866; JURA 2019, 41; *Wolf/Lindbacher/Pfeiffer*, AGB-Recht, 7. Aufl. 2020.

172 Vorformulierte Vertragsbedingungen, sog. Allgemeine Geschäftsbedingungen (AGB), bestimmen im heutigen Wirtschaftsleben in vielen Fällen den Vertragsabschluss. Der Vorteil von AGB ist die Vereinheitlichung und Rationalisierung einer Vielzahl von Geschäftsvorgängen; ihr Nachteil kann die Außerkraftsetzung des dispositiven Rechts sein, meist unter einseitiger Bevorzugung der Interessen des Verwenders der AGB, der als der wirtschaftlich Stärkere der anderen Partei seine Bedingungen mehr oder weniger aufzwingt.[202] Oft umfassen die (dispositiven) gesetzlichen Regelungen des BGB über die einzelnen Vorschriften zu bestimmten Verträgen nicht vollständig die Interessen der Vertragsparteien. Aus diesem Grund verwenden Unternehmen AGB, welche die Interessen meistens einer Partei berücksichtigen sollen, die z. B. durch den typischen Kaufvertrag nicht geregelt sind.

AGB sind Sondervereinbarungen, die die Rahmenbedingungen der vom Verwender zu schließenden Verträge vereinheitlicht. Sie werden nicht für jeden neuen Vertrag speziell formuliert. Die Effektivität unseres Wirtschaftslebens erfordert es, dass Verträge, z. B. Kaufverträge über Kraftfahrzeuge oder über Waren beim Versandhandel im Internet bzw. Dienstleistungsverträge über Kontoeröffnungen bei Banken, durch AGB standardisiert werden.

Es besteht die Gefahr, dass der meist unternehmerische Verwender von AGB seine Interessenlage ausnutzt und AGB zu seinem Vorteil und auf Kosten seines Kunden, der meist Verbraucher ist, missbraucht. Daher wurden gesetzliche Regelungen eingeführt, die speziell die Einbeziehung, Wirksamkeit und Reichweite von AGB im Sinne des Verbraucherschutzes regeln. Aus diesem Grund ist im geschäftlichen Verkehr zwischen Unternehmen auch nur ein Teil der AGB-Regeln anwendbar; bei Verträgen von Unternehmern mit Verbrauchern hingegen alle Vorschriften. Diese finden sich in den §§ 305 bis 310 BGB.

1. Sachlicher und persönlicher Anwendungsbereich

172a § 310 BGB schränkt den Anwendungsbereich der §§ 305 ff. BGB sowohl persönlich als auch sachlich ein. Daher ist es vor der Anwendung der AGB-Vorschriften der erste Schritt zu prüfen, ob die entsprechenden Normen überhaupt angewendet werden dürfen.

a) Sachlicher Anwendungsbereich. Nach § 310 IV 1 BGB können AGB nicht verwendet werden bei Verträgen auf dem Gebiet des Erb-, Familien- und Gesellschaftsrechts sowie auf Tarifverträge, Betriebs- und Dienstvereinbarungen. Bei der Anwendung auf

---

[202] Vgl. Dauner-Lieb/Langen/Kollmann, Vorb. zu §§ 305 ff. Rn. 4.

Arbeitsverträge sind gemäß § 310 IV 2 BGB die im Arbeitsrecht geltenden Besonderheiten angemessen zu berücksichtigen, insbesondere § 305 II, III BGB ist nicht anwendbar.

b) Persönlicher Anwendungsbereich. Grundsätzlich finden die §§ 305 ff. BGB gegenüber Jedermann Anwendung, allerdings kann es gegenüber bestimmten Adressatenkreisen zu Einschränkungen kommen. So finden § 305 II und III, § 308 Nr. 1, 2 bis 9 und § 309 Anwendung auf AGB, die gegenüber einem Unternehmer, einer juristischen Person des öffentlichen Rechts oder einem öffentlich-rechtlichen Sondervermögen verwendet werden.

Ebenso sind gem. § 310 II BGB die Klauselverbote mit bzw. ohne Wertungsmöglichkeit nach §§ 308, 309 BGB nicht anwendbar auf Verträge der Elektrizitäts-, Gas-, Fernwärme- und Wasserversorgungsunternehmen über die Versorgung von Sonderabnehmern mit elektrischer Energie, Gas, Fernwärme und Wasser aus dem Versorgungsnetz, soweit die Versorgungsbedingungen nicht zum Nachteil der Abnehmer von Verordnungen über Allgemeine Bedingungen für die Versorgung von Tarifkunden abweichen. Dasselbe gilt für Verträge über die Entsorgung von Abwasser.

Des Weiteren sieht § 310 III BGB eine Sonderregelung für Verbraucherverträge vor. Hiernach finden bei Verbraucherverträgen die §§ 305 ff. BGB mit den Maßgaben Anwendung, das AGB als vom Unternehmer gestellt gelten, es sei denn, dass sie durch den Verbraucher in den Vertrag eingeführt wurden. Weiterhin finden § 305c II, §§ 306, 307–309 BGB sowie Art. 46b EGBGB auf vorformulierte Vertragsbedingungen auch dann Anwendung, wenn diese nur zur einmaligen Verwendung bestimmt sind und soweit der Verbraucher aufgrund der Vorformulierung auf ihren Inhalt keinen Einfluss nehmen konnte. Schließlich sind bei der Beurteilung der unangemessenen Benachteiligung nach § 307 I, II BGB auch die den Vertragsschluss begleitenden Umstände zu berücksichtigen.

2. Begriff

173 Nach § 305 I 1 BGB sind AGB alle für eine Vielzahl von Verträgen vorformulierten Vertragsbedingungen, die eine Vertragspartei (Verwender) der anderen Vertragspartei bei Abschluss eines Vertrags stellt. Gleichgültig ist, ob die Bestimmungen einen äußerlich gesonderten Bestandteil des Vertrags bilden oder in der Vertragsurkunde selbst aufgenommen werden, welchen Umfang sie haben, in welcher Schriftart sie verfasst sind und welche Form der Vertrag im Übrigen hat. Voraussetzungen dafür, dass AGB überhaupt vorliegen, sind:
- Vorformulierte Vertragsbedingungen;
- Gültig für eine Vielzahl von Verträgen (bei Verbrauchsgüterkaufverträgen genügt die einmalige Verwendungsabsicht, § 310 III Nr. 2 BGB);
- Einseitige Verwendung ohne vorherige Einflussmöglichkeit.

Erforderlich ist, dass derartige Vereinbarungen nach § 305 I 3 BGB gerade nicht zwischen den Vertragsparteien im Einzelnen ausgehandelt worden sind.[203]

3. Wirksame Einbeziehung

174 Außerdem müssen AGB in den zwischen den Parteien abgeschlossenen Vertrag wirksam einbezogen worden sein. Die Voraussetzungen für die wirksame Einbeziehung von AGB in den Vertrag ergeben sich aus § 305 II BGB. Danach werden AGB nur dann Bestandteil eines Vertrags, wenn der Verwender bei Vertragsschluss
- die andere Vertragspartei ausdrücklich (Vertragsklausel) oder, wenn ein ausdrücklicher Hinweis wegen der Art des Vertragsschlusses nur unter unverhältnismäßigen

---

203 Vgl. BGHZ 164, 133, 137 zum Vorrang nachträglicher Individualvereinbarungen; BGH NJW 1991, 1678, 1679; 1992, 1107, 1108.

Schwierigkeiten möglich ist, durch deutlich sichtbaren Aushang (Parkhaus, Supermarkt) am Ort des Vertragsschlusses auf sie hinweist,[204] sowie
- der anderen Vertragspartei die Möglichkeit verschafft, in zumutbarer Weise, die auch eine für den Verwender erkennbare körperliche Behinderung der anderen Vertragspartei angemessen berücksichtigt, von ihrem Inhalt Kenntnis zu nehmen.[205]

Dies gilt allerdings nach § 310 I BGB nur dann, wenn es sich um einen Vertrag zwischen Unternehmer (§ 14 BGB) und Verbraucher (§ 13 BGB) handelt. Bei Verträgen zwischen Unternehmern finden die beiden Punkte keine Anwendung. Damit genügt unter Kaufleuten ein konkludenter Hinweis auf die Geltung der AGB.

Hingegen ist es immer notwendig, dass die andere Vertragspartei mit der Geltung der einbezogenen AGB auch einverstanden sein muss.

AGB werden insbesondere verwendet als Lieferbedingungen im Versandhandel, im Finanzdienstleistungsbereich bei Banken oder Versicherungen, im KFZ-, Bau- oder Transportwesen oder bei Pauschalreisen. Bei Abschluss eines Kaufvertrags über ein Kraftfahrzeug überreicht der KFZ-Händler dem Käufer in der Regel AGB. Ebenso verfährt die Bank gegenüber ihrem zukünftigen Kunden bei Abschluss eines Konto-/Depoteröffnungsvertrags.

AGB müssen verständlich sein, gleichgültig, ob ein Schriftstück überreicht wurde oder ob ein Aushang als AGB anzusehen ist. Insbesondere im Weg des E-Commerce, dem Abschluss von Verträgen unter zur Hilfenahme des Internet, muss der Unternehmer dem Verbraucher einen deutlichen Hinweis auf die Einbeziehung von AGB vor Vertragsschluss geben. Die Einbeziehung von AGB in eine Website entspricht den gesetzlichen Anforderungen nur dann, wenn der Unternehmer auf seine Formularbedingungen dergestalt hinweist, dass der Verbraucher sie vor Abgabe der Bestellung zur Kenntnis nehmen muss. Am sichersten ist es, wenn der Unternehmer sich dies bestätigen lässt (sog. Click-Wrap-Agreement). Hierbei kann der Vertragspartner die AGB elektronisch einsehen und erklärt durch Klicken einer elektrischen Schaltfläche (zwingend zu markierende Checkbox) sein Einverständnis zur Einbeziehung. Zusätzlich ist erforderlich, dass der Verbraucher sich die AGB im Detail ansehen und aus Kostengründen speichern kann, vgl. § 312i I Nr. 4 BGB.

Bestimmungen in AGB, die nach den Umständen, insbesondere nach dem äußeren Erscheinungsbild des Vertrags, so ungewöhnlich sind, dass der Vertragspartner des Verwenders mit ihnen nicht zu rechnen braucht, werden nach § 305 I BGB nicht Vertragsbestandteil. So konnte z. B. eine Fluggesellschaft aus einer Klausel in ihren AGB, nach der sie „Einreisestrafen" wegen Fehlens eines Visums auf den Kunden abwälzen durfte, wegen des starken Überraschungsmoments (die Strafe war acht Mal so hoch wie der Reisepreis) gegenüber dem über die Visumspflicht nicht informierten Fluggast nicht geltend machen.[206]

Im geschäftlichen Verkehr zwischen Unternehmern kommt es sehr häufig vor, dass beide Vertragspartner AGB verwenden. Da sich diese häufig in einigen Punkten widersprechen, enthalten sie fast immer auch sog. *Abwehrklauseln* („AGB des Vertragspartners werden nicht anerkannt und ausdrücklich zurückgewiesen."). Es stellt sich dann die Frage, wessen AGB eigentlich gelten, wenn beide AGB sich widersprechen und gleichzeitig auch Abwehrklauseln enthalten. Dies ist eine Frage der Auslegung: Ergibt die Auslegung des Vertrags und der AGB, dass die Parteien den Vertrag nur dann schließen wollen, wenn die jeweils eigenen AGB uneingeschränkt Geltung beanspruchen, so kommt mangels nicht übereinstimmender Willenserklärungen kein Vertrag zustande. Ergibt die Auslegung aber, dass die Vertragsparteien trotz des Dissens den Vertrag schlie-

---

204 S. dazu Jauernig/Stadler, § 305 Rn. 13.
205 Vgl. MüKo-BGB/Basedow, § 305 Rn. 72.
206 Vgl. LG Aschaffenburg NJW-RR 2007, 1128.

ßen wollten, so heben sich die sich widersprechenden AGB-Klauseln der Parteien gegenseitig auf und die dispositive gesetzliche Regelung – von der durch die AGB eigentlich abgewichen werden sollte – kommt wieder zum Tragen.

4. Auslegung von AGB

175 AGB sind Willenserklärungen des Verwenders, die bei Unverständlichkeit bzw. Unklarheit auszulegen sind. In §§ 305b, 305c II BGB finden sich gesetzliche Vorschriften, nach denen AGB auszulegen sind. Dazu kommen die allgemeinen Auslegungsgrundsätze von Willenserklärungen gem. §§ 133, 157 BGB, insbesondere die objektive Auslegung nach dem Empfängerhorizont.

176 a) **Vorrang der Individualabrede.** Nach § 305b BGB haben individuelle Vertragsabreden Vorrang vor AGB. Vereinbaren Vertragsparteien z. B. individuell eine besondere Form für den Vertragsabschluss und darüber hinaus für alle zukünftigen Willenserklärungen, welche zwischen den Parteien Rechtsfolgen auslösen sollen, so haben diese Vorrang vor einer Bestimmung in den AGB des Verwenders, in welcher Formfreiheit für den Vertragsabschluss vorgesehen ist. Hierbei ist besondere Vorsicht bei Verbrauchern geboten: Verhandeln diese einzelne Klauseln oder gar die gesamten AGB mit dem Vertragspartner, so wandeln sich die AGB zu Individualvereinbarungen, mit der Rechtsfolge, dass die den Verbraucher umfassend schützenden Vorschriften der §§ 305 ff. BGB nicht mehr anwendbar sind.

177 b) **Auslegungszweifel bei AGB.** Nach § 305c II BGB gehen Zweifel bei der Auslegung von AGB zu Lasten des Verwenders. Das bedeutet, dass bei der Auslegung wiederum auf den Empfängerhorizont des Kunden, des sog. Verbrauchers nach § 13 BGB, abzustellen ist. Die AGB sind zugunsten des Kunden auszulegen. Das Unterlassungsklagengesetz hat in den §§ 1, 3, 8 ff. UKlaG Regeln aufgestellt, nach denen in einem Prozess von qualifizierten Einrichtungen, Verbänden oder Kammern die Gerichte im Rahmen einer AGB-Kontrollklage bei einer unklaren Klausel die aus Sicht des Kunden kundenfeindlichste Auslegung zu erfolgen hat, welche in Wahrheit für den Verbraucher die günstigste ist.[207] Diese Auslegung zugunsten des Kunden ist deshalb notwendig, weil der Verbraucher schutzwürdiger ist als der Verwender von AGB.[208] Ergibt diese Auslegung, dass die Klausel nach dem AGB-Recht unwirksam ist, so ist stets die gesamte Regelung unwirksam, denn eine sog. *geltungserhaltende Reduktion*, also eine Auslegung der Klausel dahingehend, dass sie lediglich auf den gesetzlich gerade noch zulässigen Regelungsinhalt reduziert wird, ist unzulässig. Dies hat den Hintergrund, dass der Verwender, der die AGB einbezieht, nicht nur den Vorteil bei wirksamen AGB tragen soll, sondern auch das volle Risiko bei deren Unwirksamkeit.

5. Inhaltskontrolle von AGB

178 a) **Bedeutung.** Die Inhaltskontrolle von AGB erfolgt anhand der Regelungen der §§ 307 ff. BGB. Ziel der Überprüfung ist es, missbräuchliche Klauseln bei AGB aufzudecken, die zu inakzeptablen Nachteilen des Verbrauchers führen. Dabei hat der Gesetzgeber sog. Klauselverbote aufgestellt, welche eine ganze Reihe von typischerweise in AGB enthaltenen Klauseln aufzählen, die unwirksam sind oder unwirksam sein können. In § 308 BGB finden sich Klauselverbote mit Wertungsmöglichkeit, in § 309 BGB Klauselverbote ohne Wertungsmöglichkeit. § 307 BGB stellt die Generalklausel bei der Inhaltskontrolle von AGB dar. Sind beide Vertragsparteien Kaufleute, finden gem. § 310 I 1 BGB die §§ 308, 309 BGB keine Anwendung. Alleiniger Maßstab für die Inhaltskontrolle von AGB unter Kaufleuten ist daher § 307 BGB. Allerdings bilden die §§ 308, 309 BGB

---

207 Vgl. BGHZ 91, 55, 61; 95, 362, 365 ff.; 124, 351, 358; MüKo-BGB/Basedow, § 305c Rn. 41.
208 Vgl. Looschelders, SchR AT, § 16 Rn. 15; dazu auch BGHZ 100, 157, 178; 119, 152, 172.

auch hier ein Indiz dafür, was im Rechtsverkehr allgemein als unwirksam betrachtet wird.[209]

b) Klauselverbote ohne Wertungsmöglichkeit. Sind Klauseln von AGB zu überprüfen und betreffen diese Klauseln Verbote ohne Wertungsmöglichkeit, haben die Gerichte keinen oder kaum einen Ermessensspielraum, zu überprüfende Klauseln eines Verwenders zu bewerten. Diese sind dann unwirksam. Bei den Klauselverboten ohne Wertungsmöglichkeiten nach § 309 BGB handelt es sich um unwirksame Vorschriften in AGB:

Nr. 1   Kurzfristige Preiserhöhungen innerhalb von vier Monaten nach Vertragsschluss;
Nr. 2   Einschränkung oder Ausschluss von Leistungsverweigerungsrechten;
Nr. 3   Aufrechnungsverbot;
Nr. 4   Freistellung von der Mahnung oder der Fristsetzung zur Nacherfüllung;
Nr. 5   Pauschalierung von Schadensersatzansprüchen;
Nr. 6   Zahlung einer Vertragsstrafe durch den Verbraucher;
Nr. 7   Haftungsausschluss bei Verletzung von Leben, Körper, Gesundheit und bei grobem Verschulden;
Nr. 8   a) Haftungsausschlüsse bei Pflichtverletzung, so z. B. Ausschluss des Rechts für den Verbraucher, sich vom Vertrag zu lösen;
b) Eine Bestimmung, die bei Verträgen über Lieferungen von neu hergestellten Sachen und Werkleistungen Ansprüche gegen den Verwender wegen eines Mangels ausschließt oder beschränkt, das Recht auf Nacherfüllung ausschließt oder beschränkt, Kosten für die Aufwendung bei Nacherfüllung zu tragen, die nach Erfüllung des Vertrags vorenthalten werden können, sowie gesetzlich vorgeschriebene Fristen bei Lieferung oder Verjährungen verkürzt;
Nr. 9   Laufzeiten von Dauerschuldverhältnissen unangemessen für den Vertragspartner verlängert;
Nr. 10 Einen Wechsel des Vertragspartners ohne Absprache ermöglichen;
Nr. 11 Die Haftung dem Abschlussvertreter obliegt;
Nr. 12 Die Beweislast zum Nachteil des anderen Vertragsteils abgeändert wird;
Nr. 13 Die Form von Anzeigen und Erklärungen strenger sind als die normale Schriftform oder diese an besondere Zugangserfordernisse gebunden werden;
Nr. 14 Der andere Vertragsteil erst nach dem Versuch einer gütlichen Einigung in einem Verfahren zur außergerichtlichen Streitbeilegung Klage erheben darf;
Nr. 15 Regelungen zu Abschlagszahlungen und Sicherheitsleistung zum Nachteil des anderen Vertragsteils abgeändert werden.

§ 309 BGB enthält damit eine eindeutige und abschließende Aufzählung von AGB-Klauseln, welche von vorneherein als unwirksam angesehen werden, weil grundsätzlich keine Wertungsmöglichkeit besteht.

c) Klauselverbote mit Wertungsmöglichkeit. § 308 BGB stellt einen Verbotskatalog für Klauseln von AGB auf, bei deren Überprüfung Gerichten ein Ermessensspielraum eingeräumt wird. Zu überprüfen ist, ob die Klauseln unangemessen, nicht hinreichend bestimmt, sachlich nicht gerechtfertigt, unzumutbar oder von besonderer Bedeutung sind. Dabei handelt es sich um folgende Klauseln:

Nr. 1   Annahme- und Leistungsfristen unangemessen lange oder nicht hinreichend bestimmt;
Nr. 1a Zahlungsfristen unangemessen lange bestimmt;
Nr. 1b Überprüfungs- und Abnahmefrist unangemessen lange bestimmt;
Nr. 2   Nachfristen unangemessen lange oder nicht hinreichend bestimmt;

---

209   Vgl. Jauernig/Stadler, § 307 Rn. 1; siehe hierzu auch: Pfeiffer, Entwicklungen und aktuelle Fragestellungen des AGB-Rechts, NJW 2017, 913 ff.

Nr. 3 Rücktrittsvorbehalt vom Vertrag ohne sachlichen Grund;
Nr. 4 Unzumutbarer Änderungsvorbehalt;
Nr. 5 Fingierte Erklärungen, die entweder als abgegeben oder als nicht abgegeben gelten;
Nr. 6 Fiktion des Zugangs von Willenserklärungen;
Nr. 7 Unangemessen hohe Gebrauchsvergütungen bzw. Aufwendungsersatz bei Abwicklung von Verträgen;
Nr. 8 Rücktrittsvorbehalt des Verwenders bei Nichtverfügbarkeit der Leistung;
Nr. 9 Ausschluss der Abtretbarkeit.

Die unbestimmten Rechtsbegriffe wie z. B. „unangemessen lange", „sachlich gerechtfertigt", „zumutbar" oder „nicht hinreichend bestimmt" sind im Rahmen einer Gesamtabwägung der Interessen der Vertragspartner vorzunehmen.[210] Es kommt daher auf den Einzelfall an, ob eine Klausel mit Wertungsmöglichkeit wirksam ist, oder unwirksam.

181 d) **Generalklausel.** Fühlt sich die Vertragspartei, gegenüber der AGB verwendet wurden, durch diese benachteiligt, treffen aber die Klauselverbote nach § 308 BGB bzw. § 309 BGB nicht zu, so besteht die Möglichkeit, die Klausel im Rahmen der Generalklausel des § 307 BGB überprüfen zu lassen. Nach § 307 I 1 BGB sind Bestimmungen in AGB unwirksam, wenn sie den Vertragspartner des Verwenders entgegen den Geboten von Treu und Glauben unangemessen benachteiligen. Diese unangemessene Benachteiligung kann auch dann vorliegen, wenn eine Bestimmung nicht klar und verständlich aus Sicht der anderen Vertragspartei formuliert ist.[211]

Der Generalklausel kommt insofern besondere Bedeutung zu, weil die Klauselverbote nicht alle Tatbestände umfassen, welche zur Unwirksamkeit von Regelungen in AGB führen; darüber hinaus gelten die §§ 308, 309 BGB nach § 310 I BGB nicht für Unternehmer, juristische Personen des öffentlichen Rechts oder ein öffentlich-rechtliches Sondervermögen. Für diesen Personenkreis ist deshalb bei der Überprüfung von AGB ausschließlich § 307 BGB anwendbar.[212]

182 Die Generalklausel beinhaltet den Maßstab der Unangemessenheit. Der Gesetzgeber hat in § 307 II BGB die unangemessene Benachteiligung konkretisiert. Danach ist eine unangemessene Benachteiligung im Zweifel anzunehmen, wenn eine Bestimmung zum einen mit wesentlichen Grundgedanken der gesetzlichen Regelung, von der abgewichen wird, nicht zu vereinbaren ist oder zum anderen wesentliche Rechte oder Pflichten (sog. Kardinalpflichten), die sich aus der Natur des Vertrags ergeben, so eingeschränkt sind, dass die Erreichung des Vertragszwecks gefährdet ist. Beispiele sind beim Kaufvertrag die Einschränkung des Rücktrittsrechts bei fehlgeschlagener Nachbesserung, die Vereinbarung einer erfolgsunabhängigen Maklerprovision oder das Kündigungsrecht des Vermieters bei unverschuldetem Zahlungsverzug.[213] Darüber hinaus kann eine Klausel unwirksam sein, wenn sie gegen das Transparenzgebot verstößt, also nicht klar und verständlich formuliert ist. So war z. B. eine Preiserhöhungsklausel in AGB von Energieversorgern unwirksam, die ein Preiserhöhungsrecht bei der Steigerung von Lohnkosten vorsah. Da aber den Kunden bei Vertragsabschluss nicht klar sein konnte, wie in Zukunft Lohnsteigerungen ausfallen würden, war die Klausel unwirksam.

6. Einschränkung der Inhaltskontrolle

183 Allgemeine Regelungen über Leistungsbeschreibungen in Katalogen oder Preistabellen werden von den Kontrollmöglichkeiten der §§ 307 ff. BGB nicht umfasst, ebenso nicht Bestimmungen, die gesetzliche Regelungen bzw. Richtlinien oder Verordnungen wort-

---

210 Vgl. Wörlen/Metzler-Müller, SchR AT, Rn. 54.
211 Vgl. dazu BGH NJW 2006, 211, 213; Jauernig/Stadler, § 307 Rn. 7.
212 S. aber BGHZ 174, 1, 5 zur umfassenden Freizeichnung in AGB zwischen Unternehmen.
213 S. zu den umfangreichen Fallgruppen MüKo-BGB/Basedow, § 307 Rn. 59 ff.

gleich aufführen. Denn § 307 III BGB stellt klar, dass die Inhaltskontrolle nur für Bestimmungen in AGB gelten soll, durch die von Rechtsvorschriften abweichende oder diese ergänzende Regelungen vereinbart werden.

7. Unterlassungsklage gegen AGB-Klauseln

184 §§ 1 bis 16 UKlaG regeln Ansprüche und Verfahrensrechte bei der widerrechtlichen Verwendung von Klauseln bei AGB zum Nachteil der anderen Vertragspartei. Klagemöglichkeiten bestehen insbesondere nach § 2 I UKlaG, wenn in AGB gegenüber Vorschriften von Verbraucherschutzgesetzen zuwidergehandelt wird. Der Verwender derartiger Klauseln kann im Interesse des Verbraucherschutzes auf Unterlassung in Anspruch genommen werden. Verbraucherschutzgesetze i. S. d. § 2 II Nr. 1 UKlaG sind insbesondere innerhalb des Bürgerlichen Gesetzbuchs die Vorschriften über Verbrauchsgüterkäufe, Haustürgeschäfte, Fernabsatzverträge, Teilzeit-Wohnrechteverträge, Reiseverträge, Verbraucherdarlehensverträge sowie über Finanzierungshilfen bzw. Ratenlieferungsverträge und Darlehensvermittlungsverträge, die zwischen einem Unternehmer und einem Verbraucher gelten. Dasselbe gilt nach § 2 II Nr. 2 UKlaG für den elektronischen Geschäftsverkehr. Weitere Vorschriften finden sich im § 2 II Nr. 3–14 UKlaG. Unabhängig vom Streitwert ist für die gerichtliche Überprüfung von AGB nach § 6 UKlaG das Landgericht des Bezirks zuständig, in dem der Verwender von AGB seinen Sitz hat.

8. Rechtsfolgen

185 Die Grundregel des BGB in § 139 lautet, dass wenn ein Teil eines Rechtsgeschäfts nichtig ist, das ganze Rechtsgeschäft nichtig ist, sofern nicht anzunehmen ist, dass es auch ohne den nichtigen Teil vorgenommen sein würde. Bei AGB kodifiziert § 306 I jedoch eine Ausnahme von diesem Prinzip. Nach dieser Regelung bleibt ein Vertrag grundsätzlich wirksam, wenn AGB ganz oder teilweise nicht Vertragsbestandteil geworden oder unwirksam sind. Diese gesetzliche Regelung ist wiederum Ausfluss des Schutzprinzips gegenüber der Vertragspartei, welche auf die Gültigkeit des Vertrags vertraut hat. Unwirksame Klauseln sollen gerade nicht zur Unwirksamkeit des gesamten Rechtsgeschäfts führen. § 306 II BGB geht noch darüber hinaus: Wenn Bestimmungen aus AGB nicht Vertragsbestandteil geworden oder unwirksam sind, soll sich der Inhalt des Vertrags nach den gesetzlichen Vorschriften richten. Der Verwender von AGB muss sich bei der Einbeziehung von unwirksamen AGB-Regelungen darüber im Klaren sein, dass ihm dann durch die Anwendung der allgemeingültigen gesetzlichen Regelungen rechtliche Nachteile drohen können.

§ 11 Verträge mit besonderen Vertriebsformen

Schrifttum: *Beck*, Die Reform des Verbraucherschutzrechts, Jura 2014, 666; *Duden*, Verbraucherschutz und Vertragsschluss im Internet der Dinge, ZRP 2020, 102; *Firsching*, Der Kauf von Sachen mit digitalen Elementen, ZUM 2021, 210; *Hohlweger/Ehmann*, Umsetzung der Verbraucherrechterichtlinie – Teil 2: Das neue Widerrufsrecht, GWR 2014, 211; *Kramme*, Die Einbeziehung von Pflichtinformationen in Fernabsatz- und Außergeschäftsraumverträgen, NJW 2015, 279; *Ludwigkeit*, Der bewegliche Geschäftsraum iSv § 312b II 1 BGB, NJOZ 2018, 321; *Mayer*, Das Gesetz zur Umsetzung der Verbraucherrechterichtlinie unter Berücksichtigung praxisrelevanter Fragen, NJW 2014, 364; *Meier*, Der Verbraucherbegriff nach der Umsetzung der Verbraucherrechterichtlinie, JuS 2014, 777; *Meier/Schmitz*, Verbraucher und Unternehmer – ein Dualismus? NJW 2019, 2345; *Mischau*, Daten als „Gegenleistung" im neuen Verbrauchervertragsrecht, ZEuP 2020, 335; *Möller*, Die Umsetzung der Verbraucherrechterichtlinie im deutschen Recht, BB 2014, 1411; *Picht*, Die kaufrechtliche Garantie im Verbraucherrechterichtlinien-Umsetzungsgesetz, NJW 2014, 2609; *Stürner*, Informationspflichten bei Außergeschäftsraumverträgen und Fernabsatzverträgen, JA 2015, 341; *Tamm*, Informationspflichten nach dem Umsetzungsgesetz zur Verbraucherrechterichtlinie, VuR 2014, 9; *Tamm/Tonner/Brönneke*, Verbraucherrecht, 3. Aufl. 2020; *Tonner*, Das Gesetz zur Umsetzung der Verbraucherrechterichtlinie – unionsrechtlicher Hintergrund und Überblick, VuR 2013, 443; *Wendehorst*, Das neue Gesetz zur Umsetzung der Verbraucherrechterichtlinie, NJW 2014, 577; *Woitkewitsch*, Vertragswiderruf – Wertersatz und Nutzungsentschädigung bei fehlerhafter Belehrung, MDR 2015, 1157.

186 §§ 312 bis 312k BGB regeln Verträge mit besonderen Vertriebsformen. Darunter fallen u. a. außerhalb von Geschäftsräumen geschlossene Verträge (AGV), Fernabsatzverträge und der Vertragsschluss im elektronischen Geschäftsverkehr, der sog. E-Commerce. Bei den vorgenannten Verträgen handelt es sich allesamt um Verbraucherverträge, also einem Vertrag zwischen einem Verbraucher, § 13 BGB, und einem Unternehmer, § 14 BGB. Die §§ 312 und 312a BGB stellen diesen Anwendungsbereich klar. Die Schaffung eines einheitlichen Verbraucherschutzrechts soll die strukturelle Unterlegenheit des Verbrauchers ausgleichen und so die gestörte Vertragsgleichheit wiederherstellen. Der Unternehmer hat aufgrund seiner Geschäftserfahrenheit einen Informationsvorsprung. Er kennt alle rechtlichen und tatsächlichen Aspekte und kann sie teilweise beeinflussen. Der Verbraucher müsste Zeit und Kosten investieren, um dieselbe Informationsebene zu erlangen (z. B. durch die Beauftragung eines Rechtsanwalts mit einer Vertragsprüfung). Diese wirtschaftliche Überlegenheit des Unternehmers führt zu einer größeren Verhandlungsmacht und einem Ungleichgewicht der Verhandlungsstärke. Die Vorschriften des Verbraucherschutzrechts sorgen für einen Mindestschutz des Verbrauchers. Um dies für den Verbraucher zu gewährleisten sind gesetzliche Regelungen des Verbraucherschutzrechts zwingend und nicht abdingbar, § 312k BGB.

§§ 312, 312a BGB enthalten einen allgemeinen Teil und eröffnen den Anwendungsbereich. Sie legen die Voraussetzungen für eine Anwendbarkeit der speziellen Verbraucherschutznormen fest. In den §§ 312b bis 312h sind wiederum Sondervorschriften für diese besonderen Vertriebsformen enthalten. § 312i BGB und § 312j BGB gelten nur für E-Commerce.

1. Grundbegriffe

186a Das Verbraucherschutzrecht umfasst Rechtsnormen, die zielgerichtet dem Schutz der Interessen privater Endverbraucher im Verhältnis zum Unternehmer dienen.

a) Verbraucher. Verbraucher ist jede natürliche Person, die ein Rechtsgeschäft zu einem Zweck abschließt, der weder ihrer gewerblichen noch ihrer selbstständigen beruflichen Tätigkeit zugerechnet werden kann, § 13 BGB. Oftmals lässt sich der Zweck nicht zweifelsfrei feststellen. Insbesondere kommt es zu Streitfällen, wenn sich ein Verbraucher die Kaufsache zu seiner Arbeitsstelle oder zu seiner Firmenadresse schicken lässt. Das rechtsgeschäftliche Handeln einer natürlichen Person ist allerdings grundsätzlich als Verbraucherhandeln anzusehen. Verbleiben bei der Beurteilung Zweifel, welcher Sphäre das konkrete Handeln zuzuordnen ist, so ist zugunsten der Verbrauchereigenschaft zu entscheiden. Die Beweislast für die Verbrauchereigenschaft trägt nach allgemeinen Grundsätzen derjenige, der sich darauf beruft.[214] Daher ist der Verbraucherbegriff objektiv zu bestimmen, auf subjektive Fähigkeiten und Kenntnisse des Einzelnen kommt es nicht an. Bei gemischten Tätigkeiten (sog. dual use) ist auf den Schwerpunkt abzustellen. Für jedes einzelne Rechtsgeschäft ist dabei der Zweck zu ermitteln. Der Inhalt ist objektiv durch Auslegung zu bestimmen, §§ 133, 157 BGB.

b) Unternehmer. Unternehmer ist eine natürliche oder juristische Person oder eine rechtsfähige Personengesellschaft, die bei Abschluss eines Rechtsgeschäfts in Ausübung ihrer gewerblichen oder selbstständigen beruflichen Tätigkeit handelt, § 14 BGB. Dieser Unternehmerbegriff des bürgerlichen Rechts ist mit dem Kaufmannsbegriff des Handelsrechts gemäß §§ 1 ff. HGB nicht identisch. Er ist deutlich weiter, da er z. B. neben juristischen Personen und Handelsgesellschaften auch natürliche Personen (Kleingewerbetreibende/Selbstständige) erfasst. Zweck des Geschäftes des Unternehmers muss die Förderung der gewerblichen oder selbstständigen beruflichen Tätigkeit sein. Gewinnerzielungsabsicht ist nicht erforderlich.

2. Allgemeiner Teil des Verbraucherschutzrechts

Zunächst sind dem Abschnitt für Verbraucherverträge zwei Regelungen vorangestellt, der Anwendungsbereich gemäß § 312 BGB sowie Allgemeine Pflichten und Grundsätze von Verbraucherverträgen und Grenzen der Vereinbarung von Entgelten gemäß § 312a BGB.
Wesentliches Merkmal ist nach § 312 I BGB, dass sich der Verbraucher zu der Zahlung eines Preises verpflichtet. Der Verbrauchervertrag ist in § 310 III BGB legaldefiniert als ein Vertrag zwischen einem Unternehmer und einem Verbraucher. Preis in diesem Sinne ist gemäß § 327 I BGB auch eine digitale Darstellung eines Werts.
Zudem erweitert § 312 Ia BGB den Anwendungsbereich auf Verbraucherverträge, bei denen der Verbraucher dem Unternehmer personenbezogene Daten bereitstellt oder sich hierzu verpflichtet. Verarbeitet allerdings der Unternehmer die vom Verbraucher bereitgestellten personenbezogenen Daten ausschließlich, um seine Leistungspflicht oder an ihn gestellte rechtliche Anforderungen zu erfüllen, und nutzt diese zu keinem anderen Zweck, so sind diese Verträge vom Anwendungsbereich der §§ 312–312h BGB ausgenommen.
Insbesondere ist der Anwendungsbereich einzelner Vorschriften auf bestimmte Verbraucherverträge beschränkt, vgl. § 312 II BGB. § 312 II–VI BGB beschränken den sachlichen Anwendungsbereich der §§ 312–312h BGB durch Ausnahmetatbestände und Einschränkungen. In den genannten Fällen wird der Verbraucherschutz durch speziellere Normen nämlich bereits ausreichend verwirklicht. Dies sind im Wesentlichen:
– Bauverträge
– Beförderungsverträge
– Behandlungsverträge
– AGV über geringwertige Güter
– Fernunterrichtsverträge
– Finanzdienstleistungsverträge als Dauerschuldverhältnisse
– Hotelbuchungen
– Immobilienfinanzierungen
– Kaufverträge über Konzertkarten

---

[214] BGH NJW 2007, 2619.

- Lieferservices
- Mietverträge
- Notariell beurkundete Verträge
- Reiseverträge
- Teilzeitwohnrechtsverträge
- Telekommunikationsverträge
- Versicherungsverträge
- Warenautomatenverträge.

186c § 312a BGB beinhaltet als allgemeiner Teil des Verbraucherschutzrechts Informationspflichten für alle Verbraucherverträge i. S. d. § 310 Abs. 3 BGB. So regelt § 312a I BGB Offenlegungspflichten bei Telefonanrufen, während § 312a II BGB Offenlegungspflichten im stationären Handel enthält, d. h. jedes Geschäft ohne Beteiligung von AGV. Die weitgehenden Vorschriften beziehen sich allerdings nicht auf Geschäfte des täglichen Bedarfs sowie z. B. nicht auf Geschäfte, die den wesentlich umfangreicheren Regeln für AGV oder Finanzdienstleistungen unterliegen.

3. Außergeschäftsraumverträge

187 Ein AGV ist ein außerhalb von Geschäftsräumen geschlossener Vertrag. Dieser besteht demzufolge, wenn z. B. der Staubsauger- oder Weinvertreter dem Verbraucher in dessen Privatwohnung den zu verkaufenden Gegenstand vorführt, Verkaufsgespräche führt und der Vertragsabschluss erfolgt. Die Regelung knüpft an die typischen Gefahren an, die beim sog. Direktmarketing auftreten. Danach ist die Willensfreiheit des Verbrauchers möglicherweise eingeschränkt, wenn dieser durch einen geschulten Vertreter überraschend an der eigenen Haustür aufgesucht wird (daher auch der alte Begriff des „Haustürgeschäfts", der bis zum Jahr 2014 an dieser Stelle im BGB genutzt wurde).[215] Da der Kunde hier unvorbereitet mit einem Angebot des Unternehmers konfrontiert wird, kann er im Vorfeld keine informierte Entscheidung über den Kauf treffen, keine Vergleichsangebote einholen oder den objektiven Nutzen des Kaufgegenstands prüfen.[216] Bei AGV handelt es sich nach der gesetzlichen Definition in § 312b I BGB um Verträge,
1. die bei gleichzeitiger körperlicher Anwesenheit des Verbrauchers und des Unternehmers an einem Ort geschlossen werden, der kein Geschäftsraum des Unternehmers ist,
2. für die der Verbraucher unter den in Nummer 1 genannten Umständen ein Angebot abgegeben hat,
3. die in den Geschäftsräumen des Unternehmers oder durch Fernkommunikationsmittel geschlossen werden, bei denen der Verbraucher jedoch unmittelbar zuvor außerhalb der Geschäftsräume des Unternehmers bei gleichzeitiger körperlicher Anwesenheit des Verbrauchers und des Unternehmers persönlich und individuell angesprochen wurde, oder
4. die auf einem Ausflug geschlossen werden, der von dem Unternehmer oder mit seiner Hilfe organisiert wurde, um beim Verbraucher für den Verkauf von Waren oder die Erbringung von Dienstleistungen zu werben und mit ihm entsprechende Verträge abzuschließen.

Geschäftsräume sind gemäß § 312b Abs. 2 BGB unbewegliche Gewerberäume, in denen der Unternehmer seine Tätigkeit dauerhaft ausübt, und bewegliche Gewerberäume, in denen der Unternehmer seine Tätigkeit für gewöhnlich ausübt. Gewerberäume, in denen die Person, die im Namen oder Auftrag des Unternehmers handelt, ihre Tätigkeit dauerhaft oder für gewöhnlich ausübt, stehen Räumen des Unternehmers gleich.

---

215 Stürner, Außerhalb von Geschäftsräumen geschlossene Verbraucherverträge, Jura 2015, 341.
216 Gilles, Das Gesetz über den Widerruf von Haustürgeschäften und ähnlichen Geschäften, NJW 1986, 1131.

Nach § 312 g BGB steht dem Verbraucher ein Widerrufsrecht gem. § 355 BGB zu. Dieses **187a**
Widerrufsrecht schützt den Verbraucher vor übereilten Vertragsabschlüssen. Ein Widerrufsrecht entfällt für auf Wunsch des Verbrauchers, bei individualisierten Waren sowie für untrennbar mit anderen Gütern vermischte Waren, wobei bei letzterer Vorschrift auch digitale Inhalte wie etwa CDs, DVDs oder Datenspeicherorte gemeint sind, deren wirtschaftlicher Wert sich vor Rückgabe kopieren lässt. Für Buchungen und Reservierungen, die insbesondere für einen bestimmten Zeitraum und für Freizeitveranstaltungen gelten, ist ebenfalls kein Widerrufsrecht vorgesehen, es sei denn, dass es nur um Reiseleistungen geht. Für öffentliche Auktionen besteht ebenfalls kein Widerrufsrecht, was sich aber nicht auf Internetauktionen (Ebay) erstreckt. Ein Widerrufsrecht ist ebenfalls ausgeschlossen, wenn der Verbraucher den Unternehmer zur Vornahme dringender Reparatur- und Instandhaltungsarbeiten zu sich nach Hause bestellt. Widerruflich sind dagegen Verträge, die anlässlich eines solchen Besuchs und ohne Zusammenhang zur eigentlich gewünschten Leistung geschlossen werden.
Bei Haustürgeschäften ist eine Belehrung über das Widerrufsrecht erforderlich. In diesem Zusammenhang ist der Verbraucher auf die Rechtsfolgen des § 357 I bis III BGB hinzuweisen. So hat der Verbraucher z. B. nach § 357 VII BGB Wertersatz für eine durch die bestimmungsgemäße Ingebrauchnahme der Sache entstandene Verschlechterung zu leisten, wenn er spätestens bei Vertragsschluss in Textform auf diese Rechtsfolge und eine Möglichkeit hingewiesen worden ist, sie zu vermeiden. Keinen Wertersatz hat der Verbraucher dann zu leisten, wenn die Verschlechterung ausschließlich auf die Prüfung der Sache zurückzuführen ist. Hat der Käufer die Ware bereits bezahlt, kommt der Unternehmer mit der Pflicht zur Rückzahlung des Geldbetrags nach § 357 I BGB ohne Mahnung 14 Tage nach Zugang der Widerrufserklärung bzw. nach Rückgabe durch den Verbraucher automatisch in Verzug.

4. Fernabsatzverträge

Fernabsatzverträge sind in den §§ 312c ff. BGB geregelt. Fernabsatzverträge sind nach **188**
§ 312c I BGB Verträge, bei denen der Unternehmer oder eine in seinem Namen oder Auftrag handelnde Person und der Verbraucher für die Vertragsverhandlungen und den Vertragsschluss ausschließlich Fernkommunikationsmittel verwenden, es sei denn, dass der Vertragsschluss nicht im Rahmen eines für den Fernabsatz organisierten Vertriebs- oder Dienstleistungssystems erfolgt. Fernkommunikationsmittel nach § 312c II BGB sind alle Kommunikationsmittel, die zur Anbahnung oder zum Abschluss eines Vertrags eingesetzt werden können, ohne dass die Vertragsparteien gleichzeitig körperlich anwesend sind, wie Briefe, Kataloge, Telefonanrufe, Telekopien, E-Mails, über den Mobilfunkdienst versendete Nachrichten (SMS) sowie Rundfunk und Telemedien, wobei die Aufzählung des Gesetzgebers nicht abschließend geregelt ist.
Entscheidend für das Vorliegen eines Fernabsatzvertrages ist, dass die Vertragsparteien nicht gleichzeitig körperlich anwesend sind, sondern ausschließlich über Fernkommunikationsmittel kommunizieren. Eine Ausschließlichkeit scheidet dann aus, wenn ein Vertrag zwar über Fernkommunikationsmitteln angebahnt wird, dann aber bei einem persönlichen Besuch eines Vertreters beim Kunden abgeschlossen wird. Die Regelungen über den Fernabsatz sind in einem solchen Fall nicht anwendbar. Dasselbe gilt in Fällen, in denen sich ein Verbraucher zuerst in einem Ladenlokal informiert, um sodann bei diesem Händler die Waren über das Internet zu bestellen.

Neben dem Erfordernis, dass der Verbrauchervertrag unter ausschließlicher Verwendung **189**
von Fernkommunikationsmitteln geschlossen wurde, fordert § 312c I 1 BGB a. E. („es sei denn..."), dass der Vertrag im Rahmen eines für den Fernabsatz organisierten Vertriebs- oder Dienstleistungssystems geschlossen wurde. Geschäfte, die unter gelegentlichem, eher zufälligem Einsatz von Fernkommunikationsmitteln geschlossen werden, sollen hier bewusst aus dem Anwendungsbereich ausscheiden.

5. Besondere Informations- und Dokumentationspflichten

190 Bei Verbraucherverträgen i. S. d. § 312 BGB ist der Unternehmer verpflichtet, den Verbraucher gemäß § 312a II BGB, Art. 246 EGBGB zu informieren. Vor Abgabe der Vertragserklärung des Verbrauchers sind ihm z. B. gemäß § 312a II, Art. 246 I Nr. 1 BGB Informationen zu den wesentlichen Eigenschaften der Waren oder Dienstleistungen, in dem für den Datenträger und die Waren oder Dienstleistungen angemessenen Umfang, in klarer und verständlicher Weise zur Verfügung zu stellen.

191 Für AGV und Fernabsatzverträge muss der Unternehmer strenge Regelungen zu Informationspflichten einhalten, die in § 246a EGBGB und § 246b EGBGB in einem umfangreichen Katalog mit zahlreichen Einzelposten geregelt sind. Diese Informationspflichten werden gem. § 312d I 2 BGB stets Vertragsbestandteil, sofern die Parteien nicht ausdrücklich etwas anderes vereinbaren. Weichen die vorvertraglichen Informationen von den AGB ab, so kann sich der Unternehmer gemäß § 242 BGB nicht auf sie berufen. Auch ein Anspruch auf Zahlung von Kosten steht dem Unternehmer nur zu, wenn er auf diese aufmerksam gemacht hat.
Zu den Informationen, die der Unternehmer liefern muss, zählen gem. § 246a EGBGB insbesondere:
1. die wesentlichen Eigenschaften der Waren oder Dienstleistungen in dem für das Kommunikationsmittel und für die Waren und Dienstleistungen angemessenen Umfang,
2. seine Identität, beispielsweise seinen Handelsnamen sowie die Anschrift des Ortes, an dem er niedergelassen ist, seine Telefonnummer und gegebenenfalls seine Telefaxnummer und E-Mail-Adresse sowie gegebenenfalls die Anschrift und die Identität des Unternehmers, in dessen Auftrag er handelt,
3. zusätzlich zu den Angaben gemäß Nummer 2 die Geschäftsanschrift des Unternehmers und gegebenenfalls die Anschrift des Unternehmers, in dessen Auftrag er handelt, an die sich der Verbraucher mit jeder Beschwerde wenden kann, falls diese Anschrift von der Anschrift unter Nummer 2 abweicht,
4. den Gesamtpreis der Waren oder Dienstleistungen einschließlich aller Steuern und Abgaben, oder in den Fällen, in denen der Preis aufgrund der Beschaffenheit der Waren oder Dienstleistungen vernünftigerweise nicht im Voraus berechnet werden kann, die Art der Preisberechnung sowie gegebenenfalls alle zusätzlichen Fracht-, Liefer- oder Versandkosten und alle sonstigen Kosten, oder in den Fällen, in denen diese Kosten vernünftigerweise nicht im Voraus berechnet werden können, die Tatsache, dass solche zusätzlichen Kosten anfallen können,
5. im Falle eines unbefristeten Vertrags oder eines Abonnement-Vertrags den Gesamtpreis; dieser umfasst die pro Abrechnungszeitraum anfallenden Gesamtkosten und, wenn für einen solchen Vertrag Festbeträge in Rechnung gestellt werden, ebenfalls die monatlichen Gesamtkosten; wenn die Gesamtkosten vernünftigerweise nicht im Voraus berechnet werden können, ist die Art der Preisberechnung anzugeben,
6. die Kosten für den Einsatz des für den Vertragsabschluss genutzten Fernkommunikationsmittels, sofern dem Verbraucher Kosten berechnet werden, die über die Kosten für die bloße Nutzung des Fernkommunikationsmittels hinausgehen,
7. die Zahlungs-, Liefer- und Leistungsbedingungen, den Termin, bis zu dem der Unternehmer die Waren liefern oder die Dienstleistung erbringen muss, und gegebenenfalls das Verfahren des Unternehmers zum Umgang mit Beschwerden,
8. das Bestehen eines gesetzlichen Mängelhaftungsrechts für die Waren,
9. gegebenenfalls das Bestehen und die Bedingungen von Kundendienst, Kundendienstleistungen und Garantien,
10. gegebenenfalls die Laufzeit des Vertrags oder die Bedingungen der Kündigung unbefristeter Verträge oder sich automatisch verlängernder Verträge,

12. gegebenenfalls die Mindestdauer der Verpflichtungen, die der Verbraucher mit dem Vertrag eingeht,
13. gegebenenfalls die Tatsache, dass der Unternehmer vom Verbraucher die Stellung einer Kaution oder die Leistung anderer finanzieller Sicherheiten verlangen kann, sowie deren Bedingungen,
14. gegebenenfalls die Funktionsweise digitaler Inhalte, einschließlich anwendbarer technischer Schutzmaßnahmen für solche Inhalte,
15. gegebenenfalls, soweit wesentlich, Beschränkungen der Interoperabilität und der Kompatibilität digitaler Inhalte mit Hard- und Software, soweit diese Beschränkungen dem Unternehmer bekannt sind oder bekannt sein müssen,
16. gegebenenfalls, dass der Verbraucher ein außergerichtliches Beschwerde- und Rechtsbehelfsverfahren, dem der Unternehmer unterworfen ist, nutzen kann, und dessen Zugangsvoraussetzungen.

Steht dem Verbraucher gleichzeitig ein Widerrufsrecht nach § 312g I BGB zu, ist der Unternehmer gemäß Art. 246a § 1 II EGBGB verpflichtet, den Verbraucher über den Ablauf, die Bedingungen und Fristen des Widerrufs zu informieren. Die Anlage 2 zu Art. 246a EGBGB sieht hierzu ein Muster-Widerrufsformular vor. Der Unternehmer kann diese Informationspflichten dadurch erfüllen, dass er das in der Anlage 1 zu Art. 246a EGBGB vorgesehene Muster für die Widerrufsbelehrung zutreffend ausgefüllt in Textform übermittelt. Daneben hat der Unternehmer den Verbraucher auch zu informieren, wenn ihm kein Widerrufsrecht zusteht, vgl. Art. 246a § 1 III EGBGB.

Der Unternehmer muss dem Verbraucher gemäß Art. 246a §§ 4 EGBGB die Informationen nach Art. 246a §§ 1 bis 3 EGBGB vor Abgabe von dessen Vertragserklärung in klarer und verständlicher Weise zur Verfügung stellen. Die einzelnen formalen Vorgaben sind wiederum in der Norm einzeln aufgelistet.

Schließlich hat der Unternehmer auch Dokumentationspflichten zu erfüllen. Für AGV schreibt § 312f I BGB vor, dass der Unternehmer dem Verbraucher eine Kopie des Vertrages zur Verfügung stellen muss, entweder durch eine Kopie mit erkennbarer Unterschrift oder eine Bestätigung, die den Inhalt erkennen lässt. Mit Einverständnis des Verbrauchers kann auch ein dauerhafter Datenträger mit einer entsprechenden Datei übergeben werden. Der Einfachheit halber muss die Bestätigung nicht die Informationen enthalten, die der Unternehmer dem Verbraucher bereits vorvertraglich zur dauerhaften Aufbewahrung mitgeteilt hat. Geht es bei dem Vertrag um „*digitale Inhalte*", die nicht durch körperlichen Datenträger, sondern durch Datenübertragung geliefert werden, muss die Vertragskopie oder Bestätigung gem. § 312f III BGB erkennen lassen, dass der Verbraucher damit einverstanden war, dass der Unternehmer bereits mit der Vertragsausführung beginnt und dabei sein Widerrufsrecht verliert.

191a

Unternehmer, die im Online-Handel tätig sind, müssen seit dem 9.1.2016 weitere Informationspflichten gegenüber Verbrauchern beachten. Hauptziel der sog. Online Streitbeilegungsverordnung (ODR-Verordnung) war die Einrichtung einer Online-Streitbeilegungsplattform (sog. OS-Plattform) auf EU-Ebene. Die OS-Plattform ist Anlaufstelle für Verbraucher und Unternehmen, die aus Online-Rechtsgeschäften entstandene Streitigkeiten außergerichtlich beilegen möchten. Damit Verbraucher von der Plattform Kenntnis erlangen, müssen Unternehmer einen Link zur OS-Plattform auf ihrem Internetauftritt einfügen.

6. Widerrufsrecht

Neben den Informationspflichten ist das Widerrufsrecht des Verbrauchers das zweite Schutzinstrument des Fernabsatzrechts. Dem Verbraucher wird in § 312g I BGB ein Widerrufsrecht eingeräumt, dessen Einzelheiten und Folgen in den §§ 355 ff. geregelt sind. Danach sind der Unternehmer und der Verbraucher an ihre auf den Vertragsab-

192

schluss gerichteten Willenserklärungen nicht mehr gebunden, wenn der Verbraucher seine Willenserklärung fristgerecht widerrufen hat.

192a a) **Voraussetzungen.** Das Widerrufsrecht des Verbrauchers knüpft bei den besonderen Vertriebsformen an das Vorhandensein eines Fernabsatzvertrages i. S. v. § 312c BGB oder eines Außergeschäftsraumvertrages gemäß § 312b BGB an. Auch außerhalb dieser besonderen Vertriebsformen gibt es das Widerrufsrecht, nämlich immer dann, wenn dem Verbraucher ein besonderer Schutz zukommen soll, sich auch nach Vertragsschluss noch vom Vertrag wieder lösen zu können (z. B. beim Verbraucherdarlehen, vgl. § 495 I BGB). Damit die Voraussetzungen der §§ 355 ff., 312 ff. BGB erfüllt sind, muss zunächst ein Verbrauchervertrag im Sinne des § 312, 312a BGB vorliegen.
Außerdem muss eine besondere Vertriebsform (AGV oder Fernabsatzvertrag) gegeben sein.
Darüber hinaus muss ein Widerrufsrecht bestehen. Die Rechtsgrundlage für das Widerrufsrecht bei den besonderen Vertriebsformen ist § 312g BGB. Das Widerrufsrecht ist grundsätzlich in §§ 355 ff. BGB geregelt. Die §§ 355 ff. BGB begründen aber nicht selbst ein Widerrufsrecht, sondern knüpfen an die zum Widerruf berechtigenden verbraucherschutzrechtlichen Regelungen an. Das bedeutet, dass die Normen der §§ 355 ff. BGB erst dann anwendbar sind, wenn das BGB an anderer Stelle dem speziellen Vertragstyp ein Widerrufsrecht zugebilligt hat. Nach § 312g II BGB scheidet das Widerrufsrecht bei bestimmten Fernabsatzverträgen aus, soweit die Vertragsparteien keine anderen Bestimmungen vorgenommen haben. Praktisch besonders problematisch sind dabei die folgenden Fälle:
– Alkoholische Getränke
– Datenträger mit beschädigtem Siegel
– Freizeitdienstleistungen
– Individuell hergestellte Produkte
– Notariell beurkundete Verträge
– Preisschwankungen unterworfene Produkte
– Reisedienstleistungen
– Verderbliche Waren
– Vermischte Güter
– Wett- und Lotteriedienstleistungen
– Zeitungen und Zeitschriften.
Bei Fernabsatzverträgen besteht das Widerrufsrecht nicht nach § 312g III BGB, soweit dem Verbraucher bereits nach § 495 BGB ein Widerrufs- oder Rückgaberecht gem. den §§ 355, 356 BGB zusteht.[217] Aufgrund der Vertragsfreiheit ist es zusätzlich möglich, auch für nicht kraft Gesetzes unter §§ 355, 356 BGB fallende Verträge ein Widerrufs- bzw. Rückgaberecht nach diesen Vorschriften zu vereinbaren.[218]
Weitere Voraussetzung des Widerrufs ist, dass die Widerrufsfrist eingehalten wurde. Gem. § 355 II 1 BGB beträgt die Widerrufsfrist grundsätzlich 14 Tage. Die Frist beginnt grundsätzlich mit Vertragsschluss. Hierzu gibt es aber in §§ 356 ff. BGB zahlreiche Sonderregelungen. Generell ist der Beginn der Widerrufsfrist von der ordnungsgemäßen Erfüllung der Informationspflichten abhängig. Bei Fernabsatzverträgen und AGV beginnt die Widerrufsfrist nicht vor Erfüllung der Informationspflichten gemäß §§ 312d BGB, Art. 246a EGBGB. Auch § 356 BGB enthält Sonderregelungen für das Widerrufsrecht der Verbraucher bei AGV und Fernabsatzverträgen. Die Sonderregelungen betreffen die Widerrufserklärung und den Beginn der Widerrufsfrist. Bei einem Verbrauchsgüterkauf beginnt z. B. die Widerrufsfrist gemäß § 356 II Nr. 1 BGB, sobald der Verbraucher die Ware, bei mehreren Waren oder Teillieferungen die letzte Ware/Sendung, bei regel-

---

217 Vgl. dazu BGH BB 2005, 235, 236.
218 Vgl. Brox/Walker, AS, § 19 Rn. 24; Grüneberg/Grüneberg, Vorb. v. § 355 Rn. 5.

mäßigen Lieferungen über einen festgelegten Zeitraum, sobald der Verbraucher die erste Ware erhalten hat. Es bestehen also folgende kumulative Voraussetzungen für den Fristbeginn:
- Vertragsschluss, § 355 Abs. 2 BGB
- Wareneingang, § 356 Abs. 2 Nr. 1–3 BGB
- Widerrufsbelehrung, § 356 Abs. 3 BGB.

Das Widerrufsrecht erlischt spätestens zwölf Monate und 14 Tage nach dem Wareneingang oder nach dem in § 355 II 2 BGB genannten Zeitpunkt. Das bedeutet, dass das Widerrufsrecht zeitlich begrenzt ist, auch dann, wenn gar nicht oder falsch belehrt wurde. Wird innerhalb der 12 Monate die Belehrung über das Widerrufsrecht nachgeholt, beginnt die Widerrufsfrist ab diesem Zeitpunkt.

Letzte Voraussetzung ist, dass der Verbraucher sein Widerrufsrecht ausübt. Der Widerruf des Verbrauchers erfolgt durch Erklärung gegenüber dem Unternehmer. Aus der Erklärung muss der Entschluss des Verbrauchers zum Widerruf des Vertrags hervorgehen. Der Widerruf muss dabei keine Begründung beinhalten; zur Fristwahrung genügt die rechtzeitige Absendung des Widerrufs.

b) Rechtsfolgen. Die Rechtsfolgen des Widerrufs finden sich einerseits als allgemeine Regeln in § 355 BGB und andererseits in den §§ 357 ff. BGB für die jeweiligen Vertragstypen. Die Bestimmungen für Fernabsatzverträge und AGV in § 357 BGB sind dabei besonders umfangreich. Wesentliche Regelung ist die Pflicht zur unverzüglich Rückgewähr der empfangenen Leistungen. Außerdem regelt § 357 VII BGB einen etwaigen Wertersatzanspruch des Unternehmers bei Warenlieferungen; außerdem enthält § 357 VIII und IX BGB Sonderregeln für den Wertersatz bei Dienstleistungen und Downloads.

Bei Ausübung des Widerrufsrechts müssen die empfangenen Leistungen spätestens nach 14 Tagen zurückgewährt werden, § 357 I BGB. § 357 II BGB trifft eine Regelung zu den Versandkosten. Hiernach ist der Unternehmer zu ihrer Rückzahlung verpflichtet. Eine Ausnahme besteht dann, wenn der Verbraucher etwas anderes als die Standardlieferung gewählt hat z. B. Over-Night-Express. Der Verbraucher trägt gemäß § 357 VI BGB dann die unmittelbaren Kosten der Rücksendung der Waren, wenn der Unternehmer ihn vorab über diese Rechtsfolge informiert hat (vgl. Art. 246a § 1 II 1 Nr. 2 EGBGB). Der Verbraucher ist hingegen nicht verpflichtet, die Rücksendungskosten zu tragen, wenn sich der Unternehmer bereit erklärt hat, die Kosten zu tragen.

Gemäß § 357 IV BGB hat der Unternehmer so lange ein Zurückbehaltungsrecht, bis er entweder die Ware zurückerhält oder er einen Nachweis über die Rücksendung erhält. Diese Regelung stellt eine Absicherung des Unternehmers dar. Er trägt nicht das wirtschaftliche Risiko, den Kaufpreis zurückzahlen zu müssen, ohne die Ware erhalten zu haben.

§ 357 VII–IX BGB enthalten Regelungen zur Wertersatzpflicht des Verbrauchers für den Wertverlust durch seinen „Umgang" mit der Ware. Der Verbraucher hat nur dann an den Unternehmer Wertersatz zu leisten, wenn der Wertverlust der Widerrufsware auf einen Umgang mit den Waren zurückzuführen ist, der zur Prüfung der Beschaffenheit, der Eigenschaften und der Funktionsweise der Waren nicht notwendig war, und er vom Unternehmer ordnungsgemäß über sein Widerrufsrecht belehrt worden ist.[219] Weitere Ansprüche des Unternehmers gegen den Verbraucher bestehen nicht, § 361 I BGB. Eine Ausnahme besteht beim Schadensersatzanspruch bei Nichtrücksendung der Ware. Für die Höhe des Wertersatzes findet sich eine Berechnungsgrundlage in § 357 VIII 4, 5 BGB.

---

219 Siehe zum Wertersatz: BGH BGHZ 187, 268 – Wasserbett; BGHZ 212, 248 – Katalysator.

Eine Verpflichtung des Verbrauchers zum Wertersatz besteht gemäß § 357 IX BGB nicht, wenn es sich um einen Vertrag über die Lieferung von nicht auf einem körperlichen Datenträger befindlichen digitalen Inhalten handelt.

193a c) **Auswirkungen auf akzessorische Verträge.** Die Ausübung eines Widerrufsrechts wirkt sich auch auf verbundene und zusammenhängende Verträge aus, vgl. §§ 358, 360 BGB.
Um verbundene Verträge handelt es sich, wenn diese eine wirtschaftliche Einheit bilden. Dies ist z. B. der Fall, wenn der Unternehmer selbst die Gegenleistung des Verbrauchers finanziert. Eine wirtschaftliche Einheit ist insbesondere anzunehmen, wenn der Unternehmer selbst die Gegenleistung des Verbrauchers finanziert, oder im Falle der Finanzierung durch einen Dritten, wenn sich der Darlehensgeber bei der Vorbereitung oder dem Abschluss des Darlehensvertrags der Mitwirkung des Unternehmers bedient, vgl. § 358 III 2 BGB. Im Fall der verbundenen Verträge ergeben sich gemäß § 358 BGB für den Verbraucher günstige Rechtsfolgen nach der Ausübung des Widerrufsrechts. Hat der Verbraucher sein Widerrufsrecht wirksam ausgeübt, so ist er gemäß § 358 I BGB auch an seine auf den Abschluss eines mit diesem Vertrag verbundenen Verbraucherdarlehensvertrags gerichtete Willenserklärung nicht mehr gebunden. Umgekehrt ist der Verbraucher, wenn er den Verbraucherdarlehensvertrag wirksam widerrufen hat, auch an seine auf den Abschluss eines mit diesem verbundenen Vertrag über die Lieferung einer Ware oder die Erbringung einer anderen Leistung gerichteten Willenserklärung nicht gebunden, vgl. § 358 II BGB.
Sofern die Voraussetzungen für einen verbundenen Vertrag nicht vorliegen, gilt § 360 BGB für zusammenhängende Verträge.
Ein zusammenhängender Vertrag liegt gemäß § 360 II BGB vor, wenn er einen Bezug zu dem widerrufenen Vertrag aufweist und eine Leistung betrifft, die von dem Unternehmer des widerrufenen Vertrags oder einem Dritten auf der Grundlage einer Vereinbarung zwischen dem Dritten und dem Unternehmer des widerrufenen Vertrags erbracht wird. Auf die Rückabwicklung des zusammenhängenden Vertrags ist § 358 IV 1–3 BGB entsprechend anzuwenden.
Von großer praktischer Bedeutung sind die Einwendungen bei verbundenen Verträgen. Gemäß § 359 BGB kann der Verbraucher die Rückzahlung des Darlehens verweigern, soweit Einwendungen aus dem verbundenen Vertrag (z. B. wegen Mängelgewährleistungsrechten) ihn gegenüber dem Unternehmer, mit dem er den verbundenen Vertrag geschlossen hat, zur Verweigerung seiner Leistung berechtigen würden. Dies gilt nicht bei Einwendungen, die auf einer zwischen diesem Unternehmen und dem Verbraucher nach Abschluss des Verbraucherdarlehensvertrags vereinbarten Vertragsänderung beruhen. Kann der Verbraucher Nacherfüllung verlangen, so kann er die Rückzahlung des Darlehens erst verweigern, wenn die Nacherfüllung fehlgeschlagen ist. Diese Einwendungen können allerdings nicht geltend gemacht werden in Darlehensverträgen, die der Finanzierung des Erwerbs von Finanzinstrumenten dienen, oder wenn das finanzierte Entgelt weniger als 200 Euro beträgt, vgl. § 359 II BGB.

7. Elektronischer Geschäftsverkehr (E-Commerce)

194 Immer häufiger werden im Wirtschaftsleben Verträge im elektronischen Geschäftsverkehr abgeschlossen. Vor diesem Hintergrund wird der Vertrag im elektronischen Geschäftsverkehr in § 312i I BGB definiert. Danach liegt ein Vertrag im elektronischen Geschäftsverkehr vor, wenn ein Unternehmer (§ 14 BGB) zum Vertragsabschluss ein Telemedium gem. § 1 I 1 Telemediengesetz benutzt. Dies ist bei Vertragsschlüssen über das Internet und beim M-Commerce (Nutzung des Smartphones zu anderen Zwecken als der Sprachtelefonie) der Fall.
§ 312i BGB stellt Voraussetzungen gemäß E-Commerce-Richtlinie 2000/31/EG und Verbraucherrechterichtlinie 2011/83/EU auf, welche für AGV im Rahmen des elektroni-

schen Geschäftsverkehrs abgeschlossen werden. Das Recht der Tele- und Mediendienste ist Gegenstand des Telemediengesetzes (TMG).[220]
Wesentliches Kriterium des elektronischen Geschäftsverkehrs ist die Verwendung von Telemedien zum Vertragsabschluss. Es geht also um Vertragsschlüsse unter ausschließlichem Einsatz elektronischer Kommunikationsmittel. Ausgenommen hiervon sind gemäß § 312j V 1 BGB Vertragsschlüsse via E-Mail („individuelle Kommunikation"). E-Mails erfüllen als Individualkommunikationsmittel nicht die Anforderungen an den elektronischen Geschäftsverkehr, so dass solche Vertragsschlüsse nur Fernabsatzgeschäfte sind, auf die die Normen des elektronischen Geschäftsverkehrs keine Anwendung finden.
Die Abgrenzung zu Fernabsatzverträgen wird in der Praxis teilweise schwierig sein. Bei Rechtsgeschäften im Internet werden oftmals die Merkmale beider besonderer Vertriebsformen erfüllt sein. Eine Differenzierung ist aber notwendig, da dies nicht zwangsläufig der Fall ist und für die jeweilige Vertriebsform dem Unternehmer durch das Gesetz unterschiedliche Pflichten auferlegt werden. Im Unterschied zum Fernabsatzvertrag können die Kunden sowohl Verbraucher als auch Unternehmer sein.[221] Die für den elektronischen Geschäftsverkehr geltenden Vorschriften richten sich an Unternehmer, die Anbieter von Telemedien sind und diese für den Vertragsabschluss nutzen. Handelt es sich aber bei dem Geschäft um einen Vertrag zwischen einem Unternehmer und einem Verbraucher über die Lieferung von Waren oder über die Erbringung von Dienstleistungen, der unter ausschließlicher Verwendung von Fernkommunikationsmitteln abgeschlossen wird und erfolgt der Vertragsschluss im Rahmen eines für den Fernabsatz organisierten Vertriebs- oder Dienstleistungssystems, so liegt, neben dem Vertrag im elektronischen Geschäftsverkehr, ein Fernabsatzvertrag gemäß § 312c I BGB vor.

Bedient sich ein Unternehmer zum Zweck des Abschlusses eines Vertrags über die Lieferung von Waren oder über die Erbringung von Dienstleistungen der Telemedien (Vertrag im elektronischen Geschäftsverkehr), hat er den Kunden nach § 312i I BGB
Nr. 1 – angemessene, wirksame und zugängliche technische Mittel zur Verfügung zu stellen, mit deren Hilfe der Kunde Eingabefehler vor Abgabe seiner Bestellung erkennen und berichtigen kann;
Nr. 2 – die in Artikel 246c EGBGB bestimmten Informationen rechtzeitig vor Abgabe von dessen Bestellung klar und verständlich mitzuteilen;
Nr. 3 – den Zugang der Bestellung des Verbrauchers unverzüglich auf elektronischem Weg zu bestätigen; und
Nr. 4 – die Möglichkeit zu verschaffen, die Vertragsbestimmungen einschließlich der AGB bei Vertragsschluss abzurufen und in wiedergabefähiger Form zu speichern.
Wird zwischen einem Unternehmer, z. B. einem Telefonanbieter, und einem Verbraucher ein Dauerschuldverhältnis gemäß §§ 312 ff. BGB begründet, dass ein zwischen dem Verbraucher und einem anderen Unternehmer bereits bestehendes Dauerschuldverhältnis ersetzen soll – der typische Anbieterwechsel –, bietet oft der eintretende Unternehmer an, die Kündigung für den Kunden beim Vertragspartner zu übernehmen. Um zu verhindern, dass ein unseriöser Anbieter das alte Dauerschuldverhältnis kündigt („*Sie sparen viel Geld und brauchen sich um nichts zu kümmern.*"), ohne zur Übermittlung der Kündigung bevollmächtigt zu sein, bedarf es nach § 312h BGB der Kündigung des Verbrauchers oder der Vollmacht zur Kündigung in Textform.[222]
Das Recht des elektronischen Geschäftsverkehrs sieht in § 312j I BGB besondere Informationspflichten für Webseiten für den elektronischen Geschäftsverkehr mit Verbrau-

---

220 Hohmeister, S. 153 f.
221 Tamm/Tonner/Brönnecke, Verbraucherrecht, § 10 Rn. 1.
222 Brox/Walker, AS, § 19 Rn. 57.

chern (Online-Shops) vor. Auf Webseiten für den elektronischen Geschäftsverkehr mit Verbrauchern hat der Unternehmer zusätzlich zu den Angaben nach § 312i I BGB spätestens bei Beginn des Bestellvorgangs klar und deutlich anzugeben, ob Lieferbeschränkungen bestehen und welche Zahlungsmittel akzeptiert werden. Weiterhin werden über § 312j Abs. 2 BGB für Verbraucherverträge im Sinne des § 312 BGB die Belehrungspflichten des Art. 246a § 1 Abs. 1 Nr. 1, 4, 5, 11, 12 EGBGB ergänzend zu Art. 246c EGBGB für anwendbar erklärt. Eine weitere Besonderheit findet sich in § 312j III BGB mit der dort aufgestellten Ausdrücklichkeitsanforderung in Satz 1 und der sog. Button-Lösung in Satz 2. Durch die Button-Lösung ergeben sich weitere Pflichten für Unternehmer im elektronischen Geschäftsverkehr bei Verträgen mit Verbrauchern. Diese betreffen den Abschluss des Bestellprozesses, die sog. Bestellübersicht. Der Unternehmer hat die Bestellsituation so zu gestalten, dass der Verbraucher mit seiner Bestellung ausdrücklich bestätigt, dass er sich zu einer Zahlung verpflichtet. Erfolgt die Bestellung über eine Schaltfläche (Button), ist die Pflicht des Unternehmers aus § 312j I 1 BGB nur erfüllt, wenn diese Schaltfläche gut lesbar mit den Wörtern „zahlungspflichtig bestellen" oder mit einer entsprechenden eindeutigen Formulierung beschriftet ist.[223] Eine mehrfache Verwendung des Buttons ist nicht zulässig. Auch verwirrende und ablenkende Zusätze sind verboten. Der Verbraucher muss bei der Abgabe seiner vertragsrelevanten Erklärung eindeutig klar darüber informiert werden, dass seine Bestellung eine finanzielle Verpflichtung auslöst. Neben der konkreten Gestaltung des Buttons ist auch die korrekte Platzierung aller weiteren Informationen wesentlich. Alle nötigen Pflichtinformationen wie Produktmerkmale, Mindestlaufzeit, Gesamtpreis, Versand- und Zusatzkosten müssen klar verständlich und in hervorgehobener Weise (z. B. farbliche Gestaltung) in unmittelbarem, direktem zeitlichem Zusammenhang vor dem Bestellbutton stehen. Alle ablenkenden Elemente zwischen Bestellbutton und Pflichtinformationen müssen dagegen entfernt bzw. gar nicht erst aufgenommen werden. Gemäß § 312j IV BGB kommt der Vertrag mit einem Verbraucher nur dann zustande, wenn der Unternehmer seinen Pflichten aus § 312j III BGB ordnungsgemäß nachgekommen ist. Daneben liegt in der Regel auch ein abmahnfähiger Wettbewerbsverstoß vor.

8. Unabdingbarkeit der Informationspflichten

195 Bei Fernabsatzverträgen, ob durch typische Fernkommunikationsmittel oder im elektronischen Geschäftsverkehr, dürfen nach § 312k I BGB keine abweichenden Vereinbarungen mit dem Verbraucher getroffen werden, die für diesen nachteilig sein könnten. Weder im Rahmen einer privaten Vereinbarung noch durch Klauseln in AGB können Informationspflichten, Widerrufs- oder Rückgaberechte bzw. die dafür einzuhaltenden Fristen für den Verbraucher zu seinem Nachteil abgeändert werden. Darüber hinaus trägt nach § 312k II BGB der Unternehmer gegenüber dem Verbraucher die Beweislast für die Erfüllung der gesetzlichen Informationspflichten bei AGV.

---

223 Vgl. hierzu: OLG München, MMR 2019, 532.

§ 12 Fristen und Termine

Schrifttum: *Löhnig*, Fristen und Termine im Zivilrecht, 2003; *Schroeter*, Die Fristenberechnung im Bürgerlichen Recht, JuS 2007, 29; *Ziegeltrum*, Grundfälle zur Berechnung von Fristen und Terminen gem. §§ 187 ff. BGB, JuS 1986, 705.

Im Geschäftsverkehr gelten oft vertraglich vereinbarte Fristen und Termine, zu denen sich die Vertragspartner verpflichtet haben, um das vereinbarte Rechtsgeschäft zu erfüllen. Oft schreibt auch das Gesetz Fristen und Termine vor, an die sich die Vertragspartner zu halten haben. Während die Frist einen Zeitraum umfasst, in dem eine Person handeln muss, ist ein Termin ein festgelegter Zeitpunkt, an dem eine Handlung vorgenommen werden soll.[224]

196

Fristen können vertraglich vereinbart werden; sie finden sich aber auch vielfältig im Bürgerlichen Gesetzbuch, so z. B. bei § 177 II BGB, wonach der Vertretene, wenn er zur Genehmigung eines schwebend unwirksamen Vertrags aufgefordert worden ist, sich innerhalb von zwei Wochen zu erklären hat, ob er den schwebend unwirksamen Vertrag genehmigt oder verweigert. Weitere Fristen sieht das Gesetz vor in § 622 BGB bei der ordentlichen Kündigung eines Arbeitsverhältnisses, bei einer Anfechtung nach §§ 121 I, 124 I BGB oder den verschiedenen Verjährungsfristen in §§ 195 ff. BGB.

Fristen können Ausschluss- oder Verjährungsfristen sein. Während ein Berechtigter bei der Ausschlussfrist sein Recht nur innerhalb eines abgegrenzten Zeitraums geltend machen kann, nach dem das Recht verfällt, kann der Berechtigte nach Ablauf einer Verjährungsfrist zwar auch das Recht nicht mehr geltend machen; der Rechtsanspruch geht aber nicht unter. Der Schuldner kann dem Berechtigten nach Ablauf einer Ausschlussfrist die Einwendung entgegenhalten, dass das Recht nicht besteht, während bei der Verjährungsfrist der Schuldner gegenüber dem Berechtigten die Einrede der Leistungsverweigerung geltend machen kann.

Für die Berechnung von Fristen oder Terminzeitpunkten gelten die §§ 186 bis 193 BGB. So sieht § 187 BGB vor, dass bei der Berechnung einer Frist der Tag nicht mitgerechnet wird, in welchen das Ereignis oder der Zeitpunkt fällt, wenn für den Anfang einer Frist ein Ereignis oder ein in den Lauf eines Tages fallender Zeitpunkt maßgebend ist. Das Fristende beginnt nach § 188 BGB mit dem Ablauf des letzten Tages einer bestimmten Frist. Weitere exakte Berechnungsvorgaben finden sich in den §§ 189 ff. BGB. Bedeutsam ist nach § 193 BGB, wenn der letzte Tag der Frist auf einen Sonnabend, Sonntag oder Feiertag fällt. Ist an einem bestimmten Tag oder innerhalb einer Frist eine Willenserklärung abzugeben oder eine Leistung zu bewirken und fällt der bestimmte Tag oder der letzte Tag der Frist auf einen Sonnabend, Sonntag oder einen am Erklärungs- oder Leistungsort staatlich anerkannten allgemeinen Feiertag, so tritt an die Stelle eines solchen Tages der nächste Werktag. Der Sinn dieser Vorschrift besteht darin, die Wochenend- und Feiertagsruhe zu wahren, die nicht durch abzugebende Erklärungen oder vorzunehmende Handlungen zwecks Fristeneinhaltung gestört werden soll.[225] § 193 BGB ist nicht anwendbar auf Kündigungsfristen.[226]

---

[224] Vgl. Jauernig/Mansel, Vorb. v. §§ 186–193 Rn. 1.
[225] MüKo-BGB/Grothe, § 193 Rn. 1.
[226] BGH NJW 2005, 1354, 1355.

§ 13 Verjährung

Schrifttum: *Bitter/Alles*, Die Rechtsprechung zum Aufschub des Verjährungsbeginns bei unklarer Rechtslage, NJW 2011, 2081; *Boemke/Dorr*, Verjährungshemmung durch Verhandlung, NJOZ 2017, 1578; *Faber/Werner*, Hemmung der Verjährung durch werkvertragliche Nacherfüllung, NJW 2008, 1910; *Grützner/Schmidt*, Verjährungsbeginn bei Garantieansprüchen, NJW 2007, 3610; *Mansel/Budzikiewicz*, Das neue Verjährungsrecht, 2002; *Petersen*, Die Verjährung der Ansprüche, JURA 2011, 657; *Pohlmann*, Verjährung, JURA 2005, 1.

197 Das Recht, von einem anderen ein Tun oder Unterlassen zu verlangen, unterliegt der Verjährung, § 194 BGB. Ist die Verjährungsfrist abgelaufen, steht dem Schuldner ein Leistungsverweigerungsrecht als rechtshindernde Einrede zu, § 214 I BGB. Die regelmäßige Verjährungsfrist beträgt nach § 195 BGB drei Jahre. Übt ein Berechtigter sein Recht gegenüber einem Dritten nicht innerhalb einer gewissen Zeit aus, so steht dem Berechtigten der Anspruch des Schuldners auf Leistungsverweigerung entgegen. Dieser Schutz des Schuldners gegenüber dem Gläubiger ist deshalb sinnvoll, weil ein Recht nicht ohne zeitliche Einschränkung ausgeübt werden soll. Hier gibt die Rechtsordnung dem Gesichtspunkt der Wahrung des Rechtsfriedens Vorrang vor dem Bedürfnis nach einem in jeder Hinsicht umfassenden Schutz subjektiver Rechte.[227] Der Gläubiger wird gezwungen, seine Rechte alsbald durchzusetzen, bevor der Schuldner in Beweisnot kommt, weil er beispielsweise keine Belege und Zeugen mehr hat.[228] Nach Eintritt der Verjährung ist der Schuldner gem. § 214 BGB berechtigt, die Leistung zu verweigern. Der Verjährung unterliegen Ansprüche, also relative Rechte. Dagegen verjähren keine absoluten Rechte, wie z. B. das Eigentumsrecht.

1. Verjährungsfristen

198 Unterschiedliche Ansprüche sind mit unterschiedlichen Verjährungsfristen ausgestattet. Entweder gilt die regelmäßige Verjährungsfrist nach § 195 BGB von drei Jahren, oder Ansprüche unterliegen den besonderen Verjährungsfristen nach §§ 196, 197 BGB bzw. aufgrund spezialgesetzlicher Regelungen wie z. B. nach §§ 438, 634a BGB und § 548 I, II BGB.

§§ 196, 197 BGB sehen lange Verjährungsfristen zwischen zehn und dreißig Jahren vor. Insbesondere § 197 I Nr. 1, 3–6 BGB führt Ansprüche auf, die der längst möglichen Verjährungsfrist von 30 Jahren unterliegen. Hervorzuheben sind vollstreckbare Titel, die sich aus Endurteilen ergeben. Nach § 197 I Nr. 3–6 BGB wird der Gläubiger für einen dreißigjährigen Zeitraum geschützt, seine Ansprüche gegenüber dem Schuldner geltend zu machen. Dabei kann es sich um Ansprüche mit regelmäßiger Verjährungsfrist handeln, die aber als rechtskräftige, vollstreckbare oder im Insolvenzverfahren festgestellte Ansprüche erst in 30 Jahren verjähren. Dazu gehört auch die Erstattung der Kosten einer Zwangsvollstreckung.

2. Beginn der Verjährung

199 Nach § 199 I BGB beginnt die regelmäßige Verjährungsfrist mit dem Schluss des Jahres, in dem der Anspruch entstanden ist *und* der Gläubiger von denjenigen, den Anspruch begründenden Umständen und der Person des Schuldners Kenntnis erlangt hat oder ohne grobe Fahrlässigkeit hätte erlangen müssen. Die regelmäßige, dreijährige Verjährungsfrist i. S. v. § 195 BGB umfasst demzufolge den Zeitraum bis zu einem Jahresende, in dem der Anspruch entstanden ist, zuzüglich der folgenden drei Jahre. Diese Art der Berechnung gilt grundsätzlich für alle Verjährungsfristen nach § 199 BGB. Dagegen

---

227 Bähr, § 4 III 4a.
228 Führich, § 7 Rn. 249.

beginnt die Verjährungsfrist von Ansprüchen, die nicht der regelmäßigen Verjährungsfrist unterliegen, mit der Entstehung des Anspruchs, soweit nicht ein anderer Verjährungsbeginn bestimmt ist, § 200 BGB.
Nach § 212 BGB kann die schon begonnene Verjährung auch erneut von vorne beginnen zu laufen (Neubeginn) („Die Uhr wird neu gestellt."). Diesen Neubeginn sieht das Gesetz dann vor, wenn nach § 212 I Nr. 1 BGB der Schuldner dem Gläubiger gegenüber den Anspruch z. B. durch Abschlagszahlung, Zinszahlung, Sicherheitsleistung oder in anderer Weise anerkennt oder nach § 212 I Nr. 2 BGB eine gerichtliche oder behördliche Vollstreckungshandlung vorgenommen oder beantragt wird.

3. Hemmung der Verjährung

Nach § 209 BGB wird ein Zeitraum in die Verjährungsfrist nicht eingerechnet, während dessen die Verjährung gehemmt ist („Die Uhr wird angehalten."). So kann die Verjährungsfrist durch Hemmung „unterbrochen" sein, wenn nach § 203 S. 1 BGB zwischen dem Schuldner und dem Gläubiger Verhandlungen über den Anspruch oder die den Anspruch begründenden Umstände schweben. Verweigert der Schuldner im Rahmen der Verhandlungen die Erfüllung seiner Leistung, läuft die Verjährungsfrist weiter. §§ 204 ff. BGB sehen weitere rechtliche Tatbestände der Hemmung von Verjährungsfristen vor.

200

4. Vertraglich vereinbarte Verjährungsfristen

Häufig vereinbaren Vertragsparteien auch eigene Verjährungsfristen. Die Zulässigkeit ergibt sich im Umkehrschluss aus § 202 BGB.[229] Vertragsparteien können einvernehmlich Verjährungsfristen erleichtern oder erschweren. Insbesondere im Kauf- und Werkvertragsrecht sind eigene vereinbarte Verjährungsfristen anzutreffen. Die Verjährungsfristen werden grundsätzlich bei Vertragsbeginn vereinbart. Diese können auch in AGB normiert sein. Eine Überprüfung vereinbarter Verjährungsfristen im Rahmen von AGB kann über die Inhaltskontrolle nach §§ 307 ff. BGB vorgenommen werden. Im Kaufrecht sind allerdings vorrangig §§ 444, 475e, 476 II BGB zu beachten. Wichtig ist, dass einseitig eine Frist immer verlängert werden kann, eine Verkürzung aber der Zustimmung der anderen Vertragsparteien bedarf.

201

5. Wirkung der Verjährung

§ 214 I BGB berechtigt den Schuldner, die Leistung nach Eintritt der Verjährung zu verweigern (Leistungsverweigerungsrecht). Erfüllt der Schuldner den Anspruch des Gläubigers nach Ablauf der Verjährung aus Unkenntnis darüber, dass Verjährung schon eingetreten ist, kann er die Leistung vom Gläubiger *nicht* zurückfordern. Nach §§ 215, 216 BGB schließt die Verjährung weder die Aufrechnung und die Geltendmachung eines Zurückbehaltungsrechts aus, noch den Anspruch des Gläubigers, seine Befriedigung aus einem mit einer Hypothek oder einem sonstigen Pfandrecht belasteten Gegenstand zu suchen. Nach § 217 BGB verjähren mit dem Hauptanspruch auch die Ansprüche auf Nebenleistungen, selbst wenn für diese die Verjährung noch nicht eingetreten ist.

202

---

229 Vgl. Jauernig/Mansel, § 202 Rn. 1.

§ 14 Schadensersatz

Schrifttum: *Bitter,* Wertverlust durch Nutzungsausfall, AcP 205 (2005), 743; *Brand,* Schadensersatzrecht, 3. Aufl. 2021; *Coester-Waltjen,* Die Naturalrestitution im Deliktsrecht, JURA 1996, 270; *Förster,* Schadensrecht – Systematik und neueste Rechtsprechung, JA 2015, 801; *Hauck/Blaut,* Die (quasi-)vertragliche Haftung von Plattformbetreibern, NJW 2018, 1425; *Honsell/Harrer,* Schaden und Schadensberechnung, JuS 1991, 441; *Huber,* Grundwissen – Zivilprozessrecht: Unbezifferter Klageantrag bei Schmerzensgeldanspruch, JuS 2019, 209; *H. Lange,* Die Vorteilsangleichung, JuS 1978, 649; *Medicus,* Naturalrestitution und Geldersatz, JuS 1969, 449; *ders.,* Neue Perspektiven im Schadensersatzrecht – Kommerzialisierung, Strafschadensersatz, Kollektivschaden, JZ 2006, 805; *Möller,* Das Präventionsprinzip des Schadensrechts, 2006; *Musielak,* Kausalität und Schadenszurechnung im Zivilrecht, JA 2013, 241; *Pöschke,* Art und Umfang des Schadensersatzes – die Systematik der §§ 2401 BGB, JA 2010, 257; *Sanden/Völz,* Sachschadensrecht des Kraftverkehrs, 9. Aufl. 2012; *Schlechtriem,* Schadensersatz und Schadensbegriff, ZEuP 1997, 232; *Thiele,* Gedanken zur Vorteilsausgleichung, AcP 167 (1967), 193; *Walker,* Verschulden im Zivilrecht, Ad Legendum 2015, 109; *Wendelstein,* Zur Schadenshaftung für „Erfüllungs"-Gehilfen bei Verletzung des Integritätsinteresses, AcP 215 (2015), 70.

203 Hat eine Vertragspartei gegenüber einer anderen aus einem Schuldverhältnis eine Pflichtverletzung begangen, so kann sie zum Schadensersatz verpflichtet sein. Dasselbe gilt, wenn jemand vorsätzlich oder fahrlässig ein absolut geschütztes Rechtsgut einer anderen Person verletzt, z. B. das Eigentum oder die Gesundheit, ohne mit ihr vertraglich verbunden zu sein. Dann spricht man von einem gesetzlichen Anspruch auf Schadensersatz. Die Funktion des Schadensersatzes liegt im Opferausgleich; das Opfer einer Rechtsgutverletzung soll für seine Einbußen entschädigt werden. Voraussetzung für einen solchen Anspruch ist, dass der Ersatzpflichtige Anspruchstatbestände, ob vertragliche oder gesetzliche, verwirklicht, aus denen der Geschädigte Schadensersatz geltend machen kann. Allerdings muss auch ein konkreter Schaden entstanden sein. Im Rahmen eines vertraglichen Schuldverhältnisses können Schadensersatzansprüche entstehen, wenn die Leistung i. S. v. § 280 II BGB noch nicht oder nach § 280 I BGB gar nicht erbracht wurde. Schadensersatzansprüche aus einem gesetzlichen Schuldverhältnis regeln insb. die §§ 823 ff. BGB.

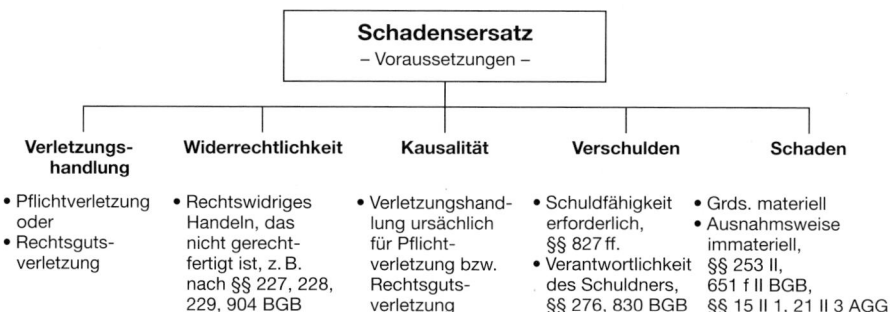

Abb. 22: Schadensersatz

Folgende Voraussetzungen sind erforderlich, damit ein Schadensersatzanspruch entstanden ist:
- Eine Person muss eine Pflichtverletzung oder eine Rechtsgutsverletzung begangen haben.
- Das Verhalten des Schädigers muss widerrechtlich gewesen sein.

- Das Verhalten des Schädigers muss kausal gewesen sein für den Eintritt der Pflichtverletzung **oder** der Rechtsgutsverletzung.
- Der Schädiger muss schuldfähig sein und die Pflichtverletzung oder die Rechtsgutsverletzung zu vertreten haben.
- Beim Geschädigten muss ein Schaden entstanden sein.
- Das Verhalten des Schädigers muss kausal gewesen sein für den Schadenseintritt.
- Der Geschädigte darf den Schaden nicht mitverschuldet haben. Zu prüfen ist ansonsten eine Reduzierung des Schadensersatzanspruchs.

1. Begriff des Schadens

Das Gesetz sagt nicht ausdrücklich, was ein Schaden ist. Die Rechtsprechung definiert diesen aber als jeden Nachteil, den jemand durch ein bestimmtes Ereignis an seinem Vermögen oder an sonstigen rechtlich geschützten Gütern erleidet. Ein Schaden kann materieller oder immaterieller Natur sein. Der materielle Schaden wird auch als Vermögensschaden bezeichnet. Ein Vermögensschaden liegt unstreitig vor, wenn der Geschädigte eine in Geld messbare Einbuße erlitten hat.[230] Das Vorhandensein und das Ausmaß des Vermögensschadens wird nach der Differenzmethode in der Weise festgestellt, dass die Vermögenslage des Verletzten nach Eintritt des Schadensereignisses mit den Vermögensverhältnissen verglichen wird, wie sie sich ohne dieses Ereignis entwickelt haben würden.[231] Denn nach § 249 I BGB hat der Schädiger den Zustand herzustellen, der bestehen würde, wenn der zum Ersatz verpflichtende Umstand nicht eingetreten wäre.

Ein immaterieller Schaden liegt vor, wenn zwar eine Beeinträchtigung des Geschädigten erkennbar ist, diese sich aber nicht in einer Vermögensminderung ausdrückt, z.B. bei Schmerzen oder ehrverletzenden Äußerungen. Nach § 253 I BGB ist der Ausgleich immaterieller Schadensansprüche nur in den durch das Gesetz bestimmten Fällen, insb. derjenigen in § 253 II BGB genannten, möglich.

Unterschieden wird außerdem zwischen dem unmittelbaren und dem mittelbaren Schaden. Während beim unmittelbaren Schaden das vertragliche oder gesetzliche Rechtsgut selbst verletzt wird, liegt ein mittelbarer Schaden vor, der nicht das Rechtsgut selbst betrifft, sondern sonstige Vermögenswerte. Mittelbare Schäden werden auch Folgeschäden genannt. Wird z.B. bei der Inspektion eines Kraftfahrzeugs durch Unachtsamkeit die Kupplung beschädigt und verursacht der Fahrer dadurch einen Unfall, bei dem ein im Wagen transportiertes, kostbares Bild beschädigt wird, kann der Geschädigte neben der gesonderten Reparatur des Wagens auch die Beseitigung der Beschädigung des Bildes verlangen.

2. Umfang des Schadensersatzes

Das Gesetz unterscheidet zwischen zwei Schadensersatzmöglichkeiten, der Naturalrestitution in § 249 I BGB sowie dem Geldersatz in den §§ 249 II, 251, 252 BGB.

a) Naturalrestitution. Nach § 249 I BGB ist der Schuldner eines Schadensersatzanspruchs primär verpflichtet, den Zustand so wieder herzustellen, der bestehen würde, wenn der zum Ersatz verpflichtende Umstand nicht eingetreten wäre. Darunter ist z.B. die Reparatur einer beschädigten Sache zu verstehen, außerdem die Beschaffung einer Sache aus einer Gattung. Naturalrestitution ist der Grundsatz des Schadensausgleichs.

b) Geldersatz. Anstelle der Naturalrestitution, d.h. der Wiederherstellung, kann der Gläubiger des Schadens den dazu erforderlichen Geldbetrag verlangen, § 249 II 1 BGB. Er kann außerdem nach § 250 S. 2 BGB Geldersatz verlangen, wenn er dem Ersatzpflich-

---

230 MüKo-BGB/Oetker, § 249 Rn. 28.
231 Bähr, § 13 II 1a; vgl. Brand, § 2 II Nr. 1; Dauer-Lieb/Langen/Magnus, Vorb. zu §§ 249–255, Rn. 20.

tigen zur Wiederherstellung der Sache eine angemessene Frist mit der Erklärung gesetzt hat, dass er die Herstellung nach dem Ablauf der Frist ablehnt. Soweit die Herstellung nicht möglich oder die Entschädigung des Gläubigers nicht genügend ist, oder die Wiederherstellung nur mit unverhältnismäßigen Kosten verbunden ist, hat der Ersatzpflichtige den Gläubiger nach § 251 I BGB ebenfalls in Geld zu entschädigen.

Soll der Schaden durch Geld ausgeglichen werden, muss die Summe die Höhe erreichen, die erforderlich ist, um den Schaden zu regulieren. Nach § 252 S. 1 BGB umfasst der zu ersetzende Schaden auch den entgangenen Gewinn. Den genauen Umfang des entgangenen Gewinns gibt § 252 S. 2 BGB vor: Als entgangen gilt der Gewinn, welcher nach dem gewöhnlichen Lauf der Dinge oder nach den besonderen Umständen, insbesondere nach den getroffenen Anstalten und Vorkehrungen, mit Wahrscheinlichkeit erwartet werden konnte.

Hat der Geschädigte den Schadenseintritt mit verschuldet, hängt die Verpflichtung zum Ersatz sowie der Umfang des zu leistenden Ersatzes nach § 254 I BGB von den Umständen ab, inwieweit der Schaden auch von dem Geschädigten verursacht worden ist.

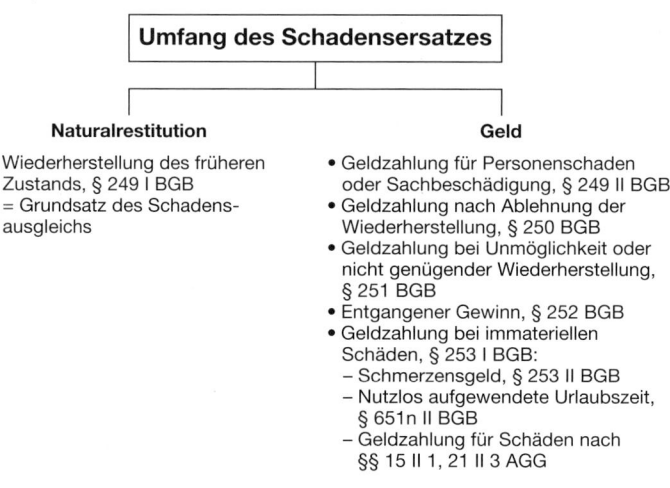

Abb. 23: Umfang des Schadensersatzes

3. Ersatzberechtigte

208 Berechtigt zum Empfang des Schadensersatzes ist grundsätzlich nur die Person, bei der der Schaden eingetreten ist. §§ 844, 845 BGB sehen aber ergänzend Ersatzansprüche Dritter vor. Bei Tötung eines Familienmitglieds können Familienangehörige nach § 844 II BGB als Hinterbliebene besondere Schadensersatzansprüche geltend machen. Besteht nach § 328 I BGB ein Vertrag zugunsten Dritter, kann auch der Dritte eventuelle Schadensersatzansprüche geltend machen.

4. Kausalität

209 Das rechtswidrige Verhalten muss ursächlich für den Schadenseintritt sein. Schadensersatzpflicht setzt also Kausalität voraus: Nur solche Nachteile sind zu erstatten, die dem Schädiger auch zuzurechnen sind, die er also ursächlich aufgrund seiner Handlung hervorgerufen hat.[232] Zu unterscheiden ist zwischen der *haftungsbegründenden* und der *haftungsausfüllenden Kausalität*. Die haftungsbegründende Kausalität betrifft den Zusammenhang zwischen dem Verhalten des Schädigers und einem bestimmten Erfolg, insbe-

---

232 Müssig, 8.12.5.

sondere dem Eintritt einer Rechtsgutsverletzung.[233] Die haftungsausfüllende Kausalität bezieht sich dagegen auf den ursächlichen Zusammenhang zwischen der Rechtsgutsverletzung und dem Schaden.[234] Zu weit geht die Ursächlichkeit nach der sog. Äquivalenztheorie, wenn *jede* Ursache, die nicht hinweg gedacht werden kann, ohne dass der Erfolg entfiele, für den Eintritt des Schadens als kausal angesehen wird (*conditio sine qua non*). Deshalb ist der sog. Adäquanztheorie zuzustimmen, welche nur Ursächlichkeit annimmt, wenn das Verhalten nach der allgemeinen Lebenserfahrung geeignet war, um den konkreten Schadenserfolg herbeizuführen.

5. Schadensersatzverpflichteter

Grundsätzlich ist der Schädiger, der eine Pflichtverletzung oder Rechtsgutsverletzung widerrechtlich und schuldhaft herbeigeführt hat, der Verpflichtete aus dem Schadensersatzanspruch. Bedient sich der Verpflichtete sog. Hilfspersonen wie z. B. Erfüllungsgehilfen nach § 278 BGB, welche den Schaden verursacht haben, so ist er auch für diesen Schaden verantwortlich. Im Gegensatz zu Schadensersatzverpflichtungen aus Vertrag, bei der der Vertragspartner selbst den Schaden zu ersetzen hat und nicht seine Hilfspersonen, hat bei unerlaubter Handlung i. S. d. §§ 823 ff. BGB grundsätzlich der Rechtsgutsverletzende selbst für seine Tat einzustehen.

6. Schadensreduzierung

Die Höhe des Schadensersatzes kann durch den sog. Vorteilsausgleich reduziert werden. Hat das Opfer durch den Schaden auch Vorteile erhalten, so sind diese anzurechnen. Dabei kann es sich um ersparte Aufwendungen wie Lebenshaltungskosten während eines Klinikaufenthalts oder Kosten für die geplante Urlaubsreise handeln.[235] Die Details, welche Vorteile in welcher Höhe anzurechnen sind, sind umstritten. Vorteile, die das Opfer von Dritten aufgrund der sozialen Sicherung erhält (z. B. Lohnfortzahlung im Krankheitsfall) sind grds. nicht anrechenbar. Etwas anderes gilt aber für den sog. „Abzug neu für alt", bei dem das Opfer einen Ersatz für seine zerstörte Sache erhält, der aber nur als neue Sache zu bekommen war. In diesem Fall wäre die neue Sache wirtschaftlich mehr wert, als die schon gebrauchte, zerstörte Sache. Diese Vorteile hat sich der Geschädigte beim Ersatz des Schadens anrechnen zu lassen.[236] Nicht ausgleichspflichtig sind bei Rechtsgutsverletzungen wie der Verletzung des Lebens, des Körpers oder der Gesundheit z. B. auch Zahlungen aus einer privaten Lebens- oder Unfallversicherung.[237]

---

233 Looschelders, SchR AT, § 45 Rn. 2.
234 Vgl. Brox/Walker, AS, § 30 Rn. 6.
235 Vgl. MüKo-BGB/Oetker, § 249 Rn. 242.
236 Siehe hierzu: OLG Bamberg, DAR 2018, 24; LG Freiburg, BeckRS 2017, 153621.
237 Vgl. Führich, § 11 Rn. 325 f.

§ 15 Leistungsstörungen

Schrifttum: *Armbrüster/Prill*, Schuldverträge in Zeiten der Corona-Pandemie, JuS 2020, 1008; *Benicke/Hellwig*, Das System der Schadensersatzhaftung wegen Leistungspflichtverletzung, NJW 2014, 1697; *Däubler*, Die vorübergehende Unmöglichkeit der Leistung, in: FS Heldrich, 2005, 55; *Derleder/Hoolmanns*, Vom Schuldnerverzug zum Gläubigerverzug und zurück, NJW 2004, 2787; *Derleder/Karabulut*, Schuldnerverzug und Zurückbehaltungsrechte des Allgemeinen Schuldrechts, JuS 2014, 102; *Derleder/Zänker*, Der ungeduldige Gläubiger und das neue Leistungsstörungsrecht, NJW 2003, 2777; *Dubovitskaya*, Absolute Fixgeschäfte, AcP 215 (2015), 581; *Faust*, Pflichtverletzung und Vertretennmüssen als Voraussetzung des Anspruchs auf Schadensersatz statt der Leistung, in: FS Canaris, Bd. 1, 2007, 219; *Fischinger/Wabnitz*, Aufwendungsersatz nach § 284 BGB, ZGS 2007, 139; *Freitag*, Rechtsfolgen der Unmöglichkeit und Unzumutbarkeit der Leistung, NJW 2014, 113; *Gieseler*, Die Strukturen der Schlechterfüllung im Leistungsstörungsrecht, ZGS 2003, 408; *Grigoleit*, Leistungspflichten und Schutzpflichten, in: FS Canaris, Bd. 1, 2007, 275; *Herresthal/Riehm*, Die eigenmächtige Selbstvornahme im allgemeinen und besonderen Leistungsstörungsrecht, NJW 2005, 1457; *Körber*, Das Recht der Pflichtverletzung im Allgemeinen Schuldrecht – Teil 1, Jura 2015, 429 und Teil 3, Jura 2015, 673; *Krause*, Die Leistungsverzögerung im neuen Schuldrecht, JURA 2002, 217; *Kurz*, Anfängerklausur – Zivilrecht: Schuldrecht – wer zu spät leistet..., JuS 2019, 986; *Looschelders*, Unmöglichkeit und Schadensersatz statt der Leistung, JuS 2010, 849; *Lorenz*, Schuldnerverzug und wirksame Mahnung des Gläubigers, ZGS 2011, 111; *Mertens*, Die Rechtsfolgen einer Haftung aus culpa in contrahendo beim zustande gekommenen Vertrag nach neuem Recht, ZGS 2004, 67; *Recker*, Schadensersatz statt der Leistung – oder: Mangelschaden und Mangelfolgeschaden, NJW 2002, 1247; *Riesenhuber/Domröse*, Der Tatbestand der Geschäftsgrundlagenstörung in § 313 BGB – Dogmatik und Falllösungstechnik, JuS 2006, 208; *Rößler*, Störung der Geschäftsgrundlage nach der Schuldrechtsreform, ZGS 2003, 383; *Scholl*, Die Unzumutbarkeit der Arbeitsleistung nach § 275 Abs. 3 BGB, JURA 2006, 283; *Skamel*, Die angemessene Frist zur Leistung oder Nacherfüllung, JuS 2010, 671; *Weißgerber*, Die Beendigung des Schuldnerverzugs, 2006; *Wertheimer*, Der Gläubigerverzug im System der Leistungsstörungen, JuS 1993, 646; *v. Wilmowsky*, Pflichtverletzungen im Schuldverhältnis, JuS 2002, Beil. zu Heft 1.

212 Ein Schuldverhältnis endet normalerweise durch Erfüllung, d. h., der Schuldner kommt seiner Pflicht zur Leistung nach. So hat nach § 433 I BGB der Verkäufer dem Käufer die Sache zu übergeben und das Eigentum an der Sache zu verschaffen. Demgegenüber muss der Käufer nach § 433 II BGB dem Verkäufer den vereinbarten Kaufpreis zahlen und die gekaufte Sache abnehmen. Haben die Vertragspartner ein Schuldverhältnis im Rahmen eines Mietvertrags begründet, so hat der Vermieter dem Mieter nach § 535 I 1 BGB den Gebrauch der Mietsache während der Mietzeit zu gewähren. Der Mieter ist nach § 535 II BGB verpflichtet, dem Vermieter die vereinbarte Miete zu entrichten. Nach § 362 BGB erlischt ein Schuldverhältnis, wenn die geschuldete Leistung an den Gläubiger bewirkt wird. Erfüllt eine der beiden Parteien – evtl. sogar auch gleichzeitig die andere – das vereinbarte Schuldverhältnis nicht, kann das Recht der Leistungsstörungen anwendbar sein. Dasselbe gilt für gesetzliche Schuldverhältnisse. Auch hier können Leistungsstörungen auftreten.
§ 280 I BGB bildet für den Gläubiger die Hauptanspruchsgrundlage im Rahmen einer Leistungsstörung. Danach kann der Gläubiger Ersatz des durch eine Leistungsstörung entstandenen Schadens verlangen, wenn der Schuldner eine Pflicht aus dem Schuldverhältnis verletzt. Diese Verletzung kann vor, während oder nach der Leistungserfüllung geschehen. Dabei kann die Verletzung nicht nur die Leistungspflicht als Hauptpflicht betreffen, sondern auch eine ihr zugehörige Nebenpflicht. § 280 I BGB ist als Generalklausel auch Anspruchsgrundlage für die Schadensersatzpflicht wegen Pflichtverletzungen bei sonstigen rechtsgeschäftlichen Schuldverhältnissen. Außerdem besteht für den Gläubiger das Rücktrittsrecht nach §§ 323 ff. BGB.

1. Allgemeines und spezielles Leistungsstörungsrecht

Zu prüfen ist, welche Normen bei Leistungsstörungen einschlägig sind. §§ 275 bis 304, 311a, 313 BGB regeln Tatbestände der allgemeinen Leistungsstörungen. Zusätzlich enthalten Kauf-, Miet-, und Werkvertragsrecht mit spezialgesetzlichen Regelungen für Sach- und Rechtsmängel in den §§ 437 ff., 536 ff., 633 ff. BGB weitere Tatbestände des Leistungsstörungsrechts. Die §§ 320 bis 326 BGB regeln für gegenseitige Verträge Rücktritt und Gegenleistungspflicht.

Leistungsstörungen

Arten

- Unmöglichkeit, §§ 275, 311a BGB
  Leistungspflicht kann nicht erfüllt werden

- Schuldnerverzug, §§ 286 ff. BGB
  Leistungspflicht möglich,
  Erfüllung aber verspätet

- Gläubigerverzug, §§ 293 ff. BGB
  Nichtannahme der ordnungsgemäß angebotenen Leistung

- Schlechtleistung, §§ 434, 435 BGB
  Sache oder Recht sind mit Mangel behaftet

  – Verletzung von vertraglichen Schutzpflichten,
  §§ 241 II, 242 BGB

  – Verletzung von vorvertraglichen Schutzpflichten,
  §§ 280, 311 II Nr. 1–3, III,
  241 II BGB

Rechtsfolgen

- Keine Erfüllung möglich, daher
  – Schadensersatz
  – Rücktritt
  – Befreiung von der Gegenleistung

- Erfüllung verspätet möglich, evtl.
  – Schadensersatz für Verzögerung
  – Schadensersatz anstatt Erfüllung
  – Verzugszinsen
  – Rücktritt

- Erfüllungsanspruch bleibt bestehen, aber:
  – Haftungsminderung für den Schuldner
  – Leistungs- und Preisgefahr geht auf den Gläubiger über

- Unterschied, ob Verletzung
  – vertraglicher Schutzpflichten
  – vorvertraglicher Schutzpflichten

- Grundsätzlich Erfüllung, evtl.
  – zusätzlich Schadensersatz
  – Schadensersatz anstatt Erfüllung
  – Rücktritt

- Keine Erfüllung, da vorvertragliches Schuldverhältnis
  – Schadensersatz
  – Evtl. spätere Vertragsaufhebung

Abb. 24: Leistungsstörungen

Voraussetzung ist ein Schuldverhältnis zwischen mindestens zwei Parteien. Aus dem Schuldverhältnis müssen sich für die jeweiligen Parteien Hauptleistungspflichten ergeben. Festzustellen ist, ob es sich um ein vertragliches oder ein gesetzliches Schuldverhältnis handelt.

Die Pflichtverletzung ist der zentrale Haftungstatbestand des Leistungsstörungsrechts.[238] Aus der Art der Pflichtverletzung ergibt sich, welche Leistungsstörung der Schuldner begangen hat. Denkbar sind die Unmöglichkeit der Leistungserbringung, der

---

[238] Vgl. Schlechtriem/Schmidt-Kessel, 4. Teil Rn. 446; Looschelders, SchR AT, § 20 Rn. 12; Westermann/Bydlinski/Weber, § 5 Rn. 5/9.

Verzug mit der Leistung, die Pflichtverletzung bei einem vorvertraglichen Schuldverhältnis, die Verletzung von vertraglichen Nebenpflichten sowie die Schlechterfüllung von Verträgen. § 280 I BGB umfasst mit seinem zentralen Haftungstatbestand der Pflichtverletzung alle dargestellten Arten der Leistungsstörung. Spezialgesetzliche Regelungen finden sich zusätzlich bei einzelnen Vertragstypen.

2. Rechtsfolgen der Leistungsstörung

214 Durch eine Leistungsstörung ändert sich – abstrakt ausgedrückt – das Schuldverhältnis inhaltlich, d. h., die Primärleistungspflicht wandelt sich in eine Sekundärleistungspflicht aus Schadensersatz und Rücktritt um.[239] Dabei kann, wenn die Leistung noch erfüllbar ist, der Sekundäranspruch neben den Primäranspruch treten. Nach § 280 I bis III BGB kann der Gläubiger aufgrund der Verzögerung der Leistung, anstatt der Leistung oder für sonstige Schäden Schadensersatz verlangen. Aus §§ 323 ff. BGB ergeben sich Rücktrittsmöglichkeiten vom gegenseitigen Schuldverhältnis durch den Gläubiger der Leistung. Schadensersatz und Rücktritt bilden demnach die bedeutendsten Sekundärrechte des Gläubigers aus einer Leistungsstörung.

Neben der Pflichtverletzung muss der Schuldner die Leistungsstörung nach § 276 BGB zu vertreten haben. Schadensersatz setzt grundsätzlich Verschulden voraus, es sei denn, das Gesetz lässt Ausnahmen wie bei der Gefährdungshaftung oder bei vermutetem Verschulden i. S. v. § 280 I 2 BGB zu.[240] Die Schadensersatzpflicht tritt daher in den meisten Fällen nur dann nicht ein, wenn der Leistungsschuldner darlegen kann, dass er die Leistungsstörung nicht zu vertreten hat.

§§ 323 ff. BGB gelten für gegenseitige Verträge. Erbringt nach § 323 I BGB bei einem gegenseitigen Vertrag der Schuldner eine fällige Leistung nicht oder nicht vertragsgemäß, kann der Gläubiger, wenn er dem Schuldner erfolglos eine angemessene Frist zur Leistung oder Nacherfüllung bestimmt hat, vom Vertrag zurücktreten. Unter den Voraussetzungen des § 323 II Nr. 1 bis 3 BGB ist eine solche Fristsetzung sogar entbehrlich, z. B. dann, wenn der Schuldner nach § 323 II Nr. 1 BGB die Leistung an den Gläubiger ernsthaft und endgültig verweigert. § 325 BGB gibt dem Gläubiger der Leistungsstörung die Möglichkeit, vom Vertrag zurückzutreten und Schadensersatz zu verlangen. Die Absicht des Gläubigers, vom Vertrag zurückzutreten, schließt somit seine Ansprüche aus Schadensersatz nicht aus.

3. Sonderregelungen im Leistungsstörungsrecht

215 **a) Vertragliche Gewährleistungsrechte.** Im Kauf-, Miet- und Werkvertragsrecht sind spezielle Regelungen normiert, aus denen sich Gewährleistungsrechte ergeben, insbesondere, wenn der Kaufgegenstand nach § 437 BGB, die Mietsache nach § 536 BGB oder das hergestellte Werk nach § 634 BGB mangelhaft ist. So haben z. B. Verkäufer wie Werkersteller dem Vertragspartner nach §§ 433 I 2 BGB bzw. § 633 I 1 BGB die Sache sowie das Werk frei von Sach- und Rechtsmängeln zu verschaffen.

§§ 437, 634 BGB ermöglichen nach Erfüllung bei Mängeln des Gegenstands, je nach Situation, Nacherfüllung, Rücktritt, Vergütungsminderung, Schadensersatz sowie Ersatz vergeblicher Aufwendungen. Dabei verweisen §§ 437, 634 BGB auf das Allgemeine Schuldrecht, insbesondere auf die Schadensersatz-Generalklausel des § 280 BGB sowie auf die Ansprüche aus Leistungsstörungen bei gegenseitigen Verträgen nach §§ 323 ff. BGB.

Im Mietrecht, neben dem Kauf- und Werkvertragsrecht die dritte Vertragssäule des Schuldrechts, bestimmt § 536a BGB Schadensersatzmöglichkeiten bei Mängeln, die der Vermieter zu vertreten hat und zwar, wenn der Mangel schon zu Beginn des Vertragsverhältnisses besteht oder während des Vertragsverhältnisses auftritt.

---

239 Führich, § 12 Rn. 331.
240 Vgl. Looschelders, SchR AT, § 23 Rn. 1.

b) **Leistungshindernis bei Vertragsschluss.** Eine Sonderregelung zum Leistungsstörungsrecht enthält § 311a BGB. Danach entfällt nicht die Wirksamkeit eines Vertrags, wenn der Schuldner aufgrund eines schon bei Vertragsbeginn bestehenden Leistungshindernisses nicht zu leisten braucht. Der Gläubiger kann dann gem. § 311a II 1 BGB nach seiner Wahl Schadensersatz statt der Leistung oder Ersatz seiner Aufwendungen in dem in § 284 BGB bestimmten Umfang verlangen. Dieser Schadensersatzanspruch liegt dann nicht vor, wenn der Schuldner das Leistungshindernis bei Vertragsschluss nicht kannte und seine Unkenntnis auch nicht zu vertreten hatte. Demzufolge muss der Schuldner die Leistungsstörung auch bei Anwendbarkeit des § 311a BGB zu vertreten haben.

c) **Störung der Geschäftsgrundlage.** Haben sich nach § 313 I BGB Umstände, die Grundlage des Vertrags geworden sind, nach Vertragsschluss schwerwiegend verändert und hätten die Parteien den Vertrag nicht oder mit anderem Inhalt geschlossen, wenn sie die Veränderung vorausgesehen hätten, so kann Anpassung des Vertrags verlangt werden, soweit einem Teil unter Berücksichtigung aller Umstände des Einzelfalls, insbesondere der vertraglichen oder gesetzlichen Risikoverteilung, das Festhalten am unveränderten Vertrag nicht zugemutet werden kann. Unter einer Geschäftsgrundlage sind alle nicht zum Vertragsinhalt gewordenen, aber im Vertragsschluss zutage getretenen, dem Geschäftsgegner erkennbaren oder nicht von ihm beanstandeten Vorstellungen des einen Vertragsteils oder durch entsprechende gemeinsame Vorstellungen beider Vertragspartner, auf denen der Geschäftswille aufbaut, zu verstehen. Der Begriff „Umstände" umfasst dabei die sog. objektive Geschäftsgrundlage. Dasselbe gilt nach § 313 II BGB, wenn wesentliche Vorstellungen, die zur Grundlage des Vertrags geworden sind, sich als falsch herausstellen; der zweite Absatz umfasst insofern die subjektive Geschäftsgrundlage. Objektive und/oder subjektive Geschäftsgrundlage müssen sich wesentlich geändert haben. Es darf also nicht ernstlich zweifelhaft sein, dass wenigstens eine der Vertragsparteien bei Kenntnis der nichtzutreffenden bzw. geänderten Umstände das Rechtsgeschäft nicht oder nur mit einem anderen Inhalt abgeschlossen hätte. Schließlich kann eine Vertragsanpassung nur dann gefordert werden, wenn einem Vertragsbeteiligten unter Berücksichtigung aller Umstände des Einzelfalls, insbesondere der vertraglichen und gesetzlichen Risikoverteilung, das Festhalten am unveränderten Vertrag nicht zugemutet werden kann. Ist die Anpassung nicht möglich oder einem Teil nicht zumutbar, kann der benachteiligte Vertragspartner nach § 313 III BGB vom Vertrag zurücktreten. Bei Dauerschuldverhältnissen hat die Vertragspartei nach § 313 III 2 BGB sowie § 314 BGB das Recht zur Kündigung anstatt Rücktritt. Daneben tritt nach § 314 IV BGB auch das Recht zum Schadensersatz.

4. Pflichtverletzung

Leistungsstörungen entstehen durch Verletzungen von Pflichten bei Schuldverhältnissen. Pflichtverletzungen können Hauptleistungspflichten, Nebenleistungspflichten und Schutzpflichten betreffen; es muss also anders geleistet worden sein, als nach dem Inhalt des Schuldverhältnisses vereinbart. Daraus ergeben sich die Ansprüche auf Schadensersatz oder zum Rücktritt. Auch das Rücktrittsrecht gem. §§ 323 ff. BGB verlangt eine Pflichtverletzung. Sie muss vorliegen bei der Unmöglichkeit der Leistung, d. h. dem Ausbleiben der Erfüllung. Sie muss ebenfalls gegeben sein beim Verzug (§ 280 I, II i. V. m. § 286 BGB) der Leistungserbringung, d. h. bei der Verzögerung der Erfüllung aus dem Schuldverhältnis. Und sie muss ferner bestehen bei der Schlechterfüllung der Leistung (§ 280 I, III, i. V. m. § 281 BGB), so z. B., wenn die Leistung mit einem Mangel behaftet ist.

5. Vertretenmüssen

219 Nach §§ 280 I 2, 276 BGB muss der Schuldner die Leistungsstörung zu vertreten haben. Eine Haftung für eine Leistungsstörung tritt demzufolge nicht ein, wenn der Schuldner die Pflichtverletzung nicht zu vertreten hat. Nach § 276 I BGB hat der Schuldner für eine Pflichtverletzung einzustehen, wenn er vorsätzlich oder fahrlässig gehandelt hat. Auch das Verhalten von gesetzlichen Vertretern oder Erfüllungsgehilfen gem. § 278 BGB hat der Schuldner zu vertreten.

Dabei ist vorsätzliches Handeln durch zwei Merkmale gekennzeichnet: Dem Wissen um die Tatbestandsverwirklichung und dem Wollen, den Tatbestand zu verwirklichen. Fahrlässig dagegen handelt, wer nach § 276 II BGB die im Verkehr erforderliche Sorgfalt außer Acht lässt. Man unterscheidet direkten Vorsatz, wenn der Erfolg als notwendige Folge eines bestimmten Verhaltens vom Handelnden gewollt (Absicht) oder sicher vorausgesehen wird, vom bedingten Vorsatz, wenn der Handelnde sich den Erfolg als möglich vorstellt und für den Fall seines Eintritts billigend in Kauf genommen hat.[241] Während an Kaufleute höhere Sorgfaltspflichten gemäß § 347 I HGB gestellt werden, nach denen sie sich für ihr Tätigsein auf die Sorgfalt eines *ordentlichen Kaufmanns* verpflichten, beschränkt das BGB einerseits die Haftung auf diejenige Sorgfalt, die in eigenen Angelegenheiten angewendet werden, §§ 690, 708 BGB. Dann ist Mindestmaßstab grobe Fahrlässigkeit, § 277 BGB. Dazu treten andererseits Haftungsbeschränkungen aus Gesetz auf grobe Fahrlässigkeit nach §§ 300 I, 521, 599 BGB. Grob fahrlässig handelt, wer die erforderliche Sorgfalt in ungewöhnlich hohem Maß verletzt; es ist unbeachtet geblieben, was im gegebenen Fall jedem einleuchten musste.[242] Außerdem muss dem Handelnden ein besonders schwerer Vorwurf zu machen sein.[243] Die im Einzelfall oftmals schwierige Grenze zur normalen/einfachen Fahrlässigkeit ist zu kennzeichnen mit der Formel, dass so etwas „einfach nicht passieren darf", während normale Fahrlässigkeit „jedem einmal passieren kann".[244] Grob fahrlässig handelt z. B. ein PKW-Fahrer, der trotz roter Ampel weiterfährt. Eine Haftungsmilderung kann vertraglich vereinbart werden. Allerdings sieht § 309 Nr. 7b BGB vor, dass in AGB die grobe Fahrlässigkeit vertraglich als Maßstab für die Pflichtverletzung nicht ausgeschlossen werden kann.

Handelt es sich bei der zu erfüllenden Schuld um eine Geldschuld, kann das Maß der Pflichtverletzung nicht beschränkt werden. Der Grundsatz „Geld hat man zu haben" führt dazu, dass Geldschulden wie Gattungsschulden zu erfüllen sind. Auch bei einer Garantieübernahme verpflichtet sich der Schuldner, für das Risiko unabhängig eines Verschuldens zu haften. § 276 I 1 BGB erwähnt insbesondere die Garantie aber auch ausdrücklich das Beschaffungsrisiko. Während bei der Garantie der Schuldner die Eigenschaft einer Sache zusichert, steht er bei der Übernahme eines Beschaffungsrisikos dafür ein, eine Sache aus einer bestimmten Gattung zu beschaffen.

Nach § 278 BGB hat der Schuldner ein Verschulden seines gesetzlichen Vertreters und der Personen, deren er sich zur Erfüllung seiner Verbindlichkeit bedient, ebenfalls in gleichem Umfang zu vertreten wie eigenes Verschulden. In unserer arbeitsteiligen Welt ist es üblich, dass man sich bei der Erfüllung einer Verbindlichkeit auch durch dritte Personen unterstützen lässt. Wenn der Vertragspartner keine höchstpersönliche Leistung zu erbringen hat, kann er sich auch Dritter bedienen, die die Verbindlichkeit für ihn erfüllen, vgl. § 267 I BGB. Voraussetzung ist, dass dem Schuldner die widerrechtliche Pflichtverletzung des Erfüllungsgehilfen zuzurechnen ist. Außerdem muss der Erfüllungsgehilfe schuldhaft, d. h. vorsätzlich oder fahrlässig gehandelt haben.

---

241 Schlechtriem/Schmidt-Kessel, 4. Teil Rn. 569.
242 Vgl. BGHZ 10, 14, 16; BGH NJW 2007, 2988, 2989 f.; 2009, 681, 683; Medicus/Lorenz, SchR I, § 30 Rn. 17.
243 Vgl. BGH VersR 1985, 780, 781.
244 Westermann/Bydlinski/Weber, § 6 Rn. 6/9.

6. Schadensersatz wegen Pflichtverletzung

§ 280 BGB bildet die Generalklausel für Schadensersatzansprüche wegen Leistungsstörungen. Diese Zentralnorm statuiert eine allgemeine Schadensersatzpflicht für den Fall, dass jemand im Rahmen eines Schuldverhältnisses eine Pflichtverletzung begeht und nicht darlegen und notfalls beweisen kann, dass er sie nicht zu vertreten hat.[245] In § 280 BGB geregelt sind Ansprüche aus eingetretenen Schäden wegen Verzögerung, anstelle der Leistung sowie anderweitigen Schäden. Bei den Schadensersatzansprüchen handelt es sich um Sekundäransprüche, die neben der Hauptleistungspflicht, der Erfüllung, stehen können, oder aber an ihre Stelle treten. §§ 281 bis 283 BGB normieren, wann der Gläubiger anstatt der Erfüllung Schadensersatz fordern kann. Eine Sonderregelung hat der Gesetzgeber mit § 311a II BGB geschaffen. Diese spezialgesetzliche Regelung lässt einen Schadensersatzanspruch zu, wenn das Leistungshindernis schon bei Vertragsschluss vorgelegen hat.

Pflichtverletzungen des Schuldners, gleich, ob vertragliche oder gesetzliche Pflichten verletzt worden sind, können Schadensersatzansprüche nach § 280 BGB auslösen.[246] Voraussetzungen für einen Schadensersatzanspruch nach § 280 I BGB sind das Vorliegen eines Schuldverhältnisses, die Pflichtverletzung des Schuldners, Kausalität, Verschulden und ein sich daraus ergebender Schaden, der zu ersetzen ist.

a) Schadensersatz statt der Leistung. Grundsätzlich sind Schadensersatzansprüche bei vertraglichen Schuldverhältnissen Sekundäransprüche. Die §§ 281 bis 283 BGB geben dem Gläubiger die Möglichkeit, anstatt der vertraglichen Leistung Schadensersatz zu fordern. Hauptanspruchsgrundlage für einen Schadensersatz statt der Leistung bilden §§ 280 I, III, 281 BGB. Wenn der Schuldner die fällige Leistung nicht oder nicht wie geschuldet erbringt, kann der Gläubiger unter den Voraussetzungen des § 280 I BGB Schadensersatz statt der Leistung nach § 281 I BGB verlangen, wenn er dem Schuldner erfolglos eine angemessene Frist zur Leistung oder Nacherfüllung bestimmt hat. Hat der Schuldner die fällige Leistung nicht erbracht, liegt eine Verzögerung vor. Hat er die Leistung nicht wie geschuldet bewirkt, war seine Leistung mindestens mangelhaft. Voraussetzung für diesen Schadensersatzanspruch ist, dass neben dem bestehenden Schuldverhältnis, der Pflichtverletzung des Schuldners, die Ursächlichkeit seines Handelns, die zur Pflichtverletzung geführt hat, sowie seinem Verschulden der Schuldner nach § 281 I 1 BGB eine angemessene Frist zur Leistung oder Nacherfüllung nicht eingehalten hat. Entbehrlich ist diese Fristsetzung, wenn der Schuldner die Leistung ernsthaft und endgültig verweigert oder wenn besondere Umstände vorliegen, die unter Abwägung der beiderseitigen Interessen die sofortige Geltendmachung des Schadensersatzanspruchs rechtfertigen, § 281 II BGB. Verlangt der Gläubiger statt der Leistung Schadensersatz, so ist der Anspruch auf Erfüllung aus dem Schuldverhältnis ausgeschlossen. Bei einem gegenseitigen Vertrag wird nach § 325 BGB außerdem das Recht, Schadensersatz zu verlangen, durch den Rücktritt nicht ausgeschlossen.

b) Schadensersatz wegen Verletzung einer Nebenpflicht. Schadensersatz statt der Leistung kann der Gläubiger eines Schuldverhältnisses nach §§ 280 I, III, 282 BGB auch dann fordern, wenn der Schuldner eine Pflicht zur Rücksicht auf die Rechte, Rechtsgüter oder Interessen des anderen Teils i. S. v. § 241 II BGB verletzt. Der Gläubiger kann Schadensersatz statt der Leistung verlangen, wenn ihm die Leistung durch den Schuldner nicht mehr zuzumuten ist. Sog. Schutzpflichten i. S. v. § 241 II BGB sind Nebenpflichten wie Sorgfalts- oder Aufklärungspflichten, welche neben der Hauptleistungspflicht bei einem Schuldverhältnis bestehen.[247] Typisches Beispiel ist die fehlende

---

245 Meyer, § 5 Rn. 395.
246 Schlechtriem/Schmidt-Kessel, 4. Teil Rn. 558.
247 Vgl. Westermann/Bydlinski/Weber, § 11 Rn. 11/6; MüKo-BGB/Bachmann, § 241 Rn. 114 ff.

Aufklärung der Bank vor hohen Risiken bei der Vermögensanlage in einem Wertpapier- oder Schiffsfonds gegenüber ihrem Kunden.[248] Die Verletzung einer Nebenpflicht darf nicht unbedeutend sein, damit anstatt der Leistung Schadensersatz gefordert werden kann, so z. B. bei der Bestechung eines Arbeitnehmers zu illegalem Verhalten gegenüber seinem Arbeitgeber.[249] Ein derartiger Schadensersatzanspruch nach §§ 280 I, III, 282 BGB setzt also zusätzlich voraus, dass dem Gläubiger die Leistung durch den Schuldner nicht mehr zumutbar ist.

223 **c) Schadensersatz bei Ausschluss der Leistungspflicht.** Entfällt die Hauptleistungspflicht des Schuldners nach § 275 I bis III BGB wegen Unmöglichkeit, hat der Gläubiger nach §§ 280 I, III, 283 BGB einen Schadensersatzanspruch anstelle des Erfüllungsanspruchs. Voraussetzung ist, dass die Unmöglichkeit der Leistung nachträglich eingetreten ist und der Schuldner die Unmöglichkeit zu vertreten hat, §§ 275 I bis III, 280 I 2 BGB. War dem Schuldner die Unmöglichkeit der Leistungserfüllung schon vor Vertragsschluss bewusst, gelten die Voraussetzungen des § 311a I, II BGB i. V. m. §§ 275 I bis III BGB.

224 **d) Sonstige Schadensersatzansprüche.** Zu Schäden durch unsorgfältiges Verhalten eines Vertragspartners kann es schon dann kommen, wenn sich Schädiger und Geschädigter noch in der Phase der Anbahnung eines Vertragsschlusses befinden; möglicherweise kommt es gerade wegen dieses Schadensereignisses dann nicht mehr zu dem ursprünglich beabsichtigten Geschäftsabschluss.[250] Andererseits kann es bei ordnungsgemäßer Erfüllung der Hauptleistungspflicht dazu kommen, dass Nebenpflichten, wie z. B. Schutzpflichten aus § 241 II BGB, verletzt worden sind und eine der beiden Vertragsparteien einen Schaden erlitten hat. In beiden Situationen muss ein Schaden entstanden sein. Rechtsfolge ist dann, dass der Gläubiger nach § 280 I BGB auch sog. sonstige Schäden bei der Verletzung von Nebenpflichten sowie bei einem vorvertraglichen Schuldverhältnis bzw. bei Vertragsabschluss geltend machen kann.

225 **e) Ersatz vergeblicher Aufwendungen.** Nach § 284 BGB kann der Gläubiger anstelle des Schadensersatzes statt der Leistung den Ersatz der Aufwendungen verlangen, die er im Vertrauen auf den Erhalt der Leistung gemacht hat und billigerweise machen durfte. Voraussetzung ist also, dass der Gläubiger im Vertrauen auf die Erfüllung des Schuldverhältnisses sinnvolle Aufwendungen gemacht hat. Dabei kann es sich um Kosten handeln, die zur Vorbereitung eines konkreten Vertrags gemacht werden, z. B., um die Untersuchung oder Herstellung von Mustern (Fertigungsteile, Modelle oder ähnliches) bei einer beabsichtigten Kooperation im Rahmen überbetrieblicher Arbeitsteilung, um Notarkosten oder ähnliche Kosten, die im Vorfeld des Vertragsabschlusses typischerweise auftreten.[251] Erforderlich ist, dass der Schuldner eine Pflichtverletzung vorsätzlich oder fahrlässig begangen hat. Ausnahme bildet § 284, 2. HS BGB, wenn der beabsichtigte Zweck auch ohne die Pflichtverletzung des Schuldners nicht erreicht worden wäre.

226 **f) Rücktritt.** Der Gläubiger, der die ihm zugesagte Leistung nicht oder nicht vertragsgemäß erhält, obwohl er eine Gegenleistung dafür versprochen hat, kann auch unabhängig von irgendwelchen Schäden ein besonderes Interesse daran haben, sich wieder vom Vertrag zu lösen.[252] Auf diese Situation sind §§ 323 ff. BGB anwendbar. Voraussetzung für ein Rücktrittsrecht nach § 323 BGB ist ein gegenseitiger Vertrag, dessen Leistungen fällig und durchsetzbar sind. Trotz angemessener Fristsetzung bzw. Entbehrlichkeit in

---

248 Vgl. BGH NJW 2004, 2736, 2740 f.; 2005, 1784, 1786.
249 Vgl. RGZ 149, 187, 189.
250 Bähr, § 9 VII 2.
251 Steckler/Tekidou-Külke, B. Rn. 177.
252 Meyer, § 5 Rn. 411.

besonderen Fällen nach § 323 II Nr. 1 bis 3 BGB hat der Schuldner nicht geleistet. Der Gläubiger darf nach § 323 VI BGB für die Nichterbringung der Leistung nicht verantwortlich sein und hat nach § 349 BGB den Rücktritt zu erklären. Der gegenseitige Vertrag wandelt sich dann in ein Rückgewährschuldverhältnis nach §§ 346 ff. BGB um. Durch den Rücktritt erlischt der Leistungsanspruch des Schuldners. Wiederholt der Gläubiger nach erfolglosem Fristablauf zunächst sein Erfüllungsverlangen, geht dadurch sein Rücktrittsrecht nicht unter.[253] Deshalb kann er danach immer noch den Rücktritt erklären, wenn der Schuldner auch nach erneuter Leistungsaufforderung nicht leistet.[254] Nach § 346 I BGB sind die Vertragsparteien verpflichtet, im Falle des Rücktritts die empfangenen Leistungen an den jeweiligen Vertragspartner zurückzugewähren und die gezogenen Nutzungen herauszugeben. §§ 323 ff. BGB setzen kein Vertretenmüssen voraus.[255] Der Gläubiger kann demzufolge auch dann vom Vertrag zurücktreten, wenn der Schuldner eine fällige Leistung nicht oder nicht vertragsgemäß erbringt, ohne dass er diese Situation verschuldet hat.

Hat der Schuldner eine Nebenpflicht verletzt, kann der Gläubiger nach §§ 324, 241 II BGB zurücktreten. Von Dauerschuldverhältnissen, die bereits bestehen, ist ein Rücktritt nicht möglich. Denn die Rückabwicklung eines bereits lang andauernden Dauerschuldverhältnisses, so z. B. eines Mietvertrags, ist nicht möglich. Hier greifen z. B. ordentliche oder außerordentliche Kündigungsrechte i. S. v. §§ 542 f. BGB. Schon § 314 BGB besagt, dass jeder Vertragsteil Dauerschuldverhältnisse aus wichtigem Grund ohne Einhaltung einer Kündigungsfrist kündigen kann. Ein wichtiger Grund liegt vor, wenn dem kündigenden Teil unter Berücksichtigung aller Umstände des Einzelfalls und unter Abwägung der beiderseitigen Interessen die Fortsetzung des Vertragsverhältnisses bis zur vereinbarten Beendigung oder bis zum Ablauf einer Kündigungsfrist nicht zugemutet werden kann. Die Berechtigung, Schadensersatz zu verlangen, wird nach § 314 IV BGB durch die Kündigung nicht ausgeschlossen.

7. Unmöglichkeit

227 Unmöglichkeit liegt vor, wenn die Leistung aus rechtlichen oder tatsächlichen Gründen nicht erbracht worden ist und nicht erbracht werden kann, d. h. wenn die Leistung nicht nachholbar ist.[256] Nach § 275 I BGB ist der Anspruch auf Leistung ausgeschlossen, soweit diese für den Schuldner oder für jedermann unmöglich ist. Hierbei unterscheidet das Gesetz nicht zwischen anfänglicher (= zum Zeitpunkt des Vertragsschlusses) und nachträglicher (= nach dem Zeitpunkt des Vertragsschlusses) Unmöglichkeit, zu vertretender (= dem Schuldner vorwerfbarer) oder nicht zu vertretender (= dem Schuldner nicht vorwerfbarer) Unmöglichkeit bzw. objektiver (= für alle unmöglich) und subjektiver (= nur für den Schuldner unmöglich) Unmöglichkeit.[257] Diese Unterscheidungsmerkmale können aber für Schadensersatzansprüche von Bedeutung sein. Der Schuldner wird bei Unmöglichkeit der Leistung von seiner primären Leistungspflicht frei. An ihre Stelle können Sekundärleistungspflichten treten.

228 **a) Befreiung von der Primärleistungspflicht. – aa) Typische Unmöglichkeit.** § 275 I regelt den Fall der typischen Unmöglichkeit, bei der weder der Schuldner noch irgendeine andere Person die vertragliche Verpflichtung erfüllen kann. Vor der Übergabe wird z. B. der gekaufte Oldtimer durch einen Totalschaden zerstört. Eine Unterscheidung zwischen objektiver oder subjektiver Unmöglichkeit sieht das Gesetz nicht vor. Denn § 275 I BGB stellt ausdrücklich fest, dass es keinen Unterschied macht, ob der Schuldner

---

253 Brox/Walker, AS, § 23 Rn. 68.
254 BGH NJW 2006, 1198, 1199.
255 Vgl. Grüneberg/Grüneberg, § 323 Rn. 1.
256 Dauner-Lieb/Langen/Dauner-Lieb, § 275 Rn. 27.
257 Führich, § 12 Rn. 353; vgl. Dauner-Lieb/Langen/Dauner-Lieb, § 275 Rn. 26.

oder jede andere Person aus dem Rechtsgeschäft nicht leisten kann. Aus § 275 BGB ergibt sich auch kein Hinweis auf eine Unterscheidung zwischen anfänglicher oder nachträglicher Unmöglichkeit. § 311a I BGB stellt zusätzlich klar, dass die Wirksamkeit eines Vertrags nicht dadurch beeinträchtigt wird, dass der Schuldner nach § 275 I bis III BGB nicht zu leisten braucht und das Leistungshindernis schon bei Vertragsschluss vorliegt.

229   **bb) Faktische Unmöglichkeit.** § 275 II 1 BGB sieht vor, dass der Schuldner die Leistung verweigern kann, soweit diese einen Aufwand erfordert, der unter Beachtung des Inhalts des Schuldverhältnisses und der Gebote von Treu und Glauben in einem groben Missverhältnis zu dem Leistungsinteresse des Gläubigers steht. Aus dem Wortlaut des § 275 II BGB ergibt sich, dass die Leistung grundsätzlich erbracht werden kann. Insofern ist die Leistung an und für sich nicht unmöglich (objektive Unmöglichkeit). Die Erfüllung der Leistungspflicht soll dem Schuldner allerdings aufgrund des groben Missverhältnisses zu dem Leistungsinteresse des Gläubigers nicht mehr zugemutet werden.[258]

Für den Maßstab der Zumutbarkeit ist die Sichtweise des Gläubigers entscheidend, der allerdings auch keine überhöhten Anforderungen an die Zumutbarkeit stellen darf. Unzumutbarkeit für die Leistungserfüllung des Schuldners liegt nicht vor, wenn sich aus der Sicht des Schuldners durch unvorhergesehene Umstände das wirtschaftliche Gleichgewicht zwischen Leistung und Gegenleistung für ihn nachteilig verschoben hat.[259]

230   **cc) Höchstpersönliche Unmöglichkeit.** Nach § 275 III BGB ist die Erfüllung der Leistungspflicht für den Schuldner unmöglich, bzw. er kann sie verweigern, wenn er die Leistung persönlich zu erbringen hat und sie ihm unter Abwägung des seiner Leistung entgegenstehenden Hindernisses mit dem Leistungsinteresse des Gläubigers nicht zugemutet werden kann. Höchstpersönliche Leistungen hat der Schuldner z. B. aufgrund eines Arbeits-, Dienst-, Werk- oder Geschäftsbesorgungsvertrags zu erbringen. Unzumutbar ist eine Leistung, wenn sich die Erfüllung z. B. als so schwierig, aufwendig oder gefährlich darstellt, dass sie unter normalen Umständen nach objektiver Abwägung aller Gesichtspunkte nicht zu erbringen ist, so z. B. bei einer Sängerin, die kurzfristig einen Auftritt absagt, weil ihr Kind schwer erkrankt ist.[260]

231   **dd) Anfängliche Unmöglichkeit.** Schon im Zeitpunkt des Vertragsabschlusses kann das zukünftige Schuldverhältnis unmöglich sein. § 311a BGB stellt insoweit klar, dass ein Vertrag, selbst wenn das Leistungshindernis schon bei Vertragsschluss vorlag, nicht dadurch unwirksam ist. § 311a II 1 BGB gibt dem Gläubiger vielmehr die Möglichkeit, Schadensersatz statt der Leistung oder Ersatz seiner Aufwendungen zu verlangen.

§ 311a II 1 BGB sieht vor, dass die Haftung des Schuldners ausgeschlossen ist, wenn der Schuldner das Leistungshindernis bei Vertragsschluss nicht kannte und er diese Unkenntnis auch nicht zu vertreten hat. Das Vertretenmüssen bemisst sich nach §§ 276 ff. BGB. Maßgeblicher Anknüpfungspunkt für die Beurteilung des Vertretenmüssens ist hierbei die Unkenntnis des Schuldners.[261] Denn vor Vertragsschluss obliegen dem Schuldner grds. nur Informationspflichten, während dagegen bereits nach Vertragsschluss Pflichten für ihn im Hinblick auf den Leistungsgegenstand erfolgt sind. Es genügt alleine die Kenntnis des Schuldners, dass das Leistungshindernis bei Vertragsschluss bestand. Das gilt nicht, wenn der Schuldner das Leistungshindernis bei Vertragsschluss nicht kannte und seine Unkenntnis auch nicht zu vertreten hat,

---

258   Vgl. MüKo-BGB/Ernst, § 275 Rn. 73 f.
259   Vgl. Bär, § 9 III 1d.
260   Vgl. Looschelders, SchR AT, § 21 Rn. 26 ff.
261   Vgl. Looschelders, SchR AT, § 28 Rn. 11.

§ 311a II 2 BGB. § 311a II BGB unterscheidet dabei nicht zwischen anfänglich objektiver oder anfänglich subjektiver Unmöglichkeit.

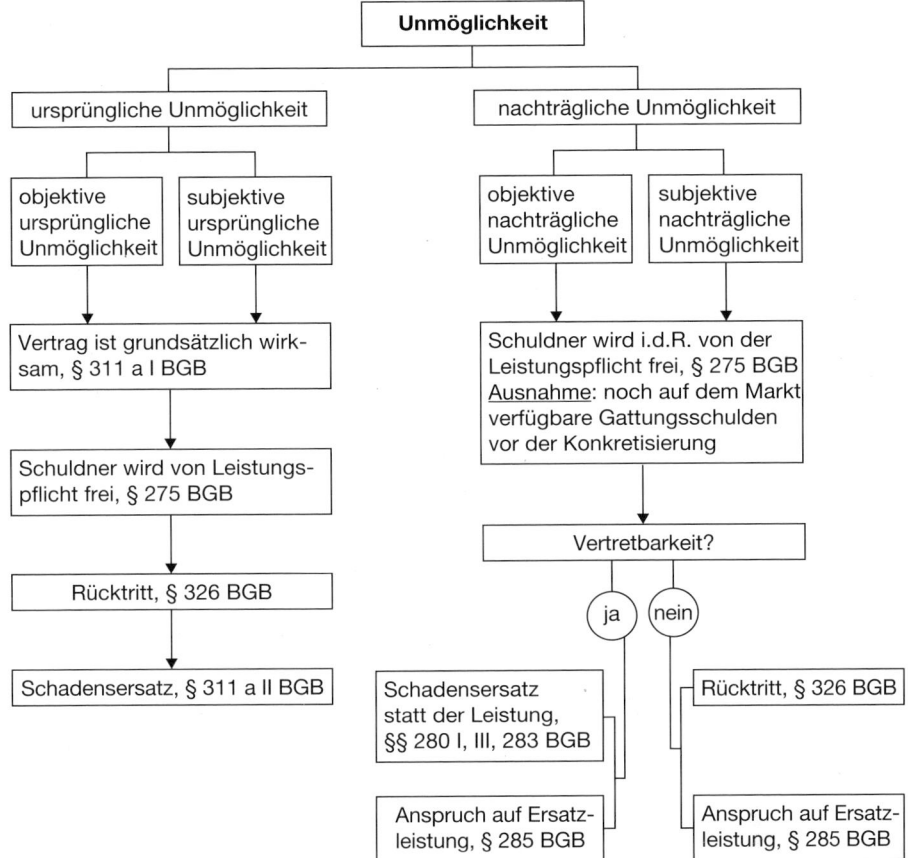

Abb. 25: Unmöglichkeit

b) Rechtsfolgen der Unmöglichkeit. Bei nachträglicher Unmöglichkeit i. S. v. § 275 BGB steht dem Gläubiger nach § 280 I BGB ein Schadensersatzanspruch zu. Weitere Schadensersatzansprüche ergeben sich aus den bereits erörterten §§ 281 ff. BGB. Demgegenüber erlischt entweder die Schuld für den Schuldner nach § 275 I BGB automatisch oder der Schuldner hat nach § 275 II, III BGB jeweils ein Leistungsverweigerungsrecht. Er kann also eine Einrede erheben, um die Leistung nicht mehr erbringen zu müssen. Bei gegenseitigen Verträgen wird der Gläubiger nach § 326 I 1 BGB von der Gegenleistung befreit, wenn der Schuldner nach § 275 I bis III BGB nicht zu leisten braucht. Hat der Gläubiger bereits Teilleistungen vorgenommen, kann er nach § 326 IV BGB i. V. m. §§ 346 ff. BGB das Geleistete zurückfordern. Hat der Schuldner dagegen Teilleistungen vorgenommen, so hat der Gläubiger z. B. nach § 441 III BGB die Möglichkeit, den Kaufpreis auf den Wert der Teilleistung herabzusetzen. Der Gläubiger kann die Teilleistung aber auch ablehnen, wenn er an ihr kein Interesse hat. Fordert er Schadensersatz oder tritt er vom Vertrag zurück, hat er die Teilleistungen an den Schuldner herauszugeben.

Dem Gläubiger steht dann nach §§ 326 V, 323 V 1 BGB ein Rücktrittsrecht zu, außerdem die bereits erörterten Ansprüche aus Schadensersatz nach §§ 280 ff. BGB.

8. Schuldnerverzug

233 Schuldnerverzug entsteht grundsätzlich, wenn der Schuldner die Leistung verspätet erbringt. Erforderlich ist aber, dass die Leistung fällig ist. Außerdem sieht der Verzug nach § 286 I 1 BGB vor, dass der Gläubiger den Schuldner nach dem Eintritt der Fälligkeit einer Leistung mahnen muss. Erst durch die Mahnung kommt der Schuldner in Verzug. Eine verspätete Leistung liegt vor, wenn ihre Erfüllung noch möglich ist. Wenn die Leistung nicht mehr nachholbar ist, ist sie unmöglich. Unmöglichkeit schließt Verzug aus. Auch bei einem kalendermäßig exakt bestimmten Fixgeschäft erwartet der Gläubiger die Leistung des Schuldners zu einem bestimmten Zeitpunkt. Ist dieser Zeitpunkt bei einem sog. absoluten Fixgeschäft verstrichen, wird die verspätete Leistungserfüllung für den Gläubiger i. d. R. sinnlos, so dass auch hier trotz möglicher Leistungserfüllung aus der Sicht des Schuldners für den Gläubiger Unmöglichkeit vorliegt.[262]

Der Schuldner muss für die Verspätung der Leistungserfüllung verantwortlich sein. Er muss diese Verspätung nach §§ 280 I 2, 286 IV BGB zu vertreten haben. Der Gesetzgeber unterscheidet bei Verzug, ob es sich grds. um eine Leistung oder um die Sonderregelung einer Entgeltforderung nach Rechnungsstellung gem. § 286 III BGB handelt. Nach § 286 III BGB kommt der Schuldner einer Entgeltforderung auch ohne Mahnung spätestens in Verzug, wenn er nicht innerhalb von 30 Tagen nach Fälligkeit und Zugang einer Rechnung oder gleichwertigen Zahlungsaufstellung leistet. Allerdings ist erforderlich, dass der Schuldner, falls er Verbraucher ist, auf diese Folgen in der Rechnung oder Zahlungsaufstellung besonders hingewiesen worden ist.

234 a) **Voraussetzungen.** Nach § 286 I 1 BGB kommt der Schuldner mit seiner Leistung in Verzug, wenn er in einem Zeitraum, der mit dem Gläubiger vereinbart ist, seine Pflicht aus dem Schuldverhältnis nicht erfüllt. Dabei ist er nach § 286 IV BGB für die verspätete Leistung dann nicht verantwortlich, so lange die Leistung in Folge eines Umstands unterbleibt, den er nicht zu vertreten hat. Ein Schadensersatzanspruch wegen Verzugs nach §§ 280 I, II, 286 BGB kann der Gläubiger unter folgenden Voraussetzungen verlangen:
– Fälliger und durchsetzbarer Anspruch;
– Nichterbringung trotz Möglichkeit der Leistung;
– Mahnung oder Nichterfordernis der Mahnung;
– Verschulden des Verzugs.

235 aa) **Fälliger und durchsetzbarer Anspruch.** Erste Voraussetzung des Verzugs ist ein fälliger und durchsetzbarer Anspruch. Denn der Verzug kann erst eintreten, wenn der Anspruch fällig ist. Fällig ist ein Anspruch, wenn die Vertragsparteien eine Frist oder einen Termin bestimmt haben, an dem die Leistung zu erbringen ist.[263] Haben die Parteien eine derartige Frist oder einen Termin nicht bestimmt, legt § 271 I BGB fest, dass der Gläubiger die Leistung sofort verlangen, der Schuldner sie sofort bewirken kann. Spezialgesetzliche Regelungen zur Fälligkeit von Ansprüchen liegen beim Mietvertrag gem. §§ 556b I, 579 BGB, beim Dienstvertrag nach § 614 BGB oder beim Werkvertrag gem. § 641 BGB vor. Außerdem muss der Anspruch durchsetzbar sein. Kann der Schuldner z. B. die Einrede der Verjährung nach § 214 I BGB geltend machen oder treten nach §§ 275 II, III BGB Umstände ein, nach denen es dem Schuldner nicht mehr zuzumuten ist, die Leistung zu erbringen, steht ihm das Recht der Einrede zu.

---

262 Vgl. BGHZ 60, 14, 16; MüKo-BGB/Ernst, § 286 Rn. 42.
263 Vgl. Schlechtriem/Schmidt-Kessel, 4. Teil Rn. 661.

bb) Möglichkeit der Leistung. Erforderlich ist, dass für den Schuldner, wenn auch verspätet, die Möglichkeit besteht, seine Leistungspflicht zu erfüllen, die er bisher nicht erfüllt hat. Die Leistung darf also für den Schuldner nicht unmöglich sein. So führt der Zeitablauf bei einer gesetzten Frist oder eines Termins nicht unbedingt zur Unmöglichkeit der Leistung; diese kann auch nach Frist- oder Terminablauf noch verspätet durch den Schuldner erbracht werden.

Eine Besonderheit bildet das sog. Fixgeschäft. Nach § 323 II Nr. 2 BGB liegt zwischen den Vertragsparteien ein Fixgeschäft vor, wenn der Schuldner die Leistung zu einem im Vertrag bestimmten Termin oder innerhalb einer bestimmten Frist nicht bewirkt und der Gläubiger im Vertrag den Fortbestand seines Leistungsinteresses an die Rechtzeitigkeit der Leistung gebunden hat. Zu unterscheiden sind in diesem Zusammenhang das absolute Fixgeschäft und das relative Fixgeschäft. Beim absoluten Fixgeschäft kann der Schuldner nach Frist- bzw. Terminablauf den Vertragszweck nicht mehr erfüllen. Die Leistung kann nicht mehr nachgeholt werden, weil die Erfüllung nach dem von den Parteien festgelegten Zeitraum nicht mehr möglich ist.[264] Die vereinbarte Lieferung des Hochzeitskleids bis 12:00 Uhr am Hochzeitstag ist ein absolutes Fixgeschäft, da die Leistung durch den Schuldner später nicht mehr erbracht werden und die Braut das Kleid nicht mehr nutzen kann. Dagegen haben zwar beim relativen Fixgeschäft die Parteien auch eine genaue Frist oder einen exakten Termin bestimmt, nach dem die Leistung durch den Schuldner zu erbringen ist. Dennoch ist die Leistung trotz Verspätung nach Ablauf des festgelegten Zeitraums noch nachholbar,[265] so z. B. beim verspäteten Abflug des Passagierflugzeugs zum Ferienort.[266]

Während sich beim absoluten Fixgeschäft nach Zeitablauf für den Schuldner nur noch die Sekundärleistungspflicht auf Schadensersatz aus §§ 280 I, III, 283 S. 1, 275 IV BGB ergibt, hat der Anspruchsgläubiger beim relativen Fixgeschäft entweder noch den Primärleistungsanspruch auf Erfüllung, den Schadensersatz aus Verzug nach §§ 280 I, II, 286 BGB bzw. ein Rücktrittsrecht nach § 323 I, II Nr. 2 BGB.

cc) Mahnung. Nach § 286 I 1 BGB kommt der Schuldner grundsätzlich nur dann in Verzug, wenn der Gläubiger ihn gemahnt hat. Die Mahnung kann mündlich oder schriftlich erfolgen. Der Mahnung stehen die Erhebung der Klage auf die Leistung sowie die Zustellung eines Mahnbescheids im Mahnverfahren gleich. Die Mahnung ist eine einseitige, empfangsbedürftige Willenserklärung, die der Gläubiger gegenüber dem Schuldner abzugeben hat. Diese Willenserklärung hat nicht unbedingt das Wort „Mahnung" zu enthalten. Es kommt lediglich darauf an, dass der Empfänger der Willenserklärung, also der Schuldner der verspäteten Leistung, als Empfänger der Willenserklärung die Erklärung als Mahnung und Aufforderung verstanden hat, endgültig bis zu einem bestimmten Zeitpunkt seine Leistungspflicht zu erfüllen und dass nach Ablauf dieser Zeit der Verzug eintritt.[267] Der Gläubiger muss dem Schuldner deutlich machen, dass die Verzögerung für ihn nachteilige Folgen haben kann.[268]

§ 286 II Nr. 1 bis 4 BGB lässt Ausnahmen zu, nach denen gegenüber dem Schuldner keine Mahnung erklärt werden muss und zwar, wenn nach

Nr. 1 – für die Leistung eine Zeit nach dem Kalender bestimmt ist,
Nr. 2 – der Leistung ein Ereignis vorauszugehen hat und eine angemessene Zeit für die Leistung in der Weise bestimmt ist, dass sie sich von dem Ereignis an nach dem Kalender berechnen lässt,
Nr. 3 – der Schuldner die Leistung ernsthaft und endgültig verweigert,

---

264 Vgl. BGHZ 60, 14, 16; BGH NJW 2009, 2743, 2744; Looschelders, SchR AT, § 213 Rn. 17.
265 MüKo-BGB/Ernst, § 286 Rn. 43.
266 Vgl. BGH NJW 2009, 2743, 2744.
267 Vgl. BGH NJW 1998, 2132, 2133.
268 Looschelders, SchR AT, § 26 Rn. 5; Dauner-Lieb/Langen/Schulte-Nölke, § 286 Rn. 24.

Nr. 4 – aus besonderen Gründen unter Abwägung der beiderseitigen Interessen der sofortige Eintritt des Verzugs gerechtfertigt ist.
Nur unter den strengen Voraussetzungen des § 286 II Nr. 1–4 BGB braucht der Gläubiger den Schuldner nicht ausdrücklich aufzufordern, die geschuldete Leistung endlich zu erbringen. Eine weitere Ausnahme aus dem Versicherungsvertragsgesetz bildet § 37 VVG.

238 **dd) Zahlungsverzug.** Eine spezialgesetzliche Regelung für den Verzug bei Geldforderungen nach Rechnungsstellung ist in § 286 III BGB normiert. Der Schuldner einer Entgeltforderung kommt spätestens in Verzug, wenn er nicht innerhalb von 30 Tagen nach Fälligkeit und Zugang einer Rechnung oder gleichwertigen Zahlungsaufstellung leistet; dies gilt gegenüber einem Schuldner, der Verbraucher ist, nur, wenn auf diese Folgen in der Rechnung oder Zahlungsaufstellung besonders hingewiesen worden ist. Wenn der Zeitpunkt des Zugangs der Rechnung oder Zahlungsaufstellung unsicher ist, kommt der Schuldner, der nicht Verbraucher ist, spätestens 30 Tage nach Fälligkeit und Empfang der Gegenleistung in Verzug. Auch § 286 III BGB bildet somit eine weitere Ausnahme, nach der der Anspruchsgläubiger den Schuldner nicht zu mahnen braucht.

239 **ee) Vertretenmüssen.** Nach § 286 IV BGB kommt der Schuldner nur in Verzug, wenn er die Verzögerung der Leistungspflicht zu vertreten hat. § 276 I BGB bildet erneut den Maßstab für den Schuldner, wenn er für die Verspätung der Leistung selbst verantwortlich ist. § 278 BGB kommt wiederum in Betracht, wenn sich der Schuldner zur Erfüllung seiner Leistungspflicht eines Dritten bedient und dieser die Verspätung entweder vorsätzlich oder fahrlässig herbeigeführt hat. Verschuldensunabhängig hat der Schuldner die Verspätung bei der Übernahme einer Garantie oder eines Beschaffungsrisikos zu vertreten. Kein Verschulden liegt vor, wenn der persönliche leistungspflichtige Schuldner schwer erkrankt, bei höherer Gewalt durch Naturkatastrophen, behördlichen Eingriffen oder Krieg.[269]

240 **b) Rechtsfolgen. – aa) Primärleistungspflicht.** Kommt der Schuldner mit der Leistung in Verzug, kann der Gläubiger weiter die Erfüllung als Primärleistung verlangen. Erst durch die Erfüllung der Leistung endet der Schuldnerverzug.

241 **bb) Ersatz des Verzugsschadens.** Für die Verspätung der Leistung steht dem Gläubiger nach §§ 280 I, II, 286 BGB neben der Erfüllung der Leistung ein Schadensersatzanspruch zu (Verzögerungsschaden). Neben die Primärleistungspflicht der Erfüllung tritt somit der Schadensersatzanspruch als Sekundärleistungspflicht wegen verspäteter Leistungserfüllung. Der Gläubiger ist danach so zu stellen, wie er bei rechtzeitiger Leitung des Schuldners stehen würde.

242 **cc) Verzugszinsen.** Nach § 288 I 1 BGB ist eine Geldschuld während des Verzugs zu verzinsen. Der Verzugszinssatz beträgt für das Jahr 5 Prozentpunkte über dem Basissatz. Nach § 247 I 2 BGB verändert sich der Basiszinssatz zum 1. Januar und 1. Juli eines jeden Jahres um die Prozentpunkte, um welche die Bezugsgröße seit der letzten Veränderung des Basiszinses gestiegen oder gefallen ist. Bezugsgröße ist dabei der Zinssatz für die jüngste Hauptrefinanzierungsoperation der Europäischen Zentralbank vor dem ersten Kalendertag des betreffenden Halbjahres.
Bei Rechtsgeschäften, an denen ein Verbraucher (§ 13 BGB) nicht beteiligt ist, beträgt nach § 288 II BGB der Zinssatz für Entgeltforderungen 8 Prozentpunkte über dem Basiszinssatz. Ist dem Gläubiger durch den Verzug des Schuldners ein höherer Schaden entstanden, z. B., weil der Gläubiger bei seiner Bank ein Darlehen mit einem höheren

---

269   Führich, § 12 Rn. 365.

Zinssatz für die Vertragserfüllung aufgenommen hatte, so sind ihm die höheren Zinsen vom Schuldner nach §§ 280 I, II BGB i. V. m. §§ 286, 288 IV BGB zu ersetzen.

dd) Schadensersatz statt der Leistung. Soweit der Schuldner die fällige Leistung nicht **243** oder nicht wie geschuldet erbringt, kann der Gläubiger gem. §§ 280 I, III, 281 I 1 BGB Schadensersatz statt der Leistung verlangen unter der Voraussetzung, dass er dem Schuldner erfolglos eine angemessene Frist zur Leistung oder Nacherfüllung bestimmt hat. Zur Fristsetzung ist grundsätzlich die Mahnung erforderlich, es sei denn, die Mahnung ist nach §§ 286 II Nr. 1 bis 4 BGB oder nach § 286 III BGB entbehrlich.

ee) Haftungsverschärfung. Nach § 287 BGB hat der Schuldner während des Verzugs **244** jede Art von Fahrlässigkeit zu vertreten. Er haftet wegen der Leistung auch für Zufall, es sei denn, dass der Schaden ebenfalls bei rechtzeitiger Leistung eingetreten sein würde. Der Gläubiger kann demzufolge gegenüber dem Schuldner auch dann Schadensersatzansprüche geltend machen, wenn der Schuldner aufgrund spezialgesetzlicher Regelungen wie z. B. in §§ 300 I, 521, 599, 680 oder 968 BGB zwar nur für grobe Fahrlässigkeit einsteht, aufgrund des § 287 BGB aber auch nach leichter Fahrlässigkeit bzw. für den Zufall haften muss, durch den eine Verschlechterung des Leistungsgegenstandes oder dessen völlige Zerstörung evtl. sogar verschuldensunabhängig eintritt.

ff) Rücktritt. Bei gegenseitigen Verträgen steht dem Gläubiger aufgrund verspäteter **245** Leistung ein Rücktrittsrecht zu. § 323 I BGB legt die Voraussetzungen fest, nach denen der Gläubiger ein Rücktrittsrecht geltend machen kann. Erbringt bei einem gegenseitigen Vertrag der Schuldner nach § 323 I BGB eine fällige Leistung nicht oder nicht vertragsgemäß, kann der Gläubiger, wenn er dem Schuldner erfolglos eine angemessene Frist zur Leistung oder Nacherfüllung bestimmt hat, vom Vertrag zurücktreten. Ausgeschlossen ist der Rücktritt nach § 323 VI BGB, wenn der Gläubiger für den Umstand, der ihn zum Rücktritt berechtigen würde, allein oder weit überwiegend verantwortlich ist, oder wenn der für den Schuldner nicht zu vertretende Umstand zu einer Zeit eintritt, zu welcher der Gläubiger im Verzug der Annahme ist. Will der Gläubiger vom Vertrag nach § 323 BGB zurücktreten, hat er dem Schuldner vorher eine angemessene Frist zur Leistung oder Nacherfüllung zu setzen. Die Entbehrlichkeit einer Fristsetzung ergibt sich aus § 323 II BGB, z. B. wenn der Schuldner die Leistung ernsthaft und endgültig verweigert. Der Leistungsanspruch des Gläubigers ist ab der wirksamen Rücktrittserklärung gegenüber dem Schuldner ausgeschlossen.

9. Gläubigerverzug

Neben dem Schuldner kann auch der Gläubiger mit seiner Leistungspflicht in Verzug, **246** den sog. Annahmeverzug, kommen. Kann der Schuldner seine Leistung deshalb nicht erbringen, weil es der Gläubiger an der dafür erforderlichen Mitwirkung fehlen lässt, insbesondere weil er die ihm ordnungsgemäß angebotene Leistung nicht annimmt, dann schließt ein solches Verhalten den Schuldnerverzug aus, weil der Schuldner dann die Verzögerung der Leistung nicht zu vertreten hat.[270] Denn § 293 BGB regelt, dass der Gläubiger in Verzug kommt, wenn er die ihm angebotene Leistung nicht annimmt.

a) Bedingungen. Bedingungen des Gläubigerverzugs sind also einerseits ein fälliger und **247** durchsetzbarer Erfüllungsanspruch, der nicht unmöglich ist, sowie die Nichtannahme der vom Schuldner angebotenen Leistung durch den Gläubiger. Die Leistung muss also dem Gläubiger so, wie sie zu bewirken ist, tatsächlich angeboten werden, § 294 BGB. Im Gegensatz zum Schuldnerverzug, bei dem der Schuldner nach § 286 IV BGB die verspätete Leistungserfüllung zu vertreten haben muss, liegt diese Voraussetzung beim Gläubigerverzug nicht vor. Der Gläubiger kommt auch dann in Verzug, wenn er die

---

270 Vgl. Musielak/Hau, § 6 Rn. 590.

ihm angebotene Leistung nicht annimmt, ohne dass er diese Nichtannahme zu vertreten hat.[271] Der Gläubiger kommt daher auch dann in Annahmeverzug, wenn er durch Krankheit oder einen unverschuldeten Verkehrsunfall an der Annahme der Leistung gehindert ist.[272] Erforderlich für den Gläubigerverzug ist, dass der Schuldner dem Gläubiger am rechten Ort und zum rechten Zeitpunkt die Leistungserfüllung anbietet. Einzige Handlung des Gläubigers muss demzufolge sein, dass er gegenüber dem Schuldner die Annahmepflicht erfüllt.

248 **aa) Möglichkeit der Leistung.** Verzug und Unmöglichkeit schließen sich aus. Das gilt auch für den Gläubigerverzug. Die Leistungspflicht des Gläubigers, d. h. die Annahme der angebotenen Leistung, darf nicht unmöglich sein. Selbst das absichtliche Verhalten des Gläubigers, welcher eine Annahme der Sache verhindert, stellt grundsätzlich noch keine Unmöglichkeit dar, weil der Gläubiger die Annahmehandlung noch verspätet vornehmen kann. Nur wenn die Annahmeleistung des Gläubigers später nicht mehr nachgeholt werden kann, liegt Unmöglichkeit vor.

249 **bb) Tatsächliches Angebot des Schuldners.** Weitere Voraussetzung des Gläubigerverzugs ist nach § 294 BGB, dass die Leistung dem Gläubiger so, wie sie zu bewirken ist, tatsächlich angeboten werden muss. Der Schuldner erfüllt seine Leistungspflicht, wenn er seine Leistung rechtzeitig am vereinbarten Ort in der geschuldeten Art und Weise erfüllt.[273] Daher muss grundsätzlich der Schuldner (noch) in der Lage sein, die Leistung auch tatsächlich zu erbringen, § 297 BGB. Üblicherweise haben Schuldner und Gläubiger einen Zeitpunkt bestimmt, an dem der Schuldner die Leistung zu erbringen hat. Dasselbe gilt für den Leistungsort. Zusätzlich hat der Schuldner die Leistung in der richtigen Menge und Beschaffenheit anzubieten. Eine Teilleistung i. S. v. § 266 BGB genügt nicht zur Erfüllung der Leistungspflicht.[274] Da der Schuldner nach § 266 BGB grundsätzlich zu Teilleistungen nicht berechtigt ist, kommt der Gläubiger durch Ablehnung derartiger Teilleistungen nicht nach § 293 BGB in Gläubigerverzug.
Nach § 295 BGB genügt als tatsächliches Angebot des Schuldners ein wörtliches Angebot, wenn der Gläubiger ihm erklärt, dass er die Leistung nicht annehmen werde, oder wenn zur Bewirkung der Leistung eine Handlung des Gläubigers erforderlich ist, insbesondere, wenn der Gläubiger die geschuldete Sache abzuholen hat. Entbehrlich ist das Angebot des Schuldners nach § 296 BGB, wenn der Gläubiger eine Handlung zu einem nach dem Kalender bestimmten Zeitpunkt nicht rechtzeitig vornimmt.

250 **cc) Nichtannahme der geschuldeten Leistung.** Der Verzug des Gläubigers wird dadurch ausgelöst, dass er die ihm ordnungsgemäß angebotene Leistung nicht entgegennimmt oder die von ihm vorzunehmende Mitwirkungshandlung nicht ausführt, z. B. bei einer Holschuld den Leistungsgegenstand beim Schuldner nicht abholt.[275] Da der Gläubiger den Annahmeverzug nicht zu vertreten braucht, ist im Gegensatz zum Schuldnerverzug beim Gläubigerverzug das Verschulden keine notwendige Voraussetzung für eine Schadensersatzpflicht des Gläubigers. Wenn der Schuldner nach §§ 298, 320 BGB nur gegen eine Leistung des Gläubigers zu leisten verpflichtet ist, kommt der Gläubiger in Verzug, wenn er zwar die angebotene Leistung anzunehmen bereit ist, die verlangte Gegenleistung aber nicht anbietet. Bei einer unbestimmten Leistungszeit kann dem Gläubiger aber auf der anderen Seite auch nicht zugemutet werden, sich ständig abnahmebereit zu halten. § 299 BGB regelt daher die nur vorübergehende Verhinderung des Gläubigers.

---

271 Vgl. BGHZ 24, 91, 96; BGH NJW-RR 94, 1469, 1470; BAG NJW 1973, 1949.
272 Looschelders, SchR AT, § 368 Rn. 12; Larenz, SchR I, § 25 I d.
273 Vgl. Schlechtriem/Schmidt-Kessel, 4. Teil Rn. 685; Müssig, 9.5.2.
274 BGHZ 88, 91, 94.
275 Musielak/Hau, § 6 Rn. 604.

b) Rechtsfolgen. Die Vorschriften der §§ 300 bis 304 BGB bestimmen die Rechtsfolgen des Gläubigerverzugs. Durch den Annahmeverzug des Gläubigers an sich erhält der Schuldner zwar keinen Schadensersatzanspruch (dazu müssten noch die Voraussetzungen des § 280 BGB – namentlich eine Pflichtverletzung – gegeben sein) bzw. kein Rücktrittsrecht; die Primärleistungspflicht des Schuldners, die Leistungserfüllung, bleibt auch beim Gläubigerverzug auf jeden Fall bestehen (es sei denn, es handelt sich um die Lieferung einer hinterlegungsgeeigneten Sache und der Schuldner verzichtet bei der Hinterlegung unwiderruflich auf sein Rückforderungsrecht). Nach § 300 I BGB tritt für das Verhalten des Gläubigers aber eine Haftungsminderung dahingehend ein, dass der Schuldner während des Verzugs des Gläubigers nur für Vorsatz und grobe Fahrlässigkeit einzustehen hat. Außerdem geht bei einer Gattungsschuld die Gefahr mit dem Zeitpunkt auf den Gläubiger über, in welchem er nach § 300 II BGB dadurch in Verzug kommt, dass er die angebotene Sache nicht annimmt. Zusätzlich geht die Preisgefahr nach § 326 II 1 2. Alt. BGB auf den Gläubiger über, wenn sich der Gläubiger im Verzug der Annahme befindet und der Schuldner nach § 275 I bis III BGB nicht zu leisten braucht. Unter diesen Umständen behält der Schuldner den Anspruch auf die Gegenleistung. Außerdem hat der Schuldner nach § 301 BGB bei einer verzinslichen Geldschuld keine Zinsen zu entrichten. Letztlich kann der Schuldner im Falle des Gläubigerverzugs Ersatz der Mehraufwendungen verlangen, die er für das erfolglose Angebot sowie für die Aufbewahrung und Erhaltung des geschuldeten Gegenstands machen musste, § 304 BGB.

10. Schlechterfüllung

Eine Leistungsstörung kann auch dann vorliegen, wenn der Schuldner die Leistung rechtzeitig und am vereinbarten Ort erbringt, die Leistung aber mit einem Mangel behaftet ist, der die Qualität des Leistungsgegenstandes mindert. Voraussetzung ist, dass die Erfüllung bzw. ein Erfüllungsversuch des Schuldners, die Leistung zu erbringen, vorliegt. Gemäß § 434 I BGB ist die Sache dann frei von Sachmängeln, wenn sie bei Gefahrübergang den subjektiven Anforderungen, den objektiven Anforderungen und den Montageanforderungen entspricht. Die Schlechterfüllung des Schuldners, welcher Sach- oder Rechtsmängel zu vertreten hat, kann Gewährleistungsrechte wie z. B. Nacherfüllung, Rücktritt, Minderung oder Schadensersatz wegen Nichterfüllung zur Folge haben. Spezialgesetzliche Regelungen finden sich im Kaufrecht in §§ 434 ff. BGB, im Mietrecht nach §§ 536 ff. BGB oder für das Werkvertragsrecht gem. §§ 633 ff. BGB. Erforderlich bei diesen spezialgesetzlichen Regelungen ist grundsätzlich, dass die vereinbarte Beschaffenheit der geschuldeten Sache von der Beschaffenheit der tatsächlich gelieferten Sache abweicht. Dabei handelt es sich um die Verletzung einer Hauptleistungspflicht. Die Schlechtleistung umfasst auch die Verletzung von Nebenpflichten, den sog. Schutzpflichten.

a) Verletzung von Schutzpflichten beim vertraglichen Schuldverhältnis. Die Pflichtverletzung in § 280 BGB ist die unabdingbare Voraussetzung für das Recht aus Leistungsstörungen. Diese Pflichtverletzung, die für den Schadenseintritt ursächlich sein muss, ist ebenso Voraussetzung bei der Verletzung von Nebenpflichten, den sog. Schutzpflichten i. S. v. § 241 II BGB. Erforderlich für eine Schutzpflichtverletzung sind ein bestehendes Schuldverhältnis, die Pflichtverletzung der Rücksichtnahme auf Rechte, Rechtsgüter und Interessen des Gläubigers, die Ursächlichkeit des Handelns, das zu Pflichtverletzung überhaupt geführt hat, sowie das Verschulden der Pflichtverletzung.

aa) Schuldverhältnis. § 241 II BGB setzt ein bestehendes vertragliches Schuldverhältnis für eine Pflichtverletzung von Schutzpflichten voraus. Egal ist, ob die dadurch begründeten Pflichten in einem Gegenseitigkeitsverhältnis stehen, wie etwa beim Kauf-, Miet- oder Werkvertrag, oder nur den Schuldner treffen, wie etwa bei der Leihe.

255 **bb) Pflichtverletzung.** Der Schuldner muss eine Pflicht aus dem Schuldverhältnis verletzt haben. Dabei kann es sich um eine Hauptleistungspflicht handeln, oder um sonstige Rücksichtnahme- oder Schutzpflichten, die neben der Hauptleistungspflicht bestehen. Außerdem kann die Hauptleistungspflicht selbst von weiteren Schutzpflichten im Interesse des Gläubigers „überlagert" sein, um diesen vor weitergehenden Schäden zu bewahren, die diesem bei einer unkorrekten Erbringung der Leistung drohen.[276] Durch die Pflichtverletzung einer Nebenpflicht kann ein Schaden an dem Rechtsgut entstehen, welches die Leistungserfüllung des Schuldners umfasst. Daneben kann die Nebenpflichtverletzung auch einen Mangelfolgeschaden verursachen, welcher dadurch entsteht, dass sich die Nebenpflichtverletzung nicht nur negativ auf das Rechtsgut der Leistungserfüllung selbst auswirkt, sondern zu einer Verletzung anderer Rechtsgüter des Gläubigers führt.[277] Die gelieferte Maschine wird z. B. mangels beigefügter Gebrauchsanweisung durch den Besteller falsch in Betrieb genommen und verursacht dadurch einen Schaden am Transformator, welcher die Stromversorgung des gesamten Betriebs beeinträchtigt.

§ 241 II BGB regelt, dass „jeder Teil", d. h. jeder Vertragspartner, die aufgeführten Nebenpflichten der Rücksichtnahme auf Rechte, Rechtsgüter und Interessen des anderen zu wahren hat. Deshalb kann auch der Gläubiger gegenüber dem Schuldner eine Verletzung von Nebenpflichten begehen. Im Kauf-, Miet- oder Werkvertragsrecht sind Gewährleistungsregelungen für den Eintritt von Schäden bzw. Mangelfolgeschäden normiert. Ansonsten greift hier das Rechtsinstitut der Schutzpflichtverletzung i. S. v. § 241 II BGB.

256 **cc) Vertretenmüssen.** Der Schuldner muss die Pflichtverletzung zu vertreten haben. Bei der Verletzung von Schutzpflichten gilt bei eigenem Verschulden der Maßstab des § 276 BGB. Bedient sich der Schuldner eines Erfüllungsgehilfen nach § 278 BGB, gilt auch für diesen im Umkehrschluss nach § 280 I 2 BGB die Vermutung des Verschuldens, solange die Schlechtleistung aus der Sphäre des Schuldners herrührt.

257 **dd) Rechtsfolgen.** Ist eine Pflichtverletzung entstanden, sieht die Rechtsfolge des § 280 I BGB neben der Erfüllung Schadensersatz vor, der auch den Mangelfolgeschaden umfasst. Der Gläubiger kann nach §§ 280 I, III, 281 BGB oder §§ 280 I, III, 282, 241 II BGB Schadensersatz statt der Leistung verlangen, insbesondere dann, wenn die Verletzung einer Schutzpflicht so schwerwiegend ist, dass es dem Gläubiger nicht mehr zumutbar ist, an der Erfüllung des Schuldverhältnisses festzuhalten. Unabhängig davon besteht für den Gläubiger bei einer Schutzpflichtverletzung auch die Möglichkeit, nach § 323 BGB bzw. nach §§ 324, 241 II BGB zurückzutreten, wenn ihm ein Festhalten am Vertrag nicht mehr zuzumuten ist.

258 **b) Verletzungen von Schutzpflichten beim vorvertraglichen Schuldverhältnis. – aa) Überblick.** Auch Pflichtverletzungen bei vorvertraglichen Schuldverhältnissen werden gesetzlich erfasst, und zwar in den § 311 II Nr. 1 bis 3, III BGB i. V. m. § 241 II BGB. Dieses Rechtsinstitut nennt man *„culpa in contrahendo"* (cic) und es regelt die Schutzpflichten von Vertragspartnern im Rahmen eines vorvertraglichen Schuldverhältnisses.

Bereits die Aufnahme von Vertragsverhandlungen, die Anbahnung eines Vertrags oder ähnliche geschäftliche Kontakte schaffen soziale Beziehungen zwischen den Beteiligten, die enger sind als das „normale" friedliche Zusammenleben von Bürgern in einem mehr oder weniger anonymen Umfeld; insbesondere erweckt derjenige, der Vertragsverhandlungen aufnimmt oder sich auf solche einlässt, bei dem jeweils anderen Teil die berechtigte Erwartung, dass er diese Verhandlungen mit der verkehrsüblichen Fairness führen

---

276 Bähr, § 9 VI 2.
277 Vgl. Brox/Walker, AS, § 24 Rn. 22.

wird und – soweit der Verhandlungskontakt bereits die Gelegenheit bietet, auf Rechtsgüter und sonstige Interessen des Verhandlungspartners einzuwirken – mit der gebotenen Sorgfalt darauf achten wird, dass hierdurch kein Schaden entsteht.[278] Voraussetzungen für diese Einstandspflicht vor Vertragsschluss sind ein vorvertragliches Schuldverhältnis und eine im Rahmen dieses vorvertraglichen Schuldverhältnisses begangene Pflichtverletzung von Schutzpflichten, die der Verletzende zu vertreten hat.

(1) Aufnahme von Vertragsverhandlungen. Nach § 311 II Nr. 1 BGB i. V. m. § 241 II BGB sind Schutzpflichten durch Vertragsparteien dann schon zu beachten, wenn mit der Aufnahme von Vertragsverhandlungen begonnen wurde. Im Gegensatz zur Verletzung von Nebenpflichten besteht bei der Einstandspflicht für Schutzverletzungen bei vorvertraglichen Schuldverhältnissen für den Schuldner noch keine Primärleistungspflicht. Die Vertragsparteien befinden sich noch im Stadium der Abgabe von Willenserklärungen, welche bisher nicht durch ein konkretes Angebot und eine daraufhin erfolgte konkrete Annahme zum Vertragsschluss geführt haben. In der Regel kommen in diesem Stadium als Haftungsgrundlagen in Betracht, der grundlose Abbruch von Vertragsverhandlungen, eine unredliche Einwirkung auf den Vertragspartner (Täuschung, unlauterer Wettbewerb etc.), das Verschweigen von Vertragshindernissen, oder das Vertretenmüssen einer Formunwirksamkeit.

(2) Anbahnung eines Vertrags. Befinden sich die Vertragsparteien im Stadium der Anbahnung eines Vertrags nach § 311 II Nr. 2 BGB, liegt dieser Zeitpunkt noch vor der Aufnahme von Vertragsverhandlungen. Der Kinobesucher betritt das Kino, um sich einen Film anzusehen; er steht z. B. in der Warteschlange und hat die Eintrittskarte noch nicht gelöst. In dieser Phase kann der andere Teil schon die Möglichkeit erhalten, auf die Rechte, Rechtsgüter und Interessen seines zukünftigen Vertragspartners (und von Dritten in dessen Einwirkungsbereich) Einfluss zu nehmen.

(3) Ähnliche geschäftliche Kontakte. Ähnliche geschäftliche Kontakte bestehen i. S. v. § 311 II Nr. 3 BGB z. B. dann, wenn eine Bank eine Bankauskunft an einen Nichtkunden erteilt. Ähnliche geschäftliche Kontakte bilden demzufolge die geringste Form eines vorvertraglichen Schuldverhältnisses und sind noch vor der Vertragsanbahnung anzusiedeln.

(4) Sachwalter. Nach § 311 III BGB können Schutzpflichten bei einem vorvertraglichen Schuldverhältnis auch bei Personen entstehen, die nicht selbst Vertragspartei werden sollen. Ein solches Schuldverhältnis entsteht insbesondere, wenn eine solche Person in besonderem Maße Vertrauen für sich in Anspruch nimmt und dadurch die Vertragsverhandlungen oder den Vertragsschluss erheblich beeinflusst, § 311 III 2 BGB. Derartige Personen, welche als sog. Sachwalter bezeichnet werden, können gesetzliche oder gewillkürte Vertreter einer zukünftigen Vertragspartei sein. Hierbei handelt es sich um Personen, wie z. B. Sachverständige, Gutachter oder sonstige Auskunftspersonen, die als Vertrauensperson durch ihre Expertise am Vertragsschluss mitwirken. Dabei geht es um die Haftung dieser Vertrauensperson mit besonderer Sachkenntnis, die ohne Eigeninteresse am Vertragsschluss durch ihre Äußerungen entscheidend zum Abschluss des Vertrages beitragen, weil sich der Verhandlungspartner auf deren Sachkunde, Objektivität, und Neutralität verlässt.[279] Zu dieser Personengruppe gehören auch Verhandlungsgehilfen der jeweiligen Vertragspartei. Beispiel ist der Verkauf von gebrauchter Abendmode eines Second-hand-Ladens im Kundenauftrag. Dabei behauptet etwa die Verkäuferin als Vertreterin des Kunden wahrheitswidrig, der Anzug sei einwandfrei.

---

278 Vgl. Bähr, § 9 VII 1a.
279 Vgl. Wörlen/Metzler-Müller, SchR AT, Rn. 412.

263 **bb) Vertretenmüssen.** Maßstab für das Vertretenmüssen, d. h. für das Verschulden, bilden ebenfalls Vorsatz und Fahrlässigkeit nach § 276 BGB. Der potenzielle Vertragspartner hat nach § 278 BGB für etwaige Erfüllungsgehilfen einzustehen.

264 **cc) Pflichtverletzung.** §§ 311 II, 241 II BGB legen Schutzpflichten fest, auf die auch schon im vorvertraglichen Stadium Rücksicht zu nehmen sind. Die Rücksichtnahmepflichten gegenüber Rechten, Rechtsgütern und Interessen der zukünftigen Vertragspartei sollen nicht verletzt werden, um einen Vertragsabschluss nicht zu gefährden bzw. nicht zu unterbinden.

265 **dd) Rechtsfolgen.** Die Rechtsfolgen aus der Verletzung einer Rücksichtnahmepflicht bei einem vorvertraglichen Schuldverhältnis regeln §§ 280 I, 311 II, 241 II BGB sowie nach Vertragsschluss §§ 280 I, III, 282, 324 BGB. Danach kann der Gläubiger Schadensersatz verlangen. Eine Rücktrittsmöglichkeit besteht nur, wenn nach der vorvertraglichen Schutzpflichtverletzung ein Vertrag geschlossen wurde.

266 **c) Verletzung nachvertraglicher Pflichten.** Auch nach Vertragsabschluss und Erfüllung der Leistungspflicht können den Schuldner Pflichten treffen. Zwar erlöschen grundsätzlich die Leistungspflichten des Schuldners bei Erfüllung seiner Vertragspflichten. Nachvertragliche Pflichten können aber dann entstehen, wenn z. B. ein KFZ-Händler den Käufer eines PKW nicht über die Rückrufaktion des Herstellers wegen eines existierenden oder vermuteten Fabrikationsfehlers informiert. Auch gegen ein vertragliches Wettbewerbsverbot kann nach Vertragserfüllung verstoßen werden.

Diese nachvertragliche Leistungsstörung, auch *„culpa post contrahendum"* (cpc) genannt, liegt nach §§ 241, 242 BGB dann vor, wenn die Parteien ihre Hauptleistungspflichten erfüllt haben, eine Partei aber nachvertragliche Rücksichtnahmepflichten bzw. Schutzpflichten verletzt, so z. B. wahrheitswidrige Auskünfte des ehemaligen Arbeitgebers gegenüber dem neuen Arbeitgeber des Arbeitnehmers.[280] Ein Schadensersatzanspruch des Gläubigers kann sich bei der culpa post contrahendum ebenfalls aus § 280 I BGB ergeben.

267 **d) Anpassung und Beendigung von Verträgen.** Die §§ 313 und 314 BGB regeln zum einen die Störung der Geschäftsgrundlage sowie die Kündigung von Dauerschuldverhältnissen aus wichtigem Grund.

268 **aa) Störung der Geschäftsgrundlage.** Haben sich nach § 313 I BGB Umstände, die zur Grundlage des Vertrags geworden sind, nach Vertragsschluss schwerwiegend verändert und hätten die Parteien den Vertrag nicht oder mit anderem Inhalt geschlossen, wenn sie diese Veränderung vorausgesehen hätten, so kann Anpassung des Vertrags verlangt werden, soweit ein Teil unter Berücksichtigung aller Umstände des Einzelfalls, insbesondere der vertraglichen oder gesetzlichen Risikoverteilung, das Festhalten am unveränderten Vertrag nicht zugemutet werden kann. § 313 I BGB trägt demzufolge einer Situation Rechnung, dass sich Umstände geändert haben können, welche von den Vertragsparteien bei Vertragsschluss noch nicht vorhergesehen werden konnten. Erforderlich ist allerdings, dass sich die Umstände schwerwiegend verändert haben.

Voraussetzungen für die Störung der Geschäftsgrundlage nach § 313 I BGB sind vertragliche Grundlagen, die sich ohne Mitwirkung einer Vertragspartei schwerwiegend geändert haben, eine daraus resultierende Störung sowie die Unzumutbarkeit der weiteren Vertragsdurchführung.

269 Nach § 313 II BGB kann eine Anpassung des Vertrags erfolgen, wenn sich wesentliche Vorstellungen, die zur Grundlage des Vertrags geworden sind, als falsch herausstellen.

---

280 Vgl. Brox/Walker, AS, § 7 Rn. 11.

Während es bei § 313 I BGB auf die objektive Vertragsgrundlage ankommt und sich Umstände nach Vertragsabschluss ändern, handelt es sich bei § 313 II BGB um subjektive Vorstellungen einer oder beider Vertragsparteien, welche schon vor Vertragsabschluss bestanden, sich nachträglich als falsch herausgestellt haben und somit eine Anpassung nötig machen.[281]

270 Ausgeschlossen sind Vertragsanpassungen dann, wenn das Risiko in der Sphäre einer Vertragspartei liegt. Das kann bei einer Äquivalenzstörung z. B. dann auftreten, wenn bei einem Kaufvertrag eine Geldentwertung dazu führt, dass der Kaufpreisschuldner die Ware günstiger erwirbt oder der zu prüfende Rechtskandidat sich einen Anzug zur mündlichen Examensprüfung kauft, welche aufgrund mangelhafter Leistungen aus den schriftlichen Prüfungen nicht stattfindet.[282] Da die Lösung vertraglicher Bindungen nicht willkürlich erfolgen soll (*„pacta sunt servanda"*), müssen Umstände ausscheiden, die erkennbar in den Risikobereich der einen oder anderen Partei fallen, wie beispielsweise Preissteigerungen oder Preissenkungen nach Vertragsabschluss oder das Risiko der Verwendungsmöglichkeit eines Kauf-, Leasing- oder Mietgegenstandes.[283]

271 bb) **Kündigung von Dauerschuldverhältnissen aus wichtigem Grund.** Nach § 314 I 1 BGB kann jeder Vertragsteil Dauerschuldverhältnisse aus wichtigem Grund ohne Einhaltung einer Kündigungsfrist kündigen. Typische Dauerschuldverhältnisse sind Miete, Darlehen oder Arbeitsvertrag. Das außerordentliche Kündigungsrecht nach § 314 I 1 BGB gilt nur bei Vorliegen eines wichtigen Grundes. Nach § 314 I 2 BGB liegt ein wichtiger Grund vor, wenn dem kündigenden Teil unter Berücksichtigung aller Umstände des Einzelfalls und unter Abwägung der beiderseitigen Interessen die Fortsetzung des Vertragsverhältnisses bis zur vereinbarten Beendigung oder bis zum Ablauf einer Kündigungsfrist nicht zugemutet werden kann.
Hat der Gesetzgeber z. B. im Miet-, Darlehens- oder Dienstvertragsrecht spezialgesetzliche Regelungen für außerordentliche Kündigungsmöglichkeiten aus wichtigem Grund getroffen, gehen diese § 314 BGB vor. Maßstab für das Vorliegen eines wichtigen Grundes ist die objektive Würdigung des Einzelfalls. Dabei sind Gläubiger- und Schuldnerinteressen jeweils zu berücksichtigen.

---

281 Vgl. MüKo-BGB/Finkenauer, § 313 Rn. 12 ff.
282 S. dazu Fallgruppen bei Looschelders, SchR AT, § 38 Rn. 20 ff.
283 Vgl. Steckler, B. Rn. 181.

§ 16 Beendigung von Schuldverhältnissen

Schrifttum: *Arnold*, Das neue Recht der Rücktrittsfolgen, JURA 2002, 154; *Bork*, Der Vergleich, 1988; *Bülow*, Grundfragen der Erfüllung und ihrer Surrogate, JuS 1991, 529; *Bülow/Mecke/Schmidt*, Hinterlegungsordnung, 4. Aufl., 2005; *Coester-Waltjen*, Die Aufrechnung, JURA 2003, 246; *Eicker*, Die Aufrechnung in der Examensklausur – Teil 1, JA 2020, 48; Teil II, JA 2020, 132; *Fest*, Die Hinterlegung zum Zweck der Sicherheitsleistung und der Erfüllung, JA 2009, 258; *Gernhuber*, Die Erfüllung und ihre Surrogate sowie das Erlöschen von Schuldverhältnissen aus anderen Gründen, 2. Aufl., 1994; *Jaeger*, Die Rechtsfolgen des Rücktritts vom Vertrag nach gesetzlichem Eigentumserwerb, AcP 215 (2015), 533; *Karampatzos/Belakouzova*, Voraussetzungen und Folgen der Widerrufsrechtsausübung im Fernabsatz und digitalen Verkehr, NJOZ 2018, 1681; *Kohler*, Schadensersatzhaftung beim Rücktritt, ZGS 2005, 386; *ders.*, Die rücktrittsrechtlichen Haftungsrisiken zwischen Schuld- und Sachenrecht, AcP 206 (2006), 683; *Lorenz*, Grundwissen Zivilrecht: Erfüllung (§ 362), JuS 2009, 109; *Looschelders/Erm*, Die Erfüllung – dogmatische Grundlagen und aktuelle Probleme, JA 2014, 161; *Martis/Meinhof*, Voraussetzungen des Widerrufs nach § 355 BGB, MDR 2004, 4; *Reiner*, Der verbraucherschützende Widerruf im Recht der Willenserklärungen, AcP 203 (2003), 1.

272 Das Leistungserfordernis eines Schuldners kann durch sehr unterschiedliche Gründe enden. Dabei ist die Erfüllung des Vertrags gem. § 362 I BGB der Normalfall. Daneben kennt das Bürgerliche Recht z. B. die Aufhebung und die Aufrechnung sowie den Erlass der Schuld, das negative Schuldanerkenntnis sowie Kündigung und Rücktritt. Das Bürgerliche Recht sieht somit rechtlich völlig unterschiedliche Möglichkeiten vor, ein Schuldverhältnis zu beenden.

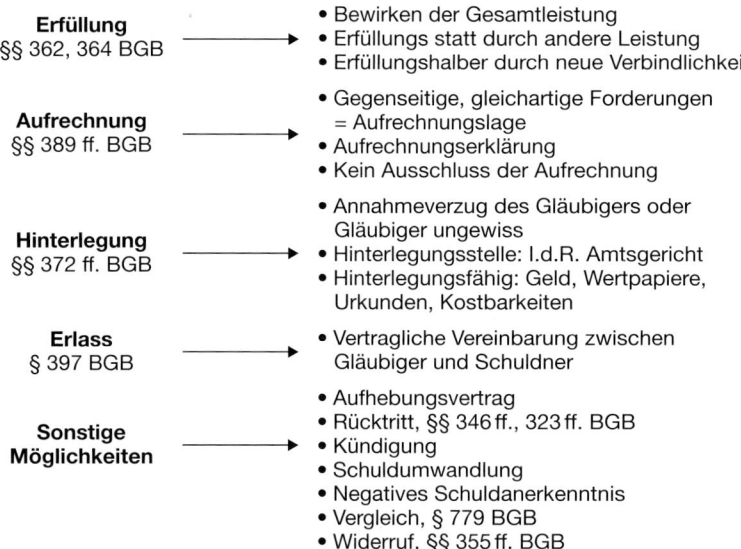

Abb. 26: Beendigung von Schuldverhältnissen

1. Erfüllung

Gem. § 362 I BGB ist die Erfüllung das Bewirken der geschuldeten Leistung. Der Schuldner wird somit von seiner Leistungspflicht befreit, wenn er seine vertraglichen Pflichten erfüllt. Diese Leistungspflicht besteht auch dann, falls die andere Vertragspartei kein Interesse mehr an der Erfüllung hat. Gründe können sein, dass die andere Vertragspartei ihre Verpflichtungen zur Leistung, z. B. die Kaufpreiszahlung, nicht mehr erfüllen kann. Auch kann ein Kaufvertrag über Materiallieferungen zur Herstellung eines Endprodukts, das vom Markt nicht mehr abgenommen wird, das Interesse der Kaufvertragspartei reduzieren. Insofern hat die Wirtschaft in ihren Kaufverträgen rechtliche Möglichkeiten verankert, mit denen insbesondere längerfristige Rechtsbeziehungen auch vorzeitig beendet werden können.

Erfüllung einer Leistungspflicht tritt grds. nur dann ein, wenn eine richtige, also exakt die geschuldete Leistung, auf die richtige Art und Weise vollständig am rechten Ort und zur rechten Zeit an den richtigen Gläubiger geleistet wird.[284] Eine andere als die geschuldete Leistung kann die Erfüllung der geschuldeten Leistung nicht bewirken; sie kann aber als Surrogat an Erfüllungs statt durch die andere Vertragspartei akzeptiert werden, denn nach § 364 I BGB erlischt ein Schuldverhältnis auch dann, wenn der Gläubiger eine andere als die geschuldete Leistung an Erfüllungs statt annimmt. Die Annahme setzt wiederum die Geschäftsfähigkeit der annehmenden Partei voraus. Weist die an Erfüllungs statt gegebene Sache Mängel auf, so stehen der akzeptierenden Vertragspartei die normalen Mängelrechte zu.

Hat sich der Gläubiger mit einer anderen als der geschuldeten Leistung zur Erfüllung des Vertrags nicht im vorneherein einverstanden erklärt, der Schuldner aber eine andere Leistung als die geschuldete erbracht und der Gläubiger dies angenommen, so erfüllt der Schuldner gegenüber dem Gläubiger die Leistung nur erfüllungshalber (zu unterscheiden von der Leistung an Erfüllungs statt). Folge ist, dass der Erfüllungsanspruch des Gläubigers mit allen Sicherheiten weiter besteht, bis der Gläubiger sich aus der erfüllungshalber gegebenen Sache befriedigt hat.[285] Typisches Beispiel einer erfüllungshalber erbrachten Leistung ist die Zahlung mittels Schecks. Der Gläubiger der Zahlung erhält aus dem vom Schuldner angenommenen Scheck eine weitere Forderung gegenüber dem Schuldner bzw. der Bank, die sich neben dem Zahlungsschuldner aufgrund des Schecks zur Zahlung verpflichtet. Der Gläubiger ist bestrebt, durch Scheckeinreichung die Geldzahlung zu erlangen. Ist der auf dem Scheck notierte Geldbetrag beim Schuldner auf dessen Konto nicht vorhanden, wird die Bank die Zahlung an den Kaufpreisgläubiger nicht anweisen. Daher besteht die ursprüngliche Kaufpreisforderung weiter fort, die der Verkäufer als Kaufpreisgläubiger nach endgültiger Zahlungsverweigerung des Käufers als Kaufpreisschuldner mit anderen rechtlichen Möglichkeiten eintreiben muss. Kann sich der Gläubiger aber aus der angewiesenen Zahlung befriedigen, so erlischt die Schuld des Schuldners. Gem. § 364 II BGB gilt eine vom Schuldner zur Befriedigung des Gläubigers neu übernommene Verbindlichkeit grundsätzlich als an erfüllungshalber gegeben, nicht an Erfüllungs statt.

Nimmt der Gläubiger die vom Schuldner angebotene Leistung nicht rechtzeitig an, kommt er in Gläubigerverzug gem. § 293 BGB. Bedeutsam ist allerdings, dass der Schuldner die Leistung vollständig zu erbringen hat. Sie hat außerdem am vereinbarten Ort und zur rechten Zeit zu geschehen. Erfüllt der Schuldner einen dieser drei Grundsätze nicht, kommt der Gläubiger nicht in Annahmeverzug.

Grundsätzlich kann der Schuldner die Erfüllung der Leistung nicht bewirken, wenn er an einen Dritten leistet. Die Forderung des Gläubigers bleibt bestehen, es sei denn, dass

---

284 MüKo-BGB/Fetzer, § 362 Rn. 3.
285 Vgl. Brox/Walker, AS, § 14 Rn. 7; vgl. Looschelders, SchR AT, § 17 Rn. 24.

der Gläubiger der Leistung an einen Dritten mit dem Ergebnis der Erfüllung i. S. v. § 185 BGB zugestimmt hat. Dagegen ist es für den Schuldner gem. § 267 I BGB möglich, dass auch ein Dritter gegenüber dem Gläubiger die Leistung bewirken kann, wenn der Schuldner nicht in Person zu leisten hat. Teilleistungen sind nach § 266 BGB grundsätzlich nicht gestattet. Aufgrund vertraglicher Abrede zwischen Gläubiger und Schuldner können Teilleistungen aber vereinbart und in ihrer Gesamtheit die Erfüllung bewirken. Insbesondere unter Kaufleuten bestehen oft mehrere Vertragsverhältnisse, die Warenlieferungen und Kaufpreiszahlungen vorsehen. Dabei handelt es sich i. d. R. um mehrere gleichartige Leistungspflichten, die die jeweiligen Vertragsparteien zu erfüllen haben. Nach § 366 I BGB ist es z. B. dem Kaufpreisschuldner möglich, einzelne Kaufpreiszahlungsforderungen zu erfüllen. Nach § 366 I BGB wird diejenige Schuld getilgt, welche der Schuldner bei der Leistung bestimmt, auch wenn das von ihm Geleistete zur Tilgung sämtlicher Schulden nicht ausreicht. Gemäß § 366 II BGB wird zunächst die fällige Schuld unter mehreren fälligen Schulden getilgt, welche dem Gläubiger geringere Sicherheit bietet, falls der Schuldner keine Tilgungsbestimmung trifft.

2. Aufhebung

275 Ein Vertrag kann in derselben Weise, wie er zustande kommt, auch aufgehoben werden. Die Aufhebung eines Vertrags ist gesetzlich nicht geregelt. Insofern handelt es sich i. S. v. § 311 I BGB um einen nicht normierten Vertragstyp, der ebenfalls durch zwei übereinstimmende Willenserklärungen zustande kommt. Zweck der Aufhebung ist die Beendigung des Schuldverhältnisses. Die Aufhebungsfreiheit gilt nicht nur für vertragliche, sondern auch für gesetzliche Schuldverhältnisse.[286] Außerdem besteht die freie Wahl der Form der Aufhebungserklärung. Die Aufhebung eines bestehenden Vertrags ist nur möglich, wenn beide Vertragsparteien der Aufhebung zustimmen. Denkbar ist auch, dass die beiden Vertragsparteien eine auflösende Bedingung vereinbaren.[287] Mit Eintritt dieser auflösenden Bedingung (z. B. Fristablauf) endet der Vertrag gem. § 158 II BGB.

3. Aufrechnung

276 Die Wirkung einer Aufrechnung als Erfüllungssurrogat besteht nach § 389 BGB darin, dass die Forderungen zwischen zwei Vertragsparteien, soweit sie sich decken, als in dem Zeitpunkt erloschen gelten, in welchem sie zur Aufrechnung geeignet einander gegenübergetreten sind. Es soll also sinnloses Hin- und Herzahlen vermieden und die Tilgung der offenen Forderungen vereinfacht werden. Voraussetzungen einer wirksamen Aufrechnung sind gegenseitige, gleichartige Forderungen (Haupt- und Gegenforderung), welche beide fällig, durchsetzbar und erfüllbar sein müssen.[288] § 387 BGB gibt einen gesetzlich eng gesteckten Rahmen vor, nach dem eine Aufrechnung überhaupt möglich ist. Demzufolge müssen sich zwei Vertragsparteien gegenseitig eine gleichartige Leistung schulden, welche entweder Geldschuld oder gleiche Gattungsschuld sein kann. Weitere Voraussetzung ist, dass beide Leistungen fällig sind. Dazu kommt, dass sie durchsetzbar sein müssen, d. h. nicht mit einem Leistungsverweigerungsrecht, z. B. der Einrede der Verjährung – mit der Ausnahme in § 215 BGB – oder einem Zurückbehaltungsrecht behaftet sind. Außerdem muss die Hauptforderung der anderen Vertragspartei nach § 392 BGB erfüllbar sein, d. h., eine Pfändung darf gegenüber der Hauptforderung nicht vorliegen. Die Aufrechnung erfolgt durch Erklärung gegenüber der anderen Vertragspartei.
Die Aufrechnung ist ausgeschlossen, wenn das Gesetz dies so bestimmt oder eine dahingehende Vereinbarung zwischen den Vertragsparteien besteht. Nach § 393 BGB ist die

---

[286] Looschelders, SchR AT, § 39 Rn. 1.
[287] Vgl. Führich, § 14 Rn. 431.
[288] BGH NJW 1955, 497, 498; 1955, 745, 746; 1988, 2542 f.; 2004, 3118, 3119; Musielak/Hau, § 4 Rn. 259 ff.

Aufrechnung gegen eine Forderung aus einer vorsätzlich begangenen unerlaubten Handlung nicht zulässig. Dasselbe gilt gem. § 394 BGB gegenüber unpfändbaren Forderungen. Vertragsparteien können die Aufrechnung auch durch eine Vereinbarung ausschließen. Zu beachten ist das Aufrechnungsverbot nach § 309 Nr. 3 BGB, sobald eine Vertragspartei in ihren AGB ein Aufrechnungsverbot festgeschrieben hat. Danach ist ein in AGB verankertes Aufrechnungsverbot unwirksam, wenn der Vertragspartei des Verwenders von AGB die Befugnis genommen wird, mit einer unbestrittenen oder rechtskräftig festgestellten Forderung aufrechnen zu können. Bei der Aufrechnungserklärung handelt es sich gem. § 388 S. 2 BGB um eine empfangsbedürftige Willenserklärung, die bedingungsfeindlich ist.

4. Hinterlegung

277 Ein Schuldverhältnis kann auch durch Hinterlegung beendet werden. §§ 372 ff. BGB regeln die privatrechtliche Hinterlegung. Die Hinterlegung der für die Erfüllung des Vertrags erforderlichen Leistung kommt dann in Betracht, wenn sich der Gläubiger der Leistung entweder im Annahmeverzug befindet oder z. B. die Person des Gläubigers oder sein Aufenthaltsort ungewiss sind.[289] Durch die Hinterlegung der Leistung, z. B. eines Geldbetrags bei einer öffentlichen Hinterlegungsstelle i. S. v. § 372 BGB, kann der Schuldner seine Leistung erfüllen und wird so gem. § 378 BGB von seiner Verbindlichkeit frei. Hierzu muss er aber auf sein Recht verzichten, die hinterlegte Sache während der Dauer der Hinterlegung zurückverlangen zu können, § 376 BGB. Hinterlegungsfähig sind Leistungen wie Geld, Wertpapiere, sonstige Urkunden sowie Kostbarkeiten.[290] Nach § 383 BGB kann der Schuldner eine hinterlegungsunfähige bewegliche Sache im Fall des Gläubigerverzugs am Leistungsort versteigern lassen und dafür den Erlös hinterlegen. Dasselbe gilt für verderbliche Waren oder Gegenstände, deren Aufbewahrung nur mit unverhältnismäßig hohen Kosten verbunden ist.

5. Erlass

278 Ein Schuldverhältnis kann durch Erlass, genauer einen Erlassvertrag, beendet werden. Nach § 397 I BGB erlischt das Schuldverhältnis nur, wenn Gläubiger und Schuldner vertraglich vereinbaren, dass die Schuld nicht mehr besteht; ein einseitiger Verzicht des Gläubigers ist für einen Erlass nicht ausreichend. Als Grund wird angeführt, dass dem Schuldner die Befreiung von seinen Verbindlichkeiten nicht ohne seinen Willen aufgenötigt werden kann.[291] Allerdings wird man in dem Schweigen des Schuldners auf ein entsprechendes Erlassangebot des Gläubigers ausnahmsweise eine konkludente Annahmeerklärung erblicken können, da der Erlass den Schuldner grds. nur begünstigt.[292]

6. Negatives Schuldanerkenntnis

279 Nach § 397 II BGB endet ein Schuldverhältnis, wenn der Gläubiger durch Vertrag mit dem Schuldner anerkennt, dass das Schuldverhältnis nicht besteht. Insbesondere bei Arbeitsverhältnissen hat das negative Schuldanerkenntnis Bedeutung, wenn nach Beendigung des Arbeitsverhältnisses der Arbeitnehmer gegenüber dem Arbeitgeber bestätigt, dass keine Forderungen auf etwa ausstehende Lohnzahlungen oder Urlaubsgeld mehr bestehen (sog. Generalquittung).[293] Eine derartige, überwiegend schriftliche Bestätigung ist die sog. arbeitsrechtliche Ausgleichsquittung. Auch das Protokoll über die Rückgabe einer Miet- oder Leasingsache kann hinsichtlich nicht aufgeführter erkennbarer Mängel ein negatives Schuldanerkenntnis sein.[294]

---

289 Vgl. MüKo-BGB/Fetzer, § 372 Rn. 6 ff.
290 Jauernig/Stürner, § 372 Rn. 2.
291 Vgl. Bähr, § 8 III 3c.
292 Vgl. Brox/Walker, AS, § 17 Rn. 1.
293 Vgl. Jauernig/Stürner, § 397 Rn. 5.
294 Vgl. OLG Celle, DB 1997, 2215, 2216; LG Hamburg, ZMR 1999, 405, 406.

7. Rücktritt

280 Der Rücktritt hat als eine einseitige empfangsbedürftige Willenserklärung das Ziel, das Vertragsverhältnis rückabzuwickeln. Man unterscheidet zwischen einem vertraglichen oder einem gesetzlichen Rücktrittsrecht. Der Rücktritt ist somit ein Gestaltungsrecht, durch das ein Schuldverhältnis rückabgewickelt wird, ohne dass es der Mitwirkung des anderen Vertragsteils bedarf.

281 **a) Vertragliches Rücktrittsrecht.** Nach § 346 BGB entsteht ein vertragliches Rücktrittsrecht dadurch, dass sich die Vertragsparteien bei Vertragsschluss geeinigt haben, einen Vertrag auch durch Rücktritt zu beenden. Voraussetzungen für die Ausübung eines vertraglichen Rücktrittsrechts sind ein von den Vertragsparteien vereinbarter und bestehender Rücktrittsgrund sowie der Zugang einer Rücktrittserklärung gem. § 349 BGB gegenüber der anderen Vertragspartei. Nach Ausübung des Rücktrittsrechts haben die Vertragsparteien evtl. schon empfangene Leistungen zurückzugewähren und die gezogenen Nutzungen herauszugeben, § 346 I BGB. Ist es einer oder beiden Vertragsparteien nicht möglich, die empfangenen Leistungen zurückzugewähren, verpflichtet § 346 II BGB die Vertragsparteien statt der Rückgewähr oder der Herausgabe zum Wertersatz. Diese Pflicht entfällt nur unter den strengen Voraussetzungen des § 346 III BGB.

282 **b) Gesetzliches Rücktrittsrecht.** Neben einem vereinbarten vertraglichen Rücktrittsrecht gibt das Bürgerliche Gesetzbuch dem Rücktrittsberechtigten ein Recht zum Rücktritt, z. B. aus §§ 323 ff. BGB bei der Verletzung gegenseitiger Verträge oder bei Gewährleistungsansprüchen wegen Sachmängeln im Kauf- und Werkvertragsrecht aus §§ 437 Nr. 2, 440, 634, 323, 326 V BGB. Für das gesetzliche Rücktrittsrecht gelten ebenfalls die §§ 346 ff. BGB unmittelbar.

8. Kündigung

283 Die Kündigung ist eine einseitige, empfangsbedürftige Willenserklärung, die die Beendigung von Schuldverhältnissen mit Wirkung für die Zukunft zur Folge hat, so dass eine Rückabwicklung der erbrachten Leistungen entfällt.[295] Die Kündigung ersetzt bei Dauerschuldverhältnissen, wie z. B. der Miete, der Pacht, dem Arbeits- oder Gesellschaftsvertrag, das Rücktrittsrecht.[296] Bedeutsam an der Kündigung ist, dass das Schuldverhältnis nur für die Zukunft beendet wird, während ein Rücktritt die Rückabwicklung der bereits erfolgten Leistungen zur Folge hat.
Unterschieden wird zwischen der ordentlichen und der außerordentlichen Kündigung. Während die ordentliche Kündigung den gegenseitigen Vertrag im Rahmen eines Dauerschuldverhältnisses zu einem bestimmten Zeitpunkt in der Zukunft beendet, erfolgt die außerordentliche Kündigung in der Regel fristlos. Folge ist dann, dass der Vertrag grundsätzlich mit sofortiger Wirkung nach Zugang der einseitigen empfangsbedürftigen Willenserklärung beendet wird.
Voraussetzungen für eine wirksame Kündigung sind der Zugang der Kündigungserklärung, bei der ordentlichen Kündigung der Ablauf einer Kündigungsfrist sowie bei einer außerordentlichen Kündigung ein wichtiger Kündigungsgrund, der die außerordentliche Kündigung, z. B. nach §§ 543, 569 BGB bei Mietverhältnissen oder gem. § 626 BGB beim Dienst- oder Arbeitsvertrag, zulässt. Oft sind bei Kündigungen Formvorschriften zu beachten, die die Wirksamkeit der Kündigungserklärung erst begründen.
Nach § 314 I BGB kann jeder Vertragsteil ein Dauerschuldverhältnis ohne Einhaltung einer Kündigungsfrist kündigen, wenn ein wichtiger Grund vorliegt, nach welchem dem kündigenden Teil unter Berücksichtigung aller Umstände des Einzelfalls und unter Abwägung der beiderseitigen Interessen die Fortsetzung des Vertragsverhältnisses bis zur

---

295 Steckler/Tekidou-Külke, B. Rn. 213.
296 Führich, § 14 Rn. 438.

vereinbarten Beendigung oder bis zum Ablauf einer Kündigungsfrist nicht zugemutet werden kann. Der Kündigende hat zu beachten, dass er nach § 314 III BGB die Kündigung nur innerhalb einer angemessenen Frist erklären kann, nach dem er vom Kündigungsgrund Kenntnis erlangt hat. Besteht der wichtige Grund in der Verletzung einer Pflicht aus einem Vertrag, ist die Kündigung erst nach erfolglosem Ablauf einer zur Abhilfe bestimmten Frist oder nach erfolgloser Abmahnung zulässig. Die Berechtigung, das Schuldverhältnis durch Kündigung zu beenden, schließt Ansprüche auf Schadensersatz nicht aus.

9. Schuldumwandlung

284 Die Vertragsparteien haben die Möglichkeit zur Schuldumwandlung. Im Rahmen eines Kaufvertrags können sich Käufer und Verkäufer z. B. darauf einigen, dass die Kaufpreisschuld in eine Darlehensschuld umgewandelt wird. Das Schuldverhältnis zur Begleichung des Kaufpreises ist von beiden Parteien übereinstimmend aufzuheben. An die Stelle der Kaufpreisschuld tritt ein neues Schuldverhältnis, z. B. die Darlehensschuld. Eine derartige Schuldumwandlung wird Novation genannt. Deren Zulässigkeit ergibt sich aus der Vertragsfreiheit, § 311 I BGB.[297]

10. Vergleich

285 § 779 BGB eröffnet Vertragsparteien die Möglichkeit, ein Schuldverhältnis auch durch Vergleich zu beenden. Ein Vergleich ist gesetzlich definiert als Vertrag, durch den der Streit oder die Ungewissheit der Parteien über ein Rechtsverhältnis im Wege des gegenseitigen Nachgebens beseitigt wird. Damit erlöschen die alten Forderungen ebenso wie evtl. Einwendungen. Der Vergleich kann sowohl über bekannte als auch über unbekannte Umstände geschlossen werden, wie auch über Umstände in der Vergangenheit oder in der Zukunft. Auch vor Gericht kann ein Prozess im Wege des Vergleichs beendet werden. Dabei handelt es sich um einen vollstreckbaren Titel nach § 794 I Nr. 1 ZPO.

11. Widerrufsrecht

286 §§ 355 ff. BGB regeln das bereits im Rahmen der besonderen Vertriebsformen erläuterte Widerrufsrecht. Es besteht für die meisten Verbraucherverträge, wenn dem Verbraucher, § 13 BGB, gegenüber einem Unternehmer, § 14 BGB, durch Gesetz ein solches Widerrufsrecht eingeräumt wird. Das gilt z. B. bei außerhalb von Geschäftsräumen geschlossenen Verträgen gem. § 312b BGB, bei Fernabsatzverträgen, § 312c BGB, sowie nach § 485 BGB bei Teilzeit-Wohnrechteverträgen. Auch auf Verbraucherdarlehensverträge gem. § 495 BGB sowie Fernunterrichtsverträge nach § 4 FernUSG findet das Widerrufsrecht nach § 355 BGB Anwendung.
Der Widerruf ist innerhalb von 14 Tagen gegenüber dem Vertragspartner zu erklären. Ist der Widerruf wirksam, so ist kein rechtswirksamer Vertrag zustande gekommen. Gemäß § 357 I 1 BGB sind die empfangenen Leistungen spätestens nach 14 Tagen zurückzugewähren. Gemäß § 357 II BGB hat der Unternehmer etwaige Zahlungen des Verbrauchers für die Lieferung zurückzugewähren. Dies gilt allerdings nicht, soweit dem Verbraucher zusätzliche Kosten entstanden sind, weil er sich für eine andere Art der Lieferung als die vom Unternehmer angebotene günstigste Standardlieferung entschieden hat. Unter den Voraussetzungen des § 357 VI 1 BGB trägt der Verbraucher allerdings die Kosten der Rücksendung. Gemäß § 357 VII BGB hat der Verbraucher nur dann Wertersatz für einen Wertverlust der Ware zu leisten, wenn der Wertverlust auf einen Umgang mit den Waren zurückzuführen ist, der zur Prüfung der Beschaffenheit, der Eigenschaften und der Funktionsweise der Waren nicht notwendig war, und der Unter-

---

[297] Brox/Walker, AS, § 17 Rn. 4.

nehmer ihn gemäß Art. 246a § 1 II 1 Nr. 1 EGBGB über sein Widerrufsrecht unterrichtet hat.[298]

---

[298] Vgl. zum Widerrufsrecht auch die Rechtsprechung des EuGH: EuGH NJW 2019, 3290; NJW 2019, 1507; MMR 2020, 456; EuZW 2021, 174.

§ 17 Bedeutende Vertragsarten

Schrifttum: *Arnold,* Die eigenmächtige Mängelbeseitigung durch den Käufer, ZIP 2004, 2412; *Artz,* Die Mietpreisbremse, MDR 2015, 549; *Blank/Börstinghaus,* Miete, 6. Aufl. 2020; *Braunschmidt/Vesper,* Die Garantiebegriffe des Kaufrechts, JuS 2011, 393; *Bülow,* Neues Verbraucherkreditrecht in Etappen, NJW 2010, 1713; *Bülow/Artz,* Verbraucherprivatrecht, 6. Aufl. 2018; *Coester-Waltjen,* Der Darlehensvertrag, JURA 2002, 675; *dies.,* Der Auftrag, JURA 2001, 742; *Derleder,* Der „mitgekaufte" Mieter, NJW 2008, 1189; *Faßbender/Hötzel/Lukanow,* Landpachtrecht, 3. Aufl. 2005; *Faust,* Grenzen des Anspruchs auf Ersatzlieferung bei der Gattungsschuld, ZGS 2004, 252; *Firsching,* Der Kauf von Sachen mit digitalen Elementen, ZUM 2021, 210; *Fischer,* Rechtsfolgen für den Makler bei unberechtigter Wohnungsvermittlung, NZM 2005, 731; *Fischinger,* Einführung in das Factoring, JA 2005, 651; *Flatow,* Vermieterpflichten bei Mieterstreitigkeiten, WuM 2014, 307; *Führich/Staudinger,* Reiserecht, 8. Aufl. 2019; *Gerlach/Manzke,* Kaufrecht und Werkvertragsrecht – ein systematischer Vergleich, JuS 2019, 327; *Ghassemi-Tabar,* Umweltfehler als Mietmangel, NJW 2015, 2849; *Gröschler,* Die Pflicht des Verkäufers zur Aufklärung über Mängel nach neuem Kaufrecht, NJW 2005, 1601; *Gutzeit,* Unverhältnismäßige Verkäuferhaftung beim „kleinen" Schadensersatz, NJW 2015, 445; *Hamm/Schwerdtner,* Maklerrecht, 7. Aufl. 2016; *Haedicke,* Rechtskauf und Rechtsmängelhaftung, 2003; *ders.,* Die Mängelbeseitigungspflicht des Verkäufers bei fehlerhafter Montageanleitung, ZGS 2006, 55; *Harriehausen,* Die aktuellen Entwicklungen im Leasingrecht, NJW 2015, 1422; *Heiderhoff,* Die Pflicht des Verkäufers zur Aufklärung über Mängel der Sache beim Kauf via Internet, BB 2005, 2533; *Heinemeyer,* Gefahrübergang und Sachmangel, NJW 2019, 1025; *Isenmann/Mersson,* Mietminderung wegen Feuchtigkeitsmängeln, NZM 2005, 881; *Kamanabrou,* Die Unverhältnismäßigkeit der Nachlieferung, NJW 2010, 1031; *Kania/Merten,* Auswahl und Einstellung von Arbeitnehmern unter Geltung des AGG, ZIP 2007, 8; *Kapitza,* Sittenwidrigkeit der Bürgschaft und Restschuldbefreiung, ZGS 2005, 133; *Keiser,* Pflichten im Rückgewährschuldverhältnis und Schadensersatz wegen eines Sachmangels, NJW 2014, 1473; *Kiethe,* Haftungs- und Ausfallrisiken bei Patronatserklärungen, ZIP 2005, 646; *Kirchhefer-Lauber,* Digitales Kaufrecht 2022, JuS 2021, 918; *Klöhn,* Beweislast beim Verbrauchsgüterkauf, NJW 2007, 2811; *Köhler/Kossmann,* Handbuch der Wohnraummiete, 7. Aufl. 2014; *Kohler,* Zurückbehaltungsrecht bei mangelhafter Werkleistung, BauR 2003, 1804; *Kramme,* Vertragsrecht für digitale Produkte, RDi 2021, 20; *Lange/Werneburg,* Makler und Verbraucher im Internet, NJW 2015, 193; *Lorenz,* Leistungsgefahr, Gegenleistungsgefahr und Erfüllungsort beim Verbrauchsgüterkauf – BGH NJW 2003, 3341, in: JuS 2004, 105; *Maier-Reimer/Niemeyer,* Unternehmenskaufvertrag und AGB-Recht, NJW 2015, 1713; *Lehmann-Richter,* Der Mängelbeseitigungsanspruch des Mieters und Gegenrecht des Vermieters, NJW 2008, 1196; *Peters,* Zur Unangemessenheit der Preisbildung beim Werkvertrag, NJW 2014, 415; *Reuter,* Grenzen und Vertragsfreiheit im Maklerrecht, FS Picker, 2010, 653; *Schiemann,* Der freie Dienstvertrag, JuS 1983, 138; *Schlinker,* Die Sachmängelrechte im Kauf- und Werksvertragsrecht im Falle mangelhafter Drittleistung, AcP 207 (2007), 399; *Schmidt,* Sachmängelhaftung für Hersteller- und Händlerangaben über den Kraftstoffverbrauch und die CO2-Emissionen neuer Personenkraftfahrzeuge, NJW 2005, 329; *ders.,* Die Beschaffenheit der Kaufsache, BB 2005, 2763; *Schnauder,* Sorgfalts- und Aufklärungspflichten im Kreditgeschäft, JZ 2007, 1009; *Scholz-Löhnig,* Die Anwendung von § 326 V BGB beim Rücktritt vom Kaufvertrag wegen eines irreparablen Sachmangels des Kaufgegenstandes beim Stückkauf, JA 2005, 65; *Staudinger/Artz,* Nacherfüllung im Kaufrecht und Gerichtsstand des Erfüllungsorts, NJW 2011, 3121; *Stöber,* Rücktritt und großer Schadensersatz nach erklärter Minderung, NJW 2018, 2834; *Tiedtke/Schmitt,* Der Anwendungsbereich des kaufrechtlichen Schadensersatz statt der Leistung nach §§ 437 Nr. 3, 280 Abs. 1 und 3, 281 Abs. 1 BGB, NJW 2005, 615; *Timme/Hülk,* Schriftform bei langfristigen Mietverträgen – ein Dauerproblem, NJW 2007, 3313; *Tonner/Wiese,* Selbstvornahme der Mängelbeseitigung durch den Käufer, BB 2005, 903; *Tümme,* Verzicht des Mieters auf gesetzliches Kündigungsrecht, NJW 2004, 1639; *Walker,* Haftungsprivilegierung, JuS 2015, 865; *Wilke,* Das neue Kaufrecht nach Umsetzung der Warenkauf-Richtlinie, VuR 2021, 283.

Schuldverhältnisse können durch Vertrag oder Gesetz entstehen. Überwiegend entstehen Schuldverhältnisse durch vertragliche Rechtsverhältnisse. Der Grundsatz der Privatautonomie besagt, dass Vertragsparteien in der Ausgestaltung und dem Abschluss des Vertrags grds. frei sind. Das bedeutet, dass sie frei entscheiden können, ob und mit wem sie den Vertrag abschließen bzw. ob sie den Vertrag mit dem besprochenen Inhalt

287

abschließen wollen. Ist zur Erfüllung lebensnotwendiger Bedürfnisse der Abschluss von Verträgen erforderlich, dann kann derjenige, der allein solche Leistungen anzubieten vermag, sich nicht auf den Grundsatz der Abschlussfreiheit berufen.[299] In solchen Situationen besteht Kontrahierungszwang.

Die Gestaltungsfreiheit erlaubt, dass ein Vertrag nach eigenen Vorstellungen abgeschlossen werden kann. Unabdingbare Rechtsnormen im BGB, z. B. der Typenzwang im Gesellschaftsrecht zur Gründung von Gesellschaften oder das Allgemeine Gleichbehandlungsgesetz (AGG), führen zur Einschränkung der Gestaltungsfreiheit. Daneben hat das BGB die wichtigsten Vertragstypen wie Veräußerungsverträge, Gebrauchsüberlassungsverträge oder Tätigkeitsverträge gesetzlich normiert.

Bedeutende Vertragsarten

Veräußerungsverträge
- Kaufverträge
  - Normaler Kauf, § 433 BGB
  - Verbrauchsgüterkauf, § 474 BGB
  - Kauf auf Probe, § 454 BGB
  - Wiederkauf, § 456 BGB
  - Vorkauf, § 463 BGB
  - Schiffskauf, § 452 BGB
  - Eigentumsvorbehaltskauf, § 449 BGB
- Tausch, § 480 BGB
- Schenkung, § 516 BGB

Gebrauchsüberlassungsverträge
- Miete, § 535 BGB
- Pacht, § 581 BGB
- Leihe, § 598 BGB
- Darlehen
  - Sachdarlehen, § 607 BGB
  - Gelddarlehen, § 488 BGB
- Verbraucherdarlehen, § 491 BGB
- Finanzierungshilfen
  - Zahlungsaufschub, § 506 I BGB
  - Finanzierungsleasing, §§ 506 II ff. BGB
- Factoring
- Teilzahlungsgeschäft, §§ 507 ff. BGB
- Ratenlieferungsvertrag, § 510 BGB

Tätigkeitsverträge
- Dienstvertrag, § 611 BGB
- Werkvertrag, § 631 BGB
- Auftrag, § 662 BGB
- Geschäftsbesorgungsvertrag, § 675 BGB
- Reisevertrag, § 651a BGB
- Maklervertrag, § 652 BGB
- Verwahrungsvertrag, § 688 BGB
- Bauvertrag, § 650a BGB

Abb. 27: Bedeutende Vertragsarten

1. Veräußerungsverträge

a) Kaufvertrag. Gesetzliche Regelungen zum Kaufvertrag finden sich in den §§ 433 bis 479 BGB. Zentrale Vorschrift für den Kaufvertrag ist § 433 BGB. Hier ist das „allgemeine Kaufrecht" in den §§ 433–453 BGB geregelt. Dies sind die zentralen Normen des Kaufvertragsrechts. Die folgenden §§ 454–473 BGB beinhalten Regelungen zu besonderen Arten des Kaufs, wie den Kauf auf Probe oder den Verkauf. Sehr große Wichtigkeit haben die in dem folgenden Untertitel (§§ 474–479 BGB) niedergelegten Vorschriften zum Verbrauchsgüterkauf. Die Vorschriften der §§ 474–479 BGB sind hierbei leges speciales zum allgemeinen Teil des Kaufrechts der §§ 433–453 BGB. Ist also ein Kaufvertrag gleichzeitig auch als Verbrauchsgüterkauf zu qualifizieren, so sind vorrangig die §§ 474 ff. BGB und an zweiter Stelle, soweit diese keine Regelung beinhalten, die §§ 433 ff. BGB heranzuziehen.

Grundvoraussetzung für einen Kaufvertrag ist die Einigung der Vertragsparteien über Kaufsache und Kaufpreis. Dabei kann es sich um bewegliche und unbewegliche Sachen,

---

299 Vgl. Musielak/Hau, § 3 Rn. 128.

Rechte oder Sachgesamtheiten handeln. Aus § 433 I BGB ergibt sich, dass der Verkäufer die Hauptleistungspflicht hat, dem Käufer die Sache zu übergeben und das Eigentum an der Sache zu verschaffen. Dabei ist der Kaufvertrag selbst das Verpflichtungsgeschäft, seine Erfüllung das Verfügungsgeschäft. Der Kaufvertrag ist als Veräußerungsvertrag der am meisten abgeschlossene Vertrag. Er wird auch Umsatzvertrag genannt, weil bewegliche wie unbewegliche Güter oder Rechte „umgesetzt" werden, d. h. auf andere Personen übertragen werden.[300] Diese Übertragung wird in der Regel mit Geld beglichen.

Kaufverträge werden über verschiedenste Arten von Gütern abgeschlossen, kurz- oder langlebige, verbrauchbare oder gebrauchbare. Außerdem können Rechte nach § 453 BGB Gegenstand von Kaufverträgen sein, wie z. B. Patent- oder Markenrechte. Nach Umsetzung der Europäischen Richtlinien über den Verbrauchsgüterkauf vom 25.5.1999 (RL 1999/44/EG), der E-Commerce-Richtlinie vom 8.6.2000 (RL 2000/31/EG) sowie der Zahlungsverzugsrichtlinie vom 29.6.2000 (RL 2000/35/EG) in deutsches Recht gilt seit dem 1.1.2002 ein in der EU harmonisiertes Kaufrecht, welches regelmäßig durch neue umzusetzende EU-Richtlinien, zuletzt durch die Warenkaufrichtlinie (RL 2019/771/EU) vom 20.5.2019 und die Digitale-Inhalte-Richtlinie (RL 2019/770/EU) vom 20.5.2019, modifiziert und weiter harmonisiert wird.

aa) Pflichten der Vertragsparteien. Während Hauptleistungspflicht des Verkäufers nach § 433 I BGB ist, dem Käufer die Sache zu übergeben und das Eigentum an der Sache zu verschaffen, obliegt dem Käufer nach § 433 II BGB die Hauptleistungspflicht, die Zahlung des vereinbarten Kaufpreises vorzunehmen. Demgegenüber stellt die Abnahme der Kaufsache i. d. R. eine bloße Nebenleistungspflicht dar,[301] es sei denn, dass im Wege der ergänzenden Vertragsauslegung nach §§ 133, 157 BGB ein gesteigertes Interesse des Verkäufers an der Abnahme als Hauptleistungspflicht angesehen wird, weil der Gegenstand etwa große Lagerkapazitäten beim Verkäufer in Anspruch nimmt.[302] Der Verkäufer hat dem Käufer die tatsächliche Sachherrschaft über den verkauften Gegenstand zu verschaffen. Bei beweglichen Sachen muss die Übergabe des Eigentums oder eines Übergabesurrogates erfolgen, bei Grundstücken ist neben der Einigung in notarieller Form auch die Eintragung in das Grundbuch erforderlich. Haben die Vertragsparteien einen Kaufvertrag über ein Recht abgeschlossen, ist der Verkäufer eines Rechts, z. B. einer Forderung oder von Grundpfandrechten wie Hypothek, Grund- und Rentenschuld, verpflichtet, diese gegenüber dem Käufer nach § 398 BGB abzutreten. Außerdem hat der Verkäufer dem Käufer die Sache oder das Recht nach § 433 I 2 BGB frei von Sach- bzw. Rechtsmängeln zu verschaffen.

Verkäufer und Käufer treffen eine Vielzahl von Nebenpflichten. So hat der Verkäufer die Sache bei einer Holschuld ordnungsgemäß bis zur Abholung aufzubewahren, bei der Schickschuld die Ware ordnungsgemäß zu verpacken. Der Käufer dagegen hat z. B. als Nebenpflicht die Abnahme der Sache oder nach § 448 BGB die Übernahme der Kosten der Abnahme und der Versendung der Sache an einen anderen Ort als dem Erfüllungsort bzw. bei einem Grundstückskauf als Nebenpflicht die Übernahme der Kosten für die Beurkundung des Kaufvertrags und der Auflassung, der Eintragung ins Grundbuch und der zu der Eintragung erforderlichen Erklärungen. Beim Verkauf eines Rechts trägt der Verkäufer nach § 453 II BGB die Kosten der Begründung und Übertragung des Rechts.

Die Abnahmepflicht des Käufers wird dann zu einer Hauptpflicht, wenn es sich z. B. um ein Fixgeschäft handelt, so z. B. bei der Abnahme von lebenden Tieren oder von verderblichen Lebensmitteln. Die Kaufpreiszahlung erfolgt grundsätzlich zuzüglich gesetzlicher Mehrwertsteuer. Abzüge wie Skonti oder Rabatte sind zwischen den Vertrags-

---

300 Vgl. Müssig, 10.2.1.
301 Looschelders, SchR BT, § 2 Rn. 5.
302 Vgl. Staudinger/Beckmann, § 433 Rn. 163.

parteien ausdrücklich zu vereinbaren.[303] Die Abnahmepflicht des Käufers setzt nicht voraus, eine mit einem Mangel behaftete Sache abnehmen zu müssen. Der Käufer kann dann die Einrede des nicht erfüllten Vertrags nach § 320 BGB bzw. nach Abnahme der Sache Gewährleistungsansprüche gem. §§ 434, 437 ff. BGB geltend machen.

Anders als oft vermutet, gibt es *kein generelles Umtausch- oder Rücktrittsrecht*: Gefällt dem Käufer die Kaufsache nach der Übergabe nicht, handelt es sich um eine freiwillige Kulanz, wenn der Verkäufer den Kaufpreis zurückzahlt oder einen Gutschein anbietet.[304]

290 bb) **Form.** Ein Kaufvertrag kann grundsätzlich *formfrei* abgeschlossen werden. Die meisten Kaufverträge über Geschäfte des täglichen Lebens werden mündlich oder in konkludenter Form abgeschlossen. Das Bürgerliche Gesetzbuch sieht Schriftform bei Finanzierungs- oder Teilzahlungskäufen nach §§ 506, 507 BGB i. V. m. § 492 BGB vor. Eine besonders strenge Form, die notarielle Beurkundung, ist bei Kaufverträgen über Grundstücke nach § 311b BGB oder der Veräußerung von Geschäftsanteilen einer GmbH nach § 15 III GmbHG notwendig. Dahinter steht der Schutzgedanke für den Verkäufer, sich bewusst zu werden, dass er sich einer rechtlich erheblichen Leistungspflicht aussetzt[305], die auch mit weiteren mittelbaren Belastungen verbunden ist (z. B. der Zahlung von Grundsteuern). Die notarielle Beurkundung gilt auch für den Verkauf von Wohnungseigentum nach § 4 III WEG.

291 cc) **Gefahrübergang.** Bedeutend ist, wer bei einem zufälligen Untergang oder bei einer zufälligen Verschlechterung der Sache oder des Rechts das Risiko trägt. Darunter versteht man den Gefahrübergang. Bis zur Erfüllung des Verfügungsgeschäfts, der Übereignung und Übergabe der Sache, trägt der Verkäufer die Gefahr, den Kaufpreis nicht zu erhalten. Er trägt somit die Vergütungs- bzw. Preisgefahr.[306] Die Leistungsgefahr trägt grds. der Schuldner; allerdings ist nach § 275 I BGB der Anspruch auf Leistung ausgeschlossen, soweit diese für den Schuldner oder für jedermann unmöglich ist. Nach § 326 I BGB wird der Käufer in dieser Situation dann aber von seiner Zahlungspflicht befreit.

Die Preisgefahr des Verkäufers geht in drei Fällen auf den Käufer über, so z. B. nach § 446 BGB, wenn die verkaufte Sache an den Käufer übergeben worden ist, bzw. sich der Käufer im Annahmeverzug nach §§ 446 S. 3, 293 BGB befindet. Außerdem besteht für den Käufer die Preisgefahr beim Versendungskauf nach § 447 I BGB, es sei denn, es handelt sich um einen Verbrauchsgüterkauf zwischen einem Unternehmer und einem Verbraucher nach § 474 BGB. Die Preisgefahr erstreckt sich auf die Verschlechterung der Sache bzw. den vollständigen Untergang.

292 dd) **Mängelgewährleistung.** Der Kaufvertrag verpflichtet den Verkäufer nach § 433 I 1 BGB nicht nur dazu, dem Käufer die Sache zu übergeben und das Eigentum an der Sache zu verschaffen. Nach § 433 I 2 BGB hat der Verkäufer dem Käufer die Sache auch frei von Sach- und Rechtsmängeln zu verschaffen. Ist der Kaufgegenstand mit einem Mangel behaftet, hat der Käufer nach § 437 BGB Anspruch auf
– Nacherfüllung;
– Rücktritt vom Vertrag bzw. Kaufpreisminderung;
– Schadensersatz oder Aufwendungsersatz.

Grundvoraussetzungen für die Geltendmachung eines derartigen Anspruchs sind:
– Rechtswirksamer Kaufvertrag;

---

303 Vgl. Müssig, 10.2.3.
304 Führich, § 17 Rn. 472.
305 Vgl. dazu Harke, Formzweck und Heilungsziel – Funktion und Voraussetzungen der Konvaleszenz formunrichtiger Verpflichtungsgeschäfte im Grundstücks- und Geschäftsanteilsverkehr, WM 2004, 357, 359.
306 Vgl. zur Gefahrtragung: Jauernig/Berger, Vorb. zu §§ 446, 447 Rn. 1 ff.

- Sach- oder Rechtsmangel;
- Zum Zeitpunkt des Gefahrübergangs;
- Kein Gewährleistungsausschluss gem. §§ 442, 444 BGB;
- Keine Einrede der Verjährung nach § 438 BGB.

Der Kaufvertrag verpflichtet den Verkäufer somit nicht nur, dem Käufer das Eigentum an einer Sache zu verschaffen. Die Sache muss auch frei von Mängeln sein. Erste Möglichkeit zur Abstellung eines Mangels bildet nach §§ 437 Nr. 1, 439 BGB die Nacherfüllung. Danach kann der Käufer als Nacherfüllung nach seiner Wahl die Beseitigung des Mangels oder die Lieferung einer mangelfreien Sache verlangen. Das Gesetz behandelt den Sach- oder den Rechtsmangel gleich, § 433 I 2 BGB. Beide Mängel geben dem Käufer dieselben Anspruchsmöglichkeiten aus §§ 437, 439 BGB.

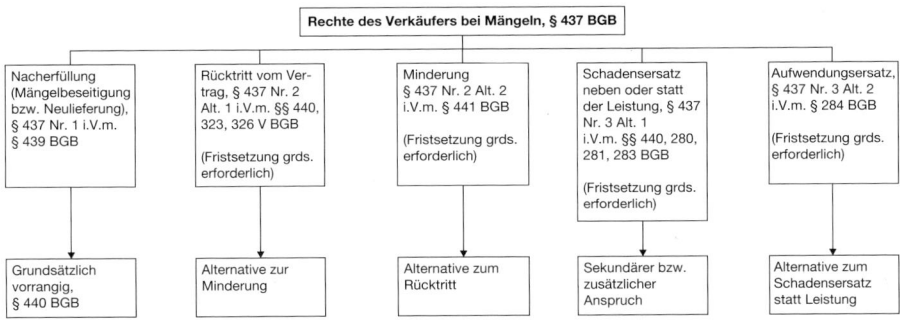

Abb. 28: Rechte des Verkäufers bei Mängeln

(1) Sachmangel. Nach § 434 I 1 BGB ist eine Sache frei von Sachmängeln, wenn sie bei Gefahrübergang den subjektiven Anforderungen, den objektiven Anforderungen und den Montageanforderungen dieser Vorschrift entspricht.

Die subjektiven Anforderungen des Sachmangelbegriffs sind in § 434 II BGB geregelt. Der Kaufgegenstand entspricht den subjektiven Anforderungen, wenn er
- die vereinbarte Beschaffenheit hat,
- sich für die nach dem Vertrag vorausgesetzte Verwendung eignet und
- mit dem im Vertrag vereinbarten Zubehör und mit Anleitungen, einschließlich Montage- und Installationsanleitungen, übergeben wird.

§ 434 II 2 BGB stellt dabei klar, dass auch Art, Menge, Qualität, Funktionalität, Kompatibilität und Interoperabilität und sonstige Merkmale der Sache, für die die Parteien Anforderungen im Vertrag vereinbart haben, Teil der Beschaffenheit sind. Die Beschaffenheit bezieht sich beim Grundstück z. B. auf die Lage, etwa in der Nähe einer Kläranlage[307] oder in der Einflugschneise eines Flughafens[308], wo mit Geruchs- bzw. Lärmbelästigungen zu rechnen ist. Die Kaufsache muss also, um den subjektiven Anforderungen zu genügen, die vereinbarte Beschaffenheit aufweisen bzw. sich für die nach dem Vertrag vorausgesetzte Verwendung eignen und mit dem vertraglich vereinbarten Zubehör und mit Montage-, Installations- und sonstigen Anleitungen versehen sein.

Die objektiven Anforderungen sind in § 434 III BGB geregelt. Hiernach entspricht die Sache den objektiven Anforderungen, wenn sie
- sich für die gewöhnliche Verwendung eignet,
- eine Beschaffenheit aufweist, die bei Sachen der gleichen Art üblich ist.

Die Art der Sache und die öffentlichen Äußerungen des Verkäufers und anderen Gliedern der Vertragskette, insbesondere in Form von Werbung oder Etiketten, finden hier-

---

307 Vgl. BGH NJW-RR 1988, 10, 12.
308 Vgl. OLG Köln NJW-RR 1995, 531, 532.

bei gemäß § 434 III 1 Nr. 2 a), b) BGB Berücksichtigung. Bei der Prüfung der gewöhnlichen Verwendung muss also verglichen werden, ob die Sache eine Beschaffenheit aufweist, die bei Sachen der gleichen Art üblich ist und von dem Käufer nach der Art der Sache erwartet werden kann. Nach allgemeinen Vorstellungen muss die Sache verwendbar sein.

Bei der Feststellung der üblichen Beschaffenheit sind gemäß § 434 III 1 Nr. 2 b) BGB die öffentlichen Äußerungen, die von dem Verkäufer oder im Auftrag des Verkäufers oder von einer anderen Person in vorhergehenden Gliedern der Vertragskette, insbesondere in der Werbung oder auf dem Etikett, abgegeben wurden, zu berücksichtigen. Der sog. Letztverkäufer, nämlich der Händler, der sein Produkt an den Endverbraucher verkauft, ist also auch für Mängel verantwortlich, die auf eine unrichtige Werbung des Herstellers zurückzuführen sind. Hersteller der Kaufsache ist hierbei auch der Importeur (Verweis auf § 4 I, II ProdHaftG). Gehilfe des Herstellers ist, wer mit dessen Wissen und Wollen öffentliche Äußerungen vornimmt. Dies sind z. B. mit der Werbekampagne beauftragte Unternehmen. Werbung liegt vor, wenn sie sich auf konkrete Eigenschaften der Kaufsache bezieht, nicht jedoch bei allgemeinen Werbeaussagen (z. B. „Das beste Auto der Welt!"). Solche Aussagen begründen aufgrund ihrer Unbestimmtheit kein schützenswertes Vertrauen des Käufers. Bei erhöhtem Treibstoffverbrauch eines Motorrads oder PKWs von mehr als 5 % über den Angaben in den Informationen des Herstellers liegt dagegen ein Sachmangel vor. Zum Schutz des Verkäufers enthält § 434 III 3 BGB Ausschlussstatbestände, für die er allerdings die Beweislast trägt. Weiterhin werden zu der üblichen Beschaffenheit gemäß § 434 III 2 BGB auch Menge, Qualität und sonstige Merkmale der Sache, einschließlich ihrer Haltbarkeit, Funktionalität, Kompatibilität und Sicherheit gerechnet.

§ 434 IV BGB bezieht darüber hinaus auch Montageprobleme in den Mangelbegriff ein. Hiernach entspricht eine Sache nur dann den Montageanforderungen, wenn die Montage entweder sachgemäß durchgeführt worden ist oder zwar unsachgemäß durchgeführt worden ist, dies jedoch weder auf einer unsachgemäßen Montage durch den Verkäufer noch auf einem Mangel in der vom Verkäufer übergebenen Anleitung beruht. Dabei kann die Sache, welche übereignet werden soll, vor Beginn der Montage noch sachmangelfrei sein. Die Montage selbst führt dazu, dass die Sache dann mit einem Mangel behaftet ist, so z. B. bei der Montage einer Spülmaschine, bei der der Monteur Zufluss- und Abflussschlauch verwechselt und falsch anschließt, so dass die Maschine Schaden nimmt.

Einem Sachmangel steht es nach § 434 V BGB gleich, wenn der Verkäufer eine andere Sache (sog. Aliud) liefert. Der Grund hierfür ist wie folgt: Hat der Käufer die Sache angenommen (§§ 446, 447 BGB), stehen ihm die Vorschriften des Allgemeinen Leistungsstörungsrechts (§§ 280 ff. BGB) nicht mehr zu. Auch kann er seinen Erfüllungsanspruch nicht mehr geltend machen. Er erhält jedoch dafür Mängelhaftungsansprüche. Voraussetzung bei der Aliud-Lieferung ist, dass der Verkäufer den Gegenstand als Erfüllung anbietet (= Tilgungsbestimmung i. S. v. § 362 BGB). Der Käufer kann entweder das angebotene Aliud als nicht erfüllungstauglich zurückweisen und nach dem allg. Leistungsstörungsrecht vorgehen oder die Aliud-Lieferung annehmen und Gewährleistungsrechte geltend machen. Ein Unterschied besteht in der Verjährung (§ 195 bzw. 438 BGB).

Nach § 446 BGB müssen Sach- oder Rechtsmängel schon im Zeitpunkt des Gefahrübergangs an der Sache bestehen.

293a **(2) Sachmangel bei digitalen Inhalten.** Seit dem 1.1.2022 existiert auch ein weiterer Sachmangelbegriff in §§ 475b II–IV, 475c BGB für Sachen mit digitalen Inhalten. Eine Sache mit digitalen Elementen ist gemäß § 475b I 2 BGB eine Sache, die in einer solchen Weise digitale Inhalte oder digitale Dienstleistungen enthält oder mit ihnen verbunden ist, dass sie ihre Funktionen ohne diese digitalen Inhalte oder digitalen Dienstleistungen nicht erfüllen kann. Hierzu zählen beispielsweise Smartphones, oder auch Computer. Für solche Gegenstände gilt gemäß § 475a BGB grundsätzlich das Sachmängelrecht der §§ 434ff. BGB, ergänzt um weitere subjektive Anforderungen. Voraussetzung ist aber, dass es sich um einen Verbrauchsgüterkaufvertrag handelt, welcher einen körperlichen Datenträger zum Gegenstand hat, der ausschließlich als Träger digitaler Inhalte dient oder es sich um Ware handelt, die in einer Weise digitale Produkte enthält oder mit digitalen Produkten verbunden ist, so dass die Ware ihre Funktionen auch ohne diese digitalen Produkte erfüllen kann, vgl. § 475a I, II BGB. Maßgeblich ist aber in jedem Fall, dass ein Verbrauchsgüterkauf vorliegt. Verbrauchsgüterkäufe sind gemäß § 474 I BGB Verträge, durch die ein Verbraucher von einem Unternehmer eine Ware kauft bzw. Verträge, die neben dem Verkauf einer Ware die Erbringung einer Dienstleistung durch den Unternehmer zum Gegenstand haben.

Eine Sache mit digitalen Inhalten ist gemäß § 475b II BGB mangelfrei, bei Gefahrübergang den subjektiven Anforderungen, den objektiven Anforderungen, den Montageanforderungen und in Bezug auf die digitalen Elemente den Installationsanforderungen entspricht.

Zu den subjektiven Anforderungen gehört gemäß § 475b III Nr. 2 BGB zusätzlich, dass für die digitalen Elemente die im Kaufvertrag vereinbarten Aktualisierungen vom Verkäufer bereitgestellt werden.

Zu den objektiven Anforderungen gehört für digitale Sachen gemäß § 475b IV BGB, ergänzend zu den schon beschriebenen Anforderungen der §§ 434ff. BGB, dass dem Verbraucher vom Verkäufer Updates bereitgestellt werden, die für den Erhalt der Vertragsmäßigkeit der Sache erforderlich sind. Zudem muss der Verbraucher über diese Aktualisierungen informiert werden. Weiterhin entspricht eine Sache mit digitalen Elementen gemäß § 475b VI Nr. 2 BGB den Installationsanforderungen, wenn die Installation der digitalen Elemente sachgemäß durchgeführt worden ist, oder die Installation zwar unsachgemäß durchgeführt worden ist, dies jedoch weder auf einer unsachgemäßen Installation durch den Unternehmer noch auf einem Mangel der Anleitung beruht, die der Unternehmer oder derjenige übergeben hat, der die digitalen Elemente bereitgestellt hat.

(3) Rechtsmangel. Die verkaufte Sache kann evtl. auch an einem Rechtsmangel leiden. Ein Rechtsmangel liegt vor, wenn gegenüber dem Käufer einer Sache Rechte geltend gemacht werden können, auf die im Kaufvertrag nicht Bezug genommen worden sind, vgl. § 435 BGB. Bedeutendster Rechtsmangel besteht bei einer Sache, wenn der Käufer kein Eigentum erwerben kann. Das ist z. B. der Fall, wenn die Sache nach § 935 I BGB dem Eigentümer gestohlen worden, verloren gegangen oder sonst abhandengekommen war. In diesem Fall kann sich der Käufer auch nicht auf seine Gutgläubigkeit berufen, so dass er nach § 985 BGB zur Herausgabe der Sache an den rechtmäßigen Eigentümer verpflichtet ist. Dieser Rechtsmangel, der den Eigentumserwerb ausschließt, führt beim Käufer zu Schadensersatzansprüchen gegenüber dem Verkäufer.

Ein Rechtsmangel kann auch dann vorliegen, wenn der Käufer zwar Eigentümer wird, das Eigentum aber mit dem Recht eines Dritten belastet ist. Denkbar sind bei Grundstücken z. B. Grundpfandrechte wie Hypothek, Grundschuld oder Rentenschuld, welche der Käufer entweder vertragsgemäß übernimmt bzw. der Verkäufer aufgrund der Kaufpreiszahlung ablöst. Möglich ist auch ein sog. Wegerecht, welches der Verkäufer dem Käufer des Grundstücks vor Abschluss des Kaufvertrags verschwiegen hatte, der Dritte dieses Wegerecht aber nun gegenüber dem neuen Grundstückseigentümer weiter geltend macht.

Die Sache kann evtl. mit einem obligatorischen Recht behaftet sein.[309] Ein obligatorisches Recht gibt z. B. dem Mieter die Möglichkeit, die angemieteten Wohnräume weiter

---

[309] Vgl. Musielak/Hau, § 8 Rn. 812.

als unmittelbarer Besitzer zu nutzen, auch wenn der Verkäufer bei Abschluss des Kaufvertrags den Käufer über das Mietverhältnis nicht informiert hatte. Dasselbe gilt bei der Leihe, wenn der Käufer nicht wusste, dass zwischen Verkäufer und Entleiher vor Abschluss des Kaufvertrags mit dem Käufer ein langfristiger Leihvertrag über den verkauften Gegenstand geschlossen worden war.

295 **(4) Rechte des Käufers.** Die spezialgesetzlichen kaufvertraglichen Gewährleistungsregelungen der §§ 434 ff. BGB befassen sich mit denjenigen Fällen, in denen der Schuldner der Hauptleistungsverpflichtung – beim Kauf also der Verkäufer – die für ihn aus § 433 I BGB gegenüber dem Käufer als Gläubiger bestehende Verpflichtung zur mängelfreien Übereignung und Übergabe der Kaufsache dadurch „schlecht" erfüllt, dass die Kaufsache mit einem Mangel behaftet ist. Die Übergabe der Kaufsache bewirkt hierbei den Übergang der Erfüllungs- zur Gewährleistungsphase. Liegt ein Mangel an dem erstellten Werk vor, so hat der Besteller die in § 437 BGB genannten Gewährleistungsansprüche. Die Übergabe hat hierbei eine Zäsurwirkung, so dass Mängelrechte nach §§ 434 ff. BGB grundsätzlich erst nach der Übergabe der Sache entstehen. Damit ist wie folgt zu unterscheiden:
– Erfüllungsphase bis zur Übergabe: Der Käufer hat den Erfüllungsanspruch nach § 433 I 1 BGB auf Übergabe und Übereignung der Kaufsache. Bei Pflichtverletzungen stehen ihm Ansprüche nach dem allgemeinen Leistungsstörungsrecht zu.
– Gewährleistungsphase nach der Abnahme: Der Käufer hat den Nacherfüllungsanspruch und ihm stehen die Gewährleistungsansprüche nach den gewährleistungsrechtlichen Sondervorschriften der §§ 434 ff. BGB zu.

Nach § 437 BGB stehen dem Käufer bei Vorliegen eines Sach- oder Rechtsmangels folgende Rechte zu:
– Nacherfüllung, § 439 BGB, zur Beseitigung des Mangels oder Lieferung einer mangelfreien Sache;
– Rücktritt vom Kaufvertrag, §§ 440, 323 und 326 V BGB;
– Kaufpreisminderung, § 441 BGB;
– Schadensersatz, §§ 440, 280, 281, 283 und 311a BGB;
– Ersatz vergeblicher Aufwendungen, § 284 BGB.

Das System der Gewährleistungsansprüche ist, wie auch im Werkvertragsrecht, zweistufig. Zunächst geht der Erfüllungsanspruch des Käufers in einen Nacherfüllungsanspruch über. Dieser Anspruch auf Nacherfüllung ist der vorrangige Anspruch des Käufers, so dass die Geltendmachung aller weiteren Gewährleistungsansprüche von dem Ablauf einer Nacherfüllungsfrist abhängig ist. Ist die Nacherfüllungsfrist fruchtlos abgelaufen, hat der Käufer sodann ein Wahlrecht zwischen den Mängelansprüchen (Anspruch auf Nacherfüllung, Schadensersatz und Aufwendungsersatz) und den Gestaltungsrechten (Rücktritt und Minderung).

296 **(a) Nacherfüllung.** Der wichtigste Anspruch des Käufers bei einem Sach- oder Rechtsmangel ist die Nacherfüllung nach §§ 437, 439 BGB. Danach kann der Käufer auswählen, ob er die Beseitigung des Mangels oder die Lieferung einer mangelfreien Sache anstrebt. Der Vorrang der Nacherfüllung ist regelmäßig auch für beide Vertragspartner interessengerecht.[310] Sind zum Zweck der Nacherfüllung Aufwendungen wie Transport-, Wege-, Arbeits- oder Materialkosten erforderlich, hat der Verkäufer nach § 439 II BGB diese für die erfolgreiche Nacherfüllung zu tragen.[311] Nachdem es früher umstritten[312] war, ob der Verkäufer auch die Aus- und Einbaukosten zu tragen hat, hatte der

---

310 Führich, § 17 Rn. 487.
311 Ausführlich EuGH NJW 2011, 2269, 2271 f. mit Anm. Klees, EWiR 2011, 489; dazu Kaiser, EuGH zum Austausch mangelhafter eingebauter Verbrauchsgüter, JZ 2011, 978.
312 Vgl.: BGH NJW 2008, 2837; EuGH NJW 2011, 2269; EuGH Rs. C-106/89 – Marleasing, Slg. 1990, I-4135, Rn. 8; BGH NJW 2013, 220; NJW 2014, 2183.

Gesetzgeber hierauf im Jahre 2018 reagiert und in § 439 III 1 BGB geregelt, dass wenn der Käufer die mangelhafte Sache gemäß ihrer Art und ihrem Verwendungszweck in eine andere Sache eingebaut oder an eine andere Sache angebracht hat, der Verkäufer im Rahmen der Nacherfüllung verpflichtet ist, dem Käufer die erforderlichen Aufwendungen für das Entfernen der mangelhaften und den Einbau oder das Anbringen der nachgebesserten oder gelieferten mangelfreien Sache zu ersetzen.
Hat der Käufer dem Verkäufer erfolgslos eine angemessene Frist zur Nacherfüllung gesetzt, ist der Käufer nach Ablauf der Frist nicht mehr verpflichtet, der Nacherfüllung zuzustimmen.[313]
Ist die Nacherfüllung nach § 275 I BGB unmöglich, ist der Verkäufer von der Nacherfüllung befreit. Er kann die Nacherfüllung nach § 275 II, III BGB auch dann verweigern, wenn sie entweder im groben Missverhältnis zum Leistungsinteresse des Käufers steht oder er trotz persönlicher Leistungspflicht die Leistung nicht erbringen kann. Eine spezielle Möglichkeit für den Verkäufer, die Nacherfüllung abzulehnen, bietet § 439 IV BGB, wenn sie nur mit unverhältnismäßigen Kosten möglich ist. Wann dies der Fall ist, muss im Einzelfall in erster Linie anhand eines Vergleichs zwischen dem Wert der Kaufsache und dem Umfang der Mängel und dem Aufwand deren Beseitigung entschieden werden (§ 439 IV 2 BGB). Bei wertvolleren Kaufgegenständen wird der Verkäufer regelmäßig Nachlieferung, bei geringwertigeren Gütern Nachbesserung verweigern können. Der Elektrofachhändler lehnt z. B. die Reparatur einer elektrischen Zahnbürste aus Kostengründen ab und stellt dem Käufer ein Neugerät zur Verfügung. Führt der Käufer die Unmöglichkeit der Nacherfüllung herbei, bevor ein Rücktritts- oder Minderungsrecht (nach §§ 437 Nr. 2, 323 BGB) oder einen Anspruch auf Schadensersatz statt der Leistung (nach §§ 437 Nr. 3, 280 I, III, 281 BGB) entstanden ist, verliert er das Recht auf Rücktritt und Minderung, wenn er i. S. v. § 326 V i. V. m. § 323 VI BGB für die dadurch eingetretene Unmöglichkeit der Mängelbeseitigung „verantwortlich" ist.

(b) Rücktritt. Systematisch beginnt mit dem Rücktritt die „zweite" Stufe der Gewährleistungsansprüche. Rücktritt und Minderung sind Gestaltungsrechte. Die Qualifizierung als Gestaltungsrechte bedeutet, dass sie durch die einseitige gestaltende Erklärung des Bestellers umgesetzt werden. Diese Erklärung muss gegenüber dem Unternehmer erfolgen. Mit der Verlautbarung der Gestaltungserklärung übt dann der Besteller seine Wahl zwischen den ihm zustehenden Gewährleistungsrechten aus. Diese Wahl ist für ihn und den Unternehmer aufgrund der Bedingungsfeindlichkeit und der Unwiderruflichkeit des Gestaltungsrechts bindend. Weiterhin unterliegen Gestaltungsrechte nicht der Verjährung, vgl. § 218 BGB.
Tritt der Käufer vom Kaufvertrag zurück, entsteht ein Rückgewährschuldverhältnis zwischen den Vertragsparteien.[314] Die jeweils empfangenen Leistungen sind zurückzugeben. Erforderlich für den Rücktritt ist, dass der Käufer dem Verkäufer nach § 323 I BGB eine angemessene Frist zur Nacherfüllung gesetzt hat. Ist die Frist nicht angemessen, führt das nicht zur Unwirksamkeit der Fristsetzung, sondern zum in Gangsetzen einer angemessenen Frist. Die Angemessenheit der Frist richtet sich nach dem Kaufvertrag. Erst nach Verstreichen dieser Frist bzw. bei entbehrlicher Fristsetzung kann der Käufer vom Kaufvertrag gem. §§ 440, 323 Nr. 1 bis 3 BGB zurücktreten. Entbehrlich ist die Fristsetzung z. B., wenn der Schuldner die Leistung ernsthaft und endgültig verweigert, er einen vertraglich bestimmten Termin zur Leistungserfüllung nicht einhält oder besondere Umstände vorliegen, welche unter Abwägung der beiderseitigen Interessen den sofortigen Rücktritt rechtfertigen.
Weitere Gründe, die eine Fristsetzung zur Nacherfüllung entbehrlich machen, sind die Verweigerung des Verkäufers zur Nacherfüllung aufgrund unverhältnismäßiger Kosten,

---

313 Vgl. BGHZ 154, 119, 122.
314 Vgl. Brox/Walker, AS, § 18 Rn. 2.

bei fehlgeschlagener Nacherfüllung sowie bei Unzumutbarkeit der Nacherfüllung. In § 440 S. 2 regelt das BGB den Fehlschlag einer Nachbesserung: Diese gilt als fehlgeschlagen nach einem erfolglosen zweiten Versuch, wenn sich nicht insbesondere aus der Art der Sache oder des Mangels oder der sonstigen Umstände etwas anderes ergibt.

Ist die Pflichtverletzung des Verkäufers unerheblich, obwohl der Verkäufer die Leistung nicht vertragsgemäß bewirkt hat, kann der Gläubiger nach § 323 V 2 BGB vom Vertrag nicht zurücktreten. Hat der Verkäufer den Rücktritt erklärt, haben die Vertragsparteien nach § 346 I BGB die bereits empfangenen Leistungen zurückzugewähren und die gezogenen Nutzungen herauszugeben. Das Recht zum Rücktritt schließt den Anspruch des Käufers auf Schadensersatz nach § 325 BGB nicht aus.

298 (c) **Minderung.** § 437 Nr. 2 BGB gibt dem Käufer das Recht, den Kaufpreis zu mindern, anstatt zurückzutreten. Bei dem Minderungsrecht handelt es sich, ebenso wie beim Rücktrittsrecht, um ein sog. Gestaltungsrecht. Dies bedeutet, dass die Erklärung des Käufers, den Kaufpreis zu mindern, die Rechtslage unmittelbar neu gestaltet. Als Konsequenz der Minderung erlischt folglich der Kaufpreisanspruch des Verkäufers in Höhe des Minderungsbetrages. Hat der Käufer bereits den gesamten Kaufpreis an den Verkäufer gezahlt, ergibt sich aus § 441 IV i. V. m. § 346 I BGB ein Erstattungsanspruch des Käufers. Erforderlich für den wirksamen Minderungsanspruch des Käufers ist, dass wiederum alle Voraussetzungen des Rücktritts vorliegen müssen.[315] Vor allem hat der Käufer dem Verkäufer eine angemessene Frist zur Nacherfüllung zu setzen. Im Gegensatz zum Rücktritt ist allerdings die Minderung nach § 441 I 2 BGB auch bei unerheblichen Mängeln möglich, da der Ausschlussgrund des § 323 V 2 BGB keine Anwendung findet. Bei der Minderung ist der Kaufpreis in dem Verhältnis herabzusetzen, in welchem zur Zeit des Vertragsschlusses der Wert der Sache in mangelfreiem Zustand zu dem wirklichen Wert gestanden hat:

> **Geminderter Preis = (Wert der Sache mit Mangel x vereinbarter Kaufpreis) ./. Wert der Sache ohne Mangel**

Erklärt sich der Verkäufer mit der Minderung des Kaufpreises einverstanden, können sich die Parteien aber über die Höhe der Minderung nicht einigen, so ist die Höhe der Minderung nach § 441 III 2 BGB durch Schätzung zu ermitteln.

299 (d) **Schadensersatz.** Liegt ein Sach- oder Rechtsmangel vor, kann der Käufer auch Schadensersatz vom Verkäufer fordern. § 437 Nr. 3 BGB verweist auf die §§ 440, 280, 281, 283 und 311a BGB. Grundsätzlich muss der Verkäufer nach § 276 BGB die Nichterfüllung zu vertreten haben, d. h. er muss für den Mangel verantwortlich sein. Ohne Verschulden haftet der Verkäufer, wenn er seine Erfüllungspflicht mit einem Garantieversprechen versehen hatte. Für den Käufer besteht die Möglichkeit, Schadensersatz statt oder neben der Leistung geltend zu machen.

300 (aa) **Schadensersatz statt der Leistung.** Aus Käufersicht mag es situationsbedingt keinen Sinn mehr machen, auf die Erfüllung der Leistung zu bestehen. Er kann dann Schadensersatz anstatt der Leistung vom Verkäufer fordern. Dabei kann es sich um Schadensersatz statt der ganzen Leistung handeln, wenn der Mangel gravierend ist, §§ 281 I 3, 283, 311a II BGB. Dann kann der Käufer die Übereignung der mangelhaften Sache ablehnen bzw. die mangelhafte Sache zurückgeben; aus der Nichterfüllung hat er den Schadensersatzanspruch gegenüber dem Verkäufer für den ganzen Schaden (*großer Schadensersatz*). Der Käufer kann aber auch den sog. *kleinen Schadensersatz* geltend machen, wenn er trotz des Mangels mit dem Behalt der Sache einverstanden ist. Dann kann er als Schadensersatz nur die Wertdifferenz zwischen der mit einem Mangel übereigneten und einer mangelfreien Sache geltend machen. § 281 I BGB normiert für den

---

315 Vgl. Dauner-Lieb/Langen/Büdenbender, § 441 Rn. 1.

Käufer den kleinen Schadensersatzanspruch. Beim kleinen Schadensersatz muss der Verkäufer daher nur Wertausgleich leisten. Außerdem gehören zum Schadensersatzanspruch für den kleinen Schadensersatz die Freistellung von der Haftung aus einem Weiterverkauf und der entgangene Gewinn.[316]

(bb) Schadensersatz wegen Unmöglichkeit. Besteht der Sach- bzw. Rechtsmangel schon bei Vertragsschluss, kann der Käufer nach §§ 311a II, 275 BGB einen Anspruch auf Schadensersatz wegen Nichterfüllung des Vertrags, der sog. Unmöglichkeit der Nacherfüllung, geltend machen. **301**

(cc) Schadensersatz neben der Leistung. Der Verkäufer kann seine Erfüllungspflicht aus dem Kaufvertrag gegenüber dem Käufer ordnungsgemäß erbracht haben. Die Lieferung und Übereignung der ordnungsgemäßen Sache kann allerdings zu einem Mangelfolgeschaden geführt haben, aufgrund dessen der Käufer einen Schadensersatzanspruch geltend machen kann, so z. B. bei der Anlieferung einer Maschine, bei deren Transport und Einrichtung die Werkshalle des Käufers beschädigt wurde. Der Verkäufer muss bei einem Mangelfolgeschaden eine Nebenpflicht verletzt haben, die mit der Lieferung der ordnungsgemäßen Sache zusammenhängt. Des Weiteren muss der Verkäufer die Nebenpflichtverletzung zu vertreten haben. Ersatzfähig sind hierbei solche Schäden, die durch eine ordnungsgemäße Nacherfüllung nicht hätten verhindert werden können. Es werden außerdem solche Schäden erfasst, die zwar die Folge eines Mangels sind, aber zum Mangel selbst kein konkreter unmittelbarer Zusammenhang besteht. Weiterhin sind auch der merkantile Minderwert, der trotz ordnungsgemäßer Nachbesserung verbleibt, die Kosten für einen Privatgutachter zur Feststellung der Mängel sowie ggf. Personenschäden ersatzfähig. Der Schadensersatzausgleich bestimmt sich für materielle wie für immaterielle Schäden nach §§ 249 ff. BGB. **302**

(e) Aufwendungsersatz. Wenn für den Käufer ein Anspruch auf Schadensersatz statt der Leistung besteht, kann er stattdessen nach §§ 437 Nr. 3, 284 BGB auch den Ersatz vergeblicher Aufwendungen geltend machen. Hat z. B. der Käufer eines Hochregallagers bedeutende Aufwendungen zur Renovierung einer Werkshalle nach Absprache mit dem Unternehmen gemacht, welches die Einzelteile des Hochregallagers liefert, und ist eine Lieferung der vereinbarten Regalteile nicht mehr möglich, so kann der Käufer diese Aufwendungen gegenüber dem Unternehmen geltend machen. **303**

ee) Verjährung der Mängelansprüche. Nach § 438 I Nr. 3 BGB verjähren Sach- oder Rechtsmängel grundsätzlich nach zwei Jahren. Die fünfjährige Verjährungsfrist gilt nach § 438 I Nr. 2 BGB bei einem Bauwerk oder bei einer Sache, die entsprechend ihrer üblichen Verwendungsweise für ein Bauwerk genutzt worden ist und dessen Mangelhaftigkeit verursacht hat, so z. B. die Undichtigkeit der Fenster oder der Heizungsanlage. In 30 Jahren verjähren Mängelansprüche, wenn der Mangel in einem dinglichen Recht eines Dritten besteht, aufgrund dessen die Herausgabe der Kaufsache verlangt werden kann, oder in einem sonstigen Recht, dass im Grundbuch eingetragen ist. Selbst für das Rücktrittsrecht als typisches Gestaltungsrecht gilt nach §§ 438 IV 1, 218 BGB die Verjährung, obwohl gem. § 194 BGB nur Ansprüche verjähren. Die Verjährung der Mängelansprüche beginnt nach § 438 II BGB bei Grundstücken mit der Übergabe, ansonsten mit der Ablieferung der Sache. **304**

ff) Haftungsausschluss. § 444 BGB sieht die Möglichkeit vor, die Sach- und Rechtmängelhaftung zu beschränken oder auszuschließen. Eine solche Vereinbarung ist allerdings ungültig, wenn der Verkäufer den Mangel arglistig verschwiegen oder eine Garantie für die Beschaffenheit der Sache übernommen hat. Handelt es sich um einen Verbrauchsgü- **305**

---

316 Vgl. MüKo-BGB/Ernst, § 281 Rn. 142.

terkauf nach §§ 474 ff. BGB, können Unternehmer und Verbraucher nicht im Voraus die Rechte des Käufers bei Sach- und Rechtsmangel einschränken. Nach Erhebung der Mängelrüge können sich Verkäufer und Käufer allerdings über eine vom Gesetz abweichende Regelung einigen.[317] Nach § 475 III BGB i. V. m. § 444 BGB können Unternehmer und Verbraucher den Anspruch auf Schadensersatz ausschließen oder beschränken. Ein Haftungsausschluss gegenüber dem Käufer kann sich auch aus Gesetz ergeben, so z. B. aus § 442 BGB. Danach sind die Rechte des Käufers wegen eines Mangels ausgeschlossen, wenn er bei Vertragsschluss den Mangel kennt. Ist dem Käufer ein Mangel in Folge grober Fahrlässigkeit unbekannt geblieben, kann der Käufer Rechte wegen dieses Mangels nur geltend machen, wenn der Verkäufer den Mangel arglistig verschwiegen oder eine Garantie für die Beschaffenheit der Sache übernommen hat.

306 gg) **Ansprüche aus Garantie.** Zur Steigerung des Verkaufserfolgs, aber auch zur Unterstreichung der Hochwertigkeit der Sache, werden Güter häufig mit einer Garantie versehen, die streng von der gesetzlichen Gewährleistung aus Mängelhaftung zu unterscheiden ist. Zu unterscheiden sind die selbstständige und die unselbstständige Garantie.

307 (1) **Selbständige Garantie.** Bei der selbstständigen Garantie handelt es sich um eine eigenständige vertragliche Vereinbarung zwischen Verkäufer und Käufer i. S. v. § 311 I BGB. Die selbstständige Garantie umfasst nicht nur die Eigenschaft der Sache selbst, sondern auch einen über die Mangelfreiheit hinausgehenden Erfolg.[318] Beispiel kann die Garantie eines Haarwasserherstellers sein, dass bei Anwendung des Produkts ausgefallene Haare nachwachsen. Aufgrund eines selbstständigen Garantievertrags übernimmt der Verkäufer einer Sache *verschuldensunabhängig* die Einstandspflicht für zukünftige Schäden bzw. für das Ausbleiben eines versprochenen Erfolgs.[319] Ein solches Garantieversprechen wird i. d. R. für einen bestimmten Zeitraum abgegeben.

308 (2) **Unselbstständige Garantie.** Die unselbstständige Garantie, welche im Rahmen des Kaufvertrags mit vereinbart wird, umfasst nur die Mangelfreiheit der Sache. Bei der unselbstständigen Garantie will der Käufer im Rahmen seiner Zusage für die Mangelfreiheit der Kaufsache zumindest punktuell über die gesetzlichen Mängelrechte des Käufers hinaus einstehen.[320] Eine solche Garantievereinbarung kommt etwa zustande, wenn der Hersteller einer Ware einen Garantieschein beilegt und der Käufer diese Vereinbarung durch den Kauf der Ware stillschweigend billigt.[321] Das Gesetz unterscheidet in § 443 BGB zwischen der Beschaffenheits- und der Haltbarkeitsgarantie. Übernimmt nach § 443 I BGB der Verkäufer oder ein Dritter eine Garantie für die Beschaffenheit der Sache oder dafür, dass die Sache für eine bestimmte Dauer eine bestimmte Beschaffenheit behält, so stehen dem Käufer im Garantiefall unbeschadet der gesetzlichen Ansprüche die Rechte aus der Garantie zuzüglich der in der Garantieerklärung und der einschlägigen Werbung angegebenen Bedingungen gegenüber demjenigen zu, der die Garantie eingeräumt hat. Eine Beschaffenheitsgarantie liegt demzufolge vor, wenn der Verkäufer zu erkennen gibt, dass er für alle Folgen des Fehlens einer solchen Beschaffenheit einstehen wird. Dasselbe gilt für das Abweichen der Ist- von der Sollbeschaffenheit, so z. B. bei der Angabe über den Benzinverbrauch von Kraftfahrzeugen oder den Stromverbrauch von Maschinen. Die Voraussetzungen für den Eintritt des Garantiefalls ergeben sich aus der Garantieerklärung.
Bei der Haltbarkeitsgarantie verpflichtet sich der Verkäufer, bei ordnungsgemäßem Gebrauch für die einwandfreie Beschaffenheit der Sache während des Garantiezeitraums

---

317 Bähr, § 9 V 3d.
318 BGH NJW 1981, 1600, 1601.
319 Vgl. MüKo-BGB/Westermann, § 437 Rn. 37.
320 Vgl. BGH NJW 2007, 1346, 1348.
321 Vgl. BGHZ 104, 82, 85 f.; Brox/Walker, BS, § 4 Rn. 117.

einzustehen.³²² Besonders zu beachten ist § 443 II BGB: Soweit der Verkäufer eine Haltbarkeitsgarantie übernommen hat, wird vermutet, dass ein während ihrer Geltungsdauer auftretender Sachmangel die Rechte aus der Garantie begründet. Hat normalerweise der Käufer nach Übergabe der Sache zu beweisen, dass ein Sachmangel besteht, liegt in § 443 II BGB eine Beweislastumkehr vor. Der Verkäufer hat während des Zeitraums der Haltbarkeitsgarantie zu beweisen, dass der Mangel nicht von der Sache herrührt, sondern z. B. aufgrund einer Falschbedienung der Maschine durch den Käufer bzw. durch eine Nebenpflichtverletzung des Käufers. Diese Art der Beweislastumkehr findet sich auch in § 476 BGB für den Verbrauchsgüterkauf zu Lasten des Verkäufers, eingeschränkt für einen Zeitraum von sechs Monaten nach Übergabe der Sache.

(3) Herstellergarantie. Oft gibt der Hersteller eines Produkts eine Garantie für die Mangelfreiheit der Sache. Meistens angekündigt in der Werbung, wird sie zwischen Verkäufer des Produkts und Käufer im Rahmen des Kaufvertrags i. d. R. mit vereinbart. Der Hersteller haftet im Zeitraum der Garantie für die Mangelfreiheit der Sache; daneben haftet der Verkäufer aus dem Kaufvertrag. Bei Eintritt eines Mangels hat der Käufer daher die Wahl, seine Ansprüche gegenüber dem Hersteller bzw. dem Verkäufer geltend zu machen. **309**

hh) Verbrauchsgüterkauf. Das BGB enthält eine Reihe von Verbraucherschutzbestimmungen, die sich insbesondere auch auf Kaufverträge (Verbrauchsgüterkauf, §§ 474 ff. BGB), die Modalitäten des Zustandekommens (außerhalb von Geschäftsräumen geschlossene Verträge, § 312b BGB, Fernabsatzverträge, § 312c BGB, Verträge über digitale Inhalte, §§ 327 ff. BGB) oder spezielle vertragliche Vereinbarungen (Zahlungsaufschub, Finanzierungshilfen, Teilzahlung und Teillieferung, §§ 506 ff. BGB) beziehen. Bei einem sog. Verbrauchsgüterkauf greifen, vorrangig vor den §§ 433 ff. BGB, die Verbraucherschutzvorschriften der §§ 474 ff. BGB ein. Das Verbrauchsgüterkaufrecht baut auf dem allgemeinen Kaufrecht auf. Es enthält aber Sonderregelungen für **310**
– Nutzungsersatz (§ 475 III 1 BGB),
– Gefahrtragung (§ 474 III 2 BGB),
– Gewährleistungsausschluss (§ 476 BGB),
– Nachweis des Sachmangels (§ 477 BGB),
– Garantien (§ 479 BGB),
– Händlerregress (§ 478 BGB).
Gemäß § 474 I BGB sind Verbrauchsgüterkäufe Verträge, durch die ein Verbraucher von einem Unternehmer eine bewegliche Sache kauft. Folgende Voraussetzungen müssen also vorliegen:
– Kaufvertrag, § 433 BGB
– Verkäufer ist Unternehmer, § 14 BGB
– Käufer ist Verbraucher, § 13 BGB
– Kaufgegenstand ist eine bewegliche Sache, § 90 BGB (neu oder gebraucht).
§§ 474 ff. BGB finden keine Anwendung bei Kaufverträgen zwischen Verbrauchern, zwischen Unternehmern, beim Verkauf einer Sache von einem Verbraucher an einen Unternehmer bzw. beim Grundstückskauf.
§§ 445, 447 BGB finden auf den Verbrauchsgüterverkauf keine Anwendung. Das hat zur Folge, dass der bei der Schickschuld nach § 447 BGB normierte Gefahrübergang auf den Käufer für den Verbrauchsgüterkauf nicht gilt. So trägt z. B. ein Internetbuchversand bzw. ein Versandhandelsunternehmer die Leistungsgefahr bis zur Übergabe an den Verbraucher; die Preisgefahr geht somit erst bei Übergabe der Sache auf den Verbraucher über.
Weitere Einschränkungen des Kaufrechts lässt beim Verbrauchsgüterkauf § 476 BGB zu. Nach § 476 I BGB kann der Unternehmer die Beschränkung der Rechte aus §§ 433 bis 435, 437, 439 bis 443 BGB nicht vornehmen. Außerdem darf er nach § 476 II BGB

---

322 BGH NJW 1996, 2504, 2505.

die Verjährungsfristen für die in § 437 BGB bezeichneten Ansprüche nicht verkürzen. Dahingehend formulierte und einbezogene AGB sind nach § 476 I 2 BGB unwirksam. Eine Ausnahme gilt gem. § 476 III BGB für den Ausschluss oder die Beschränkung des Anspruchs auf Schadensersatz, weil dieser Anspruch von der Verbrauchsgüterverkauf-Richtlinie (RL 44/1999/EG) nicht erfasst wird.[323]

§ 477 BGB legt fest, dass für einen Sachmangel, welcher innerhalb von einem Jahr nach Verkauf bei einem Verbrauchsgüterkauf vorkommt, der Verkäufer die Verantwortung trägt. Der Verkäufer hat demzufolge die Vermutung, er sei für den Sachmangel verantwortlich, zu widerlegen.[324] Auf diese Beweislast zugunsten des Verkäufers kann sich der Käufer allerdings nach § 477 2. Hs. BGB nicht berufen, wenn die Vermutung mit der Art der Sache oder des Mangels unvereinbar ist, etwa beim Kauf gebrauchter Gegenstände.

§ 479 BGB stärkt den Verbraucherschutz auch hinsichtlich abgegebener Garantieversprechen. Neben der Tatsache, dass Garantieerklärungen einfach und verständlich abgefasst sein müssen, müssen sie für den Verbraucher enthalten: Den Hinweis einerseits auf die gesetzlichen Rechte des Verbrauchers sowie andererseits darauf, dass diese Rechte durch die Garantie nicht eingeschränkt werden. Des Weiteren sind Informationen erforderlich über den Inhalt der Garantie und alle wesentlichen Angaben, die für die Geltendmachung der Garantie erforderlich sind, insbesondere die Dauer und den räumlichen Geltungsbereich des Garantieschutzes sowie Namen und Anschrift des Garantiegebers. Erfüllt die Garantieerklärung die umfangreichen Voraussetzungen aus § 479 I–III BGB nicht, beeinträchtigt dies gemäß § 479 IV BGB nicht grundsätzlich ihre Wirksamkeit.

311 ii) Rückgriff des Verkäufers/Unternehmers. Macht ein Käufer Gewährleistungsansprüche gegen den Verkäufer geltend, ist es in der Regel interessengerecht, wenn der Verkäufer seinerseits Rückgriff bei seinem Lieferanten, oder dem Hersteller der Sache suchen kann.

Unternehmer ◄—— § 433 BGB ——► Unternehmer ◄—— § 433 BGB ——► Verbraucher

Der frühere Unternehmerregress der §§ 478, 479 BGB wurde im Jahre 2018 überwiegend in das allgemeine Kaufrecht in §§ 445a, 445b BGB übertragen und damit zu einem allgemeinen Verkäuferregress umgewandelt. Die Möglichkeit des Rückgriffs für den Verkäufer auf seinen Lieferanten bzw. den Hersteller der mangelhaften Sache ist damit nicht mehr auf die Fälle des Verbrauchsgüterkaufs beschränkt. Gemäß § 445a BGB kann der Verkäufer beim Verkauf einer neu hergestellten Sache an einen Unternehmer bei seinem Lieferanten Ersatz der Aufwendungen verlangen, die er im Verhältnis zum Käufer nach § 439 II, III, VI sowie § 475 IV, V BGB zu tragen hatte, wenn der vom Käufer geltend gemachte Mangel bereits beim Übergang der Gefahr auf den Verkäufer vorhanden war oder in einer Verletzung der Aktualisierungspflicht gemäß § 475b IV 4 BGB besteht. Dies gilt für die gesamte Lieferkette, solange der jeweilige Schuldner Unternehmer ist.

§ 439 III BGB führt dazu, dass Verkäufer von Sachen, die ihrer Art nach zum Einbau bestimmt sind, sich teilweise recht hohen Aufwendungsersatzansprüchen (Kosten für den Aus- und Einbau) ausgesetzt sehen können, obwohl sie eigentlich für den Mangel gar nicht verantwortlich sind. Dies liegt insbesondere daran, dass die Regelung aus § 439 III BGB kein Verschulden voraussetzt. Da der Aufwendungsersatzanspruch des § 439 III BGB im Allgemeinen Teil des Kaufrechts geregelt ist, wurde auch der allgemeine Verkäuferregress in den Vorschriften zum allgemeinen Kaufrecht, nämlich §§ 445a, 445b BGB, gezogen.

---

323 Looschelders, SchR BT, § 14 Rn. 14; Steckler/Tekidou-Külke, C. Rn. 103.
324 Vgl. BGH NJW 2005, 3490, 3491 f.; 2007, 2621, 2622 m. Anm. Lorenz.

Allerdings enthält das Verbrauchsgüterkaufrecht weiterhin mit § 478 BGB eine Sonderregelung. Dies betrifft in § 478 II BGB die Möglichkeit, den Rückgriffsanspruch auszuschließen. Eine von den kaufrechtlichen Gewährleistungs- und Rückgriffsansprüchen zum Nachteil des rückgriffsberechtigten Unternehmers abweichende Individualvereinbarung mit dem Lieferanten wird hierbei gemäß § 478 II BGB zwar nicht generell ausgeschlossen. Wurde eine solche Haftungsbeschränkung allerdings vor Mitteilung des Mangels an den Lieferanten getroffen, kann sich der Lieferant hierauf nicht berufen, wenn dem Rückgriffsgläubiger kein gleichwertiger Ausgleich (z. B. ein besonders günstiger Preis) eingeräumt wurde. Da es sich um eine Sondervorschrift zum Verbrauchsgüterkaufrecht handelt, gilt diese Vorschrift jedoch nicht im reinen unternehmerischen Geschäftsverkehr.

b) Besondere Arten des Kaufs. Das BGB stellt in den §§ 454 ff. BGB Regelungen für besondere Arten des Kaufs auf: **312**
- Kauf auf Probe;
- Wiederkauf;
- Vorkauf;
- Schiffskauf;
- Kauf unter Eigentumsvorbehalt.

aa) Kauf auf Probe. Nach § 454 I BGB steht bei einem Kauf auf Probe oder auf Besichtigung die Billigung des gekauften Gegenstandes im Belieben des Käufers. Der Verkäufer ist bei dieser Art des Kaufvertrags verpflichtet, dem Käufer die Untersuchung des Gegenstandes zu gestatten. Der Käufer hat somit ein Prüfungsrecht, welches er in einem angemessenen Zeitraum ausüben muss.[325] Denn die Billigung eines auf Probe oder auf Besichtigung gekauften Gegenstandes kann nach § 455 BGB nur innerhalb der vereinbarten Frist und in Ermangelung einer solchen bis zum Ablauf einer dem Käufer von dem Verkäufer bestimmten angemessenen Frist erklärt werden.[326] Schweigt der Käufer bis zum Ablauf der Probe- oder der Besichtigungsfrist und ist er unmittelbarer Besitzer der Sache, gilt sein Schweigen als Billigung.[327] **313**

bb) Wiederkauf. In §§ 456 ff. BGB ist der Wiederkauf geregelt. Eine solche Vereinbarung kann bereits im Kaufvertrag enthalten sein oder später zwischen den Parteien getroffen werden.[328] Hat sich der Verkäufer im Kaufvertrag das Recht auf einen Wiederkauf der Sache vorbehalten, so kommt der Wiederkauf mit der Erklärung des Verkäufers gegenüber dem Käufer zustande, dass er das Wiederkaufsrecht ausübt. Zu beachten ist die Ausschlussfrist nach § 462 BGB: Das Wiederkaufsrecht kann bei Grundstücken nur bis zum Ablauf von 30 Jahren, bei anderen Gegenständen nur bis zum Ablauf von drei Jahren nach der Vereinbarung des Wiederkaufs ausgeübt werden. Die Vertragsparteien können allerdings individuell eigene Ausschlussfristen vereinbaren. **314**

cc) Vorkauf. Haben zwei Vertragsparteien ein Vorkaufsrecht nach § 463 BGB vereinbart, kann der Vorkaufsberechtigte das Vorkaufsrecht ausüben, sobald der Verpflichtete mit einem Dritten einen Kaufvertrag über den Gegenstand geschlossen hat. Dieses schuldrechtliche Vorkaufsrecht ist vergleichbar mit dem dinglichen Vorkaufsrecht nach § 1094 BGB, wonach der Vorkaufsberechtigte bei einem Grundstück, welches an einen Dritten verkauft werden soll, dem Eigentümer gegenüber zum Vorkauf berechtigt ist. Das dingliche Vorkaufsrecht muss im Grundbuch eingetragen sein. **315**

---

325 Vgl. MüKo-BGB/Westermann, § 455 Rn. 2.
326 Zum Widerrufsfristbeginn BGH NJW-RR 2004, 1058, 1059; NJW 2005, 971.
327 RGZ 137, 297, 300; vgl. Weber/Schmidt, Kauf auf Probe.
328 Brox/Walker, BS, § 7 Rn. 45 ff.

316 **dd) Schiffskauf.** Schiffe, gleich welcher Größe, sind bewegliche Sachen. Sie sind Transportfahrzeuge für Personen oder Güter auf See, vergleichbar mit Flugzeugen bzw. Lastkraftwagen, welche ebenfalls zur Personen- oder Güterbeförderung einsetzbar sind. Dennoch ergibt sich beim Schiffskauf von Schiffen bzw. Schiffsbauwerken eine bedeutende Abweichung, wenn es sich um eingetragene Schiffe oder Schiffsbauwerke handelt. Nach § 452 BGB finden bei derartigen Schiffen bzw. Schiffsbauwerken die Vorschriften über den Kauf von Grundstücken entsprechende Anwendung. Bei eingetragenen Schiffen bzw. Schiffsbauwerken, z. B. Docks, ist die Eintragung in das Schiffsregister neben der Übergabe Voraussetzung für ein wirksames Verfügungsgeschäft.

317 **ee) Kauf unter Eigentumsvorbehalt.** Verkäufer und Käufer können im Rahmen des Kaufvertrags vereinbaren, dass das Eigentum erst bei vollständiger Zahlung des Kaufpreises auf den Käufer übergeht, vgl. § 449 I BGB. Ein Eigentumsvorbehalt wird im Rechtsverkehr häufig vereinbart; er dient als übliches Sicherungsmittel zur ordnungsmäßigen Bezahlung des Kaufpreises.

318 **ff) Internationaler Kauf.** Die für den internationalen Kauf maßgebliche Rechtsquelle ist das Übereinkommen der Vereinten Nationen über den internationalen Warenkauf vom 11.4.1980, auch UN-Kaufrecht genannt.[329] Ziel des Übereinkommens war, das Kaufrecht für den grenzüberschreitenden Warenverkehr weltweit zu vereinheitlichen und den besonderen Interessen von Importeur und Exporteur bei internationalen Warenkäufen Rechnung zu tragen.[330] Mittlerweile gibt es 94 Staaten, die dem Übereinkommen beigetreten sind, darunter die Bundesrepublik Deutschland. Etwa 75 Prozent des Welthandels werden durch das UN-Kaufrecht (CISG) erfasst.

Die Vorschrift des Art. 1 CISG bestimmt, dass dieses Übereinkommen auf Kaufverträge über Waren zwischen Parteien anzuwenden ist, die ihre Niederlassung in verschiedenen Staaten haben, wenn a) diese Staaten Vertragsstaaten sind oder wenn b) die Regeln des Internationalen Privatrechts zur Anwendung des Rechts eines Vertragsstaates führen. Ob UN-Kaufrecht gilt, kann – wenn eine Vertragspartei ihre Niederlassung nicht in einem Vertragsstaat hat – vom Internationalen Privatrecht des Landes abhängen, in dem das Gericht den Rechtsstreit entscheidet.[331] Haben die Parteien kein Recht gewählt, greift die deutsche Gerichtsbarkeit auf Art. 4 I lit. a) Rom-I-VO zurück, nach dem das Recht des Verkäufers anzuwenden ist.

318a **c) Verträge über digitale Produkte.** Mit dem Gesetz zur Umsetzung der Richtlinie über bestimmte vertragsrechtliche Aspekte der Bereitstellung digitaler Inhalte und digitaler Dienstleistungen, welches zum 1.1.2022 in Kraft getreten ist, findet sich ein neuer Vertragstypus im BGB, der Vertrag über digitale Produkte. Geregelt ist der Vertrag über digitale Produkte in den §§ 327–327u BGB. §§ 327–327s BGB regeln den Verbrauchervertrag über digitale Produkte. §§ 327t–327u BGB beinhalten Regelungen für den Unternehmervertrag über digitale Produkte.

318b **aa) Verbrauchervertrag über digitale Produkte.** Bei einem Verbrauchervertrag über digitale Produkte handelt es sich um einen Vertrag über die Bereitstellung digitaler Inhalte oder digitaler Dienstleistungen durch den Unternehmer gegen Zahlung eines Preises. Preis in diesem Sinne ist dabei auch eine digitale Darstellung eines Werts. Der Begriff der digitalen Inhalte und der digitalen Dienstleistungen wird dabei von § 327 II BGB definiert. Hiernach handelt es sich bei digitalen Inhalten um Daten, die in digitaler Form erstellt und bereitgestellt werden. Digitale Dienstleistungen sind Dienstleistungen, die dem Verbraucher die Erstellung, die Verarbeitung oder die Speicherung von

---

329 Dazu ausführlich Conrads/Schade, 3.2.2.ff.
330 Vgl. Schlechtriem/Schwenzer/Schroeter, Einl. III 1.
331 Conrads/Schade, 3.2.2.1.

Daten in digitaler Form oder den Zugang zu solchen Daten ermöglichen, oder die gemeinsame Nutzung der vom Verbraucher oder von anderen Nutzern der entsprechenden Dienstleistung in digitaler Form hochgeladenen oder erstellten Daten oder sonstige Interaktionen mit diesen Daten ermöglichen.[332]
§ 327 VI BGB enthält Bereichsausnahmen für bestimmte Vertragstypen, z. B. gemäß § 327 VI Nr. 1 BGB für Verträge über andere Dienstleistungen als digitale Dienstleistungen, unabhängig davon, ob der Unternehmer digitale Formen oder Mittel einsetzt, um das Ergebnis der Dienstleistung zu generieren oder es dem Verbraucher zu liefern oder zu übermitteln. § 327a I BGB enthält eine Erweiterung der Anwendung der §§ 327 ff. BGB auf sog. Paketverträge. Nach der Legaldefinition des § 327a I 1 BGB handelt es sich hierbei um Verbraucherverträge, die in einem Vertrag zwischen denselben Vertragsparteien neben der Bereitstellung digitaler Produkte die Bereitstellung anderer Sachen oder die Bereitstellung anderer Dienstleistungen zum Gegenstand haben. Gemäß § 327a II BGB gilt dies auch für Verbraucherverträge über Sachen, die digitale Produkte enthalten oder mit ihnen verbunden sind.
Die Bereitstellung eines digitalen Produktes kann der Verbraucher gemäß § 327b II BGB unverzüglich nach Vertragsschluss bewirken. Auch die Erfüllbarkeit von Seiten des Unternehmers ist sofort gegeben.[333] Es ergeben sich also für digitale Produkte grundsätzlich keine Abweichungen gegenüber § 271 BGB. Gemäß § 327b III BGB ist ein digitaler Inhalt bereitgestellt, sobald der digitale Inhalt oder die geeigneten Mittel für den Zugang zu diesem oder das Herunterladen des digitalen Inhalts dem Verbraucher unmittelbar oder mittels einer von ihm hierzu bestimmten Einrichtung zur Verfügung gestellt oder zugänglich gemacht worden ist. Eine digitale Dienstleistung ist gemäß § 327b IV BGB bereitgestellt, sobald die digitale Dienstleistung dem Verbraucher unmittelbar oder mittels einer von ihm hierzu bestimmten Einrichtung zugänglich gemacht worden ist. § 327c BGB listet die Rechte des Verbrauchers auf, wenn der Unternehmer seiner fälligen Bereitstellung des digitalen Produktes nicht nachkommt. Der Verbraucher ist zunächst verpflichtet, den Unternehmer zur Leistung aufzufordern, kann sodann aber bei Nichtleistung gemäß § 327c I BGB den Vertrag beenden. § 327c II BGB sieht einen Verweis in den Bereich des Allgemeinen Teils des Schuldrechts vor und gibt dem Verbraucher die Schadensersatzansprüche des §§ 280, 281 Abs. 1 S. 1 BGB bzw. den Aufwendungsersatzanspruch des § 284 BGB. An die Stelle der Nachfristsetzung des § 281 I 1 BGB tritt dabei die Aufforderung zur Leistung aus § 327c I BGB. Mögliche Gründe für eine Entbehrlichkeit der Aufforderung sind in § 327c III BGB aufgelistet, beispielsweise, wenn der Unternehmer die Bereitstellung verweigert, § 327c III Nr. 1 BGB. § 326c VI, VII BGB treffen Regelungen, wie mit weiteren Vertragsbestandteilen bzw. Paketverträgen im Rahmen einer Beendigung umzugehen ist.

(1) **Mangelbegriff.** Die §§ 327d–p BGB enthalten für den Vertrag über digitale Produkte die Rechte der Vertragsparteien bei einer Mangelhaftigkeit des digitalen Produktes. § 327d BGB legt hierbei fest, dass das digitale Produkt frei von Sach- und Rechtsmängeln sein muss. Abweichungen von den objektiven Anforderungen sind nur nach Maßgabe des § 327h BGB möglich.

(a) **Produktmangel.** Das digitale Produkt ist gemäß § 327e I 1 BGB frei von Produktmängeln, wenn es zur maßgeblichen Zeit nach den Vorschriften dieses Untertitels den subjektiven Anforderungen, den objektiven Anforderungen und den Anforderungen an die Integration entspricht. § 327e II, III BGB beschreiben sodann detailliert, wann das digitale Produkt den subjektiven bzw. wann den objektiven Anforderungen entspricht. Darüber hinaus wird auch die Anforderung an die Integration einbezogen. Integration

---

332   Siehe hierzu: MüKo-BGB/Metzger, § 327 Rn. 8.
333   Siehe hierzu: MüKo-BGB/Metzger, § 327b Rn. 4.

ist gemäß § 327e IV 2 BGB die Verbindung und die Einbindung eines digitalen Produkts mit den oder in die Komponenten der digitalen Umgebung des Verbrauchers, damit das digitale Produkt gemäß den Anforderungen nach den Vorschriften dieses Untertitels genutzt werden kann. Maßgeblicher Zeitpunkt für die Feststellung eines Produktmangels ist gemäß § 327e I 2, 3 BGB die Bereitstellung i. S. d. § 327b BGB.

(b) Aktualisierungen. Eine wesentliche Neuerung speziell für digitale Produkte findet sich in der Pflicht zur Aktualisierung des § 327f BGB. Aktualisierungen sind wesentlich, um die Funktionsfähigkeit aber auch die Sicherheit von digitalen Produkten zu erhalten.[334] Dementsprechend hat der Unternehmer gemäß § 327f I 1 BGB sicherzustellen, dass dem Verbraucher während des maßgeblichen Zeitraums Aktualisierungen, die für den Erhalt der Vertragsmäßigkeit des digitalen Produkts erforderlich sind einschließlich der Sicherheitsaktualisierungen, bereitgestellt werden und der Verbraucher über diese Aktualisierungen informiert wird. § 327f II BGB sieht einen Haftungsausschluss zugunsten des Unternehmers vor, wenn der Verbraucher die bereitgestellte Aktualisierung nicht innerhalb einer angemessenen Frist installiert.

(c) Rechtsmangel. Ein Rechtsmangel an einem digitalen Produkt ist gemäß § 327g BGB dann gegeben, wenn der Verbraucher es gemäß den subjektiven oder objektiven Anforderungen des § 327e II, III BGB nicht nutzen kann, ohne Rechte Dritter zu verletzen. Als mögliche Beeinträchtigungen kommen hier insbesondere Immaterialgüterrechte Dritter in Betracht.

(2) Mängelrechte. Wie auch bei dem Gewährleistungssystem des Kaufrechts listet § 327i BGB verschiedene Gewährleistungsrechte des Verbrauchers bei Mängeln auf. Hiernach kann der Verbraucher bei Vorliegen eines Mangels:
– nach § 327l BGB Nacherfüllung verlangen,
– nach § 327m Abs. 1, 2, 4, 5 BGB den Vertrag beenden oder nach § 327n BGB den Preis mindern und
– nach § 327m Abs. 3 BGB Schadensersatz oder Ersatz vergeblicher Aufwendungen verlangen.

Die §§ 327 ff. BGB beinhalten also ein eigenes Gewährleistungssystem, welches aber grundsätzliche Ähnlichkeiten mit anderen Gewährleistungsrechten des BGB hat. Einzig eine Vertragsbeendigung kennt z. B. das Kaufrecht nicht, da hier ein Rücktrittsrecht besteht.

(a) Nacherfüllung. § 327l BGB sieht den Nacherfüllungsanspruch des Verbrauchers vor. Der Unternehmer hat innerhalb einer angemessenen Frist ab Kenntniserlangung des Mangels den vertragsgemäßen Zustand wiederherzustellen. Die hierfür erforderlichen Aufwendungen hat er ebenfalls zu tragen. Im Unterschied zu z. B. § 439 I BGB, der als Alternativen die Beseitigung des Mangels oder die Lieferung einer mangelfreien Sache vorsieht, spricht § 327l I 1 BGB nur von der Wiederherstellung des vertragsgemäßen Zustandes. § 327l II BGB sieht einen Ausschluss der Nacherfüllungspflicht vor, wenn die Nacherfüllung nach § 275 I BGB unmöglich oder für den Unternehmer nur mit unverhältnismäßigen Kosten möglich ist. Dabei sind insbesondere der Wert des digitalen Produkts in mangelfreiem Zustand sowie die Bedeutung des Mangels zu berücksichtigen.

(b) Vertragsbeendigung. § 327m I, II, IV, V BGB sehen das Recht des Verbrauchers zur Beendigung des Vertrages vor. So ist beispielsweise gemäß § 327m I Nr. 1 BGB eine Beendigung möglich, wenn der Nacherfüllungsanspruch gemäß § 327l II BGB ausgeschlossen ist. Wenn es sich allerdings um einen unerheblichen Mangel handelt, so ist

---

334 MüKo-BGB/Metzger, § 327f Rn. 1; Heydn, CR 2021, 709.

eine Beendigung gemäß § 327m II BGB ausgeschlossen. § 327m IV, V BGB enthalten weiterhin noch Regelungen für Paketverträge und Verträge mit mehreren Bestandteilen.

(c) **Minderung.** Eine Minderung ist, auch bei unerheblichen Mängeln, gemäß § 327n BGB möglich. Bei der Minderung ist der Preis gemäß § 327n II 2 BGB in dem Verhältnis herabzusetzen, in welchem zum Zeitpunkt der Bereitstellung der Wert des digitalen Produkts in mangelfreiem Zustand zu dem wirklichen Wert gestanden haben würde. Dies ist im Zweifel gemäß § 327n III BGB durch Schätzung zu ermitteln. Weiterhin enthält § 327n IV BGB konkrete Vorgaben zu der Rückzahlung eines eventuell schon durch den Verbraucher gezahlten Mehrbetrages. Dieser ist unverzüglich, spätestens aber innerhalb von 14 Tagen zu erstatten.

(d) **Schadens-/Aufwendungsersatz.** Der Schadens- bzw. Aufwendungsersatzanspruch des Verbrauchers ist in § 327m III BGB geregelt. Er kommt dann zum Tragen, wenn der Verbraucher auch gemäß § 327m I BGB zur Beendigung des Vertrages berechtigt ist. Der Verbraucher kann dann nach den §§ 280 I, 283 S. 1 und § 311a II 1 BGB Schadensersatz statt der Leistung oder nach § 284 BGB Ersatz vergeblicher Aufwendungen verlangen, wenn die Voraussetzungen dieser Vorschriften vorliegen. Es handelt sich hier also um einen sog. Rechtsgrundverweis, was bedeutet, dass die entsprechenden Normen vollständig geprüft werden müssen.

(3) **Verjährung.** Der Nacherfüllungsanspruch sowie die Schadens- und Aufwendungsersatzansprüche verjähren gemäß § 327j I BGB in zwei Jahren, und zwar grundsätzlich ab dem Zeitpunkt der Bereitstellung und im Fall einer dauerhaften Bereitstellung mit dem Ende des Bereitstellungszeitraums.

(4) **Beweislastumkehr.** Wie auch § 477 BGB für den Verbrauchsgüterkauf, sieht § 327k BGB eine Beweislastumkehr vor. Zeigt sich bei einem digitalen Produkt innerhalb eines Jahres seit seiner Bereitstellung ein Sach- oder Rechtsmangel so wird gemäß § 327k I BGB vermutet, dass das digitale Produkt bereits bei Bereitstellung mangelhaft war. Bei einem dauerhaft bereitgestellten digitalen Produkt wird bei Auftreten eines Sach- oder Rechtsmangels gemäß § 327k II BGB davon ausgegangen, dass das digitale Produkt während der bisherigen Dauer der Bereitstellung mangelhaft war. § 327k III BGB enthält Einschränkungen dieser Beweislastumkehr, z. B. wenn die digitale Umgebung des Verbrauchers mit den technischen Anforderungen des digitalen Produkts zur maßgeblichen Zeit nicht kompatibel war (Nr. 1). Diese Ausschlussgründe gelten aber gemäß § 327k IV BGB nur, wenn der Unternehmer seinen dort benannten Informationspflichten nachgekommen ist.

bb) **Verträge zwischen Unternehmern über digitale Produkte.** Die §§ 327t und 327u BGB enthalten Vorschriften für den Handel zwischen Unternehmern mit digitalen Produkten. Hierbei handelt es sich bei § 327u BGB um eine Rückgriffsmöglichkeit in einer Lieferantenkette,[335] wie diese auch bei § 445a BGB besteht. Gemäß § 327u I 1 BGB kann der Unternehmer von dem Unternehmer, der sich ihm gegenüber zur Bereitstellung eines digitalen Produkts verpflichtet hat (Vertriebspartner), Ersatz der Aufwendungen verlangen, die er im Verhältnis zu einem Verbraucher wegen einer durch den Vertriebspartner verursachten unterbliebenen Bereitstellung des vom Vertriebspartner bereitzustellenden digitalen Produkts zur Erfüllung des Anspruchs des Verbrauchers nach § 327c I 1 BGB zu tragen hatte. Dasselbe gilt gemäß § 327u I 2 BGB für mögliche Aufwendungen im Rahmen der Nacherfüllung. Aufgrund dieser Sonderregelung legt § 445c BGB auch fest, dass bei einem Vertrag über digitale Produkte die §§ 327t und 327u BGB leges specialis sind.

d) **Tausch.** Schließen Verkäufer und Käufer einen Vertrag über eine Sache und soll der Käufer seine Pflicht zur Kaufpreiszahlung durch die Übergabe einer anderen Sache

---

335 Siehe hierzu: MüKo-BGB/Metzger, § 327t Rn. 1.

vornehmen, liegt nach § 480 BGB ein sog. Tausch vor. Auf den Tausch finden die Vorschriften über den Kauf entsprechende Anwendung. Tauschverträge kommen insbesondere bei Sammlern von Briefmarken, Münzen oder Tonträgern vor. Somit haftet jeder Vertragspartner nach Kaufrecht, §§ 433 I 2, 434, 435 BGB, auch beim Tausch für Sach- und Rechtsmängel.[336]

320 e) **Schenkung.** Zu den Veräußerungsverträgen gehört auch die Schenkung nach §§ 516 ff. BGB. Die Schenkung ist eine Zuwendung, durch die jemand aus seinem Vermögen einen anderen bereichert, wenn beide Teile darüber einig sind, dass die Zuwendung unentgeltlich erfolgt. Ein Veräußerungsgeschäft kann demzufolge auch unentgeltlich vorgenommen werden. Ist grundsätzlich für jede Schenkung die strenge Form der notariellen Beurkundung nach § 518 I BGB erforderlich, reicht nach § 518 II BGB zur Heilung des Formmangels die Übergabe der versprochenen Leistung vom Schenker an den zu Beschenkenden aus. Auch der Schenker haftet für Sach- und Rechtsmängel nach §§ 523 ff. BGB, allerdings nur, wenn er z. B. einen Mangel bei Vollzug der Schenkung arglistig verschweigt. Verarmt der Schenker, kann er nach § 528 I BGB den verschenkten Gegenstand zurückfordern, es sei denn, die Rückforderung ist nach § 529 BGB ausgeschlossen.[337] Wegen groben Undanks oder aufgrund einer schweren Verfehlung des Beschenkten kann die Schenkung nach §§ 530, 531 BGB widerrufen werden.

2. Gebrauchsüberlassungsverträge

321 a) **Mietvertrag.** Miete ist Gebrauchsüberlassung einer Sache gegen Entgelt für einen bestimmten Zeitraum. Das Mietrecht wird unterteilt in
- Allgemeine Vorschriften für Mietverhältnisse, §§ 535–548 BGB;
- Mietverhältnisse über Wohnraum, §§ 549–577a BGB;
- Mietverhältnisse über andere Sachen wie z. B. Grundstücke und Geschäftsräume, §§ 578–580a BGB.

Durch den Mietvertrag wird der Vermieter nach § 535 I BGB verpflichtet, dem Mieter den Gebrauch der Mietsache während der Mietzeit zu gewähren. Der Mieter ist nach § 535 II BGB verpflichtet, dem Vermieter die vereinbarte Miete zu entrichten.

Abzugrenzen von der Miete sind Pacht- und Leihverhältnisse. Bei der Pacht nach §§ 581 ff. BGB hat der Pächter neben dem Recht der entgeltlichen Einräumung des Pachtgegenstandes auch das Recht auf die mit dem Pachtgegenstand verbundenen Früchte; bei der Leihe hat der Entleiher nach §§ 598 ff. BGB das Recht auf unentgeltliche Überlassung des Leihgegenstandes.

Mietgegenstände können bewegliche oder unbewegliche Sachen sein, so z. B. ein Kraftfahrzeug oder eine Immobilie, wie Haus oder Wohnung, oder auch Teile einer Sache bzw. Sachgesamtheiten, wie z. B. das Zimmer eines Hauses, möbliert oder unmöbliert. Über Rechte kann kein Mietverhältnis begründet werden.[338] Nach Gebrauchsüberlassung hat der Mieter die Mietsache an den Vermieter zurückzugeben. Während der Käufer beim Kaufvertrag grundsätzlich einmal den Kaufpreis zu entrichten oder die gesamte Leistung in Raten zu erbringen hat, ist der Mieter verpflichtet, zu bestimmten Zeitpunkten, bei einem Wohnraummietverhältnis monatlich, den Mietzins zu begleichen. Daraus ergibt sich für den Mieter eine andauernde Verpflichtung zur Mietzinszahlung und für den Vermieter eine andauernde Überlassung der Mietsache zum Gebrauch, solange das Mietverhältnis existiert. Zwischen Vermieter und Mieter besteht ein sog. Dauerschuldverhältnis.

Der Mietvertrag kann grundsätzlich formfrei abgeschlossen werden; häufig erfolgt der Vertragsschluss durch schriftlichen Formularmietvertrag. Nach § 550 BGB gilt ein Miet-

---

336 Vgl. BGH NJW 2006, 988, 989 zum Tausch eines Reitpferdes.
337 Vgl. dazu BGH NJW 2005, 670, 671.
338 Weber/Schmidt, Mietvertrag.

vertrag, der für längere Zeit als ein Jahr nicht in schriftlicher Form geschlossen wurde, für unbestimmte Zeit. Die Kündigung ist dann jedoch frühestens zum Ablauf eines Jahres nach Überlassung des Wohnraums zulässig. Nach Abschluss des Mietvertrags wird der Mieter unmittelbarer Besitzer der Mietsache nach § 854 BGB, der Vermieter bleibt Eigentümer und wird mittelbarer Besitzer.

Das Allgemeine Gleichbehandlungsgesetz (AGG) hat die Vertragsfreiheit des Vermieters erheblich eingeschränkt.[339] Denn nach §§ 1, 2 I Nr. 8 AGG darf niemand aus Gründen der Rasse oder Herkunft wegen der ethnischen Herkunft, des Geschlechts, der Religion oder Weltanschauung, einer Behinderung, des Alters oder der sexuellen Identität u. a. beim Zugang zu Wohnraum benachteiligt werden. Der Vermieter darf also nicht frei darüber entscheiden, ob er etwa nur an einen Mann oder eine Frau, einen Katholiken, einen jungen oder älteren Interessenten vermietet.[340] Allerdings gelten die erwähnten Benachteiligungsverbote nach § 19 I Nr. 1 V AGG grds. nur für Mietverhältnisse zum vorübergehenden Gebrauch, z. B. für Hotelzimmer, oder bei sog. Massengeschäften, wenn der Vermieter mehr als 50 Wohnungen vermietet. Vermieter mit einem geringeren Mietwohnraumbestand haben nach § 19 II AGG nur die Benachteiligungsverbote aus Gründen der Rasse sowie der ethnischen Herkunft zu beachten.

aa) Vorschriften des Mietrechts. Die allgemeinen Vorschriften über das Mietrecht sind im BGB in den §§ 535 bis 548 geregelt. Sie gelten für alle Arten von Mietverhältnissen. §§ 549 bis 577a BGB regeln Mietverhältnisse von Wohnraum, §§ 578 bis 580a BGB Mietverhältnisse über andere Sachen und über digitale Produkte, so z. B. über Räume, die keine Wohnräume sind wie Geschäfts- oder Lagerräume bzw. Werkshallen, außerdem über eingetragene Schiffe.

322

bb) Pflichten von Vermieter und Mieter. Der Vermieter ist gegenüber dem Mieter verpflichtet, den Gebrauch der Mietsache ungestört und ohne Beeinträchtigungen zu gewähren. Dazu ist erforderlich, dass sich die Mietsache in einem zum vertragsgemäßen Gebrauch geeigneten Zustand befindet und sie während der Mietzeit in diesem Zustand erhalten bleibt, vgl. § 535 I 2 BGB. Hat die Mietsache zur Zeit der Überlassung an den Mieter einen Mangel, der ihre Tauglichkeit zum vertragsgemäßen Gebrauch aufhebt, oder entsteht während der Mietzeit ein solcher Mangel, so ist der Mieter nach § 536 I BGB für die Zeit, in der die Tauglichkeit aufgehoben ist, von der Entrichtung der Miete befreit. Für die Zeit, in der die Tauglichkeit gemindert ist, hat er nur eine angemessene herabgesetzte Miete zu entrichten.[341] Folglich muss der Vermieter während der Mietzeit notwendige Renovierungs- und Instandsetzungsarbeiten auf seine Kosten durchführen. Der Vermieter hat weiterhin die auf der Mietsache ruhenden Lasten wie z. B. Steuern, Grundabgaben sowie alle Arten von Gebühren wie z. B. Müllabfuhr-, Straßenanlieger- oder Schornsteinfegergebühren zu entrichten.[342] Diese Kosten kann er anteilig oder insgesamt durch vertragliche Vereinbarung auf den bzw. die Mieter umlegen. Tritt kurzfristig ein Mangel an der Mietsache auf und behebt der Mieter diesen Mangel auf eigene Kosten, kann er nach § 536a II BGB den Ersatz der erforderlichen Aufwendungen verlangen, wenn der Vermieter mit der Beseitigung des Mangels in Verzug ist oder die umgehende Beseitigung des Mangels zur Erhaltung oder Wiederherstellung des Bestands der Mietsache notwendig ist. Das gilt auch nach § 536 III BGB für einen Rechtsmangel, wenn dem Mieter der vertragsgemäße Gebrauch der Mietsache durch das Recht eines Dritten ganz oder zum Teil entzogen wird. Bei der Miete digitaler Produkte werden hinsichtlich der Mängelrechte gemäß § 578b I Nr. 1 BGB die § 535 I 2, 536–536d BGB

323

---

339 S. dazu Rolfs, Allgemeine Gleichbehandlung im Mietrecht, NJW 2007, 1489, 1491.
340 Brox/Walker, BS, § 10 Rn. 10.
341 Vgl. BGHZ 163, 1, 7 zur Bruttomiete als Bemessungsgrundlage; Looschelders, SchR BT, § 22 Rn. 33.
342 Vgl. Müssig, 10.5.2.

durch die §§ 327 ff. BGB ersetzt. § 578b II–IV BGB enthalten diesbezüglich weitere Spezifikationen.
Der Mieter hat nach § 535 II BGB die Pflicht, die vereinbarten Miete zu bezahlen zuzüglich anteiliger Betriebskosten nach §§ 556, 556a BGB, sofern vertraglich fixiert. Die Miete ist bei Mietverhältnissen über Wohnraum nach § 556b I BGB bzw. über andere Räume gem. § 579 II BGB zu Beginn, spätestens bis zum dritten Werktag der einzelnen Zeitabschnitte zu entrichten, nach denen sie bemessen ist. Eine Erhöhung der Miete können die Vertragsparteien nach §§ 557 ff. BGB vereinbaren. Schönheitsreparaturen hat der Mieter zu seinen Lasten auszuführen; für Instandhaltungsreparaturen ist er, wenn vereinbart, bis zu einer Höhe von € 120,– verantwortlich. Aus dem Mietvertrag können sich Absprachen für die Durchführung von Schönheitsreparaturen, so z. B. zum Anstreichen der Heizkörper, Türen und Türrahmen ergeben. In dem üblicherweise vom Vermieter verwendeten Formularmietvertrag sind oft Zeitintervalle für Schönheitsreparaturen aufgeführt.[343] Ein Formularvertrag ist allerdings dann unwirksam, wenn der Mieter durch eine kumulative Überbürdung der turnusmäßigen Schönheitsreparatur und der Endrenovierungspflicht unangemessen benachteiligt wird.[344] Nach § 536c I BGB hat der Mieter einen Mangel der Mietsache dem Vermieter unverzüglich anzuzeigen.
Ab Beendigung des Mietverhältnisses ist der Mieter nach § 546 I BGB verpflichtet, die Mietsache zurückzugeben. Bei verspäteter Rückgabe hat der Vermieter nach § 546a BGB einen Entschädigungsanspruch. Er kann für die Dauer der Vorenthaltung als Entschädigung die vereinbarte Miete oder die Miete verlangen, die für vergleichbare Sachen ortsüblich ist, wenn der Mieter die Mietsache nach Beendigung des Mietverhältnisses nicht zurückgibt. Außerdem stehen dem Vermieter nach § 546a II BGB Ansprüche aus Schadensersatz wegen Verzögerung der Leistung aus §§ 280 I, II, 286 BGB zu. Ein weiterer Schadensersatzanspruch kann sich aus § 571 BGB bei verspäteter Rückgabe von Wohnraum ergeben.

324 cc) **Nebenpflichten.** Aus dem Mietverhältnis ergeben sich für Mieter und Vermieter Nebenpflichten. So trifft den Vermieter z. B. die *Verkehrssicherungspflicht* zur störungsfreien Begehung des Wohnraums.[345] Der Vermieter hat z. B. bei Schneefall dafür zu sorgen, dass der Wohnraum ohne Gefährdung begehbar ist; ihn trifft eine Räum- und Streupflicht, welche allerdings individualvertraglich auf den Mieter übertragen werden kann.
Im Rahmen einer Fürsorgepflicht hat der Vermieter nach § 554a I BGB der baulichen Veränderung des Wohnraums durch den Mieter zuzustimmen (Barrierefreiheit), die für eine behindertengerechte Nutzung der Mietsache oder den Zugang zu ihr erforderlich ist, wenn der Mieter daran ein berechtigtes Interesse hat. Der Mietvertrag entfaltet außerdem eine Schutzwirkung zugunsten dritter Personen, die sich in dem Wohnraum des Mieters aufhalten (Vertrag mit Schutzwirkung zugunsten Dritter).[346] Auch diese Personen sind z. B. durch die *Verkehrssicherungspflicht* des Vermieters geschützt. Ebenso hat der Mieter Nebenpflichten zu erfüllen. So hat er nach § 538 BGB die Mietsache vertragsgemäß zu gebrauchen. Außerdem ist er für das Verhalten Dritter verantwortlich, welche sich im angemieteten Wohnraum aufhalten. Nur Veränderungen oder Verschlechterungen der Mietsache, die ausschließlich durch den vertragsgemäßen Gebrauch herbeigeführt werden, hat der Mieter nicht zu vertreten.
Für seine Forderungen aus dem Mietverhältnis steht dem Vermieter nach § 562 BGB ein *gesetzliches Pfandrecht* an den eingebrachten Sachen des Mieters zu, z. B. dann, wenn der Mieter den vereinbarten Mietzins nicht entrichtet. Ist der Vermieter nach § 562b

---

343 Zur Zulässigkeit BGHZ 93, 363, 367; 101, 253, 261.
344 Vgl. BGH NJW 2003, 3192; 2004, 2087 f.; 2004, 2586, 2587; 2005, 2006, 2007; 2005, 1189; BGH NJW 2010, 674 f.; BGH NJW-RR 2011, 514; Brox/Walker, BS, § 11 Rn. 4b.
345 Herrlein/Kandelhard/D. Both, § 535 Rn. 74.
346 Vgl. Brockmann/Künnen, Vertrag mit Schutzwirkung für Dritte und Drittschadensliquidation, JA 2019, 729, 730; dazu Herrlein/Kandelhard/D. Both, § 535 Rn. 74.

BGB berechtigt, das Vermieterpfandrecht auszuüben, darf er die Entfernung der Sachen, die einem Pfandrecht unterliegen, verhindern und bei Auszug des Mieters die Sachen in seinen Besitz nehmen. Das Pfandrecht erlischt nach § 562a BGB mit der Entfernung der Sachen von dem Grundstück, es sei denn, die Entfernung erfolgt ohne Wissen oder unter Widerspruch des Vermieters.
Unterlässt der Mieter die Anzeige von Mängeln während der Mietzeit und tritt dadurch an der Mietsache ein Schaden ein, hat er nach § 536c II 1 BGB Schadensersatz zu leisten. Ist der Mieter für zwei aufeinanderfolgende Termine mit der Entrichtung der Miete oder eines nicht unerheblichen Teils der Miete in Verzug oder ist er in einem Zeitraum, der sich über mehr als zwei Termine erstreckt mit der Entrichtung der Miete in Höhe eines Betrages in Verzug, der die Miete für zwei Monate erreicht, hat der Vermieter das Recht zur fristlosen Kündigung nach § 543 I 1, II Nr. 3 BGB. Der Verzug der Mietzinszahlung kann auch zu Schadensersatzansprüchen aus §§ 280 I, II, 286 BGB führen.
Der vertragsgemäße Gebrauch der Mietsache sieht auch vor, dass der Mieter ohne die Erlaubnis des Vermieters nach § 540 I BGB nicht berechtigt ist, den Gebrauch der Mietsache einem Dritten zu überlassen, insbesondere sie weiter zu vermieten. Setzt der Mieter einen vertragswidrigen Gebrauch der Mietsache trotz einer Abmahnung des Vermieters fort, so kann der Vermieter nach § 541 BGB auf Unterlassung klagen. Auch in diesem Fall kann der Vermieter dem Mieter fristlos kündigen und evtl. Schadensersatzansprüche aus §§ 280 I, 241 II BGB geltend machen. Zur Sicherung der Mietzinszahlung und des vertragsgemäßen Gebrauchs des Wohnraums kann der Vermieter nach § 551 I BGB Sicherheit in Geld verlangen, allerdings höchstens das Dreifache der auf einen Monat entfallenden Miete ohne die als Pauschale oder als Vorauszahlung ausgewiesenen Betriebskosten.

dd) Rechtsfolgen von Pflichtverletzungen. Ist die Mietsache zur Zeit der Überlassung **325** oder während des Gebrauchs mit einem Sach- oder Rechtsmangel versehen, so kann der Mieter nach § 536 I 1 BGB die Miete herabsetzen bzw. die Zahlung der Miete verweigern, wenn die Tauglichkeit der Gebrauchsüberlassung vollständig aufgehoben ist. Eine anderslautende Vereinbarung bei einem Mietverhältnis über Wohnraum ist nach § 536 IV BGB unwirksam, wenn sie zu einem Nachteil des Mieters führt. Aus § 535 I 2 BGB ergibt sich ein Beseitigungsanspruch für den Mieter, falls der Vermieter die Mietsache nicht in einem zum vertragsgemäßen Gebrauch geeigneten Zustand überlassen hat bzw. diese während der Mietzeit in diesem Zustand nicht erhält. Außerdem hat der Mieter nach § 536a BGB einen Schadens- und Aufwendungsersatzanspruch, falls ein Mangel an der Mietsache auftritt.
Kennt der Mieter bei Vertragsschluss den Mangel der Mietsache, so stehen ihm nach § 536b BGB die Rechte aus den §§ 536 und 536a BGB nicht zu. Ist ihm der Mangel in Folge grober Fahrlässigkeit unbekannt geblieben, so stehen ihm diese Rechte nur zu, wenn der Vermieter den Mangel arglistig verschwiegen hat. Nimmt der Mieter eine mangelhafte Sache an, obwohl er den Mangel kennt, so kann er die Rechte aus den §§ 536 und 536a BGB nur geltend machen, wenn er sich seine Rechte bei der Annahme nach § 536b S. 3 BGB vorbehält.
Die gravierendste Rechtsfolge aus einer Mietvertragsverletzung ergibt sich aus § 543 BGB. Danach kann jede Vertragspartei das Mietverhältnis aus wichtigem Grund außerordentlich fristlos kündigen. Ein wichtiger Grund liegt vor, wenn dem Kündigenden unter Berücksichtigung aller Umstände des Einzelfalls, insbesondere eines Verschuldens der Vertragsparteien, und unter Abwägung der beiderseitigen Interessen die Fortsetzung des Mietverhältnisses bis zum Ablauf der Kündigungsfrist oder bis zur sonstigen Beendigung des Mietverhältnisses nicht zugemutet werden kann. Nach § 543 II BGB liegt u. a. ein wichtiger Grund vor, wenn

Nr. 1 dem Mieter der vertragsgemäße Gebrauch der Mietsache ganz oder zum Teil nicht rechtzeitig gewährt oder wieder entzogen wird;

Nr. 2 der Mieter die Rechte des Vermieters dadurch in erheblichem Maße verletzt, dass er die Mietsache durch Vernachlässigung der ihm obliegenden Sorgfalt erheblich gefährdet oder sie unbefugt einem Dritten überlässt;

Nr. 3 der Mieter für zwei aufeinanderfolgende Termine mit der Entrichtung der Miete oder eines nicht unerheblichen Teils der Miete in Verzug ist oder in einem Zeitraum, der sich über mehr als zwei Termine erstreckt, mit der Entrichtung der Miete in Höhe eines Betrags in Verzug ist, der die Miete für zwei Monate erreicht.

Diese Regelungen führen dazu, dass das Verhalten des Mieters, ob Mietrückstand oder wiederholt unpünktliche Mietzinszahlungen trotz mehrerer Abmahnungen,[347] dem Vermieter die Fortsetzung des Mietverhältnisses unzumutbar macht und nicht tolerierbar ist.[348]

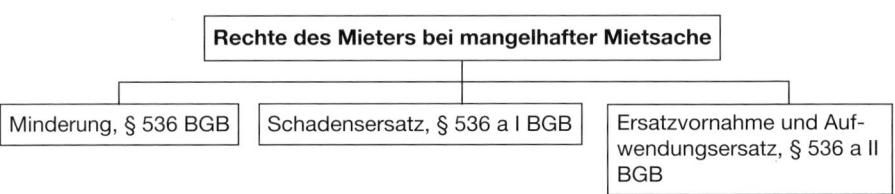

Abb. 29: Rechte des Mieters bei Mängeln

326 **ee) Beendigung des Mietverhältnisses.** Ein Mietverhältnis endet entweder durch Zeitablauf, durch Aufhebungsvertrag oder durch Kündigung.[349] Nach § 542 II BGB endet ein Mietverhältnis, dass auf bestimmte Zeit eingegangen ist, mit dem Ablauf dieser Zeit. Ist die Mietzeit nicht bestimmt und somit das Mietverhältnis für unbestimmte Zeit vereinbart worden, kann jede Vertragspartei nach § 542 I BGB das Mietverhältnis nach den gesetzlichen Vorschriften kündigen. Bei Mietverhältnissen über Wohnraum gelten Fristen der ordentlichen Kündigung nach § 573c BGB. Nach § 573c I BGB ist die Kündigung spätestens am dritten Werktag eines Kalendermonats zum Ablauf des übernächsten Monats zulässig.

Bei einem Mietverhältnis über Grundstücke, über Räume, die keine Geschäftsräume sind, oder über im Schiffsregister eingetragene Schiffe gelten die Kündigungsfristen nach § 580a BGB. Handelt es sich bei der Mietsache um Wohnraum, der Teil der vom Vermieter selbst bewohnten Wohnung ist und den der Vermieter überwiegend mit Einrichtungsgegenständen ausgestattet hat, sog. möblierten Wohnraum, gilt nach § 573c III BGB, dass die Kündigung spätestens zum 15. eines Monats zum Ablauf dieses Monats zulässig ist. Handelt es sich um Geschäftsräume, können Vermieter und Mieter individuelle Kündigungsregelungen festlegen. Das betrifft den Kündigungsgrund wie auch die Kündigungsfrist. Zulässig ist die ordentliche Kündigung bei Geschäftsräumen spätestens am dritten Werktag eines Kalendervierteljahres zum Ablauf des nächsten Kalendervierteljahres nach § 580a II BGB. Nach § 580a III BGB sind für bewegliche Sachen sehr kurze Kündigungsfristen vorgesehen.

Bedeutende Vorschrift für eine mögliche Beendigung des Mietverhältnisses von Wohnräumen ist § 574 BGB. Danach kann der Mieter der Kündigung des Vermieters widersprechen und von ihm die Fortsetzung des Mietverhältnisses verlangen, wenn die Beendigung des Mietverhältnisses für den Mieter, seine Familie oder einen anderen Angehörigen seines Haushalts eine Härte bedeuten würde, die auch unter Würdigung der berechtigten Interessen des Vermieters nicht zu rechtfertigen ist. Dieses Widerspruchsrecht des Mieters gilt nur dann nicht, wenn ein Grund vorliegt, der den Vermie-

---

347 Vgl. BGH NJW-RR 2011, 2570, 2571.
348 Vgl. Brox/Walker, BS, § 13 Rn. 34; ausführlich BGH NJW 2007, 147, 148.
349 Vgl. Oetker/Maultzsch, § 5 Rn. 114.

ter zur außerordentlichen fristlosen Kündigung berechtigt. Folge ist, dass eine ordentliche Kündigung des Vermieters nur zulässig ist, wenn der Mieter seine vertraglichen Pflichten aus dem Mietverhältnis schuldhaft nicht unerheblich verletzt hat.
Eine Ausnahme bildet der in § 573 II Nr. 2 BGB normierte Eigenbedarf. Benötigt der Vermieter die Räume als Wohnung für sich, seine Familienangehörigen oder Angehörige seines Haushalts, kann er das Mietverhältnis ordentlich kündigen; ebenso, wenn die Fortsetzung des Mietverhältnisses den Vermieter an einer angemessenen wirtschaftlichen Verwertung des Grundstücks hindert und er dadurch erhebliche Nachteile erleiden würde, § 573 II Nr. 3 BGB.
Außerdem kann das Mietverhältnis nach § 543 BGB durch eine außerordentliche fristlose Kündigung aus wichtigem Grund beendet werden. Der Mieter kann fristlos kündigen bei
- Nichtgewährung oder Entzug des vertragsgemäßen Gebrauchs der Mietsache, vollständig oder zum Teil, § 543 II Nr. 1 BGB;
- Gesundheitsgefährdung bei der Nutzung der Mietsache, § 569 I BGB.

Der Vermieter kann fristlos kündigen bei
- vertragswidrigem Gebrauch der Mietsache durch den Mieter, § 543 II Nr. 2 BGB;
- Verzug des Mieters mit der Mietzinszahlung, § 543 II Nr. 3 BGB.

Für beide Parteien ist jeweils eine außerordentliche fristlose Kündigung zulässig bei nachhaltiger Störung des Hausfriedens nach §§ 543 I, 569 II BGB.
Neben der außerordentlichen fristlosen Kündigung aus wichtigem Grund sieht das Gesetz in folgenden Fällen unter Beachtung von Kündigungsfristen ebenfalls eine außerordentliche Kündigung vor
- bei der Verweigerung einer Erlaubnis durch den Vermieter, ein Untermietverhältnis zu begründen, § 540 I 2 BGB;
- bei einem Mietvertrag über einen vereinbarten längeren Zeitraum als 30 Jahre, § 544 S. 1 BGB;
- als Sonderkündigungsrecht des Mieters nach Mieterhöhung, § 561 I BGB;
- als außerordentliches Kündigungsrecht der Erben nach dem Tod des Mieters, § 580 BGB.

Bei der Miete digitaler Produkte werden hinsichtlich der Rechte bei unterbliebener Bereitstellung gemäß § 578b I Nr. 2 BGB die § 543 II 1 Nr. 1, IV BGB durch die §§ 327 ff. BGB ersetzt.

ff) Fortsetzung des Mietverhältnisses in außerordentlichen Fällen. Stirbt der Mieter, hat der Ehegatte nach § 563 I BGB, der mit dem Mieter einen gemeinsamen Haushalt führt, das Recht, mit dem Tod des Mieters in das Mietverhältnis einzutreten. Dasselbe gilt für den Lebenspartner. Auch Kinder des Mieters können das Mietverhältnis nach Tod des Mieters aufrechterhalten. Treten beim Tod des Mieters keine in § 563 BGB aufgeführten Personen in das Mietverhältnis ein, können die Erben nach § 564 BGB in das Mietverhältnis eintreten, es sei denn, der Vermieter oder die Erben nehmen in diesem Fall das Recht wahr, das Mietverhältnis innerhalb eines Monats außerordentlich mit der gesetzlichen Frist zu kündigen.

327

Wird der vermietete Wohnraum nach der Überlassung an den Mieter von dem Vermieter an einen Dritten veräußert, so tritt nach § 566 I BGB der Erwerber anstelle des Vermieters in die sich während der Dauer seines Eigentums aus dem Mietverhältnis ergebenden Rechte und Pflichten ein. Der Eigentümerwechsel an der Mietsache hebt bei einem gültigen Mietvertrag das Mietrecht des Mieters an der Sache nicht auf.[350] Der Mieter hat also weiterhin trotz Eigentümerwechsel das Recht, den Gebrauch der Mietsache

---

350   Vgl. MüKo-BGB/Häublein, § 566 Rn. 12; Brox/Walker, BS, § 12 Rn. 5, 9.

fortzusetzen. Der neue Eigentümer erhält die typischen Rechte und die Pflichten aus dem Mietverhältnis vom ehemaligen Eigentümer.[351]

328 b) **Pacht.** Schließen Vertragsparteien einen Pachtvertrag i. S. v. §§ 581 ff. BGB ab, wird der Verpächter verpflichtet, dem Pächter den Gebrauch des verpachteten Gegenstands und den Genuss der Früchte, soweit sie nach den Regeln einer ordnungsmäßigen Wirtschaft als Ertrag anzusehen sind, während der Pachtzeit zu gewähren. Der Pächter ist nach § 581 I 2 BGB verpflichtet, dem Verpächter die vereinbarte Pacht zu entrichten. Verpachtete Gegenstände können z. B. das Grundstück mit Obstbäumen, der eingerichtete Gaststättenbetrieb oder landwirtschaftliche Flächen sein. Als Früchte werden Obst oder Getreide, beim Gaststättenbetrieb der Ertrag angesehen. Auf den Pachtvertrag sind nach § 581 II BGB die Vorschriften über den Mietvertrag entsprechend anwendbar. Spezialgesetzliche Regelungen finden sich in §§ 582 bis 584b BGB sowie für den Landpachtvertrag in §§ 585 ff. BGB.

329 c) **Leihe.** Leihe ist eine besondere Form der Gebrauchsüberlassung. Schließen Verleiher und Entleiher einen Leihvertrag nach §§ 598 ff. BGB ab, handelt es sich um einen unvollkommen zweiseitigen Vertrag. Denn der Verleiher wird nach § 598 BGB durch den Leihvertrag verpflichtet, dem Entleiher den Gebrauch einer Sache unentgeltlich zu gestatten. Der Entleiher braucht folglich keinen „Leihzins" für den ordnungsgemäßen Gebrauch der Sache aufzuwenden. Hauptleistungspflicht für den Entleiher ist, die geliehene Sache gem. § 604 I BGB nach dem Ablauf der für die Leihe bestimmten Zeit zurückzugeben. Für diese kostenlose Gebrauchsüberlassung gewährt das Gesetz dem Verleiher Haftungserleichterung. So haftet der Verleiher nach § 599 BGB nur für Vorsatz und grobe Fahrlässigkeit. Für Rechts- oder Sachmängel an der Leihsache ist er gegenüber dem Entleiher nur schadensersatzpflichtig, wenn er einen solchen Mangel arglistig verschweigt.
Der Verleiher kann den Leihvertrag unter folgenden Voraussetzungen nach § 605 BGB kündigen:
– Beanspruchung der Sache in Folge eines nicht vorhersehbaren Umstands;
– Vertragswidriger Gebrauch des Entleihers bzw. unbefugte Gebrauchsüberlassung des Entleihers an Dritte;
– Tod des Entleihers.
Bei vertragswidrigem Gebrauch des Entleihers kann der Verleiher nach § 606 BGB Ersatzansprüche nur im Rahmen einer kurzen Verjährungsfrist von sechs Monaten geltend machen. Diese gilt ebenfalls bei Ansprüchen des Entleihers auf Ersatz notwendiger Verwendungen für die geliehene Sache. Überschreitet der Entleiher den vertragsgemäßen Gebrauch der Sache, so haftet er auch dann, wenn die Sache zufällig verschlechtert oder zerstört wird, es sei denn, der Schaden wäre auch bei vertragsgemäßem Gebrauch entstanden.[352]

330 d) **Darlehensvertrag.** Auch der Darlehensvertrag ist ein Gebrauchsüberlassungsvertrag. In den §§ 488 bis 498 BGB regelt das BGB den Gelddarlehensvertrag. Die Regelungen über den Sachdarlehensvertrag finden sich in §§ 607 bis 609 BGB. Zum Darlehensvertrag gehört im weitesten Sinne auch der Darlehensvermittlungsvertrag zwischen einem Unternehmer und einem Verbraucher, der in den §§ 655a bis 655e BGB geregelt ist.

331 aa) **Sachdarlehen.** Nach § 607 I BGB wird der Darlehensgeber eines Sachdarlehens durch Vertrag verpflichtet, dem Darlehensnehmer eine vereinbarte vertretbare Sache zu überlassen. Der Darlehensnehmer ist zur Zahlung eines Darlehensentgelts und bei Fälligkeit zur Rückerstattung von Sachen gleicher Art, Güte und Menge verpflichtet.

---
351 S. dazu Herrlein/Kandelhard/Kandelhard, § 566 Rn. 13.
352 BGHZ 37, 306, 310; str.

Der Sachdarlehensvertrag ist ein vollkommen zweiseitiger Vertrag, da er für den Darlehensnehmer im Gegensatz zum Entleiher beim Leihvertrag nicht nur die Rückerstattung einer Sache verlangt, sondern auch ein Darlehensentgelt vom Sachdarlehensnehmer zu zahlen ist.[353] In Abgrenzung zum Mietvertrag hat der Sachdarlehensnehmer nicht dieselbe Sache zurückzuerstatten, sondern eine Sache mittlerer Art und Güte, wie in § 91 BGB bestimmt. Bedeutendster Sachdarlehensvertrag ist die sog. Wertpapierleihe.

bb) Gelddarlehen. Überwiegend schließen Vertragsparteien bei einem Darlehensvertrag einen Gelddarlehensvertrag ab. Durch den Gelddarlehensvertrag wird der Darlehensgeber nach § 488 I BGB verpflichtet, dem Darlehensnehmer einen Geldbetrag in der vereinbarten Höhe zur Verfügung zu stellen. Der Darlehensnehmer ist verpflichtet, einen geschuldeten Zins zu zahlen und bei Fälligkeit das zur Verfügung gestellte Darlehen zurückzuerstatten. Nach § 488 II BGB sind die vereinbarten Zinsen, soweit nicht ein anderes bestimmt ist, nach dem Ablauf jedes Jahres und, wenn das Darlehen vor dem Ablauf eines Jahres zurückzuerstatten ist, bei der Rückerstattung zu entrichten. Ist für die Rückerstattung des Darlehens eine Zeit nicht bestimmt, so hängt die Fälligkeit davon ab, dass der Darlehensgeber oder der Darlehensnehmer den Darlehensvertrag kündigt. Die Kündigungsfrist beträgt drei Monate. Sofern keine Zinsen geschuldet sind, ist der Darlehensnehmer nach § 488 III 3 BGB berechtigt, das Darlehen auch ohne Kündigung sofort zurückzuzahlen, da der Darlehensgeber hierdurch keine wirtschaftlichen Nachteile erleidet.[354] Eine besondere Form ist für den Darlehensvertrag nicht erforderlich. **332**

Das Gesetz räumt dem Darlehensnehmer ein ordentliches Kündigungsrecht nach § 489 BGB unter folgenden Voraussetzungen ein, wenn ein Darlehensvertrag für einen bestimmten Zeitraum mit einem festen Zinssatz vereinbart wurde:
– Die Zinsbindung endet vor der für die Rückzahlung bestimmten Zeit, und es wird keine neue Vereinbarung über den Zinssatz getroffen;
– In jedem Fall nach Ablauf von zehn Jahren nach dem vollständigen Empfang unter Einhaltung einer Kündigungsfrist von sechs Monaten;
– Ein Darlehensvertrag wurde mit variablem Zinssatz abgeschlossen.

Darlehensgeber wie Darlehensnehmer steht außerdem ein außerordentliches Kündigungsrecht zu. Der Darlehensgeber hat nach § 490 I BGB das Recht zur außerordentlichen Kündigung, wenn die wirtschaftlichen Verhältnisse des Darlehensnehmers oder die Werthaltigkeit der vom Darlehensnehmer für das Darlehen gestellten Sicherheiten sich erheblich verschlechtern. Der Darlehensnehmer kann dagegen nach § 490 II BGB außerordentlich kündigen, wenn er berechtigte Interessen bei einem Darlehensvertrag hat, dessen Darlehen durch ein Grund- oder Schiffspfandrecht gesichert ist, z. B., wenn er das Bedürfnis einer anderen Verwertung der zur Sicherung des Darlehens beliehenen Sache hat.

cc) Verbraucherdarlehensvertrag. Der Verbraucherdarlehensvertrag ist in den §§ 491 ff. BGB geregelt. Dabei handelt es sich um einen Darlehensvertrag zwischen einem Unternehmer als Darlehensgeber und einem Verbraucher als Darlehensnehmer. Die Vorschriften über den Verbraucherdarlehensvertrag sind als Ergänzung zu den Regelungen des normalen Darlehensvertrags in das BGB aufgenommen worden. Außerdem sind die §§ 655a bis 655e BGB über den Kreditvermittlungsvertrag zu beachten. Ziel der Vorschriften über den Verbraucherdarlehensvertrag ist es zu verhindern, dass der geschäftsunerfahrene Verbraucher durch eine übereilte Entscheidung bei Abschluss eines Darlehensvertrags in wirtschaftliche Not gerät und dass dem Verbraucher nach Vertragsschluss **333**

---

353 Vgl. Jauernig/Mansel, §§ 607–609 Rn. 1.
354 Medicus/Lorenz, SchR II, § 28 Rn. 16; Looschelders, SchR BT, § 20 Rn. 17.

die Möglichkeit gegeben wird, einen Vertrag zu überdenken und Vergleiche über Vertragsbedingungen und Preise anzustellen.[355]

334 (1) **Arten.** Folgende Arten von Verbraucherdarlehen werden von den §§ 491 ff. BGB erfasst:
- Unternehmer als Darlehensgeber und Verbraucher als Darlehensnehmer, § 491 BGB;
- Überziehungskredit, bei dem ein Kreditinstitut einem Darlehensnehmer das Recht einräumt, sein laufendes Konto in bestimmter Höhe zu überziehen, § 493 BGB;
- Verbraucherteilzahlungsdarlehen, § 498 BGB.

335 (2) **Verbraucherschutzbestimmungen.** Zum Schutz des Verbrauchers hat das BGB bei Verbraucherdarlehensverträgen folgende Bestimmungen aufgenommen:
- Schriftformerfordernis, § 492 BGB;
- Verbot der Kopplungsgeschäfte bei Immobiliar-Verbraucherdarlehensverträgen, § 492a BGB;
- Informationspflicht bei Überziehungskredit vor Inanspruchnahme, § 493 I BGB;
- Widerrufsrecht, § 495 BGB;
- Nichtigkeit des Einwendungsverzichts, § 496 I BGB;
- Wechsel- und Scheckverbot, § 496 II BGB;
- Gesamtfälligstellung bei Teilzahlungsdarlehen nur in besonderen Fällen, § 498 BGB.

Große Bedeutung wird der Schriftform beim Abschluss eines Verbraucherdarlehens nach § 492 BGB beigemessen.[356] Zu beachten ist, dass nach § 492 I 2 BGB der Abschluss des Vertrags in elektronischer Form gem. § 126a BGB ausgeschlossen ist. Die in den Verbraucherdarlehensvertrag nach § 491a I BGB, Art. 247 § 3 EGBGB aufzunehmenden umfangreichen Informationen wie z. B. Name und Anschrift des Darlehensgebers, Darlehensart, der Nettodarlehensbetrag, die Art und Weise der Rückzahlung oder der effektive Jahreszins, sind dem Darlehensnehmer mitzuteilen. Die Berechnung des effektiven Jahreszinses erfolgt nach § 6 PAngV.

Nach § 494 BGB ist ein Verbraucherdarlehensvertrag und die auf Abschluss eines solchen Vertrags vom Verbraucher erteilte Vollmacht nichtig, wenn die Schriftform insgesamt nicht eingehalten ist oder wenn eine der in Art. 247 §§ 6, 10 bis 13 EGBGB vorgeschriebenen Angaben fehlt. Wird das Verbraucherdarlehen bewilligt und nimmt der Verbraucher das Darlehen in Anspruch, tritt eine Heilung des Formmangels ein, § 494 II 1 BGB. Jedoch ermäßigt sich der dem Verbraucherdarlehensvertrag zugrunde gelegte Zinssatz auf den gesetzlichen Zinssatz von 4 % nach § 246 BGB, wenn seine Angabe, die Angabe des effektiven oder des anfänglichen effektiven Jahreszinses oder die Angabe des Gesamtbetrags fehlt.[357] Nicht angegebene Kosten werden vom Darlehensnehmer nicht geschuldet.

Bei Immobiliar-Verbraucherdarlehensverträgen darf der Darlehensgeber gemäß § 492a I 1 BGB den Abschluss eines Immobiliar-Verbraucherdarlehensvertrags nicht davon abhängig machen, dass der Darlehensnehmer oder ein Dritter weitere Finanzprodukte oder -dienstleistungen, wie z. B. eine Risikolebensversicherung erwirbt. Solche Kopplungsgeschäfte sind nur im Rahmen des § 492b BGB zulässig.

Ist gem. § 504 I BGB ein Verbraucherdarlehen in der Weise gewährt, dass der Darlehensgeber in einem Vertragsverhältnis über ein laufendes Konto dem Darlehensnehmer das Recht einräumt, sein Konto in bestimmter Höhe zu überziehen (Überziehungsmöglichkeit), hat der Darlehensgeber den Darlehensnehmer in regelmäßigen Zeitabständen über die Angaben nach Art. 247 § 16 EGBGB zu unterrichten. Ein Schriftformerfordernis besteht nicht. Bei einer bloß geduldeten Kontoüberziehung sind selbst diese Infor-

---

355 Führich, § 20 Rn. 547.
356 BGH NJW 1997, 3169, 3170 zum ehemaligen § 4 VerbrKrG.
357 Zur Rückerstattung zu viel gezahlter Zinsen s. BGH NJW 2000, 2816, 2817 zum ehemaligen § 6 VerbrKrG.

mationspflichten eingeschränkt, vgl. § 505 BGB i. V. m. Art. 247 § 17 EGBGB.[358] Beim Überziehungskredit bestehen nach Art. 247 § 16 EGBGB z. B. folgende Informationspflichten für das Kreditinstitut gegenüber dem Verbraucherdarlehensnehmer:
- Zeitraum des Überziehungskredits;
- Sollzinssatz, der zum Zeitpunkt der jeweiligen Unterrichtung gilt;
- Datum und Höhe der an den Darlehensnehmer ausbezahlten Beträge;
- Saldo und Datum der vorangegangenen Unterrichtung;
- Erhobene Kosten;
- Datum und Höhe der Rückzahlungen des Darlehensnehmers.

Dem Darlehensnehmer steht bei einem Verbraucherdarlehensvertrag ein Widerrufsrecht nach §§ 495, 355 BGB zu. Erforderlich ist nach § 355 II 1 BGB, dass der Widerruf innerhalb einer Frist von 14 Tagen nach Bereitstellung des Verbraucherdarlehens erfolgt. Hat der Darlehensnehmer das Verbraucherdarlehen in Anspruch genommen, hat er nach § 356 II 1, 2 BGB i. V. m. § 355 I 2 BGB das Darlehen nach Widerrufserklärung innerhalb der Widerrufsfrist von 14 Tagen an den Darlehensgeber zurückzuzahlen. Bei Überziehungskrediten kann der Darlehensnehmer das Darlehen jederzeit ohne Einhaltung einer Kündigungsfrist und ohne zusätzliche Kosten zurückzahlen. Für Existenzgründer gelten gem. § 513 BGB ebenfalls die Bestimmungen des Verbraucherschutzes aus §§ 491 bis 512 BGB bei Einräumung eines Darlehens bis zur Höhe von € 75000,- für den Aufbau der selbstständigen Tätigkeit.

Ein Vertrag über die Lieferung einer Ware oder die Erbringung einer anderen Leistung und ein Verbraucherdarlehensvertrag können nach § 358 III BGB derart miteinander verbunden sein (Verbundener Vertrag), dass das Darlehen ganz oder teilweise der Finanzierung des anderen Vertrags dient und beide Verträge eine wirtschaftliche Einheit bilden. Dann sind die §§ 358, 359 BGB zu beachten.

dd) Finanzierungshilfen zwischen Unternehmer und Verbraucher. – (1) Zahlungsaufschub. Die Vorschriften über den Verbraucherdarlehensvertrag gelten auch für Verträge, durch die ein Unternehmer einem Verbraucher einen entgeltlichen Zahlungsaufschub von mehr als drei Monaten oder eine sonstige entgeltliche Finanzierungshilfe gewährt. Ein Zahlungsaufschub liegt nach § 506 BGB vor, wenn ein Unternehmer einem Verbraucher die Möglichkeit gewährt, seine Geldschuld gegen Entgelt zu einem späteren als dem vereinbarten Termin zu begleichen. Voraussetzung ist, dass der Termin mindestens drei Monate später als der ursprünglich vorgesehene Zahlungstermin vereinbart wird. Der Zahlungsaufschub ist dann eine entgeltliche Finanzierungshilfe, wenn der Zahlungsaufschub für den Verbraucher zusätzliche Kosten verursacht. Dabei kann es sich um eine Zinszahlung für die Geldsumme während der Zahlungsaufschubsfrist handeln, die der Begünstigte des Zahlungsaufschubs nach Ablauf der Zahlungsaufschubsfrist zu leisten hat. Stundung und Teilzahlungsgeschäfte sind bedeutende Formen des Zahlungsaufschubs.

(2) Finanzierungsleasing. Der Finanzierungsleasingvertrag ist in § 506 II BGB geregelt. Besondere Voraussetzungen für Finanzierungsleasingverträge sind in §§ 507, 508 BGB normiert. Außerdem gelten eingeschränkt die Normen zum Verbraucherdarlehensvertrag gem. §§ 491 ff. BGB. Der Finanzierungsleasingvertrag gilt als sonstige entgeltliche Finanzierungshilfe i. S. v. § 506 I BGB. Leasing bedeutet, dass der Leasinggeber einen bestimmten Gegenstand dem Leasingnehmer entgeltlich zum Gebrauch überlässt.[359] Es handelt sich um eine Art Mietverhältnis zwischen Leasinggeber und Leasingnehmer; der bedeutende Unterschied ist, dass zwar eine Überlassungsdauer des Gegenstands fest vereinbart ist. Am Ende der Leasingdauer kann dem Leasingnehmer aber ein vertraglich

---

358 Brox/Walker, BS, § 17 Rn. 48.
359 Vgl. MüKo-BGB/Koch, Finanzierungsleasing (Anh. § 515), Rn. 4; Looschelders, § 24 Rn. 1.

vereinbartes Wahlrecht zur Verlängerung der Leasingzeit bzw. ein Kaufandienungsrecht zustehen.
Im Wirtschaftsleben kommt das Finanzierungsleasing als Leasingart am häufigsten vor. Der Leasinggeber ist entweder selbst der Produzent des Gegenstandes oder er erwirbt das Eigentum des Gegenstands vom Produzenten bzw. Händler und überlässt ihn dann zur Benutzung dem Leasingnehmer gegen Entgelt.[360] Der Leasingnehmer ist dann verpflichtet, Ratenzahlungen an den Leasinggeber zu leisten. Diese umfassen die Kosten für das Finanzierungsleasing, etwaige Zinsen sowie eine Abschlussprovision. Zum einen ist der Leasingnehmer für Wartung und Instandhaltung des Leasinggegenstands verantwortlich; zum anderen trägt er die Gefahr bei Beschädigung oder Zerstörung des Leasinggegenstands.[361] Übt der Leasingnehmer am Ende der Finanzierungsleasingdauer eine vereinbarte Kaufoption aus, hat er für den geleasten Gegenstand eine Abschlusszahlung zu leisten, welche vorher vertraglich vereinbart wurde.
Großer Vorteil des Finanzierungsleasings ist für den Leasingnehmer, nach Abschluss des Leasingvertrags gerade nicht sofort für die Sache den gesamten Kaufpreis begleichen zu müssen. Er schont somit seine Liquidität. Dafür nimmt er insgesamt gesehen einen höheren Kaufpreis in Kauf, welcher sich aus dem Kaufpreis selbst und den bereits erwähnten zusätzlichen Kosten zusammensetzt, wenn er nach Ablauf der Leasingzeit den Gegenstand übernimmt. Die zusätzlichen Kosten sind steuerlich absetzbar.
Weitere Formen des Leasings sind das Operating-Leasing, das Immobilien-Leasing, das Hersteller-Leasing oder das Sale-and-Lease-Back-Verfahren. Bei letzterem verkauft der Eigentümer einen Gegenstand an einen Leasinggeber, von dem der Alteigentümer den Leasinggegenstand zurückleast, z. B. im Immobilienbereich bei kommunalen Immobilien, wenn eine Stadt ihr Rathaus an einen Leasinggeber veräußert, durch die weitere Nutzung aber unmittelbarer Besitzer bleibt und demzufolge zum Leasingnehmer wird.

338 ee) **Factoring.** Factoring ist eine weitere Möglichkeit der Finanzierungshilfe. Ein Factoring-Vertrag besteht zwischen einem Unternehmer und einem Factor, wenn sich beide einig sind, dass alle gegenwärtigen und zukünftigen Forderungen des Unternehmers an einen neuen Forderungsgläubiger nach § 398 BGB abgetreten werden. Der Factor verpflichtet sich seinerseits, die ihm angebotenen Forderungen unter bestimmten Voraussetzungen zu übernehmen und dem Kunden den Wert derselben abzüglich eines Diskonts, d. h. eines bestimmten prozentualen Anteils der nominalen Forderungshöhe, gutzuschreiben.[362]
Zu unterscheiden ist zwischen echtem und unechtem Factoring. Während beim echten Factoring ein Kaufvertrag über alle bestehenden und zukünftigen Forderungen entsteht und der Verkäufer der Forderungen ausschließlich für ihren Bestand, nicht aber für die Bonität der Forderungen einsteht, liegt beim unechten Factoring nur eine Abtretung der Forderungen an den Factor vor. Der Abtretungsschuldner hat daher nicht nur für den Bestand der Forderung zum Zeitpunkt der Abtretung einzustehen, sondern auch für die Durchsetzbarkeit der Forderung. Unechtes Factoring ist daher typisches Kreditgeschäft; hier trägt der Abtretungsschuldner das alleinige Risiko der Delkredere-Haftung.[363]

339 ff) **Teilzahlungsgeschäft.** Nach § 506 III BGB liegt ein Teilzahlungsgeschäft vor, wenn der Käufer den Kaufpreis mit vorher vereinbarten Teilzahlungen erbringen kann. Auch für das Teilzahlungsgeschäft gelten die besonderen Bestimmungen der §§ 507, 508 BGB. Teilzahlung bedeutet, dass der Käufer den Kaufpreis in mindestens zwei Zahlungen erbringen darf. Auf Teilungszahlungsgeschäfte finden nach § 507 BGB zusätzliche Rege-

---

360 Vgl. Musielak/Hau, § 8 Rn. 941.
361 Vgl. MüKo-BGB/Koch, Leasing, Rn. 94 ff.
362 Looschelders, § 12 Rn. 9.
363 Vgl. Weber/Schmidt, Factoringvertrag; Hohmeister, S. 162.

lungen Anwendung, die dem Verbraucherschutz dienen. § 507 II BGB i. V. m. Art. 247 §§ 6, 12, 13 EGBGB haben die erforderlichen Angaben normiert, welche dem Verbraucher bei Teilzahlungsgeschäften vor Vertragsabschluss bekannt sein müssen, z. B.
- Barzahlungspreis, d. h. der Gesamtpreis für den Kaufgegenstand;
- Teilzahlungspreis, d. h. der Gesamtbetrag von Anzahlung und allen vom Verbraucher zu entrichtenden Teilzahlungen einschließlich Zinsen und sonstiger Kosten;
- Betrag, Zahl und Fälligkeit der einzelnen Teilzahlungen;
- Effektiver Jahreszins;
- Kosten einer Versicherung, die im Zusammenhang mit dem Teilzahlungsgeschäft abgeschlossen wird;
- Bestehen oder Nichtbestehen eines Widerrufsrechts.

Für die Wirksamkeit des Teilzahlungsgeschäfts ist Schriftform Voraussetzung i. S. v. § 492 I BGB; es ist nichtig nach § 507 II 1 BGB, wenn die erforderliche Schriftform nach § 492 I 1 BGB nicht eingehalten ist oder wenn eine der in § Art. 247 §§ 6, 12, 13 EGBGB vorgeschriebenen Angaben fehlt. Geheilt wird ein solcher Mangel, wenn dem Verbraucher die Sache übergeben oder die Leistung erbracht wird. Dann wird das Teilzahlungsgeschäft gültig. Aus § 507 II 3 bis 5 BGB wird bei Gültigkeit des Teilzahlungsvertrags durch Heilung trotz vorliegender Mängel der Verbraucher zusätzlich geschützt.

Auch beim Teilzahlungsgeschäft steht dem Verbraucher ein Widerrufsrecht nach §§ 495 I 3, 355 BGB zu. Anstelle des dem Verbraucher gem. § 495 I BGB zustehenden Widerrufsrechts kann dem Verbraucher nach §§ 508, 356 BGB auch ein Rückgaberecht eingeräumt werden. Nach §§ 506 I, 501 BGB kann der Verbraucher vorzeitig seine Verbindlichkeiten aus dem Teilzahlungsgeschäft erfüllen; dann vermindert sich der Teilzahlungspreis um die Zinsen und sonstigen laufzeitabhängigen Kosten, die bei gestaffelter Berechnung auf die Zeit nach der vorzeitigen Erfüllung entfallen.

gg) Ratenlieferungsvertrag. Auch ein Ratenlieferungsvertrag fällt unter den Begriff der Finanzierungshilfe zwischen einem Unternehmer und einem Verbraucher. Voraussetzung eines Ratenlieferungsvertrags nach § 510 BGB ist entweder
- die Lieferung mehrerer als zusammengehörend verkaufter Sachen in Teilleistungen, bei denen das Entgelt für die Gesamtheit der Sachen in Teilzahlung zu entrichten ist oder
- die regelmäßige Lieferung von Sachen gleicher Art oder
- die Verpflichtung zum wiederkehrenden Erwerb oder Bezug von Sachen.

Beispiele für Ratenlieferungsverträge sind das Abonnieren von Zeitungen und Zeitschriften, das Abonnieren von Büchern bei einem Buchclub, der monatliche Bezug von Bandstahl in einer gewissen Größenordnung zur Weiterverarbeitung durch ein Unternehmen oder der laufende Grundnahrungsmittelbezug durch Gaststättenbetriebe.[364]

Nach § 510 II BGB bedarf auch der Ratenlieferungsvertrag der schriftlichen Form. Dieses Schriftformerfordernis gilt nicht, wenn dem Verbraucher die Möglichkeit verschafft wird, die Vertragsbestimmungen einschließlich der AGB bei Vertragsschluss abrufen und in wiedergabefähiger Form speichern zu können.[365] Der Unternehmer hat dem Verbraucher den Vertragsinhalt nach § 510 II 3 BGB in Textform i. S. v. § 126b BGB mitzuteilen. Ratenlieferungsverträge können folglich in elektronischer Form abgeschlossen werden. Ein Widerrufsrecht ergibt sich aus §§ 510 I, 355 BGB.

3. Tätigkeitsverträge

Nach Veräußerungs- und Gebrauchsüberlassungsverträgen bilden Tätigkeitsverträge die dritte große Gruppe von vertraglichen Schuldverhältnissen. Tätigkeitsverträge sind u. a. Dienst- und Werkvertrag. Die geschuldete Leistung besteht somit entweder aus einer

---

364 Vgl. MüKo-BGB/Schürnbrand/Weber, § 510 Rn. 15, 21 f.
365 Vgl. zum Schriftformerfordernis BGH NJW-RR 2004, 841, 842; BGH NJW 2005, 66.

Dienstleistung für einen anderen oder in der Erstellung eines von den Vertragsparteien festgelegten Werks.

342 **a) Dienstvertrag.** Der Dienstvertrag wird in den §§ 611 bis 630 BGB geregelt. Durch den Dienstvertrag wird derjenige nach § 611 I BGB, welcher Dienste zusagt, zur Leistung der versprochenen Dienste, der andere Teil zur Gewährung der vereinbarten Vergütung verpflichtet. Gegenstand des Dienstvertrags können Dienste jeder Art sein. Beim Dienstvertrag handelt es sich um einen gegenseitigen Vertrag. Hauptverbindlichkeit des Dienstverpflichteten ist die Tätigkeit als solche, nicht aber ein durch die Tätigkeit eintretender Erfolg. Darin unterscheidet sich der Dienstvertrag vom Werkvertrag, bei dem der Unternehmer zur Herstellung eines versprochenen Werkes verpflichtet ist und somit erfolgsabhängig handelt.

Die Tätigkeit beim Dienstvertrag kann einmalig oder auch über eine gewisse Dauer erfolgen, so z. B. im Rahmen eines Arbeitsverhältnisses, dem die Regelungen des Dienstvertrags zugrunde liegen. Das Arbeitsverhältnis ist somit eine Spezialform des Dienstvertrags. Arbeitsrechtliche Sondervorschriften finden sich insbesondere in Spezialgesetzen, z. B. im Bundesurlaubsgesetz (BUrlG), im Mutterschutzgesetz (MuSchG), im Kündigungsschutzgesetz (KSchG) oder im Allgemeinen Gleichbehandlungsgesetz (AGG). Nach §§ 1, 2 I Nr. 1, 6 I 2, 7 AGG sind u. a. bei der Einstellung von Arbeitnehmern Benachteiligungen aus Gründen der Rasse oder wegen der ethnischen Herkunft, des Geschlechts, der Religion oder Weltanschauung, einer Behinderung, des Alters oder der sexuellen Identität verboten. Zwar begründet ein Verstoß gegen ein Benachteiligungsverbot nach § 15 VI AGG keinen Anspruch des benachteiligten Bewerbers auf Begründung eines Beschäftigungsverhältnisses; dieser kann aber Schadensersatz wegen eines eventuellen materiellen Schadens, § 15 I AGG, und Entschädigung wegen eines immateriellen Schadens, § 15 II AGG, verlangen.[366] Unterschieden wird zwischen einem freien und einem abhängigen Dienstvertrag, d. h. zwischen selbstständiger und unselbstständiger Tätigkeit.[367] Bei unselbstständiger Tätigkeit ist der Dienstverpflichtete ein abhängig Beschäftigter, z. B. im Rahmen eines Arbeitsverhältnisses, für das die Arbeitsgesetze und die arbeitsrechtlichen Rechtsgrundsätze gelten. Diese sind nach § 10 II BBiG auch auf Ausbildungs- und Praktikumsverhältnisse anwendbar.[368] Bei selbstständiger Tätigkeit tritt der Dienstverpflichtete in eigener Verantwortung weisungsungebunden auf, so z. B. als beauftragter Rechtsanwalt, Steuer- oder Unternehmensberater bzw. als praktizierender Arzt.

Ein Dienstvertrag kann formlos abgeschlossen werden. Ausnahmen können sich beim Arbeitsrecht ergeben, so z. B. durch ein in Tarifverträgen festgelegtes Schriftformerfordernis bzw. durch das Nachweisgesetz nach § 2 NachwG, wonach die wesentlichen Vertragsbedingungen bei Arbeitsverträgen spätestens einen Monat nach Vertragsbeginn durch den Arbeitgeber schriftlich niedergelegt werden sollen.[369]

343 **aa) Leistungspflichten.** Nach § 611 II BGB können Gegenstand des Dienstvertrags Dienste jeder Art sein. Dienstberechtigter und Dienstverpflichteter können als Vertragsparteien individuell vereinbaren, welche Leistungspflichten in Art und Umfang sich aus dem Schuldverhältnis ergeben. Insbesondere Freiberufler wie Rechtsanwälte, Steuerberater, Notare, Mediziner oder Apotheker haben als Dienstverpflichtete auch standesrechtliche Regelungen bzw. gesetzliche Vorschriften zu beachten, wie z. B. die Beschreibung der Prüfungs- und Belehrungspflichten von Notaren in §§ 17 ff. BeurkG.[370]

---

366 Vgl. Brox/Walker, BS, § 19 Rn. 17; MüKo-BGB/Thüsing, § 15 AGG Rn. 16; Schade/Feldmann, Rn. 231.
367 Vgl. Looschelders, SchR BT, § 28 Rn. 7 f.
368 S. dazu Schade, PR, Rn. 20, 33–35, 80.
369 Vgl. Emmerich, SchR BT, § 9 Rn. 9.
370 S. dazu. Bähr, § 11 II 2.

Nach § 613 S. 1 BGB hat der zur Dienstleistung Verpflichtete die Dienste im Zweifel in Person zu leisten. § 613 S. 2 BGB schützt den Dienstverpflichteten dahingehend, dass auch der Dienstberechtigte nach Abschluss des Dienstvertrags die Dienstleistung nicht an Dritte abtreten kann. Bedeutende Ausnahme hierzu ist § 613a BGB: Geht ein Betrieb oder Betriebsteil durch Rechtsgeschäft auf einen anderen Inhaber über, so tritt dieser in die Rechte und Pflichten aus den im Zeitpunkt des Übergangs bestehenden Arbeitsverhältnissen ein.
Als Gegenleistung für seine Dienste erhält der Dienstverpflichtete eine Vergütung, die beide Vertragsparteien üblicherweise vereinbart haben. Sie gilt nach § 612 I BGB als stillschweigend vereinbart, wenn die Dienstleistung den Umständen nach nur gegen eine Vergütung zu erwarten ist. Gleiches gilt nach § 612 II BGB, wenn die Höhe der Vergütung durch die Vertragsparteien nicht bestimmt wurde. Dann ist bei Bestehen einer Taxe die taxmäßige Vergütung, in Ermangelung einer Taxe die übliche Vergütung als vereinbart anzusehen. Sonst besteht nur noch die Möglichkeit, die Vergütung durch eine ergänzende Auslegung oder nach billigem Ermessen gem. §§ 316, 315 BGB zu bestimmen.[371] Die Vergütungsgrundlage kann sich auch aus Honorarordnungen ergeben, so z. B. aus dem RVG für Rechtsanwälte. Ist die Dienstleistung erfolgt, wird nach § 614 BGB die Vergütung fällig, entweder in einer Summe oder nach Zeitabschnitten, wie z. B. monatlich bei Lohn oder Gehalt.
Der Grundsatz „Ohne Arbeit keinen Lohn" wird durch §§ 615, 616 BGB durchbrochen.[372] Kommt der Dienstberechtigte nach § 615 S. 1 BGB mit der Annahme der Dienste in Verzug, so kann der Verpflichtete für die in Folge des Verzugs nicht geleisteten Dienste die vereinbarte Vergütung verlangen, ohne zur Nachleistung verpflichtet zu sein. Daneben können weitere Kosten anfallen. Ist z. B. eine Nachhilfestunde in Englisch vereinbart und vergisst der Nachhilfeschüler den Termin, so kann der Nachhilfelehrer die Vergütung der Nachhilfestunde sowie die Kosten für die Hin- und Rückfahrt geltend machen. Der Dienstverpflichtete muss sich jedoch den Wert desjenigen anrechnen lassen, was er in Folge des Unterbleibens der Dienstleistung erspart oder durch anderweitige Verwendung seiner Dienste erwirbt oder zu erwerben böswillig unterlässt. Ist es dem Golflehrer z. B. möglich, bei Fernbleiben seines Schülers einen anderen Schüler in derselben Zeit zu unterrichten, kann er gegenüber dem ersten Schüler keine Vergütung für eine Trainerstunde geltend machen.
Des Weiteren hat der Arbeitgeber gegenüber dem Arbeitnehmer die Vergütungspflicht, wenn er das Risiko des Arbeitsausfalls trägt, so z. B. bei einem schwerwiegenden Brand im Unternehmen, bei Energieausfall, beim Verlust von Aufträgen, die das Unternehmen ausgelastete hätten, etc. Außerdem verliert der zur Dienstleistung Verpflichtete nach § 616 BGB seinen Anspruch auf Vergütung nicht dadurch, dass er für eine verhältnismäßig nicht erhebliche Zeit durch einen in seiner Person liegenden Grund ohne sein Verschulden an der Dienstleistung verhindert wird, so z. B. bei einer schwerwiegenden Erkrankung innerhalb seiner Familie oder einem Todesfall im engsten Familienkreis. Bei unverschuldeter Erkrankung, d. h. ohne Vorsatz und grobe Fahrlässigkeit, gilt nach § 3 I 1 EFZG: In diesem Fall hat der Arbeitnehmer für einem Zeitraum bis zu sechs Wochen einen Vergütungsanspruch gegenüber seinem Arbeitgeber.

bb) Nebenpflichten. Dienstverpflichteter und Dienstberechtigter haben bedeutende Nebenpflichten aus dem Dienstverhältnis zu erfüllen. So hat der Dienstverpflichtete nach §§ 241 II, 242 BGB Treue-, Schutz- und Sorgfaltspflichten, z. B. Mitteilungs- und Verschwiegenheitspflichten, zu beachten. Große Bedeutung haben Konkurrenz- und Wettbewerbsverbote, insbesondere, wenn diese i. S. v. § 110 GewO im Arbeitsvertrag vereinbart werden. Der Dienstberechtigte hat seinerseits Fürsorge-, Schutz- und Sorg-

---

371 Vgl. BGH ZIP 2006, 1493, 1495 f.
372 Dazu ausführlich Schade/Feldmann, Rn. 275 ff.; MüKo-BGB/Henssler, § 615 Rn. 1.

faltspflichten wahrzunehmen, insbesondere bei einem Arbeitsverhältnis aus §§ 617, 618 BGB. Die Pflichten des Dienstberechtigten zur Krankenfürsorge bzw. zu Schutzmaßnahmen zur Abwehr von Gefahr für Leben und Gesundheit des Dienstverpflichteten können nach § 619 BGB im Voraus durch Vertrag weder aufgehoben noch beschränkt werden.

345 cc) **Pflichtverletzungen des Dienstverhältnisses. – (1) Ansprüche des Dienstberechtigten.** Erfüllt der Dienstverpflichtete seine vertraglich vereinbarten Leistungspflichten nicht, hat der Vertragspartner Ansprüche aus allgemeinem Leistungsstörungsrecht, so z. B. bei
– Nichtleistung, §§ 275, 280, 283, 326 BGB;
– Verspäteter Leistung, §§ 280, 286, 323 BGB, bzw. §§ 280, 281 BGB;
– Schlechtleistung, § 280 BGB.[373]
Voraussetzung ist eine schuldhafte Pflichtverletzung. Für Arbeitnehmer tritt diese nur bei vorsätzlichem oder fahrlässigem Handeln gegenüber dem Arbeitgeber ein, nicht aber bei leichter Fahrlässigkeit.[374]

346 (2) **Ansprüche des Dienstverpflichteten.** Begeht der Dienstberechtigte eine Pflichtverletzung im Rahmen des Dienstverhältnisses, hat der Dienstverpflichtete Ansprüche auf
– Vergütung bei Annahmeverzug des Dienstberechtigten, §§ 615 BGB;
– Schadensersatz, § 280 I BGB, wegen Pflichtverletzungen von Schutzmaßnahmen nach § 618 BGB sowie von Nebenpflichten, §§ 241 II, 242 BGB.
Erfolgt eine Betriebsstörung durch legale Arbeitskampfmaßnahmen wie Streik oder Aussperrung, hat der Arbeitnehmer als Dienstverpflichteter keinen Anspruch auf Lohn für die Dauer des Streiks bzw. der Aussperrung.[375] In dieser Zeit kommt der Arbeitgeber als Dienstberechtigter nicht in Annahmeverzug mit einer angebotenen Leistung des Dienstverpflichteten.

347 dd) **Beendigung des Dienstvertrags.** Es bestehen fünf Möglichkeiten, nach denen ein Dienstvertrag endet:
– Erledigung der Dienstleistung;
– Zeitablauf eines befristeten Dienstvertrags, § 620 I BGB;
– Einvernehmliche Aufhebung des Dienstvertrags;
– Kündigung des Dienstvertrags, §§ 620 II, 626, 627 BGB;
– Tod des Dienstverpflichteten, § 613 BGB.
Wenn nur eine bestimmte Tätigkeit oder ein bestimmter Tätigkeitskomplex geschuldet ist, tritt mit der Erbringung der betreffenden Tätigkeit Erfüllung i. S. d. § 362 I BGB ein, z. B., wenn ein Rechtsanwalt die vorzunehmende Prozessvertretung beendet hat.[376] Ansonsten kann ein Dienstverhältnis nach § 620 I BGB mit dem Ablauf der Zeit enden, für das es eingegangen ist. Die Aufhebung eines Dienstvertrags ist ein neuer schuldrechtlicher Vertrag zwischen Dienstberechtigtem und Dienstverpflichtetem nach § 311 I BGB. Hier endet das Dienstverhältnis zu dem vereinbarten Zeitpunkt, ohne dass es einer Kündigung bedarf.[377]
Der Dienstvertrag kann auch nach § 620 II BGB durch eine der beiden Parteien gekündigt werden. Möglich ist die ordentliche Kündigung bei Dienstverhältnissen, die auf unbestimmte Zeit abgeschlossen wurden. Zu beachtende Kündigungsfristen ergeben sich für einen selbstständigen Dienstvertrag nach § 621 BGB, für einen unselbstständigen Dienstvertrag, i. d. R. einem Arbeitsverhältnis, aus § 622 BGB. Bei unselbstständigen

---

373 S. dazu Schade/Feldmann, Rn. 240.
374 Vgl. BAG NZA 1993, 547, 548; BAG ZIP 1994, 1712; s. außerdem BGH NJW 2004, 951, 953 m. w. N.
375 Vgl. Wörlen/Kokemoor, AR, Rn. 328.
376 Looschelders, § 30 Rn. 2.
377 Brox/Walker, BS, § 21 Rn. 13; Schade/Feldmann, Rn. 374.

Dienstverträgen sind Änderungen der Kündigungsfristen aufgrund von Tarifvertragsvereinbarungen nach § 622 IV BGB zu beachten. Bei Arbeitsverhältnissen sind insbesondere das Kündigungsschutzgesetz sowie das Betriebsverfassungsgesetz zu beachten, wenn i. S. v. §§ 102 ff. BetrVG ein Betriebsrat besteht. Während selbstständige Dienstverhältnisse formfrei gekündigt werden können, ist für die Beendigung unselbstständiger Dienstverträge nach § 623 BGB Schriftform erforderlich. Auch die Kündigung in elektronischer Form ist bei Arbeitsverhältnissen ausgeschlossen.
Möglich ist die fristlose Kündigung aus einem wichtigen Grund nach § 626 BGB. Danach kann das Dienstverhältnis von jedem Vertragsteil aus wichtigem Grund ohne Einhaltung einer Kündigungsfrist gekündigt werden, wenn Tatsachen vorliegen, aufgrund derer dem Kündigenden unter Berücksichtigung aller Umstände des Einzelfalls und unter Abwägung der Interessen beider Vertragsteile die Fortsetzung des Dienstverhältnisses bis zum Ablauf der Kündigungsfrist oder bis zu der vereinbarten Beendigung des Dienstverhältnisses nicht zugemutet werden kann. Eine solche Unzumutbarkeit ergibt sich z. B. immer dann, wenn z. B. der Arbeitnehmer einen Diebstahl im Betrieb begeht bzw. der Arbeitgeber den Arbeitnehmer öffentlich denunziert.
Eine fristlose Kündigung bei einer Vertrauensstellung ist nach § 627 BGB jederzeit zulässig, wenn der zur Dienstleistung Verpflichtete, ohne in einem dauernden Dienstverhältnis mit festen Bezügen zu stehen, Dienste höherer Art zu leisten hat, die aufgrund besonderen Vertrauens übertragen zu werden pflegen, so z. B. die Steuererklärung durch den Steuerberater oder die Prozessvertretung durch den Rechtsanwalt.
Nach der Kündigung eines dauernden Dienstverhältnisses hat der Dienstberechtigte gem. § 629 BGB dem Dienstverpflichteten auf Verlangen eine angemessene Zeit zum Aufsuchen eines anderen Dienstverhältnisses zu gewähren. Der Dienstberechtigte ist außerdem verpflichtet, dem Dienstverpflichteten nach § 630 BGB ein schriftliches Zeugnis über das Dienstverhältnis und dessen Dauer auszustellen.

b) Werkvertrag. Auch der Werkvertrag ist ein Tätigkeitsvertrag. Er ist in den §§ 631 ff. BGB geregelt. Nach § 631 I BGB wird der Unternehmer eines Werkvertrags zur Herstellung des versprochenen Werkes, der Besteller zur Entrichtung der vereinbarten Vergütung verpflichtet. Gegenstand des Werkvertrags kann nach § 631 II BGB sowohl die Herstellung oder Veränderung einer Sache als auch ein anderer durch Arbeit oder Dienstleistung herbeizuführender Erfolg sein. Die Tätigkeit des Unternehmers beim Werkvertrag muss zum Erfolg führen im Gegensatz zum Dienstvertrag, bei dem nur das reine Tätigwerden des Dienstverpflichteten geschuldet wird. Beispiele für einen Werkvertrag sind die Personenbeförderung durch Verkehrsmittel, Inspektion eines Kraftfahrzeugs, aber auch die Herstellung von Zahnersatz durch ein Dentallabor oder die Anfertigung eines Gutachtens. Das herzustellende Werk kann somit ein körperliches oder ein geistiges Werk sein.
Die Abgrenzung zum Dienstvertrag ist trotz der Erfolgsorientierung beim Werkvertrag nicht immer einfach. In Zweifelsfällen muss aufgrund aller Umstände des konkreten Sachverhalts eine Zuordnung vorgenommen werden; dabei kommt es insbesondere darauf an, ob der Schuldner typischerweise nach der Zeit seiner Tätigkeit entlohnt wird, dann Dienstvertrag, oder ob der Schuldner nach der von ihm erbrachten Leistung bezahlt wird, dann Werkvertrag.[378] Beim Werkvertrag ist der Unternehmer zur erfolgreichen Tätigkeit verpflichtet; beim Dienstvertrag genügt die ordnungsgemäße Tätigkeit, auch wenn sich der Erfolg nicht einstellt.
Auch eine Abgrenzung zwischen Werkvertrag und Kaufvertrag ist nicht immer einfach. Gemäß § 650 I 1 BGB finden auf Verträge über die Lieferung neu herzustellender oder erzeugender beweglicher Sachen, z. B. Möbel, grds. die Vorschriften über den Kauf Anwendung. Das gilt selbst dann, wenn der Stoff für das Werk vom Besteller geliefert wird

---

378 Vgl. BGH NJW 2003, 3323, 3324; BGH WM 1972, 947, 948.

oder wenn die bewegliche Sache dazu bestimmt ist, in eine unbewegliche Sache eingebaut zu werden.[379] § 650 II–IV BGB enthalten darüber hinaus Einschränkungen der Mängelrechte des Kauf- bzw. Werkvertragsrecht, wenn es um die Herstellung bzw. Lieferung herzustellender digitaler Produkte geht. Für diese Fälle wird auf §§ 327 ff. BGB verwiesen.
Auch das Bauvertragsrecht hat in den §§ 650a ff. BGB eigene Regelungen erhalten. Somit beschränkt sich die Anwendbarkeit des Werkvertragsrechts im Wesentlichen auf reine Reparaturarbeiten und auf die Herstellung nicht körperlicher Werke, z. B. die Planung eines Architekten.[380]

349 **aa) Leistungspflichten. – (1) Unternehmer.** Die Hauptleistungspflicht des Unternehmers ergibt sich aus §§ 631 I, 633 I BGB. Danach hat der Unternehmer dem Besteller das Werk frei von Sach- und Rechtsmängeln zu verschaffen.

(a) Sachmangel. Das Werk ist dann frei von Sachmängeln, wenn es die vereinbarte Beschaffenheit hat (sog. subjektiver Fehlerbegriff). Dazu gehört auch die Tauglichkeit, die nach dem Vertrag vorausgesetzte Funktion zu erfüllen.[381] In der Praxis des Werkvertragsrechts kommt den oftmals schriftlich vorliegenden Vertragstexten und Leistungsverzeichnissen eine wichtige Rolle zur Feststellung, ob ein Sachmangel gegeben ist, zu. Hieraus lässt sich oftmals die konkret vereinbarte Beschaffenheit entnehmen. Ein Mangel kann aber auch dann gegeben sein, wenn der Werkunternehmer alle vereinbarten Leistungen vollständig erbracht hat, der versprochene Werkerfolg aber nicht eingetreten ist. Der Grund dafür besteht darin, dass mit dem Fehlerbegriff des § 633 BGB ein funktionales Verständnis von der Leistungspflicht des Werkunternehmers und damit auch ein funktionales Verständnis des Mangels einhergeht.[382] Das Gewerk des Werkunternehmers ist damit auch dann mängelbehaftet, wenn er nicht auf Fehler in einem Leistungsverzeichnis hinweist und die getroffenen Vorgaben ohne die Anmeldung von Bedenken umsetzt. Im Gegensatz zum Dienstvertrag braucht der Unternehmer den Werkvertrag nicht höchstpersönlich zu erfüllen.[383] Er kann auch Mitarbeiter als Erfüllungsgehilfen nach § 278 BGB zur Erstellung des Werkes verpflichten, es sei denn, die vertragliche Vereinbarung mit dem Besteller setzt das höchstpersönliche Tätigwerden des Unternehmers voraus, z. B. des Künstlers. Der Komponist hat daher i. d. R. höchstpersönlich für den Besteller die gewünschte Klaviersonate anzufertigen, der Bildhauer die gewünschte Skulptur.
Haben die Parteien des Werkvertrages keine Beschaffenheit vereinbart, so ist auf der nächsten Stufe gemäß § 633 II 2 Nr. 1 BGB die nach dem Vertrag vorausgesetzte Verwendung zu betrachten. Die Parteien haben sich hierbei nicht über bestimmte Beschaffenheitsmerkmale, sondern über eine bestimmte Verwendung des Werks geeinigt. In der Praxis wird sich oftmals anhand bestimmter Absprachen der Parteien über die Funktionalität und Tauglichkeit des Werks für einen bestimmten Verwendungszweck ein Rückschluss auf die nach dem Vertrag vorausgesetzte Verwendung ziehen lassen.
Ist in einem Fall weder die konkrete Vereinbarung einer Beschaffenheit noch eine nach dem Vertrag vorausgesetzte Verwendungseignung festzustellen, so ist an dritter Stelle gemäß § 633 II 2 Nr. 2 BGB zu prüfen, ob sich das Werk für seine gewöhnliche Verwendung eignet. Hierbei muss verglichen werden, ob das Gewerk eine Beschaffenheit aufweist, die bei Werken der gleichen Art üblich ist und von dem Besteller nach der Art des Gewerkes erwartet werden kann. Diese dritte Stufe des Sachmangelbegriffes stellt

---

379 Vgl. BGH NJW 2009, 2877, 2878; Brox/Walker, BS, § 23 Rn. 10; Looschelders, SchR BT, § 32 Rn. 4.
380 Brox/Walker, BS, § 23 Rn. 11.
381 BGH NJW 2008, 511, 512 m. w. N.; 2011, 3780, 3781.
382 Musielak/Hau, § 8 Rn. 962.
383 Vgl. BGHZ 89, 369, 374 = NJW 1984, 1175; MüKo-BGB/Busche, § 631 Rn. 73.

eine Art Auffangtatbestand dar. Möchte man nun prüfen, ob ein Sachmangel in diesem Sinne vorliegt, so hat eine dreistufige Prüfung stattzufinden:

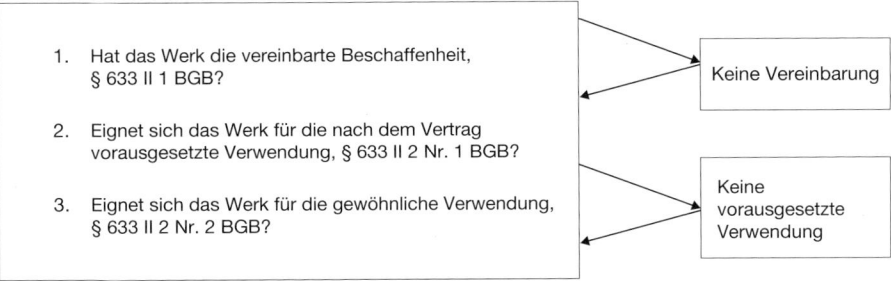

Abb. 30: Dreistufige Prüfung bei Sachmangel

Eine Erweiterung erfolgt gemäß § 633 II 3 BGB dadurch, dass die Lieferung eines anderen Werkes und Minderlieferungen Sachmängeln gleichgestellt werden.

(b) **Rechtsmangel.** Gemäß § 633 I BGB hat der Unternehmer dem Besteller das Werk frei von Sach- und Rechtsmängeln zu verschaffen, so dass die Haftung des Unternehmers für Rechtsmängel dem Recht der Sachmängelgewährleistung im Wesentlichen gleichgestellt ist. Nach § 633 III BGB ist das Werk dann frei von Rechtsmängeln, wenn Dritte in Bezug auf das Werk keine oder nur die im Vertrag übernommenen Rechte gegen den Besteller geltend machen können. Ein Rechtsmangel kommt beispielsweise bei einem fehlenden Nachweis der Unbedenklichkeit von Baustoffen bzw. Werkteilen in Betracht.

(c) **Nebenpflichten.** Die Nebenpflichten des Unternehmers ergeben sich aus §§ 241 II, 242 BGB, etwa Aufklärungs- und Beratungspflichten, Obhuts- und Verwahrungspflichten sowie Sicherungs- und Fürsorgepflichten entsprechend § 618 BGB.
Haben Unternehmer und Besteller nach § 649 BGB einen Kostenvoranschlag durch den Unternehmer vor Erstellung des Werkes vereinbart, ohne dass der Unternehmer die Gewähr für die Richtigkeit des Kostenvoranschlags übernommen hat, und ergibt sich, dass das Werk nicht ohne eine wesentliche Überschreitung der zugrunde gelegten Kosten ausführbar ist, so steht dem Unternehmer, wenn der Besteller den Vertrag aus diesem Grund kündigt, nur der in § 645 I BGB bestimmte Anspruch zu. Ist nach § 649 II BGB eine solche Überschreitung des Kostenvoranschlags zu erwarten, z.B. durch höhere Energiekosten oder Materialpreise, so hat der Unternehmer diese Überschreitung dem Besteller unverzüglich anzuzeigen. Unterlässt er diese Anzeige, kann er nur das Entgelt für die Erstellung des Werkes verlangen, welches im Kostenvoranschlag beziffert worden ist.

(2) **Besteller.** – (a) **Vergütung.** Hauptleistungspflicht des Bestellers ist die Entrichtung der vereinbarten Vergütung nach § 631 I BGB. Ist keine Vergütung ausdrücklich vereinbart worden, gilt die Fiktion der Vergütung nach § 632 BGB, allerdings nicht nach § 632 III BGB für den Aufwand eines Kostenvoranschlags, wenn dafür keine Vergütung vereinbart wurde. Abschlagszahlungen kann der Unternehmer nach § 632a BGB verlangen.

(b) **Abnahme.** Weitere Hauptpflicht des Bestellers ist die Abnahme des Werkes nach § 640 BGB. Danach ist der Besteller verpflichtet, das vertragsmäßig hergestellte Werk abzunehmen, sofern nicht nach der Beschaffenheit des Werkes die Abnahme ausgeschlossen ist. Bei geistigen Werken, so z.B. bei einer Theateraufführung, ersetzt nach § 646 BGB die Vollendung des Werkes die Abnahme. Wie die Übergabe gemäß § 446

BGB im Kaufrecht, markiert sie den Übergang vom sog. Erfüllungsstadium in die Phase der Gewährleistung. Damit sind Fragen der Gewährleistung stets mit Fragen der wirksamen Abnahme verknüpft. § 640 BGB beschreibt die rechtsgeschäftliche Abnahme. Eine klare Definition enthält das Gesetz allerdings nicht. Nach der Rechtsprechung ist unter dem Begriff der Abnahme „die mit der körperlichen Hinnahme verbundene Billigung des Werkes als der Hauptsache nach vertragsgemäße Leistung durch den Besteller" zu verstehen.[384] Voraussetzung der Billigung als im Wesentlichen vertragsgemäß ist zunächst, dass die Leistungen durch den Unternehmer vertragsgemäß erbracht worden sind. Dazu gehört die Vollendung der vertraglich geschuldeten Leistungen. Sodann müssen weitere Umstände hinzukommen, aus denen sich der rechtsgeschäftliche Wille des Bestellers ergibt, das Werk zu akzeptieren. Voraussetzung des Anspruchs auf Abnahme ist, dass die vertragsgemäße Leistung durch den Unternehmer fertiggestellt wurde. Der Besteller ist bei einem unfertigen Objekt zur Verweigerung der Abnahme berechtigt. Eine verspätete Herstellung berechtigt den Besteller nicht zur Verweigerung der Abnahme, sondern führt zu den Rechten des allgemeinen Schuldrechts, wie den §§ 281, 323 BGB. Mangelfreiheit i. S. d. § 640 I 1 BGB bedeutet das Fehlen von Sach- und Rechtsmängeln i. S. d. § 633 I BGB. Mängel der Werkleistung berechtigen den Besteller gemäß § 640 I 2 BGB dann zur Verweigerung der Abnahme, wenn sie nicht nur „unwesentlich" sind. Ein Mangel ist unwesentlich, wenn es dem Besteller zumutbar ist, die Leistung als im Wesentlichen vertragsgemäße Erfüllung hinzunehmen. Bei der Beurteilung müssen Art und Umfang des Mangels zum Zeitpunkt der Abnahme zu den konkreten Auswirkungen im Einzelfall unter Abwägung der beiderseitigen Interessen in Relation gesetzt werden.[385] Mehrere für sich unwesentliche Mängel sind zu „addieren", so dass sie insgesamt die Schwelle der Wesentlichkeit überschreiten können.

Ausnahmsweise kann der Besteller gemäß § 641 I 2 BGB zur Abnahme von Leistungsteilen verpflichtet sein, sofern dies entsprechend vertraglich vereinbart worden ist. Dies macht nur Sinn bei Teilen, die sich bei natürlicher Betrachtungsweise abtrennen lassen und eine gebrauchstaugliche selbstständige Einheit darstellen. Für Teilabnahmen gelten alle sich aus der Abnahme ergebenden Rechtsfolgen, jeweils einzeln für das abgenommene Teil.[386]

Die Abnahme kann auf unterschiedliche Art und Weise, rechtsgeschäftlich, förmlich oder auch konkludent (stillschweigend) erfolgen. Da das Gesetz keine bestimmte Form voraussetzt, kann diese schriftlich, oder auch mündlich erfolgen. Die förmliche Abnahme ist im BGB nicht vorgesehen. „Förmlich" bedeutet, dass ein schriftliches Abnahmeprotokoll angefertigt wird. Sie dient in der Praxis der Vermeidung von Beweisschwierigkeiten. In schriftlichen Werkverträgen ist sie daher oftmals vorgesehen. Das Erfordernis einer förmlichen Abnahme kann aber auch nachträglich durch eine stillschweigende Vereinbarung der Parteien aufgehoben werden. Eine konkludente Abnahme kann nur dann angenommen werden, wenn nach den gegebenen Umständen des Einzelfalles aus dem objektiv zu bewertenden Verhalten des Bestellers ohne vernünftige Zweifel auf die Billigung der Leistung als in der Hauptsache vertragsgemäß geschlossen werden kann.[387] Der bloße Beginn der Benutzung der Werksache genügt in der Regel nicht, vielmehr müssen zusätzliche Anhaltspunkte hinzukommen.

§ 640 II BGB sieht die sog. fiktive Abnahme vor. Voraussetzung ist, dass das Werk abnahmefähig und abnahmereif ist und eine angemessene Frist zur Abnahme fruchtlos verstrichen ist. Aus welchem Grund der Besteller die Frist schuldlos verstreichen ließ ist nicht bedeutsam. Eine fiktive Abnahme scheidet aber dann aus, wenn der Besteller die Abnahme unter Angabe mindestens eines Mangels verweigert. Liegen diese Voraussetzun-

---

384 BGHZ 48, 257; BGH NJW 1993, 1972.
385 OLG Hamm BauR 2005, 731, 732.
386 BGHZ 182, 158 Rn. 56.
387 Vgl. BGHZ 48, 257, 261; BGH NJW 1993, 1972, 1973.

gen vor, tritt die Fiktionswirkung des § 640 II BGB ein, die in ihren Rechtsfolgen der rechtsgeschäftlichen Abnahme gemäß § 640 I 1 BGB entspricht. Ausnahmen bestehen gemäß § 640 II 2 BGB, wenn der Besteller Verbraucher ist.
Die erfolgreiche Abnahme bewirkt mehrere wichtige Rechtsfolgen für die Parteien des Werkvertrags. Gemäß § 641 I 1 BGB ist die Vergütung bei der Abnahme des Werkes zu entrichten. Das bedeutet, dass die Abnahme Fälligkeitsvoraussetzung für den Vergütungsanspruch des Unternehmers ist. Allerdings hat der Besteller ab dem Zeitpunkt der Abnahme das Leistungsverweigerungsrecht des § 641 III BGB. Ist das von dem Unternehmer erstellte Werk mit Mängeln behaftet, so darf der Besteller nach der Fälligkeit die Zahlung eines angemessenen Teils der Vergütung verweigern. Als angemessen wertet das Gesetz das Doppelte (sog. Druckzuschlag) der für die Beseitigung des Mangels erforderlichen Kosten.
Mit dem Zeitpunkt der Abnahme geht die Erfüllungsphase des Werkvertrages in die Gewährleistungsphase über. Das bedeutet, dass der Erfüllungsanspruch des Bestellers erlischt und er nur noch die Mängelbeseitigung verlangen kann. Gleichzeitig geht die Leistungs- und die Vergütungsgefahr vom Unternehmer auf den Besteller über, vgl. § 644 BGB. Der Unternehmer trägt dann nicht die Leistungsgefahr, wenn es sich um einen Mangel des vom Besteller gelieferten Stoffes handelt, durch den das Gewerk sich zufällig verschlechtert hat oder zufällig untergegangen ist, § 644 I 3 BGB. Das Vorgenannte gilt auch, wenn für den Untergang, die Verschlechterung oder das unausführbar gewordene Werk des Unternehmers eine von dem Besteller für die Ausführung erteilte Anweisung verantwortlich ist, vgl. § 645 I 1 BGB.
Mit dem Zeitpunkt der Abnahme beginnen gemäß § 634a II BGB die Verjährungsfristen für Mängelansprüche im Sinne der § 634a I 1 Nr. 1 und 2 BGB.
Weiterhin tritt mit dem Zeitpunkt der Abnahme eine Beweislastumkehr ein. Wird ein Mangel vor der Abnahme gerügt, so muss der Unternehmer beweisen, dass sein Werk mangelfrei ist. Nach der Abnahme obliegt dem Besteller die Beweislast. Eine Ausnahme ist dann gegeben, wenn sich der Besteller gemäß § 640 III BGB seine Mängelrechte vorbehalten hat. Hier muss der Unternehmer weiter beweisen, dass kein Mangel vorliegt, so dass im Fall des § 640 III BGB die Beweislastumkehr nicht eintritt. Die Abnahme ist ein Zeitpunkt, zu dem bestimmte Rechte verloren gehen können, wenn sie sich nicht ausdrücklich vorbehalten werden. Hierzu gehört der bereits angesprochene Mängelvorbehalt gemäß § 640 III BGB sowie der Vertragsstrafenvorbehalt. Der Vorbehalt der Vertragsstrafe ergibt sich aus § 341 III BGB. Hiernach kann der Besteller, wenn die Parteien eine Vertragsstrafe vereinbart haben und er die Erfüllung annimmt, die Strafe nur verlangen, wenn er sich das Recht dazu bei der Annahme vorbehält. Auch der Vertragsstrafenvorbehalt muss bei der Abnahme oder ganz zeitnah zur Abnahme erklärt werden.

bb) Rechtsfolgen bei mangelhaftem Werk. Hat der Unternehmer das Werk mit einem Sach- oder Rechtsmangel erstellt, stehen dem Besteller nach §§ 634, 635 ff. BGB folgende Ansprüche zu:
– Nacherfüllung, § 635 BGB;
– Rücktritt, §§ 636, 323, 326 BGB;
– Schadensersatz, §§ 636, 280, 281, 283, 311a BGB;
– Aufwendungsersatz, § 284 BGB;
– Selbstvornahme, § 637 BGB;
– Minderung, § 638 BGB.
Bei den §§ 635 bis 638 BGB handelt es sich um gesetzliche Gewährleistungsrechte, die dem Besteller gegenüber dem Unternehmer zustehen, wenn das Werk mit Mängeln erstellt wurde. Aufgrund der Zäsurwirkung der Abnahme stehen dem Besteller die Män-

gelrechte nach §§ 634 ff. BGB allerdings erst nach der Abnahme des Werks zu.[388] Damit ist wie folgt zu unterscheiden:
- Herstellungsphase bis zur Abnahme: Der Besteller hat den Erfüllungsanspruch nach § 631 I BGB auf Herstellung des Werkes. Bei Pflichtverletzungen stehen ihm Ansprüche nach dem allgemeinen Leistungsstörungsrecht zu.
- Gewährleistungsphase nach der Abnahme: Der Besteller hat den Nacherfüllungsanspruch und ihm stehen die Gewährleistungsansprüche nach den gewährleistungsrechtlichen Sondervorschriften der §§ 633 ff. BGB zu.

Das System der Gewährleistungsansprüche ist, wie auch im Kaufvertragsrecht, zweistufig. Zunächst geht der Erfüllungsanspruch des Bestellers in einen Nacherfüllungsanspruch über. Dieser Anspruch auf Nacherfüllung ist der vorrangige Anspruch des Bestellers, so dass die Geltendmachung aller weiteren Gewährleistungsansprüche von dem Ablauf einer Nacherfüllungsfrist abhängig ist. Ist die Nacherfüllungsfrist fruchtlos abgelaufen, hat der Besteller sodann ein Wahlrecht zwischen den Mängelansprüchen (Anspruch auf Nacherfüllung, Schadensersatz und Aufwendungsersatz), den Gestaltungsrechten (Rücktritt und Minderung) und der eigenen Mangelbeseitigungsbefugnis (Ersatzvornahme).

(1) Nacherfüllung. Erste Möglichkeit für den Besteller ist die Nacherfüllung in angemessener Frist nach § 635 BGB. Danach kann der Unternehmer nach seiner Wahl den Mangel beseitigen oder ein neues Werk herstellen. Dieses Wahlrecht ist sachgerecht, weil der Unternehmer selbst am besten entscheiden kann, ob eine Nacherfüllung sinnvoll ist. Der Besteller muss zur Geltendmachung seines Nacherfüllungsanspruches den Unternehmer von den Mängeln in Kenntnis setzen und ihn auffordern, diese zu beseitigen. Nach Ansicht des BGH muss der Besteller den Mangel so konkret bezeichnen, dass die Gegenseite genau weiß und nachvollziehen kann, was von ihr als Abhilfe erwartet wird. Hierbei wird der Besteller seiner Darlegungslast dann gerecht, wenn er einen Mangel, für den der Unternehmer einzustehen hat, in seinem objektiven Erscheinungsbild behauptet und belegt. Eine weitergehende Darlegung wird von ihm nicht gefordert. Insbesondere muss der Besteller zu den Ursachen des Mangels keine konkreten Angaben machen.[389] Entscheidet sich der Unternehmer zur Nacherfüllung, z. B. zur Reparatur, spielt es – insbesondere für den Besteller – grds. keine Rolle, wie die Nacherfüllung erfolgt. Dem Besteller kommt es nur auf die mangelfreie Sache an. Gelingt die Nacherfüllung aber nur nach spezieller Art und Weise, muss der Unternehmer sie auch exakt so durchführen.[390] Er hat die zum Zweck der Nacherfüllung erforderlichen Aufwendungen, insbesondere Transport-, Wege-, Arbeits- und Materialkosten zu tragen. Wenn die Nacherfüllung nur mit unverhältnismäßigen Kosten möglich ist, kann der Unternehmer diese unbeschadet des § 275 II, III BGB nach § 635 III BGB verweigern.

(2) Rücktritt. Der Besteller kann zweitens vom Werkvertrag zurücktreten, wenn er dem Unternehmer nach §§ 636, 323, 326 BGB eine erfolglose Frist zur Nacherfüllung gesetzt hat bzw. die Fristsetzung entbehrlich war. Das Rücktrittsrecht steht ihm auch dann zu, wenn er nach § 640 II BGB ein mangelhaftes Werk abgenommen, sich seine Rechte wegen des Mangels aber bei der Abnahme vorbehalten hat.

(3) Schadensersatz. Eine weitere Möglichkeit für den Besteller ist der Anspruch auf Schadensersatz nach §§ 636, 280, 281, 283, 311a BGB. Außerdem hat der Besteller statt des Anspruchs auf Schadensersatz einen Anspruch auf Aufwendungsersatz nach § 284 BGB. Der Schadensersatzanspruch umfasst alle Schäden, die durch das mangelhafte Werk entstanden sind, so z. B. den geringeren Wert des Werkes, aber auch ein evtl. entgangener Gewinn in Folge der Mangelhaftigkeit des Werkes, wenn z. B. der Bauherr die herzustellende Immobi-

---

388 BGH, Urt. v. 19.1.2017 – VII ZR 301/13.
389 BGH IBR 1998, 378.
390 Vgl. BGH NJW 2011, 1872, 1873.

lie schon an einen geschlossenen Immobilienfonds zu einem erheblich höheren Preis als der Vergütung für den Bauunternehmer weiterverkaufen konnte. Ein Anspruch aus einem Mangelfolgeschaden ist ebenfalls nach §§ 280 ff. BGB zu ersetzen.

(4) **Selbstvornahme.** Im Rahmen der Selbstvornahme kann der Besteller gem. § 637 BGB wegen eines Mangels des Werkes nach erfolglosem Ablauf einer von ihm zur Nacherfüllung bestimmten angemessenen Frist den Mangel auch selbst beseitigen und Ersatz der erforderlichen Aufwendungen verlangen, wenn der Unternehmer die Nacherfüllung nicht zu Recht verweigert. Erforderlich ist ebenfalls eine Fristsetzung zur Nacherfüllung nach § 323 I BGB, es sei denn, die Fristsetzung ist wiederum entbehrlich, weil der Unternehmer die Nacherfüllung verweigert oder ein Nacherfüllungsversuch fehlgeschlagen ist. Nach § 637 III BGB kann der Besteller von dem Unternehmer die zur Beseitigung des Mangels erforderlichen Aufwendungen ersetzt verlangen; dafür kann er vom Unternehmer auch Vorschuss fordern.

(5) **Minderung.** Statt zurückzutreten, kann der Besteller nach § 638 I die Vergütung durch Erklärung gegenüber dem Unternehmer mindern. Anders als der Rücktritt ist die Minderung nicht ausgeschlossen, wenn lediglich ein unerheblicher Mangel i. S. v. § 323 V 2 BGB besteht.[391] Bei der Minderung ist die Vergütung nach § 638 III BGB in dem Verhältnis herabzusetzen, in welchem zur Zeit des Vertragsschlusses der Wert des Werkes in mangelfreiem Zustand zu dem wirklichen Wert gestanden haben würde. Ansonsten ist die Minderung durch Schätzung zu ermitteln.

Abb. 31: Rechte des Bestellers bei Mängeln

cc) **Sicherungsrechte des Unternehmers.** Die Erstellung des Werkes ist oft für den Unternehmer mit einem großen Aufwand verbunden. Insbesondere, wenn die Erstellung des Werks einen längeren Zeitraum umfasst, hat das Gesetz Sicherungsmittel für den Vergütungsanspruch des Unternehmers in den §§ 647, 647a BGB sowie für den Bauvertrag in §§ 650e, 650f BGB geregelt.

Zum einen hat der Unternehmer nach § 647 BGB für seine Forderungen aus dem Vertrag ein Pfandrecht an den von ihm hergestellten oder ausgebesserten beweglichen Sachen des Bestellers, wenn sie bei der Herstellung und zum Zweck der Ausbesserung in seinen Besitz gelangt sind. Gehört die auszubessernde bewegliche Sache dem Besteller nicht, kann der Unternehmer auch nicht gutgläubig ein Pfandrecht an der Sache erwerben.[392] Denn ein gutgläubiger Erwerb von Rechten ist ausgeschlossen. Denkbar ist dann nur noch ein Zurückbehaltungsrecht nach §§ 273, 1000 BGB bis zur Zahlung der Vergü-

---

391 MüKo-BGB/Busche, § 638 Rn. 4.
392 BGHZ 34, 122, 124 = NJW 1961, 499; 87, 274, 280 = NJW 1983, 2140; vgl. Schlechtriem, SchR BT, Rn. 464.

tung, es sei denn, dass der Eigentümer, welcher nicht Besteller war, kein Interesse an der Ausbesserung der Sache hatte. Dann muss sich der Unternehmer an den unrechtmäßigen Besteller wenden.
Schiffswerftinhaber haben einen Anspruch auf Einräumung einer Sicherungshypothek an dem Schiffsbauwerk bzw. Schiff des Bestellers für ihre Werklohnforderungen (§ 647a BGB). Es handelt sich um eine gesetzliche Sicherungshypothek i. S. d. §§ 1184, 1185 BGB.

353 **dd) Verjährung.** Das Werkvertragsrecht unterliegt nach § 634a BGB speziellen Verjährungsvorschriften. Danach verjähren Mängelansprüche nach § 634a I Nr. 1 BGB aus Nacherfüllung, Selbstvornahme und Schadensersatz in zwei Jahren bei einem Werk, dessen Erfolg in der Herstellung, Wartung oder Veränderung einer Sache oder in der Erbringung von Planungs- oder Überwachungsleistungen hierfür besteht. Eine fünfjährige Verjährungsfrist von Ansprüchen gilt nach § 634a I Nr. 2 BGB für ein Bauwerk und ein Werk, dessen Erfolg in der Erbringung von Planungs- oder Überwachungsleistungen hierfür besteht. Gem. § 634a I Nr. 3 BGB gilt für andere Ansprüche, so z. B. für Rücktritt oder Minderung, die regelmäßige Verjährungsfrist.
Die Verjährungsfrist beginnt für die Ansprüche aus Nacherfüllung oder Selbstvornahme mit der Abnahme. Nach § 194 BGB unterliegen nur Ansprüche der Verjährung. Das trifft auf Gestaltungsrechte wie das Recht zum Rücktritt oder zur Minderung grds. nicht zu.[393] Der Gesetzgeber hat deshalb in § 634a IV, V BGB geregelt, dass auf beide Gestaltungsrechte § 218 BGB anwendbar ist. Danach ist die Ausübung beider Gestaltungsrechte unwirksam, wenn der Anspruch auf die Leistung oder der Nacherfüllungsanspruch verjährt ist und der Schuldner sich hierauf beruft.

354 **ee) Beendigung.** Hat der Unternehmer das Werk ordnungsgemäß erstellt und der Besteller das Werk abgenommen sowie die Vergütung entrichtet, besteht nach § 362 I BGB Erfüllung des Werkvertrags. Der Werkvertrag ist dann beendet. Eine weitere Möglichkeit zur Beendigung eines Werkvertrags ist die Kündigung des Bestellers nach § 648 BGB. Danach kann der Besteller bis zur Vollendung des Werkes den Vertrag jederzeit kündigen. Kündigt der Besteller, so ist der Unternehmer berechtigt, die vereinbarte Vergütung zu verlangen; er muss sich jedoch dasjenige anrechnen lassen, was er in Folge der Aufhebung des Vertrags an Aufwendungen erspart hat oder durch anderweitige Verwendung seiner Arbeitskraft erwirbt oder zu erwerben böswillig unterlässt. Eine weitere Kündigungsmöglichkeit für den Besteller ergibt sich aus § 649 BGB. Hat der Unternehmer dem Besteller vor Erstellung des Werkes einen Kostenvoranschlag gemacht und überschreiten die tatsächlichen Kosten zur Erstellung des Werkes den vorgesehenen Endbetrag um mehr als 15 bis 20 %, so kann der Besteller den Vertrag aus diesem Grund kündigen.[394] Der Unternehmer kann nach § 643 BGB den Werkvertrag vorzeitig kündigen, wenn der Besteller eine vereinbarte Mitwirkungshandlung unter Aufforderung, dass er die Nachholung der Handlung in einer angemessenen Frist vornehmen soll, unterlässt. Außerdem können Unternehmer und Besteller den Werkvertrag nach § 311 I BGB einverständlich aufheben. Gemäß § 648a BGB besteht außerdem ein außerordentliches Kündigungsrecht. Gemäß § 648a I BGB haben beide Vertragsparteien das Recht, einen Werkvertrag aus wichtigem Grund ohne Einhaltung einer Frist zu kündigen. Ein wichtiger Grund liegt vor, wenn dem kündigenden Teil unter Berücksichtigung aller Umstände des Einzelfalls und unter Abwägung der beiderseitigen Interessen die Fortsetzung des Vertrags bis zur Fertigstellung des Werks nicht zugemutet werden kann.

355 **c) Bauvertrag.** Die Reform des Bauvertragsrechts zum 1.1.2018 hat erstmals ausdrückliche Regelungen zum Bauvertrag in §§ 650a ff. BGB eingefügt.[395] Gemäß § 650a BGB ist

---
393 Vgl. MüKo-BGB/Busche, § 634a Rn. 55.
394 Vgl. Jauernig/Mansel, § 649 Rn. 2 ff.
395 Siehe hierzu: Busche, ZfPW 2018, 285; Leinemann, NJW 2017, 3113; Wellensiek, BauR 2018, 314.

Tätigkeitsverträge **355a, 355b**

der Bauvertrag ein Vertrag über die Herstellung, die Wiederherstellung, die Beseitigung oder den Umbau eines Bauwerks, einer Außenanlage oder eines Teils davon. Sieht der Vertrag kleinere Instandhaltungsmaßnahmen vor, so liegt kein Bauvertrag, sondern ein Werkvertrag vor.[396] Erst dann, wenn die Arbeit am Bauwerk auf eine längere Zeit angelegt ist und sich auf wesentliche Teile des Bauwerks bezieht, ist von einem Bauvertrag auszugehen.

aa) Systematik. Der Bauvertrag ist eine Unterform des Werkvertrages. Dementsprechend sehen die §§ 650a ff. BGB Detailregelungen vor, die spezielle Regelungen für den Bauvertrag treffen, wie z. B. das Anordnungsrecht des Bestellers gemäß § 650b BGB, die Fälligkeit der Vergütung mit der Abnahme und Schlussrechnung gemäß § 650g IV 1 BGB sowie Aussagen zur Prüffähigkeit der Schlussrechnung in § 650g IV 2 BGB. Die Verbraucherverträge des BGB wurden durch den Verbraucherbauvertrag in § 650i BGB erweitert. Gemäß seiner Struktur als Verbrauchervertrag gibt er dem Verbraucher gemäß §§ 650l i. V. m. 355 BGB ein Widerrufsrecht, es sei denn, der Vertrag wurde notariell beurkundet. Auf Seiten des Unternehmers sind zahlreiche Informationspflichten in Art. 249 § 3 EGBGB normiert. Weiterhin sehen §§ 650p–650t BGB Regelungen zum Architektenvertrag und zum Ingenieurvertrag sowie §§ 650u–651 BGB Regelungen zum Bauträgervertrag vor. Für Bauträger ergänzen weiterhin die öffentlich-rechtlichen Regelungen der Makler- und Bauträgerverordnung (MABV) das Recht des BGB. **355a**

bb) Sicherungsrechte des Unternehmers. Bauwerkunternehmer haben einen Anspruch auf Einräumung einer Sicherungshypothek am Baugrundstück für ihre Werklohnforderungen (§ 650e BGB). Es handelt sich um eine gesetzliche Sicherungshypothek i. S. d. §§ 1184, 1185 BGB. Für ihre Begründung ist jedoch eine dingliche Einigung zwischen Werkunternehmer und Besteller gemäß § 873 BGB sowie die Eintragung ins Grundbuch erforderlich. Bei Weigerung des Bestellers kann dessen Willenserklärung durch rechtskräftiges Urteil ersetzt werden (vgl. § 894 ZPO). Die Sicherungshypothek kann durch Eintragung einer Vormerkung im Grundbuch gesichert werden. **355b**

Gemäß § 650f BGB kann der Bauwerkunternehmer vom Besteller auch Sicherheit für die von ihm zu erbringenden Vorleistungen in der Weise verlangen, dass er dem Besteller zur Sicherheitsleistung eine angemessene Frist mit der Erklärung bestimmt, dass er nach Fristablauf seine eigene Leistung verweigere. Als Sicherheitsleistung kommen zum einen die allgemeinen Sicherheitsmittel gemäß § 232 BGB, insbesondere die Hinterlegung von Geld und Wertpapieren sowie die Verpfändung von Forderungen, in Betracht. Zum anderen kann die Sicherheit auch durch eine Garantie oder ein sonstiges Zahlungsversprechen eines inländischen Kreditinstituts erbracht werden (vgl. § 650f II BGB). Neben dem Vergütungsanspruch gilt § 650f BGB auch für solche Ansprüche, die an die Stelle des Vergütungsanspruchs treten, wie z. B. Schadensersatz statt der Leistung. Selbst wenn der Unternehmer mangelhaft gearbeitet hat und sein Verlangen nach Sicherung erstmals nach der Mängelrüge geltend macht, ist der Besteller zur Stellung der Sicherheit verpflichtet. Allerdings hat er die Möglichkeit, mit Schadensersatzansprüchen gegen den Vergütungsanspruch aufzurechnen. Sind diese unstreitig, oder rechtskräftig festgestellt, so hat dies Einfluss auf die Höhe des Sicherungsanspruchs. § 650f BGB sichert, im Unterschied zu § 650e BGB, Vorleistungen ab.[397] Hierunter versteht man alle bereits erbrachten, aber noch nicht vergüteten Leistungen sowie die noch zu erbringenden Bauleistungen. Der Anspruch ist hierbei der Höhe nach auf den voraussichtlichen Vergütungsanspruch begrenzt, wobei die erwartete Vergütung für zusätzliche bzw. geänderte Leistungen einzubeziehen ist. Daneben sind gemäß § 650f I BGB Nebenforderungen in Höhe von 10 % zu berücksichtigen. Ausnahmen vom Anwendungsbereich

---

396   Siehe hierzu: MüKo-BGB/Busche, § 650a Rn. 10.
397   Siehe hierzu: MüKo-BGB/Busche, § 650f Rn. 23 ff.

sind in § 650f VI BGB geregelt. § 650f V BGB setzt voraus, dass der Unternehmer dem Besteller eine angemessene Frist zur Erbringung der Sicherheit gesetzt hat. Angemessen ist eine Frist dann, wenn ein Besteller, der in normalen finanziellen Verhältnissen lebt, die Sicherheit ohne schuldhaftes Zögern beschaffen kann.

356 **d) Besondere Arten von Tätigkeitsverträgen. – aa) Auftrag.** In §§ 662 bis 674 BGB ist der Auftrag geregelt. Von einem bloßen Gefälligkeitsverhältnis unterscheidet sich der Auftrag dadurch, dass sich bei ihm die Parteien vertraglich verpflichten.[398] Durch die Annahme eines Auftrags verpflichtet sich der Beauftragte, ein ihm von dem Auftraggeber übertragenes Geschäft für diesen unentgeltlich zu besorgen. Es handelt sich wie beim Leihvertrag nach § 598 BGB um ein unvollkommen zweiseitiges Rechtsgeschäft. Die Hauptleistungspflicht des Beauftragten liegt in der ordnungsgemäßen Abwicklung des Auftrags. Der Auftraggeber kann die Abwicklung des Auftrags unentgeltlich verlangen; er ist nach § 670 BGB nur zum Ersatz von Aufwendungen verpflichtet, die der Beauftragte zum Zweck der Ausführung des Auftrags macht. Grundsätzlich hat der Beauftragte den Auftrag höchstpersönlich auszuführen, § 664 II BGB. Gehilfen darf er einsetzen, arg. e § 664 I 3 BGB. Nur durch Vereinbarung mit dem Auftraggeber kann er den Auftrag durch einen Dritten ausführen lassen.
Der Auftrag kann vom Auftraggeber nach § 671 I BGB jederzeit widerrufen, vom Beauftragten jederzeit gekündigt werden. Verletzt der Beauftragte bei Abwicklung des Auftrags eine Pflicht, so haftet er nach §§ 280 ff. BGB gegenüber dem Auftraggeber auf Schadensersatz. Nach § 664 I 3 BGB ist er für das Verschulden eines Erfüllungsgehilfen nach § 278 BGB verantwortlich. Auch der Auftraggeber haftet gegenüber dem Beauftragten nach § 280 I BGB, wenn er bei Beauftragung eine Pflichtverletzung begangen hat, z. B. eine Informationspflicht unterlässt. Ein Auftrag kann vorliegen beim Kauf von Lebensmitteln, Zeitungen oder Zeitschriften oder bei der Vorbereitung einer Familienfeier.

357 **bb) Geschäftsbesorgungsvertrag.** Im Gegensatz zum unentgeltlichen Auftrag handelt es sich beim Geschäftsbesorgungsvertrag nach § 675 I BGB um einen zweiseitigen Vertrag, der einerseits eine Geschäftsbesorgung zum Inhalt hat, andererseits die Zahlungsverpflichtung desjenigen, für den Geschäfte besorgt werden. Das qualifizierende Merkmal einer Geschäftsbesorgung nach § 675 I BGB ist die zum gewöhnlichen Dienst- oder Werkvertrag hinzutretende Interessenwahrungspflicht.[399] Insbesondere bestehen Geschäftsbesorgungsverträge zwischen Bauherrn und Architekt, welcher die Baubetreuung einer Immobilie übernommen hat, sowie bei Vertragsbeziehungen zu Steuerberatern oder Wirtschaftsprüfern im Rahmen der Jahresabschlusserstellung. Auf den Geschäftsbesorgungsvertrag finden die Vorschriften des Auftrags nach §§ 663, 665 bis 670, 672 bis 674 BGB und, wenn dem Verpflichteten das Recht zusteht, ohne Einhaltung einer Kündigungsfrist zu kündigen, auch die Vorschrift des § 671 II BGB entsprechende Anwendung. Erfüllen die jeweiligen Vertragsparteien ihre Pflichten aus dem Geschäftsbesorgungsvertrag nicht, können sich Schadensersatzansprüche nach §§ 280 ff. BGB ergeben. Für Geschäftsbesorgungsverträge mit Finanzdienstleistern gelten außerdem die §§ 675c ff. BGB.

358 **cc) Reisevertrag.** Das BGB hat den Reisevertrag über Pauschalreisen in den §§ 651a bis 651y geregelt. Durch den Reisevertrag wird der Reiseveranstalter nach § 651a BGB verpflichtet, dem Reisenden eine Gesamtheit von Reiseleistungen zu erbringen. Der Reisende ist verpflichtet, dem Reiseveranstalter den vereinbarten Reisepreis zu zahlen. Die Gesamtheit von Reiseleistungen umfasst mindestens zwei Reiseleistungen,[400] so

---

398 Brox/Walker, BS, § 29 Rn. 5.
399 Oechsler, § 11 Rn. 784.
400 Vgl. Jauernig/Teichmann, § 651a Rn. 1.

z. B. Transport zum Ferienort und Unterkunft, Unterkunft am Ferienort und vertraglich festgelegte Sportmöglichkeiten oder Unterkunft und Besichtigungstouren. Regelmäßig wird der Inhalt dieser sog. Pauschalreiseverträge noch in speziellen AGB näher ausgestaltet.
Der Reiseveranstalter ist verpflichtet, die Reise so zu erbringen, dass sie die zugesicherten Eigenschaften hat und nicht mit Fehlern behaftet ist, die den Wert oder die Tauglichkeit zu dem gewöhnlichen oder nach dem Vertrag vorausgesetzten Nutzen aufheben oder mindern, § 651i BGB. Fehlen zugesicherte Eigenschaften oder ist die Reise mit einem Fehler behaftet, kann der Reisende den Reisepreis nach 651m BGB mindern bzw. die Reise bei erheblichen Mängeln nach 651l BGB kündigen. Außerdem kann er Schadensersatzansprüche nach § 651n BGB geltend machen. Minderungs-, Kündigungs- oder Schadensersatzansprüche liegen u. a. vor, wenn das aufgrund der Prospektangaben ruhig gelegene Hotel direkt an ein Militärgebiet angrenzt, sich in unmittelbarer Nähe eines Flughafens befindet oder in direkter Nachbarschaft zu einer Diskothek liegt, die bis morgens fünf Uhr geöffnet hat und aufgrund dieser Situationen erhebliche Lärmbelästigungen auftreten.

dd) Maklervertrag. Ein Maklervertrag ist nach § 652 BGB geschlossen, wenn eine Vertragspartei verspricht, ein Entgelt für den Nachweis der Gelegenheit zum Abschluss eines Vertrags oder für die Vermittlung eines Vertrags zu zahlen. Der Auftraggeber ist zur Entrichtung des Lohns somit nur verpflichtet, wenn der Vertrag in Folge des Nachweises oder der Vermittlung des Maklers zustande kommt. Im Wirtschaftsleben werden Maklerverträge insbesondere für die Wohnungs- und Darlehensvermittlung oder z. B. im Rahmen einer Heirats- bzw. Partnerschaftsvermittlung nach § 656 BGB abgeschlossen. Haben Auftraggeber und Makler keine konkrete Maklerprovision vereinbart, gilt diese nach § 653 I BGB als stillschweigend vereinbart, wenn die Leistung des Maklers den Umständen nach nur gegen eine Vergütung zu erwarten ist. Wie beim normalen Dienstvertrag in § 612 II BGB gilt für den Maklerlohn nach § 653 II BGB, dass bei dem Bestehen einer Taxe der taxmäßige Lohn, in Ermanglung einer Taxe der übliche Lohn als vereinbart anzusehen ist, wenn die Höhe der Vergütung nicht bestimmt ist. Allerdings wird zwar nach § 656 I BGB im Rahmen einer Heirats- bzw. Partnerschaftsvermittlung durch das Versprechen eines Lohnes für den Nachweis der Gelegenheit zur Eingehung einer Ehe oder Partnerschaft oder für die Vermittlung des Zustandekommens einer Ehe oder Partnerschaft eine Verbindlichkeit nicht begründet; eine bereits geleistete Vergütung kann allerdings nicht zurückgefordert werden.

ee) Verwahrungsvertrag. Der Verwahrungsvertrag ist eine weitere Art des Dienstvertrags, der in den §§ 688 bis 700 BGB geregelt ist. Durch den Verwahrungsvertrag wird der Verwahrer verpflichtet, eine ihm von dem Hinterleger übergebene bewegliche Sache aufzubewahren. Eine Vergütung gilt nach § 689 BGB für die Aufbewahrung als stillschweigend vereinbart, wenn die Aufbewahrung den Umständen nach nur gegen eine Vergütung zu erwarten ist. Typische Beispiele sind die Verwahrung von Haustieren in einer Tierpension, die Verwahrung von Dokumenten in einem Schließfach bei Kreditinstituten oder die Aufbewahrung von Gepäckstücken in Schließfächern auf Bahnhöfen oder Flughäfen. Macht der Verwahrer nach § 693 BGB zum Zweck der Aufbewahrung Aufwendungen, die er den Umständen nach für erforderlich halten darf, so ist der Hinterleger zum Ersatz verpflichtet, z. B. für Tierarztkosten bei der Verwahrung von Haustieren.

§ 18 Sicherheiten

Schrifttum: *Alexander,* Gemeinsame Strukturen von Bürgschaft, Pfandrecht und Hypothek, JuS 2012, 481; *ders.*, Gesetzliche Pfandrechte am beweglichen Sachen, JuS 2014, 1; *Bülow,* Kauf unter Eigentumsvorbehalt, JURA 1986, 169, 234; *ders.*, Recht der Kreditsicherheiten, 10. Aufl. 2021; *Coester-Waltjen,* Die Bürgschaft, JURA 2001, 742; *Duckstein/Pfeiffer,* Die Einrede der Vorausklage (§ 771 BGB), JR 2010, 231; *Effer-Uhe,* Eigentumsvorbehalt und mittelbarer Besitz, JR 2017, 451; *Fritsche/Würdinger,* Konkludenter Eigentumsvorbehalt beim Autokauf, NJW 2007, 1037; *Fritz,* Der Verbraucher als Bürge, NJW 2020, 3629; *Goertz/Roloff,* Die Anwendbarkeit des Hypothekenrechts auf die Grundschuld, JuS 2000, 762; *Hadding/Welter,* Zur schuldrechtlichen Qualifizierung bei einer „Bürgschaft auf erstes Anfordern", WM 2015, 1545; *Hertelt/Athie,* Das System der Einwendungen und Einreden gegen Hypothek und Grundschuld, JuS 2021, 1007; *Hüther/Danzmann,* Der Einfluss des Internet of Things und der Industrie 4.0 auf Kreditfinanzierungen, BB 2017, 2693; *Klose,* Leistungen an den (Alt-)Gläubiger von Hypothek oder Sicherungsgrundschuld, JA 20 13, 568; *Lorenz,* Grundwissen Zivilrecht: Der Eigentumsvorbehalt, JuS 2011, 199; *Reinicke/Tiedtke,* Bürgschaftsrecht, 3. Aufl. 2008; *dies.*, Bestimmtheitserfordernis und weite Sicherungsabrede im Bürgschaftsrecht, DB 1995, 2301; *Reischl,* Grundfälle zu den Grundpfandrechten, JuS 1998, 125, 220, 318, 516, 614; *Schanbacher,* Grundfälle zum Pfandrecht, JuS 1993, 382, 475; *Schreiber,* Die Verteidigungsmittel des Bürgen, JURA 2007, 730; *Stöber,* Beschaffenheitsgarantien des Verkäufers, 2006; *Tetzlaff,* Die anfängliche Übersicherung, ZIP 2003, 1826; *Witt,* Übersendung einer Bürgschaftsurkunde und Begründung der Hauptschuld – BGH WM 2001, 400, in: JuS 2001, 852.

361 Im täglichen Wirtschaftsleben ist es üblich, Verbindlichkeiten wie z. B. ein Darlehen aufzunehmen oder sonstige Finanzierungshilfen in Anspruch zu nehmen, um Leistungspflichten aus Verträgen zu erfüllen. Gläubiger dieser Verbindlichkeiten achten nicht nur auf die Bonität ihrer Schuldner; zur Durchsetzbarkeit ihrer Forderungen verlangen sie meistens Sicherheiten, die dann verwertet werden sollen, wenn der Schuldner eine Verbindlichkeit nach Fristablauf nicht erfüllen kann. In Frage kommen Personal- oder Realsicherheiten.

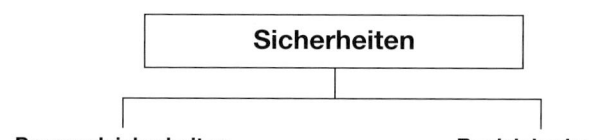

Abb. 32: Sicherheiten

Eine Personalsicherheit besteht, wenn eine dritte Person für einen Schuldner dessen schuldrechtliche Verpflichtung erfüllen will, falls der Schuldner die Leistung nicht selbst erbringen kann. Realsicherheiten begründen Rechte an einer Sache oder an einem Recht. Der Gläubiger darf bei Fälligkeit der Forderung gegenüber dem Schuldner diese Sicherheiten verwerten und daraus seinen Anspruch gegenüber dem Schuldner befriedigen.

1. Personalsicherheiten

Personalsicherheiten liegen vor, wenn sich eine dritte Person verpflichtet hat, im Fälligkeitszeitpunkt für die Verbindlichkeit eines Schuldners einzustehen. Wichtigste Personalsicherheiten sind:
- Bürgschaft;
- Schuldbeitritt und Schuldübernahme;
- Garantievertrag;
- Patronatserklärung;
- Akkreditiv.

a) Bürgschaft. – aa) Vertrag. Nach § 765 I BGB verpflichtet sich der Bürge durch den Bürgschaftsvertrag gegenüber dem Gläubiger eines Dritten, für die Erfüllung der Verbindlichkeit des Dritten einzustehen. Die Bürgschaft kann auch für eine künftige oder eine bedingte Verbindlichkeit übernommen werden. Zur Gültigkeit des Bürgschaftsvertrags ist nach § 766 S. 1 BGB die schriftliche Erteilung der Bürgschaftserklärung erforderlich. Eine Erteilung der Bürgschaftserklärung in elektronischer Form ist ausgeschlossen. Nur für Kaufleute ist das Bürgschaftsversprechen entweder formlos oder in elektronischer Form nach § 350 HGB möglich, wenn das Bürgschaftsversprechen ein Handelsgeschäft ist. Soweit der Bürge die Hauptverbindlichkeit erfüllt, wird der Mangel der Form geheilt, § 766 S. 3 BGB.

Der Umfang der Bürgschaftsschuld ergibt sich aus § 767 BGB. Für die Verpflichtung des Bürgen ist der jeweilige Bestand der Hauptverbindlichkeit maßgebend. Die Bürgschaft ist demzufolge streng akzessorisch: Besteht die Hauptverbindlichkeit des Schuldners gegenüber dem Gläubiger nicht mehr, ist auch die Bürgschaftsverbindlichkeit zwischen dem Dritten und dem Gläubiger erloschen. Ist die Hauptverbindlichkeit gar nicht erst entstanden, ist die Bürgschaft gegenstandslos.[401] Auch der Bürge kann gem. § 768 I BGB die dem Hauptschuldner zustehenden Einreden geltend machen. Insbesondere Darlehensgeber wie Kreditinstitute verlangen zur Besicherung der Darlehensforderung oft Personalsicherheiten, so z. B. das Bürgschaftsversprechen eines Dritten.

Häufigste Form der Bürgschaft ist die selbstschuldnerische Bürgschaft nach § 773 I BGB. Im Rahmen dieser Bürgschaft verzichtet der Bürge auf die Einrede der Vorausklage. Das ist sehr vorteilhaft für den Gläubiger. Er kann sich direkt an den Bürgen zur Erfüllung seines Bürgschaftsversprechens wenden, ohne vorher aufgrund der Einrede der Vorausklage nach § 771 BGB einen vollstreckbaren Titel gegen den Hauptschuldner erlangt sowie die vergebliche Zwangsvollstreckung beim Hauptschuldner versucht zu haben.[402] Im Rahmen einer Mitbürgschaft nach § 769 BGB verbürgen sich mehrere für dieselbe Verbindlichkeit, so dass sie als Gesamtschuldner haften, auch wenn sie die Bürgschaft nicht gemeinschaftlich übernehmen. Ist der Bürgschaftsvertrag ein Handelsgeschäft, d. h. verbürgt sich ein Kaufmann gegenüber einem anderen Kaufmann, für die Schuld eines Dritten bei Nichterfüllung einzustehen, handelt es sich nach § 349 S. 1 HGB immer um eine selbstschuldnerische Bürgschaft. Die Einrede der Vorausklage ist beim Bürgschaftsversprechen unter Kaufleuten ausgeschlossen.

bb) Rechtsfolgen. Tritt der Bürgschaftsfall ein, hat der Bürge nach § 767 I BGB die Hauptverbindlichkeit des Schuldners zu erfüllen.[403] Er kann nach § 768 BGB allerdings die dem Hauptschuldner zustehenden Einreden geltend machen, so z. B. die Einrede der Verjährung. Sofern er keine selbstschuldnerische Bürgschaft übernommen hat, kann er nach § 771 BGB die Einrede der Vorausklage geltend machen. Erhebt der Bürge die Einrede der Vorausklage, ist die Verjährung des Anspruchs des Gläubigers gegen den

---

401 MüKo-BGB/Habersack, § 765 Rn. 64; s. dazu BGH ZIP 2002, 2125, 2127.
402 Vgl. Jauernig/Stadler, § 773 Rn. 3.
403 Zur wirtschaftlichen Leistungsfähigkeit BGHZ 151, 34, 38 f.

Bürgen gehemmt, bis der Gläubiger ohne Erfolg die Zwangsvollstreckung gegen den Hauptschuldner versucht hat.

Hat der Bürge den Gläubiger befriedigt, geht die Forderung des Gläubigers gegen den Hauptschuldner nach § 774 I 1 BGB auf ihn über. Dabei handelt es sich um einen gesetzlichen Forderungsübergang, die sog. *cessio legis*, nach der der Bürge als neuer Gläubiger gegenüber dem Schuldner alle Ansprüche aus der Forderung sowie zusätzliche Kosten bzw. Auslagen geltend machen kann.

365 b) **Schuldbeitritt und Schuldübernahme.** Eine weitere Personalsicherheit ist der Schuldbeitritt. Dem Gläubiger kann es darauf ankommen, dass der Hauptschuldner der Forderung einen weiteren zahlungskräftigen Schuldner benennt, der im Fall der Nichtleistung des Hauptschuldners die Verbindlichkeit gegenüber dem Gläubiger erfüllt. Der Schuldbeitritt kommt durch einen Vertrag zwischen Gläubiger und zweitem Schuldner nach § 311 BGB zustande. Beitretender Schuldner und Hauptschuldner werden nach § 421 BGB zu Gesamtschuldnern, so dass der Gläubiger die Leistung nach seinem Belieben von jedem der Schuldner ganz oder zum Teil fordern kann. Erfüllt der Schuldner, der der Schuld beigetreten ist, die Hauptschuld, ergibt sich für ihn nach § 426 BGB eine Ausgleichsforderung gegenüber dem Hauptschuldner. Nach § 426 II BGB geht dann die Forderung des Gläubigers auf den beigetretenen Schuldner über. Abzugrenzen ist der Schuldbeitritt von der Schuldübernahme nach § 414 BGB. Während beim Schuldbeitritt Hauptschuldner und beigetretener Schuldner dem Gläubiger als Gesamtschuldner haften, übernimmt bei der Schuldübernahme ein neuer Schuldner die gesamte Verbindlichkeit. Der Hauptschuldner wird aus seiner Leistungspflicht entlassen. Es findet ein Schuldnerwechsel statt. Dafür müssen entweder Gläubiger und Übernehmer nach § 414 BGB einen Vertrag schließen, so dass der Dritte als Übernehmer der Schuld an die Stelle des bisherigen Schuldners tritt, oder der Hauptschuldner und der neue Schuldner vereinbaren nach § 415 BGB die Schuldübernahme. Die Wirksamkeit eines solchen Schuldübernahmevertrags hängt aber von der Genehmigung des Gläubigers ab.

366 c) **Garantievertrag.** Der Garantievertrag ist im BGB nicht geregelt. Im Rahmen der Vertragsfreiheit können die Vertragsparteien einen derartigen Vertrag nach § 311 BGB abschließen. Durch einen Garantievertrag vereinbaren die Vertragsparteien, Garantiegeber und Garantienehmer, dass der Garantiegeber für einen bestimmten Erfolg die Verantwortung übernehmen bzw. für einen zukünftigen Schaden haften will, unabhängig von einem etwaigen Verschulden.[404] Insbesondere im Kaufrecht geben Hersteller, Lieferant bzw. Verkäufer sehr oft Garantieversprechen ab, um für eine bestimmte Eigenschaft der Sache einzustehen bzw. das Beschaffungsrisiko zu übernehmen. Im Gegensatz zur Bürgschaft ist das Garantieversprechen nicht von einer Hauptverbindlichkeit abhängig; außerdem besteht kein Schriftformerfordernis wie z. B. in § 766 BGB für die Bürgschaft.[405]

367 d) **Patronatserklärung.** Die Patronatserklärung ist eine bedeutende Personalsicherheit im Konzernrecht geworden. Mit einer Patronatserklärung verpflichtet sich die Muttergesellschaft, gegenüber einer Tochtergesellschaft für deren Verbindlichkeiten einzustehen. Zu unterscheiden sind die weiche und die harte Patronatserklärung. Bei der weichen Patronatserklärung liegt nur eine Absichtserklärung der Muttergesellschaft vor, Verbindlichkeiten einer Tochtergesellschaft im Eventualfall übernehmen zu wollen. Eine solche Erklärung hat mangels Rechtsbindungswillens keinen rechtsgeschäftlichen Charakter und begründet keine Ansprüche des Kreditgebers.[406] Bei der harten Patronatserklärung

---

404 Vgl. Brox/Walker, BS, § 32 Rn. 4.
405 Vgl. BGH NJW 1958, 1483, 1484; vgl. Wörlen/Metzler-Müller, SchR BT, Rn. 352.
406 Brox/Walker, BS, § 32 Rn. 7.

dagegen erklärt sich die Muttergesellschaft bereit, Verbindlichkeiten der Tochtergesellschaft in jedem Fall zu übernehmen und für die Verbindlichkeiten der Tochtergesellschaft zu haften, um sie stets mit dem nötigen Kapital auszustatten.[407]

e) Akkreditiv. Das Akkreditiv ist i. S. v. § 780 BGB ein selbstständiges Schuldversprechen einer Bank, dem Verkäufer eines Handelsgeschäfts Zahlung zu leisten, wenn er zum Beweis seiner Lieferfähigkeit oder Liefertätigkeit Dokumente vorlegen kann, nach denen der Käufer mit einer Lieferung rechnen kann. Dieses sog. Dokumentenakkreditiv wird insbesondere im Außenhandel dafür verwendet, den Auslandszahlungsverkehr zu erleichtern und abzusichern. Denn der Verkäufer hat ein starkes Interesse daran, dass die von ihm gelieferten Waren auch tatsächlich bezahlt werden, weil der Empfänger seinen Sitz im Ausland hat und deshalb nur unter Schwierigkeiten mit staatlichen Mitteln zu seiner Zahlungspflicht angehalten werden kann.[408] Der Importeur von Waren beauftragt daher seine Bank, Kontakt mit einer ausländischen Bank aufzunehmen, die ihrerseits mit dem Exporteur zusammenarbeitet. Hat der Exporteur letztlich der Bank des Importeurs alle Dokumente wie z. B. Liefer- und Versicherungsdokumente vorgelegt, hat die Bank des Importeurs, die das Akkreditiv eröffnet hat, das Zahlungsversprechen gegenüber dem Exporteur unter Zuhilfenahme seines Kreditinstituts einzulösen.

368

2. Realsicherheiten

Der Gläubiger kann eine Forderung auch mit der Stellung von Realsicherheiten durch den Schuldner absichern. Als Realsicherheiten kann der Schuldner dem Gläubiger bewegliche oder unbewegliche Sachen zur Sicherung seiner Forderung anbieten. Folgende Realsicherheiten stehen dem Gläubiger zur Verfügung:
- Eigentumsvorbehalt, § 449 BGB;
- Pfandrecht an beweglichen Sachen oder Rechten, §§ 1204 ff. BGB;
- Grundpfandrechte wie z. B. Hypothek, Grundschuld oder Rentenschuld nach §§ 1113 ff. BGB;
- Sicherungsübereignung, §§ 929, 930 BGB;
- Sicherungsabtretung, § 398 BGB.

Für die Vereinbarung einer Realsicherheit zwischen Gläubiger und Schuldner sind Verpflichtungs- und Verfügungsgeschäft erforderlich. Mit Einräumung einer Realsicherheit verpflichtet sich der Schuldner gegenüber dem Gläubiger vertraglich zur Bereitstellung eines dinglichen Rechts.

369

a) Eigentumsvorbehalt. Im Wirtschaftsleben kommt es häufig vor, dass nach Abschluss eines Kaufvertrags der Verkäufer dem Käufer die Sache vor Kaufpreiszahlung übergibt. Um sich bei Übergabe der Kaufsache die Zahlung des Kaufpreises zu sichern, wird der Verkäufer in vielen Fällen Wert darauf legen, bis zur Erfüllung der Kaufpreisforderung Eigentümer der Kaufsache zu bleiben, weil er dann bei Nichtzahlung sein Eigentum zurückfordern kann und Zugriffe von Gläubigern des Käufers auf die Kaufsache abzuwehren vermag.[409] Nach § 449 BGB kann sich der Verkäufer einer beweglichen Sache das Eigentum bis zur Zahlung des Kaufpreises vorbehalten. Dann ist im Zweifel anzunehmen, dass das Eigentum unter der aufschiebenden Bedingung vollständiger Zahlung des Kaufpreises übertragen wird. Das Recht, das der Käufer an der Kaufsache vor Eintritt der Bedingung hat, wird als sog. Anwartschaftsrecht geschützt. Beim Eigentumsvorbehalt ist somit das Verpflichtungsgeschäft vollständig wirksam, während das Verfügungsgeschäft, die Eigentumsverschaffung, unter einer aufschiebenden Bedingung gem.

370

---

407 Vgl. BGHZ 117, 127, 132; Schlechtriem, SchR BT, Rn. 625; Hauck/Rumohr, Haftung aus einer harten Patronatserklärung, NJW 2010, 2093.
408 Vgl. Meyer, § 8 Rn. 658.
409 Musielak/Hau, § 8 Rn. 890.

§ 158 I BGB erfolgt. Die Kaufsache wird somit nur bedingt übertragen. Unterschieden wird zwischen dem einfachen und dem verlängerten Eigentumsvorbehalt.

371 aa) **Einfacher Eigentumsvorbehalt.** Ein einfacher Eigentumsvorbehalt wird im Wirtschaftsleben oft vereinbart, wenn der Käufer den Kaufpreis in Ratenzahlungen erfüllen darf. Zwar wird der Vorbehaltskäufer bis zur letzten Ratenzahlung nicht Eigentümer der beweglichen Sache; ihm wird aber zur Sicherung seines zukünftigen Eigentumsanspruchs ein Anwartschaftsrecht gewährt.[410] Der Käufer wird mit Übergabe der Sache unmittelbarer Besitzer nach § 854 BGB; sobald er den Kaufpreis vollständig bezahlt hat, wird er rechtmäßiger Eigentümer.
Das Anwartschaftsrecht berechtigt den Käufer nicht nur zum Besitz der Sache gegenüber dem Verkäufer, sondern gegenüber jedem Dritten. Außerdem stellt das Anwartschaftsrecht ein „sonstiges Recht" i. S. d. § 823 I BGB dar[411]. Die Rechtsposition des Käufers wird also im Verhältnis zu Dritten wie ein dingliches bzw. absolutes Recht geschützt. Nur der Verkäufer hat noch die Möglichkeit, im Verzugsfalle sein Eigentum geltend zu machen.
Übereignung unter Eigentumsvorbehalt bedeutet Einigung unter aufschiebender Bedingung nach §§ 929, 158 I BGB, so dass der Käufer erst unter der Voraussetzung der vollständigen Kaufpreiszahlung Eigentümer wird. Die Parteien müssen also die Einigung über den Eigentumsübergang nicht zu einem späteren Zeitpunkt nachholen, sondern das Eigentum geht mit Zahlung der letzten Rate ohne weiteres auf den Käufer über.
Begleicht der Käufer den Kaufpreis nicht, stehen dem Verkäufer Rücktritts- und Schadensersatzmöglichkeiten zu. Dann erlischt selbstverständlich auch das Anwartschaftsrecht. Nach § 449 II BGB kann der Verkäufer die Sache herausverlangen, wenn er vom Vertrag zurückgetreten ist. Unter welchen Voraussetzungen er zurücktreten kann, ergibt sich aus § 323 BGB: Danach ist auch beim Eigentumsvorbehalt grundsätzlich eine Fristsetzung mit Ablehnungsandrohung erforderlich.

372 bb) **Verlängerter Eigentumsvorbehalt.** Vertragsparteien können auch einen sog. verlängerten Eigentumsvorbehalt, eine Kombination von Eigentumsvorbehalt und Sicherungszession, vereinbaren,[412] evtl. mit Weiterverarbeitungsklausel. Der Vorbehaltskäufer darf die Sache weiterveräußern gegen die Vorausabtretung der Kaufpreisforderung. Bei der Weiterveräußerung verliert der Verkäufer sein Eigentum, da der neue Käufer rechtmäßiger neuer Eigentümer wird. Der Vorbehaltsverkäufer kann sich aber von seinem Vorbehaltskäufer die Forderung aus dem Kaufvertrag gegenüber dem neuen Käufer als neue Sicherheit abtreten lassen. Der Vorbehaltskäufer, der als Lieferant dem neuen Käufer die Sache zur Verarbeitung übereignet, kann mit diesem eine Sicherungsübereignung der Waren vereinbaren. Diese Sicherungsübereignung ist als Forderung gegenüber dem Vorbehaltsverkäufer zur Sicherung seines Zahlungsanspruchs abtretbar.

373 cc) **Erweiterter Eigentumsvorbehalt.** Verkäufer und Käufer einer beweglichen Sache können auch einen erweiterten Eigentumsvorbehalt vereinbaren. Ein erweiterter Eigentumsvorbehalt ist gegeben, wenn der Eigentumsvorbehalt nach der Abrede der Parteien nicht nur die betreffende Kaufpreisforderung, sondern sämtliche Ansprüche des Verkäufers aus seiner laufenden Geschäftsverbindung mit dem Käufer sichern soll.[413] Ein Typisches Beispiel ist der sog. Kontokorrentvorbehalt.

---

410 Vgl. MüKo-BGB/Westermann, § 449 Rn. 1, 6.
411 BGHZ 55, 20, 25; BGH WM 1970, 699, 700.
412 Vgl. Vieweg/Lorz, § 11 Rn. 12.
413 Vgl. BGH NJW 1978, 632, 633; 1994, 1153, 1154; Gursky, S. 47; Looschelders, § 11 Rn. 11.

b) Pfandrecht. – aa) Pfandrecht an beweglichen Sachen. Nach § 1204 BGB kann eine **374** bewegliche Sache zur Sicherung einer Forderung in der Weise belastet werden, dass der Gläubiger berechtigt ist, Befriedigung aus der Sache zu suchen. Das Pfandrecht ist *akzessorisch*, d. h. von einer Hauptschuld abhängig. Zur Bestellung des Pfandrechts ist nach § 1205 BGB erforderlich, dass der Eigentümer die Sache dem Gläubiger übergibt und beide darüber einig sind, dass dem Gläubiger das Pfandrecht zustehen soll. Der Eigentümer der Pfandsache kann demzufolge über den Gegenstand nicht mehr verfügen. An die Stelle des Pfands sind in der Praxis die Sicherungsübereignung, die Sicherungsabtretung und der Eigentumsvorbehalt getreten.[414] Bei der Sicherungsübereignung bleibt der Sicherungsgeber grundsätzlich unmittelbarer Besitzer der sicherungsübereigneten Sache.

Die Vorschriften über das durch Rechtsgeschäft bestellte Pfandrecht finden gem. § 1257 BGB auch auf ein kraft Gesetzes entstandenes Pfandrecht entsprechende Anwendung, so z. B. auf das Vermieterpfandrecht nach §§ 562 ff. BGB, das Unternehmerpfandrecht bei einem Werkvertrag nach § 647 BGB oder das Pfandrecht des Gastwirts nach § 704 BGB. Weitere gesetzliche Pfandrechte an beweglichen Sachen finden sich im Handelsgesetzbuch in §§ 397, 441, 464, 475b.

Der Pfandrechtsgläubiger kann nach § 1250 I BGB die Pfandrechtsforderung auf einen neuen Gläubiger übertragen. Nach § 1252 BGB erlischt das Pfandrecht mit der Forderung, für die es besteht. Dann muss der Pfandgläubiger nach § 1223 BGB das Pfand dem Verpfänder zurückgeben.

bb) Pfandrecht an Rechten. Nach § 1273 BGB kann Gegenstand eines Pfandrechts **375** auch ein Recht sein, so z. B. ein Patent-, Marken- oder Urheberrecht. Die Bestellung eines Pfandrechts erfolgt nach § 1274 BGB an einem Recht nach den für die Übertragung des Rechts geltenden Vorschriften, üblicherweise durch Abtretung nach §§ 398, 413 BGB. Für die Verpfändung einer Forderung gelten die besonderen Vorschriften der §§ 1280 bis 1290 BGB. Insbesondere ist die Verpfändung einer Forderung, zu deren Übertragung ein Abtretungsvertrag genügt, nur wirksam, wenn der Gläubiger dem Schuldner die Verpfändung anzeigt, § 1280 BGB.

c) Sicherungsübereignung. Die Sicherungsübereignung hat im Wirtschaftsleben stark **376** an Bedeutung gewonnen. Sie hat gegenüber dem Pfandrecht an beweglichen Sachen den bedeutenden Vorteil, dass der Sicherungsgeber weiterhin den unmittelbaren Besitz an der Sache zur weiteren Nutzung behält, welche er nach §§ 929 S. 1, 930 BGB dem Sicherungsnehmer übereignet. Zwar ist die Sicherungsübereignung Dritten gegenüber nicht offenkundig; die Insolvenzordnung hat in § 51 Nr. 1 InsO die Sicherungsübereignung aber als sonstiges Absonderungsrecht aufgeführt und somit die Eigentümerstellung des Sicherungsnehmers anerkannt.

Voraussetzung für die Sicherungsübereignung ist ein Sicherungsvertrag sowie die Einigung über den Eigentumsübergang an den Sicherungsnehmer und die Vereinbarung eines Besitzkonstituts nach § 930 BGB, nach dem der bisherige Eigentümer unmittelbarer Besitzer und somit Nutzer der Sache bleiben kann.[415] Typisches Beispiel ist die Sicherungsübereignung eines Kraftfahrzeugs, welches auf Darlehensbasis vom Käufer angeschafft wurde. Das Kreditinstitut als Darlehensgeber wird aufgrund der Sicherungsvereinbarung nach §§ 929, 930 BGB Eigentümer des Kraftfahrzeugs. Sicherungsgeber und Sicherungsnehmer können im Rahmen einer Sicherungsübereignung auch ein antizipiertes Besitzkonstitut vereinbaren, z. B. dann, wenn das Eigentum erst zukünftig auf den Sicherungsgeber übertragen wird, so z. B. bei einem Warenlager, bei dem neu produzierte Ware hinzukommt.[416]

---

414 Vieweg/Lorz, § 10 Rn. 3.
415 Vgl. Wellenhofer, § 15 Rn. 6 ff.
416 Vieweg/Lorz, § 12 Rn. 9; vgl. Westermann, § 6 Rn. 179.

Wichtige Voraussetzung der Sicherungsübereignung ist, dass die Sache, über die eine Sicherungsabrede getroffen wird, hinreichend bestimmt ist.[417] Das gilt insbesondere auch für den Fall des antizipierten Besitzkonstituts für die zukünftig als Eigentum an den Sicherungsgeber treuhänderisch zu übereignende Sache. Wird die Sicherungsübereignung an Sachgesamtheiten vereinbart, so z. B. an einem Material- oder Warenlager, verlangt der Bestimmtheitsgrundsatz, dass das Material bzw. die Waren, wofür Sicherungsübereignung besteht, ordnungsgemäß gekennzeichnet werden.[418] Soll die gesamte Material- oder Warenlager sicherungsübereignet werden, sind die Geschäftsräume bzw. Werkhallen als Gebäude in die Sicherungsvereinbarung mit aufzunehmen, in denen sich das sicherungsübereignete Material bzw. die Waren befinden. Findet ein laufender Umschlag des Materials bzw. der Waren statt, können aktualisierte Inventarlisten dem Bestimmtheitsgrundsatz Rechnung tragen.

Der Schuldner kann sich gegen Übersicherung wehren. Beträgt der Wert des Sicherungseigentums mehr als das Eineinhalbfache des Wertes der Forderung, so ist die Sicherungsübereignung nach § 138 I BGB nichtig.[419] Eine Übersicherung kann sich auch dann ergeben, wenn sich der Wert des Warenlagers erhöht, so z. B. beim Preisanstieg von Rohstoffen, oder wenn der Sicherungsgeber seine Darlehensverbindlichkeit reduziert hat. Dem Sicherungsgeber steht dann ein Recht zur anteiligen Rückgabe von Sicherungsgut gegenüber dem Sicherungsnehmer zu. Erfüllt der Schuldner eine Forderung gegenüber dem Gläubiger nicht, kann der Gläubiger als Sicherungsnehmer das Sicherungseigentum vom Schuldner nach § 985 BGB heraus verlangen. Sollte der Schuldner insolvent werden, gilt für den Sicherungsnehmer ein Absonderungsrecht nach §§ 51 Nr. 1, 50 InsO.

377 d) **Sicherungsabtretung.** Während die Sicherungsübereignung an beweglichen Gegenständen erfolgt, hat die Sicherungsabtretung die Abtretung von Forderungen nach § 398 BGB zur Folge. Auch bei der Sicherungsabtretung muss die Forderung bestimmt sein; hier genügt allerdings Bestimmbarkeit.[420] Tritt der Gläubiger Forderungen an den Sicherungsnehmer ab, die im letzten Monat entstanden sind, so wird diese Abtretung als hinreichend bestimmt angesehen. Dagegen reichen Mengenangaben, wie „die Hälfte meiner Außenstände" oder „Außenstände bis zur Höhe von € 20.000,-" nicht aus, da sich in solchen Fällen von keiner einzelnen Forderung sagen lässt, ob sie zu den abgetretenen gehört oder nicht.[421] Nach § 400 BGB können unpfändbare Forderungen nicht abgetreten werden.

Zwischen Sicherungsgeber und Sicherungsnehmer kommt bei der Sicherungsabtretung ein Sicherungsvertrag zustande. Daraus ergeben sich für beide Parteien Rechte und Pflichten, insbesondere das weitere Nutzungsrecht des Sicherungsgebers und das eingeschränkte Verwertungsrecht des Sicherungsnehmers, solange der Sicherungsgeber seine Leistungspflicht aus der Hauptschuld erfüllt. Die Sicherungsabtretung ist nicht offenkundig, d. h. für einen Dritten erkennbar, im Gegensatz zur Verpfändung einer Forderung, die nach § 1280 BGB nur wirksam wird, wenn der Gläubiger sie dem Schuldner anzeigt. Wie bei der Sicherungsübereignung kann die mangelnde Offenkundigkeit zum Missbrauch durch den Sicherungsgeber führen, der die bereits abgetretene Forderung evtl. erneut abtritt, obwohl ihm das Recht dafür nicht mehr zusteht.

Besondere Fälle der Sicherungsabtretung bilden die Global- und die Mantelzession. Bei der Globalzession unterwirft sich der Schuldner als Sicherungsgeber in einer Siche-

---

417 BGH NJW 1992, 1161 f.; 1994, 133, 134; 2000, 2898, 2899.
418 Staudinger/Wiegand, Anh. §§ 929–931 Rn. 108.
419 Vgl. BGH NJW 1998, 671, 672 f.; BGH NJW-RR 2010, 1529, 1530; Westermann, § 6 Rn. 190; Wellenhofer, § 15 Rn. 29.
420 BGHZ 7, 365, 369; BGH NJW 1974, 1130; 1995, 1668 f.; BGH NJW-RR 2009, 924; BGH NJW-RR 2009, 924.
421 Vgl. hierzu: Meyer/v. Varel, Die Sicherungszession, JuS 2004, 192 ff.

rungsabrede dem Anspruch des Gläubigers, sämtliche gegenwärtigen oder zukünftigen Forderungen seines Geschäftsbetriebs im Voraus abzutreten.[422] Die Globalzession wird als hinreichend bestimmt angesehen; problematisch kann eine mögliche Übersicherung des Sicherungsnehmers sein. Die Rechtsprechung beschränkt die Belastung des Sicherungsgebers aus einer ausufernden Übersicherung durch die Anerkennung eines ungeschriebenen Freigabeanspruchs.[423]

Die Mantelzession ist dagegen eine Sicherungsabrede, bei der sich der Sicherungsgeber verpflichtet, zukünftige Forderungen nach deren Entstehung abzutreten. Im Rahmen des Sicherungsvertrags ist der Schuldner verpflichtet, Forderungen mindestens in der Höhe ihrer jeweiligen Schuld gegenüber dem Gläubiger nach Maßgabe eines verabredeten Verteilungsschlüssels abzutreten und diesem zum vereinbarten Zeitpunkt eine Liste der abgetretenen Forderungen zu übergeben.[424] Daraus ergibt sich bei der Mantelzession die hinreichende Bestimmtheit der Forderungen. Im täglichen Wirtschaftsleben hat die Globalzession die Mantelzession verdrängt. Denn bei der Globalzession entsteht die Abtretung direkt nach Entstehen der Forderung gegenüber dem Vertragsschuldner. Dagegen wird die Abtretung der Forderungen bei einer Mantelzession erst nach Einreichen der Schuldnerliste beim Sicherungsnehmer wirksam.[425]

e) Grundpfandrechte. Die Absicherung der Forderung eines Gläubigers kann auch durch ein Grundpfandrecht erfolgen. Ein Grundpfandrecht ist meistens sicherer als eine Personalsicherheit, seine Errichtung aber auch zeit- und kostenintensiver. Grundpfandrechte werden häufig bei Darlehen mit hohen Darlehenssummen vereinbart, insbesondere bei der Ankauffinanzierung von Immobilien.

Hypothek, Grundschuld und Rentenschuld bilden die Grundpfandrechte. Bei Fälligkeit einer Forderung steht dem Gläubiger eines Grundpfandrechts das Recht zu, nach § 1147 BGB Befriedigung aus dem Grundstück und den Gegenständen, auf die sich das Grundpfandrecht erstreckt, im Rahmen der Zwangsvollstreckung zu erlangen. Eine Zwangsvollstreckung ist nicht schon dann möglich, wenn der Schuldner eine Leistungspflicht nicht erfüllt. Der Inhaber des Grundpfandrechts ist vorher verpflichtet, vor Gericht einen vollstreckbaren Titel zu erlangen, der ihm die Verwertung des Grundpfandrechts nach §§ 830, 857 ZPO ermöglicht.

aa) Hypothek. Die Hypothek ist nach §§ 1113 ff. BGB ein bedeutendes dingliches Verwertungsrecht. Danach kann ein Grundstück in der Weise belastet werden, dass an denjenigen, zu dessen Gunsten die Belastung erfolgt, eine bestimmte Geldsumme zur Befriedigung wegen einer ihm zustehenden Forderung aus dem Grundstück zu zahlen ist. Die Hypothek ist kraft Gesetzes an die gesicherte Forderung gebunden und von dieser abhängig (Grundsatz der Akzessorietät).[426] Die Hypothek kann auch für eine künftige oder eine bedingte Forderung bestellt werden. Voraussetzungen für eine wirksame Hypothek sind die Einigung des Gläubigers und des Schuldners nach §§ 873, 1113 BGB sowie ihre Eintragung nach §§ 873, 1115 BGB ins Grundbuch. Außerdem muss wegen der Akzessorietät bei Bestellung der Hypothek die der Hypothek zugrunde liegende Forderung bestehen.

Die Hypothek kann als Brief- oder Buchhypothek beantragt werden. Bei der Briefhypothek ist nach § 1117 BGB erforderlich, dass neben der Einigung und der Eintragung der Hypothek der Hypothekenschuldner dem Hypothekengläubiger einen Hypothekenbrief übergibt. Die Erteilung erfolgt durch das Grundbuchamt. Für die Buchhypothek nach § 1116 II BGB genügt die Einigung und die Eintragung ins Grundbuch. Die Eintragung

---

422 Vgl. Meyer, § 7 Rn. 595.
423 BGHZ 137, 212, 216 = BGH NJW 1998, 671 = BGH ZIP 1998, 235; BGH ZIP 1998, 1066.
424 Vgl. Esser/Schmidt, S. 286.
425 Vgl. Bähr, § 15 III.
426 Vgl. Wellenhofer, § 27 Rn. 3.

hat allerdings auch die gemeinsame Vereinbarung für den Ausschluss eines Briefes zu umfassen.

Das Sicherungsmittel der Hypothek erstreckt sich nicht nur wegen einer bestehenden Forderung auf das Grundstück, sondern nach § 1120 BGB auch auf die von dem Grundstück getrennten Erzeugnisse und sonstigen Bestandteile, es sei denn, dass sie nicht mit der Trennung nach §§ 954 bis 957 BGB in das Eigentum eines anderen als des Eigentümers oder des Eigenbesitzers des Grundstücks gelangt sind. Die Hypothek umfasst ebenfalls das Zubehör des Grundstücks mit Ausnahme der Zubehörstücke, die nicht dem Eigentümer des Grundstücks gehören.

Die Hypothek wird zur Eigentümergrundschuld nach §§ 1163 I 2, 1177 I 1 BGB, wenn der Schuldner gegenüber dem Gläubiger seine Leistungspflicht erbringt, d. h. die der Hypothek zugrunde liegende Forderung erfüllt. Die Hypothek erlischt, wenn der Gläubiger nach § 1147 BGB zu seiner Befriedigung aus dem Grundstück die Zwangsvollstreckung im Umfang der Hypothek aus dem Grundstück betreibt. Der Hypothekargläubiger kann nach § 1153 BGB die Forderung und somit die Hypothek an einen neuen Gläubiger übertragen. Aufgrund der Akzessorietät geht die Hypothek mit über, vgl. § 1153 II BGB. Der Schuldner kann bei einer Eigentümergrundschuld die Löschung im Grundbuch betreiben bzw. die Eigentümergrundschuld als Sicherheit für eine neue Verbindlichkeit einsetzen.

Sonderformen der Hypothek sind die Sicherungshypothek nach § 1184 BGB und die Höchstbetragshypothek nach § 1190 BGB. Eine Hypothek kann in der Weise bestellt werden, dass sich das Recht des Gläubigers aus der Hypothek nur nach der Forderung bestimmt und der Gläubiger sich zum Beweis der Forderung nicht auf die Eintragung berufen kann. Im Grundbuch muss diese Hypothek als Sicherungshypothek bezeichnet werden. Eine Höchstbetragshypothek kann bestellt werden, wenn nur ein Höchstbetrag, bis zu dem das Grundstück haften soll, bestimmt wird. Der Höchstbetrag muss in das Grundbuch eingetragen werden.

380 **bb) Grundschuld.** Nach § 1191 I BGB kann ein Grundstück in der Weise belastet werden, dass an denjenigen, zu dessen Gunsten die Belastung erfolgt, eine bestimmte Geldsumme aus dem Grundstück zu zahlen ist (Grundschuld). Wichtigster Unterschied zur Hypothek besteht darin, dass die Grundschuld nicht von einer existierenden Forderung abhängig ist. Akzessorietät zwischen Grundschuld und Forderung besteht nicht. In der Praxis wird sie meistens als Sicherungsgrundschuld bestellt. Erforderlich ist wiederum eine Sicherungsabrede zwischen Gläubiger und Grundstückseigentümer. Im Unterschied zur Hypothek ist der Regelungsbedarf der Sicherungsmodalitäten mangels Akzessorietät der Grundschuld zu der Forderung erheblich höher; zusätzlich müssen Vereinbarungen über die Bezeichnung der zu sichernden Forderung, Verwertungsrechte, die Rückübertragung nach Wegfall des Sicherungszwecks und das Verhältnis zu anderen Sicherheiten getroffen werden.[427] Nach § 1192 BGB finden auf die Grundschuld die Vorschriften über die Hypothek entsprechende Anwendung mit Ausnahme der Vorschriften über die Akzessorietät zwischen Forderung und Sicherungsmittel. Insofern kann auch die Grundschuld als Brief- oder Buchgrundschuld bestellt werden. Sie kann nach § 1196 BGB auch für den Eigentümer bestellt werden, der sie z. B. als Sicherungsmittel für die Aufnahme eines Darlehens einsetzen kann.

381 **cc) Rentenschuld.** Eine Grundschuld kann nach § 1199 BGB auch in der Weise bestellt werden, dass in regelmäßig wiederkehrenden Terminen eine bestimmte Geldsumme aus dem Grundstück zu zahlen ist. Bei der Bestellung der Rentenschuld muss der Betrag bestimmt werden, durch dessen Zahlung die Rentenschuld abgelöst werden kann. Die Ablösungssumme muss ins Grundbuch eingetragen werden. Nach § 1201 BGB steht das

---

427 Vgl. BGH NJW 1989, 1732, 1733; Vieweg/Lorz, § 15 Rn. 90; Westermann, § 19 Rn. 575.

Ablösungsrecht dem Eigentümer zu. Das Ablösungsrecht kann der Eigentümer nach § 1202 BGB erst nach vorheriger Kündigung ausüben. Nach § 1203 BGB kann eine Rentenschuld auch in eine gewöhnliche Grundschuld, eine gewöhnliche Grundschuld auch in eine Rentenschuld umgewandelt werden.

§ 19 Gesetzliche Schuldverhältnisse

Schrifttum: *Diederichsen*, Der deliktische Schutz des Persönlichkeitsrechts, JURA 2008, 1; *Duhme*, Verkehrssicherungspflichten für waldtypische Gefahren, NJW 2013, 17; *Fuchs/Pauker*, Delikts- und Schadensersatzrecht, 9. Aufl. 2016; *Großfeld/Mund*, Die Haftung der Eltern nach § 823 I BGB, FamRZ 1994, 1504; *Greger/Zwickel*, Haftung im Straßenverkehr, 6. Aufl. 2021; *Gursky*, 20 Probleme aus dem BGB – Bereicherungsrecht, 7. Aufl. 2017; *Hey*, Die Geschäftsführung ohne Auftrag, JuS 2009, 400; *Kaiser*, Schadensersatz und Schmerzensgeld bei Stalking?, NJW 2007, 3387; *Kamionka*, Der Leistungsbegriff im Bereicherungsrecht, JuS 1992, 845, 929; *Kapoor/Kindt*, Aktuelle Entwicklungen im Produktsicherheits- und Produkthaftungsrecht, NJW 2021, 1575; *Katzenmeier/Voigt*, ProdHaftG, 7. Aufl. 2020; *Kötz/Wagner*, Deliktsrecht, 14. Aufl. 2021; *Kropf*, Abkehr vom Veranlasserprinzip seitens des BGH beim bereicherungsrechtlichen Ausgleich im Überweisungsverkehr, WM 2016, 67; *Kühling*, Im Dauerlicht der Öffentlichkeit – Freie Fahrt für personenbezogene Bemerkungsportale?, NJW 2015, 447; *Küppersbusch/Höher*, Ersatzansprüche bei Personenschaden, 13. Aufl. 2020; *Kupfer/Weiß*, Geschäftsführung ohne Auftrag, JA 2018, 894; *Lorenz*, Grundwissen – Zivilrecht: Geschäftsführung ohne Auftrag (GoA), JuS 2016, 12; *ders.*, Grundwissen – Zivilrecht: Deliktsrecht – Haftung aus § 823 I BGB, JuS 2019, 852; *Martinek/Theobald*, Grundfälle zum Recht der Geschäftsführung ohne Auftrag, JuS 1997, 612, 805, 992; 1998, 27; *Medicus*, Gefährdungshaftung im Zivilrecht, JURA 1996, 561; *Mergner/Matz*, Gefahrenquellen und Verkehrssicherungspflichten, NJW 2015, 197; *Molitoris/Klindt*, Produkthaftung und Produktsicherheit, NJW 2008, 1203; *Musielak*, Einführung in das Bereicherungsrecht, JA 2020, 161; *Mylich*, Die Eigentumsverletzung – Fallgruppen und Ansprüche, JuS 2014, 298 und 398; *Petersen*, Postmortaler Persönlichkeitsschutz, JURA 2008, 271; *v. Proff*, Der Ausgleich unentgeltlicher Leistungen an die Eltern der Lebensgefährtin, NJW 2015, 1482; *Rademacher*, Die Geschäftsführung ohne Auftrag im europäischen Privatrecht, JURA 2008, 87; *Rebler*, Die Haftung bei Verkehrsunfällen mit Tieren, MDR 2012, 1204; *Salje/Peter*, Umwelthaftungsgesetz, 2. Aufl. 2005; *Schall*, Leistungskondiktion und sonstige Kondiktionen, 2003; *Schaub*, Die Abgasproblematik – Möglichkeiten und Grenzen von § 826 BGB, NJW 2020, 1028; *B. Schmidt*, Der Anwendungsbereich der berechtigten Geschäftsführung ohne Auftrag, JuS 2004, 862; *Seehafer/Kohler*, Künstliche Intelligenz: Updates für das Produkthaftungsrecht? EuZW 2020, 213; *Wagner/Wahle*, Hersteller, Quasi-Hersteller und Lieferant im Produkthaftungsgesetz, NJW 2005, 3179; *Walker*, Verschulden im Zivilrecht, Ad Legendum 2015, 109; *ders.*, Die zivilrechtliche Haftung des Fußballspielers und seines Vereins für Verletzungen eines Gegenspielers, FS Tolksdorf, 2014, 143; *Weller*, Die Haftung von Fussballvereinen für Randale und Rassismus, NJW 2007, 960; *Wieling/Finkenhauer*, Bereicherungsrecht, 5. Aufl. 2020; *Wussow*, Das Unfallhaftpflichtrecht, 17. Aufl. 2021; *Zech*, Gefährdungshaftung und neue Technologien, JZ 2013, 21.

382 Neben vertraglich vereinbarten Schuldverhältnissen sind auch aus Gesetz Schuldverhältnisse zwischen mehreren Personen möglich. Die wichtigsten gesetzlichen Schuldverhältnisse entstehen bei einer Geschäftsführung ohne Auftrag nach §§ 677 ff. BGB, bei einer ungerechtfertigten Bereicherung gem. §§ 812 ff. BGB sowie bei einer unerlaubten Handlung nach §§ 823 ff. BGB.

1. Geschäftsführung ohne Auftrag (GoA)

383 Geschäftsführung ohne Auftrag liegt nach § 677 BGB vor, wenn jemand ein Geschäft für einen anderen besorgt, ohne von ihm beauftragt oder ihm gegenüber sonst dazu berechtigt zu sein. Der Geschäftsführer ohne Auftrag hat das Geschäft so zu führen, wie das Interesse des Geschäftsherrn mit Rücksicht auf dessen wirklichen oder mutmaßlichen Willen es erfordert. Im Gegensatz zum vertraglichen Schuldverhältnis, bei dem sich der Beauftragte nach § 662 BGB verpflichtet, ein ihm vom Auftraggeber übertragenes Geschäft für diesen zu besorgen, handelt es sich bei der GoA um ein gesetzliches Schuldverhältnis. Die GoA ist in den §§ 677 bis 687 BGB normiert.

Abb. 33: Geschäftsführung ohne Auftrag

a) **Berechtigte GoA.** Üblicherweise einigt man sich unter Vertragspartnern über das Bewirken einer Leistung. In seltenen Fällen kann aber ein Tätigwerden einer Person für eine andere Person, ohne von dieser beauftragt zu sein, sinnvoll und notwendig sein. Bei der GoA nimmt der Geschäftsführer Tätigkeiten im fremden Interesse und Sorgekreis wahr.[428] Die GoA setzt Fremdgeschäftsführungswillen voraus. Dieser wird bei einem objektiv fremden Geschäft vermutet.[429] Wenn der Geschäftsführer neben der fremden Angelegenheit auch eine eigene mitbesorgt (= auch-fremdes Geschäft), wird sein Fremdgeschäftsführungswille ebenso wie bei einem ausschließlich fremden Geschäft vermutet.[430] Des Weiteren muss die Übernahme der Geschäftsführung nach § 677 BGB mit dem wirklichen oder dem mutmaßlichen Willen des Geschäftsherrn in Einklang stehen. Eine Geschäftsführung gegen den Willen des Geschäftsherrn ist grds. nicht zulässig. Musste der Geschäftsführer ohne Auftrag erkennen, dass sein Tätigwerden dem Willen des Geschäftsherrn entgegensteht, kann er nach § 678 BGB zum Schadensersatz verpflichtet sein, selbst wenn ihm ein sonstiges Verschulden nicht zur Last fällt.

Weitere Voraussetzung der GoA ist, dass der Geschäftsführer die Übernahme der Geschäftsführung so bald wie möglich dem Geschäftsherrn anzuzeigen und, falls nicht mit dem akuten Aufschub eine Gefahr verbunden ist, dessen Entschließung abzuwarten hat, § 681 S. 1 BGB. Bezweckt die Geschäftsführung nach § 680 BGB die Abwendung einer dem Geschäftsherrn drohenden Gefahr, so hat der Geschäftsführer nur Vorsatz und grobe Fahrlässigkeit zu vertreten. Weitere Nebenpflicht des Geschäftsführers ohne Auftrag ist nach § 681 S. 2 BGB, dem Geschäftsherrn alles, was er im Rahmen der GoA erhalten hat, herauszugeben. Auf die Geschäftsführung ohne Auftrag finden die §§ 666 bis 668 BGB Anwendung. Deshalb obliegt dem Geschäftsführer ohne Auftrag gegenüber dem Geschäftsherrn eine Auskunfts- und Rechenschaftspflicht.[431] Erhält der Geschäftsführer ohne Auftrag Geld, welches er dem Geschäftsherrn herauszugeben hat, ist der Geschäftsführer ohne Auftrag verpflichtet, es von der Zeit der Verwendung an zu verzinsen.

Nach § 683 BGB kann der Geschäftsführer ohne Auftrag gegenüber dem Geschäftsherrn den Ersatz seiner Aufwendungen verlangen, wenn die Übernahme der Geschäftsführung dem Interesse und dem wirklichen oder dem mutmaßlichen Willen des Geschäftsherrn entspricht. Selbst in Fällen, in denen der Geschäftsführer ohne Auftrag zwar gegen den Willen des Geschäftsherrn handelt, die Erfüllung des Geschäfts aber im öffentlichen Interesse liegt, oder eine gesetzliche Unterhaltspflicht des Geschäftsherrn nicht rechtzei-

---

428 Brox/Walker, BS, § 36 Rn. 2.
429 BGH NJW 2007, 63, 64; BGH NJW-RR 2004, 81, 82 m. w. N.
430 Brox/Walker, BS, § 36 Rn. 8; so st. Rspr. des BGH NJW 2007, 63, 64; BGH NJW-RR 2004, 81, 82 m. w. N.
431 Vgl. Benöhr, Anmerkung zu LG Karlsruhe, NJW 1975, 1420, in: NJW 1975, 1970, 1971.

tig erfüllt wird, kann der Geschäftsführer ohne Auftrag nach §§ 683 S. 2, 679 BGB ebenfalls Ersatz seiner Aufwendungen verlangen.
Nicht erforderlich ist es, dass die GoA zum Erfolg führt. Setzt der Geschäftsführer ohne Auftrag Erfüllungsgehilfen für die Erledigung des Auftrags ein, kann der Geschäftsführer für das Verschulden dieser Personen nach § 278 BGB verantwortlich sein. Der Anspruch auf Ersatz von Aufwendungen für den Geschäftsführer ergibt sich aus §§ 683, 670 BGB. Verletzt der Geschäftsführer bei einer GoA schuldhaft seine Pflichten aus §§ 677, 681 BGB und entsteht dem Geschäftsherrn hieraus ein Schaden, so ist der Geschäftsführer nach den allgemeinen Regeln, §§ 280 ff., §§ 823 ff. BGB, zum Schadensersatz verpflichtet.[432]

385 b) **Unberechtigte GoA.** Entspricht die Geschäftsbesorgung nicht dem Willen und Interesse des Geschäftsherrn, ist sie also unberechtigt, dann muss sie unterbleiben.[433] Nach § 678 BGB ist der unberechtigte Geschäftsführer dem Geschäftsherrn zum Ersatz des aus der Geschäftsführung entstandenen Schadens verpflichtet, und zwar selbst dann, wenn ihm ein sonstiges Verschulden nicht zur Last fällt, d. h., wenn er sorgfältig gehandelt hatte. Davon unberührt bleiben Ansprüche des Geschäftsherrn gegen den unberechtigten Geschäftsführer aus §§ 823 ff. BGB wegen unerlaubter Handlung sowie nach §§ 812 ff. BGB wegen ungerechtfertigter Bereicherung. Gem. § 684 BGB hat der Geschäftsherr dem unberechtigten Geschäftsführer all das herauszugeben, was dieser aus der unberechtigten Geschäftsführung erhalten hat. Somit kann evtl. auch der unberechtigte Geschäftsführer gegenüber dem Geschäftsherrn Ansprüche aus §§ 812 ff. BGB geltend machen. § 684 BGB enthält somit eine Rechtsfolgenverweisung.[434]

386 c) **Irrtümliche GoA.** Wenn jemand ein fremdes Geschäft in der Meinung besorgt, dass es sein eigenes sei, liegt keine GoA für einen Dritten vor. Folge ist nach § 687 BGB, dass die Vorschriften der §§ 677 bis 686 BGB auf eine solche Rechtslage keine Anwendung finden. Der vermeintliche Geschäftsführer ohne Auftrag handelt nicht als solcher, weil ihm zum Zeitpunkt des Tätigseins nicht bewusst ist, dass er für eine fremde dritte Person handelt. Führt sein Handeln bei einem Dritten zu einem Schaden, oder ist der irrtümliche Geschäftsführer aufgrund seines Tätigwerdens bereichert, können Dritte gegenüber dem irrtümlichen Geschäftsführer Ansprüche aus unerlaubter Handlung, §§ 823 ff. BGB, sowie ungerechtfertigter Bereicherung, §§ 812 ff. BGB, geltend machen.

387 d) **Angemaßte GoA.** Der Geschäftsführer ohne Auftrag handelt ebenfalls nicht im Interesse des Geschäftsherrn mit Rücksicht auf dessen wirklichen oder mutmaßlichen Willen, wenn der Geschäftsführer ein fremdes Geschäft als sein eigenes behandelt, obwohl er weiß, dass er dazu nicht berechtigt ist. Er hat keinen Fremdgeschäftsführungswillen. Dann kann der Geschäftsherr die sich aus den §§ 677, 678, 681, 682 BGB ergebenden Ansprüche geltend machen. § 687 II 2 BGB regelt, dass der Geschäftsherr, der diese Ansprüche geltend macht, dem Geschäftsführer nach § 684 S. 1 BGB zur Herausgabe dessen verpflichtet ist, was der Geschäftsführer durch die vermeintliche GoA erlangt hat. Des Weiteren können für den Geschäftsherrn Ansprüche aus §§ 823 ff., 812 ff. BGB bestehen.

2. Ungerechtfertigte Bereicherung

388 Nicht gerechtfertigte Vermögensverschiebungen müssen rückabgewickelt werden. Das Bereicherungsrecht, geregelt in den §§ 812 ff. BGB, erfüllt die Funktion, einen materiell nicht gerechtfertigten Zuwachs an Vermögenswerten rückgängig zu machen.[435] Wem

---

432 Brox/Walker, BS, § 36 Rn. 48; Looschelders, SchR BT, § 44 Rn. 5 ff.
433 Musielak/Hau, § 9 Rn. 1011.
434 Siehe dazu BGH WM 1976, 1056, 1060.
435 Musielak/Hau, § 9 Rn. 1017.

der Vermögenswert gehört, dem soll dieser Vermögenswert auch wieder zugeführt werden. Aus §§ 812 ff. BGB ergeben sich eine Vielzahl von Ansprüchen. Hauptunterscheidungsmerkmal dieser Ansprüche ist, ob die Bereicherung des Vermögensinhabers durch eine Leistung erfolgt ist, oder ob die Bereicherung in sonstiger Weise stattgefunden hat. Diese Vorschriften lehnen sich stark an die im römischen Recht entwickelten Konditionsgrundsätze an, weswegen man von „Leistungskondiktion" bzw. „Kondiktion in sonstiger Weise" spricht.[436]

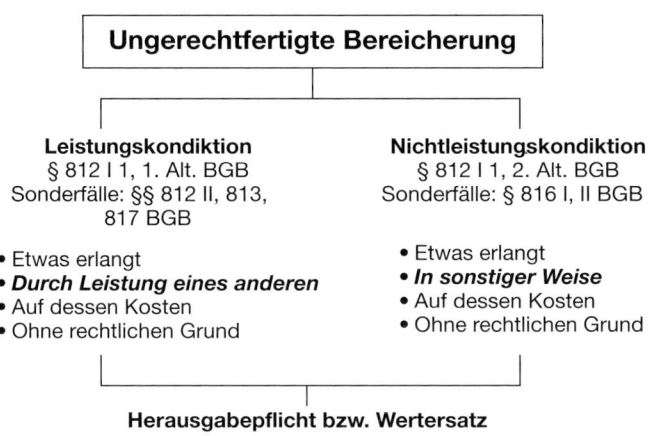

Abb. 34: Ungerechtfertigte Bereicherung

a) **Grundtatbestände der ungerechtfertigten Bereicherung.** Nach § 812 I 1 BGB ist derjenige verpflichtet, einen Vermögenswert herauszugeben, der durch die Leistung eines anderen oder in sonstiger Weise auf dessen Kosten etwas ohne rechtlichen Grund erlangt. Erste Variante ist die sog. *Leistungskondiktion*, zweite Möglichkeit die Kondiktion in sonstiger Weise, auch *Nichtleistungskondiktion* genannt. Weitere Fälle der Leistungskondiktion enthalten die §§ 812 II 2, 813 I, 817 S. 1 BGB. Andere Fälle der Kondiktion in sonstiger Weise finden sich in § 816 I, II BGB.

b) **Bereicherung durch Leistung.** Der Zweck der Leistungskondiktion besteht nach § 812 I 1, 1. Alt. BGB darin, den Vermögenszuwachs aufgrund einer Leistung wieder rückgängig zu machen, bei der eine gültige Verpflichtung hierzu von vornherein fehlt.[437] Für die Prüfung dieses Bereicherungstatbestands ist demnach erforderlich, dass jemand etwas durch die Leistung eines anderen auf dessen Kosten ohne rechtlichen Grund erlangt hat.
Voraussetzung ist, dass der Vermögensinhaber bewusst und zweckgerichtet einer anderen Person Vermögen zuwendet.[438] Liegt der Vermögenszuwendung keine rechtliche Notwendigkeit zugrunde, bestand dafür keine Verpflichtung. Eine solche Verpflichtung kann sich aus Vertrag oder Gesetz ergeben. Falls ein solcher Grund nicht vorhanden ist, ist der Bereicherte zur Herausgabe des Vermögenswertes verpflichtet. Nach § 814 BGB kann der Vermögensübertragende den Vermögenswert trotz Leistungskondiktion nicht zurückfordern, wenn der Leistende gewusst hat, dass er zur Leistung nicht verpflichtet war, oder wenn die Leistung einer sittlichen Pflicht oder einer auf den Anstand zu

---

436   Müssig, 11.
437   Führich, § 25 Rn. 648.
438   Vgl. BGHZ 50, 272, 277; 58, 184, 188; BGH NJW 2004, 1169, 1170 f.; 2005, 60; dazu Jauernig/Stadler, § 812 Rn. 3 m. w. N.

nehmenden Rücksicht entsprach,[439] z. B. bei der Übergabe eines Geldbetrags als Trinkgeld. Bei der Leistung kann es sich um jede Art von Vermögensvorteil handeln. § 815 BGB normiert eine weitere Möglichkeit für den Ausschluss des Bereicherungsanspruchs.

391 c) **Bereicherung in sonstiger Weise.** Nach dem Grundsatz vom Vorrang der Leistungskondiktion ist immer zuerst zu prüfen, ob nicht eine Bereicherung durch Leistung vorliegt.[440] Ansonsten kann die Kondiktion in sonstiger Weise in Betracht kommen. Auch ohne eine Leistung, daher „in sonstiger Weise", kann eine Vermögenszuwendung an einen Dritten stattfinden, die der Vermögensinhaber weder gewollt hat noch sich darüber bewusst war. Die Bereicherung in sonstiger Weise lässt sich in verschiedene Fallgruppen aufteilen.

392 aa) **Eingriffskondiktion.** Die Eingriffskondiktion setzt voraus, dass sich der Bereicherte durch eigene Handlung einen Vermögensvorteil verschafft.[441] Er greift in eine fremde Rechtsposition ein und löst damit den Bereicherungsanspruch aus, weil der dadurch erlangte Vorteil nach dem Recht der Güterzuordnung nicht ihm, sondern dem Bereicherungsgläubiger gebührt.[442] Beispiele sind die Wegnahme einer Sache bei Diebstahl, § 242 StGB, die Vermischung oder Verarbeitung beweglicher Sachen nach § 951 BGB oder der Verbrauch einer fremden Sache. Voraussetzung für die Eingriffskondiktion ist, dass die Bereicherung auf Kosten eines anderen stattgefunden hat und der Eingriff ohne Rechtsgrund, d. h. unberechtigt gewesen ist.

393 bb) **Rückgriffskondiktion.** Eine Rückgriffskondiktion kommt in Betracht, wenn ein Dritter den Schuldner von dessen Verbindlichkeit gegenüber seinem Gläubiger befreit.[443] Die Versicherung des A zahlt z. B. den Haftpflichtschaden, den vermeintlich der Hund des A beim Spaziergang dem B zugefügt hat. In Wahrheit hat allerdings nicht der Hund des A, sondern der Hund des C dem B die Verletzung zugefügt. A verlangt nun von C den Leistungsausgleich.

394 cc) **Verwendungskondiktion.** Eine Verwendungskondiktion besteht, wenn eine Person einen eigenen Vermögenswert zugunsten einer dritten Person einsetzt in der Annahme, dieser Vermögenswert würde der dritten Person gehören. Der Hausmeister benutzt z. B. eigene Farbe zum Anstrich eines Hörsaals während der vorlesungsfreien Zeit in der Annahme, die Farbe würde der Hochschule gehören.

395 d) **Verfügung eines Nichtberechtigten.** Weitere Fälle der Bereicherung regelt § 816 BGB. Danach ist ein Nichtberechtigter, welcher über einen Gegenstand eine Verfügung vornimmt, die dem Berechtigten gegenüber wirksam ist, zur Herausgabe des durch die Verfügung erlangten Gegenstandes an den Berechtigten verpflichtet. Wenn nach § 816 I 2 BGB die Verfügung unentgeltlich durch den Nichtberechtigten erfolgt, hat der Vermögensempfänger, welcher aufgrund der Verfügung unmittelbar einen rechtlichen Vorteil erlangt hat, die Pflicht, den Gegenstand an den ursprünglichen Vermögensinhaber herauszugeben. Eine weitere Möglichkeit eröffnet § 816 II BGB. Danach hat ein Nichtberechtigter, an den eine Leistung bewirkt worden ist, die einem Berechtigten gegenüber wirksam ist, dem Berechtigten das Geleistete durch Herausgabe zu verschaffen.

396 e) **Geltendmachung des Bereicherungsanspruchs.** Nach §§ 812 I 1, 816 BGB ist der Bereicherte grundsätzlich verpflichtet, den Vermögenswert an den ursprünglichen Ver-

---

439 S. dazu BGH NJW 2008, 1878, 1879.
440 Vgl. BGHZ 40, 272, 278; 56, 228, 240; BGH NJW 2005, 60.
441 Vgl. MüKo-BGB/Schwab, § 812 Rn. 278.
442 Vgl. BGHZ 107, 111, 120; BGH NJW 2007, 216, 217; BGH ZIP 2006, 2307, 2308; Musielak/Hau, § 9 Rn. 1037.
443 Brox/Walker, BS, § 42 Rn. 8.

mögensinhaber herauszugeben. Nach § 818 I BGB erstreckt sich die Verpflichtung zur Herausgabe auch auf die gezogenen Nutzungen sowie auf dasjenige, was der Empfänger aufgrund eines erlangten Rechts oder als Ersatz für die Zerstörung, Beschädigung oder Entziehung des erlangten Gegenstands erwirbt. Ist es dem Bereicherten nicht möglich, den Vermögensgegenstand an den ursprünglichen Vermögensinhaber herauszugeben, so ist er nach § 818 II BGB verpflichtet, dem Vermögensinhaber den Wert des untergegangenen Vermögensgegenstandes zu ersetzen, wenn die Herausgabe wegen der Beschaffenheit des Erlangten nicht möglich oder der Bereicherte aus einem anderen Grund außerstande ist, die Herausgabe des Vermögensgegenstandes zu ermöglichen. Der Wertersatz des nicht mehr herauszugebenden Vermögenswertes bestimmt sich grundsätzlich nach dem objektiven Verkehrswert,[444] bzw. nach dem Betrag, den ein Dritter am Markt dafür zu zahlen bereit ist.[445]

f) Wegfall der Bereicherung. Grundlage des Bereicherungsrechts ist es, dem ursprünglichen Vermögensinhaber den unberechtigt entzogenen Vermögenswert zurückzugeben. Einen Schadensausgleich sieht das Bereicherungsrecht nicht vor. Daher ist nach § 818 III BGB die Verpflichtung zur Herausgabe des Vermögenswertes oder zum Ersatz des Wertes durch den Bereicherten ausgeschlossen, soweit dieser nicht mehr bereichert ist. Ob eine Bereicherung noch vorliegt, wenn der Bereicherungsgegenstand nicht mehr vorhanden ist, muss wirtschaftlich betrachtet werden.[446] Selbst wenn der Bereicherte den Vermögenswert unentgeltlich weitergegeben hat, können damit Vorteile für ihn verbunden gewesen sein, die einen gewissen Wert haben, z. B. Zuwendungen des Beschenkten. In solchen Fällen ist Wertersatz zu leisten, ohne wertmäßigen Vorteil dagegen nicht. Unter Umständen besteht ein Anspruch gegen einen Dritten nach § 822 BGB. Ein Bereicherungswegfall nach § 818 III BGB kommt dann zur Geltung, wenn der ehemals Bereicherte nicht mehr bereichert und schutzwürdig ist. Diese Schutzwürdigkeit liegt dann nicht vor, wenn nach § 819 BGB eine verschärfte Haftung bei Kenntnis und bei Gesetzes- oder Sittenverstoß eingreift, z. B. dann, wenn eine Klage bereits rechtshängig ist, Bösgläubigkeit beim Bereicherten vorliegt oder der ehemals Bereicherte einen Verstoß gegen die guten Sitten bzw. gegen ein gesetzliches Verbot begangen hat.[447]

3. Unerlaubte Handlungen

Neben dem Recht der sog. Geschäftsführung ohne Auftrag und dem Bereicherungsrecht bildet das Deliktsrecht, das Recht der „unerlaubten Handlungen" i. S. d. §§ 823 ff. BGB, ein zentrales, auf Schadensersatz zielendes Ausgleichssystem durch Statuierung einer gesetzlichen Haftpflicht, eines vom rechtsgeschäftlichen Willen der Beteiligten unabhängigen Schuldverhältnisses.[448] Beim Deliktsrecht geht es um die Wiedergutmachung eines Schadens.[449] Wichtigste Grundlage des Deliktsrechts bildet das *Verschuldensprinzip*, das schuldhafte Verhalten einer Person. Der gesetzliche Haftungstatbestand der unerlaubten Handlung, nach denen eine Person zum Ersatz des entstandenen Schadens verpflichtet wird, steht oft neben vertraglichen Schadensersatzansprüchen. Es kann somit *Anspruchskonkurrenz* bestehen.

Neben dem Schadensersatzrecht aus §§ 823 ff. BGB, welches Verschulden oder vermutetes Verschulden voraussetzt, bestehen spezialgesetzliche Normen außerhalb des Bürgerlichen Gesetzbuches, welche im Rahmen einer sog. Gefährdungshaftung, so u. a. im Produkthaftpflichtgesetz, im Umwelthaftungsgesetz oder im Straßenverkehrsgesetz geregelt, eine verschuldensunabhängige Haftung auslösen.

---

444 Vgl. BGHZ 168, 220, 225; Jauernig/Stadler, § 818 Rn. 14.
445 BGH NJW 2006, 2847, 2852.
446 Führich, § 25 Rn. 651.
447 Dazu BGH NJW 2014, 2793 mit Anm. Schmidt, JuS 2015, 73.
448 Schünemann, 3.a.
449 Vgl. Brox/Walker, BS, § 44 Rn. 1.

```
                    ┌─────────────────────────┐
                    │   Unerlaubte Handlungen │
                    │      – Haftung –        │
                    └─────────────────────────┘
                         │              │
            Deliktische Haftung      Gefährdungshaftung
               §§ 823 ff. BGB
```

- Rechtsgutsverletzung/ Schutzgesetzverletzung
- Verletzungshandlung
- Haftungsbegründete Kausalität
- Rechtswidrigkeit
- Verschulden, z. T. vermutetes Verschulden
- Schaden
- Haftungsausfüllende Kausalität
- Ersatz, §§ 249 ff. BGB

- Produkthaftung, § 1 I ProdhaftG
- Straßenverkehrshaftung, § 7 I StVG
- Tierhalterhaftung, § 833 S. 1 BGB
- Umwelthaftung, § 1 UmweltHG
- etc.

Abb. 35: Unerlaubte Handlungen

399 a) **Haftungstatbestand des § 823 I BGB.** Nach § 823 I BGB ist derjenige zum Schadensersatz verpflichtet, der vorsätzlich oder fahrlässig das Leben, den Körper, die Gesundheit, die Freiheit, das Eigentum oder ein sonstiges Recht eines anderen widerrechtlich verletzt. Das Deliktsrecht der §§ 823 ff. BGB ist somit die zivilrechtliche Parallele zum Strafrecht, an das man bei dem Wort Delikt wohl zuerst denkt.[450] Voraussetzungen für die Verwirklichung des Tatbestands von § 823 I BGB sind die Rechtsgutsverletzung eines absoluten Rechts wie z. B. das Recht auf Leben, körperliche Unversehrtheit oder das Eigentumsrecht, ein adäquater Kausalzusammenhang zwischen der Verletzungshandlung und der Rechtsgutsverletzung, sowie die Widerrechtlichkeit der Tathandlung, aus der sich ein Schaden ergibt. Dieser Schaden muss ursächlich durch vorsätzliches oder fahrlässiges Handeln gem. § 276 BGB verschuldet worden sein. Dann ergibt sich das Recht des Geschädigten, Schadensersatz zu verlangen, es sei denn, das vermeintlich rechtswidrige schuldhafte Verhalten des Schädigers ist ausnahmsweise gerechtfertigt oder entschuldigt.

§ 823 I BGB zählt absolute Rechte wie den Schutz des Lebens, des Körpers, des Eigentums etc. auf. Diese Aufzählung kann nicht abschließend sein. Deshalb hat der gesetzliche Tatbestand den Begriff „sonstiges Recht" mit aufgenommen, da es eine Vielzahl von absoluten Rechten gibt, die verletzt werden können. Darunter fallen z. B. der Besitz, das Allgemeine Persönlichkeitsrecht, das Recht am eingerichteten und ausgeübten Gewerbebetrieb oder Urheberrechte und gewerbliche Schutzrechte, auch das Namensrecht für Personen und Unternehmen oder das Jagdrecht.[451] Erheblich zugenommen haben Rechtsgutsverletzungen gegenüber dem Allgemeinen Persönlichkeitsrecht. So hat das Bundesverfassungsgericht in aktuellen Urteilen z. B. eine Beeinträchtigung des Persönlichkeitsrechts festgestellt bei unrichtigen oder verfälschten Äußerungen[452] sowie einer unfairen Kommentierung der Bilder von Prominentenkindern.[453] Dagegen besteht keine Beeinträchtigung des Allgemeinen Persönlichkeitsrechts bei der anonymen Bewertung von Lehrern im Schülerportal „spickmich.de".[454] Auch das Eindringen in die Pri-

---

450 Schünemann, 3.a.
451 S. MüKo-BGB/Wagner, § 823 Rn. 301 ff. mit vielfältigen Beispielen.
452 BVerfG NJW 2008, 747, 748.
453 BVerfG NJW 2000, 1021, 1023 f.; 2005, 1857, 1858; 2006, 2836, 2838.
454 Vgl. OLG Köln NJW-RR 2008, 203, 204 f.

vatsphäre⁴⁵⁵ oder die Weitergabe von Angelegenheiten aus fremder Privatsphäre⁴⁵⁶ können zur Verletzung des Allgemeinen Persönlichkeitsrechts und somit zu einer Rechtsgutsverletzung führen.
Die bedeutendsten unerlaubten Handlungen sind Rechtsgutverletzungen gegen die Person oder Sachen, aus denen der Geschädigte Schadensersatzansprüche herleiten kann. Im Fall einer Tötung hat der Ersatzpflichtige nach § 844 I BGB Ansprüche von Angehörigen zu befriedigen. Sachschäden sind Schäden, bei denen das Eigentum oder andere Sachenrechte verletzt wurden. Diese Schäden können durch Zerstörung, Beschädigung oder durch Entzug einer Sache geschehen. Auch immaterielle Rechtsgüter wie Patente, Urheber- oder Namensrechte fallen unter sonstige Rechte, ebenso dingliche Rechte wie der Nießbrauch, die Hypothek oder die Grundschuld.

aa) Verletzungshandlung. Zur Rechtsgutsverletzung gehört die Verletzungshandlung. **400**
Unter Handlung versteht man jedes menschliche, vom Willen beherrschbare Verhalten, das der Bewusstseinskontrolle und der Willensbestimmung unterliegt.⁴⁵⁷ Die Verletzungshandlung kann dabei durch ein aktives Tun oder ein Unterlassen erfolgen. Eine in diesem Sinne für den eingetretenen Verletzungserfolg „kausale" Unterlassung ist aber nur dann tatbestandsmäßig, wenn die betreffende Handlung rechtlich geboten war.⁴⁵⁸ Diese Pflicht zum Handeln kann sich z. B. aus Gesetz ergeben, wonach Eltern nach §§ 1631 f. BGB für ihre Kinder einstehen müssen.

bb) Haftungsbegründende Kausalität. Die Verletzungshandlung muss kausal, d. h. ur- **401**
sächlich dafür sein, dass die Rechtsgutsverletzung eingetreten ist. Ursächlich ist dabei nicht nur das letzte, unmittelbar zum Schaden führende Verhalten, sondern jedes Verhalten, dass letztlich zu dieser Rechtsgutsverletzung geführt hat.⁴⁵⁹ Einzugrenzen ist diese Ursächlichkeit allerdings i. S. d. Adäquanztheorie auf den konkreten Zusammenhang zwischen der Rechtsgutsverletzung und der Verletzungshandlung. Ansonsten würde z. B. ein Automobilhersteller für einen Autounfall wegen überhöhter Geschwindigkeit verantwortlich sein, der mit dem von ihm produzierten KFZ verursacht wurde.

cc) Rechtswidrigkeit. Der Schädiger muss die Verletzungshandlung rechtswidrig be- **402**
gangen haben. Rechtswidrig ist eine Verletzungshandlung dann, wenn sie gegen die Rechtsordnung, d. h. gegen ein Rechtsgebot oder ein Rechtsverbot verstößt.⁴⁶⁰ Normalerweise erfüllt eine Rechtsgutsverletzung auch die Rechtswidrigkeit. Nur in speziellen, u. a. vom BGB aufgestellten Rechtsnormen, kann die Rechtswidrigkeit durch einen Rechtfertigungsgrund verdrängt werden. Derartige Gründe sind die Notwehr nach § 227 BGB, der Notstand nach § 228 BGB und die Selbsthilfe nach § 229 BGB. Außerdem können die Einwilligung des Verletzten sowie der Aggressivnotstand nach § 904 BGB rechtswidriges Handeln rechtfertigen.

dd) Verschulden. Die rechtswidrige Verletzungshandlung muss schuldhaft begangen **403**
worden sein. Schuldhaftes Handeln liegt dann vor, wenn der Schädiger deliktsfähig ist. Die Deliktsfähigkeit ist nach § 828 I BGB ausgeschlossen bei Personen, die nicht das 7. Lebensjahr vollendet haben. Minderjährige unter sieben Jahren sind für einen Schaden, den sie einem anderen zufügen, nicht verantwortlich. Ab dem 7. Lebensjahr unter der Voraussetzung vorsätzlichen Handelns, ansonsten ab dem 10. Lebensjahr ist ein Minderjähriger für Unfallschäden im fließenden Straßen- und Bahnverkehr verantwortlich. Bis

---

455 Vgl. BGHZ 24, 200; BAG NJW 2015, 2749, 2751.
456 Vgl. BGHZ 13, 334; BGHZ 15, 249; BGH NJW 2015, 782, 783 f. m. Anm. Gounalakis, LMK 2015, 366674.
457 Müssig, 12.2.1.2.
458 Gursky, S. 209.
459 Vgl. Führich, § 26 Rn. 665; Meyer, § 11 Rn. 799.
460 Vgl. dazu Brox/Walker, BS, § 45 Rn. 47 ff.

zum 18. Lebensjahr ist jemand für einen Schaden dann nicht verantwortlich, wenn er bei der Begehung der schädigenden Handlung nicht die zur Erkenntnis der Verantwortlichkeit erforderliche Einsicht hat. Außerdem ist eine Person nach § 827 S. 1 BGB für einen Schaden nicht verantwortlich, wenn sie sich im Zustand der Bewusstlosigkeit oder in einem die freie Willensbestimmung ausschließenden Zustand krankhafter Störung der Geistestätigkeit befindet und dadurch eine Rechtsgutsverletzung begeht. Ausnahme dazu bildet § 827 S. 2 BGB.

Erforderlich ist, dass der deliktsfähige Schädiger die Verletzungshandlung nach § 276 I BGB entweder vorsätzlich oder fahrlässig begangen hat. Das bedeutet, dass der Schädiger entweder den Erfolg der Verletzungshandlung wissentlich und willentlich herbeiführen wollte oder nach § 276 II BGB die im Verkehr erforderliche Sorgfalt außer Acht gelassen hat.

404 **ee) Schaden und haftungsausfüllende Kausalität.** Sind die einzelnen Tatbestandsmerkmale des § 823 I BGB erfüllt, hat der Schädiger den Geschädigten so zu stellen, als wenn der Schaden nicht eingetreten wäre, also den Schaden zu ersetzen. Grundsätzlich werden nur Vermögensschäden ersetzt; nach § 253 I BGB kann Entschädigung bei einem immateriellen Schaden nur in den durch das Gesetz bestimmten Fällen gefordert werden. Eine solche Ausnahme bildet § 253 II BGB. Bei einem Personenschaden, der aufgrund einer Verletzung des Körpers, der Gesundheit, der Freiheit oder der sexuellen Selbstbestimmung erfolgte, kann der Geschädigte Schmerzensgeld verlangen. Schmerzensgeld kann auch dann verlangt werden, wenn bei einer vertraglichen Vereinbarung Verletzungshandlungen vorkommen, welche ebenfalls zu immateriellen Schäden führen.[461] Auch zwischen der Rechtsgutsverletzung und dem eingetretenen Schaden muss Kausalität, die sog. haftungsausfüllende Kausalität, bestehen. Es gelten dieselben Voraussetzungen wie bei der haftungsbegründenden Kausalität.

405 **ff) Rechtsfolge.** Als Rechtsfolge einer unerlaubten Handlung entstehen z. B. Ansprüche des Geschädigten auf Schadensersatz nach den verschiedenen Möglichkeiten der §§ 249 ff. BGB und evtl. auf Schmerzensgeld bei Personenschäden gem. § 253 II BGB. Außerdem können sich Ansprüche aus Schadensersatz bei Tötung nach §§ 844, 845 BGB ergeben. Im Einzelfall kann der Anspruch aber aufgrund der Mitverantwortlichkeit des Geschädigten nach § 254 BGB zu kürzen sein.[462]

406 **b) Relative Rechte.** § 823 I BGB gilt nur für absolute Rechte. Relative Rechte, welche insbesondere Ansprüche, also Forderungen aus einem gegenseitigen Schuldverhältnis darstellen und nur bestimmte Personen treffen, werden nicht vom Tatbestand des § 823 BGB umfasst. Auch das Vermögen einer Person, welches als Ganzes mehrere Vermögenswerte unterschiedlichster Art betrifft, wird nicht als absolutes Recht angesehen.[463] Wollte man das Vermögen insgesamt als Recht i. S. v. § 823 I BGB anerkennen, so würde man auf einem Umweg doch noch jedes relative Recht schützen, und die zuvor durchgeführte Beschränkung auf die absoluten Rechte wäre im Ergebnis wirkungslos.[464] Eine schuldhafte Schädigung des Vermögens verpflichtet allerdings nach § 823 I BGB dann zum Ersatz, wenn ein durch diese Vorschrift geschütztes Rechtsgut oder Recht verletzt wird.[465] Es sind alle Nachteile auszugleichen, die durch die unerlaubte Handlung entstanden sind, einschließlich des entgangenen Gewinns, §§ 249 ff. BGB.[466]

---

461 Vgl. BGH NJW 2009, 3025, 3026.
462 Looschelders, SchR BT, § 60 Rn. 38.
463 RGZ 51, 92, 93; 52, 365, 366; 95, 173, 174; 102, 223, 225; BGHZ 27, 137, 140; 41, 123, 126; 86, 152, 155.
464 Vgl. dazu Medicus, Die Forderung als „sonstiges Recht" nach § 823 I BGB, in: FS Steffen 1995, S. 339.
465 Musielak/Hau, § 9 Rn. 1087.
466 Steckler/Tekidou-Külke, D. Rn. 029.

c) Verstoß gegen ein Schutzgesetz. Begeht der Schädiger eine Verletzungshandlung, im Rahmen derer er gegen ein den Schutz eines anderen bezweckenden Gesetzes verstößt, ist er ebenfalls zum Schadensersatz nach § 823 II BGB verpflichtet. Wichtige Voraussetzung ist das schuldhafte Handeln nach § 823 II 2 BGB. Schutzgesetze, insbesondere bei Normen des Strafgesetzbuches, sind rechtliche Regelungen, deren Aufgabe es ist, Interessen oder Rechtsgüter von einzelnen Personen zu schützen. Insbesondere, wenn keine Rechtsgutsverletzung des § 823 I BGB vorliegt, kommt oft § 823 II BGB zur Anwendung. Die Freiwilligkeit der Vermögensaufgabe durch den Vermögensinhaber kann z. B. dazu führen, dass zwar keine Rechtsgutsverletzung entstanden ist. Durch eine Täuschungshandlung kann sich beim Vermögensinhaber allerdings ein Irrtum manifestiert haben, der zu einer freiwilligen Vermögensverfügung führt, welche den Straftatbestand des Betrugs nach § 263 StGB umfasst. Auch Rechtsnormen des Lebensmittel- oder Arzneimittelrechts können z. B. Schutzgesetze i. S. v. § 823 II BGB sein.

407

d) Sittenwidrige vorsätzliche Schädigung. Nach § 826 BGB ist derjenige einem anderen zum Ersatz des Schadens verpflichtet, der in einer gegen die guten Sitten verstoßenden Weise einem anderen vorsätzlich Schaden zufügt. Sittenwidrig handelt, wer das Anstandsgefühl aller billig und gerecht Denkenden verletzt.[467] Wer vorsätzlich z. B. zum Vertragsbruch verleitet, arglistig bei Vertragsabschluss täuscht oder wissentlich falsche Auskünfte erteilt, erfüllt den Tatbestand des § 826 BGB.[468]

408

e) Kreditgefährdung. Nach § 824 BGB hat Schadensersatz zu leisten, wer der Wahrheit zuwider eine Tatsache behauptet oder verbreitet, die geeignet ist, den Kredit eines anderen zu gefährden oder sonstige Nachteile für dessen Erwerb oder Fortkommen herbeizuführen. Der Tatbestand des § 824 BGB erfasst die Kreditgefährdung ebenso wie die Rufschädigung im geschäftlichen Verkehr durch Behauptung oder Verbreitung geschäftsschädigender Tatsachen.[469]

409

f) Haftung für Verrichtungsgehilfen. In der arbeitsteiligen Wirtschaft sind in Unternehmen Mitarbeiterinnen und Mitarbeiter beschäftigt, die mit der unternehmerischen Führung gemeinsam den wirtschaftlichen Erfolg des Unternehmens bestimmen. Dabei handelt es sich um Hilfspersonen des Geschäftsherrn, die das Bürgerliche Recht „Verrichtungsgehilfen" nennt. Nach § 831 I BGB ist ein Geschäftsherr zum Ersatz des Schadens verpflichtet, wenn er einen anderen zur Verrichtung bestellt und dieser in Ausführung der Verrichtung einem Dritten widerrechtlich einen Schaden zufügt. Abzugrenzen ist der Verrichtungsgehilfe vom Erfüllungsgehilfen nach § 278 BGB.

410

Besteht zwischen dem Unternehmer und dem Verletzten ein Vertrag, kann der Geschädigte seinen Schadensersatzanspruch gegenüber dem Vertragspartner gem. §§ 280 I, 278 BGB geltend machen. Nach § 831 BGB hat sich der Geschäftsherr die Verletzungshandlung des Verrichtungsgehilfen aus Delikt zurechnen zu lassen. Die Rechtsnorm des § 831 BGB gibt detailliert vor, wann der Geschäftsherr für seinen Verrichtungsgehilfen zu haften hat: Der Geschäftsherr hat eine weitere Person zu einer Verrichtung bestellt, welche einem Dritten widerrechtlich in Ausübung der Verrichtung einen Schaden zufügt.
Die Handlung des Verrichtungsgehilfen muss den objektiven Tatbestand einer unerlaubten Handlung einschließlich der Rechtswidrigkeit i. S. d. §§ 823 ff. verwirklichen.[470] Bedeutsam ist, dass § 831 BGB kein Verschulden voraussetzt. Es genügt die widerrechtliche unerlaubte Handlung. Soweit über das allgemeine Verschulden hinaus subjektive Elemente Voraussetzung der unerlaubten Handlung sind, müssen diese Voraussetzungen

---

467 RGZ 48, 114, 124; 56, 271, 279; 73, 107, 113; BGHZ 10, 228, 232.
468 Vgl. MüKo-BGB/Wagner, § 826 Rn. 69 mit vielfältigen Beispielen.
469 Steckler/Tekidou-Külke, D. Rn. 058.
470 Gursky, S. 222.

auch in der Person des Verrichtungsgehilfen erfüllt sein, z. B. bei einer vorsätzlichen, sittenwidrigen Schädigung nach § 826 BGB.[471] Weitere Voraussetzung ist ebenfalls die Ursächlichkeit zwischen der Handlung des Verrichtungsgehilfen und dem entstandenen Schaden. Da der Verrichtungsgehilfe die Rechtsgutsverletzung nicht schuldhaft begangen haben muss, wird ein Verschulden beim Geschäftsherrn vermutet.[472] Das Verschulden des Geschäftsherrn wird vermutet, bis dieser den Nachweis führt, dass er bei der Auswahl, Anweisung und Beaufsichtigung seines Gehilfen sowie bei der Beschaffung seiner Gerätschaften die im Verkehr erforderliche Sorgfalt beachtet hat, oder dass der Schaden auch bei Anwendung dieser Sorgfalt trotzdem entstanden sein würde.[473]

Nach § 831 I 2 BGB tritt die Schadensersatzpflicht des Geschäftsherrn dann nicht ein, wenn der Geschäftsherr bei der Auswahl der bestellten Person und, sofern er Vorrichtungen und Gerätschaften zu beschaffen oder die Ausführung der Verrichtung zu leiten hat, bei der Beschaffung oder der Leitung die im Verkehr erforderliche Sorgfalt beachtet hat oder wenn der Schaden auch bei dieser Sorgfalt entstanden sein würde. Dieser Exkulpationsbeweis ist dann vom Geschäftsherrn immer leicht zu erbringen, wenn er sein Personal unter strengen Voraussetzungen auswählt und es beaufsichtigt. Auswahl und Beaufsichtigung kann der Geschäftsherr bzw. der Unternehmer in einem großen Unternehmen auch an leitende Angestellte delegieren. Dann ist nach § 831 I 2 BGB ein Schadensersatzanspruch des Geschädigten gegen den Geschäftsherrn ausgeschlossen. Der Geschädigte hat sich dann wegen Ersatz seines Schadens ausschließlich an den Verrichtungsgehilfen zu wenden.

411 g) **Gesamtschuldnerische Haftung.** Sind für den aus einer unerlaubten Handlung entstandenen Schaden mehrere Personen nebeneinander verantwortlich, so haften sie nach § 840 I BGB als Gesamtschuldner. Dabei kann es sich nach § 830 I BGB um Mittäter oder Beteiligte handeln. Häufig haften demzufolge auch Geschäftsherr und Verrichtungsgehilfe gemeinsam gegenüber dem Geschädigten. Für die Haftung von Gesamtschuldnern gilt auch für gesetzliche Schuldverhältnisse § 421 BGB. Danach kann der Gläubiger die Leistung, hier den Schadensersatz, von den Gesamtschuldnern nach seinem Belieben entweder von jedem einzelnen der Schuldner ganz oder zu einem Teil fordern, wenn mehrere die rechtswidrige unerlaubte Handlung begangen haben und demzufolge jeder die ganze Leistung zu bewirken verpflichtet ist.

412 h) **Herstellerhaftung.** Herstellerhaftung i. S. v. § 823 I BGB tritt dann ein, wenn ein Unternehmen Waren herstellt und in den Verkehr bringt, die entweder mit einem Konstruktions- oder mit einem Fabrikationsfehler versehen sind. Weitere Gründe für die Herstellerhaftung können Informationsfehler oder Produktbeobachtungsfehler sein. Erleidet ein Verbraucher Nachteile an Leben, Körper, Gesundheit, Freiheit Eigentum oder sonstigen absoluten Rechten, so kann er unter den Voraussetzungen des § 823 I BGB bzw. im Hinblick auf § 823 II BGB i. V. m. der Verletzung eines Schutzgesetzes Schadensersatz verlangen[474] Erforderlich sind die Verletzungshandlung, Kausalität und das Verschulden des Herstellers.

Während ein Konstruktionsfehler bereits in der Planungs- oder Entwicklungsphase einer Konstruktion entsteht, so dass das Produkt eine Gefahr für die zukünftigen Verwender darstellt, liegt ein Fabrikationsfehler dann vor, wenn der Bauplan des Produkts zwar das gebotene Maß an Sicherheit bietet, es jedoch im Fertigungsprozess zu einer planwidrigen Abweichung von der vom Hersteller selbst angestrebten Sollbeschaffenheit der Ware gekommen ist.[475] Ein Informationsfehler liegt vor, wenn Gebrauchs- und Bedienungsan-

---

471 Vgl. BGH ZIP 2013, 2466, 2468; Brox/Walker, BS, § 48 Rn. 4.
472 Jauernig/Teichmann, § 831 Rn. 16.
473 Führich, § 26. Rn. 682.
474 Müssig, 12.6.2.1.
475 Vgl. MüKo-BGB/Wagner, § 823 Rn. 974.

leitungen falsche oder unzureichende Hinweise auf den gefahrlosen Gebrauch oder unzureichende Warnungen vor den Gefahren bei zweckwidriger Verwendung enthalten.[476]
Auch nach Herstellung und Verkauf der Waren besteht für das herstellende Unternehmen eine sog. Produktbeobachtungspflicht. Diese Produktbeobachtungspflicht erstreckt sich auf Verschleißerscheinungen, wie z. B. zu schneller Materialverbrauch, Materialermüdung oder Materialzerstörung als auch auf Nebenwirkungen, so z. B. bei Medikamenten, Chemikalien oder Lärmbelästigung.[477]

i) Gefährdungshaftung. Während das Deliktsrecht nach §§ 823 ff. BGB ein schuldhaftes Verhalten voraussetzt, das einen Schaden verursacht, sind vom Gesetzgeber Tatbestände der Gefährdungshaftung geschaffen worden, bei denen eine Schadensersatzpflicht des Schädigers auch dann eintritt, wenn ihn kein Verschulden trifft. In Bereichen, in denen eine bestimmte Tätigkeit oder ein bestimmter gegenständlicher Bereich eine besondere Gefahr auch für andere birgt, die aber insgesamt gesellschaftlich toleriert wird, hat der Gesetzgeber Einzeltatbestände geschaffen, nach denen für diese besonderen Gefahrenquellen unabhängig vom Verschulden gehaftet wird[478], so z. B. für Gewässerschäden nach § 22 WHG, beim Betrieb von Luftfahrzeugen, §§ 33, 44 ff. LuftVG, oder für Schäden durch Genmanipulation, § 32 I GenTG. Die Gefährdungshaftung sieht i. d. R. Höchstgrenzen für Schadensersatzleistungen vor. Zusätzlich kann ein Anspruch auf Schmerzensgeld nach § 253 II BGB aufgrund einer Gefährdungshaftung bestehen.

aa) Produkthaftung. Nach § 1 I ProdHaftG hat ein Unternehmen als Hersteller von Waren, die am Markt verkauft werden, verschuldensunabhängig Schadensersatz zu leisten, wenn ein Personenschaden oder ein Sachschaden eingetreten ist und die Rechtsgutsverletzung ursächlich durch den Gebrauch der Ware entstanden ist, die das Unternehmen hergestellt hat. Nach § 2 ProdHaftG ist Produkt im Sinne des ProdHaftG jede bewegliche Sache, auch wenn sie einen Teil einer anderen beweglichen oder unbeweglichen Sache bildet, z. B. eingebaut sind, sowie Elektrizität. Fehlerhaft ist die Ware nach § 3 ProdHaftG, wenn von ihr eine Gefahr ausgeht, weil sie nicht bestimmten Sicherheitsanforderungen genügt. § 4 ProdHaftG weist daraufhin, dass Hersteller von Waren nicht nur die Endhersteller, sondern etwa auch die Zulieferer von Modulen zur Fertigung des Gesamtprodukts sein können. Rechtsfolge ist der Schadensersatzanspruch aus § 1 ProdHaftG für den Geschädigten, es sei denn, nach § 1 II ProdHaftG liegen wirksame Haftungsausschlussgründe vor. Für die Produkthaftung gilt bei Personenschäden nach § 10 ProdhaftG ein Haftungshöchstbetrag von € 85 Mio. Ein Personenschaden kann durch eine Körperverletzung auch in den Kosten liegen, die für den Austausch eines implantierten fehlerhaften Medizinprodukts (Herzschrittmacher) anfallen.[479] Bei Sachschäden sieht § 11 ProdhaftG eine Selbstbeteiligung des Geschädigten von bis zu € 500,– vor.

bb) Straßenverkehrshaftung. Nach § 7 I StVG haftet der Halter eines Kraftfahrzeugs auch dann, wenn ihn kein Verschulden trifft. Voraussetzung der Halterhaftung ist, dass ein Schaden durch eine Verletzungshandlung beim Betrieb eines Kraftfahrzeugs entstanden ist. Nach § 7 II StVG ist ein Haftungsausschluss nur bei höherer Gewalt oder, wenn jemand nach § 7 III StVG das Fahrzeug ohne Wissen und Wollen des Halters benutzt, zulässig. Sind Unfallverursacher im Straßenverkehr mehrere Kraftfahrzeuge, trifft die strenge Haftung ohne Verschulden nach § 17 StVG gegenüber allen am Unfall beteilig-

---

476 Steckler/Tekidou-Külke, D. Rn. 042.
477 Vgl. dazu ausführlich Michalski, Produktbeobachtung und Rückrufpflicht des Produzenten, BB 1998, 961, 963.
478 Meyer, § 11 Rn. 817.
479 BGH NJW 2015, 3096, 3097 im Anschluss an EuGH NJW 2015, 1163 m. Anm. Mäsch, JuS 2015, 556.

ten Straßenverkehrsteilnehmern zu. Folge ist eine anteilige Schadensersatzpflicht dieser Straßenverkehrsteilnehmer. Nach § 18 I StVG haftet der Fahrer für vermutetes Verschulden. Umfang des Schadensersatzanspruchs sowie Haftungshöchstgrenzen sind in den §§ 10 ff. StVG geregelt.

416 **cc) Haftung des Tierhalters.** Wird durch ein Tier ein Mensch getötet oder der Körper oder die Gesundheit eines Menschen verletzt oder eine Sache beschädigt, so ist derjenige nach § 833 S. 1 BGB, welcher das Tier hält, verpflichtet, dem Verletzten den daraus entstehenden Schaden zu ersetzen. Tierhalter ist jemand, der nicht nur vorübergehend ein Tier hält, welches die Verletzungshandlung begangen hat. Folglich wird jemand nicht zum Tierhalter, falls er nur kurzfristig das Tier in seiner Obhut hat; umgekehrt bleibt jemand Tierhalter, selbst wenn sich das Tier vorübergehend oder mehrmals vorübergehend nicht in seinem Gewahrsam befindet. Während der Reiterhof, der Pferde nur zu kurzem Ausreiten vermietet, Tierhalter bleibt, wird derjenige nicht Tierhalter, der z. B. einen Hund während einer kurzen Urlaubsabwesenheit des Eigentümers als Gefälligkeit in Pflege nimmt.[480]
Übernimmt allerdings jemand die Verantwortung für den Tierhalter durch Vertrag, auf das Tier aufzupassen, z. B. eine Hundepension,[481] so ist derjenige, der die Führung der Aufsicht über das Tier übernommen hat, nach § 834 BGB für den Schaden verantwortlich, den das Tier einem Dritten in der in § 833 S. 1 BGB bezeichneten Weise zufügt. Die Verantwortlichkeit tritt nach § 834 S. 2 BGB nur dann nicht ein, wenn der Tieraufseher bei der Führung der Aufsicht die im Verkehr erforderliche Sorgfalt beachtet hat oder wenn der Schaden auch bei Anwendung dieser Sorgfalt entstanden sein würde.
Die Gefährdungshaftung des § 833 S. 1 BGB gilt nur für Halter von sog. *Luxustieren*. Die Ersatzpflicht tritt nach § 833 S. 2 BGB nicht ein, wenn der Schaden durch ein Haustier verursacht wird, das dem Beruf, der Erwerbstätigkeit oder dem Unterhalt des Tierhalters dient (Nutztierprivileg), und entweder der Tierhalter bei der Beaufsichtigung des Tieres die im Verkehr erforderliche Sorgfalt beachtet oder der Schaden auch bei Anwendung dieser Sorgfalt entstanden sein würde.[482] Als Haustiere werden z. B. der Jagdhund des Försters bzw. das Schlacht- und Zuchtvieh des Bauern angesehen, nicht aber gezähmte Tiere wie z. B. Fuchs oder Reh.[483] § 833 S. 2 BGB normiert daher keine Gefährdungshaftung, sondern eine Haftung für vermutetes Verschulden.

417 **dd) Umwelthaftung.** Auch Umwelthaftung ist typische Gefährdungshaftung. Das Umwelthaftungsgesetz (UmweltHG) tritt neben §§ 823 ff. BGB. Nicht alle möglichen Umweltschäden werden durch das Umwelthaftungsgesetz normiert; das UmweltHG begründet eine anlagenbezogene Haftung.[484] Darunter fallen Umwelteinwirkungen von Anlagen, die Schäden hervorrufen. Anhang 1 zu § 1 UmweltHG zählt die Anlagen auf, die unter das Umwelthaftungsgesetz fallen, so z. B. Kraftwerke, Feuerungsanlagen, Anlagen zur Herstellung oder Verarbeitung von Metallen, chemischen Erzeugnissen, Arzneimitteln, Kunststoffen aber auch Abfallbeseitigungs- und Recycling-Anlagen. Betreiber derartiger Anlagen haften nach § 1 UmweltHG für Personen- und Sachschäden. Ausgeschlossen ist die Haftung bei Sachschäden nach § 5 UmweltHG, wenn die Sache nur unwesentlich oder bei zumutbaren Umwelteinwirkungen durch bestimmungsgemäßen Betrieb der Anlage beeinträchtigt worden ist. Auch bei höherer Gewalt ist die Haftung nach § 4 UmweltHG ausgeschlossen. Nach § 3 I UmweltHG sind Umwelteinwirkungen alle Arten von Erscheinungen, die sich im Boden, in der Luft oder im Wasser ausbreiten, z. B. Stoffe, Gase, Dämpfe, Strahlen oder Erschütterungen.

---

480 Vgl. Bähr, § 12 I 4d.
481 Siehe dazu BGH NJW 2014, 2434, 2435.
482 Vgl. BGH NJW 2009, 3233, 3234; BGH NJW-RR 2005, 1183, 1184.
483 Vgl. RGZ 79, 246, 250; OLG Nürnberg NJW-RR 2010, 1248, 1249.
484 Vgl. Brox/Walker, BS, § 54 Rn. 61.

Es gestaltet sich oft schwierig nachzuweisen, dass der Schaden durch Umwelteinwirkungen entstanden ist. § 6 I UmweltHG lässt deshalb für den Geschädigten eine Ursachenvermutung zu, welche nach § 6 II UmweltHG bei bestimmungsgemäßem Betrieb der Anlage nicht zur Geltung kommt. §§ 8 bis 10 UmweltHG verschaffen dem Geschädigten Auskunftsansprüche gegenüber dem Anlagenbetreiber und den zuständigen Behörden. Der Haftungsumfang für den Ersatz des entstandenen Schadens ergibt sich aus §§ 12 f. UmweltHG. Haftungshöchstgrenzen sind in § 15 UmweltHG normiert. Ein Anspruch auf Schmerzensgeld besteht nach § 13 S. 2 UmweltHG.

j) Anspruchskonkurrenz von § 823 BGB und Gefährdungshaftung. Schadensersatzansprüche aus unerlaubter rechtswidriger Handlung sowie aus Gefährdungshaftung können nebeneinanderstehen. Diese Anspruchskonkurrenz ist deshalb sehr bedeutsam, weil das Deliktsrecht Höchstgrenzen für Schadensersatzansprüche nicht kennt, während in verschiedenen Spezialgesetzen im Rahmen der Gefährdungshaftung der Haftungsumfang eingeschränkt wird. Deliktische Haftung wie Gefährdungshaftung können, wie bereits erwähnt, auch zu Ansprüchen auf Schmerzensgeld nach § 253 II BGB führen.

§ 20 Sachenrecht

Schrifttum: *Bartels/Nißing*, Zum gutgläubigen Erwerb einer abhanden gekommenen Sache, JURA 2011, 252; *Berger*, Der Immobilienkaufvertrag, JA 2011, 849; *Böttcher*, Die Entwicklung des Grundbuch- und Grundstücksrechts bis Juni 2013, NJW 2013, 2805; *Coester-Waltjen*, Die Eigentumsverhältnisse in der Ehe, JURA 2011, 341; *Frahm/Würdinger*, Der Eigentumserwerb an Kraftfahrzeugen, JuS 2008, 14; *Haarer/Becker*, Konkurrenzprobleme des Eigentümer-Besitzer-Verhältnisses, JURA 2020, 1296; *Lorenz*, Grundwissen – Zivilrecht: Das Eigentümer-Besitzer-Verhältnis, JuS 2013, 495; *Lorenz/Eichhorn*, Grundwissen – Zivilrecht: Der gutgläubige Erwerb, JuS 2017, 822; *Mylich*, Die Eigentumsverletzung – Fallgruppen und Ansprüche, JuS 2014, 298 und 398; *Petersen*, Veräußerungs- und Verfügungsverbote, Jura 2009, 768; *Preuß*, Die Vormerkbarkeit künftiger und bedingter Ansprüche, AcP 201 (2001), 231; *Röthel/Sparmann*, Besitz und Besitzschutz, JURA 2005, 456; *Schreiber*, Mittelbarer Besitz, Jura 2003, 682; *ders.*, Der Widerspruch gegen die Richtigkeit des Grundbuchs, JURA 2005, 241; *ders.*, Der Eigentumserwerb an Grundstücksbestandteilen, JURA 2006, 113; *ders.*, Die Verfügungsbefugnis, JURA 2010, 599; *ders.*, Die Besitzformen, Jura 2012, 514; *Schreiber/Ruge*, Handbuch Immobilienrecht, 4. Aufl. 2020; *Temming*, Der Ausschluss des gutgläubigen Erwerbs bei abhanden gekommenen Sachen, JuS 2018, 108; *Wenzel*, Der Störer und seine verschuldensunabhängige Haftung im Nachbarrecht, NJW 2005, 241.

419 Das Sachenrecht über bewegliche und unbewegliche Sachen ist im 3. Buch des BGB in den §§ 854 bis 1296 geregelt. Sachenrechte sind dingliche Rechte, die als absolute Rechte gegenüber jedermann bestehen. Diese dinglichen Rechte unterliegen dem Typenzwang des Sachenrechts. Denn das BGB hat verschiedene, genau definierte Rechtstypen ausgeformt, an die die Beteiligten gebunden sind, wenn sie durch Rechtsgeschäft an einem Gegenstand Befugnisse begründen oder schon vorhandene Rechte weiter übertragen wollen.[485]

Abb. 36: Sachenrechte

1. Prinzipien des Sachenrechts

420 Folgenden Prinzipien des Sachenrechts haben sich die Beteiligten unterzuordnen:
- Typenzwang: Der Gesetzgeber hat aufgrund eines numerus clausus die Sachenrechte beschränkt. Folge ist, dass sich Vertragsparteien ausschließlich an die vom Gesetzgeber aufgestellten Möglichkeiten der Begründung, der Übertragung oder der Aufhebung von Sachenrechten zu orientieren haben.
- Absolutheitsprinzip: Dingliche Rechte sind absolute Rechte; sie wirken gegenüber jedermann. Es gilt der Grundgedanke, dass das dingliche Recht umfassend zu schützen ist.
- Spezialitätsprinzip: Dingliche Rechte sind nur an bestimmten, zuzuordnenden Sachen möglich.
- Publizitätsprinzip: Dingliche Rechte sind absolute Rechte, und daher besteht die Notwendigkeit für jedermann, Kenntnisse über die absoluten Rechte anderer zu erlangen. Bei beweglichen Sachen muss nach außen hin erkennbar sein, wer berech-

---

485 Vgl. Bähr, § 14 I 1; Wörlen/Kokemoor, SR, Rn. 12.

tigter Eigentümer oder Besitzer ist; bei unbeweglichen Sachen, wie z. B. Grundstücken, ist die Eintragung ins Grundbuch zur Offenlegung der Eigentumsverhältnisse erforderlich.
– Abstraktionsprinzip: Das Verfügungsgeschäft über eine Sache ist strikt zu trennen vom schuldrechtlichen Verpflichtungsgeschäft. Die Rechtswirksamkeit von Verfügungsgeschäft und Verpflichtungsgeschäft ist daher getrennt voneinander zu prüfen.
– Prioritätsprinzip: Grundsätzlich sind dingliche Rechte nur einmal übertragbar. Nach Übertragung steht das dingliche Recht dem Erwerber zu.

2. Eigentum

Eigentum ist der zentrale Begriff im Sachenrecht. Nach § 903 S. 1 BGB kann der Eigentümer einer Sache mit der Sache nach Belieben verfahren und andere von jeder Einwirkung ausschließen. Dieser Absolutheitsanspruch gilt gegenüber jedermann, es sei denn, das Gesetz oder Rechte Dritter stehen diesem Anspruch entgegen. So kann der Eigentümer einer Sache diese grundsätzlich gebrauchen, verbrauchen, umbauen, behalten oder übertragen oder sie sogar verkommen lassen.[486] Außerdem kann der Eigentümer andere Personen von der Einwirkung auf sein Eigentum ausschließen, so z. B. die Verweigerung des Zutritts auf sein Grundstück.[487] Übliche Form ist das Alleineigentum: Einer einzelnen Person gehört die Sache. Es können aber auch mehrere Personen Eigentümer einer Sache sein, so bei der Bruchteilsgemeinschaft nach §§ 741 ff. BGB oder bei einer Gesamthandsgemeinschaft, z. B. einer Erbengemeinschaft. Verfassungsrechtlich wird das Eigentum durch Art. 14 GG geschützt. Das Grundgesetz garantiert das Eigentum zum einen, wenn es schon besteht, zum anderen, dass es überhaupt begründet werden kann. Zwar sieht Art. 14 III GG auch eine mögliche Enteignung des Eigentums vor, allerdings nur gegen eine angemessene Entschädigung.

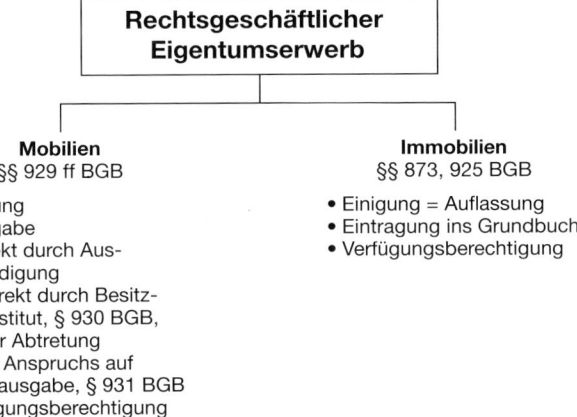

Abb. 37: Rechtsgeschäftlicher Eigentumserwerb

a) **Eigentumserwerb durch Rechtsgeschäft.** Der Eigentumserwerb erfolgt durch ein wirksames Rechtsgeschäft, dem sog. Verfügungsgeschäft. Denn ein rechtswirksamer schuldrechtlicher Vertrag begründet nur ein Verpflichtungsgeschäft.

aa) **Eigentumserwerb an beweglichen Sachen.** Nach § 929 BGB ist zur Übertragung des Eigentums an einer beweglichen Sache erforderlich, dass der Eigentümer die Sache

---
486   Vgl. Wellenhofer, § 2 Rn. 2.
487   BHG NJW 2012, 1725.

dem Erwerber übergibt und beide darüber einig sind, dass das Eigentum übergehen soll. Voraussetzungen für einen rechtswirksamen Eigentumsübergang sind somit die Einigung, dass das Eigentum der Sache auf einen neuen Eigentümer übergehen soll, die Übergabe der Sache durch den Alteigentümer an den neuen Eigentümer und die Verfügungsberechtigung des Alteigentümers über die Sache. Der Eigentumserwerb kann auf drei Arten geschehen:
- Einigung und Übergabe nach § 929 BGB;
- Einigung und Besitzkonstitut nach §§ 929, 930 BGB, wonach der neue Eigentümer nur mittelbarer Besitzer wird;
- Einigung und Abtretung des Herausgabeanspruchs nach §§ 929, 931 BGB, wodurch der neue Eigentümer den Herausgabeanspruch des Alteigentümers auf Herausgabe der Sache gegenüber dem Besitzer erlangt.

Durch Einigung und Übergabe nach § 929 BGB findet ein unmittelbarer Eigentums- und Besitzwechsel auf den neuen Eigentümer statt. Nach Abschluss eines Kaufvertrags kommt das sich daran anschließende notwendige Verfügungsgeschäft durch Einigung und Übergabe der Sache zustande, z. B. bei den in einem Warenhaus ausgehändigten Kleidungsstücken oder elektronischen Geräten bzw. bei einem KFZ-Händler durch den überlassenen Neu- oder Gebrauchtwagen.

Nicht immer ist der neue Eigentümer daran interessiert, die Sache direkt zu erhalten. Andererseits kann der Besitzer dem neuen Eigentümer die Einwendung entgegenhalten, dass er an der Sache, die nun dem neuen Eigentümer gehört, ein Recht zum Besitz hat. Aus diesem Grund hat der Gesetzgeber die §§ 930, 931 ins BGB aufgenommen, wonach die Übergabe der Sache durch das Besitzkonstitut bzw. den Herausgabeanspruch ersetzt wird. Typischer Fall eines Besitzkonstituts ist die Sicherungsübereignung von beweglichen Sachen einschließlich Tieren, § 90a BGB, z. B. Wertpapiere, Kraftfahrzeuge und Flugzeuge.[488] Der Darlehensnehmer eines Kreditinstituts übereignet das Kraftfahrzeug an die Bank zur Besicherung des Darlehens, bleibt aber selbst unmittelbarer Besitzer und Nutzer des Kraftfahrzeugs. Weitere Möglichkeit ist die Abtretung des Herausgabeanspruchs, z. B. bei einem Motorrad, welches für eine Urlaubstour vom ehemaligen Eigentümer noch für zwei Wochen an einen Freund verliehen ist.

424   bb) **Berechtigung für den Eigentumsübergang.** Neben Einigung und Übergabe bzw. Übergabesurrogat ist für den wirksamen Eigentumsübergang die Berechtigung des Verfügenden erforderlich. Verfügungsberechtigt ist der rechtmäßige Eigentümer; für den Eigentümer kann aber auch ein Stellvertreter nach §§ 164 ff. BGB handeln, oder der Eigentümer genehmigt die Verfügung eines Nichtberechtigten nach § 185 BGB.

Daneben lässt das BGB unter folgenden Voraussetzungen der §§ 932 ff. BGB den gutgläubigen Eigentumserwerb von einem Nichtberechtigten zu:
- Einigung, § 929 BGB;
- Fehlende Berechtigung der Übergabeperson;
- Übergabe, § 929 BGB, bzw. Übergabesurrogat, §§ 930, 931 BGB;
- Gutgläubigkeit des Erwerbers, §§ 932 ff. BGB;
- Keine Ausschlussgründe für den gutgläubigen Erwerb, § 935 BGB.

Der Eigentumserwerb muss auch mit einem Nichtberechtigten stattfinden können. Denn eine Überprüfung der Eigentumsverhältnisse als Anlass einer Eigentumsübertragung ist häufig nicht möglich und i. d. R. dem Erwerber, der nur die Besitzlage kennt, nicht zumutbar.[489] Unabdingbare Voraussetzung für den Eigentumserwerb von einem Nichtberechtigten ist nach § 932 BGB die *Gutgläubigkeit*. Ein Erwerber von Eigentum ist gutgläubig, wenn er davon ausgeht, dass dem über das Eigentum Verfügenden das Eigentum gehört. Gutgläubigkeit scheidet aus nach § 932 II BGB, wenn dem Erwerber

---

488   Vgl. Jauernig/Berger, § 930 Rn. 19 ff.
489   Vgl. Vieweg/Lorz, § 5 Rn. 1.

bekannt oder infolge grober Fahrlässigkeit unbekannt ist, dass die Sache nicht dem Veräußerer gehört. So besteht z. B. für den Käufer eines Gebrauchtwagens eine erhöhte Nachforschungspflicht, wenn er sich den KFZ-Brief nicht vorlegen lässt,[490] insbesondere bei einem im Ausland zugelassenen Fahrzeug.[491] Grundsätzlich besteht zugunsten des Besitzers einer Sache Eigentumsvermutung nach § 1006 I 1 BGB.[492] Liegt gutgläubiger Eigentumserwerb vor, erlöschen nach § 936 I BGB die Rechte Dritter, wenn der Erwerber davon ausgeht, dass er das Eigentum lastenfrei erworben hat. Ausschlussgründe für den gutgläubigen Erwerb liegen nach § 935 I BGB vor bei Diebstahl, Verlust oder sonstigem Abhandenkommen.
Der gutgläubige Erwerb setzt demzufolge voraus, dass der ehemalige Besitzer die Sache freiwillig aus der Hand gegeben hatte. Ein gutgläubiger Erwerb ist nach § 935 BGB ebenfalls nicht möglich, wenn nach einem Diebstahl die Sache durch weitere Verfügungen von mehreren Personen an einen gutgläubigen Erwerber übereignet wurde. Sonst abhandengekommen ist eine Sache z. B. dann, wenn sie durch Unachtsamkeit in den Papierkorb fällt, dessen Inhalt bei Aufräumarbeiten weggeworfen wird. Bedeutende Ausnahme ist § 935 II BGB. Danach kann bei Geld oder Inhaberpapieren, wie z. B. Inhaberaktien, sowie bei Sachen, die im Wege öffentlicher Versteigerung nach § 979 I 1 BGB oder durch eine allgemein zugängliche Versteigerung im Internet nach § 979 I a BGB veräußert werden, auch bei grundsätzlichem Abhandenkommen gutgläubig Eigentum erlangt werden.
Für wirtschaftlich negative Folgen, die der Nichtberechtigte dem früheren Eigentümer zufügt, haftet der Nichtberechtigte aufgrund der Wirksamkeit des Rechtsgeschäfts nach § 823 I BGB. Hat der Nichtberechtigte nach § 816 I 1 BGB im Rahmen der Eigentumsverfügung etwas erlangt, z. B. € 200,– aus einer Kaufpreiszahlung, ist er dem früheren Eigentümer außerdem zur Herausgabe des durch die Verfügung Erlangten verpflichtet. Gegenüber dem gutgläubigen Erwerber stehen dem Alteigentümer grundsätzlich keine Ansprüche zu. Ausnahme bildet § 816 I 2 BGB, wonach der Alteigentümer vom Erwerber der Sache bei einer unentgeltlichen Überlassung die Herausgabe des Erlangten verlangen kann. Er ist somit schuldrechtlich verpflichtet, das Eigentum dem Alteigentümer zurückzuübereignen.[493] Hier wirkt das Verpflichtungsgeschäft stärker als das Verfügungsgeschäft.

b) Eigentumserwerb an Immobilien. Während bei beweglichen Sachen der Eigentumsübergang nach § 929 BGB die Einigung und die Übergabe der Sache voraussetzt, wird die Übergabe bei unbeweglichen Sachen, sog. Immobilien, nach § 873 BGB durch die Eintragung ersetzt. Nach § 873 I BGB ist zur Übertragung des Eigentums an einem Grundstück, zur Belastung eines Grundstücks mit einem Recht sowie zur Übertragung oder Belastung eines solchen Rechts die Einigung des Berechtigten und des anderen Teils über den Eintritt der Rechtsänderung und die Eintragung der Rechtsänderung in das Grundbuch erforderlich. Hierbei ist ein Grundstück i. S. d. BGB ein abgegrenzter Teil der Erdoberfläche Deutschlands, der unter Angabe der Flurstücknummer und der Rechtsverhältnisse am Grundstück im Grundbuch eingetragen ist.[494] Die Einigung über den Eigentumserwerb von unbeweglichen Sachen wird nach § 925 I BGB als Auflassung bezeichnet.
Nach § 925 I BGB muss die zur Übertragung des Eigentums an einem Grundstück nach § 873 BGB erforderliche Einigung von Veräußerer und Erwerber bei gleichzeitiger Anwesenheit beider Parteien i. d. R. vor einem Notar erklärt werden. Danach erfolgt die

---

490 Vgl. BGH NJW 1975, 735, 736; 1996, 2226, 2227; ausführlich Wellenhofer, § 8 Rn. 17 f.
491 Vgl. OLG Koblenz DAR 2011, 86, 87.
492 Vgl. dazu BGH NJW 1994, 939, 940; BGH NJW-RR 2005, 280 f. = NJW 2005, 471.
493 Vgl. Wörlen/Metzler-Müller, SchR BT, Rn. 383.
494 Führich, § 16 Rn. 457.

Eintragung in das Grundbuch, welches von der Grundbuchabteilung beim zuständigen Amtsgericht geführt wird. Eintragungen im Grundbuch sind rechtlich vergleichbar mit dem tatsächlichen Besitz an einer beweglichen Sache. Gem. § 1006 BGB gilt die Vermutung, wonach zugunsten des unmittelbaren Besitzers einer beweglichen Sache davon ausgegangen wird, dass er Eigentümer der Sache ist. Beim Grundstück besteht nach § 891 BGB grundsätzlich die Vermutung, der im Grundbuch Eingetragene sei der Eigentümer bzw. der Inhaber des Rechts an einem Grundstück. Daher kann auch Eigentum an einem Grundstück von einem Nichtberechtigten erworben werden, wenn der Erwerber gutgläubig bezüglich der unrichtigen Grundbucheintragung ist und kein eingetragener Widerspruch besteht. Denn durch den öffentlichen Glauben des Grundbuchs sollen diejenigen Teilnehmer des Rechtsverkehrs geschützt werden, die auf die Richtigkeit des Grundbuchs vertrauen.[495]

426 c) **Grundbuch.** Das Grundbuch, welches bei den jeweils zuständigen Amtsgerichten elektronisch geführt wird, ist ein öffentliches Register mit drei Abteilungen. Vor den drei Abteilungen befindet sich das Bestandsverzeichnis, das das Grundstück nach Lage, Größe, Wirtschaftsart und Parzellen-Nr. beschreibt.[496] Während in der 1. Abteilung die Eigentumsverhältnisse und Erwerbsgründe aufgeführt sind, dient die 2. Abteilung der Eintragung aller beschränkt dinglichen Rechte wie z. B. Vorkaufsrecht oder Nießbrauch. In der 3. Abteilung finden sich alle Belastungen aus Grundpfandrechten wie Hypothek oder Grundschuld.
Die Grundbuchordnung (GBO) schreibt das Verfahren zur Eintragung von entstehenden bzw. sich verändernden Rechtsverhältnissen vor. Erforderlich nach §§ 13, 19, 29 GBO sind der Antrag zur Eintragung und die Bewilligung des Verfügungsberechtigten, bei der Grundstücksübereignung zusätzlich die Auflassung gem. § 20 GBO zur Änderung des Rechtsverhältnisses am Grundstück. Bei rechtlichen Belastungen eines Grundstücks stellt sich die Frage nach der Wirksamkeit. Gem. § 879 I BGB bestimmt sich das Rangverhältnis unter mehreren Rechten, mit denen ein Grundstück belastet ist, wenn die Rechte in derselben Abteilung des Grundbuchs eingetragen sind, nach der Reihenfolge der Eintragungen. Sind die Rechte in verschiedenen Abteilungen eingetragen, so hat das unter Angabe eines früheren Tages eingetragene Recht den Vorrang; Rechte, die unter Angabe desselben Tages eingetragen sind, haben den gleichen Rang. Eine Änderung des Rangverhältnisses kann nach § 879 III BGB vereinbart werden; die Eintragung der Vereinbarung ist dafür erforderlich.

427 aa) **Vormerkung.** Vom Zeitpunkt der Einigung über den Eigentumserwerb eines Grundstücks bis zur Eintragung ins Grundbuch vergeht Zeit. Dadurch kann ein obligatorischer Anspruch auf dingliche Rechtsänderung gefährdet sein, solange die geschuldete Rechtsänderung nicht durch ihre Eintragung im Grundbuch vollendet ist.[497] Dem kann die Vormerkung als Sicherungsmittel abhelfen. Zur Sicherung des Anspruchs auf Einräumung oder Aufhebung eines Rechts an einem Grundstück oder an einem das Grundstück belastenden Recht oder auf Änderung des Inhalts oder des Ranges eines solchen Rechts kann eine Vormerkung in das Grundbuch eingetragen werden, § 883 I 1 BGB. Die Eintragung einer Vormerkung ist auch zur Sicherung eines künftigen oder eines bedingten Anspruchs zulässig. So kann nach Abschluss des notariellen Kaufvertrags über ein Grundstück der Anspruch auf Eigentumsübergang als vormerkungswürdiger Anspruch in das Grundbuch eingetragen werden.[498] Die Vormerkung ist streng

---

495 Vgl. Wellenhofer, § 19 Rn. 4.
496 Wellenhofer, § 17 Rn. 28.
497 Eckert, 3. Teil, Rn. 778.
498 Vgl. MüKo-BGB/Kohler, § 883 Rn. 2 ff., 40.

akzessorisch; sie entsteht also mit dem Anspruch, ist ohne ihn nicht übertragbar und geht mit ihm unter.[499]

Voraussetzung für die Eintragung einer Vormerkung ist nach § 885 I BGB die Bewilligung des Verfügungsberechtigten, dessen Grundstück oder dessen Recht von der Vormerkung betroffen wird, bzw. eine einstweilige Verfügung, welche das Grundstück oder ein Recht aus dem Grundstück belasten darf. Ist die Vormerkung zugunsten des Anspruchsberechtigten eingetragen, kann nach § 883 II BGB eine Verfügung, die nach der Eintragung der Vormerkung über das Grundstück oder das Recht getroffen wird, insoweit unwirksam sein, als sie den Anspruch vereiteln oder beeinträchtigen würde. Gleiches gilt, wenn die Verfügung im Wege der Zwangsvollstreckung oder der Arrestvollziehung oder durch den Insolvenzverwalter erfolgt.[500]

Die Vormerkung dient folglich als Sicherungsmittel für den Anspruchsberechtigten, um nichtberechtigte Verfügungen über das Grundstück oder Belastungen im Zeitraum zwischen Einigung und Eintragung zu unterbinden. Bedeutsam für die Vormerkung ist außerdem, dass sie nach § 883 III BGB nach Eintragung den Rang des Rechts verkörpert, auf dessen Einräumung der Anspruch gerichtet ist.

bb) Berichtigung. Manchmal kommt es vor, dass das Grundbuch bzw. eine Eintragung unrichtig ist. Nach § 894 BGB kann derjenige, dessen Recht durch die falsche Eintragung betroffen ist, die Zustimmung zur Berichtigung des Grundbuchs von demjenigen verlangen, zu dessen Gunsten ein Recht fälschlicherweise eingetragen oder durch die Eintragung einer nicht bestehenden Belastung oder Beschränkung vorgekommen ist, wenn der Inhalt des Grundbuchs mit der wirklichen Rechtslage nicht übereinstimmt. Denn zugunsten desjenigen, welcher ein Recht an einem Grundstück oder ein Recht an einem solchen Recht durch Rechtsgeschäft erwirbt, gilt nach § 892 I BGB der Inhalt des Grundbuchs als richtig (Fiktion), es sei denn, dass ein Widerspruch gegen die Richtigkeit eingetragen oder die Unrichtigkeit dem Erwerber bekannt ist.

Bis zur Berichtigung der Eintragung kann ebenfalls Zeit vergehen, in der evtl. Nichtberechtigte Verfügungen bzw. Belastungen vornehmen können. Davor schützt der Widerspruch nach § 899 BGB. Wie bei der Vormerkung erfolgt die Eintragung des Widerspruchs aufgrund einer Bewilligung desjenigen, dessen Recht durch die Berichtigung des Grundbuchs betroffen wird, evtl. auch aufgrund einer einstweiligen Verfügung. Der Widerspruch hat die Funktion, den Rechtsverkehr auf die mögliche Unrichtigkeit des Grundbuchs hinzuweisen.[501] Nach Eintragung eines Widerspruchs kann ein gutgläubiger Dritter weder Eigentümer des Grundstücks noch Eigentümer eines das Grundstück belastenden Rechts werden, wenn sich der Widerspruch darauf bezieht.

d) Eigentumserwerb durch Gesetz. Eigentumserwerb kann auch aufgrund gesetzlicher Vorschriften geschehen. Dabei kann es sich um typische Realakte wie die Verbindung, Vermischung oder Verarbeitung mit anderen Sachen handeln. Auch durch Aneignung, Eigentumsaufgabe, Ersitzung oder Fund kann gesetzlich Eigentumserwerb erfolgen.

aa) Verbindung mit einem Grundstück. Wird eine bewegliche Sache nach § 946 BGB mit einem Grundstück dergestalt verbunden, dass sie wesentlicher Bestandteil des Grundstücks wird, so erstreckt sich das Eigentum an dem Grundstück auf diese Sache. Die Verbindung mit einem Grundstück erfolgt z. B. durch Anpflanzung mit dem Grund und Boden, durch derartigen Einbau und Verbindung mit dem Haus, dass diese Sachen wesentliche Bestandteile des Grundstücks werden, z. B. die Heizungsanlage, Fenster oder elektrische Leitungen.[502] Eine Sicherungsmöglichkeit für die beweglichen Gegenstände,

---

499 Schreiber, Rn. 393; BGHZ 161, 170, 171.
500 Vgl. Jauernig/Berger, § 883 Rn. 16.
501 Vgl. Baur/Stürner, § 18 Rn. 13; Schreiber, Rn. 383; Wörlen/Kokemoor, SR, Rn. 237.
502 Vgl. ausführliche Beispiele bei Heidel/Hüßtege/Mansel/Noack/Ring, § 94 Rn. 40 ff.

die nach Einbau wesentliche Bestandteile des Grundstücks werden, gibt es nicht. Das Eigentum an diesen wesentlichen Bestandteilen geht auf den Eigentümer des Grundstücks über.

431 bb) **Verbindung mit beweglichen Sachen.** Werden nach § 947 I BGB bewegliche Sachen miteinander dergestalt verbunden, dass sie *wesentliche Bestandteile einer einheitlichen Sache* werden, werden die bisherigen Eigentümer Miteigentümer dieser Sache. Ist eine der Sachen als Hauptsache anzusehen, so erwirbt nur ihr Eigentümer das Alleineigentum. Rechtsfolge des § 947 BGB ist, dass nach der Verbindung mehrerer beweglicher Sachen entweder alle einzelnen Eigentümer Gesamteigentümer der miteinander verbundenen beweglichen Sachen werden oder eine Person erlangt Alleineigentum, wenn ihre bewegliche Sache als Hauptsache anzusehen ist, mit der die anderen beweglichen Sachen verbunden worden sind. Dabei ist der Wert der Hauptsache im Vergleich zur Nebensache kein entscheidendes Kriterium.[503]

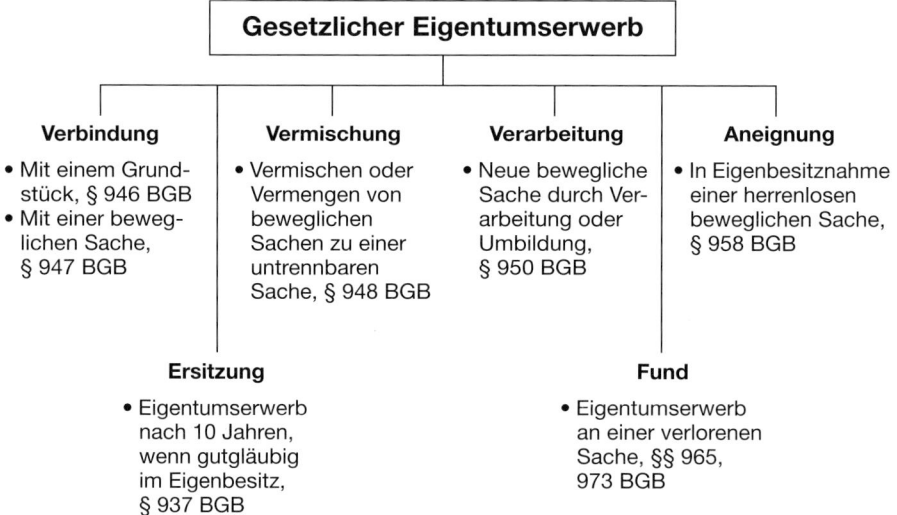

Abb. 38: Gesetzlicher Eigentumserwerb

432 cc) **Vermischung.** Werden nach § 948 I BGB bewegliche Sachen miteinander untrennbar vermischt oder vermengt, z. B. verschiedene Getreidelieferungen, werden gem. § 947 BGB wiederum alle vorherigen Eigentümer der beweglichen Sachen, welche miteinander verbunden sind, Gesamteigentümer, es sei denn, dass ein früherer Eigentümer die Hauptsache gestellt hat, mit der die beweglichen Sachen verbunden worden sind. Dann wird nur der frühere Eigentümer der Hauptsache der neue Alleineigentümer.

433 dd) **Verarbeitung.** Wer gem. § 950 BGB durch Verarbeitung oder Umbildung eines oder mehrerer Stoffe eine neue bewegliche Sache herstellt, erwirbt das Eigentum an der neuen Sache, sofern nicht der Wert der Verarbeitung oder der Umbildung erheblich geringer ist als der Wert des Stoffes. Als Verarbeitung gilt auch das Schreiben, Zeichnen, Malen, Drucken, Gravieren oder eine ähnliche Bearbeitung der Oberfläche gem. § 950 I 2 BGB. Die Verarbeitung ist erst erfolgreich, wenn eine neue bewegliche Sache entstanden ist.[504] Voraussetzungen des § 950 BGB sind zum einen das Entstehen einer

---

503 BGHZ 20, 159, 163; vgl. MüKo-BGB/Füller, § 947 Rn. 6.
504 Vgl. Jauernig/Berger, § 950 Rn. 3.

neuen Sache, deren Beurteilung sich aus der Verkehrsanschauung ergibt. Zum anderen darf der Wert der neuen Sache nicht erheblich geringer sein als der Wert der beweglichen Sachen, die zu der neuen Sache verarbeitet wurden. Dies wird regelmäßig bei einem Verarbeitungswert von weniger als 60 % des Wertes der Ausgangsstoffe angenommen.[505]
§ 951 BGB bildet die Anspruchsgrundlage für die Entschädigung aus Rechtsverlust nach §§ 946 bis 950 BGB. Wer in Folge der Vorschriften der §§ 946 bis 950 BGB einen Rechtsverlust erleidet, kann von demjenigen, zu dessen Gunsten die Rechtsänderung eintritt, Vergütung in Geld nach den Vorschriften über die Herausgabe einer ungerechtfertigten Bereicherung i. S. v. § 812 I BGB fordern. Eine Wiederherstellung des früheren Zustands, d. h. die Wiedererlangung der Eigentümerposition über die bewegliche Sache, kann nicht verlangt werden, § 951 I 2 BGB.

ee) Aneignung. Wer nach § 958 BGB eine herrenlose bewegliche Sache in Eigenbesitz nimmt, erwirbt das Eigentum an der Sache. Eine bewegliche Sache wird nach § 959 BGB herrenlos, wenn der Eigentümer in der Absicht, auf das Eigentum zu verzichten, den Besitz der Sache aufgibt. Die Eigentumsaufgabe ist ein einseitiges Rechtsgeschäft, welche die Willenserklärung des Eigentümers beinhaltet, an der aufzugebenden Sache kein Interesse mehr zu haben. Beispiele sind das Liegenlassen von gelesenen Zeitungen und Zeitschriften oder das Hinausstellen von Möbeln auf die Straße zwecks Sperrmüllabholung.[506] Ausgeschlossen ist der Eigentumserwerb dann, wenn die Aneignung gesetzlich verboten ist oder wenn durch die Besitzergreifung das Aneignungsrecht eines anderen verletzt wird, z. B. durch das Jagd- oder Fischereirecht. **434**

ff) Ersitzung. Wer nach § 937 I BGB eine bewegliche Sache zehn Jahre im Eigenbesitz hat, erwirbt das Eigentum an der Sache. Die Ersitzung ist ausgeschlossen, wenn der Erwerber bei dem Erwerb des Eigenbesitzes nicht in gutem Glauben ist oder wenn er später erfährt, dass ihm das Eigentum nicht zusteht. Gelangt die Sache nach § 943 BGB durch Rechtsnachfolge in den Eigenbesitz eines Dritten, so kommt die während des Besitzes des Rechtsvorgängers verstrichene Ersitzungszeit dem Dritten zugute. **435**

gg) Fund. Der Fund ist eine weitere gesetzliche Möglichkeit, Eigentum an einer Sache zu erwerben. Zwar hat der Finder einer verlorenen Sache nach § 965 I BGB dem Verlierer, dem Eigentümer oder einem sonstigen Empfangsberechtigten unverzüglich Anzeige über den Fund der verlorenen Sache zu machen oder, falls der Finder die Empfangsberechtigten nicht kennt, den Fund unverzüglich der zuständigen Behörde anzuzeigen. Mit Ablauf von sechs Monaten nach der Anzeige des Funds erwirbt der Finder gem. § 973 I BGB das Eigentum an der Sache, es sei denn, dass vorher ein Empfangsberechtigter dem Finder bekannt geworden ist oder ein solcher sein Recht bei der zuständigen Behörde angemeldet hat. **436**

e) Schutz des Eigentums. Das Eigentum bzw. die Eigentümerstellung wird durch Gesetze besonders geschützt. So unterliegt das Eigentum nach Art. 14 GG dem Schutz des Grundgesetzes. Aus dem BGB ergeben sich Herausgabe- und Abwehransprüche. **437**

aa) Herausgabeanspruch nach § 985 BGB. In den meisten Fällen ist der Eigentümer einer Sache gleichzeitig deren Besitzer. Er übt die Herrschaftsmacht über die Sache aus und benutzt als Eigentümer die Sache auch selbst. Ziel des Herausgabeanspruches ist es, dem Eigentümer den ihm gem. § 903 BGB zustehenden Sachbesitz zu verschaffen.[507] **438**

---

505 Vgl. BGHZ 56, 88, 90 f.; BGH JZ 1972, 165, 166; BGH NJW 1995, 2633; Vieweg/Lorz, § 6 Rn. 18; Baur/Stürner, § 18 Rn. 19.
506 Vgl. z. B. Wellenhofer, § 12 Rn. 4; str.
507 Vieweg/Lorz, § 7 Rn. 2.

Dagegen kann die Einwendung des rechtmäßigen Besitzers nach § 986 I BGB stehen. Danach kann der rechtmäßige Besitzer die Herausgabe der Sache verweigern, wenn er gegenüber dem Eigentümer zum Besitz berechtigt ist. Dieses Besitzrecht kann sich aus vertraglichen Rechtsgeschäften ergeben, z. B. aus einem Mietvertrag nach § 535 BGB, wonach der rechtmäßige Mieter die Mietsache zur Nutzung besitzt, oder aus einem Leihvertrag nach § 598 BGB, bei dem der Entleiher die Sache über einen vereinbarten Zeitraum im Besitz behalten darf. Liegen die Voraussetzungen des Herausgabeanspruchs nach § 985 für den Eigentümer vor, besteht eine sog. *Vindikationslage*, nach der der Besitzer die Sache herausgeben muss.[508]

439 bb) **Abwehranspruch nach § 1004 BGB.** Wird das Eigentum in anderer Weise als durch Entziehung oder Vorenthaltung des Besitzes beeinträchtigt, z. B. durch Geruchs- oder Geräuschbelästigung, so kann der Eigentümer vom Störer nach § 1004 I BGB die Beseitigung der Beeinträchtigung verlangen. Voraussetzung für die Anspruchsgrundlage aus § 1004 BGB ist, dass eine nicht unerhebliche Beeinträchtigung gegenüber dem Eigentümer einer Sache stattfindet, diese rechtswidrig ist, und dass ein Störer diese Beeinträchtigung zu vertreten hat. Die Störung kann sich aufgrund einer Handlung oder eines Unterlassens ergeben. Ist der Eigentümer zur Duldung der Beeinträchtigung verpflichtet, z. B. aufgrund §§ 905, 906 oder 912 BGB bei Immobilieneigentum, steht dem Eigentümer der Abwehranspruch nach § 1004 I BGB nicht zu. Aus § 1004 BGB wird letztlich der allgemeine Grundsatz abgeleitet, dass jedes absolute Recht gegen Beeinträchtigung durch einen Beseitigungs- bzw. Unterlassungsanspruch analog § 1004 BGB geschützt ist, z. B. das Allgemeine Persönlichkeitsrecht oder das Recht am eingerichteten und ausgeübten Gewerbebetrieb.[509]

440 cc) **Eigentümer-Besitzer-Verhältnis.** Die §§ 987 ff. BGB normieren die Ansprüche des Eigentümers gegenüber dem unrechtmäßigen Besitzer aus dem sog. Eigentümer-Besitzer-Verhältnis. Neben dem Herausgabeanspruch aus § 985 BGB stehen dem Eigentümer gegenüber dem unrechtmäßigen Besitzer auch Ansprüche auf Herausgabe der möglichen Nutzungen bzw. Schadensersatz zu. Erforderlich für diese Ansprüche ist die grds. Rechtshängigkeit, d. h., dass eine Klage des Eigentümers gegenüber dem unrechtmäßigen Besitzer anhängig ist.[510] Selbst bei bekannter Unrechtmäßigkeit des Besitzes kann der bösgläubige Besitzer nach § 994 I BGB für die auf die Sache gemachten notwendigen Verwendungen von dem Eigentümer Ersatz verlangen; er hat somit Verwendungsersatzansprüche gegenüber dem Eigentümer. Ersatz von notwendigen Verwendungen sind z. B. Aufbewahrungs- oder Instandhaltungskosten. Der redliche Besitzer ist dagegen weder zur Herausgabe der Nutzungen noch zum Schadensersatz nach § 993 BGB verpflichtet. Er hat nur ausnahmsweise die im Übermaß gezogenen Früchte nach den Vorschriften über eine ungerechtfertigte Bereicherung nach §§ 812 ff. BGB herauszugeben.

3. Besitz

441 Das BGB regelt im ersten Abschnitt des Sachenrechts den Besitz. Nach § 854 I BGB wird der Besitz einer Sache durch die Erlangung der tatsächlichen Gewalt über die Sache erworben. Im allgemeinen Sprachgebrauch werden die Worte „Eigentum" und „Besitz" oft für dieselbe Rechtsposition benutzt. Pferdebesitzer oder Hundebesitzer sind i. d. R. Eigentümer dieser Tiere, der Grundstücksbesitzer ist in den meisten Fällen der Grundstückseigentümer. Im Gegensatz zur Umgangssprache, die die Begriffe Eigentum und Besitz oft synonym verwendet, nimmt das BGB zu Recht eine scharfe Trennung zwischen beiden Begriffen vor. Denn das Eigentum spiegelt die dingliche Rechtsposi-

---

508 Vieweg/Lorz, § 7 Rn. 2; Baur/Stürner, § 11 Rn. 24; Eckert, 1. Teil Rn. 212.
509 Vgl. Führich, § 16 Rn. 463.
510 Vgl. BGH NJW 1979, 1529, 1531; Wellenhofer, § 22 Rn. 5.

tion des Eigentümers wieder, während der Besitz die tatsächliche Sachherrschaft über einen Gegenstand darstellt.[511]

Auch das Recht zum Besitz ist ein absolutes Recht und gilt gegenüber jedermann, denn wer dem Besitzer nach § 858 I BGB ohne dessen Willen den Besitz entzieht oder ihn im Besitz stört, handelt, sofern nicht das Gesetz die Entziehung oder die Störung gestattet, widerrechtlich im Rahmen sog. verbotener Eigenmacht. Der rechtmäßige ehemalige Besitzer kann dann nach § 861 I BGB die Wiedereinräumung des Besitzes vom rechtswidrigen aktuellen Besitzer verlangen.

Obwohl die Rechtsposition des Besitzes im Sachenrecht behandelt wird, ist der Besitz selbst kein dingliches Recht. Der Besitz ist Publizitätsmittel bei beweglichen Sachen.[512] Nach § 1006 I BGB wird zugunsten des Besitzers einer beweglichen Sache vermutet, dass er Eigentümer der Sache ist.[513] Das gilt für den unmittelbaren aber auch für den mittelbaren Besitzer, nach § 1006 II BGB auch zugunsten des früheren Besitzers.

a) Möglichkeiten des Besitzes. – aa) Unmittelbarer Besitz. Normalerweise übt der Besitzer über die in seinem Besitz befindliche Sache selbst die tatsächliche Gewalt aus; er ist unmittelbarer Besitzer. Unmittelbarer Besitz kann z. B. auch Teilbesitz nach § 865 BGB sein, wenn jemand nur einen Teil einer Sache, insbesondere abgesonderte Wohnräume besitzt, bzw. als Mitbesitz nach § 866 BGB vorkommen, wenn mehrere eine Sache gemeinschaftlich besitzen. Unmittelbarer Besitzer ist auch der Eigenbesitzer, wenn er nach § 872 BGB eine Sache als ihm gehörend besitzt.

442

bb) Mittelbarer Besitz. Mittelbarer Besitz liegt nach § 868 BGB vor, wenn jemand Besitzer ist, ein anderer die Sache aber als Nießbraucher, Pfandgläubiger, Pächter, Mieter, Verwahrer oder in einem ähnlichen Verhältnis eine Sache besitzt, aufgrund dessen er einem anderen gegenüber auf Zeit zum Besitz berechtigt oder verpflichtet ist. Zwischen unmittelbarem und mittelbarem Besitzer ist ein Rechtsverhältnis erforderlich, wonach der unmittelbare Besitzer gegenüber dem mittelbaren Besitzer für einen bestimmten Zeitraum die tatsächliche Gewalt auf die Sache ausüben darf.[514] Rechtlich möglich ist nach § 871 BGB auch mehrstufiger mittelbarer Besitz, wenn z. B. der Vermieter als mittelbarer Besitzer seinem Mieter als unmittelbarem Besitzer gestattet, die Wohnung unterzuvermieten. Dann wird der Mieter ebenfalls zum mittelbaren Besitzer und der Untermieter zum unmittelbaren Besitzer der an ihn überlassenen Wohnräume.

443

cc) Besitzdiener. Das BGB hat in § 855 BGB das Rechtsinstitut des Besitzdieners geschaffen. Übt danach jemand die tatsächliche Gewalt über eine Sache für einen anderen in dessen Haushalt oder Erwerbsgeschäft oder in einem ähnlichen Verhältnis in der Weise aus, wonach er den sich auf die Sache beziehenden Weisungen des Anderen Folge zu leisten hat, so ist nur der andere Besitzer. Der Besitzer einer Sache bleibt unmittelbarer Besitzer, obwohl eine andere Person die tatsächliche Gewalt über eine Sache für den Besitzherrn ausübt. Voraussetzung für die Besitzdienerschaft ist, dass eine Person im Rahmen eines weisungsabhängigen Dienst- oder Arbeitsverhältnisses die Ausübung der tatsächlichen Gewalt über eine Sache überlassen wurde, so z. B. der Kapitän eines Schiffes, der Chauffeur einer Cheflimousine oder ein Beamter bezüglich dienstlich anvertrauter Sachen.[515] Das Rechtsinstitut des Besitzdieners spielt insbesondere bei Arbeitsverhältnissen oder bei der Haushaltsführung eine besondere Rolle. Das BGB geht davon

444

---

511 Vgl. BGHZ 57, 166, 168; siehe auch zu ähnlichen Bezeichnungen: MüKo-BGB/Schäfer, § 854 Rn. 10.
512 Baur/Stürner, § 4 Rn. 9; vgl. Wellenhofer, § 4 Rn. 6.
513 Vgl. dazu BGH NJW-RR 2005, 280, 281 = BGH NJW 2005, 971.
514 Vgl. Vieweg/Lorz, § 2 Rn. 29.
515 Vgl. Wörlen/Kokemoor, SR, Rn. 43.

aus, dass bei diesen Rechtsverhältnissen die Weisungsgebundenheit dazu führt, dass der Besitzdiener nicht unmittelbarer Besitzer wird.[516]

445 **b) Erwerb und Verlust des Besitzes. – aa) Unmittelbarer Besitz.** Der unmittelbare Besitzer erwirbt die Sache, wenn er die tatsächliche Gewalt darüber ausüben kann. Er muss also unmittelbar auf die Sache einwirken und sie nach seinen Vorstellungen gebrauchen oder verbrauchen können. Beendet wird der unmittelbare Besitz dadurch, dass der Besitzer nach § 856 I BGB die tatsächliche Gewalt über die Sache aufgibt oder in anderer Weise verliert. In sonstiger Weise verliert der unmittelbare Besitzer den Besitz z. B. durch Diebstahl, Unterschlagung oder Verlust. Stirbt der unmittelbare Besitzer, geht das Recht zum Besitz nach §§ 857, 1922 I BGB auf den Erben über.

446 **bb) Mittelbarer Besitz.** Der mittelbare Besitz kann nach § 870 BGB dadurch auf einen anderen übertragen werden, dass diesem der Anspruch auf Herausgabe der Sache abgetreten wird. Dabei handelt es sich um ein Rechtsgeschäft mit dem Inhalt der Abtretung nach §§ 398 ff. BGB.

447 **cc) Verbotene Eigenmacht.** Auch der Besitz kann durch verbotene Eigenmacht erlangt werden, wenn dem Besitzer ohne dessen Willen der Besitz entzogen wird oder jemand ihn im Besitz stört. „Ohne Willen des Besitzers" bedeutet, dass die Besitzentziehung ohne tatsächliche Zustimmung des Besitzers erfolgt.[517] So kann derjenige, der die tatsächliche Gewalt über die Sache erlangt hat, gegenüber dem vorherigen Besitzer widerrechtlich gehandelt haben. Möglichkeiten sind die Besitzerlangung bei abhanden gekommenen Sachen, die Entziehung gegenüber dem zum Besitz Berechtigten oder eine erhebliche Störung des Besitzes. Der durch verbotene Eigenmacht erlangte Besitz ist fehlerhaft, wenn eine Besitzübertragung vom widerrechtlich Besitzenden an dessen Erben erfolgt oder der neue Besitzer die Fehlerhaftigkeit des Besitzes gekannt hat, § 858 II BGB. Verleiht z. B. der Mitarbeiter einer Kfz-Werkstatt Werkzeug unbefugt an gute Freunde, so übt der Mitarbeiter aufgrund verbotener Eigenmacht die tatsächliche Gewalt über das Werkzeug aus. Kennen die Freunde beim Empfang des Werkzeugs diese verbotene Eigenmacht, ist der Besitz nach § 858 II 1 BGB fehlerhaft.

448 **c) Besitzschutz.** Die große praktische Bedeutung der §§ 854 bis 872 BGB liegt vor allem in der Gewährleistung eines umfassenden und leicht durchsetzbaren Besitzschutzes: Die tatsächliche Herrschaft an einer Sache als solche wird – unabhängig von den Rechtsverhältnissen, auf denen die gegenwärtige Besitzlage beruht – gegen Störungen und sonstige Übergriffe von anderen Personen dadurch gesichert, dass dem Besitzer Gewaltrechte und Abwehr- oder Herausgabeansprüche zuerkannt werden.[518] Wichtigstes Schutzrecht für den rechtmäßigen Besitzer ist das Selbsthilferecht in § 859 BGB. Nach § 859 I BGB darf sich der Besitzer verbotener Eigenmacht mit Gewalt erwehren (sog. *Besitzwehr*). Die Beeinträchtigung muss begonnen haben und noch andauern.[519] § 859 II, III BGB verkörpern dagegen die *Besitzkehr*. Danach darf der Besitzer sich verbotener Eigenmacht mit Gewalt erwehren, so z. B. nach § 859 II BGB unter Anwendung von Gewalt gegenüber dem auf frischer Tat betroffenen oder verfolgten Täter, wenn dem rechtmäßigen Besitzer eine bewegliche Sache mittels verbotener Eigenmacht durch Diebstahl weggenommen wird. Für die Besitzentziehung von Grundstücken gilt § 859 III BGB. Bei der Besitzkehr muss der Besitz durch verbotene Eigenmacht bei beweglichen Sachen dem

---

516 Vgl. BGHZ 16, 252, 259; 27, 360, 363; Baur/Stürner, § 7 Rn. 65; MüKo-BGB/Schäfer, § 855 Rn. 8.
517 Wellenhofer, § 5 Rn. 5; dazu Koch/Wallimann, Fortgeschrittenenklausur – Zivilrecht zum Abhandenkommen bei Gold- und Sammlermünzen, JuS 2014, 912, 914.
518 Bähr, § 14 II 3.
519 MüKo-BGB/Schäfer, § 859 Rn. 1.

rechtmäßigen Besitzer schon entzogen worden sein.[520] Bei Grundstücken führt die sog. Entsetzung, z. B. eine Hausbesetzung, zur möglichen Besitzkehr. Weitere Schutzrechte sind in §§ 861, 862 BGB wegen Besitzentziehung bzw. Besitzstörung geregelt.
Der Besitz ist ein „sonstiges Recht" i. S. v. § 823 I BGB. Folglich steht dem rechtmäßigen Besitzer gegenüber dem unrechtmäßigen Besitzer ein Schadensersatzanspruch aus unerlaubter Handlung zu, wenn er sich den Besitz entweder durch verbotene Eigenmacht verschafft hat bzw. den Besitz durch verbotene Eigenmacht stört. Außerdem besteht der Anspruch aus § 812 I BGB, wenn der unrechtmäßige Besitzer den Besitz durch verbotene Eigenmacht erlangt hat. Dem rechtmäßigen Besitzer steht gegenüber dem Besitzer aus verbotener Eigenmacht ein Klagerecht aus §§ 862 I 2, 864 I BGB zu, ebenso dem mittelbaren Besitzer. Allerdings kann der mittelbare Besitzer nach § 869 S. 2 BGB im Fall der Entziehung des Besitzes die Wiedereinräumung des Besitzes grundsätzlich nur an den unmittelbaren Besitzer verlangen, es sei denn, dieser kann oder will den Besitz nicht wieder übernehmen. Dann kann der mittelbare Besitzer die Einräumung des Besitzes verlangen.

4. Beschränkt dingliche Rechte

Beschränkt dingliche Rechte sind Teilinhalte des Vollrechts Eigentum, die der Eigentümer abspaltet, in dem er die Sache mit dem jeweiligen beschränkten dinglichen Recht belastet.[521] Dem Inhaber derartiger Teilrechte können daraus entweder Nutzungs- oder Verwertungsrechte zustehen. Zu den beschränkt dinglichen Rechten zählen die Grunddienstbarkeit, § 1018 BGB, der Nießbrauch, § 1030 BGB, sowie das Vorkaufsrecht, § 1094 BGB, und die Reallast, § 1105 BGB, außerdem die Grundpfandrechte, §§ 1113 ff. BGB, und das Pfandrecht an beweglichen Sachen nach § 1204 BGB. Diese Rechte belasten das Eigentum eines Dritten.

---

520 Vgl. MüKo-BGB/Schäfer, § 859 Rn. 12; zum Parken auf fremdem Grundstück BGH NJW 2009, 2530; Lorenz, Privates Abschleppen – Besitzschutz oder Abzocke?, NJW 2009, 1025.
521 Vieweg/Lorz, § 16 Rn. 1; Wellenhofer, § 1 Rn. 10.

§ 21 Handelsrecht

Schrifttum: *Bartels*, Die Handelsfirma zwischen Namensrecht und Kennzeichenschutz, AcP 209 (2009), 309; *Drexel/Mentzel*, Handelsrechtliche Besonderheiten der Stellvertretung, JURA 2002, 289; *Emmerich*, Der Handelskauf, JuS 1997, 98; *Fischinger/Junge*, Grundfälle zur handelsrechtlichen Stellvertretung, JuS 2021, 396; *Hamm/Schwerdtner*, Maklerrecht, 7. Aufl. 2016; *Hombrecher*, Der Vertrieb über selbständige Absatzmittler – Handelsvertreter, Vertragshändler Franchisenehmer & Co., JURA, 2007, 690; *Hopt*, Handelsvertreterrecht, 6. Aufl. 2019; *Kneisel*, Rechtsscheinhaftung im BGB und HGB – mehr Schein als Sein, JURA, 2010, 337; *Koller*, HGB-Frachtführer und Drittschadensliquidation, TranspR 2014, 45; *Krafka/Willer/Keidel*, Registerrecht, 8. Aufl. 2010; *Koller*, Transportrecht, 10. Aufl. 2020; *Küstner*, Das neue Recht des Handelsvertreters, 5. Aufl. 2010; *Lettl*, Das kaufmännische Bestätigungsschreiben, JuS 2008, 849; *Magnus*, UN-Kaufrecht – Konsolidierung und Ausbau nach innen und gleichzeitig Erodierung von außen? – Aktuelles zum CISG, ZEuP 2015, 159; *Müller*, Der Kaufmannsbegriff, JA 2021, 454; *Pahlow*, Firma und Firmenmarke im Rechtsverkehr – Zum Verhältnis von § 23 HGB zu den §§ 27 ff. MarkenG, GRUR 2005, 705; *Petersen*, Der gute Glaube an die Verfügungsmacht im Handelsrecht, JURA 2004, 247; *ders.*, Rechtsgeschäftliche Abtretungsverbote im Handelsrecht, JURA 2005, 680; *ders.*, Kaufmannsbegriff und Kaufmannseigenschaft nach dem Handelsgesetzbuch, JURA 2005, 831; *ders.*, Das Firmenrecht zwischen Bürgerlichem Recht und Handelsrecht, Jura 2013, 244; *Petig/Freisfeld*, Die Kaufmannseigenschaft, JuS 2008, 770; *Pfeiffer*, Die laufende Rechnung (Kontokorrent), JA 2006, 105; *Piltz*, Internationales Kaufrecht, 2. Aufl. 2008; *K. Schmidt*, „Unternehmer" – „Kaufmann" – „Verbraucher", BB 2005, 837; *ders.*, Der Einzelunternehmer – Herausforderungen des Handels- und Wirtschaftsrechts, JuS 2017, 809; *Spindler*, Abschied vom Papier? Das Gesetz über elektronische Handelsregister und Genossenschaftsregister sowie das Unternehmensregister, WM 2006, 109; *Tröller*, Die Publizität des Handelsregisters, JA 2000, 27; *Weyer*, Handelsgeschäfte (§§ 343 ff. HGB) und Unternehmergeschäfte (§ 14 BGB), WM 2005, 490; *Wöhe/Kußmaul*, Grundzüge der Buchführung und Bilanztechnik, 11. Aufl. 2022.

450 Das Handelsrecht wird auch als Sonderprivatrecht der Kaufleute bezeichnet. Es gilt für den im Rechtsverkehr auftretenden Kaufmann. In Kraft trat das HGB zeitlich gemeinsam mit dem BGB am 1.1.1900. Es fügte zusammen, was im Mittelalter in handelsrechtlichen Regelungen in den Stadtrechten, Markt- und Wechselordnungen, in den Gründungsakten („charters") von Handelskompagnien und Banken, in den Gebräuchen und Rechtssprüchen des Seehandels heraus bruchstückhaft, zersplittert, lückenhaft und erst allmählich über die Jahrhunderte hinweg zu einer geschlossenen Materie zusammenwuchs.[522] Aufgabe des Handelsrechts ist es, den rechtlichen Rahmen für einen reibungslosen Wirtschaftsverkehr zu schaffen, in dem Privatautonomie und Privateigentum, z. B. auch das Recht am eingerichteten Gewerbebetrieb i. S. v. Art. 14 GG, gewährleistet werden. Handelsrecht und Bürgerliches Recht sind eng miteinander verknüpft. Die Lösung eines handelsrechtlichen Falls verlangt i. d. R. sowohl die Anwendung handelsrechtlicher als auch bürgerlich-rechtlicher Normen.[523] Selbst wenn nur eine Partei Kaufmann ist, sind handelsrechtliche Vorschriften zu beachten. Allerdings setzen die §§ 346, 352, 354a, 362, 377 HGB voraus, dass als Vertragsparteien zwei Kaufleute ein beiderseitiges Handlungsgeschäft abgeschlossen haben.

Die fortschreitende Internationalisierung des Wirtschaftsverkehrs hat auch Eingang ins Handelsrecht gefunden, insbesondere durch das Handelsrechtsreformgesetz, das am 1.7.1998 in Kraft trat. Vorschriften zur Kaufmannseigenschaft oder Voraussetzungen für den Namen des Kaufmanns, die Firma, wurden dem modernen Wirtschaftsverkehr angepasst. Besondere Bedeutung hat das HGB erlangt, kaufmännische Sachverhalte im Wirtschaftsleben zu regeln. Typisches Merkmal kaufmännischer Tätigkeit ist die Vergütung. So ist grundsätzlich Entgeltlichkeit zwischen Vertragsparteien anzunehmen, bei

---

522 Roth/Weller, § 1 Rn. 11.
523 Brox/Henssler, § 1 Rn. 7.

der auf der einen Seite mindestens ein Kaufmann auftritt.[524] Regelungen, die das Bürgerliche Recht verändern, finden sich im Handelsrecht u. a. beim Annahmeverzug, beim kaufmännischen Zurückbehaltungsrecht oder beim Fixkauf. Gilt Handelsrecht, besteht zudem für Kaufleute eine geringere Schutzbedürftigkeit als für eine Privatperson, vgl. §§ 349, 350, 377 ff. HGB, z. B. kein Schriftformerfordernis bei der Bürgschaft.
Der Grundsatz der Privatautonomie gilt selbstverständlich auch im Handelsrecht. Das Handelsrecht trägt auch der Schnelligkeit im Wirtschaftsleben Rechnung, und zwar oft durch richterliche Rechtsfortbildung; das ist insbesondere beim Handelskauf feststellbar.[525]
Das Handelsrecht ist in fünf Teile gegliedert:
– Handelsstand, §§ 1–104 HGB;
– Handelsgesellschaften und stille Gesellschaft, §§ 105–236 HGB;
– Handelsbücher, §§ 238–342a HGB;
– Handelsgeschäfte, §§ 343–475h HGB;
– Seehandel, §§ 476–904 HGB.
Im vorliegenden Studienbuch werden alle Teile des Handelsgesetzbuches bis auf den Seehandel dargestellt.

1. Grundbegriffe und Rechtsquellen

a) Grundbegriffe. Zentraler Begriff im Handelsgesetzbuch ist der Begriff des Kaufmanns. Kaufmann ist grundsätzlich jede Person, die ein Gewerbe betreibt. Der Begriff des Gewerbes wird im Handelsgesetzbuch nicht definiert. Rechtsprechung und Rechtsliteratur verstehen unter Gewerbe jede nach außen erkennbare, auf Dauer angelegte, selbstständige Tätigkeit auf wirtschaftlichem Gebiet, die mit Gewinnerzielungsabsicht verfolgt wird und kein freier Beruf ist.[526] Nach § 1 II HGB ist Handelsgewerbe jeder Gewerbebetrieb, es sei denn, dass das Unternehmen nach Art oder Umfang einen in kaufmännischer Weise eingerichteten Geschäftsbetrieb nicht erfordert. Dabei spielt es keine Rolle, in welcher Branche der Gewerbetreibende tätig ist; es muss sich um ein rechtmäßiges Gewerbe handeln, das z. B. nicht gegen ein Gesetz bzw. die guten Sitten verstößt, §§ 134, 138 BGB. Kleingewerbetreibende benötigen nach § 1 II HGB keinen in kaufmännischer Weise eingerichteten Geschäftsbetrieb, so z. B. der Handelsvertreter. Freiberuflich Tätige wie z. B. Rechtsanwälte, Steuerberater, Wirtschaftsprüfer und Unternehmensberater üben kein Gewerbe aus.[527]

b) Rechtsquellen. Gesetzliche Grundlage des Handelsrechts bildet das HGB. Daneben gelten gemäß § 346 HGB Handelsbräuche und Handelsgewohnheiten. Ist ein Handelsbrauch zur allgemeinen Verkehrssitte nach §§ 157, 242 BGB geworden, gilt dieser unter Kaufleuten. Handelsbräuche sind weder normiert, noch Gewohnheitsrecht, so dass die Partei, die sich auf den Handelsbrauch stützt, diesen vor Gericht beweisen muss.[528] Unter Beachtung eines Handelsbrauchs ist oft zu klären, welche Bedeutung das Verhalten einer Partei (z. B. Schweigen auf ein kaufmännisches Bestätigungsschreiben) und eine im Vertrag verwandte Klausel (z. B. „ab Werk", „cif", „fob") hat.[529] Außerdem schreibt das HGB in den §§ 359 I, 380 II, 393 II vor, dass der Handelsbrauch, wie z. B. in § 359 I HGB, im Zweifel entscheidend ist für die Konkretisierung eines Handelsgeschäfts.

---

524 Vgl. Klunzinger, HR, § 1 III 1.
525 Vgl. Roth/Weller, § 1 Rn. 18.
526 BGHZ 33, 321, 324; 63, 32, 33; 84, 382, 386; Hofmann, S. 14; U. Hübner, § 1 Rn. 22.
527 Vgl. Bülow/Artz, Rn. 46; Lettl, § 2 Rn. 14.
528 Canaris, § 22 Rn. 9; vgl. Oetker, § 7 Rn. 49; zur normativen Wirkung: MüKo-HGB/Maultzsch, § 346 Rn. 30 ff.
529 Beispiele bei: Brox/Henssler, § 1 Rn. 17.

Des Weiteren spielen AGB bei Handelsgeschäften eine besondere Rolle. Sie sind nach § 305 I BGB für eine Vielzahl von Verträgen vorformulierte Vertragsbedingungen, die eine Vertragspartei der anderen Vertragspartei bei Abschuss eines Vertrags stellt. Sind die Vertragsparteien beide Kaufleute, werden AGB auch im Gegensatz zu § 305 II, III BGB einbezogen, wenn der Verwender nicht ausdrücklich auf sie hinweist.[530] Zwar gelten die Klauselverbote nach §§ 308, 309 BGB für Handelsgeschäfte unter Kaufleuten nicht. Einzig anwendbar ist die Generalklausel nach § 307 BGB. Allerdings geht von den §§ 308, 309 BGB eine Indizwirkung aus. Insbesondere ist nach § 310 I 2 BGB auf die im Handelsverkehr geltenden Gewohnheiten und Gebräuche angemessene Rücksicht zu nehmen.

2. Kaufleute

453 §§ 1 bis 6 HGB regeln die handelsrechtlichen Vorschriften für Kaufleute. Zentrale Norm ist § 1 HGB. Danach ist derjenige Kaufmann, der ein Handelsgewerbe betreibt, und zwar eine nach außen erkennbare, auf Dauer angelegte selbstständige Tätigkeit auf wirtschaftlichem Gebiet mit Gewinnerzielungsabsicht. Freiberufler, Künstler und Landwirte sind grundsätzlich keine Gewerbetreibende, ebenso wenig der Kleingewerbetreibende.

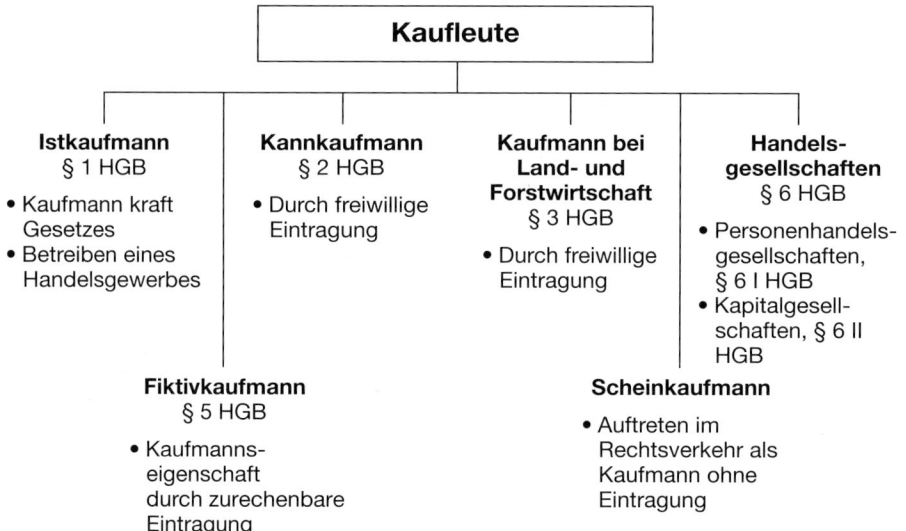

Abb. 39: Kaufleute

454 a) **Istkaufmann.** Nach § 1 HGB ist ein Gewerbetreibender Kaufmann, wenn er ein Handelsgewerbe betreibt. Schon durch Betreiben des Handelsgewerbes ist er Kaufmann im Sinne des HGB. Eine Eintragung ins Handelsregister ist für seine Kaufmannseigenschaft nicht entscheidend.[531] Er ist Kaufmann kraft Gesetzes. Die Eintragung des Istkaufmanns ist zwar nach § 29 HGB erforderlich; etwaige Rechtsfolgen des HGB treffen ihn aufgrund seiner Kaufmannseigenschaft aber schon vor Eintragung in das Handelsregister. Der Kaufmann beginnt i. d. R. mit der Tätigkeit seines Handelsgewerbes, bevor er im Handelsregister eingetragen ist. Für ihn und den Rechtsverkehr hat diese Eintragung nur noch deklaratorische Wirkung.

---

530 Vgl. BGHZ 102, 293, 304; BGH BB 1991, 501 f.; BGH NJW- RR 1991, 570, 571.
531 Vgl. U. Hübner, § 1 Rn. 20; Stecker, F. Rn. 014.

Die Kaufmannseigenschaft kraft Gesetzes erfordert einen in kaufmännischer Weise eingerichteten Geschäftsbetrieb. Das unterscheidet den Istkaufmann vom Nichtkaufmann. Die Vorschrift des § 1 II HGB enthält in ihrer besonderen Formulierung eine Vermutung des Inhalts, dass bei Vorliegen eines Gewerbes grundsätzlich auch von der Eigenschaft als Handelsgewerbe und damit als Kaufmann ausgegangen werden kann.[532] Große Bedeutung kommt der Prüfung über die Art und den Umfang des Geschäftsbetriebs zu. Es werden *qualitative* und *quantitative Merkmale* unterschieden. Qualitativ ist die Organisation des Unternehmens: Größe und Zahl der Betriebsstätten, Art der gewerblichen Tätigkeit, Vielfalt der Produkte und Dienstleistungen, Internationalität der Geschäftsbeziehungen, Zahl der Funktion der Beschäftigten.[533] Als quantitative Kriterien können z. B. der Umsatz als entscheidende Kennziffer, die Höhe des investierten Kapitals, die Inanspruchnahme von Kredit- und Teilzahlungen bzw. der Umfang der Geschäftskorrespondenz angesehen werden.[534] Auch die Art der Ausübung des Geschäftsbetriebs lässt Rückschlüsse auf die Kaufmannseigenschaft zu, so z. B. die Art der gewerblichen Tätigkeit, Tätigkeitsbereiche von Arbeitnehmern, Aufbau und Organisation eines Unternehmens sowie Niederlassungen oder Tochtergesellschaften im In- und Ausland.[535] Derartige Merkmale weisen darauf hin, dass der Geschäftsbetrieb durch einen Istkaufmann ausgeübt wird. Mit der vollständigen Aufgabe des Geschäftsbetriebs oder der Reduzierung der geschäftlichen Aktivitäten hin zum Kleingewerbetreibenden endet die Kaufmannseigenschaft nach § 1 HGB.[536]

b) Freiwillige Kaufmannseigenschaft. Gewerbetreibende, die nicht schon kraft Gesetzes Kaufmann sind, haben die Möglichkeit, durch eine Eintragung ins Handelsregister die Kaufmannseigenschaft zu erlangen. Dabei handelt es sich um eine konstitutive Eintragung, nach der die Kaufmannseigenschaft im Rechtsverkehr erst dann entstanden ist, wenn die Eintragung in das Handelsregister erfolgt ist. Die Kaufmannseigenschaft endet dann allerdings auch erst mit der Löschung aus dem Handelsregister, vgl. § 15 HGB. Folgende Kaufleute erwerben die Kaufmannseigenschaft kraft Eintragung:
– Kannkaufmann, § 2 HGB;
– Kaufmann bei Land- und Forstwirtschaft, § 3 HGB;
– Fiktivkaufmann, § 5 HGB;
– Handelsgesellschaften, § 6 HGB.

aa) Kannkaufmann. Ein gewerbliches Unternehmen, dessen Gewerbebetrieb nicht schon nach § 1 II HGB Handelsgewerbe ist, gilt nach § 2 HGB als Handelsgewerbe, wenn die Firma des Unternehmers in das Handelsregister eingetragen ist. Der Unternehmer ist berechtigt, aber nicht verpflichtet, die Eintragung nach den für die Eintragung kaufmännischer Firmen geltenden Vorschriften herbeizuführen. Besonderes Merkmal für den Kannkaufmann ist die Freiwilligkeit seiner Entscheidung, sich handelsrechtlichen Regelungen zu unterwerfen. Nur wenn er ins Handelsregister eingetragen ist, ist er Kaufmann im Sinne des HGB. Gewerbetreibende i. S. v. § 2 HGB können insbesondere Kleingewerbetreibende sein, z. B. Werbe- oder Designagenturen, Bewachungsunternehmen oder Bewirtungsbetriebe. Gegen die Eintragung in das Handelsregister spricht, dass mit der Kaufmannseigenschaft einige Nachteile, z. B. die Formfreiheit der Bürgschaftserklärung gem. § 350 HGB, umfangreiche Rechnungslegungspflichten, §§ 238 ff. HGB, oder der Verlust von Mängelrechten bei Unterbleiben einer unverzüglichen Mängelrüge nach § 377 HGB verbunden sind.[537] Die eher unbedeutenden Vorteile, z. B. ein

---

532 Hofmann, S. 18; vgl. Hopt/Merkt, § 1 Rn. 25.
533 Vgl. Steckler/Tekidou-Külke, F. Rn. 021.
534 Vgl. Lettl, HR, § 2 Rn. 25.
535 BGH NJW 1982, 577, 578; vgl. Canaris, § 3 Rn. 9.
536 Vgl. BGHZ 32, 307, 312.
537 Vgl. Lettl, HR, § 2 Rn. 40.

Provisionsanspruch ohne Vereinbarung, § 354 I HGB, oder ein erweiterter Gutglaubensschutz, § 366 HGB, sowie ein erweitertes Zurückhaltungsrecht nach §§ 369 ff. HGB wiegen die Nachteile der Eintragung nicht auf.

457 **bb) Kaufmann bei Land- und Forstwirtschaft.** Nach § 3 I HGB finden die Vorschriften des § 1 HGB keine Anwendung auf den Betrieb der Land- und Forstwirtschaft. Allerdings kann nach § 3 II HGB für ein land- oder forstwirtschaftliches Unternehmen § 2 HGB gelten, welches nach Art und Umfang einen in kaufmännischer Weise eingerichteten Geschäftsbetrieb erfordert. Die Freiwilligkeit der Eintragung in das Handelsregister gem. § 2 HGB gilt nach § 3 II HGB auch für land- und forstwirtschaftliche Unternehmen, so dass eine Eintragung ebenfalls konstitutive Wirkung hat.
Große landwirtschaftliche Betriebe wären gem. § 1 HGB schon Istkaufmann; das Handelsrecht räumt derartigen Betrieben allerdings das Privileg ein, selbst zu entscheiden, ob der Betrieb im Rechtsverkehr als Kaufmann angesehen werden soll oder nicht.[538] Entschließt sich ein land- oder forstwirtschaftlicher Betrieb dazu, die Kaufmannseigenschaft durch Eintrag zu erwerben, stehen ihm vor allem Möglichkeiten besonderer Rechtsformen des Gesellschaftsrechts zur Verfügung. Auch soll die Bildung und Weiterentwicklung landwirtschaftlicher Kooperationen durch das Fehlen geeigneter handels- und gesellschaftsrechtlicher Rechtsformen nicht erschwert werden.[539]
Ist nach § 3 III HGB mit dem Betrieb der Land- und Forstwirtschaft ein Unternehmen verbunden, das nur ein Nebengewerbe des land- oder forstwirtschaftlichen Unternehmens darstellt, so gilt auch hier das Privileg, dass es sich bei dem Nebengewerbe solange nicht um einen kaufmännischen Betrieb handelt, solange das Nebengewerbe selbst als Kaufmann nicht eingetragen ist, z. B. ein angeschlossener Holzverarbeitungs- oder Kornverarbeitungsbetrieb wie z. B. Sägewerk, Mühle, Brauerei oder auch eine Schlachterei.[540] Der landwirtschaftliche Betrieb kann auch die Entscheidung fällen, dass z. B. nur der Nebenbetrieb durch Eintragung Kaufmannseigenschaft erlangen soll.

458 **cc) Fiktivkaufmann.** Ist nach § 5 HGB eine Firma ins Handelsregister eingetragen, so kann gegenüber demjenigen, welcher sich auf die Eintragung beruft, nicht geltend gemacht werden, dass das unter der Firma betriebene Gewerbe kein Handelsgewerbe sei. Kaufmannseigenschaft kann demzufolge auch derjenige erlangen, wenn er – eventuell auch völlig unabsichtlich – ins Handelsregister eingetragen wird.
Das Handelsregister genießt öffentlichen Glauben. Seine Eintragungen gelten grundsätzlich als richtig. Wer im Handelsregister als Kaufmann eingetragen ist, muss sich gegenüber Vertragspartnern so behandeln lassen, als sei er Kaufmann. Die Kaufmannseigenschaft wird durch die Eintragung ins Handelsregister fingiert.[541] Dann gelten für seine handelsrechtliche Tätigkeit auch alle handelsrechtlichen Vorschriften, wenn er ein Gewerbe betreibt.[542] Das erfordern schon die Sicherheit im Rechtsverkehr sowie der Vertrauensschutz für Vertragsparteien eines solchen Fiktivkaufmanns.

459 **dd) Scheinkaufmann.** Tritt jemand im Rechtsverkehr wie ein Kaufmann auf, obwohl er im Handelsregister nicht eingetragen ist und er nach Handelsrecht die Kriterien der Kaufmannseigenschaft nicht erfüllt, weil er z. B. keinen nach Art oder Umfang in kaufmännischer Weise eingerichteten Geschäftsbetrieb führt, ist § 242 BGB anwendbar.[543] Dieser Kaufmann wird als sog. Scheinkaufmann bezeichnet, weil er im Rechtsverkehr den Rechtsschein setzt, er sei Kaufmann. Den Scheinkaufmann sollen nur die

---

538 Vgl. Canaris, § 3 Rn. 29.
539 Klunzinger, HR, § 6 II 2.
540 Vgl. ausführliche Beispiele bei MüKo-HGB/K. Schmidt, § 3 Rn. 34.
541 Wörlen/Kokemoor/Lohrer, Rn. 26.
542 BGHZ 32, 307, 313.
543 Vgl. Hofmann, S. 39; K. Schmidt, HR, § 10 VIII 2; Klunzinger, HR, § 6 V 2.

Pflichten des ordentlichen Kaufmanns treffen; nicht aber sollen ihm auch die Rechte und Vergünstigungen zustehen, die das HGB dem Kaufmann gewährt, da dies mit dem Grundsatz von Treu und Glauben des § 242 BGB nicht vereinbar wäre.[544] Der Scheinkaufmann wird daher nicht Kaufmann i. S. d. HGB; er bleibt Nichtkaufmann.[545] Die Fiktion des Scheinkaufmanns gilt nur gegenüber gutgläubigen Vertragspartnern, die sich auf den Rechtsschein des Kaufmanns verlassen, wodurch sich, z. B. bei einem beiderseitigen Handelsgeschäft, rechtliche Vorteile für den Scheinkaufmann als Vertragspartei ergäben, so etwa die unverzügliche Mängelrüge für den Vertragspartner nach § 377 HGB. Der Scheinkaufmann setzt z. B. den Rechtsschein der Kaufmannseigenschaft, wenn er unter einer Firmenbezeichnung im Rechtsverkehr auftritt. Rechtsprechung und Rechtsliteratur haben das Rechtsinstitut des Scheinkaufmanns seit langem anerkannt.[546]

c) Handelsgesellschaften. Nach § 6 I HGB finden die handelsrechtlichen Vorschriften über Kaufleute auch auf die Handelsgesellschaften Anwendung. Zu unterscheiden ist zwischen Personenhandelsgesellschaften und Kapitalgesellschaften.

aa) Personenhandelsgesellschaften. Personenhandelsgesellschaften sind die Offene Handelsgesellschaft (OHG) und die Kommanditgesellschaft (KG). Für beide Personenhandelsgesellschaften gilt, dass sie ein Handelsgewerbe betreiben, §§ 105, 161 HGB. Der auf die Personenhandelsgesellschaften zutreffende § 6 I HGB hat zwar deren Kaufmannseigenschaft noch einmal ausdrücklich normiert. § 6 hat aber insoweit keine eigenständige Bedeutung, weil sich die Kaufmannseigenschaft für die OHG und die KG bereits aus § 124 HGB ergibt. Die OHG und die KG sind daher in den Fällen der §§ 105 I, 161 I HGB *Kaufmann kraft Betreibens eines Handelsgewerbes,* nicht kraft Rechtsform.[547] Folge ist, dass OHG und KG im Rechtsverkehr unter einer Firmenbezeichnung auftreten und unter dieser Firma Rechte erwerben und Verbindlichkeiten eingehen können, so z. B. Eigentum und andere Rechte an Grundstücken erwerben, klagen und verklagt werden können, §§ 124 I, 161 II HBG.[548] Die Gesellschaft Bürgerlichen Rechts, die Stille Gesellschaft sowie die Partnerschaftsgesellschaft sind keine Handelsgesellschaften nach § 6 I HGB.

bb) Kapitalgesellschaften. Kapitalgesellschaften sind die Aktiengesellschaft (AG), die Kommanditgesellschaft auf Aktien (KGaA) und die Gesellschaft mit beschränkter Haftung (GmbH). Als juristische Personen sind sie mit eigener Rechtspersönlichkeit ausgestattet, vgl. §§ 1 I, 111 AktG, 278 I AktG, 13 I GmbHG. Juristische Personen entstehen erst durch Eintragung ins Handelsregister. Die Eintragung hat daher rechtsbegründenden, d. h. konstitutiven Charakter. Auch ohne das Betreiben eines Handelsgewerbes sind Kapitalgesellschaften schon alleine aufgrund ihrer Rechtsform Kaufleute; sie werden als sog. Formkaufleute bezeichnet, § 6 II HGB.

3. Handelsregister und Unternehmensregister

Das Handelsregister ist ein öffentliches Verzeichnis, vergleichbar mit dem Grundbuch oder Vereinsregister. Nach § 8 HGB wird es von den Gerichten seit Inkrafttreten des Gesetzes über elektronische Handelsregister, Genossenschaftsregister sowie das Unternehmensregister (EHUG) ab dem 1.1.2007 elektronisch geführt, und zwar bei den zuständigen Amtsgerichten, §§ 374 ff. FamFG. Eintragungen in und Löschungen aus dem

---

544 Wörlen/Kokemoor/Lohrer, Rn. 27.
545 Vgl. Brox/Henssler, § 4 Rn. 69.
546 Vgl. BGHZ, 17, 13, 19; 22, 234, 238; 62, 216, 222; BGH NJW 1966, 1915, 1916; 1987, 1940, 1942; BGH JZ 1971, 334, 335; Staub, Exk. § 5 Rn. 1; K. Schmidt, HR, § 10 VIII 1; Brox/Henssler, § 4 Rn. 63; Bülow/Artz, Rn. 108; Oetker, § 2 Rn. 59.
547 Canaris, § 3 Rn. 45.
548 Vgl. Brox/Henssler, § 3 Rn. 50b.

Handelsregister werden nach § 3 Nr. 2d RPflG durch den zuständigen Rechtspfleger vorgenommen. Zusätzlich enthält ein neues ebenfalls *elektronisches Unternehmesregister* nach § 8b HGB vielfältige Informationen. Das Unternehmensregister hat *keine originären Bekanntmachungsfunktionen* wie das Handelsregister, sondern ist eine zentrale Zugangsstelle, zum einen als Portal zu den Registerdaten der Länder (www.unternehmensregister.de), zum anderen zu den im Unternehmensregister selbst gespeicherten, insbesondere unternehmensbezogenen und kapitalmarktrechtlichen Daten.[549] Das Unternehmensregister wird vorbehaltlich einer Regelung nach § 9a I HGB vom Bundesministerium der Justiz gem. § 8b I HGB elektronisch geführt.

Den im Handelsregister eingetragenen Informationen bzw. nicht eingetragenen Informationen kommen hohe Bedeutung zu. Denn die Funktion des Handelsregisters ist es, die Öffentlichkeit – Geschäftspartner wie Privatpersonen – im Interesse eines reibungslosen Geschäftsverkehrs umfassend über Kaufmannseigenschaft, Vertretungsmöglichkeiten des Kaufmanns, aber auch den Haftungsumfang von Kaufleuten zu informieren.[550] Denn im Handelsrecht ergibt sich – wie schon bei der Pflicht des Kaufmanns, die Anmeldung zu einer Eintragung vorzunehmen – die Besonderheit, dass bestimmte Tatsachen, die für den kaufmännischen Rechtsverkehr von Bedeutung sind, im Handelsregister offengelegt werden müssen.[551] Die Publizitätswirkung des Handelsregisters ist im Wirtschaftsverkehr von hoher Bedeutung. Deshalb darf im Gegensatz zum Grundbuch nach § 9 I HGB jeder Einsicht in das Handelsregister sowie der zum Handelsregister eingereichten Schriftstücke nehmen. Nach § 9 II HGB kann die elektronische Übermittlung auch für Dokumente, die nur in Papierform vorhanden sind, verlangt werden, die weniger als zehn Jahre vor dem Zeitpunkt der Antragstellung zum Handelsregister eingereicht wurden. Aufgabe des Handelsregisters ist es insbesondere, die Rechtsverhältnisse von Kaufleuten offen zu legen. Nach § 10 HGB wird jede Eintragung in das Handelsregister in dem elektronischen Informations- und Kommunikationssystem (www.handelsregister.de) in der zeitlichen Folge ihrer Eintragung nach Tagen geordnet bekannt gemacht. Die Bekanntmachung einer Eintragung in einer Tageszeitung, früher ausschließlich und seit dem 1.1.2007 neben der elektronischen Bekanntmachung, ist gem. Art. 61 VI 1 EGHGB seit dem 1.1.2009 entfallen.

Nach § 12 I HGB sind Anmeldungen zur Eintragung in das Handelsregister elektronisch in öffentlich beglaubigter Form einzureichen. Dokumente sind ebenfalls elektronisch einzureichen. Wer seiner Pflicht zur Anmeldung oder zur Einreichung von Dokumenten zum Handelsregister nicht nachkommt, kann gem. § 14 S. 1 HGB durch die Androhung eines Zwangsgeldes dazu angehalten werden. Nach Einreichung der Anmeldung zur Eintragung prüft das Registergericht seine Zuständigkeit, insbesondere nach §§ 13 ff. HGB bei Niederlassungen, die sich nicht im Registergerichtsbezirk befinden. Auch die Gültigkeit der Form der Anmeldung sowie die Eintragungsfähigkeit der zur Eintragung angemeldeten Information fällt in das Prüfungsrecht des Registergerichts. Da für das Verfahren der Amtsermittlungsgrundsatz nach § 26 FamFG gilt, hat das Registergericht nach zutreffender Ansicht auch die sachliche Richtigkeit (Wahrheit) der Erklärungen zu überprüfen, wenn sich begründete Zweifel ergeben (materielles Prüfungsrecht),[552] so z. B. ausdrücklich § 380 I FamFG.

464 a) **Funktionen des Handelsregisters.** Das Handelsregister hat die Funktion, alle für das Wirtschaftsleben relevanten Tatsachen zu veröffentlichen. Nach § 3 HRV ist das Handelsregister in die Abteilungen A und B unterteilt. In Abteilung A werden Informationen über Einzelkaufleute und Personenhandelsgesellschaften eingetragen. Alle

---

549 Hopt/Merkt, § 8b Rn. 1.
550 Vgl. dazu K. Schmidt, HR, § 13 I 1; U. Hübner, § 2 Rn. 111.
551 U. Hübner, § 2 Rn. 111.
552 Brox/Henssler, § 5 Rn. 76.

Informationen über Kapitalgesellschaften sind im Register B des Handelsregisters aufzunehmen. Ausnahme bilden Eintragungen über Genossenschaften. Für Genossenschaften wird ein eigenes Genossenschaftsregister geführt. Genossenschaften, die nicht notwendigerweise ein Handelsgewerbe betreiben, sind nach § 17 II GenG grundsätzlich Kaufleute.

Folgende konkrete Funktionen übt das Handelsregister aus:
- Publizitätsfunktion: Alle für den kaufmännischen Rechts- und Geschäftsverkehr bedeutenden eintragungsfähigen Informationen können, eintragungspflichtige müssen zur Unterrichtung der Öffentlichkeit in das Handelsregister eingetragen werden.
- Schutzfunktion: Eingetragene Tatsachen gelten als richtig.
- Beweisfunktion: Die Beweisführung des Klägers vor Gericht wird durch Eintragungen im Handelsregister erleichtert.
- Kontrollfunktion: Neben dem Registergericht kann nach § 380 FamFG auch die zuständige Industrie- und Handelskammer ein Prüfungsrecht bzw. eine Prüfungspflicht von Eintragungen haben, um unrichtig eingetragene Informationen zu vermeiden.

b) Arten und Wirkungen von Handelsregistereintragungen. Informationen, die ins Handelsregister eingetragen werden, lassen sich in eintragungspflichtige und eintragungsfähige Tatsachen unterscheiden. Unterschiedliche Bedeutung erlangen einzutragende Tatsachen dahingehend, ob sie nur deklaratorische oder konstitutive Wirkung entfalten.

aa) Eintragungspflichtige und eintragungsfähige Tatsachen. Das HGB legt fest, wann eine Tatsache zur Eintragung in das Handelsregister angemeldet werden muss, so z. B.
- Istkaufmann, § 1 HGB;
- Firmenbezeichnung, § 29 HGB;
- Erteilung und Erlöschen der Prokura, § 53 I, III HGB;
- Anmeldung von Personenhandelsgesellschaften (OHG und KG, §§ 106, 162 I HGB);
- Eintritt oder Ausscheiden von Gesellschaftern einer Personenhandelsgesellschaft, §§ 107, 143 II HGB;
- Anmeldung einer Kapitalgesellschaft, §§ 36 ff. AktG, §§ 7 ff. GmbHG;
- Satzungsänderungen bei Kapitalgesellschaften, § 181 AktG, § 54 GmbHG.

Das Gesetz schreibt somit vor, wann eine Tatsache ins Handelsregister einzutragen ist. Davon unterscheiden sich die eintragungsfähigen Tatsachen. Das HGB sieht z. B. in § 3 für land- und forstwirtschaftliche Betriebe vor, dass mit Eintragung die Kaufmannseigenschaft entsteht; die Eintragung ist aber nicht verpflichtend. Weitere eintragungsfähige Tatsachen sind z. B. nach § 25 II HGB abweichende Vereinbarungen der Haftung mit dem Alteigentümer bei Geschäftsübergang eines Handelsgeschäfts oder bei Eintritt in ein Einzelunternehmen. Für die Möglichkeiten abweichender Vereinbarungen bei der Haftung bei Erwerb eines oder Eintritt in ein Handelsgeschäft bzw. in das Geschäft eines Einzelkaufmanns besteht keine Rechtspflicht zur Eintragung; die Tatsachen sind aber eintragungsfähig.[553]

bb) Deklaratorische und konstitutive Wirkung. Der Wirkung von Eintragungen ins Handelsregister kommt im Rechts- und Geschäftsverkehr große Bedeutung zu. Unterschieden wird zwischen deklaratorischer und konstitutiver Wirkung. So besteht zwar die Pflicht, die Anmeldung der Kaufmannseigenschaft ins Handelsregister zu betreiben, wenn man ein Handelsgewerbe ausübt. Die Kaufmannseigenschaft des Betreibers eines Handelsgewerbes ist aber nicht abhängig von der Eintragung; die Eintragung hat nur deklaratorischen, d. h. rechtsbeschreibenden Charakter.[554] Das gilt z. B. auch für die

---

553 Vgl. U. Hübner, § 2 Rn. 115.
554 Vgl. Hofmann, S. 67.

Erteilung der Prokura nach § 48 HGB. Sie ist zwar nach § 53 I HGB zur Eintragung in das Handelsregister anzumelden. Die Eintragung selbst hat aber auch nur deklaratorischen Charakter, weil die Vollmacht zum Zeitpunkt der Erteilung an den zu Bevollmächtigenden schon Rechtswirksamkeit entfaltet.[555] Konstitutiven Charakter hat die Eintragung in das Handelsregister, wenn sie rechtsbegründet wirkt, so z. B. mit der Anmeldung der Eintragung von Kapitalgesellschaften, nach § 11 I GmbHG für die Gesellschaft mit beschränkter Haftung bzw. nach § 41 I 1 AktG für die Aktiengesellschaft.

468 c) **Publizitätswirkungen des Handelsregisters.** Die Schutzfunktion des Handelsregisters sieht vor, dass man sich auf Eintragungen verlassen kann, d. h., dass sie als richtig angesehen werden können. Dieser *Vertrauensschutz, der gegenüber Dritten gilt*, welche in Geschäftsbeziehungen zu Handelsgewerbetreibenden treten, ist in § 15 HGB geregelt. Dabei ist die Intensität des Vertrauensschutzes unterschiedlich: Es kommt darauf an, ob eine Tatsache richtig, unrichtig oder gar nicht eingetragen ist.

469 aa) **Richtige Eintragung und Publizität.** Den Normalfall der Eintragung bildet § 15 II HGB. Ist die Tatsache eingetragen und bekannt gemacht worden, so muss ein Dritter sie gegen sich gelten lassen. Dies gilt nicht für Rechtshandlungen, die innerhalb von 15 Tagen nach der Bekanntmachung vorgenommen werden, sofern der Dritte beweist, dass er die Tatsache weder kannte noch kennen musste. Voraussetzungen des § 15 II HGB sind:
– Eintragungspflichtige Tatsache;
– Richtige Eintragung und Bekanntmachung der Tatsache;
– Grds. Kenntnis der eingetragenen und bekannt gemachten Tatsache oder § 15 II 2 HGB.
Nach h. M. muss jeder Dritte, nicht nur ein Vertragspartner des Kaufmanns, die eingetragene Tatsache gegen sich gelten lassen.[556] Unkenntnis schützt nach Ablauf von 15 Tagen nicht vor Rechtswirksamkeit der eingetragenen Tatsache. § 15 II HGB begründet deshalb nicht nur eine Informationsmöglichkeit, sich über eingetragene Tatsachen zu informieren, sondern eine Informationspflicht.[557] Das gilt nicht nur für Kaufleute, sondern für Jedermann.[558]

470 bb) **Negative Publizität.** Solange eine in das Handelsregister einzutragende Tatsache nach § 15 I HGB nicht eingetragen und bekannt gemacht ist, kann sie von demjenigen, in dessen Angelegenheit sie einzutragen war, einem Dritten nicht entgegengesetzt werden, es sei denn, dass sie diesem bekannt war. Grundlage für die sog. negative Publizität ist, dass ein gutgläubiger, interessierter Dritter, der sich im Handelsregister über Tatsachen informiert, sich auf das verlassen kann, was im Handelsregister eingetragen ist. Sofern eine Tatsache nicht eingetragen ist, besteht sie entweder für den Dritten nicht, oder die rechtswirksame Änderung hat bisher nicht stattgefunden. Beispiel kann die einzutragende oder die zu löschende Prokura nach § 53 HGB sein. Sind die Voraussetzungen der negativen Publizität erfüllt:
– Eintragungspflichtige Tatsache;
– Keine Eintragung bzw. zumindest keine Bekanntmachung;
– Gutgläubigkeit des Dritten gegenüber der Vollständigkeit der Eintragungen,
so wirkt die Rechtsfolge des § 15 I HGB zuungunsten desjenigen, für den die Tatsache einzutragen ist, so z. B. für den ausgeschiedenen Gesellschafter, dessen Ausscheiden in

---

555 Vgl. Brox/Henssler, § 10 Rn. 197; Hopt/Merkt, § 53 Rn. 1.
556 Vgl. RGZ 78, 359, 361; 81, 17, 21; 120, 363, 369; BGH NJW 1972, 1418, 1419; BGH BB 1976, 1479, 1480; Steckler, F. Rn. 106.
557 Vgl. U. Hübner, § 2 Rn. 123; MüKo-HGB/Krebs, § 15 Rn. 67.
558 So die st. Rspr. RGZ 78, 359, 361; 81, 17, 21; 120, 363, 369; 140, 314 f.; BGH NJW 1976, 1418, 1419; BB 1976, 1479, 1480.

das Handelsregister nicht eingetragen wurde. Nach h. M. steht dem Dritten, i. d. R. dem Vertragspartner, ein Wahlrecht zu: Er kann sich entweder auf die negative Publizität berufen oder, wenn es für sein Vertragsverhältnis günstig ist, sich für die aus der Sicht des Kaufmanns wahre Rechtslage entscheiden.[559]

cc) Positive Publizität. Ist nach § 15 III HGB eine einzutragende Tatsache unrichtig bekannt gemacht, kann sich ein Dritter demjenigen gegenüber, in dessen Angelegenheit die Tatsache einzutragen war, auf die bekannt gemachte Tatsache berufen, es sei denn, dass er die Unrichtigkeit kannte. Positive Publizität des Handelsregisters bedeutet, dass unrichtig eingetragene und bekannt gemachte Eintragungen im Rechtsverkehr als korrekt anzusehen sind. Voraussetzungen für die positive Publizität sind:
- Eintragungspflichtige Tatsache;
- Unrichtige Bekanntmachung;
- Gutgläubigkeit des Dritten gegenüber der Richtigkeit der Eintragung.

Folge ist, dass sich der Dritte auf die Rechtswirksamkeit der Eintragung verlassen kann. Somit wirkt § 15 III HGB wiederum zu Ungunsten desjenigen, für den die Eintragung vorgesehen war.

dd) Gewohnheitsrechtliche Publizitätsgrundsätze. Noch vor Aufnahme des § 15 III HGB in das Handelsgesetzbuch im Jahr 1969 hatten sich zwei gewohnheitsrechtliche Grundsätze entwickelt, welche den Vertrauensschutz des Dritten gegenüber der Eintragung ins Handelsregister stärken.[560] Diese Grundsätze, die im Handelsgesetzbuch nicht normiert sind, haben weiterhin Gültigkeit, sofern § 15 III HGB keine Anwendung findet.[561] Dabei handelt es sich um:
- Einstandspflicht für die selbst veranlasste unrichtige Eintragung;
- Schuldhaftes Unterlassen der Beseitigung einer nicht veranlassten unrichtigen Eintragung.

Auch diese gewohnheitsrechtlichen Grundsätze sollen den Dritten bei Gutgläubigkeit dahingehend schützen, dass er trotz Unrichtigkeit auf die Eintragung der Tatsache vertrauen kann.[562]

4. Handelsfirma

Nach § 17 I HGB ist die Firma eines Kaufmanns der Name, unter dem er seine Geschäfte betreibt und die Unterschrift abgibt. Ein Kaufmann kann unter seiner Firma klagen und verklagt werden, § 17 II HGB. Die Firma ist somit die Namensbezeichnung des Kaufmanns bzw. des Unternehmens. Im gewöhnlichen Sprachgebrauch werden die Begriffe „Firma" und „Unternehmen" oft synonym verwendet, so z. B. „Ich gehe am Samstag in die Firma", wenn gemeint ist, dass man am kommenden Samstag im Unternehmen arbeitet. Die Firma ist aber die Handelsbezeichnung, unter der das Unternehmen im Wirtschaftsverkehr auftritt.

Immer größere Bedeutung kommt der Firmenbezeichnung als Vermögenswert zu. Insbesondere beim Verkauf eines Unternehmens kann eine gut eingeführte Firmenbezeichnung, eine Marke, die Kaufpreisforderung erheblich erhöhen. Folgerichtig wird die Namens- und Werbefunktion der Firma wegen langjähriger und kostenintensiver unternehmerischer Bemühungen als Bestandteil des eingerichteten und ausgeübten Gewerbebetriebs wie ein absolutes Recht nach § 823 I BGB geschützt.[563] Mit der Handelsrechtsreform ist das Namensrecht erheblich vereinfacht worden. Neben den bereits bestehenden

---

559 BGH NJW-RR 1987, 1318, 1319; 1990, 737, 738; Brox/Henssler, § 6 Rn. 86; Canaris, § 5 Rn. 50.
560 MüKo-HGB/Krebs, § 15 Rn. 84; Canaris, § 6 Rn. 2; Brox/Henssler, § 6 Rn. 92 ff.
561 Vgl. Hopt, § 15 Rn. 17.
562 Kreutz, Die Bedeutung von Handelsregistereintragung und Handelsregisterbekanntmachung im Gesellschaftsrecht, JURA 1982, 626, 640 f.; vgl. MüKo-HGB/Krebs, § 15 Rn. 109.
563 Vgl. Steckler/Tekidou-Külke, F. Rn. 036; Führich, § 3 Rn. 79.

Möglichkeiten, eine Personen- oder Sachfirma zu gründen, besteht jetzt auch die Möglichkeit, Fantasienamen als Firmenbezeichnung zu verwenden. Nach h. M. wird dem öffentlichen Interesse dadurch Genüge getan, dass z. B. auch einem Fantasienamen wie „XnX GmbH" der notwendige Hinweis einer Haftungsbeschränkung durch Abkürzung der Gesellschaft mit beschränkter Haftung sowie durch notwendige Angaben auf Geschäftsbriefen, wie z. B. Geschäftsführer, Handelsregister- und Steuernummern aufgeführt sind.[564] Die notwendigen Voraussetzungen finden sich in den §§ 19, 37a HGB. Die Firma entsteht, wenn die Bezeichnung im Handelsverkehr genutzt wird; sie erlischt, wenn der Name im Handelsverkehr nicht mehr verwendet wird.

474 **a) Grundsätze des Firmenrechts.** Das Handelsrecht hat in den §§ 18 ff. HGB fünf bedeutende Grundsätze aufgestellt, nach denen sich der Name des Kaufmanns bzw. des Unternehmens auszurichten hat:
– Firmenwahrheit;
– Firmenbeständigkeit;
– Firmenausschließlichkeit;
– Firmeneinheit;
– Firmenöffentlichkeit.

§ 18 I HGB stellt den Grundsatz der Firmenwahrheit auf. Danach muss die Firma zur Kennzeichnung des Kaufmanns bzw. des Unternehmens geeignet sein und Unterscheidungskraft besitzen. Die Firma darf daher keine Angaben enthalten, die geeignet sind, über geschäftliche Verhältnisse, die für den angesprochenen Verkehrskreis wesentlich sind, in die Irre zu führen. Der Name muss sich von Firmenbezeichnungen anderer Kaufleute bzw. Unternehmen unterscheiden; eine Verwechslung muss ausgeschlossen sein. Einschränkung bildet § 18 II HGB, wonach die Irreführung über die Verhältnisse des Unternehmens ersichtlich sein muss.

Zweiter Grundsatz ist die Firmenbeständigkeit. Der im Rechtsverkehr genutzte Name des Kaufmanns darf auch dann beibehalten bleiben, wenn sich nach § 21 HGB der in der Firma enthaltene Name des Geschäftsinhabers oder eines Gesellschafters geändert hat, bzw. bei einem Wechsel des Inhabers nach §§ 22, 24 HGB. Dadurch entsteht aber ausnahmsweise eine Verletzung des Prinzips der Firmenwahrheit.

Der Grundsatz der Firmenausschließlichkeit führt zur Vermeidung der Verwechselbarkeit von verschiedenen Unternehmen durch ähnliche Namensbezeichnungen. Nach § 30 I HGB muss sich jede neue Firma an demselben Ort oder in derselben Gemeinde von allen bereits bestehenden und in das Handels- oder Genossenschaftsregister eingetragenen Firmen deutlich unterscheiden. Besteht Namensgleichheit von Inhabern bei Firmen an demselben Ort, muss derjenige, der einen neuen Firmennamen verwendet, der Firmenbezeichnung Zusätze beifügen, damit sich die Firma von der bereits eingetragenen Firmenbezeichnung unterscheidet, so z. B. Franz Meier Fahrzeugbau GmbH anstelle der bereits bestehenden Franz Meier GmbH. Auch unterschiedliche Logos können die Unterscheidbarkeit von Firmen fördern. Unterscheidbarkeit liegt i. S. v. § 30 HGB vor, wenn keine Verwechslungsgefahr besteht.[565]

Der Kaufmann darf für sein Unternehmen nur einen einzigen Firmennamen im Rechtsverkehr benutzen. Davon geht der Grundsatz der Firmeneinheit aus, der im HGB nicht geregelt ist.[566] Dieser Grundsatz beugt Täuschungsmöglichkeiten im Rechtsverkehr vor, wenn für dasselbe Unternehmen mehrere Firmenbezeichnungen genutzt werden.

Abschließend steht der Grundsatz der Firmenöffentlichkeit dafür, dass die Firmenbezeichnung der Öffentlichkeit mitzuteilen ist. Das geschieht durch die Eintragung ins Handelsregister, insbesondere nach den Vorschriften der §§ 29 ff. HGB.

---

564 Vgl. z. B. Klunzinger, HR, § 11 I 2c; Brox/Henssler, § 7 Rn. 109 f.
565 Vgl. MüKo-HGB/Heidinger, § 30 Rn. 19.
566 Canaris, § 11 Rn. 35.

b) Firmenschutz. Das Recht an der Firma ist gleichbedeutend mit dem Namensrecht nach § 12 BGB. Das Firmenrecht ist ebenfalls ein absolutes Recht. Deshalb ist das Namensrecht bei Kaufleuten ebenfalls besonders schützenswert. § 37 HGB gewährt zwei Anspruchsgrundlagen auf Unterlassung des unbefugten Gebrauchs einer Firma. Nach § 37 I HGB ist jemand vom zuständigen Registergericht zur Unterlassung des Gebrauchs der Firma durch Festsetzung von Ordnungsgeld anzuhalten, wer eine nach den Vorschriften über die Handelsfirma ihm nicht zustehende Firma gebraucht. Ebenso kann derjenige, der in seinen Rechten dadurch verletzt wird, dass ein anderer eine Firma unbefugt gebraucht, von diesem die Unterlassung des Gebrauchs der Firma verlangen, § 37 II HGB. Daneben sind auch Schadensersatzansprüche aus §§ 823 I, II, 826 denkbar.

5. Handelsunternehmen

Das Unternehmen ist eine auf einer Verbindung personeller und sachlicher Mittel beruhende wirtschaftliche Einheit; dazu gehören Rechte aller Art, aber auch bloß tatsächliche Vermögenswerte.[567] Das Unternehmen selbst ist im Gegensatz zum Unternehmer kein Rechtssubjekt; das bedeutet, dass entweder eine natürliche Person, der Unternehmer, eine Personenhandelsgesellschaft oder eine juristische Person, unter die das Unternehmen fällt, Träger der Rechte und Pflichten ist.

Im Handelsrecht finden sich Vorschriften zu Unternehmen in den §§ 2, 3 II, 22 ff. HGB. Auch in anderen Rechtsgebieten, wie z. B. im Arbeits- oder Gesellschaftsrecht, wird der Unternehmensbegriff verwendet. Als „sonstiges Recht" ist das Recht am eingerichteten und ausgeübten Gewerbebetrieb als absolutes Recht im Deliktsrecht anerkannt.[568]

Ein Unternehmen existiert entweder an einem Standort oder ist zusätzlich durch Niederlassungen bzw. Zweigstellen am selben Ort, im Bundesgebiet bzw. im Ausland vertreten. In der Hauptniederlassung findet die Leitung des Unternehmens statt; Zweigniederlassungen, die über eine gewisse organisatorische Selbständigkeit verfügen, sind Teil des Unternehmens.

Insbesondere der Inhaberwechsel spielt in der heutigen Zeit, in der Unternehmen nicht mehr selbstverständlich auf die nächste Generation übergehen, eine große Rolle. Spezialnormen des Handelsrechts ergänzen die Vorschriften des Bürgerlichen Gesetzbuchs, ob beim Unternehmenseintritt, -erwerb oder im Rahmen der Erbfolge.

a) Eintritt in ein Handelsunternehmen. Tritt nach § 28 I HGB jemand als persönlich haftender Gesellschafter oder Kommanditist in das Geschäft eines Einzelkaufmanns ein, so haftet die Gesellschaft, auch wenn sie die frühere Firma nicht fortführt, für alle im Betrieb des Geschäfts entstandenen Verbindlichkeiten des früheren Geschäftsinhabers. Die in dem Betrieb entstandenen Forderungen gelten für die Schuldner als auf die Gesellschaft übergegangen. Aus dem Einzelkaufmann wird nach Eintritt eines weiteren Gesellschafters entweder eine OHG oder eine KG.[569] Insofern haften bei der OHG die beiden Gesellschafter als Vollhafter für die ursprünglichen Verbindlichkeiten des Einzelkaufmanns; gründen beide Gesellschafter eine KG, so haftet der neue Gesellschafter, der z. B. als Kommanditist in die Gesellschaft eintritt, zumindest mit der Höhe seiner Einlage für die früheren Verbindlichkeiten des Einzelkaufmanns, solange er die Einlage nicht geleistet hat, § 171 I HGB.

Ein Gesellschafter kann auch in eine bestehende OHG oder KG eintreten. Dann haftet er gem. § 130 I HGB wie alle anderen Gesellschafter nach §§ 128, 129 HGB für die schon vor seinem Eintritt in die Gesellschaft begründeten Verbindlichkeiten. Unbedeutend ist, ob sich die Firmenbezeichnung ändert oder nicht. Haftungsbegrenzungen i. S. v. § 28 II

---

567 Brox/Walker, AT, § 35 Rn. 17.
568 Brox/Henssler, § 8 Rn. 123a.
569 Vgl. BGH NJW 1966, 1917, 1918; Bülow/Artz, Rn. 246; Wörlen/Kokemoor/Lohrer, Rn. 52.

HGB sind nach § 130 II HGB beim Eintritt in eine Personenhandelsgesellschaft nicht möglich.

478 **b) Inhaberwechsel durch Erbfolge.** Wird nach § 27 I HGB ein zu einem Nachlass gehörendes Handelsgeschäft von dem Erben fortgeführt, so finden auf die Haftung des Erben für die früheren Geschäftsverbindlichkeiten die Vorschriften des § 25 HGB entsprechende Anwendung. Die unbeschränkte Haftung nach § 25 I HGB tritt nicht ein, wenn die Fortführung des Geschäfts vor dem Ablauf von drei Monaten nach dem Zeitpunkt, in welchem der Erbe von dem Anfall der Erbschaft Kenntnis erlangt hat, eingestellt wird. Ansonsten gelten die Regelungen des Erbrechts gem. §§ 1922 I, 1942 ff., 1967 ff. BGB für die Haftung des Erben bei der Firmenfortführung.

479 **c) Rechtsgeschäftlicher Erwerb.** Nach § 22 I HGB darf derjenige, der ein bestehendes Handelsgeschäft unter Lebenden oder von Todes wegen erwirbt, für das Geschäft die bisherige Firma, auch wenn sie den Namen des bisherigen Geschäftsinhabers enthält, mit oder ohne Beifügung eines das Nachfolgeverhältnis andeutenden Zusatzes fortführen, wenn der bisherige Geschäftsinhaber oder dessen Erben in die Fortführung der Firma ausdrücklich einwilligen. Ein rechtsgeschäftlicher Erwerb einer Firma kann nicht ohne das Handelsgeschäft, für welches sie geführt wird, erfolgen, § 23 HGB. Damit soll einer Täuschung im Rechtsverkehr vorgebeugt werden, da der Rechtsverkehr davon ausgeht, dass Firma und Unternehmen eine Einheit bilden. Will man deshalb eine am Markt eingeführte Firma erwerben, so müssen die wesentlichen Gegenstände, Verhältnisse und Beziehungen, welche das betreffende der Unternehmen ausmachen, mit übertragen werden.[570]
Der rechtsgeschäftliche Erwerb eines Unternehmens erfolgt nach den Grundsätzen des Kaufvertrags gem. §§ 433 ff. BGB; die Übertagung des zum Handelsgeschäft gehörenden Eigentums erfolgt wie bei beweglichen Sachen nach §§ 929 ff. BGB, bei Immobilien durch Auflassung und Eintragung nach §§ 873, 925 BGB. Forderungen werden nach §§ 398 ff. BGB abgetreten. Leistungsstörungen sowie Sach- oder Rechtsmängel werden nach allgemeinen zivilrechtlichen Vorschriften behandelt. Während das Verpflichtungsgeschäft den Kauf des rechtsgeschäftlichen Unternehmensübergangs als Ganzes regeln kann, sind verschiedene Verfügungsgeschäfte zur Übertragung der Eigentumsrechte an beweglichen Sachen, Immobilien oder Forderungen notwendig.
Insbesondere der Haftung des Erwerbers eines Handelsunternehmens misst das HGB besondere Bedeutung in § 25 HGB bei. Zu unterscheiden ist, ob der Erwerber das Handelsgeschäft unter der bisherigen Firma fortführt oder nicht. Wer nach § 25 I HGB ein erworbenes Handelsgeschäft unter Lebenden unter der bisherigen Firma mit oder ohne Beifügung eines das Nachfolgeverhältnis andeutenden Zusatzes fortführt, haftet für alle im Betriebe des Geschäfts begründeten Verbindlichkeiten des früheren Inhabers. Voraussetzungen für die Haftung der Verbindlichkeiten eines erworbenen Handelsgeschäfts sind:
– Rechtswirksamer Kaufvertrag über ein Handelsgeschäft;
– Erwerb unter Lebenden;
– Fortführung der Firma;
– Keine Haftungsbegrenzung nach § 25 II HGB.
Der neue Inhaber des Handelsunternehmens haftet für alle im Betrieb begründeten Verbindlichkeiten bei rechtswirksamem Erwerb des Unternehmens, es sei denn, dass nach § 25 II HGB eine abweichende Haftungsregelung im Handelsregister eingetragen und bekannt gemacht worden oder von dem Erwerber bzw. dem Veräußerer des Han-

---

[570] Klunzinger, HR, § 12 II 1.

delsunternehmens dem Dritten mitgeteilt worden ist. Erwirbt der Käufer das Handelsgeschäft aus der Insolvenz, ist § 25 HGB nicht anwendbar.[571]
Neben der Übernahme von Verbindlichkeiten gehen auch die Forderungen des Alteigentümers auf den Erwerber des Handelsgeschäfts über, vgl. § 25 I 2 HGB. Allerdings wird der Erwerber eines Handelsgeschäfts nur unter folgenden Voraussetzungen Inhaber der Forderungen:
– Rechtsgeschäftlicher Erwerb des Handelsgeschäfts unter Lebenden;
– Fortführung der bisherigen Firma;
– Einwilligung des bisherigen Inhabers oder der Erben in die Fortführung der Firma.
Grundsätzlich erhält der Schuldner einer Forderung zunächst keine Kenntnis über den rechtsgeschäftlichen Übergang eines Handelsgeschäfts an einen Dritten. Insofern ist der Schuldner der Forderung besonders schutzwürdig, wenn er seine Leistungspflicht erfüllt, insbesondere gegenüber dem unter alter Firmenbezeichnung tätigen neuen Inhaber des Handelsgeschäfts.[572] Führt der Erwerber das Handelsgeschäft unter der bisherigen Firma fort, kann der Schuldner mit befreiender Wirkung seine Leistungspflicht gegenüber dem Erwerber erfüllen. Voraussetzung ist wiederum, dass der bisherige Inhaber mit der Fortführung der Firma einverstanden ist. Haben Erwerber und bisheriger Inhaber intern, also im Innenverhältnis, andere Absprachen getroffen, können sich für den bisherigen Inhaber bzw. die Erben Ansprüche aus §§ 812 ff. BGB ergeben.
§ 26 HGB regelt die Nachhaftung des früheren Geschäftsinhabers. Danach haftet der frühere Geschäftsinhaber noch für Verbindlichkeiten bis zum rechtswirksamen Unternehmensübergang, wenn sie vor Ablauf von fünf Jahren fällig sind, falls der Erwerber des Handelsgeschäfts aufgrund der Fortführung der Firma oder aufgrund der in § 25 III HGB bezeichneten Kundmachung für frühere Geschäftsverbindlichkeiten haftet. Diese Nachhaftungsbegrenzung gilt nicht, wenn vor Ablauf der Verjährung rechtskräftige Ansprüche, Ansprüche aus vollstreckbaren Vergleichen oder aus schriftlichen Anerkenntnissen bestehen.[573] Das gilt auch für Ansprüche aus Insolvenzverfahren.
Im Gegensatz zur Firma, die nicht ohne das Handelsgeschäft veräußert werden kann, kann das Handelsgeschäft ohne Firma erworben und fortgeführt werden. Dann haftet der Erwerber nach § 25 III HGB für die früheren Geschäftsverbindlichkeiten nur, wenn ein besonderer Verpflichtungsgrund vorliegt, insbesondere, wenn die Übernahme der Verbindlichkeiten in handelsüblicher Weise von dem Erwerber bekannt gemacht worden ist. Veräußerer und Käufer eines Unternehmens vereinbaren i. d. R. unter Anrechnung der Verbindlichkeiten einen niedrigeren Kaufpreis für den Erwerb des Unternehmens.

6. Handelsbücher

Das dritte Buch des HGB regelt die Verpflichtung von Kaufleuten, Bücher zu führen und in diesen die Handelsgeschäfte und die Lage des Vermögens nach den Grundsätzen ordnungsgemäßer Buchführung ersichtlich zu machen, vgl. § 238 I HGB. Folgende Pflichten ergeben sich für Kaufleute nach §§ 238 ff. HGB:
– Buchführungspflicht, § 238 I 1 HGB, die den Kaufmann zur Aufzeichnung seiner Handelsgeschäfte und seiner Vermögenslage verpflichtet;
– Inventarerrichtung, §§ 240, 241 HGB, die den Kaufmann verpflichtet, ein Verzeichnis aller Vermögensgegenstände, aber auch seiner Verbindlichkeiten für einen Zeitraum von zwölf Monaten aufzustellen;
– Erstellung des Jahresabschlusses, § 242 HGB, welcher aus der Bilanz sowie Gewinn- und Verlustrechnung besteht;

---
571 Vgl. BGHZ 104, 151, 154; Bülow/Artz, Rn. 221.
572 Vgl. MüKo-HGB/Thiessen, § 25 Rn. 74.
573 Vgl. Hopt/Merkt, § 26 Rn. 6.

- Aufbewahrung- und Vorlegungspflicht, §§ 257, 258 HGB, welche die Aufbewahrungspflicht selbst, Fristen der Aufbewahrung sowie die Vorlegung kaufmännischer Unterlagen nach gerichtlicher Anordnung beinhaltet;
- Offenlegungspflicht für Kapitalgesellschaften, §§ 325 ff. HGB.

Verletzt der Kaufmann die ihn betreffenden Pflichten, sehen das Handelsrecht bzw. das Bürgerliche Recht kaum Ansprüche gegenüber Kaufleuten vor. Ansprüche aus vertraglicher Verpflichtung sind genauso wenig gegeben wie aus Gesetz.[574] Denkbar könnte ein Schadensersatzanspruch aufgrund mangelnder Offenlegungspflicht aus § 823 BGB sein. Weder ist aber die Buchführungspflicht ein sonstiges Recht i. S. d. §§ 823 I BGB, noch handelt es sich beim Handelsgesetzbuch um ein Schutzgesetz des § 823 II BGB, so dass zivilrechtliche Ansprüche mangels Individualschutzes nicht gegeben sind.[575] Allerdings hat das Handelsrecht Straf- und Bußgeldvorschriften formuliert, nach denen das Registergericht bei Kapitalgesellschaften Zwangs- oder Ordnungsgelder festsetzen kann, wenn z. B. nach § 335 I 1 Nr. 1 HGB die Pflicht zur Aufstellung eines Jahresabschlusses und eines Lageberichts nicht erfüllt wird. Denn nach § 325 I 1 HGB haben die gesetzlichen Vertreter von Kapitalgesellschaften die Pflicht, für diese den Jahresabschluss innerhalb von zwölf Monaten des dem Abschlussstichtag nachfolgenden Geschäftsjahres beim Betreiber des Bundesanzeigers elektronisch einzureichen. Ein Verstoß gegen die Einreichungspflicht i. S. d. § 325 HGB ist nach § 335 I 1, Hs. 1, Nr. 1 HGB mit Ordnungsgeld sanktioniert.[576] Auch aus der Abgabenordnung, §§ 370, 379 AO, oder aus dem Strafgesetzbuch in §§ 283 bis 283d StGB, hier insbesondere § 283b StGB (Verletzung der Buchführungspflicht), kann eine Bestrafung desjenigen erfolgen, der seine Buchführungspflicht verletzt, bzw. durch die Pflichtverletzung z. B. eine Steuerhinterziehung begeht.

7. Hilfspersonen der Kaufleute

481 Im Wirtschaftsleben ist es üblich, dass Kaufleute oder Unternehmen eine Vielzahl von Mitarbeiterinnen und Mitarbeitern beschäftigen und Organisationsstrukturen festlegen. Das hat zur Folge, dass ein Unternehmer nicht mehr selbst alle Entscheidungen trifft, welche rechtliche Wirksamkeit nach außen entfalten. Er bedient sich sog. *unselbstständiger Hilfspersonen*, die in einem Beschäftigungsverhältnis zum Unternehmen stehen. Daneben kann der Unternehmer *selbständige Hilfspersonen* mit Aufgaben versehen, die z. B. den Absatz hergestellter Produkte betreffen. Die selbstständigen Hilfspersonen müssen für sich unternehmerisch tätig sein; sie dürfen in keinem Beschäftigungsverhältnis zum Unternehmer stehen, d. h. weder wirtschaftlich abhängig noch weisungsgebunden sein. Selbständige Hilfspersonen sind ebenfalls Kaufleute im Sinne des Handelsrechts.

482 a) **Unselbstständige Hilfspersonen.** Das Recht der unselbstständigen Hilfspersonen ist in den §§ 48 ff. HGB geregelt. Unselbstständige Hilfspersonen sind:
- Prokurist;
- Handlungsbevollmächtigter;
- Ladenangestellter.

Unselbstständige Hilfspersonen des Kaufmanns sind nach § 59 HGB auch Handlungsgehilfen, wenn sie in einem Handelsgewerbe zur Leistung kaufmännischer Dienste gegen Entgelt angestellt sind. Allen unselbstständigen Hilfspersonen ist gemein, dass sie mit Vertretungsmacht i. S. d. §§ 164 ff. BGB ausgestattet sind. Der Umfang der Vollmacht variiert je nach Art der unselbstständigen Hilfsperson.

---

[574] Vgl. dazu RGZ 73, 30, 31; BGH DB 1964, 1585; BGHZ 125, 366, 377 f.
[575] Vgl. Canaris, 23. Aufl., 2000, § 12 Rn. 12; Brox/Henssler, § 9 Rn. 190.
[576] Vgl. dazu Wörlen/Kokemoor/Lohrer, Rn. 242.

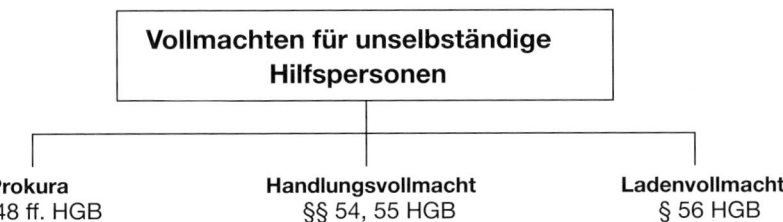

Abb. 40: Vollmachten für unselbstständige Hilfspersonen

aa) **Prokura.** Nach § 48 HGB erteilt der Inhaber eines Handelsgeschäfts durch ausdrückliche Erklärung Prokura an den zu Bevollmächtigenden. Die Erteilung kann auch an mehrere Personen gemeinschaftlich erfolgen, welche dann als Gesamtprokuristen das Unternehmen nach außen gemeinschaftlich vertreten können. Die Erteilung der Prokura kann nur vom Inhaber des Handelsgeschäfts höchstpersönlich vorgenommen werden, es sei denn, ein gesetzlicher Vertreter handelt für einen beschränkt geschäftsfähigen Unternehmer.[577] Ausgeschlossen ist die Erteilung der Prokura durch einen rechtsgeschäftlich bestellten Vertreter, z. B. einen anderen Prokuristen des Unternehmens. Eine weitere Sonderform der Prokura ist auch die Filialprokura.

Die Erteilung der Prokura ist zur Eintragung in das Handelsregister anzumelden, § 53 I HGB. Die Eintragung hat selbst nur noch deklaratorische Wirkung.[578] Der Umfang der Prokura wird in § 49 HGB geregelt; sie ermächtigt nach § 49 I HGB zu allen Arten von gerichtlichen und außergerichtlichen Geschäften und Rechtshandlungen, die der Betrieb eines Handelsgewerbes mit sich bringt. Ausgeschlossen sind die Veräußerungen und Belastungen von Grundstücken, es sei denn, dem Prokuristen ist diese Befugnis zusätzlich gesondert erteilt worden, § 49 II HGB. Der Umfang der Prokura kann nach § 50 I HGB Dritten gegenüber nicht eingeschränkt werden. Der weite Umfang der Prokura bedeutet allerdings nicht, dass der Prokurist rechtswirksame Erklärungen abgeben kann, die der Betrieb des Handelsgewerbes nicht mit sich bringt. Insofern handelt er als Vertreter ohne Vertretungsmacht i. S. d. §§ 177 ff. BGB. Zum anderen fehlt dem Prokuristen die Vertretungsmacht bei den sog. Grundlagengeschäften, bei denen der Bestand des kaufmännischen Unternehmens betroffen ist, so z. B. bei der Geschäftsaufgabe des Unternehmens, bei Stellung des Antrags auf Eröffnung des Insolvenzverfahrens oder bei der Abänderung des Gesellschaftsvertrags.[579]

Nach § 52 HGB kann der Inhaber des Handelsgeschäfts die Prokura jederzeit widerrufen. Eine Begründung für den Widerruf ist nicht notwendig. Ansonsten erlischt die Prokura bei Beendigung des Arbeitsverhältnisses, §§ 168 S. 1 BGB bzw. bei Tod des

---

577 So z. B. U. Hübner, § 5 Rn. 318; K. Schmidt, HR, § 16 III 2.
578 S. dazu MüKo-HGB/Krebs, § 48 Rn. 48.
579 Vgl. BGHZ 116, 190, 193; Brox/Henssler, § 10 Rn. 202; zum Teil a. A. Hopt/Merkt, § 49 Rn. 1, 2.

Prokuristen, vgl. § 52 II HGB. Da die Prokura nur vom Inhaber des Handelsgeschäfts erteilt werden kann, erlischt sie ebenfalls bei Aufgabe des Geschäftsbetriebs bzw. bei Veräußerung oder nach § 117 InsO durch die Eröffnung des Insolvenzverfahrens über das Vermögen des Inhabers.[580] Notwendig ist nach § 53 II HGB die Anmeldung zur Löschung der Prokura als Eintragung in das Handelsregister. Solange die Löschung nicht in das Handelsregister eingetragen und bekannt gemacht worden ist, kann sich ein Dritter nach § 15 I HGB (negative Publizität) darauf berufen, dass die Prokura als Vollmacht im Außenverkehr weiter wirksam ist.

484 bb) **Handlungsvollmacht.** Ist jemand nach § 54 I HGB ohne Erteilung der Prokura zum Betrieb eines Handelsgewerbes oder zur Vornahme einer bestimmten zu einem Handelsgewerbe gehörenden Art von Geschäften oder zur Vornahme einzelner zu einem Handelsgewerbe gehörender Geschäfte ermächtigt, so erstreckt sich die Vollmacht auf alle Geschäfte und Rechtshandlungen, die der Betrieb eines derartigen Handelsgewerbes oder die Vornahme derartiger Geschäfte gewöhnlich mit sich bringt. Auf die Handlungsvollmacht sind die §§ 164 ff. BGB anwendbar.

Bedeutende Unterschiede zur Prokura ergeben sich daraus, dass der Inhaber des Handelsgeschäfts die Handlungsvollmacht nicht höchstpersönlich erteilen muss. Eine ausdrückliche Erklärung ist nicht erforderlich; es können demzufolge auch die im Rahmen der zivilrechtlichen Vollmacht möglichen Duldungs- oder Anscheinsvollmacht für die Handlungsvollmacht genügen.[581] Die Handlungsvollmacht muss außerdem nicht in das Handelsregister eingetragen werden.

Auch im Umfang unterscheiden sich Handlungsvollmacht und Prokura. Bei der *Generalvollmacht* kann die Handlungsvollmacht dazu führen, dass der Bevollmächtigte zur Vornahme aller Geschäfte bevollmächtigt ist, die der Betrieb des Handelsgewerbes mit sich bringt. Ist er nur zur Vornahme einer bestimmten zu einem Handelsgewerbe gehörenden Art von Geschäften ermächtigt, besteht eine sog. *Arthandlungsvollmacht*. Eine *Spezialhandlungsvollmacht* liegt vor, wenn der Handlungsbevollmächtigte nur zur Vornahme einzelner zu einem Handelsgewerbe gehörenden Geschäfte ermächtigt ist.

Die Grenzen der Handlungsvollmacht sind weiter gesteckt als die der Prokura. So ist der Handlungsbevollmächtigte nach § 54 III HGB nicht nur zur Veräußerung oder Belastung von Grundstücken nicht befugt (vgl. dazu § 49 II HGB); er ist auch zur Eingehung von Wechselverbindlichkeiten, zur Aufnahme von Darlehen oder zur Prozessführung nur ermächtigt, wenn ihm eine solche Befugnis besonders erteilt ist. Die Handlungsvollmacht erlischt wie die zivilrechtliche Vollmacht nach § 168 BGB. Für im Außendienst tätige unselbstständige Hilfspersonen, wie z. B. den Abschlussbevollmächtigten oder den Vermittlungsgehilfen, gelten die §§ 59, 75 g, 91 HGB.

485 cc) **Vollmacht von Ladenangestellten.** § 56 HGB regelt die Vollmacht von Ladenangestellten in einem Laden oder in einem offenen Warenlager. Danach gilt jemand zu Verkäufen und Empfangnahmen als ermächtigt, die in einem derartigen Laden und Warenlager gewöhnlich geschehen. Es handelt sich somit um eine Form der Arthandlungsvollmacht, die räumlich eingegrenzt ist auf das Ladengeschäft bzw. das Warenlager.[582] Umfang der Vollmacht bilden die mit der Veräußerung einer Ware zusammenhängenden Verpflichtungs- und Verfügungsgeschäfte sowie die sonstige Entgegennahme von geschäftstypischen Leistungen, zu denen auch Rückabwicklungsgeschäfte wie der Rücktritt oder Umtausch gehören können.[583] Ankaufgeschäfte fallen nicht unter diese

---

580 Vgl. K. Schmidt, HR, § 16 III 5; vgl. BGH WM 1958, 430, 431.
581 Vgl. BGH NJW 1982, 1389, 1390; BGH WM 2003, 750, 752 f.; U. Hübner, § 5 Rn. 386; Lettl, HR, § 6 Rn. 71.
582 Vgl. RGZ 108, 48, 49; MüKo-HGB/Krebs, § 56 Rn. 2.
583 Vgl. Roth/Weller, § 28 Rn. 830; Brox/Henssler, § 12 Rn. 230; a. A. Steckler/Tekidou-Külke, F. Rn 131.

Vollmacht.[584] Bei der Vollmacht von Ladenangestellten handelt es sich um eine gesetzlich normierte Anscheinsvollmacht. Denn der Käufer einer Sache geht bei Betreten des Ladengeschäfts davon aus, dass das Verkaufspersonal zu rechtswirksamen Handlungen wie dem Verkauf oder dem Umtausch von Waren berechtigt ist. Die Grenzen der Vollmacht von Ladenangestellten ergeben sich aus § 54 II HGB.

b) Selbständige Hilfspersonen. Immer mehr Kaufleute und Unternehmen bedienen sich zum Absatz ihrer Waren auch selbstständiger Hilfspersonen. Im aktuellen Wirtschaftsleben, das von einem Nachfragemarkt gekennzeichnet ist, genügt es für Hersteller von Produkten nicht mehr, ihre Waren nur über den Groß- oder Einzelhandel als Vertriebspartner abzusetzen. Immer mehr unterschiedliche Arten von selbstständigen Hilfspersonen haben sich herausgebildet, um den Produktabsatz zu fördern. Bedeutende selbstständige kaufmännische Hilfspersonen sind:
– Handelsvertreter;
– Handelsmakler;
– Kommissionär;
– Kommissionsagent;
– Vertragshändler;
– Franchisenehmer.
Entscheidender Unterschied selbstständiger kaufmännischer Hilfspersonen zu den unselbstständigen Hilfspersonen ist, dass die erste Gruppe als rechtlich selbstständige Unternehmer im Rechtsverkehr auftritt, d. h. selbst Kaufleute sind. Auch um Kosten zu sparen, z. B. Lohn- und Lohnnebenkosten, kann es sinnvoll sein, den Produktabsatz an erfolgsorientiert arbeitende selbstständige Kaufleute zu übertragen. Vor dem aktuellen wirtschaftlichen Hintergrund der Bundesrepublik Deutschland steigt die Zahl der Personen kontinuierlich, die als selbstständige Hilfspersonen tätig sind.

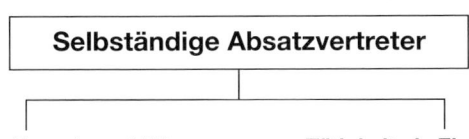

Selbständige Absatzvertreter

Tätigkeit als Fremdgeschäft	Tätigkeit als Eigengeschäft
• Handelsvertreter, § 84 HGB	• Kommissionär, § 383 HGB
• Handelsmakler, § 93 HGB	• Kommissionsagent
	• Vertragshändler
	• Franchise-Nehmer

Abb. 41: Selbständige Absatzvertreter

aa) Handelsvertreter. Handelsvertreter ist nach § 84 I HGB, wer als selbstständiger Gewerbetreibender ständig damit betraut ist, für einen anderen Unternehmer Geschäfte zu vermitteln oder in dessen Namen abzuschließen. Selbstständig ist nach der Legaldefinition des § 84 I 2 HGB, wer im Wesentlichen frei seine Tätigkeit gestalten und seine Arbeitszeit bestimmen kann.[585] Die Vertretung kann sich entweder ausschließlich auf ein Unternehmen oder auf mehrere Unternehmen beziehen. Erforderlich ist, dass der Handelsvertreter selbstständig ist, d. h. kein Gehalt bezieht, in seiner Arbeitszeit frei ist und keine Weisungsabhängigkeit zum Unternehmer besteht.
Der Handelsvertreter kann das Unternehmen in verschiedenen Arten vertreten als
– Abschluss- und Vermittlungsvertreter, wenn er entweder den Vertragsschluss selbst herbeiführt oder Geschäfte nur vermittelt;

---
584 Vgl. BGH NJW 1988, 2109, 2110; K. Schmidt, HR, § 16 V 3.
585 Dazu BAG ZIP 2001, 36, 37 f.; BAG DB 2000, 1618, 1620; vgl. Schade/Feldmann, Rn. 138.

- Ein- oder Mehrfirmenvertreter, wenn er entweder ausschließlich für ein Unternehmen oder für mehrere Unternehmen tätig ist;
- Allein- oder Bezirksvertreter, wobei nur die Alleinvertretung die Ausschließlichkeit in einem zugewiesenen Bezirk begründet;
- hauptberuflicher oder nebenberuflicher Handelsvertreter, wobei für den Handelsvertreter im Nebenberuf gem. § 92b I HGB die §§ 89, 89b HGB nicht anwendbar sind;
- Generalvertreter mit echter oder unechter Untervertretung: Bei echter Untervertretung schließt das Unternehmen den Handelsvertretervertrag nur mit dem Generalvertreter ab, bei unechter Untervertretung dagegen mit Generalvertreter und dessen Untervertretern.

488 (1) **Handelsvertretervertrag.** Unternehmen und Handelsvertreter schließen einen Handelsvertretervertrag ab. Dabei handelt es sich um einen Dienstvertrag im Rahmen einer Geschäftsbesorgung nach §§ 611, 675 BGB. Nach § 86 I HGB hat sich der Handelsvertreter um die Vermittlung oder den Abschluss von Geschäften zu bemühen; er hat hierbei das Interesse des Unternehmens wahrzunehmen. Dazu gehört insbesondere, dass er dem Unternehmer die erforderlichen Informationen geben muss, namentlich ihn von jeder Geschäftsvermittlung und von jedem Geschäftsabschluss informiert, vgl. § 86 II HGB. Als selbstständiger Gewerbetreibender hat er seine Pflichten nach § 86 III HGB mit der Sorgfalt eines ordentlichen Kaufmanns wahrzunehmen.
Eine besondere Treuepflicht des Handelsvertreters gegenüber dem Unternehmer besteht gem. § 90 HGB. Danach darf der Handelsvertreter Geschäfts- und Betriebsgeheimnisse, die ihm anvertraut oder als solche durch seine Tätigkeit für den Unternehmer bekannt geworden sind, auch nach Beendigung des Vertragsverhältnisses nicht verwerten oder anderen mitteilen, soweit dies nach den gesamten Umständen der Berufsauffassung eines ordentlichen Kaufmanns widersprechen würde.
Nach Beendigung der Handelsvertretertätigkeit kann für den Handelsvertreter ein Wettbewerbsverbot bestehen. Eine Vereinbarung, die den Handelsvertreter nach Beendigung des Vertragsverhältnisses in seiner gewerblichen Tätigkeit beschränkt, bedarf nach § 90a HGB der Schriftform und der Aushändigung einer vom Unternehmer unterzeichneten, die vereinbarten Bestimmungen enthaltenden Urkunde an den Handelsvertreter. Eine solche Abrede kann nur für einen Zeitraum von insgesamt zwei Jahren von der Beendigung des Vertragsverhältnisses an getroffen werden. Sie darf sich nur auf den dem Handelsvertreter zugewiesenen Bezirk oder Kundenkreis und nur auf die Gegenstände erstrecken, hinsichtlich derer sich der Handelsvertreter um die Vermittlung oder den Abschluss von Geschäften für den Unternehmer zu bemühen hat. Wird zwischen Unternehmer und Handelsvertreter eine derartige Wettbewerbsabrede vereinbart, ist der Unternehmer verpflichtet, dem Handelsvertreter für die Dauer der Wettbewerbsbeschränkung eine angemessene Entschädigung zu zahlen. Diese Entschädigung ist Gegenleistung für die geschuldete Unterlassung des Wettbewerbs durch den Handelsvertreter.[586]
Aus dem Handelsvertretervertrag ergibt sich für den Unternehmer insbesondere die Pflicht zur Unterstützung des Handelsvertreters nach § 86a I HGB. Danach hat der Unternehmer dem Handelsvertreter die zur Ausübung seiner Tätigkeit erforderlichen Unterlagen wie Muster, Zeichnungen, Preislisten, Werbedrucksachen oder Geschäftsbedingungen zur Verfügung zu stellen. Außerdem muss der Unternehmer dem Handelsvertreter aktuelle Informationen über die zum Absatz vorgesehenen Produkte zukommen lassen. Des Weiteren hat er dem Handelsvertreter unverzüglich die Annahme oder Ablehnung eines vom Handelsvertreter vermittelten oder ohne Vertretungs-

---

[586] Vgl. BGHZ 59, 387, 390; 63, 353, 355; vgl. Hopt/Hopt, § 90a Rn. 18 f.; MüKo-HGB/Ströbl, § 90a Rn. 46.

macht abgeschlossenen Geschäfts bzw. die Nichtausführung eines von ihm vermittelten oder abgeschlossenen Geschäfts mitzuteilen.
Als Gegenleistung für die erfolgreiche Vermittlung oder den Abschluss von Geschäften hat der Handelsvertreter nach § 87 I HGB Anspruch auf Provision für alle während des Vertragsverhältnisses abgeschlossenen Geschäfte, die auf seine Tätigkeit zurückzuführen sind oder mit Dritten abgeschlossen werden, die er als Kunden für Geschäfte der gleichen Art geworben hat. Der Anspruch auf Provision ergibt sich nach § 87a I HGB, sobald und soweit der Unternehmer das Geschäft ausgeführt hat. Neben dem Anspruch auf Provision für abgeschlossene Geschäfte hat der Handelsvertreter auch Anspruch auf Inkassoprovision für die von ihm auftragsgemäß eingezogenen Zahlungsbeträge nach § 87 IV HGB. Verpflichtet sich ein Handelsvertreter nach § 86b I HGB, für die Erfüllung der Verbindlichkeit aus einem Geschäft einzustehen, so kann er eine besondere Vergütung, die sog. *Delkredereprovision*, geltend machen.
Grundsätzlich legen Unternehmer und Handelsvertreter die Höhe der Provision im Handelsvertretervertrag fest. Ist die Höhe der Provision nicht bestimmt, so ist nach § 87b I HGB der übliche Satz als vereinbart anzusehen.

(2) Beendigung des Handelsvertreterverhältnisses. Im Rahmen einer einvernehmlichen Abrede kann der Handelsvertretervertrag aufgehoben werden. Wird das Vertragsverhältnis für eine bestimmte Dauer abgeschlossen, endet es i. S. v. § 620 I BGB mit Zeitablauf.
Unternehmen wie Handelsvertreter können das Handelsvertreterverhältnis auch kündigen unter Beachtung der in § 89 I HGB vorgeschriebenen gesetzlichen Kündigungsfristen. Daneben ist eine außerordentliche Kündigung nach § 89a HGB aus wichtigem Grund ohne Einhaltung einer Kündigungsfrist möglich. Da der Handelsvertreter aus dem Handelsvertretervertrag höchstpersönlich zur Vermittlung oder zum Abschluss von Geschäften verpflichtet ist, erlischt das Handelsvertreterverhältnis auch durch Tod des Handelsvertreters nach §§ 675, 673 BGB, des Weiteren, wenn gegenüber dem Unternehmen das Insolvenzverfahren eröffnet worden ist, §§ 115, 116 InsO. Bei Aufhebung oder Zeitablauf des Handelsvertretervertrags sowie bei ordentlicher oder außerordentlicher Kündigung steht dem Handelsvertreter nach Beendigung des Vertragsverhältnisses gem. § 89b HGB ein angemessener Ausgleichsanspruch zu.

bb) Handelsmakler. Wer nach § 93 I HGB gewerbsmäßig für andere Personen, ohne von ihnen aufgrund eines Vertragsverhältnisses ständig damit beauftragt zu sein, die Vermittlung von Verträgen über Anschaffung oder Veräußerung von Waren oder Wertpapieren, über Versicherungen, Güterbeförderungen, Schiffsmiete oder sonstige Gegenstände des Handelsverkehrs übernimmt, hat die Rechte und Pflichten eines Handelsmaklers. Als Beweis für seine Vermittlung hat der Handelsmakler nach § 94 HGB unverzüglich nach dem Abschluss des Geschäfts jeder Partei eine von ihm zu unterzeichnende Schlussnote zuzustellen, welche die Parteien, den Gegenstand und die Bedingungen des Geschäfts, insbesondere bei Verkäufen von Waren oder Wertpapieren, deren Gattung und Menge, sowie den Preis und die Zeit der Lieferung, enthält. Da der Handelsmakler nach § 98 HGB gegenüber jeder der beiden Parteien bei seiner Vermittlungsleistung für den durch sein Verschulden entstehenden Schaden haftet, kann daraus die Pflicht des Handelsmaklers abgeleitet werden, dass er die Interessen beider Parteien zu vertreten hat, also als „*ehrlicher Makler*" unparteiisch wirken muss.[587]
Beispiele für Handelsmakler sind Finanz- und Versicherungsmakler, Börsen- oder Schiffsmakler. Nach § 100 HGB ist der Handelsmakler verpflichtet, ein Tagebuch zu führen und in dieses alle abgeschlossenen Geschäfte täglich einzutragen. Nach § 101

---

[587] Vgl. BGHZ 36, 323, 327; 48, 344, 348; BGH NJW 1981, 2685, 2686; 1982, 1147; Wörlen/Kokemoor/Lohrer, Rn. 124.

HGB können die Parteien jederzeit Auszüge aus dem Tagebuch verlangen; auch das Gericht kann im Laufe eines Rechtsstreits nach § 102 HGB die Vorlegung des Tagebuchs anordnen, um es mit der Schlussnote, den Auszügen oder den anderen Beweismitteln zu vergleichen.

Gem. § 99 HGB hat der Handelsmakler nach einem zustande gekommenen Vertrag, an dem er ursächlich mitgewirkt hat, einen Anspruch auf Maklerlohn und evtl. Aufwendungsersatz nach § 652 II BGB, wenn der Ersatz der Aufwendungen vereinbart wurde.

491 cc) **Kommissionär.** Auch wenn mittlerweile selbstständige kaufmännische Hilfspersonen wie der Handelsvertreter oder der Vertragshändler den Produktabsatz erfolgreich begleiten, ist das Kommissionsgeschäft, welches in den §§ 383 ff. HGB geregelt ist, insbesondere beim Wertpapiergeschäft sehr bedeutsam. Kommissionär ist nach § 383 HGB, wer es gewerbsmäßig übernimmt, Waren oder Wertpapiere für Rechnung eines anderen in eigenem Namen zu kaufen oder zu verkaufen. Da der Kommissionär für einen anderen rechtswirksam tätig wird, aber im eigenen Namen auftritt, handelt es sich um eine mittelbare Stellvertretung, weil der Kommissionär das abgeschlossene Rechtsgeschäft zwar unter seinem Namen, aber letztendlich nicht für sich selbst abschließt.[588] Der Kommissionär kann nach vertraglicher Absprache als *Einkaufskommissionär* oder *Verkaufskommissionär* tätig sein.

Der Kommissionsvertrag ist ein Geschäftsbesorgungsvertrag nach § 675 BGB. Will der Kommissionär im Rahmen des Kommissionsvertrags bei einem Geschäft auch für den Erfolg des Verkaufs bzw. des Einkaufs einstehen, ist das Werkvertragsrecht nach §§ 631 ff. BGB anwendbar; ansonsten gelten dienstvertragliche Vorschriften nach §§ 611 ff. BGB. Der Kommissionär ist nach § 384 I HGB verpflichtet, das übernommene Geschäft mit der Sorgfalt eines ordentlichen Kaufmanns auszuführen; er hat hierbei das Interesse des Kommittenten wahrzunehmen und dessen Weisungen zu befolgen. Ihn trifft gegenüber dem Kommittenten eine Informationspflicht. Insbesondere hat er den Kommittenten von der Ausführung der Kommission unverzüglich zu unterrichten, § 384 II HGB. Er ist verpflichtet, dem Kommittenten über das Geschäft Rechenschaft abzulegen und ihm dasjenige herauszugeben, was er aus der Geschäftsbesorgung erlangt hat.

Wenn das Geschäft zur Ausführung gekommen ist, kann der Kommissionär vom Kommittenten nach § 396 I HGB die vereinbarte Provision fordern. Außerdem erhält er Ersatz seiner Aufwendungen nach § 396 II HGB i.V.m. §§ 675, 670 BGB. Das Ausführungsgeschäft kommt zwischen dem Kommissionär und einer dritten Vertragspartei zustande. Insofern treffen die Rechte und Pflichten aus diesem Verpflichtungsgeschäft bisher nur den Kommissionär und seine Vertragspartei, nicht aber den Kommittenten. Zwar kann der Kommittent nach § 392 I HGB Forderungen aus einem Geschäft, das der Kommissionär abgeschlossen hat, gegenüber dem Schuldner erst nach Abtretung geltend machen. Andererseits stellt § 392 II HGB klar, dass die auch noch nicht abgetretene Forderung dem Kommittenten bereits zusteht, was insbesondere bei der Zwangsvollstreckung in das Vermögen des Kommissionärs oder bei dessen Insolvenz von großer Bedeutung ist.[589]

492 dd) **Kommissionsagent.** Ebenso ist der Kommissionsagent selbstständige kaufmännische Hilfsperson. Seine Tätigkeit ist im Handelsgesetzbuch nicht normiert. Auf ihn sind die handelsrechtlichen Regelungen über den Kommissionär anwendbar. Bedeutender Unterschied zum Kommissionär ist, dass der Kommissionsagent als selbstständiger Gewerbetreibender ständig damit betraut ist, im eigenen Namen aber auf Rechnung eines

---

588 Vgl. Brox/Henssler, § 21 Rn. 426; Brox/Walker, AT, § 23 Rn. 8.
589 Vgl. dazu Bülow/Artz, Rn. 550; MüKo-HGB/Häuser, § 392 Rn. 31.

anderen Unternehmens Waren zu kaufen oder zu verkaufen.[590] Der Kommissionsagent ist also eine Mischform aus Handelsvertreter und Kommissionär.[591] Deshalb sind auch handelsrechtliche Vorschriften über das Handelsvertreterrecht auf den Kommissionsagenten anwendbar. Für den Unternehmer kann eine derartige Vertragsgestaltung mit dem Kommissionsagenten vorteilhaft sein. Er braucht z. B. nicht selbst als Verkäufer in Erscheinung zu treten, und er kann zugleich – anders als beim Kommissionär – die ständige Geschäftsbeziehung mit dem Kommissionsagenten nutzen.[592]

ee) Vertragshändler. Vertragshändler sind insbesondere in der Kraftfahrzeugbranche für den Absatz von Personen- oder Lastkraftwagen einzelner Automobilhersteller tätig. Auch sie werden als selbstständige kaufmännische Hilfspersonen bezeichnet. Der Vertragshändler ist ein Kaufmann, dessen Unternehmen in die Vertriebsorganisation eines Herstellers von Markenwaren in der Weise eingegliedert ist, dass er es durch Vertrag mit dem Hersteller oder einem von diesem eingesetzten Zwischenhändler ständig übernimmt, im eigenen Namen und auf eigene Rechnung die Vertragswaren im Vertragsgebiet zu vertreiben und ihren Absatz zu fördern, die Funktionen und Risiken seiner Handelstätigkeit hieran auszurichten und im Geschäftsverkehr das Herstellerzeichen neben der eigenen Firma herauszustellen.[593] **493**

Der Vertragshändler tritt im Geschäftsverkehr mit eigenen Namen unter eigener Rechnung auf; er verkauft die Produkte eines Herstellers, in dessen Vertriebsorganisation er eingegliedert ist und von dem er mit Produkten beliefert wird. Er ist somit direkter Vertragspartner des Kunden, trägt also das Insolvenzrisiko, ist vertraglich selbst zur Lieferung verpflichtet und muss Gewährleistungsansprüche erfüllen.[594] Der Vertragshändler steht aufgrund seines Dauerschuldverhältnisses zu seinem Lieferanten rechtlich wie wirtschaftlich in vielfacher Hinsicht einem Handelsvertreter sehr nahe, so dass nach h. M. dem Vertragshändler, z. B. nach Beendigung des Vertragsverhältnisses mit seinem Lieferanten, ein Ausgleichsanspruch analog § 89b I HGB zusteht.[595]

ff) Franchise-Nehmer. Die Tätigkeit des Franchise-Nehmers hat in Deutschland stark an Bedeutung gewonnen. Der aus den USA kommende Begriff (Franchise = Privileg, Konzession, Alleinverkaufsrecht), der weder im HGB, noch im BGB definiert ist, umfasst vertragliche Vereinbarungen zwischen Unternehmen, im Rahmen derer ein Unternehmen einem anderen bzw. anderen Unternehmen (Franchise-Nehmer) im Rahmen eines Dauerschuldverhältnisses gestattet, Produkte (Waren oder Dienstleistungen des Franchisegebers) unter Nutzung seiner Geschäftsidee – seines Handelsnamens oder -symbols, seiner Warenzeichen, Gebrauchsmuster, Urheberrechte oder Patente – gegen finanzielles Entgelt im eigenen Namen und auf eigene Rechnung zu vertreiben.[596] Beispiele für eine Franchise-Nehmer-Stellung sind das Betreiben von Hotels, z. B. Novotel, Hilton oder Holiday-Inn-Hotels bzw. McDonalds-Restaurants, OBI-Baumärkten, Fressnapf-Tiernahrungsgeschäften oder SUNPOINT-Sonnenstudios. **494**

Zwischen Franchise-Geber und Franchise-Nehmer wird ein Franchise-Vertrag abgeschlossen, welcher sich aus Kauf-, Dienst- und Pachtvertragsrecht zusammensetzt.[597] Der Franchise-Nehmer ist Kaufmann; er ist selbstständiger Unternehmer i. S. d. § 84 I HGB und handelt im eigenen Namen für eigene Rechnung. Wie der Vertragshändler ist der

---

590 Vgl. K. Schmidt, HR, § 28 II 1.
591 Wörlen/Kokemoor/Lohrer, Rn. 134.
592 Vgl. Hofmann, S. 169; Wörlen/Kokemoor/Lohrer, Rn. 134.
593 Hofmann, S. 175.
594 Conrads/Schade, 3.2.1.2.
595 BGHZ 68, 340, 344; BGH NJW 1981, 1961, 1962; vgl. K. Schmidt, HR, § 28 III 2.
596 U. Hübner, § 5 Rn. 445, Conrads/Schade, 2.2.1; Schade/Feldmann, Rn. 29.
597 Vgl. Müssig, 10.5.11.

Franchise-Nehmer in die Geschäftsorganisation des Franchise-Gebers eingebunden, i. d. R. erheblich stärker. Der Franchise-Nehmer verpflichtet sich gegenüber dem Franchise-Geber zur Zahlung einer Franchise-Gebühr und zur Übernahme einer detaillierten Geschäftskonzeption.[598] Der Franchise-Nehmer ist verpflichtet, unter einer einheitlichen Geschäftsbeziehung Waren oder Dienstleistungen anzubieten. Es handelt sich um einen Mischvertrag aus Elementen des Kaufs, §§ 433 ff. BGB, der Miete, §§ 535 ff. BGB, insbesondere der Pacht, §§ 581 ff. BGB, des Dienstvertrags, §§ 611 ff. BGB.[599] Der Franchisevertrag kann daher auch als Typenkombinationsvertrag mit Dauerschuldcharakter bezeichnet werden.[600]

8. Handelsgeschäfte

495 Das vierte Buch des HGB beinhaltet die Vorschriften über Handelsgeschäfte. Nach § 343 I HGB sind Handelsgeschäfte alle Geschäfte eines Kaufmanns, die zum Betrieb seines Handelsgewerbes gehören. Handelsgeschäfte können demzufolge nur durch Kaufleute vorgenommen werden. Notwendig ist die Betriebsbezogenheit des Rechtsgeschäfts.[601] § 344 HGB bildet dazu eine erläuternde Vorschrift. Nach § 344 I HGB gelten im Zweifel die von einem Kaufmann vorgenommenen Rechtsgeschäfte zum Betrieb seines Handelsgewerbes. Kann nicht eindeutig von einem privaten Rechtsgeschäft des Kaufmanns ausgegangen werden, trifft den Kaufmann die Beweispflicht darzulegen, dass seine rechtswirksame Handlung nicht den Betrieb seines Handelsgewerbes betrifft.[602] Verstärkt wird diese Vermutung durch § 344 II HGB: Die von einem Kaufmann gezeichneten Schuldscheine, d. h. Schriftstücke jeglicher Art, denen Urkundscharakter zukommt, gelten als im Betrieb seines Handelsgewerbes gezeichnet, sofern sich nicht aus der Urkunde das Gegenteil ergibt. Typische Beispiele für derartige Urkunden sind Zahlungsverkehrsurkunden wie Scheck oder Wechsel sowie Verträge über den An- und Verkauf von Rohmaterial, Produkten etc.
Handelsgeschäfte sind insbesondere der Handelskauf sowie das Fracht-, Speditions- und Lagergeschäft.[603] Handelsgeschäfte können als einseitige oder zweiseitige Handelsgeschäfte vorkommen. Ein einseitiges Handelsgeschäft liegt vor, wenn nur eine Vertragspartei Kaufmann ist und dieses Geschäft zu seinem Handelsgewerbe gehört, oder wenn zwar beide Vertragspartner Kaufleute sind, aber für eine Vertragspartei ein Privatgeschäft vorliegt.[604] § 345 HGB sieht vor, dass die Vorschriften über Handelsgeschäfte eingeschränkt auch dann anwendbar sind, wenn nur ein einseitiges Handelsgeschäft besteht. Ein zweiseitiges Handelsgeschäft liegt vor, wenn beide Vertragsparteien Kaufleute sind und der Vertragsabschluss für beide Parteien ein Handelsgeschäft ist, das zum Betrieb ihres jeweiligen Handelsgewerbes gehört.

496 a) **Allgemeine Regeln für Handelsgeschäfte.** Schließen Vertragsparteien ein Handelsgeschäft ab, so können handelsrechtliche Vorschriften – ob im HGB normiert oder gewohnheitsrechtlich anerkannt – anwendbar sein, die über die Vorschriften des Bürgerlichen Rechts zum Vertragsschluss nach §§ 145 ff. BGB hinausgehen. Da § 343 HGB bewusst davon abgesehen hat, das Wort „Rechtsgeschäft" in den Wortlaut aufzunehmen, umfasst der Anwendungsbereich alle geschäftlichen Vorgänge, so dass auch geschäftsähnliche Handlungen wie z. B. die Mahnung (§ 286 I 1 BGB) oder sonstige relevante

---

598 BGH NJW, 1985, 1894, 1895.
599 Conrads/Schade, 2.2.2; Wörlen/Kokemoor/Lohrer, Rn. 135; K. Schmidt, HR, § 28 II 3; OLG Frankfurt/Main, WiB 1996, 640 f.; OLG Hamm NZG 2001, 1169 f.
600 Conrads/Schade, 2.2.2.
601 BGHZ 63, 32, 35.
602 BGH WM 1976, 424, 425; 2004, 2254, 2255 f.
603 Ausführungen zum Seehandelsgeschäft bleiben außer Betracht.
604 Brox/Henssler, § 15 Rn. 287.

Handlungen wie z. B. die Bewirkung einer Zahlung, die Absendung einer Ware, die Anzeige von Mängeln oder die Erteilung von Weisungen einbezogen sind.[605]

aa) Schweigen im Geschäftsverkehr. Der Grundsatz im Bürgerlichen Recht, dass durch Schweigen kein Vertrag zustande kommen kann, wird im Handelsrecht durch § 362 HGB durchbrochen. Geht einem Kaufmann nach § 362 I HGB, dessen Gewerbebetrieb die Besorgung von Geschäften für andere mit sich bringt, ein Antrag über die Besorgung solcher Geschäfte von jemandem zu, mit dem er in Geschäftsverbindung steht, so ist er verpflichtet, unverzüglich zu antworten; sein Schweigen gilt als Annahme des Antrags. Das Gleiche gilt, wenn einem Kaufmann ein Antrag über die Besorgung von Geschäften von jemandem zugeht, demgegenüber er die Besorgung solcher Geschäfte angeboten hat, § 362 I 2 HGB. Daneben bestimmen auch §§ 75h, 91a und 386 I HGB, dass Schweigen im Handelsrecht als Willenserklärung angesehen wird.

497

bb) Kaufmännisches Bestätigungsschreiben. Im Wirtschaftsleben ist es üblich, dass unter Kaufleuten eine mündliche Abrede schriftlich bestätigt wird. Sinn und Zweck eines kaufmännischen Bestätigungsschreibens ist es, die in der mündlichen Abrede festgelegten einzelnen Vertragsbestandteile noch einmal schriftlich zu fixieren, damit bei späteren eventuellen Rechtsstreitigkeiten ein Beweismittel für die Absprachen der Vertragsparteien vorhanden ist. Sinn und Zweck ist, dass im Handelsverkehr Rechtssicherheit herrscht. Der Inhalt eines derartigen kaufmännischen Bestätigungsschreibens wird rechtswirksam, wenn der Empfänger nach Erhalt nicht unverzüglich widerspricht. Rechtswirksame Voraussetzungen für ein kaufmännisches Bestätigungsschreiben sind:
– Abschluss von Vertragsverhandlungen, zumindest aus Sicht des Absenders;
– Absender und Empfänger des Bestätigungsschreibens müssen grds. Kaufleute im Sinne des HGB sein;[606] zum Teil genügt die Teilnahme am Wirtschaftsleben im bedeutenden Umfang;[607]
– Inhalt der früheren Vertragsvereinbarungen muss im Bestätigungsschreiben eindeutig fixiert sein;
– Unverzügliche Absendung des Schreibens nach Ende der Vertragsverhandlungen;[608]
– Schweigen des Kaufmanns bedeutet nur dann Zustimmung, wenn der Absender redlich nach dem Grundsatz von Treu und Glauben, § 242 BGB, gehandelt hat;
– Kein Widerspruch des Empfängers.

Liegen die genannten Voraussetzungen für ein Bestätigungsschreiben vor, kommt ein Vertrag durch Schweigen des Kaufmanns zustande. Schicken sich zwei Kaufleute gegenseitig kaufmännische Bestätigungsschreiben, die inhaltlich voneinander abweichen, ist eine Zustimmung zum Vertragsschluss nicht erfolgt. Schweigt der Kaufmann auf ein Bestätigungsschreiben und hat er sich über den Inhalt des Schreibens geirrt, so kann er seine Zustimmung, die durch Schweigen erfolgte, nach §§ 119 ff. BGB anfechten. Nicht anfechtbar ist der Irrtum über die Rechtsfolge des Schweigens im kaufmännischen Geschäftsverkehr, da es sich hier um einen unbeachtlichen Motivirrtum handelt.[609]

498

b) Handelsbrauch. § 346 HGB bestimmt, dass unter Kaufleuten in Ansehung der Bedeutung und Wirkung von Handlungen und Unterlassungen auf die im Handelsverkehr geltenden Gewohnheiten und Gebräuche Rücksicht zu nehmen ist. Voraussetzungen für die Wirksamkeit von Handelsbräuchen ist, dass beide Parteien Kaufleute sind. Handelsbräuche spielen im Wirtschaftsverkehr eine große Rolle. Beispiele sind die Einbeziehung von Handelsklauseln bei vertraglichen Vereinbarungen wie z. B. „wie besichtigt"

499

---

605 Vgl. Brox/Henssler, § 15 Rn. 281; U. Hübner, Rn. 472; Hopt/Leyens, § 343 Rn. 1.
606 BGHZ 11, 1, 3; BGH NJW 1987, 1940, 1942.
607 Vgl. Hopt/Leyens, § 346 Rn. 18 f.; Canaris, § 23 Rn. 21.
608 BGH NJW 1964, 1223, 1224; BGH WM 1967, 958, 960.
609 Vgl. BGHZ 11, 1, 5; BGH NJW 1969, 1711, 1712; 1972, 45.

oder „wie gesehen", „freibleibend" oder „ohne Obligo" bzw. die von der Internationalen Handelskammer veröffentlichten „Incoterms", wie z. B. „free on board" oder „cost, insurance and freight".[610]

Insbesondere bei Streitigkeiten besteht oft die Schwierigkeit, ob sich eine der Vertragsparteien auf einen Handelsbrauch berufen kann. Denn ein Handelsbrauch ist kein Gewohnheitsrecht; der Kaufmann, der sich auf den Handelsbrauch beruft, muss diesen vor Gericht behaupten und beweisen.[611] Allerdings ist in §§ 359 I, 380 II, 393 II HGB geregelt, dass ein Handelsbrauch zur Würdigung bestimmter Rechtssituationen entscheidend sein soll.

500 **c) Kaufmännische Sorgfaltspflichten.** Im Zivilrecht haftet der Schuldner nach § 276 BGB für Vorsatz und Fahrlässigkeit. Der Haftungsmaßstab im Handelsrecht ergibt sich aus § 347 I HGB: Wer aus einem Geschäft, das auf seiner Seite ein Handelsgeschäft ist, einem anderen zur Sorgfalt verpflichtet ist, hat für die Sorgfalt eines ordentlichen Kaufmanns einzustehen. Dabei unterliegt die Sorgfalt des ordentlichen Kaufmanns einem strengeren Maßstab als im Bürgerlichen Recht. Denn die Sorgfalt des Kaufmanns hängt nicht nur davon ab, mit welchen Fähigkeiten, Kenntnissen und Erfahrungen er sein Handelsgewerbe betreibt; objektives Kriterium ist auch der Maßstab des allgemeinen Handelsverkehrs, bezogen auf die Branche, in der der Kaufmann tätig ist.[612] Der Kaufmann hat für seine Erfüllungsgehilfen ebenfalls nach § 278 BGB einzustehen. Haftungserleichterungen kommen für den Kaufmann nach § 347 II HGB in Betracht, wenn das Bürgerliche Gesetzbuch diese vorsehen, so z. B. beim Annahmeverzug des Gläubigers nach § 300 BGB, §§ 373, 375 II HGB oder bei der Geschäftsführung ohne Auftrag nach §§ 675, 680 BGB.

501 **d) Abweichende Vergütungsansprüche.** Im kaufmännischen Rechtsverkehr gilt das *Prinzip der Entgeltlichkeit*, so dass der Kaufmann nach § 354 I HGB auch dann Provision für ein erledigtes Geschäft verlangen kann, falls eine solche nicht vereinbart war. Abweichend vom Bürgerlichen Recht kann der Kaufmann bei einem zweiseitigen Handelsgeschäft nach § 353 I HGB für eine Forderung vom Tag der Fälligkeit an Zinsen fordern, dagegen im Bürgerlichen Recht erst bei Eintritt des Verzugs. Außerdem ist die Höhe der gesetzlichen Zinsen bei einem beiderseitigen Handelsgeschäft auf 5 % p.a. nach § 352 I 1 HGB festgelegt, während für Privatpersonen bzw. Verbraucher nach § 246 BGB nur 4 % verlangt werden dürfen. Während eine Geldschuld nach § 288 I BGB während des Verzugs von Privatpersonen mit einem Verzugszinssatz von 5 % über den Basiszinssatz zu verzinsen ist, liegt der Verzugszinssatz bei einem beiderseitigen Handelsgeschäft nach § 288 II BGB bei 8 % über den Basiszinssatz.

502 **e) Kaufmännisches Zurückbehaltungsrecht.** Nach § 369 I HGB hat ein Kaufmann wegen der fälligen Forderungen, welche ihm gegen einen anderen Kaufmann aus den zwischen ihnen geschlossenen beiderseitigen Handelsgeschäften zustehen, ein Zurückbehaltungsrecht an den beweglichen Sachen und Wertpapieren des Schuldners, welche mit dessen Willen aufgrund von Handelsgeschäften in seinen Besitz gelangt sind, sofern er sie noch in Besitz hat und insbesondere mittels Konnossements, Ladescheins oder Lagerscheins darüber verfügen kann. Gegenüber dem zivilrechtlichen Zurückbehaltungsrecht nach § 273 BGB sind Gegenstand des kaufmännischen Zurückbehaltungsrechts nur bewegliche Sachen und Wertpapiere.[613] Das Zurückbehaltungsrecht nach § 273 BGB kann auch an sonstigen Rechten bestehen. Dagegen ist es beim kaufmännischen Zurückbehaltungsrecht nicht erforderlich, dass Forderung und Gegenforderung

---

610 Zur Auflistung der Incoterms s. Steckler/Tekidou-Külke, K. Rn. 049.
611 Vgl. BGH JZ 1963, 167, 169; Canaris, § 22 Rn. 9; Brox/Henssler, § 1 Rn. 16; Hopt/Leyens, § 346 Rn. 13.
612 Vgl. Klunzinger, HR, § 14 IV 2.
613 K. Schmidt, HR, § 22 IV 2.

aus demselben Rechtsverhältnis entstanden sein müssen. Es genügt nach § 369 I HGB, wenn sie aus den zwischen ihnen geschlossenen beiderseitigen Handelsgeschäften hervorgegangen sind.
Die Vertragsparteien können das Zurückbehaltungsrecht nach § 369 III HGB ausschließen, wenn die Zurückbehaltung des Gegenstandes der von dem Schuldner vor oder bei der Übergabe erteilten Anweisung oder der von dem Gläubiger übernommenen Verpflichtung, in einer bestimmten Weise mit dem Gegenstand zu verfahren, widerspricht. Besteht ein rechtswirksames Zurückbehaltungsrecht aus einem beiderseitigen Handelsgeschäft nach § 369 I HGB, kann der zurückbehaltungsberechtigte Kaufmann die Einrede der Zurückbehaltung geltend machen, auch gegenüber einem Dritten nach § 369 II HGB. Das Zurückbehaltungsrecht erlischt bei Erfüllung der Leistungspflicht durch den Schuldner, bei Besitzverlust des Gläubigers oder nach § 369 IV HGB durch Sicherheitsleistung des Schuldners.[614]

f) Vertragsstrafe. Auch unter Kaufleuten kann nach § 348 HGB eine Vertragsstrafe vereinbart werden, wenn eine Vertragspartei ihre Leistungspflicht nicht ordnungsgemäß erfüllt. Im Gegensatz zur zivilrechtlichen Vertragsstrafe nach § 339 BGB besteht kein Schutz vor der Vereinbarung einer überhöhten Vertragsstrafe; sie kann nicht aufgrund der Vorschrift des § 343 BGB herabgesetzt werden, sofern der Kaufmann die Vertragsstrafe gem. § 348 HGB individuell versprochen hat. **503**

g) Bürgschaft des Kaufmanns. Auch Kaufleute können sich nach §§ 765 ff. BGB für die Verbindlichkeit eines Hauptschuldners verbürgen. Abweichend ist im HGB geregelt, dass nach § 350 HGB die Bürgschaftsverpflichtung auch formfrei durch den Kaufmann erklärt werden kann. Außerdem steht dem Kaufmann nach § 349 HGB die Einrede der Vorausklage i. S. v. § 771 BGB nicht zu, wenn die Bürgschaft für ihn ein Handelsgeschäft ist. **504**

h) Gutglaubensschutz im Handelsrecht. § 366 I HGB regelt den gutgläubigen Eigentumserwerb nach Handelsrecht. Veräußert oder verpfändet der Kaufmann im Betrieb seines Handelsgewerbes eine ihm nicht gehörige bewegliche Sache, so finden die Vorschriften des BGB zugunsten derjenigen, welche Rechte von einem Nichtberechtigten herleiten, auch dann Anwendung, wenn der gute Glaube des Erwerbers die Befugnis des Veräußerers oder Verpfänders, über die Sache für den Eigentümer zu verfügen, betrifft. Dieser Gutglaubensschutz in § 366 I HGB erweitert die Gutgläubigkeit des Erwerbers, welcher nicht davon auszugehen braucht, dass der Verfügende auch Eigentümer ist. Es reicht demzufolge im Gegensatz zum Gutglaubensschutz nach Bürgerlichem Recht gem. §§ 932 ff. BGB für das Handelsrecht aus, dass der Erwerber einer beweglichen Sache den Verfügenden für verfügungsberechtigt hält. Einschränkungen ergeben sich für den gutgläubigen Erwerb von Inhaberpapieren nach § 367 HGB. Ein gutgläubiger Pfandrechtserwerb ist ebenfalls möglich, sogar bei einem gesetzlichen Pfandrecht nach § 366 III HGB. Der gutgläubige Erwerb eines gesetzlichen Pfandrechts im Bürgerlichen Recht wird dagegen abgelehnt.[615] Dagegen normiert § 366 III HGB, dass das gesetzliche Pfandrecht des Kommissionärs, Frachtführers, Spediteurs und des Lagerhalters, bezogen auf den Schutz des guten Glaubens, einem rechtsgeschäftlich erworbenen Pfandrecht gleichsteht. **505**

9. Handelskauf

a) Überblick. Der Handelskauf ist in den §§ 373 bis 381 HGB geregelt. Sobald ein mindestens einseitiges Handelsgeschäft vorliegt, gelten die §§ 373 ff. HGB für *bewegliche Sachen*, wenn eine Vertragspartei Kaufmann ist. § 377 HGB gilt allerdings nur für ein **506**

---

614 Vgl. MüKo-HGB/Welter, § 369 Rn. 81.
615 BGHZ 34, 153, 155; 87, 274, 280; 100, 95, 101.

beiderseitiges Handelsgeschäft. Grundstückskaufverträge, an denen Kaufleute beteiligt sind, fallen nicht unter §§ 373 ff. HGB. Der Handelskauf ist der im Wirtschaftsleben am meisten geschlossene Vertrag, z. B. über Rohstoffe, Produkte oder Rechte. Bei internationalen Handelskäufen ist zu beachten, dass möglicherweise und dann vorrangig das einheitliche UN-Kaufrecht (CISG) anwendbar ist, dessen Vorschriften über den Vertragsschluss und die Rechte und Pflichten der beiden Parteien unter bestimmten weiteren Voraussetzungen im grenzüberschreitenden Kaufgeschäft gelten und dann das Vertrags- und Kaufrecht des BGB und HGB überlagern.[616]

Dafür, dass der Handelskauf in Deutschland selbst wie auch im grenzüberschreitenden Warenverkehr täglich millionenfach vorkommt, sind im Handelsrecht nur wenige Vorschriften zusätzlich zum bestehenden Kaufrecht des Bürgerlichen Rechts normiert worden. Anwendbar sind die Rechtsnormen über den Handelskauf im HGB auf den Kauf von Waren nach §§ 373 ff. HGB, auf den Tausch nach § 480 BGB, auf den die Vorschriften des Kaufs Anwendung finden, auf den Kauf von Wertpapieren nach § 381 I HGB sowie auf Lieferungsverträge nach § 381 II HGB, § 651 BGB. Erforderlich ist, dass mindestens eine Vertragspartei Kaufmann i. S. d. HGB ist und das Geschäft zum Betrieb seines Handelsgewerbes gehört. Für den Handelskaufvertrag gelten die §§ 433 ff. BGB sowie für das Zustandekommen die §§ 145 ff. BGB.

507 **b) Handelsrechtliche Besonderheiten. – aa) Annahmeverzug des Käufers.** Ist nach § 373 I HGB der Käufer mit der Annahme der Ware im Verzug, so kann der Verkäufer die Ware auf Gefahr und Kosten des Käufers in einem öffentlichen Lagerhaus oder sonst in sicherer Weise hinterlegen. Der Verkäufer ist ferner befugt, nach vorheriger Androhung die Ware öffentlich versteigern zu lassen. Daneben gelten gem. § 374 HGB Vorschriften über den Verzug im BGB. Beim Handelskauf steht dem Kaufmann im Gegensatz zu § 372 S. 1 BGB ein erweitertes Hinterlegungsrecht sowie nach Androhung ein Selbsthilfeverkaufsrecht zu. Die Androhung kann unterbleiben, wenn nach § 373 II 2 HGB die Ware dem Verderb ausgesetzt und dadurch Gefahr in Verzug ist. Der Selbsthilfeverkauf erfolgt nach § 373 III HGB für Rechnung des säumigen Käufers. Zusätzlich kann der Verkäufer den Ersatz der Aufwendungen nach § 670 BGB geltend machen.

508 **bb) Bestimmungskauf.** Beim Handelskauf kann es sich nach § 375 I HGB um einen Bestimmungskauf handeln. Ein Bestimmungskauf kennzeichnet sich dadurch, dass sich die Parteien zwar schon bindend geeinigt haben, der Käufer aber noch nähere Bestimmungen über den Kaufgegenstand zu treffen hat (Form, Maß oder ähnliche Verhältnisse).[617] Es handelt sich um einen Gattungskauf, §§ 243 BGB, 360 HGB.[618] Der Autovermieter X bestellt z. B. beim Kraftfahrzeughersteller Y 50 Neuwagen eines speziellen Typs, wobei Farbe und Motorart, ob Benzin- oder Dieselmotor, noch nicht bestimmt sind. Den Käufer trifft die Pflicht, die Bestimmung vorzunehmen. Ist der Käufer mit der Erfüllung dieser Verpflichtung in Verzug, so kann der Verkäufer nach § 375 II HGB die Bestimmung statt des Käufers vornehmen oder gem. den §§ 280, 281 BGB Schadensersatz statt der Leistung verlangen bzw. gem. § 323 BGB vom Vertrag zurücktreten.

509 **cc) Fixhandelskauf.** Die Vertragsparteien können auch einen Fixhandelskauf nach § 376 HGB vereinbaren. Der Fixhandelskauf ist ein Spezialfall des Fixgeschäfts, welches in § 323 II Nr. 2 BGB geregelt ist. Nach § 376 I 1 HGB muss eine Vertragspartei genau zu einer fest bestimmten Zeit oder innerhalb einer fest bestimmten Frist ihre Leistungspflicht erfüllen. Geschieht dies nicht, kann die andere Partei, wenn die Leistung nicht zu der bestimmten Zeit oder nicht innerhalb der bestimmten Frist erfolgt, vom Vertrag

---

616 Roth/Weller, § 31 Rn. 901; s. dazu ausführlich Conrads/Schade, 3.2.2 ff.
617 Bülow/Artz, Rn. 493.
618 K. Schmidt, HR, § 29 II 3.

zurücktreten oder, falls der Schuldner in Verzug ist, statt der Erfüllung Schadensersatz wegen Nichterfüllung (§ 281 I BGB) verlangen. Der Erfüllungsanspruch beim Handelskauf bleibt im Gegensatz zum Fixgeschäft im Bürgerlichen Recht nur dann bestehen, wenn der Käufer nach § 376 I 2 HGB sofort nach dem Ablauf der Zeit oder der Frist dem Vertragspartner anzeigt, dass er Erfüllung verlangt. Der Fixhandelskauf muss für eine der beiden Vertragsparteien gem. § 343 HGB ein Handelsgeschäft sein.[619] Die Berechnung der Schadenshöhe wegen Nichterfüllung ergibt sich nach § 376 II, III HGB aus der Art des Schadens.

dd) Mängelhaftung beim Handelskauf. Auch im Rahmen eines Handelskaufs kann die gelieferte Ware mit einem Sachmangel versehen sein. Es kann sich entweder um eine Schlechtleistung oder um eine Falschleistung handeln, wenn der Verkäufer eine fehlerhafte oder eine andere Ware als die vereinbarte geliefert hat. Drittens kann eine Mengenabweichung vorliegen, wenn der Verkäufer zu wenig geliefert hat. Während das Gewährleistungsrecht im Bürgerlichen Recht dem Käufer nach §§ 434 ff. BGB keine enge Frist setzt, Gewährleistungsansprüche nach §§ 437 ff. BGB geltend zu machen, bestimmt § 377 HGB für ein Handelsgeschäft, den Mangel unverzüglich zu rügen.[620] Diese Unverzüglichkeit der Rüge ist erforderlich bei einem *beiderseitigen Handelsgeschäft*.[621] Die Überprüfung erfolgt durch Stichproben beim Eingang der Ware; sie hat i. S. v. § 121 BGB ohne schuldhaftes Zögern zu erfolgen.[622] Die Art der Untersuchung ist abhängig von der Beschaffenheit der Ware. Der Verkäufer muss die Ware an den Käufer abgeliefert haben, so dass der Käufer die Ware tatsächlich untersuchen kann.[623]
Nach unverzüglicher Untersuchung hat der Käufer, wenn sich ein Mangel zeigt, den Mangel so schnell wie möglich gegenüber seinem Vertragspartner zu rügen. Die Rüge erfolgt rechtzeitig bei offensichtlichen Mängeln, wenn der Käufer den Mangel sofort anzeigt; bei Untersuchung der Ware muss die Rüge unverzüglich bei Kenntnisnahme des Mangels erfolgen. Handelt es sich um einen verborgenen Mangel nach § 377 III HGB, so muss der Käufer den Mangel nach der Entdeckung rügen; andernfalls gilt die Ware auch mit diesem Mangel als genehmigt. Hat der Verkäufer den Mangel arglistig verschwiegen, ist die Schutzwürdigkeit des Verkäufers durch § 377 V HGB aufgehoben. Das gilt auch, wenn der Verkäufer die ordnungsgemäße Beschaffenheit der Ware arglistig vorspiegelt.[624]
Ist der Käufer seiner Rügepflicht ordnungsgemäß nachgekommen, stehen ihm die Gewährleistungsrechte nach § 437 BGB zu. Hat der Käufer dagegen keine unverzügliche Mängelrüge nach § 377 II HGB vorgenommen, gilt die Ware als genehmigt. Der Verkäufer hat dann seine vertraglichen Pflichten vollständig erfüllt, so dass dem Käufer keine Gewährleistungsrechte mehr zustehen.

10. Kaufmännischer Zahlungsverkehr

Während bis zur Mitte des 20. Jahrhunderts Entgeltzahlungen durch Bargeld für die Begleichung von Geldschulden die Hauptrolle spielten, wie z. B. Kaufpreiszahlungen, Mietzinszahlungen oder Vergütungen bei Arbeitsverhältnissen, wird heutzutage die überwiegende Mehrzahl von Entgeltzahlungen bargeldlos abgewickelt. Dafür steht der kaufmännische bargeldlose Zahlungsverkehr zur Verfügung. Die wichtigsten Möglichkeiten werden im Folgenden behandelt:
– Kontokorrent;

---

619 Vgl. Hopt/Leyens, § 376 Rn. 4.
620 Zur Rügepflicht nach UN-Kaufrecht ausführlich Conrads/Schade, 3.2.2.11.
621 Vgl. MüKo-HGB/Grunewald, § 377 Rn. 10; Hofmann, S. 199; Brox/Henssler, § 21 Rn. 399.
622 Vgl. K. Schmidt, HR, § 29 III 3; Steckler, F. Rn. 279.
623 Vgl. BGHZ 93, 338, 345; BGH NJW 1961, 730; 1988, 2608, 2609; 2000, 1415, 1416; BGH JZ 1996, 257 f.; Brox/Henssler, § 20 Rn. 400; Wörlen/Kokemoor/Lohrer, Rn. 325.
624 RGZ 101, 64, 72; BGH NJW 1980, 782, 784; s. dazu Wörlen/Kokemoor/Lohrer, Rn. 325.

- Banküberweisung, Dauerauftrag und Lastschrift;
- Kartenzahlung;
- Scheck;
- Wechsel;
- Akkreditiv.

Diese Möglichkeiten bieten den Vertragsparteien schnelle und besonders sichere Möglichkeiten, den Zahlungsverkehr zur Erfüllung der Vergütungspflicht zu nutzen.

510b **a) Kontokorrent.** §§ 355 bis 357 HGB regeln das Kontokorrent. Steht jemand gem. § 355 I HGB mit einem Kaufmann derart in Geschäftsverbindung, dass die aus der Verbindung entstandenen beiderseitigen Ansprüche und Leistungen zuzüglich Zinsen in Rechnung gestellt und in regelmäßigen Zeitabschnitten durch Verrechnung und Feststellung des für den einen oder anderen Teil sich ergebenden Überschusses ausgeglichen werden (laufende Rechnung, Kontokorrent), so kann derjenige, für den zum Zeitpunkt des Rechnungsabschlusses ein Guthaben besteht, von dem Tag des Abschlusses an Zinsen für das Guthaben verlangen, auch soweit in der Rechnung Zinsen enthalten sind. § 355 I HGB stellt somit folgende Voraussetzung für eine Kontokorrentbeziehung auf:
- Dauernde Geschäftsbeziehung;
- Kontokorrentabrede;
- Abrechnung mehrerer Geschäftsvorfälle;
- Abrechnungsvertrag als Rahmenvertrag für einen Giro- oder Geschäftsbesorgungsvertrag;
- Mindestens einseitiges Handelsgeschäft.

Das Kontokorrent bezeichnet eine Art, wie im Handelsverkehr gegenseitige Ansprüche aus einer fortlaufenden Geschäftsbeziehung zwischen zwei Parteien gegeneinander verrechnet werden.[625] Eine derartige Vertragsbeziehung ist im heutigen Wirtschaftsleben nicht mehr wegzudenken. Haben doch Vertragsparteien, entweder Kaufleute bei einem beiderseitigen Handelsgeschäft oder Kaufmann und Privatperson bei einem einseitigen Handelsgeschäft, oft eine Geschäftsbeziehung begründet, der eine Vielzahl von gegenseitigen Ansprüchen zugrunde liegt.

Typisches Beispiel für ein Kontokorrentverhältnis ist der Girovertrag (Zahlungsdienstrahmenvertrag) zwischen einer Bank und ihrem Kunden. Durch den Girovertrag wird das Kreditinstitut nach § 675f BGB verpflichtet, für den Kunden ein Konto einzurichten, eingehende Zahlungen auf dem Konto gutzuschreiben und abgeschlossene Überweisungsverträge zu Lasten dieses Kontos abzuwickeln. Forderungen der Bank durch Belastungen des Kontos, z. B. per Scheck, Überweisung oder Lastschrift, stehen Forderungen des Kunden bei Gutschrift durch Einzahlung, eingehende Überweisung oder Scheckeinreichung gegenüber.

Bedeutsam ist der Saldo eines Kontokorrents zu einem bestimmten Zeitpunkt. Nach § 355 II HGB erfolgt der Rechnungsabschluss jährlich einmal, sofern nicht etwas anderes bestimmt ist. Üblich bei einer Kontokorrentvereinbarung zwischen Bank und Kunde ist ein Rechnungsabschluss zum Monatsende. Der Saldo bezeichnet dann die Forderung der einen Kontokorrentvertragspartei gegenüber der Anderen. Derjenige, dem beim Rechnungsabschluss ein Überschuss gebührt, kann von dem Tag des Abschlusses an Zinsen für das Guthaben verlangen, und zwar auch dann, soweit in der Rechnung Zinsen enthalten sind. Die Bank stellt ihre Kosten für das Girokonto in Rechnung, z. B. Buchungskosten.

Bis zur rechtswirksamen Feststellung des Saldos kommt den von der Kontokorrentabrede erfassten Ansprüchen lediglich die Funktion von Rechnungs- oder Buchungsposten zu.[626] Rechtsprechung und herrschende Meinung in der Rechtsliteratur gehen davon

---

625 Vgl. Roth/Weller, § 30 Rn. 885.
626 Hofmann, S. 184.

Kaufmännischer Zahlungsverkehr **510c**

aus, dass im Rahmen einer Kontokorrentvereinbarung einzelne Rechnungs- oder Buchungsposten nicht angreifbar sind.[627] Daher besteht keine Verfügungsbefugnis über den Saldo des Kontokorrents, z. B. durch Abtretung, Aufrechnung oder Pfändung.[628] Der Saldo eines Kontokorrents wird als Schuldanerkenntnis i. S. v. § 781 BGB angesehen.[629] Für einen Girovertrag zwischen Bank und Kunde bedeutet dies, dass nur der monatlich festgestellte Saldo rechtsverbindliche Wirkung hat; stellt man bei wöchentlichen Kontoauszügen einen Saldo fest, handelt es sich für den Kunden um eine reine Information über seine Kontobewegungen inklusive der Verrechnungen von Forderungen und Verbindlichkeiten. Die Rechtsprechung behandelt die Saldierung als *Novation*, durch die ein altes Schuldverhältnis endet und ein neues Schuldverhältnis begründet wird.[630]
Ein vermeintlicher Untergang von Sicherheiten gegenüber dem alten Schuldverhältnis wird durch § 356 HGB verhindert. Wird danach eine Forderung, die durch Pfand, Bürgschaft oder in anderer Weise gesichert ist, in die laufende Rechnung aufgenommen, so wird der Gläubiger durch die Anerkennung des Rechnungsabschlusses nicht gehindert, aus der Sicherheit insoweit Befriedigung zu suchen, als sein Guthaben aus der laufenden Rechnung und die Forderung sich decken.

b) Banküberweisung, Dauerauftrag und Lastschrift. Zahlungsdienste werden mittlerweile durch die §§ 675c ff. BGB geregelt. Darunter fallen typische Finanzdienstleistungen wie Banküberweisung, Dauerauftrag oder Lastschrift. Im Rahmen des Zahlungsdiensterahmenvertrags nach § 675f II BGB verpflichtet sich das Kreditinstitut, für den Kunden ein Konto einzurichten, eingehende Zahlungen auf dem Konto gutzuschreiben und z. B. abgeschlossene Überweisungsverträge zu Lasten dieses Kontos abzuwickeln. Notwendig für die Vornahme einer Banküberweisung durch ein Kreditinstitut ist außerdem ein Einzahlungsvertrag in Form eines Überweisungsvertrags nach § 675f I BGB. Dadurch wird das Kreditinstitut (überweisendes Kreditinstitut) gegenüber demjenigen, der die Überweisung veranlasst (Überweisender), verpflichtet, dem Begünstigten einen bestimmten Geldbetrag zur Gutschrift auf dessen Konto beim überweisenden Kreditinstitut zur Verfügung zu stellen (Überweisung) sowie Angaben zur Person des Überweisenden und einen angegebenen Verwendungszweck, soweit üblich, mitzuteilen. Für die Überweisung verwendet der Überweisende entweder typische Überweisungsformulare oder er führt die Überweisung im elektronischen Datenverkehr (Online-Banking) durch. Die §§ 675j bis 675 m BGB regeln die Autorisierung von Zahlungsvorgängen, z. B. durch die Eingabe einer PIN-Nummer sowie entsprechenden Schutzmaßnahmen. Nach § 675k BGB können Zahler und Zahlungsdienstleister Betragsobergrenzen für die Nutzung bzw. Gründe für die Sperrung des Zahlungsauthentifizierungsinstruments vereinbaren. Der Zahlungsdienstnutzer hat seinen Zahlungsdienstleister gem. § 676b I BGB unverzüglich nach Feststellung eines nicht autorisierten oder fehlerhaft ausgeführten Zahlungsvorgangs zu unterrichten.
Nach § 675s I BGB ist der Zahlungsdienstleister verpflichtet sicherzustellen, dass der Zahlungsbetrag spätestens am Ende des auf den Zugangszeitpunkt des Zahlungsauftrags folgenden Geschäftstags beim Zahlungsdienstleister des Zahlungsempfängers eingeht, innerhalb des Europäischen Wirtschaftraums mit einer Frist von maximal vier Geschäftstagen. Die Frist beginnt mit dem Tag, an dem der Name des Begünstigten, sein Konto, sein Kreditinstitut und die sonst zur Ausführung der Überweisung erforderlichen Anga-

510c

---

627 Vgl. RGZ 105, 233, 234; BGHZ 70, 86, 92 f.; 73, 259, 263; 84, 325, 330; 84, 371, 376; 93, 307, 313; BGH NJW 1982, 1151; Hopt/Leyens, § 355 Rn. 7; Canaris, § 25 Rn. 7.
628 Vgl. Steckler/Tekidou-Külke, F. Rn. 237.
629 Vgl. BGHZ 26, 142, 150; 58, 257, 260; MüKo-BGB/Habersack, § 781 Rn. 10.
630 BGHZ 50, 277, 279; 58, 257, 260; 84, 371, 374; in der Literatur z. B. befürwortend Steinbeck, § 27 Rn. 36, dagegen z. B. Blaurock, Das Anerkenntnis beim Kontokorrent, NJW 1971, 2208; Bülow/Artz, Rn. 415; Canaris, § 25 Rn. 19.

ben dem überweisenden Kreditinstitut vorliegen und ein zur Ausführung der Überweisung ausreichendes Guthaben vorhanden oder ein ausreichender Kredit eingeräumt ist.[631] Grundsätzlich kann nach § 675p I BGB ein erteilter Zahlungsauftrag nicht mehr widerrufen werden. Ausnahmen hierzu finden sich in § 675p II, III BGB. Eine Haftung des Kreditinstituts für die nicht erfolgte oder fehlerhafte Abwicklung von Überweisungsaufträgen ergibt sich aus §§ 675y BGB.

Bei Dauerschuldverhältnissen, wie z. B. Miet- oder Pachtverträgen, ergeben sich zeitlich wiederkehrende Zahlungsverpflichtungen. Im Rahmen von Dauerauftrag und Lastschrift kann die Entgeltzahlung vom Konto des Schuldners bewirkt werden. Der Dauerauftrag ist rechtlich mit dem Überweisungsverfahren gleichzustellen. Der Zahlungsauftrag erstreckt sich jedoch auf wiederkehrende Überweisungen; er kann für die Zukunft nach § 675k II BGB jederzeit widerrufen werden.[632] Im Rahmen eines Lastschriftverfahrens autorisiert der Kontoinhaber seinen Geschäftspartner zur Abbuchung eines oder mehrerer Geldbeträge von seinem Konto. Die Lastschrift wird als „rückläufige Überweisung" angesehen.[633] Unabdingbare Voraussetzung für das Lastschriftverfahren ist die vorherige Zustimmung des Schuldners.[634] Nach Vorlage der Einverständniserklärung zieht die Bank des Gläubigers per Lastschriftverfahren den aus der Zustimmungserklärung des Schuldners festgelegten Betrag von dessen Konto ein. Das Lastschriftverfahren endet durch Widerruf. Diesen Widerruf hat der Schuldner dem Gläubiger gegenüber zu erklären. In § 675x BGB ist geregelt, unter welchen Voraussetzungen dem Zahler gegen seinen Zahlungsdienstleister ein Anspruch auf Erstattung eines belastenden Zahlungsauftrags zusteht, wenn der Zahlungsempfänger den Zahlungsvorgang mit einer Lastschrift ausgelöst hat.

510d c) **Kartenzahlung.** Auch die Verwendung von Kreditkarten bzw. ec-Karten zur Begleichung von Zahlungsverpflichtungen hat im Zahlungsverkehr erheblich zugenommen. Kreditkartenunternehmen wie American Express, Diners Club, VISA oder MasterCard schließen mit dem Kreditkartennutzer einen Geschäftsbesorgungsvertrag i. S. v. § 675 BGB ab, der die Form eines Dauerschuldverhältnisses mit Werkvertragscharakter hat.[635] Die vertragliche Vereinbarung zwischen Kreditkartenunternehmen und Kreditkartennutzer besteht darin, dass das Kreditkartenunternehmen im Rahmen eines abstrakten Schuldversprechens nach § 780 BGB eine Zahlungsleistungspflicht eingeht, wenn der Kreditkartennutzer durch Nutzung der Kreditkarte das Kreditkartenunternehmen zur Zahlung verpflichtet.[636] Demgegenüber stimmt der Kreditkartennutzer dem Lastschriftverfahren zu, die angewiesenen Beträge von seinem Bankkonto abbuchen zu lassen. Die Kreditkartennutzung kann nur vorgenommen werden, wenn zwischen dem Kreditkartenunternehmen und dem Unternehmen, bei dem der Verwender mit Kreditkarte bezahlen möchte, ein Vertragsverhältnis besteht. Notwendig ist die Zahlungsautorisierung nach § 675j BGB. Dem Kreditkartenunternehmen steht gegenüber dem Kreditkartennutzer auch ein Aufwendungsersatz nach §§ 675 I, 670 BGB zu. Sofern kein Präsenzgeschäft vorliegt, sondern der Karteninhaber im sog. Mailorderverfahren seine Kreditkartennummer, Verfallsdatum und Prüfziffer übermittelt, erfolgt keine Identität des Karteninhabers.[637] Dennoch geht die Rechtsprechung in einem solchen Fall von der Bargeldersatzfunktion der Kreditkarte aus, da aus ihrer Sicht kein rechtlicher Unterschied zwischen dem Präsenzgeschäft und dem Mailorderverfahren besteht.[638]

---

631 Vgl. MüKo-BGB/Jungmann, § 675s Rn. 30 ff.
632 Vgl. Meyer, § 8 Rn. 634.
633 Vgl. Meyer, § 8 Rn. 635.
634 Klunzinger, HR, § 15 I 2.
635 Vgl. Meyer, 6. Aufl. 2006, § 8 C.
636 Vgl. BGHZ 150, 286, 295 ff.; 152, 75, 80 f.; 157, 256, 261.
637 Brox/Henssler, § 35 Rn. 592b.
638 BGHZ 159, 191 ff.

Kaufmännischer Zahlungsverkehr **510e**

Das ursprüngliche „Point of Sale" (POS) genannte electronic cash-System stellt dem Karteninhaber ebenfalls eine Möglichkeit zur bargeldlosen Zahlung zur Verfügung und verschafft zugleich dem Vertragsunternehmen eine Zahlungsgarantie.[639]
Auch beim ec-System gilt das Dreiecksverhältnis zwischen Bank, Karteninhaber und Vertragsunternehmen. Die Bezahlung einer Forderung von einem Vertragsunternehmen, z. B. einem Lebensmittelgeschäft oder einer Buchhandlung, erfolgt, indem er die ec-Karte in ein dafür vorgesehenes Lesegerät steckt. Nachdem die notwendigen Kundendaten, insbesondere Bankverbindung und Kontonummer, erfasst sind, befürwortet der Kunde durch Eingabe seiner persönlichen Geheimzahl (PIN) und einer anschließenden Bestätigung des Geldbetrags die Bezahlung seiner Verbindlichkeit. Durch die Eingabe der PIN-Nummer erfolgt die Zahlungsautorisierung nach § 675j BGB. Erforderlich ist eine mögliche Korrektur seiner Eingaben nach jedem Eingabevorgang. Im Rahmen des Lastschriftverfahrens wird dann die Bank des Vertragspartners den Geldbetrag von dem Konto des Schuldners bei dessen Bank abbuchen. Durch das abstrakte Schuldverhältnis der Bank bei Ausgabe der ec-Karte an seinen Kunden i. S. v. § 780 BGB scheidet eine Rückgabe der Lastschrift aus.
Beruhen nicht autorisierte Zahlungsvorgänge bei der Kredit- oder ec-Karte auf der Nutzung eines verloren gegangenen, gestohlenen oder sonst abhandengekommenen Zahlungsauthentisierungsinstruments, so kann der Zahlungsdienstleister des Zahlers von diesem den Ersatz des hierdurch entstandenen Schadens bis zu einem Betrag von € 150,– verlangen. Zum gesamten Schadensersatz ist der Zahler dann verpflichtet, wenn ein nicht autorisierter Zahlungsvorgang entstanden ist und der Zahler diesen in betrügerischer Absicht ermöglicht bzw. die Schutzmaßnahmen vorsätzlich oder grob fahrlässig verletzt hat. Die Rechtsprechung bejaht eine Haftung des Karteninhabers bei einem Missbrauchsfall dann, wenn einem Dritten der Zugriff auf Kreditkarte und PIN-Code möglich ist.[640] Den Verlust von Kredit- oder ec-Karte hat der Kartennutzer unverzüglich anzuzeigen.

d) Scheck und Wechsel. Scheck und Wechsel kommen im bargeldlosen Zahlungsverkehr eine praktische Bedeutung zu. **510e**
Auch per Scheck kann bargeldloser Zahlungsverkehr über ein Girokonto abgewickelt werden. Ein Scheck muss die in Art. 1 SchG genannten wesentlichen Bestandteile beinhalten, wie z. B. die Bezeichnung als Scheck im Text der Urkunde, die unbedingte Anweisung, eine bestimmte Geldsumme zu zahlen sowie der Name dessen, der zahlen soll (Bezogener). Eine Urkunde gilt nach Art. 2 I SchG nicht als Scheck, in der eine der im Art. 1 SchG bezeichneten Bestandteile fehlt. Ausnahmen sieht Art. 2 II bis IV SchG vor. Gemäß Art. 4 SchG kann ein Scheck nicht als Kreditmittel angenommen werden. Ein auf den Scheck gesetzter Annahmevermerk gilt als nicht geschrieben.
Scheck und Wechsel sind beide Anweisungen des Zahlungsverpflichteten, wonach eine bestimmte Geldsumme an den Zahlungsgläubiger zu entrichten ist. Arten von Schecks sind der *Inhaber-, Order- und Rektascheck*, wobei der Inhaberscheck nach Art. 5 II SchG die am häufigsten vorkommende Scheckart ist. Legt der Scheckinhaber den Scheck innerhalb der in Art. 29 f. SchG vorgesehenen Fristen vor, hat die Einlösung durch das bezogene Kreditinstitut zu erfolgen. Auch nach Ablauf der Frist ist gem. Art. 32 II SchG eine Einlösung möglich.
Der Wechsel ist Zahlungsmittel und Kreditmittel. Der Wechselverpflichtung liegt i. d. R. ein mindestens einseitiges Handelsgeschäft zugrunde. Der Käufer einer Ware verpflichtet sich im Rahmen der Wechselverbindlichkeit gegenüber dem Verkäufer, nach einer bestimmten Frist den Kaufpreis für die Ware zu bezahlen. Dann handelt es sich um

---
639   Brox/Henssler, § 35 Rn. 593.
640   Vgl. BGHZ 160, 308, 313 ff.; BGH NJW 2001, 286 f.

einen *Warenwechsel*. Denkbar sind auch der *Kredit- oder Finanzwechsel*. Dieser dient ausschließlich der Kreditbeschaffung.

An den Wechsel stellt das Wechselgesetz (WG) strenge Formanforderungen. Art. 1 WG legt fest, was der gezogene Wechsel enthalten muss, wie z. B. die Bezeichnung als Wechsel im Text der Urkunde, die unbedingte Anweisung, eine bestimmte Geldsumme zu zahlen sowie den Namen dessen, der zahlen soll (Bezogener). Fehlen einzelne notwendige Wechselangaben, so gilt eine derartige Urkunde nach Art. 2 I WG nicht als gezogener Wechsel. Ausnahmen beschreiben Art. 2 II – IV WG.

Der Wechsel ist eine unbedingte Anweisung i. S. v. § 783 BGB, nach der der Angewiesene aufgrund der Weisung des Anweisungsberechtigten an den Anweisungsempfänger eine bestimmte Geldsumme zu zahlen hat. Der Angewiesene ist Bezogener nach Art. 28 I WG. Hat der Bezogene nach Art. 28 I WG den Wechsel akzeptiert, ist er verpflichtet, bei Verfall zu zahlen. Die Wechselforderung ist als abstrakte Forderung von dem ursächlichen Rechtsgeschäft, z. B. einem Kaufvertrag, losgelöst.[641] Ist demnach z. B. das Rechtsgeschäft nicht wirksam, kann der Wechselinhaber trotzdem seine Ansprüche aus dem Wechsel gegenüber dem einzelnen Wechselverpflichteten geltend machen.

Die Wechselverpflichtung entsteht nach h. M. im Rahmen der Vertragstheorie durch Skripturakt sowie Angebot und Annahme, §§ 145 ff. BGB.[642] Es bestehen zwingende Formvorschriften für den Aussteller des Wechsels nach Art. 1 WG, der im Rahmen der Wechselvereinbarung das Angebot unterbreitet. Der Akzeptant des Wechsels, der Bezogene, hat nach Art. 25 I WG die Annahmeerklärung eigenhändig schriftlich auf den Wechsel zu setzen. Die Annahme muss nach Art. 26 I WG unbedingt sein; der Bezogene kann sie aber auf einen Teil der Wechselsumme beschränken. Die Übertragung des Wechsels erfolgt nach Art. 11 WG; die Übertragungswirkung ergibt sich aus Art. 14 WG.

Die *Wechselverbindlichkeit* erlischt, wenn der Bezogene die Wechselsumme an den Wechselinhaber bezahlt. Nach Art. 39 I WG kann der Bezogene vom Wechselinhaber gegen Zahlung die Aushändigung des quittierten Wechsels verlangen.

510f e) **Akkreditiv.** Das Akkreditiv ist eine besondere Form der Zahlungsanweisung, die im Außenwirtschaftsverkehr vorkommt. Im Wege eines *Waren- oder Dokumentenakkreditivs* übernimmt der Importeur die unbedingte Zahlungsverpflichtung, an den Exporteur den Kaufpreis zu entrichten, wenn dieser die im Rahmen der Akkreditivvereinbarung festgelegten Dokumente als Beweismittel für die Versendung der Ware, so z. B. Frachtbrief oder Verladeschein, als Originalurkunden vorlegt.

11. UN-Kaufrecht

511 Die Convention on Contracts for the International Sale of Goods (CISG) regelt das UN-Kaufrecht über internationale Kauf- und Werklieferungsverträge.[643] Dieses Übereinkommen der Vereinten Nationen vom 11.4.1980 über Verträge des internationalen Warenkaufs ist am 1.1.1991 in Deutschland in Kraft getreten.[644] Es ist nach Artt. 1, 3, 4 CISG als Sonderrecht ausschließlich anwendbar bei Kauf- oder Lieferungsverträgen über Waren, wenn mindestens eine der Vertragsparteien den Sitz ihrer Hauptniederlassung in einem Vertragsstaat dieses Abkommens hat. Nach Art. 2 CISG findet UN-Kaufrecht auf Waren für den persönlichen Gebrauch bzw. für den Gebrauch in der Familie bzw. im Haushalt keine Anwendung. Art. 6 CISG sieht vor, dass die Vertragsparteien das UN-Kaufrecht zum Teil oder ganz ausschließen bzw. individuelle Regelungen treffen können.

---

641 Bülow, Einf. WG Rn. 6.
642 Vgl. Brox/Henssler, § 29 Rn. 537; dies., § 30 Rn. 541 ff.; Baumbach/Hefermehl/Casper, Einl. WG Rn. 27 ff.; Klunzinger, HR, § 15 II 1d.
643 S. dazu für viele Conrads/Schade, 3.2.2 ff.; K. Schmidt, HR, § 30 II 2.
644 S. BGBl. 1989, Teil II, S. 586 ff.; s. dazu auch MüKo-BGB/Huber, Art. 1 CISG, Rn. 1.

12. Sonstige Handelsgeschäfte

Dem Transport und der Aufbewahrung von Gütern kommt im Wirtschaftsverkehr eine besondere Bedeutung zu. Im Rahmen der Handelsrechtsreform sind auch die Transportgeschäfte wie Frachtgeschäft, Speditionsgeschäft und Lagergeschäft neu geregelt worden. Rechtliche Vorschriften dazu finden sich in den §§ 407 bis 475h HGB.

512

a) Frachtgeschäft. Nach § 407 HGB liegt ein wirksames Frachtgeschäft vor, wenn sich ein Frachtführer im Rahmen eines Frachtvertrags verpflichtet, eine bestimmte Ware zum vereinbarten Bestimmungsort zu befördern und dort an den Empfänger abzuliefern. Die Frachtbeförderung kann über Land, auf Binnengewässern oder mit Luftfahrzeugen erfolgen. Eine Beförderung auf See regelt das Seehandelsrecht nach §§ 556 ff. HGB. Nicht erforderlich nach § 407 III 2 HGB ist die Kaufmannseigenschaft des Frachtführers. Auch Kleingewerbetreibende können Frachtführer sein, auf die die §§ 407 ff. HGB anwendbar sind. Außerdem gelten die Allgemeinen Deutschen Spediteurbedingungen (ADSp), sofern sich die Vertragsparteien mit der Einbeziehung dieser speziellen AGB in den Frachtvertrag einverstanden erklärt haben. Bei grenzüberschreitender Beförderung von Waren sind folgende, nach Völkerrecht vorrangige internationale Abkommen zu beachten:

513

– Übereinkommen über den Beförderungsvertrag im internationalen Straßengüterverkehr (CMR);
– Übereinkommen über den internationalen Eisenbahnverkehr (COTIF);
– Warschauer Abkommen zur Vereinheitlichung des Luftprivatrechts (WA).[645]

Erforderlich ist grundsätzlich ein Frachtvertrag. Da die erfolgreiche Frachtausführung zum Bestimmungsort geschuldet ist, sind die Regeln des Werkvertrags i. S. v. § 631 BGB anwendbar.[646] Zusätzlich gelten auch die Vorschriften über den Geschäftsbesorgungsvertrag nach §§ 675 ff. BGB. In der Regel schließt der Verkäufer einer Ware mit dem Frachtführer den Frachtvertrag ab. Eine besondere Form braucht nicht beachtet zu werden. Der Frachtführer kann allerdings nach § 408 HGB die Ausstellung eines Frachtbriefs mit dem gesetzlich festgelegten Inhalt verlangen. Nach § 409 I HGB dient der von beiden Vertragsparteien unterzeichnete Frachtbrief bis zum Beweis des Gegenteils als Nachweis für Abschluss und Inhalt des Frachtvertrags sowie für die Übernahme des Gutes durch den Frachtführer. Der Empfänger der Ware steht nur im mittelbaren Verhältnis zum Frachtführer. Rechte des Empfängers gegenüber dem Frachtführer ergeben sich aus § 421 HGB.

Nach Abschluss des Frachtvertrags hat der Frachtführer folgende Pflichten zu erfüllen:
– Beförderungs- und Ablieferungspflicht, § 407 I HGB;
– Befolgung von Weisungen des Absenders bis zur Ablieferung, § 418 HGB;
– Beachtung der Rechte des Empfängers, § 421 HGB;
– Gewahrsamshaftung, § 425 HGB.

Dagegen stehen dem Frachtführer folgende Rechte zu:
– Zahlungsanspruch, § 407 II HGB, § 631 BGB;
– Anspruch auf Ausstellung eines Frachtbriefs und sonstiger Begleitpapiere, §§ 408, 413 HGB;
– Anspruch auf Aufwendungsersatz, §§ 675, 670 BGB;
– Gesetzliches Pfandrecht an der zu transportierenden Ware, §§ 441 ff. HGB.

Nach § 425 I HGB haftet der Frachtführer für den Schaden, der durch Verlust oder Beschädigung des Gutes in der Zeit von der Übernahme zur Beförderung bis zur Ablieferung oder durch Überschreitung der Lieferfrist entsteht. Der Frachtführer haftet verschuldensunabhängig, wenn die Ware beschädigt am Ort des Empfängers eintrifft.[647]

---

645 Vgl. Führich, § 24 Rn. 637.
646 Vgl. Brox/Henssler, § 24 Rn. 457.
647 So Hopt/Merkt, § 425 Rn. 1; Brox/Henssler, § 24 Rn. 460.

Das gilt nach § 426 HGB dann nicht, wenn der Frachtführer die Beschädigung auch bei größter Sorgfalt nicht vermeiden und deren Folgen nicht abwenden konnte. Den Schadensumfang regeln §§ 429 ff. HGB. Nach § 439 I HGB verjähren Schadensersatzansprüche grundsätzlich in einem Jahr, bei Vorsatz oder bei einem dem Vorsatz nach § 435 HGB gleichstehenden Verschulden in drei Jahren.

Die Beförderung von Umzugsgut wird in den §§ 451 bis 451h HGB geregelt. Neben der Beförderung des Umzugsguts verpflichtet sich der Frachtführer im Frachtvertrag gegenüber dem Empfänger nach § 451a HGB auch zum Ab- und Aufbauen der Möbel sowie zum Ver- und Entladen des Umzugsgutes. Ist der Absender ein Verbraucher, so zählt zu den Pflichten des Frachtführers außerdem die Ausführung sonstiger auf den Umzug bezogener Leistungen wie z. B. die Verpackung und die Kennzeichnung des Umzugsgutes. Wird Umzugsgut befördert, haftet der Frachtführer nach § 451e HGB abweichend von § 431 I, II HGB nur für einen Betrag von € 620,– je Kubikmeter Laderaum, der zur Erfüllung des Beförderungsvertrags von Umzugsgut benötigt wird.

Übernimmt der Frachtführer die Beförderung des Frachtgutes aufgrund eines einheitlichen Frachtvertrags mit verschiedenartigen Beförderungsmitteln, gelten §§ 452 bis 452d HGB.

514 b) **Speditionsgeschäft.** In §§ 453 bis 466 HGB ist das Speditionsgeschäft geregelt. Nach § 453 I HGB wird der Spediteur durch den Speditionsvertrag verpflichtet, die Versendung des Gutes zu besorgen; der Versender wird verpflichtet, die vereinbarte Vergütung zu zahlen. Die Pflicht, die Versendung zu besorgen, umfasst nach § 454 HGB die Organisation der Beförderung, insbesondere die Bestimmung des Beförderungsmittels und Beförderungsweges sowie die Auswahl ausführender Frachtunternehmer, die Sicherung von Schadensersatzansprüchen des Versenders sowie die Versicherung und Verpackung des Gutes, seine Kennzeichnung und die Zollbehandlung. Der Spediteur hat bei Erfüllung seiner Pflichten das Interesse des Versenders wahrzunehmen und dessen Weisungen zu befolgen.

Rechte des Spediteurs gegenüber dem Versender ergeben sich aus §§ 455 ff. HGB. Danach ist der Versender gegenüber dem Spediteur verpflichtet, das Gut, soweit erforderlich, zu verpacken und zu kennzeichnen und Urkunden zur Verfügung zu stellen sowie alle Auskünfte zu erteilen, die der Spediteur zur Erfüllung seiner Pflichten benötigt, § 455 I HGB. Der Versender hat die Vergütung nach § 456 HGB zu zahlen, wenn das Gut dem Frachtführer oder Verfrachter übergeben worden ist. Außerdem ist der Spediteur nach § 458 S. 1 HGB befugt, die Beförderung des Gutes durch Selbsteintritt auszuführen.

Der Spediteur haftet nach § 461 I 1 HGB für den Schaden, der durch Verlust oder Beschädigung des in seiner Obhut befindlichen Gutes entsteht. Die Haftung erfolgt *verschuldensunabhängig*. Nach § 461 II HGB trifft den Spediteur eine unbegrenzte Haftung für zu vertretende Pflichtverletzungen bei der Geschäftsbesorgung der Versendung. Die *Haftungshöchstgrenze* für die *verschuldensunabhängige* Haftung ergibt sich aus §§ 461 I HGB. Die Haftungsbeschränkungen zugunsten des Frachtführers nach §§ 429, 431, 434 f. HGB gelten nach § 461 2 HGB auch für den Spediteur. Außerdem sind gem. § 466 HGB abweichende Vereinbarungen zum Recht des Speditionsgeschäfts, z. B. durch Vorschriften in ADSp, in engen Grenzen möglich.[648]

515 c) **Lagergeschäft.** Das Lagergeschäft wird in den §§ 467 bis 475h HGB geregelt. Nach § 467 I HGB wird der Lagerhalter durch den Lagervertrag verpflichtet, das Gut zu lagern und aufzubewahren; der Einlagerer wird verpflichtet, die vereinbarte Vergütung zu zahlen. Der Lagerhalter muss nicht notwendigerweise Kaufmann sein; § 407 III 2 HGB ist

---

648 Zur Einbeziehung der ADSp s. Rn. 174, 509.

entsprechend anwendbar. Der Lagervertrag ist ein Verwahrungsvertrag i. S. v. § 688 BGB.[649]
Lagerfähige Sachen sind bewegliche Gegenstände wie Nahrungsmittel, Rohstoffe oder verarbeitete Gegenstände. Die Vertragsparteien können Einzellagerung oder Sammellagerung nach § 469 HGB vereinbaren. Neben der Vergütung ergibt sich für den Lagerhalter der Anspruch auf Aufwendungsersatz nach § 474 HGB. Ihm steht ein gesetzliches Pfandrecht nach § 475b HGB an dem eingelagerten Gut aufgrund der durch den Lagervertrag begründeten Forderungen zu. Der Lagerhalter haftet für den Schaden, der durch Verlust oder Beschädigung des Gutes in der Zeit von der Übernahme zur Lagerung bis zur Auslieferung entsteht, und zwar *verschuldensunabhängig* nach §§ 475 S. 1, 468 III 1 HGB, es sei denn, dass der Schaden durch die Sorgfalt eines ordentlichen Kaufmanns nicht abgewendet werden konnte.

---

649 Canaris, § 31 Rn. 87.

§ 22 Gesellschaftsrecht

Schrifttum: *Armbrüster*, Grenzen der Gestaltungsfreiheit im Personengesellschaftsrecht, ZGR 2014, 333 ff.; *Bachmann*, Das Gesetz zur Modernisierung des Personengesellschaftsrechts, NJW 2021, 3073; *Berg/Stöcker*, Anwendungs- und Haftungsfragen zum Deutschen Corporate Governance Kodex, WM 2002, 1569; *Blaurock*, Handbuch der Stillen Gesellschaft, 9. Aufl. 2020; *Bochmann/Bron*, Die nächste Stufe der Modernisierung des Personengesellschaftsrechts: Vom MoPeG zum KöMoG, NZG 2021, 613; *Brammsen/Sonnenburg*, Geschäftsführeraußenhaftung in der GmbH, NZG 2019, 681; *Dernedde*, Nach der Reform: GmbH oder englische Limited als Gesellschaftsform?, JR 2008, 47; *Fischer*, Die Niederlassung von EU-Kapitalgesellschaften in Deutschland nach dem Brexit – ein Überblick, NZG 2021, 483; *Fleischer*, Zur Rechtsnatur der OHG und ihres Gesellschaftsvertrags, NZG 2021, 949; *Goette*, Einführung in das neue GmbH-Recht, 2008; *Habersack/Schürnbrand*, Die Haftung des eintretenden Gesellschafters für Altverbindlichkeiten der Gesellschaft bürgerlichen Rechts, JuS 2003, 739; *Hefendehl*, Corporate Governance und Business Ethics: Scheinberuhigung oder Alternativen bei der Bekämpfung der Wirtschaftskriminalität?, JZ 2006, 119; *Hucke/Holfter*, Die Unternehmergesellschaft (haftungsbeschränkt) – eine echte Alternative für Unternehmensgründer, JuS 2010, 861; *Kessler/Schneider*, Aktuelles zur Europäischen Aktiengesellschaft (SE), GWR 2018, 461; *Lächler/Openstil*, Funktion und Umfang des Regelungsbereichs der SE-Verordnung, NZG 2005, 381; *Lieder/Becker*, Das Sonderrecht der Rechtsformvarianten am Beispiel der UG, NZG 2021, 357; *Lutter/Kirschbaum*, Zum Wettbewerber im Aufsichtsrat, ZIP 2005, 103; *Lutter/Kollmorgen/Feldhaus*, Die Europäische Aktiengesellschaft – Satzungsgestaltung bei der „mittelständischen SE", BB 2005, 2473; *Otte*, Ausübung und Schranken der Informationsrechte in OHG, KG und GmbH, NZG 2014, 521 ff.; *Pöschke/Steenbreker*, Kapitalerhaltung in der GmbH & Co. KG, NZG 2015, 614; *Priester*, Kapitalaufbringung nach Gutdünken?, ZIP 2008, 55; *Röder/Arnold*, Geschlechterquoten und Mitbestimmungsrecht – Offene Fragen der Frauenförderung, NZA 2015, 279; *K. Schmidt*, Die BGB-Außengesellschaft: rechts- und parteifähig, NJW 2001, 993; *ders.*, Ersatzpflicht bei „verbotenen Zahlungen" aus insolventen Gesellschaften, NZG 2015, 129; *Schmidtbauer/Kürten*, Die Willensbildung in der Aktiengesellschaft außerhalb der Hauptversammlung, NZG 2021, 1150; *Schäfer*, Das bedingte Austrittsrecht nach § 139 HGB in der GbR, NJW 2005, 3665; *Seibert*, Die Partnerschaft für die freien Berufe, DB 1994, 2381; *Vetter*, Update des Deutschen Corporate Governance Kodex, BB 2005, 1689; *ders.*, Grundlinie der GmbH-Gesellschafterhaftung, ZGR 2005, 788; *Weißhaupt*, Informationsmängel in der Hauptversammlung: die Neuregelung durch das UMAG, ZIP 2005, 1766; *Weller*, Internationales Unternehmensrecht 2010, ZGR 2010, 679; *Wiedemann*, Die GmbH & Co. KG: Interessen- oder Organisationseinheit?, NZG 2021, 45; *Winter*, Bestellung und Abberufung von Vorstandsmitgliedern eingetragener Genossenschaften, MDR 2005, 1386; *Wirth/Arnold*, Umwandlung von Vorzugsaktien in Stammaktien, ZGR 2002, 859.

516 Wirtschaftliche Betätigung findet in der Bundesrepublik Deutschland überwiegend durch Unternehmen statt, entweder durch Einzelunternehmen oder durch Unternehmen, bei denen sich mehrere Personen zur Verfolgung eines gemeinsamen, meist wirtschaftlichen Zwecks zusammenschließen. Der Begriff des Unternehmens ist weder im Handels- noch im Gesellschaftsrecht definiert. Ein Unternehmen stellt eine Vermögensgesamtheit dar, welches im Rechtsverkehr als wirtschaftliche und rechtliche Einheit auftritt.[650] Solche Personenvereinigungen, die durch eine privatrechtliche, rechtsgeschäftliche Vereinbarung, den Gesellschaftsvertrag, zustande gekommen sind, werden im Rechtsverkehr als Gesellschaften bezeichnet, für die besondere rechtliche Regelungen gelten.[651]

Das Gesellschaftsrecht ist ein wichtiges Teilgebiet des Privatrechts. Daher finden die zivilrechtlichen Regelungen des Bürgerlichen Gesetzbuches auf die jeweiligen Gesellschaftsrechtsformen Anwendung. Personen, die sich zu einer Personenvereinigung zusammenschließen wollen, können sich überlegen, welche Rechtsform sie für das Unternehmen anstreben. Zur Auswahl stehen Personengesellschaften, wie z. B. die

---

650 Vgl. Roth/Weller, § 3 Rn. 74.
651 Vgl. Müssig, 17.1.1.

Gesellschaft bürgerlichen Rechts (GbR), die Offene Handelsgesellschaft (OHG) oder die Kommanditgesellschaft (KG), im Bereich der Kapitalgesellschaften z. B. die Aktiengesellschaft (AG) oder die Gesellschaft mit beschränkter Haftung (GmbH). Im Gesellschaftsrecht gilt der numerus clausus der Gesellschaftsrechtsformen; deshalb existiert nur eine beschränkte Anzahl von Gesellschaftstypen.

Personengesellschaften
- GbR, §§ 705 ff. BGB
- OHG, §§ 105 ff. HGB
- KG, §§ 161 ff. HGB
- Stille Gesellschaft, §§ 230 ff. HGB
- Partnerschaftsgesellschaft, §§ 1 ff. PartGG
- EWIV, Artt. 1 ff. EWIV-VO

Körperschaften
- Kapitalgesellschaften
  - AG, §§ 1 ff. AktG
  - KGaA, §§ 278 ff. AktG
  - GmbH, §§ 1 ff. GmbHG
  - Europäische Gesellschaft (SE), §§ 1 ff. SEAG
- Genossenschaft, §§ 1 ff. GenG

Abb. 42: Gesellschaftsrechtsformen

Das Gesellschaftsrecht ist nicht in einem einzigen Gesetz geregelt. Bedeutsame Gesetze des Gesellschaftsrechts sind das BGB, das HGB, sowie spezialgesetzliche Regelungen wie z. B. das Aktiengesetz, das GmbH-Gesetz und das Genossenschaftsgesetz. Außerdem spielen arbeitsrechtliche, steuerrechtliche und umwandlungsrechtliche Regelungen eine große Rolle. Insbesondere nach Tätigwerden der Gesellschaft kann die Überlegung aufkommen, die Rechtsform des Unternehmens zu verändern, so z. B. eine Personengesellschaft in eine Kapitalgesellschaft umzuwandeln, etwa eine KG in eine GmbH. Rechtliche Regelungen für einen derartigen Rechtsformwechsel finden sich im Umwandlungsgesetz (UmwG), außerdem Vorschriften zur Verschmelzung, Spaltung oder Vermögensübertragung.

Auf europäischer Ebene ist vor dem Hintergrund einer weiteren Rechtsangleichung innerhalb der Europäischen Union versucht worden, ein europäisches Gesellschaftsrecht zu schaffen. Zwar sind Richtlinien und Verordnungen zu einzelnen Gesellschaftsrechtsformen erlassen worden. Eine einheitliche Regelung für alle EU-Staaten besteht aber einerseits nur für die Gesellschaftsrechtsform der Europäischen Wirtschaftlichen Interessengemeinschaft (EWIV), einer Personenhandelsgesellschaft, zu der sich Unternehmen verschiedener EU-Staaten zusammenschließen können.[652] Dafür hat das EWIV-Ausführungsgesetz, welches am 1.1.1989 in der Bundesrepublik in Kraft trat, in Deutschland die Voraussetzungen geschaffen. Andererseits hat die EU für die Gründung einer europäischen Kapitalgesellschaft, der Europäischen Gesellschaft (SE), Vorschriften erlassen, welche Deutschland durch das Gesetz zur Ausführung der Verordnung über das Statut der Europäischen Gesellschaft (SEAG) Ende 2004 in nationales Recht transformiert hat.[653] Daneben besteht noch die Europäische Genossenschaft (Societas Cooperativa Europaea = SCE), deren Gesellschafter ihren Wohn- bzw. Geschäftssitz in zwei Mitgliedstaaten der EU haben müssen.[654] Endgültige Rechtsgrundlagen für eine Europäische GmbH, die Societas Unius Personae (SUP), existieren bisher nicht.

---

652 Vgl. Eisenhardt/Wackerbarth, § 2 Rn. 23; ausführlich Conrads/Schade, 7.5.5.2 ff.
653 S. zur SE detailliert Conrads/Schade, 7.5.5.2 ff.
654 Siehe VO 1435/2003/EG; vgl. Eisenhardt/Wackerbarth, § 2 Rn. 36.

1. Personengesellschaften

517 **a) Gesellschaft bürgerlichen Rechts (GbR).** Das Recht der Gesellschaft bürgerlichen Rechts ist in den §§ 705 ff. BGB geregelt. Die GbR ist die Grundform aller Personengesellschaften.[655] Grundvoraussetzung ist nach § 705 BGB ein Gesellschaftsvertrag, mit dem sich die Gesellschafter gegenseitig verpflichten, die Erreichung eines gemeinsamen Zwecks in der durch den Vertrag bestimmten Weise zu fördern, insbesondere die vereinbarten Beiträge zu leisten. Über einen langen Zeitraum ist der GbR keine eigene Rechtspersönlichkeit zuerkannt worden.[656] Diese nicht mehr haltbare Rechtsposition hat der BGH zu Beginn des Jahres 2001 für eine GbR, die mit Außenwirkung tätig ist, aufgehoben.[657] Danach kann die GbR rechtsfähig, d. h. Träger von Rechten und Pflichten sein, wenn sie im Rechtsverkehr auftritt, z. B. als Eigentümerin eines Grundstücks im Grundbuch eingetragen werden.[658]

Die Mehrheit der rechtlichen Regelungen im BGB für die GbR sind dispositives Recht. Durch Vereinbarung zwischen den Gesellschaftern können die gesetzlichen Regelungen durch privatrechtliche Vereinbarungen abgeändert werden. Die Gesellschaftsrechtsform der GbR ist typisch für Anwalts-, Steuerberater- oder Wirtschaftsprüferkanzleien, für ärztliche bzw. zahnärztliche Gemeinschaftspraxen sowie für Arbeitsgemeinschaften oder Konsortien.[659]

Durch das Gesetz zur Modernisierung des Personengesellschaftsrecht (MoPeG) vom 10.8.2021, welches zum 1.1.2024 in Kraft tritt, wird das Personengesellschaftsrecht eine Umgestaltung erhalten. Insbesondere wird es gemäß § 705 II BGB n. F. eine gesetzlich normierte Zweiteilung zwischen rechtsfähiger und nicht rechtsfähiger GbR geben. Weiterhin wird bei einer unternehmenstragenden GbR gemäß § 705 III BGB n. F. vermutet, dass sie rechtsfähig ist. Die GbR nimmt damit eine Rolle als Grundform aller rechtsfähigen Personengesellschaften ein.[660]

Die nachfolgenden Ausführungen betreffen, soweit nicht ausdrücklich auf das MoPeG verwiesen wird, die Rechtslage bis zum 31.12.2023.

518 **aa) Gründung.** Die Voraussetzungen der Gesellschaft für die Gründung der GbR sind in § 705 BGB normiert. Grundvoraussetzung ist der Gesellschaftsvertrag, der von mindestens zwei Gesellschaftern geschlossen wird. Eine bestimmte Form ist für den Gesellschaftsvertrag nicht vorgeschrieben; er kann demzufolge auch durch mündliche Absprache oder durch schlüssiges Verhalten entstehen.

Die Neuregelungen durch das MoPeG verweisen in § 706 BGB n. F. darauf, dass Sitz der Gesellschaft der Ort ist, an dem deren Geschäfte tatsächlich geführt werden (Verwaltungssitz). Ist die Gesellschaft allerdings im zukünftigen Gesellschaftsregister eingetragen und haben die Gesellschafter einen Ort im Inland als Sitz vereinbart (Vertragssitz), so ist dieser Ort Sitz der Gesellschaft. Damit besteht ein freies Sitzwahlrecht unabhängig von dem Ort der Eintragung.

519 **bb) Gesellschaftsvermögen.** Nach § 706 I BGB haben die Gesellschafter in Ermangelung einer anderen Vereinbarung gleiche Beiträge zu leisten. Sind vertretbare oder verbrauchbare Sachen beizutragen, so ist nach § 706 II BGB im Zweifel anzunehmen, dass sie gemeinschaftliches Eigentum der Gesellschafter werden sollen. Die geleisteten Beiträge der Gesellschafter und die durch die Geschäftsführung für die Gesellschaft erwor-

---

655 Kraft/Kreutz, C. 1.
656 BGHZ 59, 179, 189; 61, 59, 62.
657 BGHZ 146, 341, 343, 346; vgl. BGH NJW 2001, 1056; 2001, 3121, 3122.
658 Vgl. BGH NJW 2006, 3716, 3717.
659 Vgl. Jauernig/Stürner, § 705 Rn. 11.
660 BMJV, Regierungsentwurf eines Gesetzes zur Modernisierung des Personengesellschaftsrechts v. 20.1.2021, S. 118, 119.

benen Gegenstände werden nach § 718 BGB gemeinschaftliches Vermögen der Gesellschafter (Gesellschaftsvermögen). Zum Gesellschaftsvermögen gehört auch, was aufgrund eines zu dem Gesellschaftsvermögen gehörenden Rechts oder als Ersatz für die Zerstörung, Beschädigung oder Entziehung eines zu dem Gesellschaftsvermögen gehörenden Gegenstands erworben wird. Je nach Gesellschaftszweck kann ein höheres oder ein niedrigeres Gesellschaftsvermögen notwendig sein. Die Darstellung der Vermögenslage der Gesellschaft erfolgt durch einen Rechnungsabschluss nach § 721 BGB. Bei längerer Dauer der GbR haben der Rechnungsabschluss und die Gewinnverteilung im Zweifel am Schluss jedes Geschäftsjahres zu erfolgen, § 721 II BGB. Die Höhe des Gewinns oder Verlusts ergibt sich aus § 722 BGB.
Nach den Neuregelungen des MoPeG ist die GbR gemäß §§ 713, 722 BGB n. F. Trägerin ihres Vermögens. So werden die Gesellschafterbeiträge, alle erworbenen Rechte sowie die begründeten Verbindlichkeiten Gesellschaftsvermögen, in das mit einem Titel gegen die Gesellschaft vollstreckt werden kann.

cc) **Gesellschaftsregister und Firmierung.** Nach derzeitiger Rechtslage wird die GbR nicht im Handelsregister geführt[661]. Mit dem Inkrafttreten des MoPeG wird gemäß §§ 707–707d BGB n. F. ein neues Gesellschaftsregister geschaffen. Gemäß § 707 I BGB n. F. haben die Gesellschafter die Wahl, die Gesellschaft bei dem Gericht, in dessen Bezirk sie ihren Sitz hat, zur Eintragung in das Gesellschaftsregister anzumelden. Soll die Gesellschaft in öffentlichen Registern, wie z. B. dem Grundbuch (§ 47 II GBO n. F.) als Eigentümerin eines Grundstücks eingetragen werden, so ist die Eintragung in das Gesellschaftsregister jedoch Voraussetzung.
Soweit eine GbR in das Gesellschaftsregister eingetragen wird, erfolgt gemäß §§ 707a, 707b BGB n. F. eine Firmierung nach handelsrechtlichen Grundsätzen.

519a

dd) **Gesellschaftszweck.** Grundlage der GbR bildet der Wunsch der Gesellschafter, einen gemeinsamen Zweck zu erreichen. Dieser gemeinsame Zweck beinhaltet das für jede Gesellschaft konstitutive Kriterium und unterscheidet Gesellschaftsverträge von reinen Austauschverträgen.[662] Die Dauer der Zweckerreichung kann unterschiedlich sein. Ein kurzfristiger Zweck liegt z. B. vor, wenn sich mehrere Personen zusammenschließen, um auf einer dreitägigen Antiquitätenmesse mit der Messegesellschaft einen gemeinschaftlichen Ausstellerplatz vertraglich zu vereinbaren. Dagegen liegt ein unbefristeter gemeinsamer Zweck vor, wenn sich mehrere Ärzte zu einer Gemeinschaftspraxis zusammenschließen. Der gemeinsame Zweck ist neben dem Gesellschaftsvertrag notwendiger Bestandteil zur Errichtung der GbR. Dieser Zweck darf allerding nicht darauf abzielen, ein Handelsgewerbe zu betreiben. In diesem Fall ist die OHG nach §§ 105 I, 123 I HGB zwingend vorgeschrieben.

520

ee) **Geschäftsführung und Vertretung.** Für die GbR gilt das Prinzip der Gesamtgeschäftsführung; es kann aber auch Einzelgeschäftsführungsbefugnis vereinbart werden.[663] Auch bei der Vertretung nach außen gehen die gesetzlichen Regelungen der GbR von der Gesamtvertretung aus. Nach § 709 I BGB steht die Führung der Geschäfte der Gesellschaft den Gesellschaftern gemeinschaftlich zu; für jedes Geschäft ist die Zustimmung aller Gesellschafter erforderlich. Von diesem positiven Konsensprinzip können die Gesellschafter durch vertragliche Vereinbarung abweichen.[664] So kann nach § 710 BGB die Geschäftsführung auch nur einem Gesellschafter oder einigen Gesellschaftern übertragen werden. Folge ist, dass die übrigen Gesellschafter von der Geschäftsführung ausgeschlossen sind. § 711 BGB ermöglicht jedem Gesellschafter ein Wi-

521

---

661 Vgl. BayObLG NJW-RR 2005, 43.
662 Saenger, § 3 Rn. 69.
663 Vgl. Kraft/Kreutz, C. II 2c; Eisenhardt/Wackerbarth, § 5 Rn. 87 f.
664 Vgl. Klunzinger, GR, § 4 IV 1.

derspruchsrecht, wenn alle oder mehrere Gesellschafter die Führung der Geschäfte alleine vornehmen können. Umfangreiche Kontrollrechte ergeben sich für einzelne Gesellschafter nach § 716 BGB, wenn sie von der Geschäftsführung ausgeschlossen sind. Die Führung der Geschäfte betrifft das Innenverhältnis der GbR.
Zur Vertretung der Gesellschaft nach außen benötigt der Gesellschafter Vertretungsmacht. Soweit einem Gesellschafter nach dem Gesellschaftsvertrag die Befugnis zur Geschäftsführung zusteht, ist er nach § 714 BGB im Zweifel auch ermächtigt, die anderen Gesellschafter gegenüber Dritten zu vertreten. Damit soll derjenige, der zur Geschäftsführung befugt ist, die Gesellschaft auch nach außen rechtswirksam vertreten können. Grundsätzlich haben alle Gesellschafter Vertretungsmacht; es kann allerdings auch nur ein Gesellschafter mit Vertretungsmacht ausgestattet werden, arg. e § 715 BGB. Diese alleinige Vertretungsmacht kann nach §§ 715, 712 I BGB nur durch einstimmigen Beschluss oder, falls im Gesellschaftsvertrag festgelegt ist, dass die Mehrheit der Stimmen entscheidet, durch Mehrheitsbeschluss entzogen werden. Das in § 715 BGB geregelte Entziehungsrecht aus wichtigem Grund betrifft nur die mitgliedschaftliche Vertretungsmacht der Gesellschafter.[665]
Oft legen die Gesellschafter in einer Geschäftsordnung fest, dass Geschäftsführung und Außenvertretung bis zu einer gewissen Zahlungsverpflichtung von jedem Gesellschafter in eigener Verantwortung wahrgenommen werden kann. Ab einer bestimmten Höhe der Zahlungsverpflichtung, so z. B. ab einem Betrag von € 5.000,–, müssen dann alle Gesellschafter einer schuldrechtlichen Verpflichtung der GbR zustimmen.
Nach den Neuregelungen des MoPeG wird zum 1.1.2024 gemäß §§ 709 III BGB n. F., 120 I 2 HGB n.F eine Stimmkraft und Ergebnisverteilung nach den Beteiligungsverhältnissen erfolgen. Sind keine Beteiligungsverhältnisse vereinbart worden, richten sie sich nach dem Verhältnis der vereinbarten Werte der Beiträge. Sind auch Werte der Beiträge nicht vereinbart worden, hat jeder Gesellschafter ohne Rücksicht auf den Wert seines Beitrags die gleiche Stimmkraft und einen gleichen Anteil am Gewinn und Verlust. Gesellschafterbeschlüsse bedürfen gemäß § 714 BGB n. F. der Zustimmung aller stimmberechtigten Gesellschafter. Weiterhin werden auch in § 717 BGB n. F. die Kontrollrechte gesetzlich normiert. Gemäß § 717 I 1 BGB hat jeder Gesellschafter gegenüber der Gesellschaft das Recht, die Unterlagen der Gesellschaft einzusehen und sich aus ihnen Auszüge anzufertigen. Gemäß § 717 II BGB n. F. müssen die geschäftsführungsbefugten Gesellschafter von sich aus die erforderlichen Nachrichten zugeben. Weiterhin müssen sie auf Verlangen Auskunft erteilen und nach Beendigung ihrer Geschäftsführertätigkeit Rechenschaft ablegen.

522 **ff) Haftung.** Zu unterscheiden ist bei Personengesellschaften zwischen der Haftung der Gesellschaft für Gesellschaftsverbindlichkeiten und der persönlichen Haftung der Gesellschafter. Während die Haftung der GbR gegenüber Dritten im Gesetz nicht geregelt ist, sieht § 708 BGB die Haftung der Gesellschafter vor. Ein Gesellschafter hat bei der Erfüllung der ihm obliegenden Verpflichtungen nur für diejenige Sorgfalt einzustehen, welche er in eigenen Angelegenheiten anzuwenden pflegt. Da die Rechtspersönlichkeit der GbR durch Rechtsprechung und Literatur mittlerweile anerkannt ist, haftet die GbR primär mit ihrem Gesellschaftsvermögen für die von ihr begründeten Verbindlichkeiten.[666] Durch die Anerkennung der Parteifähigkeit der GbR im Zivilprozess kann nunmehr aus einem vollstreckbaren Urteil gegen die GbR in das Gesellschaftsvermögen vollstreckt werden.[667]

---

665 MüKo-BGB/Schäfer, § 715 Rn. 2.
666 BGHZ 146, 341, 343 = BGH NJW 2001, 1056; BGH NJW 2011, 2040, 2041.
667 Vgl. Pohlmann, Rechts- und Parteifähigkeit der Gesellschaft bürgerlichen Rechts, WM 2002, 1421, 1423; BGH NJW 2001, 1056, 1058; BGH ZiP 2002, 614, 616.

Nach § 128 HGB analog haften die Gesellschafter der GbR den Gläubigern für die Verbindlichkeiten der Gesellschaft als Gesamtschuldner persönlich ohne Beschränkung auch mit ihrem Privatvermögen.[668] Der Gläubiger der GbR kann demzufolge wählen, ob er sich zur Erfüllung seiner Forderung an die GbR oder an die Gesellschafter wenden soll. Aufgrund der Gesamtschuldnereigenschaft aller Gesellschafter nach §§ 421, 427 BGB kann der Gläubiger die Leistung nach seinem Belieben von jedem der Schuldner ganz oder zu einem Teil fordern. Erfüllt einer der Gesellschafter mit seinem Vermögen die Verbindlichkeit, so steht ihm ein Ausgleichsrecht nach § 426 II BGB gegenüber den anderen Gesellschaftern zu. Der Gesellschafter einer GbR haftet nach seinem Ausscheiden für bis zu seinem Ausscheiden entstandene Verbindlichkeiten nach § 736 II BGB, § 160 I HGB noch insgesamt fünf Jahre.

Mit dem Inkrafttreten des MoPeG wird die Nachhaftung des ausgeschiedenen Gesellschafters gemäß §§ 728b I 2 BGB n. F., 137 I 2 HGB n. F. hinsichtlich möglicher Schadensersatzansprüche begrenzt. Er haftet nur, wenn auch die zum Schadensersatz führende Verletzung vertraglicher oder gesetzlicher Pflichten vor dem Ausscheiden des Gesellschafters eingetreten ist. Gemäß § 728a BGB n. F. haftet er auch für etwaige Fehlbeträge.

gg) Gesellschafterwechsel. Normalerweise sind nach § 717 S. 1 BGB Ansprüche, die den Gesellschaftern aus dem Gesellschaftsverhältnis gegeneinander zustehen, nicht übertragbar. Das gilt auch grds. für den Gesellschafterwechsel. Sinn und Zweck dieser Vorschrift ist es, dass sich bei einer Personengesellschaft die Gesellschafter, die sich vertraglich verpflichtet haben, einen gemeinsamen Zweck zu erreichen, auch deshalb zusammengeschlossen haben, weil sie sich vertrauen. Ohne Vertrauen in die andere Person kann keine Personengesellschaft zustande kommen; dafür ist das Risiko der persönlichen, oft unbeschränkten Haftung zu groß. Ausgenommen sind nach § 717 S. 2 BGB die einem Gesellschafter aus seiner Geschäftsführung zustehenden Ansprüche, soweit deren Befriedigung vor der Auseinandersetzung verlangt werden kann, sowie die Ansprüche auf einen Gewinnanteil oder den Vermögenswert bei Auseinandersetzung. Im Gesellschaftsvertrag können die Gesellschafter allerdings Voraussetzungen für einen Gesellschafterwechsel schaffen, so z. B. durch eine Vereinbarung, dass alle Gesellschafter dem Gesellschafterwechsel zustimmen müssen.

Scheidet ein Gesellschafter aus der Gesellschaft aus, so wächst sein Anteil am Gesellschaftsvermögen nach § 738 I 1 BGB den übrigen Gesellschaftern zu. Möglichkeiten für das Ausscheiden finden sich in §§ 736, 737 BGB, so z. B. durch einvernehmliches Ausscheiden, durch Kündigung, durch Tod, durch Insolvenz eines Gesellschafters, aber auch durch Ausschluss aus der Gesellschaft.[669] Haben nach Ausscheiden eines Gesellschafters die übrigen Gesellschafter gem. § 738 BGB die Gesellschaftsanteile durch Anwachsung übernommen, hat der ausscheidende Gesellschafter Ansprüche auf Abfindung nach § 738 I 2, 3 BGB.

Nach dem Inkrafttreten des MoPeG ist die Gesellschaft grundsätzlich gemäß § 728 I 1 BGB n. F. verpflichtet, den ausgeschiedenen Gesellschafter von der Haftung für die Verbindlichkeiten der Gesellschaft zu befreien und ihm eine dem Wert seines Anteils angemessene Abfindung zu zahlen. Der Wert ist gemäß § 728 II BGB n. F. im Wege der Schätzung zu ermitteln.

hh) Beendigung. Die GbR kann unter folgenden Voraussetzungen beendet werden:
- Kündigung der Gesellschaft durch Gesellschafter, § 723 BGB;
- Kündigung bei Gesellschaft auf Lebenszeit, § 724 BGB;
- Kündigung durch Pfändungspfandgläubiger, § 725 BGB;

---

668 Vgl. K. Schmidt, GR, § 60 III 2; s. dazu BGHZ 142, 315 ff.; 188, 233, 240; BGH NJW-RR 2005, 400, 401.
669 Vgl. Eisenhardt/Wackerbarth, § 7 Rn. 152 ff.

- Auflösungsbeschluss der Gesellschafter;
- Auflösung wegen Erreichen oder Unmöglichwerden des Zwecks, § 726 BGB;
- Auflösung durch Tod eines Gesellschafters, § 727 BGB;
- Auflösung durch Insolvenz der Gesellschaft oder eines Gesellschafters, § 728 BGB.

Nach Beendigung der Gesellschaft findet gem. § 730 I BGB für das Gesellschaftsvermögen die Auseinandersetzung unter den Gesellschaftern statt, sofern nicht über das Vermögen der Gesellschaft das Insolvenzverfahren eröffnet ist. Die Auseinandersetzung erfolgt nach den §§ 731 ff. BGB. Ziel der Auseinandersetzung ist es, Gegenstände, die die Gesellschafter der GbR lediglich zur Nutzung übertragen haben, zurückzuerhalten, Gesellschaftsschulden auszugleichen, Einlagen zurückzuerstatten und das verbleibende Gesellschaftsvermögen unter den Gesellschaftern nach ihrem Gewinnanteil zu verteilen.[670] Reicht das Gesellschaftsvermögen zur Begleichung der gemeinschaftlichen Schulden und zur Rückerstattung der Einlagen nicht aus, haben die Gesellschafter im Wege der Nachschusspflicht nach § 735 S. 1 BGB für den Fehlbetrag nach dem Verhältnis aufzukommen, nach dem sie den Verlust zu tragen haben. Kann von einem Gesellschafter der auf ihn entfallende Beitrag nicht erlangt werden, haben die übrigen Gesellschafter den Ausfall als Gesamtschuldner im Verhältnis ihrer Gesellschaftsanteile aufzubringen.

524a ii) **Umwandlung.** Eine weitere Neuerung mit Inkrafttreten des MoPeG ist die Umwandlungsfähigkeit der GbR. Als eingetragene GbR kann sie an einer Verschmelzung, Spaltung oder einem Formwechsel nach dem Umwandlungsgesetz teilnehmen.

525 b) **Offene Handelsgesellschaft (OHG).** Die Offene Handelsgesellschaft ist in den §§ 105 bis 160 HGB geregelt. Auf sie finden gem. § 105 III HGB zusätzlich die Rechtsnormen der §§ 705 bis 740 BGB Anwendung. Sie ist nach § 105 I HGB eine Gesellschaft, deren Zweck auf den Betrieb eines Handelsgewerbes unter gemeinschaftlicher Firma gerichtet ist, wenn bei keinem der Gesellschafter die Haftung gegenüber den Gesellschaftsgläubigern beschränkt ist. Die OHG ist deshalb eine Sonderform der Personengesellschaft, weil sie Personenhandelsgesellschaft ist. Das bedeutet, sie ist Kaufmann, da sie nach § 106 I HGB ins Handelsregister einzutragen ist. Die Rechtsform der OHG kann auch für Kleingewerbebetriebe möglich sein, §§ 2, 105 II HGB.

Übereinstimmend mit der GbR gilt auch für die OHG, dass alle Gesellschafter gegenüber Gesellschaftsgläubigern haften. Sie ist wie die GbR Gesamthandsgemeinschaft. Die OHG ist nach § 124 HGB rechts- und parteifähig. Sie kann unter ihrer Firma Rechte erwerben und Verbindlichkeiten eingehen, Eigentum und andere dingliche Rechte an Grundstücken erwerben, vor Gericht klagen und verklagt werden. Von der GbR unterscheidet sie sich dadurch, dass die Gesellschafter der OHG, die einen gemeinsamen Zweck verfolgen, ein Handelsgewerbe betreiben.

526 aa) **Gründung.** Voraussetzung für die Entstehung der OHG ist der Abschluss eines Gesellschaftsvertrags. Gesellschafter einer OHG können natürliche oder juristische Personen sein. Auch andere Personengesellschaften, z.B. eine andere OHG oder eine KG, können Gründer bzw. Gesellschafter der OHG sein. Die Gesellschafter müssen einen Gesellschaftsvertrag abgeschlossen haben, der nach § 109 HGB das Rechtsverhältnis der Gesellschafter untereinander regelt. Inhalt des Gesellschaftsvertrags muss sein, dass alle Gesellschafter sich verpflichten, den gemeinsamen Zweck zu erreichen und zu fördern. Zu den im Vertrag häufig geregelten Verpflichtungen der Gesellschafter gehören die Leistung der vereinbarten Beiträge, die in Geld- und Sachwerten oder Diensten, wie z.B. der Geschäftsführung, bestehen können, sowie die Gewinn- und Verlustbeteiligung.[671]

---

670 Dauner-Lieb/Langen/Hanke, § 731 Rn. 2.
671 Eisenhardt/Wackerbarth, § 18 Rn. 331 ff.

Der Gesellschaftsvertrag ist ein Rechtsgeschäft, auf den die rechtlichen Regelungen des Allgemeinen Teils des BGB Anwendung finden. Allerdings sind bürgerlich-rechtlich rückwirkend eintretende Nichtigkeitsfolgen nur eingeschränkt anwendbar, wenn die Gesellschaft bereits durch Rechtsgeschäfte mit Dritten in Vollzug gesetzt ist; dann ist sie bis zur Geltendmachung der Anfechtungs- bzw. Nichtigkeitsgründe wie eine voll gültige OHG zu behandeln.[672]
Der Gesellschaftsvertrag regelt das Innenverhältnis der Gesellschafter zueinander. Im Außenverhältnis wird die OHG wirksam durch Eintragung, §§ 106 ff. HGB, bzw. Beginn der Geschäftstätigkeit, § 123 HGB. Die §§ 19, 18 HGB regeln die Bezeichnung der Firma einer OHG. Haben die Parteien keine besonderen Vereinbarungen über die Geschäftsführung, Gesellschafterbeschlüsse oder die Verteilung des Jahresgewinns bzw. -verlusts getroffen, gelten §§ 110 bis 122 HGB, ergänzt durch die Vorschriften nach §§ 705 ff. BGB. Wie bei der GbR gilt auch für die OHG der Grundsatz der Gleichbehandlung aller Gesellschafter; sie haben gegenüber der Gesellschaft ihre Beitragspflicht nach § 105 III HGB i. V. m. §§ 705, 706 BGB zu erfüllen. Die Beiträge können Bar- oder Sacheinlagen sowie Dienstleistungen sein.[673] Regelungen dazu finden sich im Gesellschaftsvertrag der OHG. Die Gesellschafter haben nach § 111 HGB auch eine Verzinsungspflicht, sofern sie ihre Geldeinlage nicht zur rechten Zeit eingezahlt, eingenommenes Gesellschaftsgeld nicht zur rechten Zeit an die OHG abgeliefert oder unbefugt Geld aus der Gesellschaftskasse entnommen haben.
Daneben bestehen Treupflichten i. S. v. § 242 BGB gegenüber der Gesellschaft sowie die Pflicht, das strenge gesetzliche Wettbewerbsverbot nach § 112 HGB zu beachten. Besondere Treuepflichten der OHG-Gesellschafter, z. B. besondere Interessenwahrungs- und Vertraulichkeitspflichten, ergeben sich schon aus der Tatsache, dass alle Gesellschafter als Gesamtschuldner i. S. v. § 421 BGB unbeschränkt persönlich nach § 128 HGB haften.[674] Dazu kommt als besondere Treuepflicht das gesetzliche Wettbewerbsverbot nach § 112 HGB. Danach darf ein Gesellschafter ohne Einwilligung der anderen Gesellschafter weder in dem Handelszweig der Gesellschaft Geschäfte machen noch an einer anderen gleichartigen Handelsgesellschaft als persönlich haftender Gesellschafter beteiligt sein. Eine Verletzung dieses gesetzlichen Wettbewerbsverbots führt zu Schadensersatzansprüchen der Gesellschaft nach § 113 I HGB.

bb) Gesellschaftsvermögen. Das Gesellschaftsvermögen, Höhe und Art, bestimmt sich wie bei der GbR nach §§ 705, 706 BGB, auf die § 105 III HGB verweist. Üblich sind Geldleistungen; es können aber auch Sach- oder Dienstleistungen eingebracht werden. Soll ein Grundstück Vermögen der Gesellschaft werden, muss der grundsätzlich formfrei abzuschließende Gesellschaftsvertrag notariell beurkundet werden, §§ 311b, 925 BGB. Das Gesellschaftsvermögen der OHG umfasst wie bei der GbR nach § 718 BGB auch die durch die Geschäftsführung für die Gesellschaft erworbenen Gegenstände sowie zusätzlich das, was aufgrund eines zu dem Gesellschaftsvermögen gehörenden Rechts oder als Ersatz für die Zerstörung, Beschädigung oder Entziehung eines zu dem Gesellschaftsvermögen gehörenden Gegenstands erworben wird.
§ 121 HGB regelt die Verteilung des Jahresgewinns bzw. -verlusts. Von dem Jahresgewinn gebührt jedem Gesellschafter zunächst ein Anteil von 4 % bezogen auf seinen Kapitalanteil. Ansonsten wird der Rest des Jahresgewinns nach § 121 III HGB unter den Gesellschaftern nach Köpfen verteilt, ebenso der Verlust. Von diesen gesetzlichen Regelungen kann im Gesellschaftsvertrag abgewichen werden. Außerdem besteht für jeden Gesellschafter ein Entnahmerecht nach § 122 HGB.

---

672 Vgl. Klunzinger, GR, § 5 III 5.
673 Vgl. MüKo-HGB/K. Schmidt, § 105 Rn. 178 f.
674 Vgl. dazu auch BGH BB 2005, 67, 68; Steckler, G. Rn. 053.

Nach Inkrafttreten des MoPeG zum 1.1.2024 sind die geschäftsführungsbefugten Gesellschafter gemäß § 120 I 1 HGB n. F. gegenüber der Gesellschaft zur Aufstellung des Jahresabschlusses verpflichtet. Über die Feststellung des Jahresabschlusses entscheiden sodann die Gesellschafter gemäß § 121 HGB n. F. durch Beschluss, wobei gemäß § 122 S. 1 HGB n. F. jeder Gesellschafter aufgrund des festgestellten Jahresabschlusses Anspruch auf Auszahlung seines jeweils ermittelten Gewinns hat.

528 cc) **Gesellschaftszweck.** Im Unterschied zur GbR, bei der nach § 705 BGB die Erreichung eines gemeinsamen Zwecks nicht unbedingt ein wirtschaftlicher, sondern z. B. auch ein ideeller Zweck sein kann, ist bei der OHG nach § 105 I HGB der Betrieb eines Handelsgewerbes zwingend vorgeschrieben. Die OHG muss unter einer Firmenbezeichnung im Rechtsverkehr auftreten. § 105 II HGB eröffnet auch Kleingewerbebetreibenden die Möglichkeit, als OHG im Rechtsverkehr aufzutreten. Daneben können außerdem reine Vermögensverwaltungsgesellschaften, wie z. B. Grundstücks- oder Wertpapiervermögensverwaltungsgesellschaften, in der Rechtsform der OHG ins Handelsregister eingetragen werden. Für freie Berufe besteht grundsätzlich keine Möglichkeit, als eingetragene Personenhandelsgesellschaft in der Rechtsform der OHG im Rechtsverkehr aufzutreten. Sie sind keine Kaufleute und betreiben kein Handelsgewerbe. Mangels Eintragung ist eine errichtete OHG nur GbR.

529 dd) **Geschäftsführung und Vertretung.** Nach § 114 HGB sind bei der OHG zur Führung der Geschäfte der Gesellschaft alle Gesellschafter berechtigt und verpflichtet. Es besteht Einzelgeschäftsführung. Das bedeutet: Jeder Gesellschafter ist allein zum Handeln berechtigt und verpflichtet.[675] Allerdings kann der Gesellschaftsvertrag vorsehen, dass nur einigen Gesellschaftern oder einem einzigen Gesellschafter die Geschäftsführung obliegt; dann sind die übrigen Gesellschafter von der Geschäftsführung ausgeschlossen. Für diese Gesellschafter gilt nach § 118 HGB ein *umfangreiches Überwachungsrecht*. In Anlehnung an §§ 709, 711 BGB regelt § 115 II HGB, dass die Zustimmung aller geschäftsführender Gesellschafter zu einem Geschäft erforderlich ist, wenn im Gesellschaftsvertrag bestimmt ist, dass die Gesellschafter im Rahmen der Geschäftsführung nur zusammen handeln können. Widerspricht jedoch ein geschäftsführender Gesellschafter der Vornahme einer Handlung durch einen anderen oder mehrere geschäftsführende Gesellschafter, so muss das Geschäft unterbleiben.[676]
Der Umfang der Geschäftsführungsbefugnis ergibt sich aus § 116 HGB. Danach erstreckt sich die Befugnis zur Geschäftsführung auf alle Handlungen, die der gewöhnliche Betrieb des Handelsgewerbes der OHG mit sich bringt. Sollen Handlungen vorgenommen werden, die über den gewöhnlichen Betrieb des Handelsgewerbes hinausgehen, müssen die Gesellschafter darüber einen Beschluss fassen. Einer Prokuraerteilung müssen alle geschäftsführenden Gesellschafter nach § 116 III HGB zustimmen. Der Widerruf der Prokura kann dagegen von einem einzelnen Gesellschafter erfolgen. Während die Geschäftsführung das Innenverhältnis der OHG-Gesellschafter untereinander regelt, bestimmt sich die Vertretung der OHG nach außen nach §§ 125 HGB, 164 ff. BGB. Die Ausübung der Vertretungsmacht begründet Rechtsfolgen für die OHG. Grundvoraussetzung ist nach § 123 I HGB die Eintragung der Gesellschaft ins Handelsregister. Erst dann kann sie gem. § 124 HGB unter ihrer Firma Rechte erwerben und Verbindlichkeiten eingehen, Eigentum und andere dingliche Rechte an Grundstücken erwerben bzw. vor Gericht klagen und verklagt werden.
Nach § 125 I HGB ist jeder Gesellschafter zur Vertretung der Gesellschaft ermächtigt, wenn er nicht durch den Gesellschaftsvertrag von der Vertretung ausgeschlossen ist (Einzelvertretung). Im Gesellschaftsvertrag kann bestimmt werden, dass alle oder mehrere

---

675 Eisenhardt/Wackerbarth, § 28 Rn. 345.
676 Vgl. Schäfer, § 7 Rn. 3.

Gesellschafter nur in Gemeinschaft zur Vertretung der Gesellschaft ermächtigt sein sollen (*Gesamtvertretung*). Im Unterschied zur GbR ist die Vertretungsmacht nicht an ihre Geschäftsführungsbefugnis gekoppelt.[677] Da die OHG nach § 124 HGB rechtsfähig ist, werden nicht die einzelnen Gesellschafter durch die vertretungsberechtigten Gesellschafter vertreten, sondern die Gesellschaft als solche.[678] Auf der gesamten Geschäftskorrespondenz der Gesellschaft, ob typische Geschäftspost, E-Mails oder Bestellformulare, müssen gem. § 125a I 1 HGB die Rechtsform und der Sitz der Gesellschaft, das Registergericht und die Nummer, unter der die Gesellschaft in das Handelsregister eingetragen ist, angegeben werden.

Der Umfang der Vertretungsmacht der Gesellschafter erstreckt sich nach § 126 I HGB auf alle gerichtlichen und außergerichtlichen Geschäfte und Rechtshandlungen einschließlich der Veräußerung und Belastung von Grundstücken sowie der Erteilung und des Widerrufs einer Prokura. Von großer Bedeutung ist, dass eine Beschränkung des Umfangs der Vertretungsmacht Dritten gegenüber unwirksam ist, vgl. § 126 II HGB. Nach § 127 HGB kann die Vertretungsmacht einem Gesellschafter auf Antrag der übrigen Gesellschafter durch gerichtliche Entscheidung entzogen werden. Allerdings muss ein wichtiger Grund, z. B. eine grobe Pflichtverletzung oder die Unfähigkeit zur ordnungsgemäßen Vertretung der Gesellschaft, bestehen.

Nach Inkrafttreten des MoPeG bestimmt § 109 I, II 1 HGB n. F., dass die Beschlussfassung der Gesellschafter in Versammlungen gefasst werden, welche durch jeden geschäftsführenden Gesellschafter einberufen werden können. Gemäß § 109 III HGB n. F. bedürfen Beschlüsse der Zustimmung aller stimmberechtigten Gesellschafter. Als Rechtsschutzmöglichkeit sieht § 110 I HGB n. F. vor, dass Gesellschafterbeschlüsse durch eine Klage auf Nichtigerklärung angefochten werden können. Mit diesen Regelungen nähert sich das Personengesellschaftsrecht dem aktienrechtlichen Anfechtungsmodell an.

ee) Haftung. Bei der Haftung ist zwischen der Haftung der OHG und der Haftung der Gesellschafter zu unterscheiden. Da die OHG rechtsfähig ist, haftet sie für ihre Verbindlichkeiten mit dem Gesellschaftsvermögen, arg. e § 124 I HGB. So kann die OHG Verbindlichkeiten eingehen, welche sie selbst zu erfüllen hat. Bei rechtwirksamen Geschäften wird die OHG Vertragspartner und somit Schuldner der zu erfüllenden Verbindlichkeiten. Da die OHG nach außen hin durch geschäftsführende Gesellschafter bzw. durch vertretungsberechtigte Hilfspersonen wie z. B. einen Prokuristen oder einen Handlungsbevollmächtigten auftritt, sind ihr diese Handlungen analog § 31 BGB zuzurechnen.[679] Neben vertraglichen Ansprüchen können auch gesetzliche Ansprüche wie z. B. Schadensersatzansprüche aus §§ 823 ff. BGB gegenüber der OHG geltend gemacht werden.

Nach § 128 HBG, § 421 BGB haften die Gesellschafter für die Verbindlichkeiten der Gesellschaft den Gläubigern als Gesamtschuldner persönlich und unbeschränkt mit ihrem Privatvermögen. Wie bei der GbR kann der Gläubiger demnach entscheiden, an wen er sich für die Erfüllung seiner Forderung wendet. Sieht der Forderungsgläubiger eine größere Chance, sich direkt aus dem Privatvermögen der Gesellschafter zu befriedigen, wendet er sich sofort an die OHG-Gesellschafter, da jeder von ihnen primär und unmittelbar in Anspruch genommen werden kann.[680] Einwendungen der OHG kann auch der Gesellschafter dem Forderungsgläubiger nach § 129 I HGB entgegenhalten.

---

[677] Vgl. Kraft/Kreutz, D. III. 2; Saenger, § 4 Rn. 285 f.
[678] Vgl. Wörlen/Kokemoor/Lohrer, Rn. 190.
[679] Vgl. BGH NJW 1952, 537, 538; 1973, 456, 458; Saenger, § 4 Rn. 291; Windbichler, § 14 Rn. 15 m. Verw. zu § 8 Rn. 9.
[680] Vgl. Schäfer, § 6 Rn. 8.

Die OHG haftet nach § 28 I HGB auch für die früheren Verbindlichkeiten eines Einzelkaufmanns, wenn ein Gesellschafter als persönlich haftender Gesellschafter in das Geschäft eines Einzelkaufmanns eintritt. Für den neu eintretenden Gesellschafter ergibt sich die persönliche Haftung für frühere Verbindlichkeiten des Einzelkaufmanns aus § 128 HGB. Tritt dagegen ein Gesellschafter in eine bestehende OHG ein, haftet der neue Gesellschafter nach §§ 128, 129 HGB für die vor seinem Eintritt begründeten Verbindlichkeiten der Gesellschaft ohne Unterschied, ob die Firma eine Änderung erfährt oder nicht, § 130 I HGB.

Die Dauer der persönlichen unbeschränkten Haftung bestimmt sich nach folgenden Voraussetzungen: Solange die Person Gesellschafter einer OHG ist, haftet sie persönlich und unbeschränkt. Scheidet ein Gesellschafter aus der OHG aus, so bestimmt § 160 HGB, dass der ausgeschiedene Gesellschafter bis zum Ausscheiden für begründete Verbindlichkeiten haftet, wenn sie vor Ablauf von fünf Jahren nach dem Ausscheiden fällig und daraus Ansprüche gegen ihn erhoben werden. Wird die Gesellschaft aufgelöst, verjähren Ansprüche gegen einen Gesellschafter nach § 159 I HGB wegen Verbindlichkeiten der Gesellschaft in fünf Jahren nach Auflösung der Gesellschaft, sofern nicht der Anspruch gegen die Gesellschaft einer kürzeren Verjährung unterliegt.

531 ff) **Gesellschafterwechsel.** Für die OHG sind keine Vorschriften im HGB über den Gesellschafterwechsel – ob durch Eintritt eines neuen Gesellschafters oder Übertragung eines Gesellschafteranteils – getroffen worden. Regelmäßig werden aber in Gesellschaftsverträgen Regelungen vereinbart, nach denen die Aufnahme eines neuen Gesellschafters oder das Ausscheiden eines Altgesellschafters ermöglicht wird. Der Beschluss zur Aufnahme eines neuen Gesellschafters muss nach § 119 I HGB im Zweifel durch Zustimmung aller Gesellschafter gefasst werden. § 131 III HGB legt neben frei vereinbarten Gründen folgende Gründe fest, nach denen ein Gesellschafter aus der OHG ausscheidet, so z. B. durch einstimmigen Beschluss der Gesellschafter, durch Kündigung oder Tod eines Gesellschafters bzw. die Eröffnung des Insolvenzverfahrens über das Vermögen eines Gesellschafters. Das bloße Ausscheiden eines Gesellschafters hat durch die Neufassung des § 131 III HGB nicht mehr die Auflösung der OHG zur Folge.[681] Der Gesellschaftsvertrag kann außerdem vorsehen, dass die OHG mit den Erben eines verstorbenen Gesellschafters – allen Erben im Rahmen einer einfachen Nachfolgeklausel bzw. einzelnen oder nur einem einzigen Erben im Rahmen einer qualifizierten Nachfolgeklausel – fortgesetzt werden soll.

532 gg) **Beendigung.** Die OHG wird durch Auflösung beendet. Gründe für die Auflösung sind in § 131 I HGB normiert. So wird die OHG aufgelöst durch den Ablauf der Zeit, für welche sie eingegangen ist, durch Beschluss der Gesellschafter, durch die Eröffnung des Insolvenzverfahrens über das Vermögen der Gesellschaft oder durch gerichtliche Entscheidung. Weitere Auflösungsgründe können im Gesellschaftsvertrag festgelegt sein. Nach § 143 I HGB ist die Auflösung der Gesellschaft von sämtlichen Gesellschaftern zur Eintragung in das Handelsregister anzumelden. Dasselbe gilt auch für das Ausscheiden eines Gesellschafters aus der OHG, vgl. § 143 II HGB. Die sich anschließende Liquidation der OHG ist in §§ 145 ff. HGB geregelt. Insbesondere sind die zuständigen Liquidatoren nach § 148 I 1 HGB von sämtlichen Gesellschaftern zur Eintragung in das Handelsregister anzumelden.

533 c) **Kommanditgesellschaft (KG).** Nach § 161 I HGB ist eine Gesellschaft, deren Zweck auf den Betrieb eines Handelsgewerbes unter gemeinschaftlicher Firma gerichtet ist, eine Kommanditgesellschaft, wenn bei einem oder bei einigen der Gesellschafter die Haftung gegenüber den Gesellschaftsgläubigern auf den Betrag einer bestimmten Ver-

---

681 Vgl. Klunzinger, GR, § 5 VII; Eisenhardt/Wackerbarth, § 21 Rn. 399.

mögenseinlage beschränkt ist (Kommanditisten), während bei dem anderen Teil der Gesellschafter eine Beschränkung der Haftung nicht stattfindet (persönlich haftende Gesellschafter). Auf die Kommanditgesellschaft finden nach § 161 II HGB die für die OHG geltenden Vorschriften Anwendung. Des Weiteren gelten die Vorschriften über die GbR nach §§ 705 ff. BGB.

Die KG wird als Sonderform der OHG bezeichnet.[682] Während KG und OHG dahingehend übereinstimmen, dass der Betrieb eines Handelsgewerbes unter gemeinschaftlicher Firma erfolgen muss, unterscheiden sich KG und OHG durch die zum Teil unterschiedliche Haftung ihrer jeweiligen Gesellschafter gegenüber Gesellschaftsgläubigern. Zusätzliche gesetzliche Regelungen zur OHG ergeben sich für die KG nur aus den §§ 161 bis 177a HGB. Auf die KG finden somit die umfangreichen Vorschriften des Handelsgesetzbuchs über die OHG Anwendung mit den zusätzlichen Regelungen der §§ 161 ff. HGB.

aa) Gründung. Die KG kann wie die OHG durch natürliche oder juristische Personen gegründet werden. Voraussetzung ist wiederum ein Gesellschaftsvertrag, der im Gegensatz zum OHG-Gesellschaftsvertrag Abweichungen für die Haftung einzelner Gesellschafter beinhalten muss. Das ergibt sich auch aus § 162 I HGB, der vorsieht, dass die Anmeldung der KG die Bezeichnung und den Betrag der Einlage eines jeden Kommanditisten zu enthalten hat. Im Gegensatz zu den OHG-Gesellschaftern werden nach § 162 II HGB bei der Bekanntmachung der Eintragung der Gesellschaft keine Angaben zu den Kommanditisten gemacht. Nach § 162 II HGB sind die Vorschriften des § 15 HGB, Bekanntmachungswirkung und Publizität des Handelsregisters, auf Kommanditisten nicht anzuwenden.[683] Bei Abschluss des Gesellschaftsvertrags der KG gelten die Maßstäbe der GbR bzw. OHG. Zusätzliche Regelungen können beim KG-Gesellschaftsvertrag zur Erweiterung oder Einschränkung der Rechte von Kommanditisten vereinbart werden. Auch durch Umwandlung einer OHG mit der Aufnahme beschränkt haftender Gesellschafter kann eine KG entstehen, wenn z. B. nach § 139 I HGB im Gesellschaftsvertrag bestimmt ist, dass im Falle des Todes eines Gesellschafters die Gesellschaft mit dessen Erben fortgesetzt werden soll und die Erben nur als Kommanditisten mitwirken wollen.

534

bb) Gesellschaftsvermögen. Als Gesellschaftsvermögen können wie bei der GbR und der OHG üblicherweise Geld-, Dienst- und Sachleistungen angesehen werden. Die Pflicht zur Beitragsleistung aller Gesellschafter folgt aus § 161 II HGB i. V. m. § 105 III HGB, §§ 705, 706 BGB. Der Gesamtumfang der Vermögenseinlage ergibt sich aus dem Gesellschaftsvertrag. Für Kommanditisten gilt als Einlage der Betrag, dessen Höhe in das Handelsregister nach § 172 I HGB eingetragen ist. Auf die Gewinn- und Verlustbeteiligung sind nach § 167 I HGB die Vorschriften des § 120 HGB für die OHG anwendbar. Wichtigster Unterschied ist, dass der Kommanditist nach § 167 III HGB am Verlust der KG nur bis zum Betrag seines Kapitalanteils und seiner evtl. noch rückständigen Einlage teilnimmt.

535

cc) Gesellschaftszweck. Dem Gesellschaftszweck der KG muss der Betrieb eines Handelsgewerbes unter gemeinschaftlicher Firma nach § 161 I HGB zugrunde liegen. Auch Kleingewerbetreibende können nach §§ 161 II, 105 II HGB zur Erreichung ihres Gesellschaftszwecks eine KG gründen.

536

dd) Geschäftsführung und Vertretung. Zu unterscheiden ist bei der Geschäftsführung der KG zwischen den unterschiedlichen Gesellschaftern, dem Komplementär und dem Kommanditisten. Aus § 164 HGB folgt, dass nur der Komplementär zur Führung der Geschäfte der KG befugt ist; die Kommanditisten sind von der Führung der Geschäfte

537

---

682 Saenger, § 5 Rn. 1; Kraft/Kreutz, E. Vorb.
683 Vgl. dazu Klunzinger, GR, § 6 III 3; K. Schmidt, GR, § 53 II 2.

der Gesellschaft ausgeschlossen. Das Widerspruchsrecht des Kommanditisten bezieht sich nur auf Handlungen des Komplementärs, die über den gewöhnlichen Betrieb des Handelsgewerbes der KG hinausgehen. Der Kommanditist ist nach § 170 HGB zur Vertretung der Gesellschaft nicht ermächtigt, so dass allein der Komplementär die KG nach außen vertritt. Es besteht allerdings die Möglichkeit, einem Kommanditisten, der für die KG tätig ist, Prokura oder sogar Generalvollmacht zu erteilen.[684] Er kann dann die KG z. B. im Rahmen einer Einzelprokura oder im Rahmen einer Gesamtprokura mit einem anderen Prokuristen nach außen vertreten. Der Gesellschaftsvertrag kann dem Kommanditisten sogar auch Geschäftsführungsbefugnisse einräumen, nicht aber eine organschaftliche Vertretungsmacht.[685]

Während für den Komplementär dieselben Treuepflichten und die Pflicht zur Einhaltung des gesetzlichen Wettbewerbsverbots nach §§ 161 II, 112, 113 HGB wie bei der OHG bestehen, gelten für den Kommanditisten lediglich die gesellschaftlichen Treupflichten nach § 242 BGB. Nach § 165 HGB besteht kein gesetzliches Wettbewerbsverbot für Kommanditisten, so dass §§ 112 und 113 HGB nur für Komplementäre anzuwenden sind. Ein Wettbewerbsverbot kann aber im Gesellschaftsvertrag von allen Gesellschaftern auch für Kommanditisten beschlossen werden.

Da der Kommanditist normalerweise weder zur Geschäftsführung noch zur Außenvertretung der KG befugt ist, steht ihm nach § 166 HGB ein umfassendes Kontrollrecht zu. Danach ist der Kommanditist berechtigt, die abschriftliche Mitteilung des Jahresabschlusses zu verlangen und dessen Richtigkeit unter Einsicht der Bücher und Papiere zu prüfen. Da dem Kommanditisten nach § 166 II HGB aber die in § 118 HGB dem von der Geschäftsführung ausgeschlossenen OHG-Gesellschafter eingeräumten weiteren Rechte nicht zustehen, sind seine Kontrollrechte gegenüber den Kontrollrechten eines von der Geschäftsführung ausgeschlossenen OHG-Gesellschafters erheblich geringer.

Nach Inkrafttreten des MoPeG werden die Informationsrechte des Kommanditisten ausgebaut. Gemäß § 166 I HGB n. F. kann der Kommanditist von der Gesellschaft eine Abschrift des Jahresabschlusses verlangen und zu dessen Überprüfung Einsicht in die zugehörigen Geschäftsunterlagen nehmen. Weiterhin hat er das Recht von der Gesellschaft Auskunft über die Gesellschaftsangelegenheiten zu verlangen, soweit dies zur Wahrnehmung seiner Mitgliedschaftsrechte erforderlich ist.

538 ee) **Haftung.** Als rechtsfähige Personenhandelsgesellschaft haftet die KG mit ihrem Vermögen gegenüber ihren Gläubigern, da sie eigene Verbindlichkeiten begründen kann. Daneben haftet der Komplementär nach §§ 161 II, 128 HGB unbeschränkt persönlich für die Verbindlichkeiten der KG. Sind mehrere Gesellschafter Komplementäre der KG, haften sie gesamtschuldnerisch nach § 421 BGB. Der Kommanditist haftet nach § 171 I HGB den Gläubigern der Gesellschaft nur bis zur Höhe seiner Einlage unmittelbar; die Haftung ist ausgeschlossen, soweit die Einlage geleistet ist. Hat der Kommanditist die Einlage zurückerhalten, z. B. im Wege einer verdeckten Gewinnausschüttung, gilt die Einlage als nicht geleistet.[686] Der Kommanditist haftet, beschränkt auf die Höhe seiner Einlage, ebenfalls persönlich mit seinem Privatvermögen als Gesamtschuldner zusammen mit dem Komplementär. Nach § 172 IV 1 HGB gilt die Einlage eines Kommanditisten, die an diesen zurückzahlt wird, den Gläubigern gegenüber als nicht geleistet. Das gilt nach § 172 IV 2 HGB ebenso, wenn ein Kommanditist Gewinnanteile entnimmt, während sein Kapitalanteil durch Verlust unter den Betrag der geleisteten Einlage bzw. durch die Entnahme unter den Kapitalanteil gefallen ist.

Hat die KG nach § 176 I HGB ihre Geschäfte bereits begonnen, bevor sie in das Handelsregister des Gerichts, in dessen Bezirk sie ihren Sitz hat, eingetragen ist, so haftet jeder

---

684 BGHZ 17, 392, 394; 36, 292, 295; BGH BB 1972, 726; Schäfer, § 14 Rn. 4; Koch, GR, § 21 Rn. 15.
685 So BGHZ 51, 198, 201; Saenger, § 5 Rn. 351; K. Schmidt, GR, § 53 III 2; a. A. Klunzinger, GR, § 6 IV 4.
686 Vgl. MüKo-HGB/K. Schmidt, §§ 171, 172 Rn. 62; dazu ausführlich Schäfer, § 13 Rn. 6.

Kommanditist, der dem Geschäftsbeginn zugestimmt hat, für die bis zur Eintragung begründeten Verbindlichkeiten der Gesellschaft wie ein persönlich haftender Gesellschafter, es sei denn, dass seine Beteiligung als Kommanditist dem Gläubiger bekannt war. Diese unbeschränkte Haftung gilt nach § 176 I 2 HGB nicht, wenn ein Kleingewerbe betrieben und die Kaufmannseigenschaft nach § 2 HGB erst mit Eintragung begründet wird.[687] Tritt nach § 176 II HGB ein Kommanditist in eine bestehende Handelsgesellschaft ein, so haftet er ebenfalls unbeschränkt in der Zeit zwischen seinem Eintritt und der Eintragung der Gesellschaft in das Handelsregister für die bereits begründeten Verbindlichkeiten der Gesellschaft wie ein persönlich haftender Gesellschafter, es sei denn, dass seine Beteiligung als Kommanditist wiederum dem Gläubiger bekannt war.

ff) Gesellschafterwechsel. Die Vorschriften über den Gesellschafterwechsel bei der OHG finden über § 161 II HGB auch Anwendung auf den Gesellschafterwechsel bei der KG. Weitere Regelungen können im Gesellschaftsvertrag der KG vereinbart werden, nach denen Gesellschafterwechsel zusätzlich möglich gemacht oder eingeschränkt werden können. § 173 HGB regelt die Haftung des Kommanditisten bei Eintritt in eine bestehende Handelsgesellschaft. Danach haftet der Kommanditist bei Eintritt in eine bestehende Handelsgesellschaft nach §§ 171, 172 HGB bis zur Höhe seiner Einlage für die vor seinem Eintritt begründeten Verbindlichkeiten der Gesellschaft, ohne Unterschied, ob die Firma eine Änderung erfährt oder nicht.

gg) Beendigung. Für die Beendigung der KG gelten über § 161 II HGB die Auflösungs- und Beendigungsgründe der §§ 131 ff. HGB für die OHG. Stirbt der Kommanditist, wird die Gesellschaft nach § 177 HGB mit den Erben fortgesetzt, es sei denn, dass der Gesellschaftsvertrag eine andere Vereinbarung der Gesellschafter enthält.

d) Stille Gesellschaft. Die stille Gesellschaft ist in den §§ 230 bis 236 HGB geregelt. Sie entsteht nach § 230 I HGB, wenn sich ein stiller Gesellschafter an dem *Handelsgewerbe*, das ein anderer betreibt (z. B. Einzelkaufmann, OHG, KG, AG, GmbH), mit einer Vermögenseinlage beteiligt. Er hat dann eine Einlage zu leisten und zwar in der Form, dass diese direkt in das Vermögen des Inhabers des Handelsgeschäfts übergeht. Die stille Gesellschaft tritt nach außen hin nicht in Erscheinung. Daraus folgt die Bezeichnung „still". Sie ist eine reine Innengesellschaft.[688] Sie betreibt selbst kein Handelsgewerbe, führt keine Firmenbezeichnung und wird nicht in das Handelsregister eingetragen. Die stille Gesellschaft besitzt *keine eigene Rechtsfähigkeit*. Deshalb kann sie auch keine Rechte erwerben und Verbindlichkeiten eingehen, kein Gesellschaftsvermögen im technischen Sinne bilden oder Prozesspartei sein, wie das nach § 124 I HGB für die OHG und die KG möglich ist.[689]

Die stille Gesellschaft ist Personengesellschaft aber nicht Handelsgesellschaft. Gesellschafter können natürliche oder juristische Personen sein. Die stille Gesellschaft hat nur zwei Gesellschafter, den Kapitalgeber und den Kapitalnehmer als Kaufmann, der das Handelsgewerbe betreibt. Da eine stille Gesellschaft nicht offenkundig gemacht wird, steht es dem Gewerbetreibenden frei, als Kapitalnehmer mehrere stille Gesellschaften zu gründen, um Kapital für sein Handelsgeschäft einzuwerben.[690]

Abzugrenzen ist die stille Gesellschaft von der Unterbeteiligung. Letztere liegt vor, wenn sich jemand an dem Gesellschaftsanteil eines Hauptgesellschafters beteiligt, ohne in direkte Beziehung zur Hauptgesellschaft selbst zu treten.[691] Auch hier liegt eine reine

---

687 Vgl. Hopt/Roth, § 176 Rn. 5.
688 Vgl. Kraft/Kreutz, F.I. 1.
689 Vgl. K. Schmidt, GR, § 62 I 1; Schäfer, § 27 Rn. 1; Wörlen/Kokemoor/Lohrer, Rn. 197.
690 Vgl. Saenger, § 6 Rn. 380; Roth/Weller, § 15 Rn. 424.
691 Vgl. Eisenhardt/Wackerbarth, § 28 Rn. 554.

Innengesellschaft vor in der Form einer GbR. Eine Unterbeteiligung kann nach h. M. auch ohne Kenntnis der übrigen Gesellschafter vereinbart werden.[692]

542 aa) **Gründung.** Die Motive zur Gründung einer stillen Gesellschaft können vielfältig sein. Dabei sind die Motive des Kaufmanns, der das Handelsgewerbe betreibt, und des still Beteiligten zu unterscheiden. Aus Sicht des Kaufmanns dient die stille Beteiligung der Stärkung des Eigenkapitals, ohne das im Rechtsverkehr die stille Beteiligung offenkundig wird, denn eine Eintragung in das Handelsregister erfolgt gerade nicht. Außerdem muss der Inhaber des Handelsgeschäfts dem stillen Gesellschafter keine Geschäftsführungs- und Vertretungsbefugnis einräumen. Ein stiller Gesellschafter hat z. B. gegenüber einem Darlehensgeber den Vorteil, dass ihm das HGB Gesellschafterrechte einräumt wie z. B. die Beteiligung am Gewinn bzw. Einsichts- und Kontrollrechte nach §§ 232, 233 HGB. Wettbewerbsrechtliche Motive können ebenso für die Errichtung einer stillen Gesellschaft sprechen, wenn insbesondere ein gesetzliches Wettbewerbsverbot besteht (§ 112 HGB für persönlich haftende OHG- oder KG-Gesellschafter) oder ein vertragliches Wettbewerbsverbot existiert. Daneben können auch familienpolitische Überlegungen ein wichtiger Grund zum Abschluss einer stillen Gesellschaft zwischen dem Gesellschafter und einzelnen Familienmitgliedern sein, welche einerseits schon frühzeitig in die Gesellschaft mit aufgenommen werden sollen und andererseits die Steuerlast dadurch reduziert wird, weil die stillen Gesellschafter z. B. aufgrund eines niedrigeren Steuersatzes besteuert werden als der Unternehmer.[693]

Die stille Gesellschaft bedarf eines Gesellschaftsvertrags, der grundsätzlich formfrei geschlossen werden kann, es sei denn, der stille Gesellschafter leistet die Einlage in Folge der Eigentumsübertragung eines Grundstücks (§§ 311b, 925 BGB). Formerfordernisse sind auch zu beachten, wenn der Geschäftsinhaber z. B. seinem Kind einen Geschäftsanteil im Rahmen einer stillen Gesellschaft schenkt, § 518 I BGB, oder familien- bzw. vormundschaftliche Genehmigungen nach §§ 1643, 1821, 1822 BGB zu berücksichtigen sind.

Zu unterscheiden ist zwischen der typischen und der atypischen stillen Gesellschaft. Während bei der typischen stillen Gesellschaft der stille Gesellschafter am Gewinn bzw. am Verlust bis zum Betrag seiner Einlage beteiligt ist, wird der stille Gesellschafter einer atypischen stillen Gesellschaft weiterer Inhaber des Handelsgewerbes. Daraus resultiert, dass er neben einer Gewinn- und Verlustbeteiligung auch Anspruch auf die Geschäftsführung hat und an den stillen Reserven bzw. am Firmenwert der Gesellschaft partizipiert.[694] Die Beteiligung an der Geschäftsführung des Handelsgewerbes betrifft allerdings nur das Innenverhältnis. Dadurch wird aber die Verfügungsbefugnis des Geschäftsinhabers nicht berührt.[695] Deshalb ist es sinnvoll, einen stillen Gesellschafter, der über eine weitreichende Geschäftsführungsbefugnis verfügt, mit einer darauf abgestimmten Vertretungsmacht (z. B. Prokura oder Handlungsvollmacht) auszustatten; dann hat er die Möglichkeit, den Unternehmensträger (nicht die Stille Gesellschaft!) auch nach außen wirksam zu verpflichten.[696]

543 bb) **Gesellschaftsvermögen.** Die stille Gesellschaft bildet kein eigenes Vermögen. Die Pflicht der Beitragszahlung des stillen Gesellschafters liegt darin, die Einlage so zu leisten, dass sie in das Vermögen des Inhabers des Handelsgeschäfts übergeht.

544 cc) **Gesellschaftszweck.** Zweck der stillen Gesellschaft ist es, für den Kapitalnehmer des Handelsgewerbes die Eigenkapitalbasis zu erhöhen, um z. B. eine höhere Kreditwür-

---

692 Vgl. OLG Frankfurt GmbHR 1992, 668, 669; MüKo-HGB/K. Schmidt, § 230 Rn. 221.
693 Vgl. Steckler/Tekidou-Külke, G. Rn. 127.
694 BGHZ 7, 174, 177; 8, 157, 168; BGH NJW 1992, 2696, 2697; BGH NJW-RR 1994, 1185, 1186.
695 Vgl. Schäfer, § 30 Rn. 2.
696 Schäfer, § 30 Rn. 2.

digkeit im Geschäftsverkehr zu erlangen. Für den Kapitalgeber mag insbesondere die zu erzielende Kapitalrendite in Relation zum eingegangenen Risiko interessant sein.

dd) Geschäftsführung und Vertretung. Die Geschäftsführung steht nur dem Inhaber des Handelsgewerbes zu. Deshalb ist der stille Gesellschafter nach § 233 I HGB berechtigt, die abschriftliche Mitteilung des Jahresabschlusses zu verlangen und dessen Richtigkeit unter Einsicht der Bücher und Papiere zu prüfen. Diese Einsichts- und Kontrollrechte des stillen Gesellschafters sind vergleichbar mit den Rechten des Kommanditisten nach § 166 I HGB. Allerdings stehen dem stillen Gesellschafter die in § 716 BGB eingeräumten weiteren Rechte nicht zu. Da der stille Gesellschafter gerade im Rechtsverkehr nach außen nicht auftreten soll, hat er grundsätzlich keine Vertretungsmacht, es sei denn, sie wird ihm vom Inhaber des Handelsgeschäfts, z.B. dem geschäftsführenden Gesellschafter einer Einmann-GmbH, durch Erteilung einer Prokura oder Handlungsvollmacht ausdrücklich eingeräumt.[697]

545

ee) Haftung. Da die stille Gesellschaft eine reine Innengesellschaft ist, scheidet die Haftung des stillen Gesellschafters für Verbindlichkeiten des Handelsgeschäfts aus. Der stille Gesellschafter ist lediglich verpflichtet, seine Einlage zu leisten. Am Verlust nimmt der stille Gesellschafter grundsätzlich nur bis zur Höhe seiner Einlage teil. Nach § 231 II HGB kann aber vereinbart werden, dass der stille Gesellschafter nicht am Verlust des Handelsgeschäfts beteiligt sein soll.

546

ff) Gesellschafterwechsel. Auch bei der stillen Gesellschaft ist ein Gesellschafterwechsel denkbar. Voraussetzung ist, dass bei Abschluss des Gesellschaftsvertrags Regelungen für einen Gesellschafterwechsel aufgenommen werden.[698] Da die stille Gesellschaft Personengesellschaft ist, bedarf der Gesellschafterwechsel wie bei GbR, OHG oder KG der Zustimmung des anderen Gesellschafters.

547

gg) Beendigung. Die stille Gesellschaft kann entweder durch eine vertragliche Vereinbarung oder durch Kündigung nach § 234 HGB beendet werden. Bei Tod des stillen Gesellschafters wird die Gesellschaft mit den Erben des verstorbenen Gesellschafters fortgesetzt, es sei denn, dass im Gesellschaftsvertrag etwas anderes geregelt ist. Der Tod des Inhabers des Handelsgeschäfts führt allerdings zur Auflösung der stillen Gesellschaft. Stirbt der stille Gesellschafter, treten nach § 139 HGB die Erben in die stille Gesellschaft ein, wenn der Gesellschaftsvertrag dies so vorsieht.
Nach Auflösung der stillen Gesellschaft erfolgt die Liquidation gem. § 235 HGB. Wird nach § 236 I HGB über das Vermögen des Inhabers des Handelsgeschäfts das Insolvenzverfahren eröffnet, gilt § 728 BGB analog: Die stille Gesellschaft wird aufgelöst durch die Eröffnung eines Insolvenzverfahrens über das Vermögen eines Gesellschafters, gleichgültig, ob der Geschäftsinhaber oder der stille Gesellschafter insolvent wird.[699]

548

e) Partnerschaftsgesellschaft. Das Gesetz über Partnerschaftsgesellschaften Angehöriger Freier Berufe (PartGG) trat am 25.7.1995 in Kraft. Nach § 1 PartGG ist die Partnerschaft eine Gesellschaft, in er sich Angehörige Freier Berufe zusammenschließen. Sie übt kein Handelsgewerbe aus. Angehörige einer Partnerschaft können nur natürliche Personen sein. Der Begriff des „Freien Berufs" wird in § 1 II PartGG definiert: Die Freien Berufe haben im Allgemeinen auf der Grundlage besonderer beruflicher Qualifikation oder schöpferischer Begabung die persönliche, eigenverantwortliche und fachlich unabhängige Erbringung von Dienstleistungen höherer Art im Interesse der Auftraggeber und der Allgemeinheit zum Inhalt. Beispiele für Freie Berufe sind in § 1II 2 PartGG

549

---

697 Vgl. Klunzinger, GR, § 7 VII 2a.
698 BGHZ 106, 7, 9; s. dazu BGH NJW 1985, 1079, 1080; BGH WM 1998, 555, 557.
699 Vgl. RGZ 122, 70, 72; MüKo-HGB/K. Schmidt, § 234 Rn. 11.

aufgeführt, so z. B. Ärzte, Zahnärzte, Rechtsanwälte, Wirtschaftsprüfer, Steuerberater aber auch beratende Volks- und Betriebswirte, Ingenieure, Architekten etc. Auf die Partnerschaft finden nach § 1 IV PartGG, soweit nichts anderes bestimmt ist, die Vorschriften des BGB über die GbR nach §§ 705 ff. BGB Anwendung. Die Partnerschaftsgesellschaft ist vergleichbar mit der GbR; einziger Unterschied ist der Gesellschaftszweck, wonach der Zusammenschluss Angehöriger Freier Berufe mit dem Ziel erfolgt, die freiberufliche Tätigkeit gemeinsam auszuüben. Auch OHG-Recht findet z. B. über §§ 4 I, 6 III, 7 II, III, 8 I, 9 I, III oder 10 II PartGG entsprechende Anwendung.

Nach dem Inkrafttreten des MoPeG zum 1.1.2024 werden auch die Freien Berufe gemäß § 107 I 2 HGB n. F. vorbehaltlich berufsrechtlicher Vorgaben die Möglichkeit haben, eine Personenhandelsgesellschaft zu gründen.

550 **aa) Gründung.** Voraussetzung für die Partnerschaftsgesellschaft ist nach § 3 PartGG ein Partnerschaftsvertrag, welcher schriftlich abzuschließen ist. Der Partnerschaftsvertrag muss den Namen und den Sitz der Partnerschaft, den Namen und den Vornamen sowie den in der Partnerschaft ausgeübten Beruf und den Wohnort jedes Partners sowie den Gegenstand der Partnerschaft zum Inhalt haben. Der Name der Partnerschaft muss nach § 2 PartGG den Namen mindestens eines Partners, den Zusatz „und Partner" oder „Partnerschaft" sowie die Berufsbezeichnungen aller in der Partnerschaft vertretenen Berufe enthalten. Zusätzlich sind nach § 2 II PartGG bestimmte Vorschriften des Handelsgesetzbuches entsprechend anwendbar. Die Partnerschaft ist nach § 4 PartGG in das Partnerschaftsregister anzumelden; der Inhalt der Eintragung bestimmt sich nach § 5 PartGG.

551 **bb) Geschäftsführung und Vertretung.** Grundsätzlich steht jedem Partner der Partnerschaftsgesellschaft die Geschäftsführungs- und Vertretungsbefugnis zu. Eine Einschränkung der Geschäftsführungsbefugnis kann sich aus § 6 II PartGG ergeben. Allerdings ist ein völliger Ausschluss nicht möglich, weil dem Partner die Erbringung seiner beruflichen Leistung weiter möglich sein muss.[700] Für die Außenvertretung der Partnerschaft gelten nach § 7 III PartGG die Vorschriften der §§ 125 I, II, 126 und 127 HGB entsprechend.

552 **cc) Haftung.** Nach § 8 I PartGG haften den Gläubigern das Vermögen der Partnerschaftsgesellschaft sowie die einzelnen Partner als Gesamtschuldner. Eine Haftungseinschränkung sieht § 8 II PartGG vor: Waren nur einzelne Partner mit der Bearbeitung eines Auftrags befasst, so haften nur sie nach § 8 I PartGG für berufliche Fehler neben der Partnerschaftsgesellschaft. Außerdem kann nach § 8 III PartGG durch Gesetz für einzelne Berufe eine Beschränkung der Haftung für Ansprüche aus Schäden wegen fehlerhafter Berufsausübung auf einen bestimmten Höchstbetrag zugelassen werden, wenn zugleich eine Pflicht zum Abschluss einer Berufshaftpflichtversicherung der Partner oder der Partnerschaft begründet wird.

553 **dd) Beendigung.** Nach § 9 PartGG finden für das Ausscheiden eines Partners und die Auflösung der Partnerschaft die §§ 131 bis 144 HGB über die Auflösung der OHG und das Ausscheiden von OHG-Gesellschaftern entsprechende Anwendung. Verliert ein Partner eine erforderliche Zulassung zu dem Freien Beruf, den er in der Partnerschaft ausübt, so bestimmt § 9 III PartGG, dass er mit dem Verlust der Zulassung aus der Partnerschaft ausscheidet. Ausscheiden, Kündigung oder Tod eines Partners haben, vergleichbar zur OHG, grds. nicht die Auflösung der Partnerschaft zur Folge.[701] Nach § 9 IV PartGG ist die Beteiligung an einer Partnerschaft grundsätzlich nicht vererblich. Der Partnerschaftsvertrag kann aber Regeln für die Vererblichkeit der Beteiligung vorse-

---

700 Vgl. Saenger, § 7 Rn. 405.
701 Vgl. Saenger, § 7 Rn. 413.

hen. Der Erbe muss allerdings die erforderliche Zulassung zu dem Freien Beruf haben, der Grundlage für die Partnerschaftsgesellschaft ist. Für die Liquidation der Partnerschaftsgesellschaft gilt nach § 10 PartGG die entsprechende Anwendung der Vorschriften über die Liquidation der OHG.

f) Europäische Wirtschaftliche Interessenvereinigung (EWIV). Die EWIV ist im Jahr 1985 als grenzüberschreitende Gesellschaft innerhalb der Europäischen Union durch die Verordnung 2137/1985/EWG geschaffen worden.[702] Die Vereinigung hat nach Art. 3 EWIV-VO den Zweck, die wirtschaftliche Tätigkeit ihrer Mitglieder zu erleichtern oder zu entwickeln sowie die Ergebnisse dieser Tätigkeit zu verbessern oder zu steigern. Gewinnerzielungsabsicht ist nach Art. 3 I EWIV-VO nicht gestattet. Anfallende Gewinne stehen nach Art. 21 I EWIV-VO den einzelnen Mitgliedern zu. Die EWIV soll im Zusammenhang mit der wirtschaftlichen Tätigkeit ihrer Mitglieder stehen und darf nur eine Hilfstätigkeit hierzu bilden.[703]

554

Nach § 1 EWIV-AG sind auf eine EWIV mit Sitz in Deutschland die rechtlichen Regelungen für eine OHG entsprechend anwendbar. Voraussetzung für die Gründung der EWIV ist ein Gesellschaftsvertrag nach Art. 5 EWIV-VO, der den Namen der Vereinigung, den Sitz, den Unternehmensgegenstand, die Mitglieder der EWIV und die Dauer der Vereinigung enthalten muss, sofern die Dauer nicht unbestimmt ist. Vertragspartner der EWIV können nach Art. 4 EWIV-VO nur natürliche oder juristische Personen sein, die ihre Haupttätigkeit in der EU ausüben bzw. ihren Sitz in der EU haben. Zwingend vorgeschrieben ist die *Mehrstaatlichkeit* der Mitglieder, d. h. mindestens zwei Mitglieder einer EWIV müssen verschiedenen Mitgliedsstaaten der EU angehören.[704]

Der Gesellschaftszweck der EWIV ist nach Art. 3 EWIV-VO die Erleichterung der wirtschaftlichen Tätigkeit ihrer Mitglieder bzw. die Verbesserung oder Steigerung dieser Tätigkeit. Die EWIV hat nach Art. 5 EWIV-VO eine eigene Firmenbezeichnung, unter der sie im Rechtsverkehr auftritt. Organe sind nach Art. 16 EWIV-VO die gemeinschaftlich handelnden Mitglieder, die auch die Gesellschafterversammlung bilden, und der oder die Geschäftsführer. Nach Art. 19 EWIV-VO werden die Geschäfte von einer oder mehreren Personen geführt. Gegenüber Dritten wird die EWIV ausschließlich durch den Geschäftsführer oder, wenn es mehrere sind, durch jeden einzelnen der Geschäftsführer vertreten, Art. 20 I EWIV-VO. Anwendbar sind nach § 105 III HGB die vertretungsrechtlichen Vorschriften des BGB.

Nach Eintragung erwirbt die EWIV eine eigene Rechtspersönlichkeit, sie wird Träger von Rechten und Pflichten. Insofern haftet die EWIV nach Art. 1 II EWIV-VO für alle Verbindlichkeiten der Gesellschaft mit ihrem Vermögen. Zusätzlich haften nach Art. 24 EWIV-VO die Mitglieder der EWIV unbeschränkt und gesamtschuldnerisch für alle Verbindlichkeiten der EWIV entsprechend der Haftung von OHG-Gesellschaftern. Neu eintretende Mitglieder, die nur durch einstimmigen Beschluss der Altmitglieder aufgenommen werden können, haften nach Art. 26 II EWIV-VO auch für die Verbindlichkeiten der Vereinigung, die sich schon aus der Tätigkeit der Vereinigung vor Beitritt ergeben haben, es sei denn, dem neuen Mitglied wird eine Haftungsbegrenzung zugebilligt, welche nach Art. 8 EWIV-VO bekannt zu machen ist.[705] Die EWIV endet durch Beschluss ihrer Mitglieder nach Art. 31 EWIV-VO; die Auflösung der Vereinigung führt zu deren Abwicklung, Art. 35 EWIV-VO.

---

702 EWIV-VO (EWG) Nr. 2137/1985, ABl. 1985, L 199/1; dazu ausführlich Conrads/Schade, 7.5.5.1.1 ff.
703 BGBl. 1988, Teil I, S. 514.
704 Eisenhardt/Wackerbarth, § 16 Rn. 291; dies., § 9 Rn. 209; vgl. Conrads/Schade, 7.5.5.1.1 ff.
705 Vgl. Conrads/Schade, 7.5.5.1.4.

2. Körperschaften

555 Im Gegensatz zu Personengesellschaften sind die bedeutendsten wirtschaftlich tätigen Körperschaften die Kapitalgesellschaften und Genossenschaften. Kapitalgesellschaften sind Unternehmensformen, bei denen in der Regel die Höhe der eingezahlten Kapitalbeträge die Grundlage für die Entscheidungsbefugnisse und die Gewinnverteilung in der Gesellschaft bildet. Die AG ist die klassische Grundform der Kapitalgesellschaft, die GmbH eine moderne Adaption bestimmter Grundgedanken des Aktienrechts an die speziellen Zwecke des kleineren Unternehmens.[706] Kapitalgesellschaften sind juristische Personen mit eigener Rechtspersönlichkeit. Wichtigster Unterschied zur Personengesellschaft ist, dass bei Kapitalgesellschaften ein mehr unpersönlicher, beschränkter Kapitaleinsatz der Gesellschafter genügt, dieser aber für den Umfang ihrer Rechte und Pflichten in der Gesellschaft ausschlaggebend ist.[707] Zwar sorgt bei der Aktiengesellschaft der Aktionär, insbesondere bei der Gründung, dafür, dass das notwendige Kapital für die Entstehung der Aktiengesellschaft bereitgestellt wird. Auf seine persönliche Mitwirkung kommt es aber nicht an. Ihm stehen nicht automatisch Geschäftsführungs- und Vertretungsbefugnis zu; dafür haftet er auch nicht persönlich unbeschränkt und gesamtschuldnerisch mit den anderen Anteilseignern, sondern nur mit seiner Einlage. Bei Genossenschaften handelt es sich um Körperschaften, die die wirtschaftliche Betätigung ihrer Mitglieder durch gemeinschaftliche Geschäftsbetriebe fördern.

556 **a) Aktiengesellschaft (AG).** Die Aktiengesellschaft ist nach § 1 I AktG eine Gesellschaft mit eigener Rechtspersönlichkeit. Für die Verbindlichkeiten der Gesellschaft haftet den Gläubigern nur das Gesellschaftsvermögen. Die AG hat ein in Aktien zerlegtes Grundkapital. Sie ist die übliche Rechtsform für Großunternehmen. Die AG wird aber auch bei mittelständischen Unternehmen deshalb immer beliebter, weil ihre Kapitalanteile, die Aktien, grundsätzlich ohne besondere Formerfordernisse frei handelbar sind, und ein benötigter Kapitalbedarf, z. B. für Forschung und Entwicklung oder Unternehmensinvestitionen, von einer Vielzahl an Aktionären unkompliziert durch die Übernahme von Aktien gegen Einlage erzielt werden kann. Für die Anteilseigner bedeutsam ist, dass ihr Risiko auf die Höhe ihrer Einlage begrenzt ist; denn die AG haftet den Gläubigern nur mit ihrem Gesellschaftsvermögen.

In den meisten Fällen misst der Aktionär seinem Gesellschaftsanteil nur die Bedeutung einer Finanzinvestition zu. Er identifiziert sich bedeutend weniger mit dem Unternehmen als der Gesellschafter einer Personengesellschaft. Der Aktionär verfolgt überwiegend das Ziel, durch hohe Dividendenausschüttungen bzw. Kurssteigerungen eine angemessene Rendite auf das der Aktiengesellschaft zur Verfügung gestellte Kapital zu erwirtschaften.

Nach § 3 I AktG ist die AG stets Handelsgesellschaft, auch wenn der Gegenstand des Unternehmens nicht im Betrieb eines Handelsgewerbes bestehen muss. Aufgrund ihrer Rechtsform ist die AG nach § 6 HGB Formkaufmann. Sie hat nach § 4 AktG eine Firmenbezeichnung zu führen, die die Bezeichnung „Aktiengesellschaft" oder eine allgemein verständliche Abkürzung dieser Bezeichnung enthalten muss.

557 **aa) Kapitalausstattung und Vermögen.** Die Kapitalausstattung der AG beginnt mit der Einzahlung des Grundkapitals. Nach § 1 II AktG hat die AG ein in Aktien zerlegtes Grundkapital. Der Mindestnennbetrag des Grundkapitals ist nach § 7 AktG € 50.000,–. Es muss nach § 6 AktG auf einen Nennbetrag in Euro lauten. Die Höhe des Grundkapitals ergibt sich bei Gründung der AG aus der Satzung. Folglich kann die AG auch mit einem höheren Grundkapital ausgestattet werden, wenn sie ab Beginn ihrer Geschäftstätigkeit einen höheren Kapitalbedarf benötigt.

---

706 Vgl. Roth/Weller, § 16 Rn. 431.
707 Kraft/Kreutz, A. III. 1c.

Die Aktie verbrieft als Wertpapier einen Anteil am Grundkapital. Nach § 8 I AktG können Aktien entweder als Nennbetragsaktien, die gem. § 8 II AktG mindestens auf € 1,- lauten müssen, oder als Stückaktien, § 8 III AktG, begründet werden. Aktien werden nach § 10 I AktG als Inhaber- oder Namensaktien ausgegeben. Inhaberaktien können formfrei durch Einigung und Übergabe nach §§ 929 ff. BGB übertragen werden. Hat die AG Namensaktien ausgegeben, ist neben den Voraussetzungen der §§ 929 ff. BGB auch § 68 AktG zu beachten. Danach können Namensaktien nur durch *Indossament* (Übertragungserklärung) übertragen werden. Die Satzung der AG kann die Übertragungsmöglichkeit noch weiter erschweren, in dem nach § 68 II AktG die Übertragung an die Zustimmung der Gesellschaft gebunden ist (bei sog. *vinkulierten Namensaktien*).
Üblich sind Inhaberaktien, die die freie und unkomplizierte Übertragung von einem Aktionär auf den nächsten im Rechtsverkehr gewährleisten. Die Aktie verkörpert neben dem Anteil am Grundkapital auch Mitgliedschaftsrechte in der AG. Dazu gehört nach § 12 I AktG das Stimmrecht, es sei denn, es handelt sich um Vorzugsaktien, die nach § 12 I 2 AktG als Aktien ohne Stimmrecht ausgegeben werden können. Aktien dürfen nach § 9 I AktG nicht für einen geringeren Betrag als den Nennbetrag oder den auf die einzelne Stückaktie entfallenden anteiligen Betrag des Grundkapitals ausgegeben werden. Für einen höheren Betrag als den Nennbetrag, z. B. bei Kapitalerhöhungen, ist die Ausgabe nach § 9 II AktG zulässig.
Neben der Kapitalausstattung ist das Vermögen für die Aktiengesellschaft bedeutend. Da ausschließlich die Aktiengesellschaft für die von ihr eingegangenen Verbindlichkeiten haftet, wird ihr im Wirtschaftsverkehr nur dann eine gute Bonität bescheinigt, wenn sie zusätzlich zum Grundkapital über Vermögenswerte verfügt, welche im Zweifel den Gläubigern zur Befriedigung ihrer Forderungen zur Verfügung stehen. Das Gesellschaftsvermögen ist die Summe aller der AG zustehenden Rechte, wozu alle beweglichen Sachen oder Grundstücke, die sich im Eigentum der Gesellschaft befinden, dazu Barmittel, Forderungen, Beteiligungen oder Rechte, wie z. B. Patente gehören.[708] Im Gegensatz zum Grundkapital kann das Gesellschaftsvermögen stichtagsbezogen höher oder niedriger sein, je nach wirtschaftlichem Erfolg der AG.
Das Grundkapital der AG kann durch Kapitalmaßnahmen verändert werden, z. B. durch *Kapitalerhöhung* oder *Kapitalherabsetzung*. Erforderlich ist jeweils ein Hauptversammlungsbeschluss mit einer Mehrheit, die mindestens drei Viertel des bei der Beschlussfassung vertretenen Grundkapitals umfasst, §§ 182, 222 AktG. Die Erhöhung des Kapitals erfolgt durch:
– Effektive Kapitalerhöhungen
    – Kapitalerhöhung gegen Einlage, §§ 182 ff. AktG;
    – Bedingte Kapitalerhöhung, §§ 192 ff. AktG;
    – Genehmigte Kapitalerhöhung, §§ 202 ff. AktG.
– Nominelle Kapitalerhöhung, §§ 207 ff. AktG.
Dagegen erfolgt eine Herabsetzung des Kapitals durch
– Effektive Kapitalherabsetzung
    – Ordentliche Kapitalherabsetzung, §§ 222 ff. AktG;
    – Kapitalherabsetzung durch Einziehung von Aktien, §§ 237 ff. AktG;
– Nominelle Kapitalherabsetzung, §§ 229 ff. AktG;
– Kapitalschnitt, § 228 AktG.
Die AG kann somit bei Kapitalbedarf neben Fremdkapital auch ihr Grundkapital erhöhen und durch die Ausgabe von Aktien gegen Einlagen ihre Eigenmittel vergrößern.[709] Andererseits kann die Aktiengesellschaft überschüssiges Kapital im Rahmen einer Kapi-

---

708 Vgl. Eisenhardt/Wackerbarth, § 32 Rn. 577, in der 15. Aufl. 2011.
709 Vgl. Saenger, § 15 Rn. 651.

talherabsetzung an die Aktionäre verteilen, wobei unbedingt Sicherheitsvorkehrungen zugunsten der Gläubiger zu beachten sind.[710]

558 bb) **Gründung.** Die Vorschriften über die Gründung einer AG finden sich in den §§ 23 bis 53 AktG. Dabei wird zwischen der *einfachen* und der *qualifizierten Gründung* unterschieden. Grundlage für die einfache Gründung der AG ist die Errichtung einer Satzung durch die Gründer, die durch notarielle Beurkundung festgestellt werden muss, § 23 I 1 AktG.
In der Satzung sind nach § 23 II AktG anzugeben:
- Gründer;
- Bei Nennbetragsaktien der Nennbetrag, bei Stückaktien die Zahl;
- Ausgabebetrag;
- Jeweilige Gattung der Aktien bei mehreren Aktiengattungen, die jeder Gründer übernimmt;
- Eingezahlter Betrag des Grundkapitals.

Außerdem muss die Satzung einen bestimmten Mindestinhalt aufweisen, der in § 23 III AktG vorgeschrieben ist:
- Firma und Sitz der Gesellschaft;
- Gegenstand des Unternehmens;
- Höhe des Grundkapitals;
- Zerlegung des Grundkapitals entweder in Nennbetragsaktien oder in Stückaktien;
- Festlegung, ob Ausgabe in Inhaberaktien oder Namensaktien erfolgt;
- Zahl der Vorstandsmitglieder.

Des Weiteren muss die Satzung nach § 23 IV AktG Bestimmungen über die Form der Bekanntmachungen der Gesellschaft enthalten.
Bei der qualifizierten Gründung, welche einzelnen Aktionären besondere Privilegien zukommen lassen kann, bzw. wenn anstatt durch Einzahlung des Ausgabebetrags der Aktien Sacheinlagen geleistet werden, sind nach §§ 26, 27 AktG weitere Regelungen in die Satzung aufzunehmen:
- Vorteile für Aktionäre oder Dritte unter Bezeichnung der Berechtigten;
- Gesamtaufwand, der zu Lasten der Gesellschaft an Aktionäre oder an andere Personen als Entschädigung oder als Belohnung für die Gründung oder ihre Vorbereitung gewährt wird;
- Feststellung des wirtschaftlichen Wertes von Sacheinlagen bzw. Sachübernahme zur Feststellung des Nennbetrags bzw. bei Stückaktien die Zahl der bei der Sacheinlage zu gewährenden Aktien oder die bei der Sachübernahme zu gewährende Vergütung.

Ist die Satzung durch notarielle Beurkundung festgestellt, haben die Gründer nach § 29 AktG die Aktien zu übernehmen und das Grundkapital einzuzahlen. Danach haben die Gründer nach § 30 I AktG den ersten Aufsichtsrat der Gesellschaft und den Abschlussprüfer für das erste Voll- oder Rumpfgeschäftsjahr zu bestellen. Auch diese Bestellung bedarf der notariellen Beurkundung. Nach § 30 IV AktG bestellt der Aufsichtsrat den ersten Vorstand, der üblicherweise aus Gründern der AG besteht.
Die AG erlangt ihre Rechtspersönlichkeit durch Eintragung in das Handelsregister, zu der sie nach § 36 I AktG von allen Gründern, den Mitgliedern des Vorstands und des Aufsichtsrats anzumelden ist. Die Eintragung hat konstitutive Wirkung.[711] Denn gem. § 41 I 1 AktG besteht die Aktiengesellschaft vor der Eintragung ins Handelsregister nicht. Nach § 38 I AktG hat das Registergericht zu prüfen, ob die Gesellschaft ordnungsgemäß errichtet und angemeldet ist. Zur ordnungsgemäßen Errichtung gehören der Gründungsbericht der Gründer nach § 32 AktG sowie die Gründungsprüfung durch Vorstand und Aufsichtsrat nach § 33 AktG, wobei nach § 33 II AktG eine Prüfung durch

---

710 Vgl. Saenger, § 15 Rn. 663.
711 Windbichler, § 26 Rn. 10.

einen oder mehrere Gründungsprüfer stattfinden muss. Außerdem muss das Grundkapital eingezahlt sein, § 36 II AktG. Fehlen Voraussetzungen für die Eintragung, muss das Registergericht nach § 38 I 2 AktG die Eintragung ablehnen.

cc) Organe. Kapitalgesellschaften handeln durch Organe. Bei der Aktiengesellschaft bilden die Organe der Vorstand, der Aufsichtsrat und die Hauptversammlung.

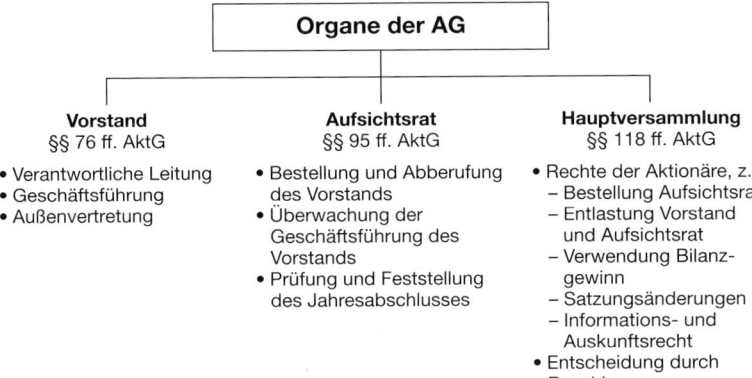

Abb. 43: Organe der AG

(1) Vorstand. Nach § 76 I AktG hat der Vorstand unter eigener Verantwortung die Gesellschaft zu leiten. Der Vorstand kann aus einer oder mehreren Personen bestehen. Bei Gesellschaften mit einem Grundkapital von mehr als € 3 Mio. hat er nach § 76 II 2 AktG aus mindestens zwei Personen zu bestehen, es sei denn, die Satzung bestimmt, dass er aus einer Person besteht. Gemäß § 76 IV AktG hat der Vorstand von Aktiengesellschaften, die börsennotiert oder der Mitbestimmung unterliegen, Zielgrößen für den Frauenanteil in den beiden Führungsebenen unterhalb des Vorstands festzulegen. Liegt der Frauenanteil der Festlegung der Zielgröße unter 30 Prozent, so dürfen die Zielgrößen den jeweils erreichten Anteil nicht mehr unterschreiten. Die Fristen zur Erreichung der Zielgrößen dürfen nicht länger als fünf Jahre sein. Der Vorstand ist nach §§ 77, 78 AktG zur Geschäftsführung und Vertretung der AG nach außen befugt. Besteht der Vorstand aus mehreren Personen, so sind sämtliche Vorstandsmitglieder nur gemeinschaftlich zur Geschäftsführung berechtigt. Dasselbe gilt für die gerichtliche und außergerichtliche Vertretung der Gesellschaft. Die Satzung oder die Geschäftsordnung des Vorstands kann für die Geschäftsführung Abweichendes bestimmen.

Für die Außenvertretung kann die Satzung bestimmen, dass einzelne Vorstandsmitglieder allein oder in Gemeinschaft mit einem Prokuristen zur Vertretung der Gesellschaft befugt sind, § 78 III AktG. Ist eine Willenserklärung gegenüber der Gesellschaft abzugeben, so genügt die Abgabe gegenüber einem Vorstandsmitglied. Nach § 82 I AktG kann die Vertretungsbefugnis des Vorstands nicht beschränkt werden. Im Verhältnis zur Gesellschaft sind die Vorstandsmitglieder nach § 82 II AktG verpflichtet, die Beschränkungen einzuhalten, die im Rahmen der Vorschriften über die Aktiengesellschaft die Satzung, der Aufsichtsrat, die Hauptversammlung und die Geschäftsordnungen des Vorstands und des Aufsichtsrats für die Geschäftsführungsbefugnis getroffen haben.

Der Aufgabenbereich des Vorstands umfasst insbesondere die Leitung des Geschäftsbetriebs der AG nach §§ 76 ff. AktG, die Vorbereitung und Ausführung von Hauptversammlungsbeschlüssen nach § 83 AktG, die Führung von Handelsbüchern und die Einrichtung von Überwachungssystemen nach § 91 AktG, damit Entwicklungen, die den Fortbestand der Gesellschaft gefährden können, früh erkannt werden. Weitere Aufgaben

für den Vorstand sind die Beachtung von Vorstandspflichten bei Verlust, Überschuldung oder Zahlungsunfähigkeit nach § 92 AktG, die Einberufung der Hauptversammlung nach § 121 AktG und die Erstellung des Jahresabschlusses nach §§ 150 ff. AktG. Die Vorstandsmitglieder haben bei ihrer Geschäftsführung die Sorgfalt eines ordentlichen und gewissenhaften Geschäftsleiters anzuwenden, § 93 I AktG. Außerdem haben sie eine umfangreiche Informationspflicht gegenüber dem Aufsichtsrat nach § 90 AktG.
Nach § 84 I AktG bestellt der Aufsichtsrat die jeweiligen Vorstandsmitglieder auf höchstens fünf Jahre. Eine wiederholte Bestellung oder Verlängerung der Amtszeit, jeweils für höchstens fünf Jahre ist zulässig, bedarf aber eines erneuten Aufsichtsratsbeschlusses, der frühestens ein Jahr vor Ablauf der bisherigen Amtszeit gefasst werden kann.
Gem. § 84 III AktG kann der Aufsichtsrat den Vorstand abberufen, wenn ein wichtiger Grund vorliegt, wie z. B. eine grobe Pflichtverletzung, die Unfähigkeit zur ordnungsgemäßen Geschäftsführung oder Vertrauensentzug durch die Hauptversammlung. Für den Vorstand gilt ein Wettbewerbsverbot nach § 88 AktG.

561 (2) **Aufsichtsrat.** Der Aufsichtsrat besteht nach § 95 AktG aus drei bis maximal 21 Mitgliedern. Die Zahl muss durch drei teilbar sein. Die Zusammensetzung des Aufsichtsrats ergibt sich aus § 96 AktG. Die Mitglieder des Aufsichtsrats werden von der Hauptversammlung nach § 101 I AktG gewählt, soweit sie nicht in den Aufsichtsrat zu entsenden oder als Aufsichtsratsmitglieder der Arbeitnehmer nach dem Mitbestimmungsgesetz, dem Mitbestimmungsergänzungsgesetz oder dem Betriebsverfassungsgesetz zu wählen sind. Bei der Besetzung des Aufsichtsrats von börsenorientierten Aktiengesellschaften gilt seit 2016 die sog. *Flexiquote* nach § 111 V AktG. Danach sollen Aufsichtsräte stärker mit Frauen besetzt werden, wobei die Quote flexibel gehandhabt werden darf. Dagegen gilt für Aktiengesellschaften, die börsenorientiert sind und der (quasi-)paritätischen Unternehmensmitbestimmung unterliegen, eine *starre Geschlechterquote* von jeweils mindestens 30 Prozent Frauen und Männern nach § 96 II, III AktG.[712]
Mitglied des Aufsichtsrats kann nach § 100 AktG nur eine natürliche, unbeschränkt geschäftsfähige Person sein. Sie darf nach § 100 II AktG nicht bereits in zehn Handelsgesellschaften, die gesetzlich einen Aufsichtsrat zu bilden haben, Aufsichtsratsmitglied sein, bzw. gesetzlicher Vertreter eines von der Gesellschaft abhängigen Unternehmens oder gesetzlicher Vertreter einer anderen Kapitalgesellschaft sein, deren Aufsichtsrat ein Vorstandsmitglied der Gesellschaft angehört. Nach § 102 I AktG können Aufsichtsratsmitglieder nicht für eine längere Zeit als bis zur Beendigung der Hauptversammlung bestellt werden, die über die Entlastung für das vierte Geschäftsjahr nach dem Beginn der Amtszeit beschließt. Das Geschäftsjahr, in dem die Amtszeit beginnt, wird nicht mitgerechnet. Eine Abberufung von Aufsichtsratsmitgliedern ist nach § 103 AktG möglich.
Die wichtigsten Aufgaben des Aufsichtsrats sind die Bestellung und evtl. Abberufung des Vorstands nach § 84 AktG sowie die Überwachung der Geschäftsführung des Vorstands, § 111 AktG. Außerdem obliegt dem Aufsichtsrat die nach §§ 171, 172 AktG bestehende Pflicht zur Prüfung und Feststellung des Jahresabschlusses. Nach § 116 AktG gilt § 93 AktG über die Sorgfaltspflicht und Verantwortlichkeit von Vorstandsmitgliedern sinngemäß auch für Aufsichtsratsmitglieder.[713] Das Gesetz zur Angemessenheit der Vorstandsvergütung vom 31.7.2009 (VorStAG) hat durch § 116 S. 3 AktG verdeutlicht, dass der Aufsichtsrat insbesondere auch für die Festsetzung unangemessen hoher Bezüge der Vorstandsmitglieder haftet; das gleiche gilt auch für die Nichtherabsetzung im Falle des § 87 II AktG.[714]

---

[712] Bittner/Heim, § 3 Rn. 80; siehe dazu auch Weller/Benz, Frauenförderung als Leitungsaufgabe, AG 2015, 467 ff.
[713] Vgl. ausführlich dazu MüHa-GesR/Hoffmann-Becking, § 33 Rn. 57 ff.; Saenger, § 15 Rn. 595.
[714] Vgl. Schäfer, § 41 Rn. 23.

(3) Hauptversammlung. Grundsätzlich findet einmal pro Jahr die Versammlung der **562** Aktionäre, d. h. der Anteilsigner, statt. Regeln über die Versammlung, die als Hauptversammlung bezeichnet wird, finden sich in §§ 118 bis 149 AktG. Die Aktionäre üben ihre Rechte in den Angelegenheiten der Gesellschaft in der Hauptversammlung aus. Folgende Rechte der Hauptversammlung ergeben sich aus § 119 AktG:
- Bestellung der Mitglieder des Aufsichtsrats;
- Verwendung des Bilanzgewinns;
- Entlastung der Mitglieder des Vorstands und des Aufsichtsrats;
- Bestellung des Abschlussprüfers;
- Satzungsänderungen;
- Maßnahmen der Kapitalbeschaffung und der Kapitalherabsetzung;
- Bestellung von Prüfern zur Prüfung von Vorgängen bei der Gründung oder der Geschäftsführung;
- Auflösung der Gesellschaft.

Nach § 119 II AktG kann die Hauptversammlung ausnahmsweise auch über Fragen der Geschäftsführung entscheiden, wenn der Vorstand das verlangt.
Die Hauptversammlung ist nach § 121 I AktG in den durch Gesetz oder Satzung bestimmten Fällen sowie dann einzuberufen, wenn das Wohl der Gesellschaft es erfordert. Die Voraussetzungen für die ordnungsgemäße Einberufung finden sich in §§ 123 ff. AktG. Danach ist die Hauptversammlung mindestens 30 Tage vor dem Tag der Versammlung einzuberufen und die Tagesordnung nach § 124 AktG bekannt zu machen, bei börsennotierten Gesellschaften zusätzliche Informationen nach § 124a AktG. Die Hauptversammlung ist auch auf Verlangen einer Minderheit von 5 % der Aktionäre nach § 122 I AktG einzuberufen, wenn die Einberufung schriftlich unter der Angabe des Zwecks und der Gründe verlangt wird; das Verlangen ist an den Vorstand zu richten. In der Satzung der AG können weitere Voraussetzungen für die Einberufung einer Hauptversammlung geregelt sein.
Während der Hauptversammlung stehen dem Aktionär umfangreiche Rechte zu. Das im Jahr 2005 in Kraft getretene Gesetz für Unternehmensintegrität und Modernisierung des Anfechtungsrechts (UMAG) hat das AktG in Teilen reformiert und z. B. die Rechtsstellung des Aktionärs in der Hauptversammlung verändert, insbesondere sein Auskunfts- und Rederecht. Nach § 131 I AktG ist jedem Aktionär auf Verlangen in der Hauptversammlung vom Vorstand Auskunft über Angelegenheiten der Gesellschaft zu geben, soweit sie zur sachgemäßen Beurteilung des Gegenstands der Tagesordnung erforderlich ist. Denn nur aufgrund hinlänglicher Information kann der Aktionär sein Stimmrecht verantwortlich ausüben.[715] Die Auskunft des Vorstands hat den Grundsätzen einer gewissenhaften und getreuen Rechenschaft zu entsprechen. Einschränkungen des Auskunftsrechts sieht § 131 III AktG vor.
Für Beschlüsse der Hauptversammlung gilt der Grundsatz der einfachen Stimmenmehrheit. Die Beschlüsse der Hauptversammlung bedürfen nach § 133 I AktG der Mehrheit der abgegebenen Stimmen (einfache Stimmenmehrheit), soweit nicht Gesetz oder Satzung eine größere Mehrheit oder weitere Erfordernisse bestimmen. Das Stimmrecht wird nach Aktiennennbeträgen, bei Stückaktien nach deren Zahl ausgeübt, § 134 I 1 AktG. Hauptversammlungsbeschlüsse können unter Umständen auch nichtig sein. Nichtigkeitsgründe finden sich in § 241 AktG. Besondere Regelungen zur Nichtigkeit von Hauptversammlungsbeschlüssen sind in den §§ 242 ff. AktG geregelt, so z. B. die Heilung der Nichtigkeit sowie Möglichkeiten der Anfechtungs- und Nichtigkeitsklagen von Hauptversammlungsbeschlüssen. Auch Leistungs- oder Unterlassungsklagen sind dann zulässig, wenn der Vorstand die Hauptversammlung und somit den einzelnen Aktionär bei mitwirkungsbedürftigen Entscheidungen ausschließt.[716]

---

715 K. Schmidt, GR, § 28 IV 3.
716 BGHZ 83, 122, 133 ff.

563 **dd) Haftung.** Nach § 1 I 2 AktG haftet für die Verbindlichkeiten der Gesellschaft den Gläubigern nur das Gesellschaftsvermögen der AG. Nach § 31 BGB analog ist die AG für den Schaden verantwortlich, den der Vorstand, ein Mitglied des Vorstands oder ein anderer verfassungsmäßig berufener Vertreter durch eine in Ausführung der ihm zustehenden Verrichtungen begangene, zum Schadensersatz verpflichtende Handlung einem Dritten zufügt.[717] Außerdem werden der AG Handlungen von Erfüllungsgehilfen nach § 278 BGB zugerechnet. Nach § 93 II AktG haften Vorstandsmitglieder gegenüber der AG für Schäden, die aus einer Pflichtverletzung i. S. v. § 241 II BGB entstanden sind. Eine allgemeine persönliche Haftung des Vorstands kann sich aus § 826 BGB ergeben, so z. B. für bewusst fehlerhafte Ad-hoc-Mitteilungen.[718] Nach § 93 I 2 AktG haftet der Vorstand nicht, wenn er bei einer unternehmerischen Entscheidung vernünftigerweise annehmen durfte, auf der Grundlage angemessener Informationen zum Wohle der Gesellschaft zu handeln.[719]

Die Aktionäre haften grundsätzlich nicht. Hat die AG allerdings mit dem Geschäftsbetrieb begonnen, bevor die AG ins Handelsregister eingetragen ist, haften diejenigen Personen nach § 41 I 2 AktG persönlich und unbeschränkt, wenn sie vor Eintragung der Gesellschaft in ihrem Namen handeln. Schließt der Vorstand im Namen einer sog. Vor-Aktiengesellschaft im Rahmen seiner Vertretungsmacht Rechtsgeschäfte ab, so werden daraus die Gründer als Gesamtschuldner nicht verpflichtet.[720] Denn § 41 I 2 AktG betrifft die sog. *Handelndenhaftung*. Somit haften nur die Vorstandsmitglieder.[721]

564 **ee) Gesellschafterwechsel.** Der Gesellschafterwechsel bei einer AG vollzieht sich normalerweise durch Kauf und Verkauf von Aktien. Dazu genügt bei der Inhaberaktie die bloße Einigung und Übergabe nach §§ 929 ff. BGB. Für Namensaktien bzw. vinkulierte Namensaktien sind nach § 68 AktG ein zusätzliches Indossament bzw. außerdem die Zustimmung der Gesellschaft für die rechtswirksame Übertragung notwendig. Standard ist mittlerweile die Girosammelverwahrung von Aktien, insbesondere bei börsennotierten Aktiengesellschaften, wonach keine stückmäßige Übereignung der Aktie als einzelnes Wertpapier mehr stattfindet. Die Girosammelverwahrung ist reine EDV-gestützte Buchführung, mit der die Käufe und Verkäufe der jeweiligen Aktien verarbeitet werden. Für den Aktionär ergibt sich die Summe seiner Aktienanteile i. d. R. aus dem von seiner Bank zur Verfügung gestellten Depotauszug.

565 **ff) Beendigung.** Die Beendigung der AG erfolgt durch Auflösung. Auflösungsgründe finden sich in § 262 AktG, so z. B. durch Ablauf der in der Satzung bestimmten Zeit, durch Beschluss der Hauptversammlung oder durch Eröffnung des Insolvenzverfahrens über das Vermögen der AG. Nach § 263 AktG hat der Vorstand die Auflösung der AG zur Eintragung in das Handelsregister anzumelden. Nach der Auflösung findet die Abwicklung der AG statt, welche in §§ 264 ff. AktG geregelt ist. Sind alle Verbindlichkeiten erfüllt, wird nach § 271 I AktG das verbleibende Vermögen, je nach Anteil am Grundkapital, unter den Aktionären verteilt. Ist die Abwicklung der AG beendet, wird sie gem. § 273 I AktG gelöscht.

566 **gg) Corporate Governance Kodex.** Zwischen Aktien- und Kapitalmarktrecht liegt der sog. Corporate Governance Kodex, der sich nur an börsennotierte Gesellschaften richtet und Empfehlungen enthält, die eine vom Bundesjustizministerium eingesetzte Kommission für die Unternehmensorgane entwickelt hat.[722] „Corporate Governance" bezeich-

---

717 MüHa-GesR/Hoffmann-Becking, § 23 Rn. 35.
718 Vgl. BGHZ 160, 149, 153 ff. = NJW 2004, 2971.
719 S. BGHZ, 135, 244, 253; BGH ZIP 2002, 213, 215.
720 BGHZ 47, 25, 28 f. = NJW 1976, 1685.
721 BGHZ 65, 378, 381; 66, 359, 361.
722 Ausführlich Conrads/Schade, 9. ff.; siehe http://www.corporate-governance-code.de.

Körperschaften

net die Summe der für eine verantwortliche, auf langfristige Wertschöpfung zielende Unternehmensführung, Unternehmenskontrolle und Transparenz geltenden Maximen.[723] Nach § 161 AktG haben Vorstand und Aufsichtsrat bei börsennotierten Aktiengesellschaften den Aktionären jährlich zu erklären, ob die Verhaltensregeln des Kodex eingehalten werden.[724] Der Kodex enthält zu wesentlichen Teilen eine leicht verständliche Zusammenfassung gesetzlicher Regelungen zur Unternehmensbeteiligung und -kontrolle; darüber hinaus wird die Einhaltung einer Reihe von Regeln empfohlen, welche die Schwachpunkte in der deutschen Unternehmensverfassung verringern sollen.[725]

b) Kommanditgesellschaft auf Aktien (KGaA). Das Recht der Kommanditgesellschaft auf Aktien ist in §§ 278 bis 290 AktG geregelt. Ansonsten gelten die Vorschriften des HGB über die Kommanditgesellschaft. Sie ist eine Gesellschaft mit eigener Rechtspersönlichkeit, bei der mindestens ein Gesellschafter den Gesellschaftsgläubigern unbeschränkt haftet (persönlich haftender Gesellschafter) und die übrigen Gesellschafter an dem in Aktien zerlegten Grundkapital beteiligt sind, ohne persönlich für die Verbindlichkeiten der Gesellschaft zu haften (Kommanditaktionäre). Die KGaA, obwohl im Aktiengesetz geregelt, ist ein Mischtyp zwischen Kapitalgesellschaft und Personengesellschaft.[726] Die Teilnahme von KGaA am Wirtschaftsleben der Bundesrepublik Deutschland ist gering. Aktuell bestehen weniger als 120 Gesellschaften in der Rechtsform der KGaA, so z. B. die Henkel KGaA, die Merck KGaA oder die HSBC Trinkaus & Burkhardt KGaA.

567

Erstes Organ bilden die Komplementäre als persönlich haftende Gesellschafter, welche einzeln zur Geschäftsführung und Vertretung der KGaA nach § 278 II, 283 AktG i. V. m. §§ 161 II, 114 bis 118 HGB berechtigt sind. Beim Komplementär kann es sich auch um eine GmbH handeln. Dann ist allerdings zur Kennzeichnung der Haftungsbeschränkung des Komplementärs im Geschäftsverkehr die Rechtsformbezeichnung „GmbH & Co. KGaA" zu verwenden. Weiteres Organ ist der Aufsichtsrat, der sich nach § 287 AktG bestimmt. Dem Aufsichtsrat obliegen in vielerlei Hinsicht dieselben Rechte und Pflichten wie in der AG; die Befugnis zur Bestellung und Abberufung der Komplementäre hat aber der Aufsichtsrat nicht.[727] Die Hauptversammlung als drittes Organ bilden die Kommanditaktionäre; neben speziellen Regelungen nach § 285 AktG findet grundsätzlich das Recht der Aktiengesellschaft auf Hauptversammlung und Kommanditaktionäre Anwendung. In der Hauptversammlung haben nach § 285 I AktG die Komplementäre der KGaA nur ein Stimmrecht für ihre Aktien. Ein Ausschluss ihres Stimmrechts ist in § 285 I 2 AktG vorgesehen, so z. B. für die Wahl und Abberufung des Aufsichtsrats oder für ihre eigene Entlastung. Bei derartigen Beschlussfassungen kann das Stimmrecht der Komplementäre auch nicht durch andere Personen ausgeübt werden.

Die Beschlüsse der Hauptversammlung bedürfen der Zustimmung der persönlich haftenden Gesellschafter nach § 285 II AktG, soweit sie Angelegenheiten betreffen, für die bei einer KGaA das Einverständnis der persönlich haftenden Gesellschafter und der Kommanditaktionäre erforderlich ist. Das gilt z. B. für die Zustimmung zu Unternehmensverträgen, für die Auflösung, Verschmelzung sowie den Formwechsel.[728]

Die Gründung richtet sich neben spezialgesetzlichen Vorschriften für die KGaA nach allgemeinem Aktienrecht. Die Satzung muss nach § 280 I AktG durch notarielle Beurkundung festgestellt werden. Sie hat gem. § 281 I AktG bei der KGaA auch den Namen, Vornamen und Wohnort jedes persönlich haftenden Gesellschafters zu enthalten. Nach

---

723 K. Schmidt, GR, § 26 II 3b.
724 Dazu OLG München ZIP 2008, 742, 743 zur Situation, dass die Erklärung fehlte.
725 Vgl. Eisenhardt/Wackerbarth, § 29 Rn. 564.
726 Eisenhardt/Wackerbarth, § 30 Rn. 574; Wörlen/Kokemoor/Lohrer, Rn. 211.
727 Saenger, § 16 Rn. 717.
728 Vgl. RGZ 82, 360, 362 f.; Koch, AktG, § 285 Rn. 2; MüKo-AktG/Perlitt, § 285 Rn. 43.

§ 282 AktG sind die persönlich haftenden Gesellschafter bei der Eintragung der KGaA in das Handelsregister anzugeben. Außerdem ist einzutragen, welche Vertretungsbefugnis die persönlich haftenden Gesellschafter haben.
Nach § 283 AktG gelten für die persönlich haftenden Gesellschafter sinngemäß die für den Vorstand der AG geltenden Vorschriften über deren Rechte und Pflichten. Für die persönlich haftenden Gesellschafter besteht nach § 284 AktG ein Wettbewerbsverbot. Neben § 287 AktG sind für den Aufsichtsrat der KGaA die §§ 95 ff. AktG anwendbar. Zusätzlich zum Gesellschaftsvermögen haften die Komplementäre der KGaA persönlich und unbeschränkt als Gesamtschuldner. Bei Ausscheiden eines Komplementärs gelten § 278 II AktG i. V. m. §§ 161 II, 128, 159 HGB für entstandene Verbindlichkeiten, die die KGaA vor seinem Ausscheiden eingegangen ist. Auflösung und Abwicklung der KGaA erfolgen nach §§ 289, 290 AktG.

568 **c) Gesellschaft mit beschränkter Haftung (GmbH).** Die GmbH ist in der Bundesrepublik Deutschland die am meisten verwendete Rechtsform für das Betreiben eines Unternehmens. Durch das Gesetz zur Modernisierung des GmbH-Rechts und zur Bekämpfung von Missbräuchen (MoMiG), welches am 1.11.2008 in Kraft trat, wurde das GmbHG dereguliert und modernisiert. Mit dem MoMiG verfolgte der Gesetzgeber zwei Ziele: die *Steigerung der Attraktivität der GmbH* im Vergleich zu ausländischen Gesellschaftsarten, insbesondere der englischen Limited, und *die Verbesserung des Gläubiger- und Verkehrsschutzes*.[729] Als juristische Person verfügt die GmbH über eine eigene Rechtspersönlichkeit. Sie ist nach § 13 I GmbHG Träger von Rechten und Pflichten; sie kann Eigentum und andere dingliche Rechte an Grundstücken erwerben, vor Gericht klagen und verklagt werden. Für die Verbindlichkeiten der Gesellschaft haftet den Gläubigern nur das Gesellschaftsvermögen. Die GmbH ist Formkaufmann nach § 6 II HGB, denn sie gilt nach § 13 III GmbHG als Handelsgesellschaft. Sie kann nach § 1 GmbHG zu jedem gesetzlich zulässigen Zweck errichtet werden, der nicht notwendigerweise gewerblich sein muss.[730]
Die GmbH verbindet mit der AG viele Gemeinsamkeiten, so z. B. die ausschließliche Haftung der GmbH nach § 13 II GmbHG. Sie ist ebenso wie die AG Kapitalgesellschaft und Formkaufmann. Bedeutender Unterschied ist jedoch, dass die GmbH stärker personalistisch strukturiert ist.[731] Der geringe Kapitalaufwand, insbesondere seit dem 1.11.2008 bei der sog. Unternehmergesellschaft nach § 5a GmbHG, sowie die Haftungsbegrenzung auf das Gesellschaftsvermögen und die flexible Gestaltung im Innenverhältnis sind Gründungsmotive für die Rechtsform einer GmbH, die sie zu einer idealen Gesellschaftsform für kleine und mittlere Unternehmen macht, welche mit geringem Risiko am Wirtschaftsverkehr teilnehmen.[732] Außerdem gilt Fremdorganschaft, so dass die Gesellschafter nicht notwendigerweise in der Geschäftsführung der GmbH tätig sein müssen. Die GmbH kann als Einmann-GmbH im Rechtsverkehr auftreten. Üblicherweise ist dann der Geschäftsführer gleichzeitig der alleinige Gesellschafter. Des Weiteren tritt die GmbH als einziger persönlich haftender Gesellschafter einer Kommanditgesellschaft im Rechtsverkehr auf, der sog. GmbH & Co. KG, welche ebenfalls eine bevorzugte Rechtsform ist.

---

729 Michalski/Heidinger/Leible/J. Schmidt/J. Schmidt, § 5a Rn. 2.
730 Scholz/Cramer, § 1 Rn. 8.
731 Vgl. Klunzinger, GR, § 11 I 3b; Saenger, § 17 Rn. 724.
732 Steckler/Tekidou-Külke, G. Rn. 147.

Körperschaften

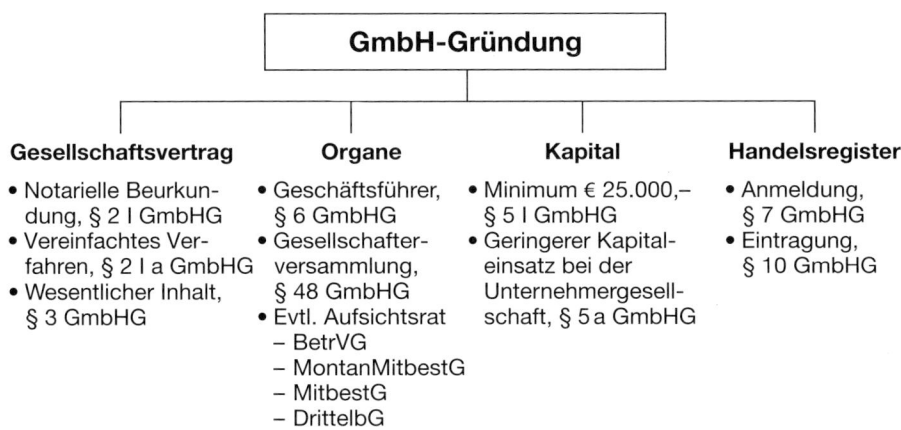

Abb. 44: GmbH-Gründung

aa) Kapitalausstattung und Vermögen. Nach § 5 I GmbHG beträgt das Stammkapital der GmbH mindestens € 25.000,–. Der Nennbetrag jedes Geschäftsanteils muss auf volle Euro lauten. Nach § 5 IV GmbHG können auch Sacheinlagen zur Erbringung des Stammkapitals geleistet werden. Handelt es sich um eine Unternehmergesellschaft (UG) nach § 5a GmbHG, muss die Firma abweichend von § 4 GmbHG die Bezeichnung „Unternehmergesellschaft (haftungsbeschränkt)" oder „UG (haftungsbeschränkt)" führen, wenn das Mindeststammkapital nach § 5 I GmbH unterschritten wird. Das geringere festgelegte Stammkapital muss vor der Eintragung der Gesellschaft in voller Höhe eingezahlt werden. Sacheinlagen sind bei der UG ausgeschlossen. Weitere Voraussetzung ist die Bildung einer gesetzlichen Rücklage für die in § 5a III Nr. 1 bis 3 GmbHG aufgeführten Möglichkeiten zum Schutz der Gläubiger. Zusätzlich kann nach § 26 I GmbHG im Gesellschaftsvertrag bestimmt werden, dass die Gesellschafter über Nennbeträge der Geschäftsanteile hinaus die Einforderung von weiteren Einzahlungen, eine sog. Nachschusspflicht, beschließen können. Die Einzahlung der Nachschüsse hat nach dem Verhältnis der Gesellschaftsanteile zu erfolgen. Eine Befreiung von der unbeschränkten Nachschusspflicht ist nach § 28 GmbHG möglich. Neben dem Stammkapital bilden bewegliche und unbewegliche Sachen, die sich im Eigentum befinden, sowie Forderungen gegenüber Schuldnern und sonstige Rechte das Vermögen der GmbH.

569

bb) Gründung. Die Gründung der GmbH erfolgt nach § 1 GmbHG durch eine oder mehrere Personen. Dabei kann es sich um natürliche oder juristische Personen handeln, wobei auch eine natürliche Person in Verbindung mit einer juristischen Person die GmbH gründen können. Erforderlich ist ein Gesellschaftsvertrag, welcher nach § 2 I GmbHG notariell zu beurkunden ist. Er ist von sämtlichen Gesellschaftern zu unterzeichnen. Die Gesellschaft kann nach § 2 I a GmbHG in einem vereinfachten Verfahren gegründet werden, wenn sie höchstens drei Gesellschafter und einen Geschäftsführer hat. Für die Gründung im vereinfachten Verfahren ist ein bestimmtes Musterprotokoll zu verwenden. Die Unterzeichnung des Gesellschaftsvertrags durch Bevollmächtigte ist durch § 2 II GmbHG nur aufgrund einer notariell errichteten oder beglaubigten Vollmacht zulässig. Der wesentliche Inhalt des Gesellschaftsvertrags ergibt sich aus § 3 GmbHG. Danach muss der Gesellschaftsvertrag enthalten:
– Firma und Sitz der Gesellschaft;
– Gegenstand des Unternehmens;
– Betrag des Stammkapitals;
– Betrag der von jedem Gesellschafter auf das Stammkapital zu leistenden Einlage.

570

Weitere Verpflichtungen können sich aus dem Gesellschaftsvertrag ergeben.
Die GmbH erfordert eine Firmenbezeichnung, mit der sie im Rechtsverkehr auftritt. Nach § 4 GmbHG muss die Firmenbezeichnung mit dem Zusatz „Gesellschaft mit beschränkter Haftung" oder einer allgemein verständlichen Abkürzung dieser Bezeichnung versehen sein. Der Sitz der Gesellschaft ist nach § 4a GmbHG der Ort im Inland, den der Gesellschaftsvertrag bestimmt. Nach § 7 GmbHG ist die Gesellschaft bei dem Gericht, in dessen Bezirk sie ihren Sitz hat, zur Eintragung in das Handelsregister anzumelden. Die Anmeldung darf bei der GmbH erst erfolgen, wenn auf jeden Geschäftsanteil, soweit nicht Sacheinlagen vereinbart sind, ein Viertel des Nennbetrags eingezahlt ist. Insgesamt muss auf das Stammkapital mindestens so viel eingezahlt sein, dass der Gesamtbetrag der eingezahlten Geldeinlagen zuzüglich des Gesamtnennbetrags der Geschäftsanteile, für die Sacheinlagen zu leisten sind, die Hälfte des Mindestkapitals nach § 5 I GmbH erreicht. Für die Unternehmergesellschaft gilt nach § 5a GmbHG, dass eine Gründung auch mit einem geringeren Stammkapital möglich ist. Dann muss das Stammkapital allerdings in voller Höhe eingezahlt werden. Sacheinlagen sind ausgeschlossen.
Dem Registergericht steht vor Eintragung ein Prüfungsrecht über die Gründung der GmbH zu. So sind der Anmeldung zur Eintragung umfangreiche Unterlagen nach § 8 GmbHG beizufügen. Auch prüft das Registergericht, ob Sacheinlagen nach § 9c GmbHG überbewertet worden sind. Ist die Gesellschaft nicht ordnungsgemäß errichtet und angemeldet, hat das Gericht die Eintragung abzulehnen. Im Gegensatz zur AG sind für die GmbH weder ein Bericht der Gründer noch ein Gründungsprüfungsbericht zu erstellen und dem Registergericht zu überreichen. Eine Zweckmäßigkeitskontrolle steht dem Gericht ebenso wenig zu wie eine kaufmännische Kontrolle.[733] Die Eintragung in das Handelsregister hat wie bei der AG konstitutive Wirkung. Vor Eintragung in das Handelsregister muss mindestens ein Geschäftsführer der GmbH benannt werden.
Besonderheiten bei der Gründung der GmbH ergeben sich für die Einmann-GmbH. Der alleinige Gesellschafter hat nach § 7 II GmbHG zwar auch die Möglichkeit, nur die Hälfte der Stammeinlage einzubringen, um die Eintragung ins Handelsregister zu ermöglichen. Zusätzlich hat er für den übrigen Teil der Geldeinlage eine Sicherheit zu bestellen, die wirtschaftlich gleichwertig ist.
Auch kann die Gründung der GmbH durch einen sog. Mantelkauf erfolgen, d. h. durch den Kauf einer GmbH, welche im Rechtsverkehr als Handelsgesellschaft aktuell nicht auftritt und somit ihren Geschäftsbetrieb eingestellt hat.[734] Teilweise werden GmbH auch „auf Vorrat" gegründet, sog Vorratsgesellschaften, die bereits ebenfalls im Handelsregister eingetragen sind und deshalb schon als juristische Personen existieren und nur aktiviert zu werden brauchen.[735] Der Name der GmbH, die Firma, kann als Personenfirma, Sachfirma, als Verbindung zwischen Personen- und Sachfirma oder als Fantasiebezeichnung gewählt werden.

571 cc) **Organe.** Organe der GmbH sind die Geschäftsführung und die Gesellschafterversammlung, möglicherweise zusätzlich ein Aufsichtsrat.

572 (1) **Geschäftsführer.** Nach § 6 GmbHG muss die Gesellschaft einen oder mehrere Geschäftsführer haben. Geschäftsführer kann nur eine natürliche, unbeschränkt geschäftsfähige Person sein. Grundsätzlich erfolgt die Bestellung des Geschäftsführers im Gesellschaftsvertrag, § 6 III GmbH, bzw. durch Beschluss der Gesellschafterversammlung nach

---

733   K. Schmidt, GR, § 34 II 2.
734   Vgl. dazu BGHZ 153, 158, 161; 155, 318, 322 ff.; BGH NZG 2010, 476 m. Anm. Goette DStR 2010, 764; dazu auch OLG Hamburg BB 1983, 1116, 1117; Ulmer, Die wirtschaftliche Neugründung einer GmbH unter Verwendung eines GmbH-Mantels, BB 1983, 1123, 1124.
735   Vgl. Saenger, § 17 Rn. 748; Schäfer, § 32 Rn. 20.

§ 46 Nr. 5 GmbHG. Möglich ist auch die Bestellung durch einen Aufsichtsrat, arg. e § 45 GmbHG.[736]
Die Geschäftsführer leiten die GmbH, sie führen die Geschäfte und vertreten die GmbH nach § 35 GmbHG gerichtlich und außergerichtlich. Nach § 35 II GmbHG gilt Gesamtgeschäftsführungsbefugnis, es sei denn, der Gesellschaftsvertrag hat eine andere Regelung, so z. B. die Befugnis zur Einzelvertretung, getroffen. Zwar ist im Außenverhältnis eine Beschränkung der Vertretungsbefugnis nach § 37 II GmbHG unwirksam. Die Geschäftsführer sind der Gesellschaft gegenüber aber verpflichtet, die Beschränkungen einzuhalten, welche für den Umfang ihrer Befugnis, die Gesellschaft zu vertreten, entweder durch den Gesellschaftsvertrag oder, soweit dieser nicht ein anderes bestimmt, durch Beschlüsse der Gesellschafter festgelegt sind, vgl. § 37 I GmbHG. Hat eine GmbH keinen Geschäftsführer (Führungslosigkeit), wird sie gem. § 35 I 2 GmbHG für den Fall, dass ihr gegenüber Willenserklärungen abgegeben oder Schriftstücke zugestellt werden, durch die Gesellschafter vertreten. Die Vertretung durch einen bestehenden Aufsichtsrat ist in einem derartigen Ausnahmefall ebenfalls denkbar.
Zusätzliche Pflichten für die Geschäftsführer ergeben sich, vergleichbar zu Vorständen einer Aktiengesellschaft, aus §§ 41 ff. GmbHG. Danach sind die Geschäftsführer verpflichtet, für die ordnungsmäßige Buchführung der Gesellschaft zu sorgen, sowie den Jahresabschluss und den Lagebericht unverzüglich nach der Aufstellung den Gesellschaftern zum Zweck der Feststellung des Jahresabschlusses vorzulegen. Außerdem haben sie die Gesellschafterversammlung nach § 49 I GmbHG einzuberufen. Unverzüglich hat eine Gesellschaftsversammlung gem. 49 III GmbHG stattzufinden, wenn sich aus der Jahresbilanz oder aus einer im Laufe des Geschäftsjahres aufgestellten Bilanz ergibt, dass die Hälfte des Stammkapitals verloren ist.

(2) Gesellschafterversammlung. Die Gesellschafterversammlung ist, vergleichbar mit der Hauptversammlung bei der AG, das oberste Gesellschaftsorgan, in der die Beschlüsse für die GmbH gefasst werden. Der Aufgabenkreis der Gesellschafter umfasst nach § 46 GmbHG den dort aufgeführten Aufgabenkatalog:

Nr. 1   Feststellung des Jahresabschlusses und die Verwendung des Ergebnisses;
Nr. 1a Entscheidung über die Offenlegung eines Einzelabschlusses nach internationalen Rechnungslegungsstandards und Billigung des von den Geschäftsführern aufgestellten Abschlusses;
Nr. 1b Billigung eines von den Geschäftsführern aufgestellten Konzernabschlusses;
Nr. 2   Einforderung der Einlagen;
Nr. 3   Rückzahlung von Nachschüssen;
Nr. 4   Teilung, Zusammenlegung sowie die Einziehung von Geschäftsanteilen;
Nr. 5   Bestellung und Abberufung von Geschäftsführern sowie Entlastung derselben;
Nr. 6   Maßregeln zur Prüfung und Überwachung der Geschäftsführung;
Nr. 7   Bestellung von Prokuristen und von Handlungsbevollmächtigten zum gesamten Geschäftsbetrieb;
Nr. 8   Geltendmachung von Ersatzansprüchen gegenüber Geschäftsführern oder Gesellschaftern sowie die Vertretung der Gesellschaft in Prozessen, welche sie gegen die Geschäftsführer zu führen hat.

Die von den Gesellschaftern in der Angelegenheit der Gesellschaft zu treffenden Bestimmungen erfolgen durch Beschlussfassung nach der Mehrheit der abgegebenen Stimmen, § 47 I GmbHG. Dabei gewährt jeder Euro eines Geschäftsanteils eine Stimme. Außerdem sind Beschlüsse der Gesellschafter erforderlich bei der Einforderung zusätzlichen Kapitals, bei Satzungsänderungen sowie bei der Auflösung der Gesellschaft. Beschlüsse sind in der Gesellschafterversammlung zu fassen, es sei denn, der Abhaltung einer Versammlung bedarf es nicht, wenn sich sämtliche Gesellschafter in Textform mit der zu

---
736   Vgl. Klunzinger, GR, § 11 VII 2.

betreffenden Bestimmung oder sich nach § 48 II GmbHG mit der schriftlichen Abgabe der Stimmen einverstanden erklärt haben. Beschlüsse werden in der Gesellschafterversammlung gem. § 47 I GmbHG mit der Mehrheit der abgegebenen Stimmen gefasst. Eine Satzungsänderung ist nach § 53 II GmbHG mit einer Dreiviertel-Mehrheit der abgegebenen Stimmen zu beschließen; der Beschluss muss notariell beurkundet werden. Danach ist die Abänderung des Gesellschaftsvertrags gem. § 54 I GmbHG zur Eintragung in das Handelsregister anzumelden.
Teilnehmer der Gesellschafterversammlung sind die Gesellschafter und evtl. die Geschäftsführer. Neben der Pflicht zur Leistung der Stammeinlage nach §§ 5 oder 5a GmbHG bzw. der Pflicht zum Kapitalerhalt nach §§ 26 ff. GmbHG haben die Gesellschafter den Anspruch auf den Jahresüberschuss, § 29 I GmbHG, Mitwirkungsrechte nach §§ 45 ff. GmbHG sowie das Auskunfts- und Einsichtsrecht gem. § 51a GmbHG.

574 (3) **Aufsichtsrat.** Ein Aufsichtsrat kann durch den Gesellschaftsvertrag festgelegt werden. Daneben sehen das Betriebsverfassungsgesetz, das Mitbestimmungsgesetz sowie das Montanmitbestimmungsgesetz zwingend die Bildung eines Aufsichtsrats vor. Nach § 1 MitbestG kommt das Mitbestimmungsgesetz zur Anwendung, wenn eine GmbH mehr als 2000 Arbeitnehmer beschäftigt; das Drittelbeteiligungsgesetz (DrittelbG) ist einschlägig, wenn die Gesellschaft regelmäßig zwischen 500 und 2000 Arbeitnehmer beschäftigt (§ 1 I Nr. 3 DrittelbG).[737] Nach § 4 IV DrittelbG sollen Frauen und Männer als Arbeitnehmervertreter in den Aufsichtsrat nach der im Verhältnis im Unternehmen bestehenden Geschlechterquote entsandt werden. Ist ein Aufsichtsrat nach MitbestG zwingend erforderlich, ist dieser paritätisch mit Anteilseignern und Arbeitnehmern zu besetzen. Kommt das DrittelbG zur Anwendung, ist die Arbeitnehmerseite nach § 4 DrittelbG zu einem Drittel im zu bildenden Aufsichtsrat vertreten. Bei der Besetzung des Aufsichtsrats einer GmbH, im Rahmen des Drittelbeteiligungsgesetzes, gilt wie bei der Aktiengesellschaft eine *starre Geschlechterquote* von jeweils mindestens 30 Prozent Frauen und Männern nach § 52 II GmbHG.

575 dd) **Haftung.** Nach § 13 II GmbHG haftet den Gläubigern für die Verbindlichkeiten der Gesellschaft nur das Gesellschaftsvermögen. Eine Haftung der Gesellschafter besteht somit grundsätzlich nicht. Allerdings bestimmt § 24 GmbHG, dass Gesellschafter bei der Gründung für einen nicht erbrachten Stammeinlageanteil haften, wenn der Fehlbetrag nicht durch den Verkauf des Geschäftsanteils gedeckt werden kann.
Besonderheiten der Haftung ergeben sich bei der Vorgründungsgesellschaft einer GmbH und bei der Vor-GmbH. Bei der Vorgründungsgesellschaft schließen die späteren GmbH-Gesellschafter schon rechtsverbindliche Rechtsgeschäfte vor Errichtung eines Gesellschaftsvertrags ab, aus denen sie mangels beschränkter Haftung persönlich umfassend einstehen müssen. Denn die Vorgründungsgesellschaft wird als BGB-Gesellschaft angesehen.[738] Grundsätzlich gilt das auch für die sog. Vor-GmbH, die nach Abschluss des notariellen Gesellschaftsvertrags, aber noch vor Eintragung in das Handelsregister Verbindlichkeiten durch Rechtsgeschäfte mit Dritten begründet. Zu diesem Zeitpunkt haften allerdings nur die für die Vor-GmbH handelnden Gesellschafter nach § 11 II GmbHG persönlich und solidarisch mit ihrem Privatvermögen;[739] die übrigen Gesellschafter trifft dagegen keine Haftung.[740] Nach Eintragung der GmbH endet die Vor-GmbH; die Rechte und Verbindlichkeiten der Vor-GmbH gehen im Wege der Gesamtrechtsnachfolge auf die GmbH über.[741] Außerdem haften die Gesellschafter und die

---

737 Grunewald, § 12 Rn. 85.
738 Vgl. Klunzinger, GR, § 11 IV 7b; K. Schmidt, GR, § 34 III 2; Schäfer, § 32 Rn. 3.
739 BGHZ 134, 127, 133.
740 Vgl. BGHZ 47, 25, 29; 66, 359, 361; BGH NJW 1997, 1507, 1508 m. Anm. Altmeppen; Eisenhardt/Wackerbarth, § 38 Rn. 706.
741 Vgl. BGHZ 80, 129, 137 f.; 80, 182, 183.

Geschäftsführer der Gesellschaft gegenüber *als Gesamtschuldner* nach § 9a GmbHG, falls sie zum Zweck der Errichtung der Gesellschaft falsche Angaben gemacht haben oder wenn sie fehlende Einzahlungen aufzubringen, eine Vergütung, die nicht unter den Gründungsaufwand aufgenommen ist, zu ersetzen und für den sonst entstehenden Schaden Ersatz zu leisten haben. Außerdem sind alle Gesellschafter als Gesamtschuldner zum Schadensersatz verpflichtet, wenn die Gesellschaft von Gesellschaftern durch Einlagen oder Gründungsaufwand vorsätzlich oder grob fahrlässig geschädigt wird. Für die Ersatzansprüche wegen falscher Angaben nach § 9a GmbHG ist Verschulden der Gesellschafter bzw. der Geschäftsführer erforderlich.[742]

Gegenüber der GmbH haftet der Geschäftsführer bei Pflichtverletzungen nach § 43 II GmbHG. Für eine unerlaubte Handlung oder ein Rechtsgeschäft des Geschäftsführers, aus denen einem Dritten ein Schaden entstanden ist, haftet grundsätzlich die GmbH analog § 31 BGB.[743] Ein direkter Schadensersatzanspruch gegenüber den Geschäftsführern kann sich trotz § 13 II GmbHG zum einen aus einer rechtsgeschäftlichen Pflichtverletzung nach §§ 280 I, 311 III, 241 II BGB, zum anderen aus Delikt nach §§ 823 ff. BGB, insbesondere nach § 826 BGB ergeben.

Eine Durchgriffshaftung der Gläubiger der GmbH gegenüber den GmbH-Gesellschaftern hatte die Rechtsprechung über einen langen Zeitraum abgelehnt.[744] Nunmehr lässt der BGH die Durchgriffshaftung analog § 128 HGB bzw. nach § 826 BGB unter folgenden Voraussetzungen gelten:
– Vermögensentzug durch die Gesellschafter trotz der Notwendigkeit zur Begleichung von Gesellschaftsverbindlichkeiten der GmbH;
– Bedeutende Liquiditätsbeeinträchtigung für die GmbH;
– Vorliegen eines erheblichen Nachteils für die GmbH, der zum Durchgriff berechtigt.[745]

ee) **Gesellschafterwechsel.** Nach § 15 GmbHG sind Gesellschaftsanteile veräußerlich und vererblich. Verpflichtungsgeschäft bei einer Veräußerung ist der Kaufvertrag, Verfügungsgeschäft die Abtretung. Voraussetzung ist die notarielle Beurkundung nach § 15 III GmbHG. Durch den Gesellschaftsvertrag kann die Abtretung der Geschäftsanteile nach § 15 V GmbHG an weitere Voraussetzungen geknüpft sein. Mit dem Tod eines Gesellschafters geht dessen GmbH-Anteil nach § 1922 BGB auf einen oder mehrere Erben über. Im Gesellschaftsvertrag ist i. d. R. vorgesehen, ob Erben in die Gesellschafterstellung des Erblassers eintreten können oder nicht. Bestimmt der Gesellschaftsvertrag, dass der Eintritt von Erben in die Gesellschaft durch Einziehung der Gesellschaftsanteile ausgeschlossen ist, steht den Erben ein Abfindungsanspruch zu, vergleichbar mit ausscheidenden Gesellschaftern.[746] Die Berechnungsgrundlage der Abfindung ist häufig im Gesellschaftsvertrag geregelt.

ff) **Beendigung.** Die Beendigung der GmbH erfolgt durch Auflösung und Liquidation. Gründe für die Auflösung der GmbH finden sich in § 60 GmbHG. Weitere Gründe können im Gesellschaftsvertrag geregelt sein. Nach § 65 I GmbHG ist die Auflösung der Gesellschaft zur Eintragung in das Handelsregister anzumelden. Die Liquidation erfolgt nach § 66 I GmbHG, außer im Fall des Insolvenzverfahrens durch die Geschäftsführer, wenn der Gesellschaftsvertrag oder der Beschluss der Gesellschafter nicht etwas anderes bestimmen. Nach § 70 GmbHG sind durch die Liquidation die laufenden Geschäfte zu beenden, die Verpflichtungen der aufgelösten Gesellschaft zu erfüllen, die Forderungen derselben einzuziehen und das Vermögen der Gesellschaft in Geld umzu-

---

742 Scholz/Veil, § 9a Rn. 27.
743 Vgl. Eisenhardt/Wackerbarth, § 40 Rn. 755; Schäfer, § 34 Rn. 15.
744 BGHZ 20, 4, 11; 29, 385, 392 f.; 54, 222, 224.
745 Vgl. BGHZ 151, 181, 183 ff.; 165, 85, 89 ff.; BGH WM 2004, 2254.
746 Vgl. Windbichler, § 22 Rn. 27.

setzen. Das restliche Vermögen der Gesellschaft wird nach § 72 GmbHG unter den Gesellschaftern im Verhältnis ihrer Geschäftsanteile verteilt. Allerdings ist die Sperrfrist für die Verteilung nach § 73 GmbHG zu beachten. Die Beendigung der Liquidation ist zur Eintragung in das Handelsregister nach § 74 GmbHG anzumelden; danach erfolgt die Löschung der Gesellschaft.

578 **d) GmbH & Co. KG.** Die GmbH & Co. KG ist eine Mischform aus Personen- und Kapitalgesellschaft. Einziger Komplementär, also persönlich und unbeschränkt haftender Gesellschafter, ist eine GmbH, welche als juristische Person mit ihrem gesamten Gesellschaftsvermögen haftet. Kommanditisten einer GmbH & Co. KG sind in der Mehrzahl natürliche Personen, wobei auch juristische Personen Kommanditisten sein können.[747] Die GmbH & Co. KG ist in Deutschland deshalb eine bevorzugte Unternehmensrechtsform, weil durch den Einsatz einer GmbH als einzig voll haftender Gesellschafterin eine Haftungsbeschränkung für die Personengesellschaft möglich ist und die Geschäftsführung auch durch Fremdorganschaft erfolgen kann. Üblicherweise besteht zwischen den Gesellschaftern der GmbH und den Kommanditisten der KG Übereinstimmung (sog. *echte* GmbH & Co. KG). Es ist auch möglich, dass der alleinige Gesellschafter einer GmbH gleichzeitig der einzige Kommanditist der KG ist; dann handelt es sich um eine sog. Ein-Personen-GmbH & Co. KG.[748] Zweite Variante ist, dass zwischen den Gesellschaftern der GmbH und den Kommanditisten keine Identität besteht; diese Art der GmbH & Co. KG wird als nichtpersonen- bzw. nichtbeteiligungsgleiche GmbH & Co. KG bezeichnet.[749] Eine solche GmbH & Co. KG, auch kapitalistische GmbH & Co. KG genannt, wird insbesondere errichtet für sog. *Publikumsgesellschaften*, bei denen sich eine Vielzahl von Investoren als Kommanditisten an geschlossenen Immobilien- oder Schiffsfonds beteiligen, bei denen die Gesellschafter der GmbH andere Persönlichkeiten sind. Das Gesellschaftsverhältnis wird dadurch geprägt, dass die Kommanditisten in erster Linie das Gesellschaftskapital aufzubringen haben, aber weder Einfluss auf die Geschäftsführung nehmen können noch die Möglichkeit zu einer ausreichenden Kontrolle erhalten.[750]

579 **aa) Kapitalausstattung und Vermögen.** Auch bei der GmbH & Co. KG spielen Kapitalausstattung bzw. Gesellschaftsvermögen eine bedeutende Rolle. Während die GmbH als Komplementärin nach § 5 I GmbHG mit einem Stammkapital von mindestens € 25.000,– auszustatten ist, wobei die Kapitalaufbringung nach den §§ 19 ff. GmbHG erfolgt, haben die Kommanditisten der KG ihre Einlage nach § 171 HGB zu leisten.

580 **bb) Gründung.** Da die GmbH & Co. KG eine Mischform aus Personengesellschaft und juristischer Person darstellt, sind bei der Gründung zwei Gesellschaften zu errichten, zum einen die GmbH als zukünftige Komplementärin, zum anderen die KG. Erforderlich ist zuerst die Gründung der GmbH durch Gesellschaftsvertrag und deren Eintragung in das Handelsregister nach § 10 GmbHG. Danach wird die KG gegründet, wobei die GmbH als eigene Rechtspersönlichkeit bei Gründung der KG durch ihren Geschäftsführer vertreten wird. Der KG-Gesellschaftsvertrag ist von der Komplementär-GmbH und den als Kommanditisten vorgesehenen Personen abzuschließen.[751] Auch die KG ist in das Handelsregister nach § 29 HGB einzutragen, allerdings mit der Verpflichtung nach § 19 II HGB, eine Bezeichnung zu enthalten, welche die Haftungsbeschränkung kennzeichnet, wenn keine natürliche Person persönlich haftet. Denkbar ist auch, dass eine bestehende oder noch zu gründende GmbH als Komplementärin in eine bereits

---

747 Vgl. Klunzinger, GR, § 13 I 1.
748 Hopt/Roth, Anh. § 177a Rn. 6.
749 Vgl. Windbichler, § 37 Rn. 10.
750 Vgl. BGHZ 69, 207, 209; Eisenhardt/Wackerbarth, § 46 Rn. 846.
751 Schäfer, § 46 Rn. 3.

bestehende Kommanditgesellschaft aufgenommen wird (meist unter gleichzeitigem Ausscheiden der zuvor als Komplementären fungierenden natürlichen Personen).[752]

581 cc) **Organe.** Organe der GmbH & Co. KG sind der bzw. die Geschäftsführer der Komplementär-GmbH sowie die Gesellschafter der GmbH und der KG, wobei letztere in den meisten Fällen deckungsgleich sind. Zur Geschäftsführung der GmbH & Co. KG sind die Geschäftsführer der GmbH befugt. Die Geschäftsführung erstreckt sich auf alle Handlungen, die der gewöhnliche Betrieb der Gesellschaft mit sich bringt. Die Kommanditisten der KG sind von der Führung der Geschäfte der Gesellschaft grundsätzlich ausgeschlossen, § 164 S. 1 HGB. Der Gesellschaftsvertrag kann vorsehen, dass im Rahmen außergewöhnlicher Geschäfte der GmbH & Co. KG ein Weisungsrecht der Kommanditisten bei personengleicher GmbH & Co. KG zur Durchführung dieser Geschäfte notwendig ist.[753]
Weiteres Organ ist die Gesellschafterversammlung, deren Ablauf und Inhalt im Gesellschaftsvertrag geregelt ist. Häufig ist nicht eine Abstimmung nach Köpfen vorgesehen, sondern wie bei der AG nach Kapitalanteilen, wobei der GmbH, vertreten durch den Geschäftsführer, üblicherweise kein Stimmrecht gewährt wird; ansonsten hätte der GmbH-Geschäftsführer, der zugleich Kommanditist ist, ein ungerechtfertigtes Übergewicht bei der Abstimmung bzw. ein Geschäftsführer, der nicht Gesellschafter ist, könnte von einer Stimmrechtsausübung abgehalten werden.[754] Drittes Organ der GmbH & Co. KG kann evtl. ein Aufsichtsrat sein, wenn ein solcher z. B. im Gesellschaftsvertrag vorgesehen ist.
Nach Inkrafttreten des MoPeG sieht § 170 II HGB n. F. vor, dass bei einer GmbH & Co. KG vorbehaltlich einer abweichenden Vereinbarung die Rechte in der Gesellschafterversammlung der Kapitalgesellschaft von den Kommanditisten wahrgenommen werden.

582 dd) **Haftung.** Für die Verbindlichkeiten der GmbH & Co. KG haften aufgrund der Mischform der Gesellschaftsrechtsformen zwei Gesellschaftsvermögen, zum einen das Vermögen der KG nach §§ 124 I, 161 II HGB, wobei die §§ 171 ff. HGB die Haftung der Kommanditisten der KG regeln. Als einziger Vollhafter haftet die GmbH *persönlich* und *unbeschränkt* mit ihrem Gesellschaftsvermögen nach §§ 128, 161 II HGB. Unberührt bleibt eine persönliche und unbeschränkte gesamtschuldnerische Haftung aller Gesellschafter, wenn die GmbH & Co. KG schon vor Eintragung beider Gesellschaften im Rechtsverkehr aufgetreten ist und Verbindlichkeiten eingegangen ist.

583 ee) **Gesellschafterwechsel.** Auch bei der GmbH & Co. KG können Gesellschafterwechsel vorkommen, so z. B. bei Veräußerung von Geschäftsanteilen oder bei Tod eines Gesellschafters. Häufig findet dann in beiden Gesellschaften, GmbH und KG, derselbe Gesellschafterwechsel statt. Im Gegensatz dazu erfolgt bei der Publikumsgesellschaft, bei der KG-Anteile an Dritte veräußert oder vererbt werden, kein Gesellschafterwechsel bei der Komplementär-GmbH.

584 ff) **Beendigung.** Die GmbH & Co. KG endet durch Auflösung und Liquidation. Notwendig ist die Auflösung und Liquidation der Komplementär-GmbH und der KG als Personengesellschaft. Anwendbar sind §§ 60 ff. GmbHG sowie §§ 161 II, 131 ff. HGB für die jeweilige Gesellschaft. Neben den gesetzlich normierten Auflösungsgründen können auch die in den jeweiligen Gesellschaftsverträgen vereinbarten Auflösungsgründe zur Beendigung der GmbH & Co. KG führen. Notwendig für die Beendigung sind die jeweiligen Eintragungen zur Auflösung und Liquidation bzw. zur Löschung der Gesellschaften im Handelsregister.

---

752 Klunzinger, GR, § 13 IV 2b.
753 Vgl. Hopt/Roth, Anh. § 177a Rn. 27.
754 Vgl. hierzu: Lieder/Felzen, Die Entlastung in der GmbH & Co. KG, NZG 2021, 6 ff.

585 e) Eingetragene Genossenschaft (eG). Eingetragene Genossenschaften mit eigener Rechtspersönlichkeit existieren seit über 100 Jahren. So trat das Gesetz über Erwerbs- und Wirtschaftsgenossenschaften schon im Jahr 1889 in Kraft. Die letzte Novellierung erfolgte im Jahr 2006. Nach § 1 I GenG sind Genossenschaften Gesellschaften von nicht geschlossener Mitgliederzahl, welche die Förderung des Erwerbs oder der Wirtschaft ihrer Mitglieder durch gemeinschaftlichen Geschäftsbetrieb bezwecken. In § 1 I GenG a. F. findet sich noch eine Aufzählung möglicher Genossenschaften wie z. B. Vorschuss- und Kreditvereine, Rohstoffvereine, Vereine zum gemeinschaftlichen Verkauf landwirtschaftlicher oder gewerblicher Erzeugnisse (Genossenschaften, Magazinvereine) etc. Auch in der heutigen Zeit spielen Genossenschaften als Erwerbs- oder Wirtschaftsgenossenschaften eine bedeutende Rolle, so z. B. bei Absatzgenossenschaften für landwirtschaftliche Produkte oder als Kreditvereine für die Volks- und Raiffeisenbanken.

Genossenschaften sind nach § 17 GenG juristische Personen. Sie sind körperschaftlich organisiert. Nach § 17 GenG ist die eingetragene Genossenschaft Träger von Rechten und Pflichten; sie kann Eigentum und andere dingliche Rechte an Grundstücken erwerben, vor Gericht klagen und verklagt werden. Genossenschaften sind Formkaufleute nach § 17 II GenG, § 6 II HGB, soweit das GenG keine abweichenden Vorschriften enthält. § 4 GenG schreibt vor, dass mindestens drei Mitglieder zur Gründung der Genossenschaft notwendig sind. Die Firma muss nach § 3 GenG die Bezeichnung „eingetragene Genossenschaft" oder die Abkürzung „eG" enthalten. Im Gegensatz zur AG und GmbH schreibt das GenG kein Mindestkapital vor; aus § 7 GenG ergibt sich nur, dass der Betrag festgelegt werden muss, bis zu welchem sich die einzelnen Genossen mit Einlagen beteiligen können. Die Einlage kann als Geld- oder Sacheinlage erfolgen.[755] Außerdem ist nach § 7 Nr. 2 GenG die Bildung einer gesetzlichen Rücklage vorgesehen. Der Mindestinhalt des Gesellschaftsvertrags, der im Genossenschaftsrecht als „Statut" bezeichnet wird, ergibt sich aus §§ 6 und 7 GenG. Dabei handelt es sich um verpflichtende Regelungen, während §§ 7a, 8 GenG Kannvorschriften für weitere Regelungen innerhalb des Statuts aufzeigen. Zur Erlangung der eigenen Rechtspersönlichkeit ist nach § 11 GenG die Eintragung ins Genossenschaftsregister erforderlich. Dabei hat das Registergericht nach § 11a GenG die Pflicht zu prüfen, ob die Genossenschaft ordnungsgemäß errichtet und angemeldet ist. Für die Verbindlichkeiten der Genossenschaft haftet ihren Gläubigern nur das Genossenschaftsvermögen gem. § 2 GenG, da sie als rechtsfähige juristische Person für ihre Verbindlichkeiten selbst nach § 17 I GenG einzustehen hat.[756]

Die Organe der Genossenschaft bilden der Vorstand, welcher die Genossenschaft nach §§ 24 ff. GenG gerichtlich und außergerichtlich vertritt, der Aufsichtsrat nach § 36 GenG sowie die Generalversammlung nach § 43 GenG. Bei Genossenschaften mit mehr als 1500 Mitgliedern kann das Statut bestimmen, dass gem. § 43a GenG die Generalversammlung aus Vertretern der Genossen, der sog. *Vertreterversammlung* besteht.

Pflichten für die Mitglieder der Genossenschaft sind die *Beitragspflicht* nach § 7 Nr. 1 GenG, eine evtl. *Nachschusspflicht* nach § 6 Nr. 3 GenG sowie bei Ausscheiden eines Genossen die *Pflicht zur Deckung eines anteiligen Fehlbetrags* nach § 73 II 4 GenG. Als Rechte stehen dem einzelnen Genossen die Nutzung der genossenschaftlichen Einrichtungen bzw. die Vorteile aus der Inanspruchnahme der Leistungen der Genossenschaft zu, außerdem ein Gewinnanspruch aus § 19 I GenG sowie Teilnahme und Stimmabgabe bei der Generalversammlung nach § 43 GenG.

Mitglied einer Genossenschaft kann man durch Gründung oder späteren Eintritt in eine Genossenschaft werden bzw. nach § 77 GenG durch Erbfall. Der Verlust der Mitgliedschaft erfolgt nach §§ 65 ff. GenG durch Kündigung, Ausschließung, Austritt oder durch Tod. Beendet wird die Genossenschaft nach §§ 78 ff. GenG durch Auflösung und Liqui-

---

755 Vgl. Beuthien, § 7 Rn. 6.
756 Vgl. Müssig, 17.9.4.

dation. Beträgt die Zahl der Genossen weniger als drei, so hat das Registergericht nach § 80 GenG auf Antrag des Vorstands, und, wenn der Antrag nicht binnen sechs Monaten erfolgt, von Amts wegen nach Anhörung des Vorstands die Auflösung der Genossenschaft auszusprechen. Die Auflösung ist in das Genossenschaftsregister nach § 82 I GenG einzutragen.

f) **Verbundene Unternehmen.** Ein bedeutender Anteil von Kapitalgesellschaften existiert als verbundene Unternehmen. Nach § 15 AktG sind verbundenen Unternehmen rechtlich selbstständige Unternehmen, die im Verhältnis zueinander in Mehrheitsbesitz stehende Unternehmen und mit Mehrheit beteiligte Unternehmen (§ 16 AktG), abhängige und herrschende Unternehmen (§ 17 AktG), Konzernunternehmen (§ 18 AktG), wechselseitig beteiligte Unternehmen (§ 19 AktG) oder Vertragsteile eines Unternehmensvertrags (§§ 291, 292 AktG) sind. Nicht notwendig ist, dass nur Kapitalgesellschaften verbundenen Unternehmen angehören müssen.[757]

586

Bei verbundenen Unternehmen handelt es sich um jeweils selbstständige Unternehmen. Gehört nach § 16 I AktG die Mehrheit der Anteile eines rechtlich selbstständigen Unternehmens einem anderen Unternehmen oder steht einem anderen Unternehmen die Mehrheit der Stimmrechte zu, so ist das Unternehmen ein in Mehrheitsbesitz stehendes Unternehmen, das andere Unternehmen ein an ihm mit Mehrheit beteiligtes Unternehmen. Abhängige Unternehmen sind rechtlich selbstständige Unternehmen nach § 17 I AktG, auf die ein anderes Unternehmen unmittelbar oder mittelbar einen beherrschenden Einfluss ausüben kann.

Verbundene Unternehmen können auch einen Konzern bilden. Sind ein herrschendes und ein oder mehrere abhängige Unternehmen unter der einheitlichen Leitung des herrschenden Unternehmens zusammengefasst, werden sie nach § 18 I AktG als Konzern angesehen; die einzelnen Unternehmen sind Konzernunternehmen. Dabei wird zwischen *Gleichordnungskonzern* und *Unterordnungskonzern* unterschieden. Beim Gleichordnungskonzern werden zwei Unternehmen einheitlich geleitet nach § 291 II AktG; beim Unterordnungskonzern wird nach § 291 I AktG durch Beherrschungsvertrag die Leitung einer AG oder einer KGaA einem anderen Unternehmen unterstellt.

Wechselseitig beteiligte Unternehmen sind Unternehmen mit Sitz im Inland in der Rechtsform einer Kapitalgesellschaft nach § 19 I AktG, die dadurch verbunden sind, dass jedem Unternehmen mehr als 25 % der Anteile des anderen Unternehmens gehören. Einem wechselseitig beteiligten Unternehmen kann an einem anderen Unternehmen auch eine Mehrheitsbeteiligung gehören bzw. das eine Unternehmen kann auf das andere Unternehmen unmittelbar oder mittelbar einen beherrschenden Einfluss ausüben. Dann ist das eine Unternehmen nach § 19 II AktG als herrschendes, das andere als abhängiges Unternehmen anzusehen. Dritte Möglichkeit nach § 19 III AktG ist, dass jedem der wechselseitig beteiligten Unternehmen an dem anderen Unternehmen eine Mehrheitsbeteiligung gehört, bzw. jedes Unternehmen auf das andere Unternehmen unmittelbar oder mittelbar einen beherrschenden Einfluss ausüben kann; dann gelten beide Unternehmen als herrschend und als abhängig.

Des Weiteren können Unternehmensverträge nach §§ 291, 292 AktG in der Weise abgeschlossen werden, dass Beherrschungs- oder Gewinnabführungsverträge nach § 291 AktG vertraglich vereinbart werden. Weitere Möglichkeiten bilden nach § 292 I Nr. 1 bis 3 AktG Gewinngemeinschaftsverträge, Teilgewinnabführungsverträge bzw. Betriebspacht- und Betriebsüberlassungsverträge. Aufgrund der oft bestehenden Intransparenz bei verbundenen Unternehmen finden sich in den §§ 293 ff. AktG Vorschriften zur Sicherung von Aktionären und Gläubigern sowie besondere Mitteilungspflichten nach § 20 AktG, wenn einem Unternehmen mehr als 25 % der Aktien einer Aktiengesellschaft in Deutschland gehören. Die Ausgestaltung der verbundenen Unternehmen und

---

[757] Vgl. OLG Hamburg NZG 2003, 978, 979; Emmerich/Habersack, KR, § 2 Rn. 9.

die diesen wirtschaftlichen Handlungsmöglichkeiten zugrunde liegenden Verträge unterliegen gegebenenfalls der Missbrauchsaufsicht und der Fusionskontrolle der Kartellbehörden nach GWB und den europäischen Wettbewerbsrichtlinien aufgrund der Basis der Art. 101 ff. AEUV.[758]

587 g) **Europäische Gesellschaft (SE).** Seit Ende 2004 gilt in Deutschland das Gesetz zur Ausführung der Verordnung über das Statut der Europäischen Gesellschaft (SEEG). Grundlage bilden die Verordnung 2157/2001/EG über das Statut der SE sowie die ergänzende Richtlinie 2001/86/EG über die Beteiligung der Arbeitnehmer, transformiert in das nationale SE-Beteiligungsgesetz (SEBG).[759]
Die Europäische Gesellschaft ist eine mittlerweile anerkannte Rechtsform für Unternehmen, die in mehreren Mitgliedsstaaten der EU tätig sind oder zukünftig tätig sein wollen. Sie ist Aktiengesellschaft nach § 3 SEEG, auf die das AktG in bedeutendem Umfang anwendbar ist. Die Gründung einer SE kann entweder durch Bar- oder Sachgründung erfolgen. Möglichkeiten zur Gründung sind:
– Verschmelzung von Aktiengesellschaften aus mindestens zwei Mitgliedstaaten;
– Gründung einer Holding-SE durch AGs oder GmbHs aus mindestens zwei Mitgliedstaaten, bzw., wenn seit mindestens zwei Jahren eine Tochtergesellschaft oder eine Zweigniederlassung in einem anderen Mitgliedstaat unterhalten wird;
– Gründung einer gemeinsamen Tochtergesellschaft als SE durch AGs oder GmbHs aus mindestens zwei Mitgliedstaaten, bzw., wenn seit mindestens zwei Jahren eine Tochtergesellschaft oder eine Zweigniederlassung in einem anderen Mitgliedstaat unterhalten wird;
– Umwandlung einer nationalen Aktiengesellschaft in eine SE, wenn die AG seit mindestens zwei Jahren in einem anderen Mitgliedstaat eine Tochtergesellschaft unterhält;
– Gründung einer Tochtergesellschaft in der Rechtsform einer SE durch eine bereits bestehende SE.
Nach § 3 SEEG wird die SE im Handelsregister am Sitz des Mitgliedstaates eingetragen, an dem sie ihren Hauptsitz hat. Für deutsches Recht neu ist die Möglichkeit der Bildung eines monistischen Verwaltungsorgans. So kann in Deutschland mit seiner traditionellen Trennung von Vorstand und Aufsichtsrat für die SE auch ein einstufiges Verwaltungsorgan gewählt werden, während z. B. andere Staaten mit ihrem einheitlichen Board-System für die wahlweise Trennung von Leitung und Kontrolle Sorge zu tragen haben.[760]
Große Bedeutung für die SE hat die Mitbestimmung der Arbeitnehmer nach §§ 34 ff. SEBG. Denn der Umfang der Mitbestimmung in der SE bestimmt sich nach den Verhandlungen zwischen Unternehmensleitung und Arbeitnehmervertretern. Scheitern die Verhandlungen über die Mitbestimmung, gilt automatisch der Grad der Mitbestimmung für die SE, der bei einer Gründungsgesellschaft der SE mit der umfangreichsten Mitbestimmung besteht, wenn bei dieser mindestens 25 % der Gesamtzahl aller Mitarbeiter der zukünftigen SE beschäftigt sind.[761]

---

758 Steckler/Tekidou-Külke, G. Rn. 210.
759 S. dazu ausführlich Conrads/Schade, 7.5.5.2.
760 Vgl. Eisenhardt/Wackerbarth, § 30 Rn. 575.
761 Vgl. ausführlich zu den besonderen Mitbestimmungsregelungen der SE Conrads/Schade, 7.5.5.2.6.

§ 23 Insolvenzrecht

Schrifttum: *Ahrens*, Das dreijährige Restschuldbefreiungsverfahren und andere Gesetzesänderungen im Privatinsolvenzrecht, NJW 2021, 577; *ders.*, Neue Pfändungsschutz- und Massevorschriften, NZI 2021, 531; *Deckenbrock/Fleckner*, Verschwiegenheitspflichten des Insolvenzverwalters, ZIP 2005, 2290; *Friedhoff*, Sanierung einer Firma durch Eigenverwaltung und Insolvenzplan, ZIP 2002, 497; *Frind*, Der Einfluss von Gläubigern bei der Auswahl des und der Aufsicht über den Insolvenzverwalter, ZInsO 2007, 643; *Fritze*, Sanierung von Groß- und Konzernunternehmen durch Insolvenzplan, DZWiR 2007, 89; *Hingerl*, Insolvenzplan und richterliches Engagement, ZInsO 2004, 232; *Kayser*, Vorsatzanfechtung im Spanungsverhältnis von Gläubigergleichbehandlung und Sanierungschancen, NJW 2014, 422; *Keller*, Vergütung und Kosten im Insolvenzverfahren, 5. Aufl. 2021; *Lauscher/Wirtz*, Die Reform des insolvenzrechtlichen Überschuldungstatbestandes, JURA 2009, 886; *Pape*, Akteneinsicht für Insolvenzgläubiger – Ein ständiges Ärgernis, ZIP 2004, 598; *ders.*, Ungeschriebene Kompetenzen der Gläubigerversammlung versus Verantwortlichkeit des Insolvenzverwalters, NZI 2006, 65; *Paulus*, § 1 InsO und sein Insolvenzmodell, NZI 2015, 1001; *Piekenbrock*, Übersicht zu den neuen Insolvenzgründen, NZI-Beilage 2021, 82; *Riewe*, Neuausrichtung in der insolvenzrechtlichen Vorsatzanfechtung, NJW 2021, 2619; *Schreiber/Flitsch*, Geltendmachung von Forderungen nach Aufhebung des Insolvenzplanverfahrens, BB 2005, 1173; *Seide/Brosa*, Das Auswahlverfahren für Insolvenzverwalter im Lichte der Gläubigerautonomie, ZInsO 2008, 769; *Smid*, Vindikationsrechtliche Beziehungen zwischen Aussonderungsberechtigten und Insolvenzmasse, NZI 2014, 633; *Spiekermann*, Die Unabhängigkeit des Insolvenzverwalters und Sachwalters, NZI 2020, 977; *Wenner/Schuster*, Insolvenzanfechtung im Konzern, ZIP 2008, 1512; *Weyand*, Nachweis der Zahlungsunfähigkeit für Unternehmen, StuB 2004, 334; *Winter*, Die Verwertung eines Kraftfahrzeugs im Insolvenzverfahren, ZVI 2005, 569.

588 Insolvenz liegt vor bei Zahlungsunfähigkeit bzw. Überschuldung. Die Neuordnung des Insolvenzrechts durch die Insolvenzrechtsreform hat dazu geführt, dass sowohl das Konkursrecht als auch das Vergleichsrecht übersichtlicher und einfacher wurden. Konkursordnung und Vergleichsordnung sind seit 1999 durch die Insolvenzordnung (InsO) aufgehoben worden. Das Insolvenzrecht erfährt regelmäßig Neuerungen, zuletzt zum Jahr 2021. Ziel des Insolvenzrechts ist zum einen, die Gläubiger des Schuldners aus ihren Ansprüchen so weit wie möglich zu befriedigen. Zum anderen verschafft die Insolvenzordnung in §§ 1, 286 ff. InsO der natürlichen Person als redlichem Schuldner die Möglichkeit, sich nach einem Ablauf von drei Jahren nach Eröffnung des Insolvenzverfahrens von seinen restlichen Verbindlichkeiten zu befreien. Bei zahlungsunfähigen oder überschuldeten Unternehmen versuchen Insolvenzverwalter mehr denn je, in Absprache mit den Gläubigern, Betriebsstätten und Arbeitsplätze zu sichern. Die Insolvenzordnung, die sich auf zahlungsunfähige private Personen, bzw. zahlungsunfähige oder überschuldete Unternehmen aber auch Nachlässe bezieht, sieht einen strikten Ablauf des Insolvenzverfahrens vor.

Die Durchführung des Insolvenzverfahrens dient aber nicht nur den Gläubigern und Schuldnern, sondern es besteht auch ein erhebliches öffentliches Interesse an dessen Durchführung.[762] Als Teil des Zwangsvollstreckungsrechts erfüllt das Insolvenzrecht den Zweck, eine am Rechtsfrieden orientierte, rechtsstaatliche Ordnung zu wahren.[763]

1. Insolvenzverfahren

589 **a) Insolvente Personen bzw. Vermögensmassen.** Voraussetzung für die Eröffnung des Insolvenzverfahrens sind *Zahlungsunfähigkeit, drohende Zahlungsunfähigkeit* sowie *Überschuldung* von Personen oder Vermögensmassen. Das kann natürliche oder juristische Personen, Personengesellschaften, aber auch Nachlässe oder das Gesamtgut einer Gütergemeinschaft betreffen.

---

762 Reischl, § 1 Rn. 5.
763 Vgl. BVerfG NZI 2016, 163, 164.

590 **b) Insolvenzgericht.** Zuständiges Insolvenzgericht für die Eröffnung des Insolvenzverfahrens ist das Amtsgericht, an dem der Schuldner nach §§ 2, 3 InsO seinen Sitz hat. Anwendbar sind die Vorschriften der ZPO nach § 4 InsO. Gem. §§ 11 ff. InsO entscheidet das Insolvenzgericht über das Insolvenzverfahren und überwacht es. Beantragen können das Insolvenzverfahren nach § 13 I InsO der Gläubiger sowie der zahlungsunfähige bzw. überschuldete Schuldner. Das Insolvenzgericht lehnt die Eröffnung des Insolvenzverfahrens nach § 26 InsO ab, wenn die Kosten des Verfahrens durch die noch vorhandenen Vermögenswerte nicht gedeckt sind.

591 **c) Insolvenzgründe.** Aus §§ 16 ff. InsO ergeben sich die möglichen Gründe für die Eröffnung eines Insolvenzverfahrens. Darunter fallen nach § 17 InsO die Zahlungsunfähigkeit des Schuldners, gem. § 18 InsO die *drohende Zahlungsunfähigkeit* des Schuldners sowie bei juristischen Personen nach § 19 InsO die Überschuldung. *Zahlungsunfähigkeit* des Schuldners besteht, wenn der Schuldner entweder schon nicht mehr in der Lage ist, seine Zahlungspflichten zu erfüllen, bzw., wenn er seine Zahlungspflichten im Zeitpunkt der Fälligkeit nicht mehr erfüllen kann. Er hat keine liquiden Mittel mehr, um seinen Zahlungspflichten nachkommen zu können. Eine drohende Zahlungsunfähigkeit liegt schon dann vor, wenn der Schuldner erkennt, dass er zukünftig seine Zahlungsverpflichtungen nicht mehr erfüllen kann. Hierfür muss eine Unterdeckung von mehr als 10 % innerhalb von 24 Monaten zu erwarten sein. *Überschuldung* liegt z. B. bei juristischen Personen vor, wenn liquides und illiquides Vermögen der Gesellschaft nicht mehr ausreicht, um bestehende Zahlungsverbindlichkeiten begleichen zu können. Die Fortführungsprognose für das Unternehmen darf für die folgenden 12 Monate nicht überwiegend wahrscheinlich sein.

592 **d) Sicherungsmaßnahmen des Insolvenzgerichts.** Ist das Insolvenzverfahren eröffnet, verliert der Schuldner die Verwaltungs- und Verfügungsbefugnis über das massezugehörige Vermögen.[764] Der *Insolvenzverwalter wird alleinberechtigter Verfügender* über die Vermögensgegenstände. Daraus ergibt sich, dass der Schuldner, der auch nach Insolvenzeröffnung und Bestellung des Insolvenzverwalters Verfügungen über Vermögensgegenstände vornimmt, nicht berechtigter Verfügender ist. Seine Verfügung ist demzufolge unwirksam. Umgekehrt kann nach §§ 80 ff. InsO eine Leistungspflicht gegenüber dem Schuldner nicht mehr mit befreiender Wirkung erbracht werden.[765]

Um die Ansprüche der Gläubiger in einem Insolvenzverfahren schützen zu können, ergreift das Insolvenzgericht Maßnahmen, um noch vorhandene Vermögenswerte für die Gläubiger zu sichern. Zur Abwicklung eines geordneten Insolvenzverfahrens bestellt das Amtsgericht nach §§ 22, 27, 56 InsO einen Insolvenzverwalter. Seine Aufgabe besteht darin, das vorhandene Vermögen zu verwerten. Ihm steht das alleinige Verfügungsrecht über das noch vorhandene Vermögen zu, § 80 InsO. Er hat das Vermögen nach § 148 InsO zu verwalten und gem. § 159 InsO durch eine unverzügliche Verwertung die Gläubiger zu befriedigen. Dabei wird der Insolvenzverwalter nach § 58 InsO vom Insolvenzgericht beaufsichtigt und, falls ein *Gläubigerausschuss* eingesetzt wurde, von diesem nach § 69 InsO unterstützt und überwacht.

Der Insolvenzverwalter hat nach §§ 151 ff. InsO die Pflicht, ein Verzeichnis der Massegenstände, ein Gläubigerverzeichnis und eine Vermögensübersicht aufzustellen. Diese Verzeichnisse hat der Insolvenzverwalter dem Insolvenzgericht zur Einsicht der am Insolvenzverfahren Beteiligten auszuhändigen. In der *Gläubigerversammlung* hat der Insolvenzverwalter einen Vermögensbericht abzugeben und nach Zustimmung der Gläubiger die Verwertung und Anspruchsbefriedigung vorzunehmen.

---

764 Vgl. Kreft/Eickmann, § 80 Rn. 3.
765 Vgl. Steckler/Tekidou-Külke, H. Rn. 08.

e) **Insolvenzmasse.** Zur Insolvenzmasse zählen alle Vermögensgegenstände, welche dem Schuldner zu Beginn des Insolvenzverfahrens gehören, auch Auslandsvermögen, das ebenfalls nach der InsO gemäß dem geltenden „Universalprinzip" in die Insolvenzmasse einbezogen wird.[766] Ausgesondert werden nach §§ 47, 48 InsO Vermögensgegenstände, die nicht im Eigentum des Schuldners stehen. Abgesondert werden Vermögensgegenstände, an denen besondere Rechte Dritter bestehen, so z. B. das Pfandrecht an einem Gegenstand, das der Pfandrechtsgläubiger verwerten darf. Den Absonderungsberechtigten verbindet somit nicht die bessere Berechtigung an dem Gegenstand im Ganzen, sondern nur die in einem Verwertungsrecht ihm zugebilligte Erlösaussicht mit dem Gegenstand.[767]

593

f) **Gläubiger des Insolvenzverfahrens.** Gläubiger des Insolvenzverfahrens sind nach § 38 InsO alle Personen, die gegenüber dem Schuldner zum Zeitpunkt der Eröffnung des Insolvenzverfahrens begründete Vermögensansprüche geltend machen können. Jeder Gläubiger hat nach § 174 InsO seine Forderung schriftlich gegenüber dem Insolvenzverwalter anzumelden; dann erfolgt die Eintragung nach § 175 InsO in eine Insolvenztabelle. Dabei können sich mehrere Gläubiger zu einer Gläubigerversammlung zusammenschließen, um den Insolvenzverwalter zu unterstützen und zu kontrollieren.

594

g) **Insolvenzplan.** Abweichend vom üblichen Insolvenzverfahren können sich die Gläubiger nach § 217 InsO darauf verständigen, dass ein Insolvenzplan aufgestellt wird. Der Insolvenzplan ist dem Insolvenzgericht vorzulegen, § 218 I InsO. Herrscht unter den Gläubigern Einigkeit über die Aufstellung eines Insolvenzplans, gelten §§ 220, 221 InsO. Während § 220 InsO Maßnahmen für die geplante Gestaltung der Rechte der Betroffenen beschreibt, so z. B. organisatorische, personelle Änderungen oder Sozialpläne, regelt § 221 InsO die Rechtsstellung der Beteiligten im Einzelfall, so z. B. die Kürzung oder Stundung von Forderungen etc.[768] Ziel eines Insolvenzplans ist es insbesondere bei Unternehmen, diese zu sanieren und fortführen zu können. Die Erhaltung eines Unternehmens soll dann durch den fortführungswilligen Erwerber geschehen, auf den das Unternehmen übertragen wird.[769] Der Insolvenzplan ist gem. § 248 InsO nach der Annahme durch die Gläubiger und der Zustimmung des Schuldners gerichtlich zu bestätigen. Nach § 226 InsO gilt wiederum die *Gleichbehandlung aller Gläubiger*.

595

h) **Eigenverwaltung.** Nach §§ 270 ff. InsO besteht für kleinere Insolvenzfälle, insbesondere aber für die Verbraucherinsolvenz, die Möglichkeit der Eigenverwaltung. Ist der Insolvenzfall überschaubar – Anzahl der Gläubiger, Umfang der Vermögensmasse – kann das Insolvenzgericht bei Eröffnung des Insolvenzverfahrens Eigenverwaltung anordnen. Erforderlich hierzu ist der Antrag des Schuldners auf Eigenverwaltung und die Zustimmung der Gläubiger. § 274 InsO sieht bei Eigenverwaltung vor, dass der Schuldner von einem Sachverwalter zu beaufsichtigen ist, der nach § 274 II InsO die wirtschaftliche Lage des Schuldners zu prüfen und die Geschäftsführung sowie die Ausgaben für die Lebensführung zu überwachen hat. Der Sachverwalter hat eine vergleichbare Rechtsstellung wie der Insolvenzverwalter.[770]

596

i) **Restschuldbefreiung.** Dem Schuldner wird nach § 1 S. 2 InsO die Möglichkeit eingeräumt, sich nach einer zeitlichen Frist von seinen dann noch bestehenden restlichen Verbindlichkeiten zu befreien. Eine derartige Restschuldbefreiung sieht die Insolvenzordnung in § 286 InsO nur für natürliche Personen vor. Voraussetzung ist ein eröffnetes

597

---

766 Pape/Uhlenbruck, Teil IV Rn. 491.
767 Becker, § 27 Rn. 1228.
768 Vgl. Müssig, 21.2.
769 Kreft/Flessner, § 217 Rn. 15.
770 Vgl. Braun/Riggert, § 274 Rn. 1.

Insolvenzverfahren, das nicht nach § 207 InsO mangels Masse eingestellt wurde. Innerhalb eines Zeitraums von drei Jahren nach Eröffnung hat die Privatperson den pfändbaren Teil seines Einkommens aus einem Arbeitsverhältnis nach § 287 II InsO an einen Treuhänder abzutreten.[771] Der Schuldner ist in dieser Phase verpflichtet, alles zu tun, um seine Schulden so weit wie möglich zu reduzieren. Nach Ablauf der dreijährigen Frist tritt endgültige Restschuldbefreiung ein, d. h. der Schuldner wird von seinen gesamten, im Insolvenzverfahren aufgeführten Verbindlichkeiten gegenüber allen Gläubigern aus dem Insolvenzverfahren frei.

2. Verbraucherinsolvenz

598   Nach §§ 304 ff. InsO bestehen Sonderregelungen für Verbraucher (§ 13 BGB) und sonstige natürliche Personen, sofern sie keine selbstständige wirtschaftliche Tätigkeit ausüben oder ausgeübt haben. Dasselbe gilt für Schuldner, die zwar eine selbstständige wirtschaftliche Tätigkeit ausüben, die Vermögensverhältnisse aber überschaubar sind und keine Forderungen aus Arbeitsverhältnissen bestehen. Dabei handelt es sich um sog. *Kleinverfahren* mit weniger als 20 Gläubigern. Diese Schuldner können nach § 305 InsO den Gläubigern einen Schuldbereinigungsplan vorschlagen, der ihnen vom Insolvenzgericht zugestellt wird. Stimmen die Gläubiger dem Schuldbereinigungsplan zu, entfaltet dieser nach § 308 I 2 InsO die Wirkung eines Prozessvergleichs. Scheitert die gerichtliche Schuldenbereinigung, wird das bislang nach § 306 InsO ruhende Insolvenzeröffnungsverfahren aufgenommen, eröffnet und ein Insolvenzverwalter bestellt.[772]

---

771 Vgl. Pape/Uhlenbruck, Teil V Rn. 968.
772 Reischl, § 12 Rn. 899; vgl. Haarmeyer/Frind, 10. Kap., III.

§ 24 Gewerblicher Rechtsschutz und Wettbewerbsrecht

Schrifttum: *Alexander*, Grundfragen des neuen § 3 UWG WRP 2016, 411; *Berlit*, Markenrecht, 11. Aufl. 2019; *Birk*, Unionsmarke und nationale Marke im Verletzungsprozess, GRUR-Prax 2021, 299; *Eichmann/Jestaedt/Fink/Meiser*, Designgesetz, 6. Aufl. 2019; *Emmerich*, Unlauterer Wettbewerb, 11. Aufl. 2019; *Fezer*, Markenrecht, 4. Aufl. 2009; *Fritzsche*, Aggressive Geschäftspraktiken nach dem neuen § 4a UWG, WRP 2016, 1; *Giegerich*, BVerfG verzögert europäische Patentreform, EuZW 2020, 560; *Glöckner*, Kartellrecht und Compliance, JuS 2017, 905; *Götting*, Gewerblicher Rechtsschutz, 11. Aufl. 2020; *Götting/Kaiser*, Wettbewerbsrecht, 2. Aufl. 2016; *Hahn*, Das Verbotsrecht des Lizenznehmers im Urheberrechtsvertrag, 2007; *Hamming*, Der gutgläubige Erwerb einer Marke, GRUR-Prax 2020, 501; *Hartwig*, Vorbenutzung im Designrecht, GRUR 2018, 489; *Hauch*, InfluencerMarketing – Änderungen im UWG, GRUR-Prax 2021, 370; *Heinze/Engel*, Der neue Schadensersatzanspruch für Verbraucher bei UWG-Verstößen, NJW 2021, 2609; *Hotz/Skupin*, Urheberrechtsreform: Überblick und Analyse, ZUM 2021, 674; *Köhler*, Internet-Werbeblocker als Geschäftsmodell, WPP 2014, 1017; *Körner*, Der Schutz der Marke als absolutes Recht – insbesondere die Domain als Gegenstand markenrechtlicher Ansprüche, GRUR 2005, 33; *Koglin*, Opensourcerecht, 2007; *Kröber*, Der grenzüberschreitende Internet-Handel mit CD- und DVD-Rohlingen und die Vergütungsansprüche nach §§ 54 ff. UrhG, ZUM 2006, 89; *Lettl*, Wettbewerbsrecht, 4. Aufl. 2021; *ders.*, Kartellrecht, 5. Aufl. 2021; *ders.*, Kartell- und Wettbewerbsrechtliche Schranken für Angebote unter Einstandspreis, JZ 2003, 693; *Möller*, Das Gesetz zur Stärkung des fairen Wettbewerbs, NJW 2021, 1; *Nägerl/Neuburger/Steinbach*, Künstliche Intelligenz: Paradigmenwechsel im Patentsystem, GRUR 2019, 336; *Osterrieth*, Der Fachmann im Patentrecht, GRUR 2021, 310; *Pahlow*, Firma und Firmenmarke im Rechtsverkehr – Zum Verhältnis von § 23 HGB zu den §§ 27 ff. MarkenG, GRUR 2005, 705; *Rehmann*, Designrecht, 2. Aufl. 2014; *Specht*, Persönliches Verhältnis von (Urheber-)Recht und Technik, GRUR 2019, 253; *Spindler*, Haftung für Urheberrechtsverstöße auf Online-Plattformen – YouTube Reloaded, NJW 2021, 2554; *Starcke*, Das Recht zur Abbildung geschützter Designs, GRUR 2018, 1102; *Tilman*, Endlich: Freie Bahn für das Einheitliche Patentgericht, GRUR 2021, 1138; *Volmar/Kranz*, Einführung ins Kartellrecht, JuS 2018, 14.

599 Im kaufmännischen Rechtsverkehr spielen der gewerbliche Rechtsschutz und das Wettbewerbsrecht eine besondere Rolle. Denn der Grundsatz der Privatautonomie gilt insbesondere auch für einen freien Wettbewerb. Zum Schutz dieses freien Wettbewerbs sind wichtige gesetzliche Regelungen wie das Gesetz gegen den unlauteren Wettbewerb (UWG) oder das Gesetz gegen Wettbewerbsbeschränkungen (GWB) erlassen worden. Daneben finden sich wichtige Spezialgesetze zum Schutz immaterieller Rechte, wie z.B. Patente, Gebrauchsmuster, Design und Marken. UWG und GWB bilden die Basis zum Schutz des freien Wettbewerbs; Gesetze wie z.B. das Patentgesetz (PatG) sind spezialrechtliche Vorschriften, die bei Anwendung Vorrang vor den allgemeinen wettbewerbsrechtlichen Gesetzen haben. Dabei handelt es sich um sog. Ausschließlichkeitsrechte. Indem der Rechtsinhaber andere Personen von der wirtschaftlichen Verwertung des Rechts ausschließen kann, müssen wettbewerbsrechtliche Gesichtspunkte, beispielsweise der Grundsatz der Nachahmungsfreiheit, gegenüber diesen besonderen Schutzrechten zurücktreten.[773]

1. Gewerblicher Rechtsschutz

600 Der gewerbliche Rechtsschutz umfasst den Schutz immaterieller Rechte. Zur Anwendung kommen Spezialgesetze wie z.B.
– Patentgesetz;
– Gebrauchsmustergesetz;

---

[773] Steckler/Tekidou-Külke, I. Rn. 004.

– Designgesetz;
– Markengesetz.

Grundvoraussetzung für die Anwendung dieser spezialgesetzlichen Regelungen ist, dass immaterielle Rechte an der geistigen Leistung des Schutzbedürftigen in ein öffentliches Register, so z. B. in das Patentregister, eingetragen sind.

601 **a) Patentrecht.** Nach § 1 I PatG werden Patente für Erfindungen erteilt, die neu sind, auf einer erfinderischen Tätigkeit beruhen und gewerblich anwendbar sind. Der Begriff „Erfindung" wird im PatG nicht definiert. Die Erfindung wird als eine planmäßige Benutzung beherrschbarer Naturkräfte außerhalb der menschlichen Verstandestätigkeit zur unmittelbaren Herbeiführung eines kausal übersehbaren Erfolgs angesehen.[774] Nach § 3 PatG gilt eine Erfindung als neu, wenn sie nicht zum Stand der Technik gehört, also nicht zu den Kenntnissen, die vor dem für den Zeitraum der Anmeldung maßgeblichen Tag durch schriftliche oder mündliche Beschreibung, durch Benutzung oder in sonstiger Weise der Öffentlichkeit zugänglich gemacht worden oder Gegenstand älterer Patentanmeldungen sind. Nach § 4 PatG werden Patente nur erteilt für Erfindungen, die auf einer erfinderischen Tätigkeit beruhen. Außerdem muss eine gewerbliche Anwendbarkeit möglich sein.

Patente können für *Erzeugnisse* oder *Verfahren* erteilt werden. Dementsprechend werden die Erfindungen in solche eingeteilt, die Erzeugnisse (besser die Gestaltung von Erzeugnissen, Gegenständen, Vorrichtungen oder Stoffen) betreffen oder Verfahren zum Gegenstand haben, die die Herstellung von Erzeugnissen, die Benutzung von Gegenständen oder die Erzielung eines Ergebnisses zum Inhalt haben.[775]

Sind die Voraussetzungen für die Eintragung eines Patents erfüllt, ist das Patent nach § 34 PatG schriftlich und nach den Vorschriften der Patentverordnung (PatV) beim Deutschen Patent- und Markenamt (DPMA) anzumelden. Der notwendige Inhalt der Anmeldung einer Erfindung ergibt sich aus § 34 III PatG. Das Patentamt nimmt im Rahmen des § 1 PatG eine Sachprüfung vor, bevor das Patent in die Patentrolle eingetragen wird.

Nach § 9 PatG ist der Patentinhaber zur ausschließlichen gewerblichen Nutzung befugt. Ihm steht primär das *Verwertungsrecht* zu. Er kann die Verwertung vollständig im Rahmen eines Verkaufs des Patents nach § 453 BGB bzw. dessen Verwertung im Rahmen von Lizenzverträgen anderen Personen überlassen. Bei rechtswidriger Patentverletzung stehen dem Patentinhaber nach § 139 PatG Ansprüche auf Unterlassung bzw. Schadensersatz zu. Außerdem kann der Patentinhaber von der Person, welche die rechtswidrige Patentverletzung vorgenommen hat, nach § 140a PatG die Vernichtung der bereits hergestellten Erzeugnisse verlangen. Zusätzlich steht ihm nach § 140b PatG ein Auskunftsrecht über die Herkunft und den Vertriebsweg der benutzten Erzeugnisse zu.

Nach § 16 PatG gilt das Patent 20 Jahre lang. Die Frist beginnt mit dem Tag, der auf die Anmeldung der Erfindung folgt. Nach § 16a PatG kann der Schutz eines Patents nach Ablauf der Schutzdauer über den Erwerb ergänzender Schutzzertifikate zeitlich verlängert werden.

Wenn der Patentschutz innerhalb der EU gelten soll, so besteht nach dem Übereinkommen über die Erteilung europäischer Patente (EPÜ) die Möglichkeit durch Einreichung einer europäischen Anmeldung in einem Verfahren ein europäisches Patent mit Geltung für alle diejenigen Vertragsstaaten zu erhalten, die der Anmelder benannt hat. Die Anmeldung erfolgt entweder beim nationalen Deutschen Patent- und Markenamt oder beim Europäischen Patentamt (EPA). Das europäische Patent gewährt dieselben Rechte wie ein in dem entsprechenden Vertragsstaat erteiltes nationales Patent. Es stellt folglich ein „Bündel" voneinander grundsätzlich unabhängiger Schutzrechte dar. Gemäß

---

774 Vgl. BGHZ 67, 22, 26; 78, 98, 105; Busse/Keukenschrijver, § 1 Rn. 4, 5; Osterrieth, Teil 4, Rn. 331.
775 Benkard/Bruchhausen, § 1 PatG Rn. 4.

Art. 52 I EPÜ werden europäische Patente dann erteilt, wenn die Erfindung neu ist sowie auf einer erfinderischen Tätigkeit beruht und gewerblich anwendbar ist. Grundsätzlich kann ein Anmelder wählen, ob er seine Erfindung durch ein nationales Patent, durch ein Europäisches Patent klassischer Art oder ein den EU-Raum abdeckendes Einheitspatent schützen lassen will. Am 11. und 17.12.2012 verabschiedeten der EU-Wettbewerbsrat und das Europäische Parlament die beiden Verordnungen zur Schaffung eines Patents mit einheitlicher Wirkung (VO 1257/2012) und dessen Übersetzungsregime (VO 1260/2012). Am 19.2.2013 wurde dann mit dem letzten erforderlichen Schritt, die nationale Ratifizierungsphase für den Vertrag zur Schaffung einer einheitlichen Gerichtsbarkeit, begonnen. Seitdem gab es immer neue Verzögerungen durch Klagen von Mitgliedsstaaten, dem Ausscheiden Großbritanniens aus der EU sowie einer fehlenden Ratifizierung in Deutschland. Mittlerweile hat eine ausreichende Zahl von Mitgliedsstaaten die Ratifizierung vorgenommen, so dass seit Januar 2022 das Einheitspatent in Europa vorläufig angewandt werden kann.

b) Gebrauchsmusterrecht. Auch das Gebrauchsmustergesetz (GebrMG) gewährt Erfindern Schutz. Ursprünglich schützte das GebrMG Arbeitsgerätschaften und Gebrauchsgegenstände, da Voraussetzung war, dass sich der Erfindungsgedanke in einer Raumform verkörpern musste.[776] Durch das Gesetz zur Änderung des GebrMG vom 15.8.1986 ist diese Sichtweise als Abgrenzung zum Patent aufgehoben worden. Unterschied zum Patent ist neben der geringeren Erfindungshöhe, dass das Gebrauchsmuster ohne Überprüfung der Neuheit und des erfinderischen Schutzes eingetragen wird.[777] Insofern kann es vielfach zweckmäßig sein, Patent und Gebrauchsmuster nebeneinander anzumelden, um den „schutzfreien" Zeitraum bis zur Erteilung des Patents durch die alsbaldige Eintragung des gleichlautenden Gebrauchsmusters auf ein Minimum zu verkürzen, da bis zur Eintragung eines Gebrauchsmusters nicht mehr als drei Monate verstreichen.[778]
Nach § 1 GebrMG werden alle Gebrauchsmustererfindungen geschützt, die neu sind, auf einem erfinderischen Schritt beruhen und gewerblich anwendbar sind. Die Vorschrift entspricht damit – abgesehen von der Erfindungshöhe – grundsätzlich den Voraussetzungen für die Erteilung eines Patents nach § 1 I PatG.[779] § 1 II GebrMG legt fest, dass weder Entdeckungen, noch wissenschaftliche Theorien oder mathematische Methoden, ästhetische Formschöpfungen, Pläne, Regeln oder Verfahren für gedankliche Tätigkeiten, für Spiele oder für geschäftliche Tätigkeiten, Programme für Datenverarbeitungsanlagen oder die Wiedergabe von Informationen unter den Schutz des Gebrauchsmustergesetzes fallen. Auch Erfindungen, deren Veröffentlichung oder Verwertung gegen die öffentliche Ordnung oder die guten Sitten verstoßen, Pflanzensorten, Tierarten oder Verfahren, werden nach § 2 GebrMG ebenfalls nicht als Gebrauchsmuster geschützt.
Das Gebrauchsmustergesetz lehnt sich an das Patentgesetz an. So hat der Erfinder seine Erfindung in die Gebrauchsmusterrolle einzutragen. Die *Eintragung eines Gebrauchsmusters* hat nach § 11 GebrMG die Wirkung, dass allein der Inhaber befugt ist, den Gegenstand des Gebrauchsmusters zu benutzen. Vergleichbar zum Patentrecht gewährt § 24 GebrMG dem Rechtsinhaber Ansprüche auf Unterlassung bzw. Schadensersatz bei rechtswidriger Gebrauchsmusterverletzung. Ansprüche zur Vernichtung von Erzeugnissen bzw. Auskunft über die Herkunft und den Vertriebsweg der benutzten Erzeugnisse gewähren bei rechtswidriger Gebrauchsmusterverletzung die §§ 24a, 24b GebrMG.

---

776 Vgl. BGH GRUR 1965, 239, 242; dazu Assendorf, Herkunft und Entwicklung des „Raumerfordernisses" im Gebrauchsmusterrecht, GRUR 1988, 83, 85.
777 Loth, Vorb. § 1 GebrMG Rn. 7.
778 Bühring/Braitmayer, § 1 Rn. 14.
779 Bühring/Braitmayer, § 1 Rn. 11.

§ 23 I GebrMG gewährt dem Erfinder eine Schutzdauer zur ausschließlichen gewerblichen Benutzung von zehn Jahren; nach § 23 II GebrMG wird die Aufrechterhaltung des Schutzes ab dem vierten Jahr bis zum Ende des Schutzes durch die Zahlung einer Aufrechterhaltungsgebühr in Intervallen bewirkt. Zahlt der Erfinder die Aufrechterhaltungsgebühr nicht rechtzeitig, erlischt das Gebrauchsmuster nach § 23 III Nr. 2 GebrMG.

603 c) **Designrecht.** Das Designrecht (DesignG) schützt die *ästhetischen gewerblichen Leistungen*. Vervollständigt wird das DesignG durch die Designverordnung (DesignV). In § 1 DesignG werden Begriffe wie Design, die bestimmungsgemäße Verwendung und der Rechteinhaber definiert. Nach § 2 DesignG wird ein eingetragenes Design geschützt, das neu ist und Eigenart hat. Das Design gilt als neu, wenn vor dem Anmeldetag kein identisches Design offenbart worden ist. Dabei gelten Designs als identisch, wenn sich ihre Merkmale nur in unwesentlichen Einzelheiten unterscheiden. Eigenart hat ein Design, wenn sich der Gesamteindruck, den es beim informierten Benutzer hervorruft, von dem Gesamteindruck unterscheidet, den ein anderes Design bei diesem Benutzer hervorruft, das vor dem Anmeldetag offenbart worden ist. Nach § 11 DesignG hat der Entwerfer oder ein von ihm legitimierter Anmelder die Anmeldung zur Eintragung des Designs in das Designregister beim Deutschen Patent- und Markenamt einzureichen. Bis zu 100 Designs können nach § 12 I DesignG in einer Sammelanmeldung zusammengefasst werden. Dann steht dem Entwerfer das Ausschließlichkeitsrecht nach § 38 DesignG zu.
Bei rechtswidriger Designverletzung stehen dem Urheber Ansprüche aus § 42 DesignG auf Unterlassung bzw. Schadensersatz wegen verbotener Nachbildung zu. Außerdem kann der Verletzte nach § 43 DesignG verlangen, dass alle rechtswidrig hergestellten, verbreiteten oder zur rechtswidrigen Verbreitung bestimmten Erzeugnisse, die im Besitz oder Eigentum des Verletzers stehen, vernichtet oder ihm überlassen werden. Nach §§ 27, 28 DesignG ist das Design bis zu 25 Jahre lang geschützt, wenn ab dem 6. Jahr die Zahlung von Aufrechterhaltungsgebühren zu bestimmten Zeitabschnitten erfolgt. Und wer entgegen § 38 I 1 DesignG ein eingetragenes Design benutzt, obwohl der Rechtsinhaber nicht zugestimmt hat, wird mit Freiheitsstrafe bis zu drei Jahren oder mit Geldstrafe bestraft.

604 d) **Markenrecht.** Auch eine Marke kann rechtlich geschützt werden. Rechtsgrundlage sind das Markengesetz (MarkenG) sowie die Markenverordnung (MarkenVO). Nach § 3 MarkenG können als Marken alle Zeichen, insbesondere Wörter einschließlich Personennamen, Abbildungen, Buchstaben, Zahlen, Hörzeichen, dreidimensionale Gestaltungen einschließlich der Form einer Ware oder ihrer Verpackung sowie sonstige Aufmachungen einschließlich Farben und Farbzusammenstellungen geschützt werden, die geeignet sind, Waren oder Dienstleistungen eines Unternehmens von denjenigen anderen Unternehmen zu unterscheiden. Nach § 5 MarkenG schützt das Markenrecht als geschäftliche Bezeichnungen auch Unternehmenskennzeichen und Werktitel, so z.B. die Firma bzw. Namen oder besondere Bezeichnungen von Druckschriften, Film-, Tonwerken oder Bühnenwerken. Nach §§ 32 f. MarkenG muss die Marke beim Patentamt angemeldet werden; der *Markenschutz* entsteht *nach Eintragung in das Markenregister*, § 4 MarkenG. Ist die Marke eingetragen, steht dem Inhaber nach §§ 14, 15 MarkenG das ausschließliche Recht zu, die Marke für die geschützten Waren oder Dienstleistungen zu benutzen. Bei rechtswidriger Markenverletzung kann der Markeninhaber nach §§ 14 V, 15 IV MarkenG Ansprüche auf Unterlassung sowie nach §§ 14 VI, 15 V MarkenG Ansprüche auf Schadensersatz erheben. Nach § 18 MarkenG kann der Markeninhaber den Anspruch auf Vernichtung der mit der Marke widerrechtlich gekennzeichneten Gegenstände geltend machen. § 19 MarkenG gewährt ihm ein Auskunftsrecht über die Herkunft und den Vertriebsweg der mit der Marke widerrechtlich versehenen Er-

zeugnisse. Nach §§ 146 ff. MarkenG kann der Markeninhaber einen Antrag auf Beschlagnahme solcher Waren bei Ein- oder Ausfuhr stellen, wenn diese ohne seine Zustimmung, d. h. widerrechtlich, mit seiner geschützten Marke oder geschäftlichen Bezeichnung gekennzeichnet wurden.
§ 47 MarkenG gewährt dem Markeninhaber einen Schutz von zehn Jahren für die ausschließliche Verwertung der Marke. Zahlt der Markeninhaber eine Verlängerungsgebühr, verlängert sich der Markenschutz nach § 47 II, III MarkenG um jeweils zehn Jahre. Die Schutzdauer kann somit jeweils um zehn Jahre verlängert werden.[780] Wichtige Voraussetzung ist allerdings, dass die Marke innerhalb eines Zeitraums von fünf Jahren auch benutzt wird; ansonsten entfällt der Schutz nach §§ 25, 26 MarkenG.[781]

2. Arbeitnehmererfindungsrecht

Arbeitnehmererfindungen werden durch das Arbeitnehmererfindungsgesetz (ArbNErfG) geregelt. Gem. § 4 ArbNErfG kann es sich um *gebundene* oder *freie Erfindungen* handeln. Nach § 6 ArbNErfG kann der Arbeitgeber eine gebundene, sog. Diensterfindung unbeschränkt oder beschränkt in Anspruch nehmen. Die Inanspruchnahme erfolgt durch schriftliche Erklärung gegenüber dem Arbeitnehmer; die Frist zur Abgabe der Erklärung beträgt nach § 6 II ArbNErfG höchstens vier Monate, seitdem die Diensterfindung gemeldet wurde. Der Arbeitnehmer hat die Pflicht nach § 5 ArbNErfG, eine Diensterfindung innerhalb des Betriebes der Betriebsleitung zu melden. Über freigewordene Diensterfindungen gem. § 8 S. 1, 2 ArbNErfG kann der Arbeitnehmer ohne Beschränkungen verfügen. Für freie Erfindungen gelten §§ 18, 19 ArbNErfG. Bei Nutzung der Erfindung hat der Arbeitgeber dem Arbeitnehmer nach §§ 9, 12 ArbNErfG eine angemessene Vergütung für seine Erfindung zu zahlen, ebenso bei der Umsetzung von technischen Verbesserungsvorschlägen nach § 20 ArbNErfG.[782]

605

3. Urheberrecht

Das Urheberrecht ist im Urheberrechtsgesetz (UrhG) geregelt. Es gewährt dem Urheber von Werken der Literatur, Wissenschaft und Kunst Rechtsschutz, wobei sich der Schutz entweder auf *Persönlichkeitsrechte* oder *Verwertungsrechte* bezieht.[783]
Urheberrechte kann derjenige geltend machen, der nach §§ 1 und 2 UrhG geistiger Urheber von Werken der Literatur, der Wissenschaft oder der Kunst ist. Der Schöpfer derartiger Werke wird nach § 7 UrhG Urheber genannt. Geschützt sind insbesondere Sprachwerke, Schriftwerke, Reden und Computerprogramme sowie Werke der Musik, der Pantomime, der Tanzkunst, außerdem Werke der bildenden Künste, Lichtbild- und Filmwerke sowie Darstellungen wissenschaftlicher und technischer Art. Da in jedem Werk der menschliche Geist zum Ausdruck kommen muss, kann *nur eine natürliche Person Schöpfer des Werkes* sein.[784] Das Urheberrecht ist höchstpersönliches Recht.[785] Im Gegensatz zu gewerblichen Schutzrechten besteht der Urheberrechtsschutz schon nach der geistigen Schöpfung des Urhebers. Nach §§ 12 ff. UrhG stehen dem Urheber eine Vielzahl von Rechten zu, so z. B. Urheberpersönlichkeitsrechte, Verwertungs- oder Vervielfältigungsrechte. §§ 69a ff. UrhG regeln speziell den Rechtsschutz von Computerprogrammen. Das Urheberrecht ist nach §§ 28 I, 29 I UrhG vererbbar und erlischt gem. § 64 UrhG 70 Jahre nach dem Tod des Urhebers.
Nach § 53 UrhG sind Vervielfältigungen eines Werkes zum eigenen Gebrauch in bestimmten Grenzen zulässig. Nach § 51 UrhG sind Zitate aus einem Werk eines Urhebers

606

---

780 Ekey/Bender/Fuchs-Wissemann/Kramer/Reinisch, § 47 Rn. 6.
781 Vgl. BGH NJW-RR 2005, 1628, 1629.
782 Dazu BGHZ 155, 8, 11 f.
783 Vgl. Dreier/Schulze/Dreier, Einl. UrhG Rn. 1.
784 Dreier/Schulze, § 7 Rn. 2; Fromm/Nordemann/Wirtz, § 7 Rn. 1.
785 Vgl. Schack, § 10 Rn. 312 ff.

in einem Umfang zur Verwendung erlaubt, der durch den Zweck geboten ist. Allerdings setzt § 63 UrhG eine deutliche Quellenangabe voraus. Ansprüche aus der rechtswidrigen Urheberrechtsverletzung ergeben sich aus §§ 97 ff. UrhG, so z. B. auf Beseitigung der Beeinträchtigung und Unterlassung, Schadensersatz, Vernichtung und Auskunftserteilung. Grenzen des Urheberrechts finden sich in den §§ 45 ff. UrhG.

4. Wettbewerbsrecht

607 Das Allgemeine Persönlichkeitsrecht nach Art. 2 I GG wie auch der Grundsatz der Privatautonomie schützen den freien Wettbewerb. Um den Schutz des freien Wettbewerbs zu konkretisieren, sind das Gesetz gegen den unlauteren Wettbewerb (UWG) sowie das Gesetz gegen Wettbewerbsbeschränkungen (GWB) erlassen worden. Das Wettbewerbsrecht hat demzufolge die Aufgabe, mit seinen rechtlichen Regelungen für einen freien Wettbewerb und disziplinierte Marktteilnehmer zu sorgen.

608 **a) Recht des unlauteren Wettbewerbs.** Das Gesetz gegen den unlauteren Wettbewerb dient nach § 1 UWG dem Schutz der Mitbewerber, der Verbraucherinnen und der Verbraucher sowie der sonstigen Marktteilnehmer vor unlauterem Wettbewerb. Der Rechtsschutz aus § 1 UWG erfordert objektiv ein Wettbewerbsverhältnis zwischen dem Handelnden und dem Verletzten.[786] Es schützt zugleich das Interesse der Allgemeinheit an einem unverfälschten Wettbewerb. Nach §§ 8, 9 UWG kann derjenige, der dem Verbot des unlauteren Wettbewerbs gem. § 3 UWG zuwider handelt, auf Beseitigung, Unterlassung sowie zum Schadensersatz verpflichtet sein. Voraussetzung ist, dass jemand unlautere Wettbewerbshandlungen vorgenommen hat, die geeignet sind, den Wettbewerb zum Nachteil der Mitbewerber, der Verbraucher oder der sonstigen Marktteilnehmer nicht nur unerheblich zu beeinträchtigen, und die Allgemeinheit derartige Handlungen missbilligt.
Folgende unlautere Handlungen können den freien Wettbewerb beeinträchtigen:
– Unlautere geschäftliche Handlungen i. S. v. § 3 UWG;
– Rechtsbruch i. S. v. § 3a UWG;
– Aggressive geschäftliche Handlungen i. S. v. § 4a UWG;
– Irreführung durch Handlung oder Unterlassen, §§ 5, 5a UWG;
– Beeinträchtigende vergleichbare Werbung, § 6 UWG;
– Unzumutbare Belästigungen, § 7 UWG;
– Strafbare Werbung, § 16 UWG.

Liegt eine rechtswidrige Verletzung von Tatbeständen des UWG vor, stehen dem Verletzten nach § 8 UWG Beseitigungs- und Unterlassungsansprüche zu. Außerdem kann der Verletzte Schadensersatzansprüche nach § 9 UWG geltend machen bzw. vom Vertrag mit dem Verkäufer nach § 323 BGB zurücktreten, wenn die Vertragsparteien den Vertrag aufgrund einer irreführenden Handlung des Verkäufers i. S. v. § 5 UWG geschlossen haben. Der Rechtsschutz aus § 3 UWG tritt nur dann ein, wenn Marktteilnehmer in einem Wettbewerbsverhältnis zueinanderstehen und eine Wettbewerbsbeeinträchtigung zum Nachteil von Marktteilnehmern vorliegt.[787] § 5 UWG dient dem Schutz des Konsumenten vor Täuschung. Damit ist nicht nur die Irrtumserregung beim Konsumenten gemeint; der BGH hat eine Täuschungshandlung auch dann angenommen, wenn es z. B. für den Konsumenten schwierig ist, Werbung und redaktionellen Beitrag in einer Zeitung nicht auseinander halten zu können.[788]

609 Als spezialgesetzliche Regelung im Recht des unlauteren Wettbewerbs ist die Preisangabenverordnung (PAngV) zu sehen. Sie regelt detailliert die Berechnungs- und Informati-

---
[786] Müssig, 18.3.1.1.
[787] Vgl. Hefermehl/Köhler, § 3 Rn. 53.
[788] BGHZ, 110, 278, 286 f.

onsvoraussetzungen von Preisen für Waren und Dienstleistungen. Nach § 1 PAngV hat derjenige, der Letztverbrauchern gewerbs- oder geschäftsmäßig oder regelmäßig in sonstiger Weise Waren oder Leistungen anbietet oder als Anbieter von Waren oder Leistungen gegenüber Letztverbrauchern unter Angabe von Preisen wirbt, die Preise anzugeben, die einschließlich der Umsatzsteuer und sonstiger Preisbestandteile als Endpreise zu zahlen sind. Dazu zählen Preise für
- Elektrizität, Gas, Fernwärme und Wasser, § 3 PAngV;
- Handelsware, § 4 PAngV;
- Leistungen, § 5 PAngV;
- Kredite, § 6 PAngV;
- Speisen, Getränke und Übernachtung in Gaststätten und Beherbergungsbetrieben, § 7 PAngV;
- Kraftstoffe und Parkmöglichkeiten, § 8 PAngV.

Die Vorschriften der Preisangabenverordnung sind nicht auf die in § 9 PAngV aufgeführten Ausnahmen anzuwenden.

b) Wettbewerbsbeschränkungen. Mit Inkrafttreten der 7. GWB-Novelle am 1.7.2005 hat das Europäische Kartellrecht, zum einen normiert in Art. 101 AEUV, zum anderen durch den Erlass von EU-Verordnungen, Einzug in das deutsche Wettbewerbsrecht erhalten.[789] Die 10. GWB-Novelle vom 19.1.2021 enthält Änderungen für ein fokussiertes, proaktives und digitales Wettbewerbsrecht 4.0 und bezieht sich vor allem auf den Bereich der Digitalisierung. Die Anwendung der Wettbewerbsregeln des Vertrags über die Arbeitsweise der Europäischen Union (AEUV) setzt nach Art. 101 I, 102 S. 1 AEUV voraus, dass eine fragliche wettbewerbsbeschränkende Maßnahme überhaupt geeignet ist, den Handel zwischen Mitgliedstaaten der EU zu beeinträchtigen (*Zwischenstaatlichkeitsklausel*).[790] §§ 4 bis 17 GWB, welche vorher die Vertikalvereinbarungen im deutschen Kartellrecht regelten, sind deshalb entfallen. § 2 II GWB verweist auf Art. 101 III AEUV und die bestehenden bzw. zukünftig ergehenden Gruppenfreistellungsverordnungen, die ebenso für nationales Recht maßgeblich sind. Gegenüber Wettbewerbsbeschränkungen, deren Auswirkungen nur im Inland spürbar sind, regeln ausschließlich §§ 1, 2 GWB das Kartellverbot für horizontale und vertikale Vereinbarungen.[791]

Das Gesetz gegen Wettbewerbsbeschränkungen (GWB) normiert in § 1, dass Vereinbarungen zwischen Unternehmen, Beschlüsse von Unternehmensvereinigungen und aufeinander abgestimmte Verhaltensweisen, die eine Verhinderung, Einschränkung oder Verfälschung des Wettbewerbs bezwecken oder bewirken, verboten sind. Das GWB beginnt in § 1 mit einem grundsätzlichen Kartellverbot.[792] Ausnahmen vom Kartellverbot sehen die §§ 2, 3 GWB vor.

Nach § 19 GWB ist die missbräuchliche Ausnutzung einer marktbeherrschenden Stellung durch ein oder mehrere Unternehmen verboten. Einen Zusammenschluss i. S. d. §§ 35 ff. GWB haben Unternehmen gegenüber dem Bundeskartellamt nach § 39 GWB anzuzeigen. Voraussetzung nach § 35 I Nr. 1, 2 GWB ist, dass im letzten Geschäftsjahr vor dem Zusammenschluss die beteiligten Unternehmen insgesamt weltweit Umsatzerlöse von mehr als 500 Mio. erzielt haben und mindestens ein beteiligtes Unternehmen im Inland Umsatzerlöse von mehr als 25 Mio. vorweist. Nach § 36 I GWB ist ein Zusammenschluss, von dem zu erwarten ist, dass er eine marktbeherrschende Stellung begründet oder verstärkt, vom Bundeskartellamt zu untersagen, es sei denn, die beteiligten Unternehmen weisen nach, dass durch den Zusammenschluss auch Verbesserungen der Wettbewerbsbedingungen eintreten und dass diese Verbesserungen die Nachteile der

---

789 Conrads/Schade, 2.2.13.2.
790 Vgl. Emmerich/Lange, § 3 Rn. 18.
791 Conrads/Schade, 2.2.13.2.
792 Emmerich/Lange, § 21 Rn. 1.

Marktbeherrschung überwiegen. Hat das Bundeskartellamt einen Zusammenschluss untersagt, kann nach § 42 I GWB der Bundesminister für Wirtschaft und Energie auf Antrag die Erlaubnis erteilen, wenn im Einzelfall die Wettbewerbsbeschränkung von gesamtwirtschaftlichen Vorteilen des Zusammenschlusses aufgewogen wird oder der Zusammenschluss durch ein überragendes Interesse der Allgemeinheit gerechtfertigt ist. Die zuständige Kartellbehörde kann nach § 32 GWB Unternehmen oder Vereinigungen von Unternehmen verpflichten, eine Zuwiderhandlung gegen eine Vorschrift des GWB oder gegen Art. 101, 102 AEUV abzustellen. Ausnahmen dazu bilden einerseits nach § 28 GWB Vereinbarungen von landwirtschaftlichen Erzeugerbetrieben über die Erzeugung, den Absatz oder die Lagerung, sowie die Be- oder Verarbeitung landwirtschaftlicher Produkte, andererseits die Zulässigkeit der Preisbindung für Zeitungen und Zeitschriften nach § 30 GWB. Die Tatbestandsmerkmale „Zeitungen" und „Zeitschriften" sind weit zu fassen, so dass auch Reproduktions- und Substitutionsprodukte wie z. B. juristische Fachzeitschriften auf CD-ROM als verlagstypisch angesehen werden.[793]

Verstöße gegen wettbewerbsrechtliche Vorschriften kann die Kartellbehörde durch Anordnungen, Gebote oder Verbote ahnden, z. B. nach §§ 32, 34 GWB. Außerdem stehen dem Unternehmen, dem gegenüber eine wettbewerbsrechtlich rechtswidrige Pflichtverletzung begangen wurde, Unterlassungs- und Schadensersatzansprüche nach § 33 GWB zu. Daneben können Vorteilsabschöpfungen bei ordnungswidrigem Verhalten angeordnet werden, §§ 34, 34a GWB.

Nach § 35 III GWB finden die Vorschriften des GWB keine Anwendung, soweit die EU-Kommission nach VO 139/2004/EG vom 20.1.2004 über die Kontrolle von Unternehmenszusammenschlüssen in ihrer jeweils geltenden Fassung ausschließlich zuständig ist.

---

[793] Vgl. BGHZ 135, 74, 76; BGH GRUR 2006, 161, 163; Lettl, KR, § 8 Rn. 28 ff.

Stichwortverzeichnis

Die Zahlen verweisen auf die Randnummern des Buches.

A
Abgrenzung Privatrecht/Öffentliches Recht 2
Abstraktionsprinzip 5, 48
Abtretung 156
Abwesende 47c
Adäquanztheorie 209
AGG 11
Ähnliche geschäftliche Kontakte 261
Akkreditiv 368, 510f
– Dokumentenakkreditiv 368, 510f
– Warenakkreditiv 510f
Aktie 557, 564
– Inhaberaktie 557, 564
– Namensaktie 557, 564
– Vinkulierte Namensaktie 557, 564
– Vorzugsaktie 557
Aktiengesellschaft 556 ff.
– Beendigung 565
– Geschäftsführung 560
– Gesellschafterwechsel 564
– Gründung 558
– Haftung 563
– Kapitalausstattung 557
– Vermögen 557
– Vor-Aktiengesellschaft 563
– Wettbewerbsverbot 560
Akzessorietät 170, 379 f.
Allgemeine Geschäftsbedingungen 172, 173 f., 276
– Abwehrklausel 174a
– geltungserhaltende Reduktion 177
– Individualabrede 176
– Klauselverbot 179
– Transparenzgebot 182
Allgemeines Persönlichkeitsrecht 439
Amtsgericht 14, 425
Anbahnung eines Vertrags 260
Aneignung 434
Anfechtung 76, 86 ff.
– Erklärung 86, 91
– Frist 86, 92
– Grund 86
Anfechtung wegen Irrtums 86
Angebot
– Erlöschen 102a
Annahmefrist 104
Annahmeverzug 251
Anscheinsvollmacht 121, 484 f.
Äquivalenztheorie 209
Arbeitnehmererfindungsrecht 605
Arglistige Täuschung 90
Arrestvollziehung 427

Arten 25, 129
Arten von Rechtsgeschäften 46
Arten von Schulden 146
Atypischer Vertrag 48
Aufhebung 275
Aufhebungsvertrag 326
Aufklärungspflicht 134a
Auflassung 289, 425
Aufrechnung 202, 276
Aufsichtsrat 561, 574
Auftrag 356
Auslegung 61, 106 ff., 343
Auslegung von AGB 175
Auslobung 128
Außerhalb von Geschäftsräumen geschlossener Vertrag 186, 187

B
Banküberweisung 510c
Barrierefreiheit 324
Basiszinssatz 147, 242, 501
Bedingung 67
Bedingung und Befristung 67
Befristung 69
Beginn der Verjährung 199
Beglaubigung 65
Begriff des Schadens 204
Begriff und Einbeziehung 173
Berufung 14
Beschaffenheitsgarantie 305, 308
Beschaffungsrisiko 135, 219, 239, 366
Beschränkt dingliche Rechte 449
Beschwerde 14
Besitz 10, 420 ff., 441 ff.
– mittelbarer 443, 446
– unmittelbarer 442, 445
Besitzdiener 444
Besitzer 321, 441 ff.
Besitzkehr 448
Besitzkonstitut 376, 423
Besitzschutz 448
Besitzwehr 448
Bestandteil 31
Bestimmungskauf 508
Betrug 407
Beurkundung 65, 290
Beurkundungsgesetz 65
Beweisaufnahme 14
Beweislastumkehr 308
Bezogener 510e
Bote 56 f., 113
Bringschuld 139

307

Stichwortverzeichnis

Bruchteilsgemeinschaft 421
Bundesgerichtshof 14
Bundesverfassungsgericht 1, 7a
Bürge 363
Bürgschaft 363
– des Kaufmanns 504
– Mitbürgschaft 363
– selbstschuldnerische 363

C
Cessio legis 364
Corporate Governance Kodex 566
Culpa in contrahendo 258
Culpa post contrahendum 266

D
Darlehen 330 ff.
– Gelddarlehen 332
– Sachdarlehen 331
Dauerschuldverhältnis 129, 271, 321, 494, 510d
Deliktsfähigkeit 12, 403
Deliktsrecht 398 ff.
Designrecht 603
Diebstahl 424
Dienstvertrag 342 ff.
Dispositives Recht 11
Drohung 90
Duldungsvollmacht 121, 484
Durchgriffshaftung 575

E
EC-Karte 510d
E-Commerce 186
EG-Kommission 7
EG-Richtlinie 3
EG-Verordnung 3
Eheschließung 10
Eigenbedarf 326
Eigentum 5, 48, 289, 421 ff.
Eigentümer 420 ff.
Eigentümer-Besitzer-Verhältnis 440
Eigentumsvorbehalt 370
– einfacher 371
– erweiterter 373
– verlängerter 372
Eingetragene Genossenschaft 585
Eingriffskondiktion 392
Einigungsmangel 108
Einrede 42 f., 232
– der Verjährung 276, 364
– der Vorausklage 364, 504
– der Zurückbehaltung 502
Einschränkung der Inhaltskontrolle 183
Eintragung 289, 469
Einwendung 43
Elektronischer Geschäftsverkehr 194 ff.
Empfangsbedürftigkeit 47a
Enteignung 421
Entgangener Gewinn 207

Entstehung von Schuldverhältnissen 128
Entziehung 439
Erbe 10
Erbengemeinschaft 21, 421
Erbfolge 478
Erblasser 114
Erfindung 601
Erfüllung 273
Erfüllungsgehilfe 210, 219, 349, 410, 500
Erfüllungsort 137 ff.
Erkenntnisverfahren 2, 14
Erklärungsbewußtsein 53
Erlass 278
Ersatz vergeblicher Aufwendungen 215, 225, 303
Ersatzberechtigte 208
Ersitzung 435
Europäische Gesellschaft 587
Europäische Union 3, 516
Europäische Wirtschaftliche Interessenvereinigung 554
Europäische Zentralbank 242
Europäischer Rat 7
Europarecht 6 f.
Exporteur 318

F
Factoring 160, 338
– echtes 160, 338
– unechtes 160, 338
Fahrlässigkeit 93, 219, 244, 500
– grobe 244, 329, 384, 424
– leichte 244
Fernabsatzverträge 188
Fiktion 68
Fiktivkaufmann 458
Finanzierungshilfen 336 ff.
Finanzierungsleasing 337
Firma 473 ff.
Fiskus 2
Fixgeschäft 143, 233, 509
– absolutes 143, 233, 236
– relatives 143, 236
Fixhandelskauf 509
Form 62 ff., 120, 290
Formerfordernisse 11, 62
Formfreiheit 11
Formkaufmann 556, 568
Formverstoß 66
Frachtführer 513
Frachtgeschäft 513
Franchise-Geber 494
Franchise-Nehmer 494
Franchise-Vertrag 494
Fremdorganschaft 568, 578
Frist 196, 235
– Ausschlussfrist 196
– Verjährungsfrist 196 ff.
Früchte 35, 328
Früchte, Nutzungen und Lasten 35

Stichwortverzeichnis

Fund 436

G
Garantie 239, 306
– selbstständige 307
– unselbstständige 308
Garantievertrag 366
Gattungsschuld 135, 219
Gebrauchsmusterrecht 602
Gebrauchsüberlassungsverträge 321
Gefährdungshaftung 214, 398, 413
Gefälligkeit 5
Geheimer Vorbehalt 83
Geldschuld 138, 146, 219
Genehmigung 80a, 125
Genossenschaft 13, 585
Gerechtigkeit 2
Gerichtsbarkeit 2a
Gerichtsvollzieher 2, 14
Gesamtgläubiger 151
Gesamthandsgemeinschaft 21, 421, 525
Gesamtschuldner 166, 365, 411, 530
Geschäftsbesorgungsvertrag 357, 491, 510d
Geschäftsfähigkeit 12 f., 78
– beschränkte 16, 80
– des Stellvertreters 115
– unbeschränkte 78
Geschäftsführung 521, 537 ff.
Geschäftsführung ohne Auftrag 127, 383 ff.
– angemaßte 387
– berechtigte 384
– irrtümliche 386
– unberechtigte 385
Geschäftsgrundlage 217
Geschäftsunfähigkeit 57, 79
Geschäftswille 54
Gesellschaft bürgerlichen Rechts 517 ff.
– Beendigung 524
– Geschäftsführung 521
– Gesellschafterwechsel 523
– Gesellschaftsvermögen 519
– Gesellschaftsvertrag 521
– Gesellschaftszweck 520
– Gründung 518
– Haftung 522
– Vertretung 521
Gesellschaft mit beschränkter Haftung 568 ff.
– Beendigung 577
– Geschäftsführung 572
– Gesellschafterwechsel 576
– Gründung 570
– Haftung 575
– Kapitalausstattung 569
– Organe 571
– Vermögen 569
– Vor-GmbH 575
Gesellschafterversammlung 573, 581
Gesetzlicher Vertreter 13, 80a, 219
Gesetzliches Verbot 95
Gesundheitsgefährdung 326

Gewerbe 451 ff.
Gewerblicher Rechtsschutz 600
Gewohnheitsrecht 6, 9, 39, 95
Girovertrag 510b
Gläubigermehrheit 151
Gläubigerversammlung 592
Gläubigerverzug 246
Gläubigerwechsel 156
Gleichbehandlung 11
Globalzession 160, 377
GmbH & Co. KG 578 ff.
– Beendigung 584
– Geschäftsführung 581
– Gesellschafterwechsel 583
– Gründung 580
– Haftung 582
– Kapitalausstattung 579
– Organe 581
– Vermögen 579
Grundbuch 289, 426
– Berichtigung 428
Grundbuchordnung 426
Grundgesetz 6, 7a, 437
Grundkapital 557
Grundlagen 5
Grundpfandrecht 378
Grundsatz der Privatautonomie 11
Grundschuld 22, 380
Gutgläubigkeit 122, 424, 472

H
Haftung 398 f., 410 ff.
Haftungsausschluss 305
Haftungsminderung 251
Haftungsverschärfung 244
Haltbarkeitsgarantie 308
Handelsbrauch 6, 452, 499
Handelsbücher 480
Handelsfirma 473
Handelsgeschäft 479, 495 ff.
Handelsgewerbe 451 ff.
Handelskauf 506 ff.
Handelsmakler 490
Handelsregister 463 ff.
Handelsunternehmen 476
Handelsvertreter 487 ff.
Handelsvertretervertrag 488
Handlungsvollmacht 120, 484
– Arthandlungsvollmacht 484
– Generalvollmacht 484
– Spezialhandlungsvollmacht 484
Handlungswille 52
Hauptleistungspflichten 131, 218 ff.
Hauptversammlung 562
Haustürgeschäft 60, 187
Hemmung der Verjährung 200
Herstellergarantie 309
Herstellerhaftung 412
Hilfspersonen der Kaufleute 481
Hinterlegung 277

Stichwortverzeichnis

Höhere Gewalt 415, 417
Holschuld 138
Hypothek 22, 379
– Brief- 379
– Buch- 379
– Eigentümer- 379
– Höchstbetrags- 379

I
Immaterialgüterrecht 4
Importeur 318
Indossament 510e, 564
Industrie- und Handelskammer 464
Informationspflicht 191
Inhaltskontrolle von AGB 178
Inkassozession 160
In-sich-Geschäft 126a
Insolvenzgericht 590
Insolvenzgründe 591
Insolvenzmasse 593
Insolvenzplan 595
Insolvenzverfahren 589 ff.
Insolvenzverwalter 112, 592 ff.
Instandhaltungsreparaturen 323
invitatio ad offerendum 102
Irrtum 86 ff., 407
– Eigenschaftsirrtum 89
– Erklärungsirrtum 88
– Inhaltsirrtum 87
– Motivirrtum 89
– Rechtsfolgenirrtum 89a
– Übermittlungsirrtum 88a
Istkaufmann 454

J
Jagdrecht 399
Juristische Denk- und Arbeitsweise 1
Juristische Person 5, 13, 17

K
Kammer für Handelssachen 14
Kannkaufmann 455
Kapitalerhöhung 557
Kapitalgesellschaft 13, 462
Kapitalherabsetzung 557
Kartellverbot 610
Kauf auf Probe 313
Kauf unter Eigentumsvorbehalt 317
Kaufleute 453
Kaufmann 451 ff.
Kaufmann bei Land- und Forstwirtschaft 457
Kaufmännisches Bestätigungsschreiben 452, 498
Kaufmännisches Zurückbehaltungsrecht 502
Kaufmannseigenschaft 451 ff.
Kaufvertrag 288 ff.
Kausalität 209, 401, 404
Klage 14
Kommanditaktionär 567

Kommanditgesellschaft 533 ff.
– Beendigung 540
– Geschäftsführung 537
– Gesellschafterwechsel 539
– Gesellschaftsvermögen 535
– Gesellschaftsvertrag 537
– Gesellschaftszweck 536
– Gründung 534
– Haftung 538
– Vertretung 537
– Wettbewerbsverbot 542
Kommanditgesellschaft auf Aktien 567
Kommanditist 537, 581
Kommissionär 491
– Einkaufskommissionär 491
– Verkaufskommissionär 491
Kommissionsagent 492
Kommittent 491
Komplementär 537, 567
Kondiktion in sonstiger Weise 391
Konkludenz 105
Konsensprinzip 521
Kontokorrent 510b
Kontokorrentvertrag 146
Kontrahierungszwang 11, 99, 287
Konventionalstrafe 169
Konzern 586
– Gleichordnungskonzern 586
– Unterordnungskonzern 586
Körperschaften 555 ff.
Kostenvoranschlag 349
Kreditgefährdung 409
Kreditkarte 510d
Kündigung 283

L
Lagergeschäft 515
Lagerhalter 515
Landgericht 14
Lasten 37
Lastschrift 510c
Leasing 337
Leichnam 12
Leihe 329
Leistung 136
Leistung an Dritte 145
Leistungsgefahr 291, 310
Leistungskondiktion 390
Leistungsort 109, 137 ff.
Leistungspflichten 130
Leistungsschuldner 144
Leistungsstörung 212 ff.
Leistungsverweigerungsrecht 42, 197, 232
Leistungszeit 109, 142
Letter of Intent 100

M
Mahnbescheid 14, 237
Mahnung 237
Mahnverfahren 14, 237

Stichwortverzeichnis

Maklervertrag 359
Mängel bei Personen 77
Mangelfolgeschaden 255, 302
Mantelkauf 570
Mantelzession 160, 377
Markenrecht 40, 604
Marktbeherrschung 610
Materielles Recht 2
M-Commerce 194
Mehrheit von Gläubigern und Schuldnern 150
Mietvertrag 321 ff.
Minderung 298, 351
- beim Kaufvertrag 298
- beim Werkvertrag 351
Mitgliederversammlung 18

N
Nacherfüllung 215, 296
- beim Kaufvertrag 296
Nachhaftung 479
Nachlassverwalter 112
Nachschusspflicht 569
Namensrecht 16
Naturalrestitution 206
Natürliche Personen 16
Nebenleistungspflichten 218 ff.
Nebenpflichten 132, 222 ff.
Negatives Interesse 93
Negatives Schuldanerkenntnis 279
Nichtanwendbarkeit von AGB 172a
Nichtigkeit 72 ff., 91
Nichtigkeit und Unwirksamkeit 71
Notstand 44, 402
- Agressiv- 402
Notwehr 44, 402
Novation 284, 510b

O
Oberlandesgericht 14
Obliegenheit 134b
Offene Handelsgesellschaft 525 ff.
- Beendigung 532
- Geschäftsführung 529
- Gesellschafterwechsel 531
- Gesellschaftsvermögen 527
- Gesellschaftsvertrag 527
- Gesellschaftszweck 528
- Gründung 526
- Haftung 530
- Vertretung 529
- Wettbewerbsverbot 537
Offener Einigungsmangel 109
Offenkundigkeit 117
Offenkundigkeitsprinzip 118
Option 100
Optionsvertrag 100
Organ 13
Organhaftung 13, 19
Organspende 26

P
Pacht 328
Parteifähigkeit 19
Partnerschaftsgesellschaft 549 ff.
- Beendigung 553
- Geschäftsführung 551
- Gesellschaftszweck 549
- Gründung 550
- Haftung 552
Partnerschaftsvertrag 550
Patentrecht 40, 601
Patronatserklärung 367
Personalsicherheiten 362
Personen des Wirtschaftsprivatrechts 15
Personengesellschaften 21, 517 ff.
Personenhandelsgesellschaften 461
Persönlichkeitsrecht 16, 40, 606
Pfandrecht 22
- an beweglichen Sachen 374
- an Rechten 375
Pfändung 14
Pflichtverletzung 218 ff.
Preisangabenverordnung 609
Preisgefahr 251, 291, 310
Prinzipien des Sachenrechts 420
Privatautonomie 11, 64, 72, 99, 128, 287, 450, 599, 607
Produkthaftung 414
Prokura 120, 483
- Einzelprokura 483, 537
- Filialprokura 483
- Gesamtprokura 483, 537
Provision 488, 501
- Delkredereprovision 488
- Inkassoprovision 488
Prozessfähigkeit 12
Prozessuales Recht 2
Publikumsgesellschaft 578, 583
Publizitätswirkungen des Handelsregisters 468
- Gewohnheitsrechtliche Publizität 472
- negative Publizität 470, 483
- positive Publizität 471
- richtige Publizität 469

R
Ratenlieferungsvertrag 340
Realakt 5
Realsicherheiten 369 ff.
Recht 2, 38
- absolutes 5, 40, 127, 197, 406, 419
- relatives 5, 41, 127, 197, 406
- sonstiges 399, 476
Recht am eingerichteten und ausgeübten Gewerbebetrieb 439, 450
Rechte 38
Rechtliche Existenz 18
Rechtsbehelf 14
Rechtsbindungswille 112
Rechtsdurchsetzung 44
Rechtsfähigkeit 12 f., 17, 77

Stichwortverzeichnis

Rechtsfolgen 185
Rechtsfolgen der Leistungsstörung 214
Rechtsgesamtheit 5
Rechtsgeschäft 5, 46 f., 80a
– zustimmungspflichtiges 80a
Rechtsgutsverletzung 210, 400
Rechtsmangel 215, 294
Rechtsobjekt 5, 22
Rechtsordnung 2
Rechtsquellen 6
Rechtsschein 121
Rechtssubjekt 5, 16 f.
Rechtsweg 2a
Rechtswidrigkeit 402
Reisevertrag 358
Relatives Recht 5
Rentenschuld 22, 381
Restschuldbefreiung 597
Revision 14
Rückgewährschuldverhältnis 226, 297
Rückgriffskondiktion 393
Rücktritt 214 ff., 226, 245, 280 ff.
– gesetzlicher 282
– vertraglicher 281
– vom Kaufvertrag 297
– vom Werkvertrag 351
Rügepflicht 510

S
Sache 5, 22 f.
– bewegliche 25
– nicht verbrauchbare 29
– teilbare 30
– unbewegliche 25
– unteilbare 30
– unvertretbare 28
– verbrauchbare 29
– vertretbare 28
Sachen 23
Sachgesamtheit 5, 23
Sachmangel 252, 293
Sachverständiger 262
Sachwalter 262
Satzung 17, 557
Schaden 204
– immateriell 149, 204, 302, 404
– materiell 204, 302
– mittelbarer 204
– unmittelbarer 204
Schadensersatz 94, 203 ff., 214 ff.
– beim Kaufvertrag 299
– beim Werkvertrag 351
– großer 300
– kleiner 300
– Vorteilsausgleich 211
Schadensersatz wegen Pflichtverletzung 220
Schadensreduzierung 211
Scheck 274, 495, 510e
Scheinbestandteil 33
Scheingeschäft 84

Scheinkaufmann 459
Schenkung 80a, 320
Scherzgeschäft 85
Schickschuld 140
Schiedsgericht 14
Schiedsverfahren 14
Schiffskauf 316
Schiffsregister 316
Schlechterfüllung 5, 213, 252, 254
Schlüssiges Verhalten 104
Schlussnote 490
Schmerzensgeld 149, 404
Schönheitsreparatur 323
Schuldanerkenntnis 510b
Schuldbeitritt 166, 365
Schuldnermehrheit 152
Schuldnerverzug 233
Schuldnerwechsel 163 ff., 365
Schuldübernahme 163
Schuldumwandlung 284
Schuldverhältnis 127 ff., 212, 287
– Schutzbereich 155
Schuldverhältnisse unter Einbeziehung Dritter 153
Schutzgesetz 407
Schutzpflichtverletzung 255
Schwebende Unwirksamkeit 80a
Schweigen 50, 90, 105, 452, 497
Seeschiff 27
Selbsthilfe 44, 402
Selbsthilfeverkaufsrecht 507
Selbstkontrahieren 126a
Sicherungsabtretung 160, 377
Sicherungsübereignung 376, 423
Sittenwidrige Rechtsgeschäfte 96
Sittenwidrigkeit 72
– Fallgruppen 96
Sonstige Handelsgeschäfte 512
Spediteur 514
Speditionsgeschäft 514
Stammkapital 569, 579
Statut 585
Stellvertreter 80a, 112 ff.
– ohne Vertretungsmacht 125
Stellvertretung 112 ff.
– indirekte 112
– mittelbare 112, 491
Stiftung 13, 20
Stille Gesellschaft 541 ff.
– Beendigung 548
– Geschäftsführung 545
– Gesellschafterwechsel 547
– Gesellschaftsvermögen 543
– Gesellschaftsvertrag 542
– Gesellschaftszweck 544
– Gründung 542
– Haftung 546
– Vertretung 545
– Wettbewerbsverbot 542
Stimmrecht 562

Stichwortverzeichnis

Störung der Geschäftsgrundlage 268
Straßenverkehrshaftung 415
Stückschuld 135
Subjektives Recht 39
Subsumtion 1

T
Tagebuch 490
Taschengeldparagraf 81
Tausch 319, 506
Teilbesitz 442
Teilleistung 136, 232, 249, 274
Teilzahlungsgeschäft 339
Termin 196, 235
Testament 56
Testamentsvollstrecker 112
Textform 65
Tier 5, 24
Tierhalter 416
– Haftung 416
Tod 47b
Transportgefahr 140
Trennungsprinzip 48
Treu und Glauben 61, 106, 134, 229, 459
Treuhänder 112

U
Übersicherung 376
Übertragung von Forderungen 156
Überweisung 510c
Umdeutung 61, 74
Umfang des Schadensersatzes 205
Umwelthaftung 417
Unabdingbarkeit der Informationspflichten 195
Unerlaubte Handlung 127, 398 ff.
Ungerechtfertigte Bereicherung 127, 388 ff.
UN-Kaufrecht 3, 506, 511
Unmöglichkeit 213, 227 ff.
– anfängliche 231
– faktische 229
– höchstpersönliche 230
– typische 228
Unterbeteiligung 541
Unterlassungsklage gegen AGB-Klauseln 184
Unternehmen 23
Unternehmer 3, 172a, 181, 183
Unternehmergesellschaft 569
Unwirksamkeit 75, 91, 125, 185
Unzulässige Rechtsgeschäfte 95
Urheberrecht 606

V
Verarbeitung 5, 433
Veräußerungsverträge 288
Verbindung 5, 430
Verbotene Eigenmacht 441, 447
Verbraucher 3, 177, 179, 233
– Widerrufsrecht 187a
Verbraucherdarlehen 334

Verbraucherdarlehensvertrag 333, 335
Verbraucherinsolvenz 598
Verbraucherschutz 184, 310
Verbraucherschutzbestimmungen 335
Verbrauchsgüterkauf 310
Verbundene Unternehmen 586
Verbundener Vertrag 335
Verein 13, 18
– Aufsichtsrat 18
– eingetragener 19
– Ideal- 18
– Mitgliederversammlung 18
– nicht eingetragener 19
– Vorstand 18
– wirtschaftlicher 18
Vereinsregister 463
Verfügungsgeschäft 5, 48, 288, 420
Vergleich 285
Verjährung 42, 197 ff.
– beim Kaufvertrag 304
– beim Werkvertrag 353
Verjährungsfristen 198, 201
Verkehrssicherungspflicht 324
Verkehrssitte 6, 9, 50, 105, 452
Vermächtnis 128
Vermieterpfandrecht 324
Vermischung 5, 432
Vermögen 23
Vermögensschaden 149
Verpflichtungsgeschäft 5, 48, 288, 420
Verrichtungsgehilfe 210, 349, 410
Versteckter Einigungsmangel 110
Versteigerung 424
Vertrag über die Arbeitsweise der Europäischen Union 3, 7
Vertragsangebot 101 f., 103
Vertragsannahme 102, 103 f.
Vertragsfreiheit 11, 99
Vertragshändler 493
Vertragsschluss im elektronischen Geschäftsverkehr 194
Vertragsstrafe 169, 171, 503
Vertragsübernahme 167
Vertrauensschaden 93, 126
Vertrauensschutz 468
Vertreten müssen 219
Vertretungsmacht 112, 120 ff.
Verwahrungsvertrag 360
Verwaltungsakt 2
Verwendungskondiktion 394
Verwirkung 171
Verzug 213, 233 ff.
– Gläubigerverzug 246 ff., 274
– Schuldnerverzug 233 ff.
Verzugsschaden 241
Verzugszinsen 147, 242, 501
Vindikationslage 438
Völkerrecht 6 f.
Vollmacht 112
– Außen- 120

313

Stichwortverzeichnis

– Innen- 120
– von Ladenangestellten 485
Vollstreckungsbescheid 14
Vollstreckungsverfahren 2, 14
Vorgründungsgesellschaft 575
Vorkauf 315
Vorkaufsrecht 315
Vormerkung 427
Vormund 12
Vorratsschuld 135
Vorsatz 219, 329, 384, 500
Vorstand 560 f.
Vorverhandlungen 100
Vorvertrag 100
Vorvertragliche Regelungen 100
Vorvertragliches Schuldverhältnis 258

W
Wahlschuld 148
Wechsel 495, 510e
– Finanzwechsel 510e
– Kreditwechsel 510e
Wegerecht 294
Wegfall der Bereicherung 397
Werkvertrag 348 ff.
Wesentliche Bestandteile 31
Wettbewerbsbeschränkungen 610
Wettbewerbsrecht 607 ff.
Wettbewerbsverbot 488
W-Fragen 1a

Widerruf 49 ff., 60, 68, 111
– Rückabwicklung 193
Widerrufsrecht 192, 194, 286
Wiederkauf 314
Willenserklärung 47, 49 ff., 56, 86
– Zugang 58
Wirksame Stellvertretung 113
Wirkung der Verjährung 202
Wirtschaftsverwaltungsrecht 3
Wohnsitz 16
Wohnungseigentümergemeinschaft 21
Wucher 72, 97

Z
Zahlungsaufschub 336
Zedent 156 ff.
Zession 160
– offene 160
– stille 160
Zessionar 156 ff.
Zinsen 501
Zinsschuld 147
Zubehör 34
Zugang
– Verzicht 103
Zurückbehaltungsrecht 168, 276, 352
Zustimmung 125
Zwangsversteigerung 14, 34
Zwangsvollstreckung 14, 427
Zwischenstaatlichkeitsklausel 610